ein Ullstein Buch

PROPYLÄEN WELTGESCHICHTE

Eine Universalgeschichte
Herausgegeben von
GOLO MANN
unter Mitwirkung von
ALFRED HEUSS
und
AUGUST NITSCHKE

Band I
Vorgeschichte · Frühe Hochkulturen
Band II
Hochkulturen des mittleren und östlichen Asiens
Band III
Griechenland · Die hellenistische Welt
Band IV
Rom · Die römische Welt
Band V
Islam · Die Entstehung Europas
Band VI
Weltkulturen · Renaissance in Europa
Band VII
Von der Reformation zur Revolution
Band VIII
Das neunzehnte Jahrhundert
Band IX
Das zwanzigste Jahrhundert
Band X
Die Welt von heute
Band XI
Summa Historica

Elf Bände in zweiundzwanzig Halbbänden

Siebenter Band
1. Halbband

Von der Reformation zur Revolution

HEINRICH LUTZ
GOLO MANN
IVAN ROOTS
VICTOR-LUCIEN TAPIÉ

Karten, Zeichnungen und graphische Darstellungen im Text von
Klaus Willke.

Die Beiträge von Ivan Roots und von Victor-Lucien Tapié sind von
John Stickforth und von Dr. Luise Thilenius in die deutsche Sprache
übertragen worden.
Die Stammtafeln wurden von Georg Meerwein und Ferdinand Schwenkner
zusammengestellt.

Das Namen- und Sachregister befindet sich im 2. Halbband und
verweist auf die zwei Halbbände des 7. Bandes.

CIP-Kurztitelaufnahme der Deutschen Bibliothek

Propyläen-Weltgeschichte:
e. Universalgeschichte; 11 Bd. in 22 Halbbd. /
hrsg. von Golo Mann unter Mitw.
von Alfred Heuss u. August Nitschke. –
Frankfurt/M, Berlin, Wien: Ullstein.
([Ullstein-Bücher] Ullstein-Buch;
Nr. 4720)
ISBN 3-548-04720-3

NE: Mann, Golo [Hrsg.]

Bd. 7. → Von der Reformation zur
Revolution

Von der Reformation zur Revolution. –
Frankfurt/M, Berlin, Wien: Ullstein.

Halbbd. 1. Heinrich Lutz... – 1976.
(Propyläen-Weltgeschichte; Bd. 7)
([Ullstein-Bücher] Ullstein-Buch;
Nr. 4733)
ISBN 3-548-04733-5

NE: Lutz, Heinrich [Mitarb.]

Ullstein Buch Nr. 4733
im Verlag Ullstein GmbH,
Frankfurt/M – Berlin – Wien

Der Text der Taschenbuchausgabe
ist identisch mit dem der
Propyläen Weltgeschichte

Umschlag: Hansbernd Lindemann
Alle Rechte vorbehalten
© 1964 by Verlag Ullstein GmbH,
Frankfurt a. M./Berlin
Printed in Germany 1976
Gesamtherstellung: Ebner, Ulm
ISBN 3 548 04733 5

INHALTSVERZEICHNIS

Golo Mann

11 EINLEITUNG

Heinrich Lutz

25 DER POLITISCHE UND RELIGIÖSE AUFBRUCH EUROPAS IM 16. JAHRHUNDERT

DAS ZEITALTER KARLS V. (1519–1556)

Die europäische Staatenwelt und die Anfänge Kaiser Karls V. *(27)* Das Suchen nach der Gerechtigkeit Gottes: Martin Luther *(30)* Der Reichstag zu Worms 1521 *(34)* Beginn des Kampfes um die europäische Hegemonie (1521–1530) *(42)* Die Krise des Reiches und die Entstehung evangelischer Territorialkirchen (1522–1532) *(50)* Heinrich VIII. und die Begründung der anglikanischen Staatskirche *(59)* Das Papsttum und die beginnende Regeneration der katholischen Kirche (1534–1540) *(64)* Der Kaiser und die Einheit der christlichen Welt (1539–1547) *(73)* Das Scheitern der universalen Politik Karls V. (1548–1556) *(83)*

DAS RINGEN DER KONFESSIONEN UND DIE NEUGESTALTUNG DER EUROPÄISCHEN STAATENWELT (1556–1598)

Die Monarchie des Escorial und Calvins Gottesstaat in Genf *(94)* Der Abschluß des Konzils von Trient und die Anfänge des Reformpapsttums *(100)* Die französische Monarchie und die Hugenotten *(104)* Der Aufstand der Niederlande *(108)* England unter Königin Elisabeth *(112)* Das Reich, der Norden und Osten Europas *(117)* Der Ausgang der gegenreformatorischen Politik Philipps II. und der beginnende Wiederaufstieg Frankreichs *(123)* Ergebnisse *(130)*

Golo Mann

133 DAS ZEITALTER DES DREISSIGJÄHRIGEN KRIEGES

Europa um 1618 *(135)* Die böhmische Revolution *(154)* Der deutsche Bürgerkrieg *(169)* Olivares und Richelieu *(172)* Wallenstein *(175)* Gustav Adolf von Schweden *(183)* Wallensteins Ende *(201)* Der europäische Krieg *(212)* Der Friedensschluß *(219)*

INHALTSVERZEICHNIS

Ivan Roots

231 DIE ENGLISCHE REVOLUTION

England unter Jakob I. Stuart *(233)* Kampf um die Verfassung: Karl I. und Buckingham *(242)* Zentralismus von Krone und Altar: Strafford und Laud *(246)* Das Lange Parlament *(250)* Der erste Bürgerkrieg *(254)* Oliver Cromwell und das Interregnum *(260)* Die Restauration *(269)*

Victor-Lucien Tapié

275 DAS ZEITALTER LUDWIGS XIV.

Das Frankreich des jungen Ludwigs XIV. *(277)* Die französische Agrarverfassung im 17. Jahrhundert *(281)* Die Ständegesellschaft in Frankreich *(287)* Das Königtum des Absolutismus *(295)* Vom Barock zum Klassizismus *(299)* Die französische Kirche *(304)* Der Süden Europas: Wirtschaftlicher Niedergang und kulturelle Blüte *(307)* Die protestantischen Länder im Norden. Der beginnende Kapitalismus *(313)* Neuer Feudalismus in Mittel- und Osteuropa *(317)* Die Regierung Ludwigs XIV. *(322)* Krise des europäischen Bewußtseins *(332)* Das Ende eines Zeitalters *(347)*

Golo Mann

349 DER EUROPÄISCHE GEIST IM SPÄTEN 17. JAHRHUNDERT

Golo Mann

EINLEITUNG

Der Band erzählt viel; fast dreihundert Jahre europäische Geschichte. Und was für Geschichte! Martin Luther steht am Anfang; am Ende George Washington. Wenn aber die Fülle der Gestalten und Ereignisse von schwindelndem Reichtum ist, wenn sie – wir glauben es zu wissen – unsere Illustratoren vor die schwierigste, nur unter bitteren Verzichten zu lösende Aufgabe stellte, wenn das Gesicht Europas um 1790 so aus dem Grunde verschieden ist von seinem Gesicht um 1510, so fehlt es der Summe dieser Kapitel doch nicht an innerer Einheit. Wäre es bloßer Zufall, daß sie genau von jenem Zeitraum handeln, den der große englische Historiker Lord Acton in seinen *Lectures on Modern History* betrachtete? Moderne Geschichte – sie begann für den im späten 19. Jahrhundert wirkenden Acton mit Luthers Reformation, mit dem zuerst einsetzenden Kampf um die europäische Hegemonie, und endete mit der amerikanischen Unabhängigkeit. Was danach kam, war für Acton schon Zeitgeschichte oder Gegenwart. – Wenn einer alt wird, so ist er ganz anders, als er in der Jugend war; aber Gedächtnis hält den Lebenslauf zusammen. Nicht bloß war Kontinuität durch die schiere Zeit, die, wie es bei Droste-Hülshoff heißt, tückisch Minuten aneinander reihte, bis Jahrzehnte daraus wurden; die Zusammenhänge waren konkreterer, sinnerfüllterer Art, und nie kann er den Punkt nennen, an dem er plötzlich sich verändert hätte, aufgehört hätte, er selber zu sein.

Nicht anders ist es mit der »modernen« Geschichte. Ein erkennbarer, nie ganz unter Tag verschwindender Weg führt vom theologischen Absolutismus Philipps II. zum nackten Königs- und Staats-Absolutismus Ludwigs XIV., zum aufgeklärten Absolutismus der Friedrich, Joseph und Leopold; ein erkennbarer Weg von der protestantischen Reformation zur ersten englischen Revolution, zur zweiten und, über John Locke, zur amerikanischen; vom noch intoleranten, seinerseits grausam verfolgenden Protestantismus zum toleranten und zur Toleranz; von den Religionskriegen zum Staat, der über den Konfessionen steht; vom Kampf um die Hegemonie zur klugen Erhaltung des Gleichgewichts; vom Humanismus zur Aufklärung; und so fort. Nicht, daß die Fackel der geistigen und bürgerlichen, der kosmopolitischen oder patriotischen Freiheit, die zu Ende des 18. Jahrhunderts leuchtete, immer von einer, der guten Hand getragen worden wäre, während eine andere, auch sie immer die gleiche, sich bemüht hätte, sie zu ersticken. So geradlinig, wie einst die englischen »Whig-Historiker« den Weg beschrieben, war er nicht. Wir werden sehen, wie verwirrend oft Gut und Schlecht, Recht und Recht, Unrecht und Unrecht auf die kämpfenden Parteien verteilt waren und wie aus ihren Kämpfen zum Schluß herauskam, was keiner der Gegner sich vorgestellt hatte. Wir haben es mit einem dichten Gewebe von Verursachungen mehr als mit einer geraden Linie zu tun. Die Aufgabe, die Schicksale des 16. Jahrhunderts auf hundert Seiten darzustellen, hat der junge bayerische Historiker Heinrich Lutz übernommen. Wir winden dem Autor keinen Kranz; Lob oder Tadel auszuteilen ist ja wohl nicht Sache der Herausgeber. Möge der kritische Leser entscheiden, ob es Professor Lutz gelang, dieser so sehr vielfältigen, dramatischen, vergangenheitsbeladenen und zukunftsträchtigen Geschichte Gerechtigkeit zu erweisen, sie zu ordnen, zu erleuchten und auf das schönste lesbar zu machen.

Was die Gerechtigkeit betrifft – zufällig ist uns bekannt, welcher christlichen Konfession der Autor mit Ernst angehört; aber der Leser wird es kaum erraten können. Hier werden die seelischen Impulse Luthers mit so viel Verständnis dargestellt wie die Verhärtung des deutschen Protestantismus unter dem Zugriff landesherrlicher Obrigkeit; wird die Versunkenheit der römischen Politik in die schlimmsten politischen Gebräuche der Zeit mit schonungslosem Namen genannt und gleichzeitig der sublime Glaube des Ignatius, der tiefe Ernst der reformatorischen Bestrebungen Roms bewundernd nachvollzogen. Es wird erkannt, »wie tief auch der Weg der an Rom festhaltenden Christen von Luther beeinflußt war« und blieb; wie die Regeneration der katholischen Kirche ohne ihn so nie möglich gewesen wäre; es wird aber auch, nicht ohne Bitterkeit, »die religiös depravierende und kulturell wie politisch parzellierende Wirkung der katholisch-protestantischen Polizeigrenze« beschrieben. – Das aus Gutem und Bösem Gemischtsein, nicht bloß der Geschichte als ganzer, sondern jedes großen Ereignisses und Ereignisträgers der Geschichte, seine Wert-Ambivalenz haben wir selten so natürlich klar aus der Sache selber, ohne Theorie, sich ergeben sehen.

Das gleiche gilt für die Verschlungenheit der Motive. Nicht in dem Sinn, daß eines das wahre gewesen wäre, das andere nur zu entlarvender Betrug; so vielmehr, daß sie beide oder alle gleich vital, gleich stark in der Tradition und im Charakter des Einzelnen verwurzelt sind, wie sonderbar auch den Späteren ihre Verbindung erscheinen mag: religiöse Motive und machtpolitische, soziale, ökonomische, vom Detail in der Biographie des Königs, der eine andere Frau heiraten will, zu schweigen. Hier kommt das Fremde, das Andersartige einer fernen Vergangenheit ins Spiel, das, wie Lutz betont, mit den Maßstäben viel späterer Zeiten nicht gemessen werden darf. »Der kirchliche Zustand der abendländischen Christenheit am Vorabend der Reformation«, heißt es am Eingang zur Geschichte Luthers, »ist für das religiöse Bewußtsein des heutigen Menschen... fern, fremd und schwer verständlich.« Den Menschen der Vergangenheit auf den Spuren ihrer Stimmungen und Gründe zu begegnen, sie ihnen zu glauben, auch wenn sie nie mehr unsere eigenen sein können, und ihre Taten daraus zu verstehen, das ist ja eben die Aufgabe der historischen Kunst.

Eine andere: Über dem Verstehen des Fremden das eigene Werturteil, Sympathie und Bewunderung auf der einen Seite, Kummer und Zorn auf der anderen, doch nicht ganz auszuschalten, weil es immer um Menschen geht, nicht um fremde Tiere, und weil es gerade in diesem Fall um Kämpfe geht, aus denen, wenn sie längst nicht mehr die unseren sind, unsere eigene Situation sich durch allerlei Vermittlungen und hinzukommende Neu-Schöpfungen ergab. Wir sind noch immer Katholiken und Protestanten infolge der Ereignisse, von denen hier berichtet wird. Wir sind es, wie Lutz nicht ohne eine Art von Staunen bemerkt, vielfach infolge eines herrischen Beschlusses oder Gewaltaktes, der im 16. Jahrhundert vollzogen wurde. So ist der Kampf um die europäische Hegemonie, der seither, bis gegen die Mitte des 20. Jahrhunderts andauerte, zu Beginn des 16. Jahrhunderts begonnen worden; so wurden Wirklichkeit und Begriff des Staates, wie sie vor kurzem noch blühten und heute sich im Wandlungsprozeß befinden, gegen Ende des 16. Jahrhunderts zuerst ausgeprägt. So wich damals die mittelalterliche Vielheit in der Einheit einem System zusammenfassender und abgrenzender Regierungszentren, woraus sowohl der Kampf um die Hegemonie wie auch die Pflege jenes, funktionierenden oder nicht funktionierenden, nur mechanischen »Gleichgewichtes« sich ergab, das, in seinen europäischen Dimensionen, gleichfalls erst in unserem Jahrhundert zusammenbrach. Das Fremde also ist hier auch nicht fremd, das Vergangene ist hier auch aktuell; dies Gefühl wird sich dem Leser des Kapitels sehr stark mitteilen.

Um noch ein Wort über die Verschlungenheit der Motive zu sagen: Es sei selten deutlich, meint Lutz, wann eine der Großmächte oder werdenden Großmächte zu ihrer Verteidigung handelte, und wann zu offensiven oder hegemonialen Zielen. Vielleicht sei beides, die Tendenz gegen außen überhaupt, eine Funktion des inneren staatlichen Werdeprozesses gewesen. Es ist das ein Beispiel für das in der Schwebe Bleiben historischen Urteils. Ein anderes bietet die Unterscheidung zwischen Altem und Neuem, Mittelalterlichem und Modernem, die Lutz in seiner Betrachtung der Politik Karls V. unternimmt. Sie suchte die Wirklichkeit eines alten Ideals, der christlichen Einheit, des Reiches, der *Monarchia universalis* noch einmal herzustellen. Gegen sie stand Neues, das Prinzip der Partikularität oder Individualität, in der Gestalt, sei es Frankreichs, sei es des werdenden deutschen Fürstenstaates. Aber das gescheiterte *Dominium mundi* Karls V. hätte selber neu sein müssen. Es war in seinen Ansätzen die christliche Republik nicht mehr, wie sehr der Kaiser für seine Person an den Überlieferungen christlichen Rittertums festzuhalten versuchte. Es wurde von kalt rechnenden Rationalisten, von Schülern Machiavellis verwaltet, mit zeitgemäßen Mitteln angestrebt. Eben darum ist es so paradox nicht, daß von dem Reiche Karls schließlich die zentralisierende, bürokratische *Monarchia hispanica* Philipps II. mit ihrer neuen künstlichen Hauptstadt Madrid übrigblieb. Umgekehrt waren in dem europäischen Widerstand, an dem Karl V. endlich scheiterte, nicht bloß das neue Element des monarchischen Staates, sondern auch das uralte europäischer, nationaler, regionaler und institutioneller Mannigfaltigkeit zu finden. Was war da alt, was war da neu, was traditionsgebunden, was in die Zukunft weisend? – Die Geschichte, lernen wir, ist nicht so, daß sie auf diese Fragen eine klare Antwort gäbe.

Sie ist auch nicht so, daß die großen Dinge immer geplant und gewollt waren, wie sie kamen. Das waren sie selten. Lutz zeigt uns, wie, sehr gegen den Willen, sehr gegen das Erwarten aller Beteiligten, kraft eines unvorhersehbaren Zusammenfließens von Umständen in Deutschland aus einer Reform eine religiöse Revolution wurde; wie die Entstehung der landesherrlichen Territorialkirchen, die gewaltige Stärkung der staatlichen Obrigkeit mit Luthers ursprünglichem Wollen nichts zu tun hatte, ja ihm geradezu konträr war. »Man weiß nie, was man gründet«, hat ein Politiker gesagt. Eben darum tut der Geschichtsschreiber auch gut daran, die großen Entscheidungen nicht lange vor dem Ort in der Zeit zu suchen, an den sie tatsächlich fielen. Die Zukunft, meint Lutz bei mehreren Gelegenheiten, sei »noch offen« gewesen. Es ist ihm vorstellbar, daß die Versuche zur Versöhnung der streitenden, aber im Streit noch nicht gefestigten Konfessionen hätten gelingen können, oder scheint ihm wenigstens sinnvoll zu fragen, ob sie hätten gelingen können. Ebenso: ob der Augsburger Religionsfriede hätte ewig halten können, nachdem er viel länger gehalten hatte, als anfangs von irgend jemandem erwartet wurde. War er nur ein Aufschub, so kann ein Aufschub rettend sein und für immer aufschieben. Der Dreißigjährige Krieg war in den siebziger, achtziger Jahren kein unausweichliches Schicksal; für die Zeitgenossen nicht und folglich auch im Rückblick nicht und überhaupt nicht. Freilich: Je näher eine schlimme Sache kommt, desto wahrscheinlicher wird sie, im Rückblick; desto enger wird die Möglichkeit, ihr noch auszuweichen. – Aber wir dürfen der Versuchung, aus diesem einen Kapitel einen ganzen Apparat geschichtsphilosophischer Regeln abzuleiten, nicht zu weit nachgeben, wie sehr auch Haltung und Leistung von Professor Lutz dazu einladen.

Der Autor des Kapitels über »Das Zeitalter des Dreißigjährigen Krieges« hat, klassischen Vorbildern folgend, die Geschichte einer einzigen politischen und kriegerischen Ereignisfolge bieten wollen. Folglich trat alles zurück, was nicht auf diese Ereignisfolge, eben den Dreißigjährigen Krieg, Bezug hat. Nach einer Art von Ouvertüre, einer Sicht Europas aus der Vogelschau, gerät das böhmische Revolutionstheater, dann das deutsche Kriegstheater ins Zentrum, und mit ihm alle die Mächte und Figuren, die nacheinander in den großen Krieg in Deutschland eingriffen. Warum diesen schlimmen, verworrenen, anscheinend sterilen dreißig Jahren ein so breiter Raum gegeben wurde? Ich antworte: Das konnte, dem Plan unserer Weltgeschichte entsprechend, nicht immer und überall geschehen. Geschichte, heutzutage, kann nicht mehr überwiegend Kriegs- und Heldengeschichte sein. Aber noch darf sie es mitunter; sei es der breiten und tiefen Wirkung halber, welche ein Krieg hatte, zum Beispiel der Erste Weltkrieg; sei es wegen des beispielhaften Charakters der psychologischen Mechanismen, welche die Zerstörungsmaschine trieben. Wie solch ein Krieg entstand, wie er, aus einer unentwirrbaren Vermischung edler und unedler, ideeller und materieller, allgemeiner und egoistischer Motive, aus Mißtrauen, Mißverständnis, Mißkalkulation wuchs und nicht enden konnte, was für Individuen ihn nährten und sich von ihm nährten, wie er schließlich doch endete und eine tiefgewandelte Ordnung der staatlichen Dinge zurückließ, das schien, in diesem paradigmatisch-furchtbaren Fall, einer ausführlichen Darstellung wert; im Sinn des Thukydides, der vom Peloponnesischen Krieg erzählen wollte, »da nach dem gewöhnlichen Weltlauf künftig einmal ebendergleichen oder ähnliche Rollen werden gespielt werden«. – Chronologisch setzt »Das Zeitalter des Dreißigjährigen Krieges« das von Professor Lutz geschriebene Kapitel fort, um etwa ein halbes Jahrhundert später zu enden. Die Theologie, die in der Darstellung von Lutz einen so breiten Raum einnehmen mußte, tritt nun zurück, wenngleich sie eine der lebensgestaltenden

Mächte zu sein nicht aufhört. Das Prinzip der Staatsräson triumphiert. Die europäische Hegemonie ist von Spanien auf Frankreich übergegangen.

Ehe wir aber zur Epoche des Sonnenkönigs gelangen, wird die Fahrt durch die erste Hälfte des Jahrhunderts noch einmal gemacht, diesmal auf nur-englischem Boden. Im allgemeinen bemüht unser Werk sich, die Geschichte Europas in einem zu sehen. Mitunter aber müssen die Schicksale einer Nation isoliert betrachtet werden; wenn sie einem Entwicklungsgesetz folgt, das mit dem gesamteuropäischen nichts oder beinahe nichts zu tun hat, wie dies für die russische lange Zeit der Fall ist; oder wieder, wenn sie ein Abenteuer zu bestehen hat, das wohl später über die weite Welt ausstrahlen mag, im Moment selber aber einziger Art und abtrennend-prägende Folgen hat. Dies gilt für das England der beiden ersten Stuarts, des Bürgerkrieges und des Protektorats. Man mag es als bezeichnend ansehen, daß als einzige europäische Macht England auf dem westfälischen Friedenskongreß nicht vertreten war. Es fiel damals aus, wie ein Kranker ausfällt.

Nicht, daß seine gesellschaftlichen und verfassungspolitischen Probleme von denen des Kontinents absolut verschieden gewesen wären. Die Frage: Absolutismus und Zentralismus oder Regionalismus und Ständeherrschaft, die im Keim schon den Parlamentarismus in sich trug, war überall gestellt. Aus der Darstellung von Professor Ivan Roots wird der Leser den Eindruck gewinnen, daß die Stuartkönige nicht aus bloßer Willkür oder bösem Willen handelten, wie vertrackt auch ihre persönlichen Charaktere gewesen sein mögen. Auch: daß höheres Recht und bessere Moral durchaus nicht eindeutig auf seiten des Parlaments oder der *Roundheads* waren. Viel eher wird er den Eindruck eines langsam und unvermeidlich wachsenden, zur Katastrophe treibenden Konflikts gewinnen, in dem beide Seiten ihr Recht verteidigten, so wie sie es sahen. In der ergreifenden Ansprache, die Karl I. auf dem Schafott hielt – wir wünschten, Roots hätte sie zitiert –, heißt es: »Für das Volk wünsche ich wahrhaft Recht und Freiheit so sehr wie jeder, wer es auch sei; aber ich muß euch sagen, daß Recht und Freiheit darin bestehen, eine Regierung zu besitzen und solche Gesetze, durch die Leben und Eigentum am besten gesichert werden. Recht und Freiheit beruhen nicht darauf, Anteil an der Regierung zu haben; mit der hat das Volk nichts zu tun. Ein Untertan und ein Souverän sind klar verschiedene Dinge.«

Man hätte den Streit der Ideen, der auf dem Kontinent so ganz anders entschieden wurde, nicht einfacher und würdiger ausdrücken können. Aber der erste Akt des zum Souverän erhobenen Volkes, die Hinrichtung des Königs, war einer, den das Volk in seiner überwältigenden Mehrheit gar nicht wollte, selbst wenn – so sieht es Trevelyan – die aus dem Grunde verfahrene Situation kaum noch eine andere Alternative ließ. Daraus das Nest von Widersprüchen, in dem Cromwell sich bewegte und aus dem er, von Verfassungsexperiment über Verfassungsexperiment, schon zu einer Restauration, nämlich seiner persönlichen Monarchie, vorzustoßen gezwungen war, lange bevor es zur eigentlichen Restauration kam, welche die Widersprüche gleichfalls nicht löste. Eine unvermeidliche Revolution also, aber gleichzeitig eine unreife, unter unreifen Bedingungen stattfindende; eine, die über das, wozu die Gesellschaft bereit war, hinausging und deren radikalsten Ideen noch wieder über ihre Verwirklichungen weit hinausgingen, um Verwirklichungen des 19., des 20. Jahrhunderts phantastisch vorwegzunehmen.

Handelten die bisherigen Kapitel, ohne das soziologische Element ganz außer acht zu lassen, im wesentlichen doch von Politisch-Dramatischem auf der einen Seite, auf der anderen von den Kämpfen des Geistes, so bietet Victor-Lucien Tapié in seinem Kapitel über das Zeitalter Ludwigs XIV. zunächst eine breit angelegte Analyse der gesellschaftlichen Grundlage, auf welcher der Palast des Sonnenkönigs sich erhob. Dem Leser wird diese Untersuchung willkommen sein: wie die Bauern damals eigentlich lebten, wie die Bürger, der kleine und der hohe Adel; Klima, Bodenerträge, Preise, Währungswirren, Inflation; wirtschaftliche Stellung der Kirche, Bedeutung des Grundbesitzes für Rang, Prestige und Sicherheit, bei gleichzeitigem Eindringen kapitalistischer Methoden in die Landwirtschaft; Beginn einer industriellen Entwicklung; bewußt oder unbewußt geführter Kampf der Klassen; Verschiebungen innerhalb der sozialen Hierarchie –»Geld und Erfolg überwanden alle Schranken«. Vor allem ist hier die französische Nation der Gegenstand; aber obwohl das Zurückbleiben Mittel- und Osteuropas, die überwiegend agrarische und feudale Gesellschaftsstruktur der Mitte und des Ostens, mit den neuen Zuständen im Westen kontrastiert werden, läßt eine zusammenfassende Bemerkung Tapiés den Schluß zu, er habe von Frankreich als einem Beispiel handeln wollen, das für andere stehen mag. »So war damals das französische Volk in seinen wichtigsten Schichten beschaffen. Es unterschied sich nicht wesentlich von anderen Völkern.« – Ebenso willkommen ist der Raum, den Tapié den neuen Baustilen, dem sich wandelnden Gesicht der Städte und des Landes, dem italienischen, französischen und österreichisch-süddeutschen Barock widmet.

Der französische Historiker, ein hervorragender Kenner des 17. Jahrhunderts, hat Frankreich in den Mittelpunkt seiner Darstellung gerückt; für den Geschmack des deutschen Lesers vielleicht ein klein wenig zu sehr. Aber seinen Namen trägt das Kapitel nicht bloß subjektiv, sondern auch von der Sache her zu Recht; wenigstens bis in die achtziger Jahre war Frankreich die führende Macht Europas, geistig und kulturell sowohl wie machtpolitisch. Damals fiel politische Vormacht in der Tat mit der kulturellen zusammen, was ja nicht immer der Fall ist. Auch können wir uns, was die Verteilung der Gewichte betrifft, mit einer natürlich ausgleichenden Gerechtigkeit beruhigen; in anderen Kapiteln erhält England, erhalten das Reich, die neue österreichische Großmacht, der Aufstieg Preußens so viel Licht, wie hier auf Frankreich fällt. Und keineswegs läßt das besondere Interesse, welches unser Historiker an seinem Land nimmt, ihn mit zweierlei Maß messen. Er sieht die Fehler Ludwigs XIV. so deutlich wie seine Herrscherfähigkeiten: daß zwar Eroberungen im politischen Stil der Zeit lagen; daß der König zwar stets um einen Schein formalen Rechtes besorgt war (Friedrich von Preußen war das auch); daß zwar auch seine Angriffshandlungen durch einen vorsichtigen, durchdachten Opportunismus bezeichnet waren; daß er aber zum Schluß den Bogen überspannte, die moralische Kraft der sich gegen ihn bildenden Koalition unterschätzte und besonders über Osteuropa herzlich wenig Bescheid wußte. Den deutschen Leser mag hier Tapiés Beurteilung der Annektion Straßburgs interessieren: sie sei ein durch nichts zu rechtfertigender Akt der Willkür gewesen. Universalmonarchie altspanischen Stils habe der König nicht erstrebt, wohl aber Hegemonie. An dem in den achtziger Jahren zuerst deutlichen Schwächerwerden des französischen Machtmechanismus wird die Schuld zu einem guten Teil der Politik von Versailles selbst gegeben.

Eine zweite Erklärung wird auf der anderen Seite gesucht; in Englands erneuerter Politik sowohl wie in untergründigen Bewegungen des Wirtschaftslebens, welche zu einer atlantischen oder Welt-Wirtschaft führten. Die englische Gesellschaft wird ihr kraftvollster Nutznießer. Als Ludwig endlich stirbt, sehr alt, zu spät für seinen Ruhm und ohne die Gloriole aus Verehrung und Liebe, die sonst in jenen Zeiten die halb noch priesterliche Würde des Königs umgab, hat »die Stunde der englischen Weltherrschaft geschlagen«.

Mit den politischen Ereignissen, die Frankreichs Expansion eine Grenze setzen und seine Stellung reduzieren, ohne sie zu brechen, hält eine geistige Bewegung Schritt, die ihnen auf schwer wägbare Weise entspricht: gegen den Absolutismus, in seiner französischen, in seiner katholischen oder in jeder Gestalt, kritisch, frei, von der Macht der Tradition sich lösend. Professor Tapié hat diese Vorgänge im Reich der philosophischen Literatur und Publizistik nicht unerwähnt gelassen, sie gehören hierher; in ihrem Licht erscheint die absolute Monarchie schon bedrohter, als ihr bewußt war, der von ihr beschützte klassische Stil als ein in »stürmischer und skandalumwitterter Atmosphäre« schwer errungener. Wir haben jedoch die frühen Ursprünge der europäischen Aufklärung und Revolution, um die es hier in Wahrheit geht, für bedeutungsvoll genug gehalten, um ihnen ein eigenes Kapitel zu widmen. Tapié nennt einen Paragraphen seines Berichtes »die Krise des europäischen Bewußtseins«. Mit diesem Titel wird auf ein Buch angespielt, dem, wie hier noch einmal betont sei, auch das Kapitel über den europäischen Geist im späten 17. Jahrhundert seine Konzeption verdankt. Der Autor, welcher der Schreiber dieser Zeilen ist, mag in seinen Einzelanalysen andere Wege gegangen sein, auch Persönlichkeiten in seine Betrachtung mit eingeschlossen haben, denen Paul Hazard sein Interesse nicht zuwandte. Er jedoch war es, der diese Epoche der europäischen Geistesgeschichte als erster identifizierte in einem umfassende Gelehrsamkeit mit schriftstellerischer Brillanz verbindenden Buch, dessen Einfluß sich zu entziehen hier fast unmöglich gewesen wäre.

An den Essay über den europäischen Geist im späten 17. Jahrhundert schließt inhaltlich Professor Schalks Kapitel über die »Aufklärung« sich an. »Aufklärung«, wird der Leser alsbald bemerken, ist ein Sammelname, der die verschiedensten Formen geistigen Lebens decken muß. Aber es gibt Gemeinsames, welches den Sammelnamen rechtfertigt: ein Sichloslösen des Denkens von der Tradition, zumal der theologischen; eine erstrebte Verbindung zwischen Wissenschaft und Literatur; eine Tendenz von isoliertem Fachgelehrtentum weg zu Kontakten des Forschers und Schriftstellers mit einem breiten Laienpublikum, mit den Problemen des gegenwärtigen Lebens, mit der Gesellschaft. In diesem Sinn ist die große, von Professoren, Ärzten, Handwerkern gelesene französische Enzyklopädie in der Tat das klassische Werk der Aufklärung und Diderot, der Sprecher der gebildeten Bourgeoisie, ihr klassischer Sprecher. Unabdingbar gehört zum Begriff der Aufklärung auch die Toleranz, wenngleich es in der Wirklichkeit »Aufklärer« gab, die im Umgang mit ihren Gegnern nicht eben tolerant waren. Typische literarische Ausdrucksformen kommen dazu: der geschliffene Dialog; der Aphorismus.

Die Befreiung des wissenschaftlichen und philosophierenden Geistes von den Banden der Theologie bedeutet, wie Schalk eindrucksvoll zeigt, durchaus nicht, daß das Zeitalter der Aufklärung irreligiös gewesen wäre. Ob Menschenfreundschaft ohne Religion, wäre es auch unbewußte, überhaupt möglich ist, mag bezweifelt werden. Hier hörte Religion nie auf, bewußt zu sein; in der Frage nach Sinn und Grund des Übels, die gerade diese Generationen so sehr beschäftigte; im Mühen um eine »vernünftige Theologie« oder »natürliche Religion«, die über allen historischen Verwirklichungen zeitlos dauern sollte. In dem Gegensatz zwischen der einmaligen, vergänglichen Erscheinung und dem ewig Gültigen liegt schon, was Schalk mit einer den Leser vielleicht überraschenden Schärfe herausarbeitet: Das 18. Jahrhundert, das Jahrhundert des Rationalismus, wie es gern und leicht genannt wird, war gleichzeitig das Jahrhundert, in welchem die Geschichte recht eigentlich entdeckt wurde. Das widerspricht dem Begriffe, den man sich von der Aufklärung als einer geschichtsblinden, zumal dem Mittelalter mit souveräner Verachtung begegnenden Epoche wohl macht; widerspricht auch den berühmtesten Ansprüchen und Anmaßungen der Französischen Revolution, in denen die Epoche gipfelte. Aber die Wege des Geistes sind verschlungen. Daß der »Historismus« nicht nur im Gegenschlag gegen die universalen und rationalen Ansprüche der Revolution entstand, sondern auch in jenen Bestrebungen angelegt war, die zur Revolution führten, daß sein Ursprung im 18. Jahrhundert zu suchen ist, hat schon Friedrich Meinecke überzeugend dargelegt. Schalk, ein Stück weitergehend, nennt es geradezu »das Jahrhundert der Geschichte«. Alles wird in Bewegung gesehen, bewegte es sich auch nach Newtons »ewigen Gesetzen«. Naturwissenschaft wird zur Naturgeschichte; Staatswissenschaft zur Staaten- und Verfassungsgeschichte; Humanismus zur Geschichte von Kultur und Geist. Die großen Namen sind da: Reaumur und Buffon; Muratori; Voltaire, Montesquieu, Gibbon; Herder, Justus Möser. Daß die Historiker noch nach Gesetzen suchten, auf die der reife Historismus verzichtet hat, widerlegt ihre Wirkung nicht. Die edle Geschichtsmasse, die Montesquieu zu Beispielszwecken anhäuft, der kulturhistorische Universalwissensschatz Voltaires nehmen ein eigenes Gewicht an. Begriffe wie »Zeitgeist« und »Entwicklung«, wachsendes Interesse für fremde Völker, Urvölker, fremde Philosophien und Religionen, methodische, quellenkritische Verfeinerungen, Eröffnungen riesiger Zeiträume nach hinten – all das brauchte, für sich genommen, die Grenzen des Rationalismus und Naturrechts noch nicht zu überschreiten. So wie es im 18. Jahrhundert von allen Seiten zusammendrängte, in Frankreich, England, Italien, Deutschland die Geister bewegte, brachte es durchaus Neues hervor.

Das Jahrhundert der Geschichte ist auch das der Musik; die Epoche, in der die europäische Musik zu ihrer Reife kam. Wenn nichts gegen die Methode zu sagen ist, welche europäische Geschichte in »Ländergeschichten« zerfallen läßt, so ist gewiß auch nichts zu sagen gegen die Parzellierung des kulturellen Schöpfungsbereiches, so, daß an jedes Kapitel ein Kurzbericht über die geistige Bewegung dieser Nation in dieser Zeit angehängt wird und allenfalls auch zwei oder drei Seiten der Musik gewidmet sind. Jedoch meinen wir, daß auch die von uns gewählte Lösung, mitunter ihren Gegenstand isolierende, weitgespannte, zusammenfassende Überblicke zu bieten, ihre Vorzüge hat; so über den Gang der Wissenschaft im 20. Jahrhundert, als die Wissenschaft allbeherrschend wurde, über die Kunst des Romans im 19., weil sie die vollkommene Ausdrucksform der bürgerlichen Gesellschaft war, und nun hier über die Musik. Der Leser erhält vom Ursprung und von der Entwicklung der Formen, von den sozialen Hintergründen, von Psychologie und Ästhetik der Musik so tiefgreifende Informationen, wie er sie auf die zuerst genannte Art kaum erhalten könnte.

Sagen wir, das Kapitel isoliere seinen Gegenstand, so ist diese Bemerkung mit einem Gran Salzes zu nehmen. Es trennt, um zu verbinden. Tatsächlich haben wir mit dem von den Professoren Michael Mann und Daniel Heartz geschriebenen Kapitel auch ein Stück allgemeiner Geistesgeschichte und Kulturgeschichte; eine willkommene Ergänzung des in anderen Kapiteln Gebotenen, aus einer bestimmten Perspektive und nicht ohne die dichtesten Bezüge auf andere. Kein Wunder; denn die Musik steht, wie Professor Mann sagt, wie kaum eine andere Kunst im gesellschaftlichen Leben, ist wie kaum eine andere »dem geistigen Klima der Zeiten ausgeliefert«. Es kommen denn hier also die französische Monarchie, die deutschen Fürsten, die italienischen Republiken noch einmal vor, im Licht der Frage, wie sie auf Formen und Praxis der musikalischen Kunst einwirkten; Ästhetik und modische Verirrungen des Barock; der Rationalismus – hier seine ein wenig hilflose Haltung angesichts der Rätsel der Musik; der Aufstieg eines selbstbewußten, wohlhabenden, patriotischen Bürgertums, und die Eintrittspreise, die es nun zu zahlen bereit war; der Triumph und der erste Niedergang der Oper; der »Appell an das Herz«, der explosive Einfluß Rousseaus auch in dieser Sphäre; die Lösung des Tones vom Wort, des Ausdrucks von der Nachahmung, die »Verinnerlichung« der Musik – »Drang, harmonische Fülle, Deutschheit der Melodie, Sonnenflammen der Empfindung« –, welche die »Sternstunde der deutschen Musik« heranführt. All das gehört hierher, gehört in diesen Band, wenn es irgendwohin gehörte.

Chronologisch, und nicht nur chronologisch, entspricht dem Kapitel über die Aufklärung die Wegstrecke zwischen 1714 und 1789, deren politische Marksteine Professor Wandruszka zu beschreiben unternahm. Sie reicht von dem langen Frieden nach dem Spanischen Erbfolgekrieg zu dem noch längeren, der 1763 beginnt und von dem Wandruszka meint, seit dem Untergang Roms habe Europa keine so friedlich-fruchtbare Epoche erlebt. Es ist die Zeit, die unlängst »Morgenröte der Gegenwart« genannt wurde und die so gefüllt war mit Leistung, innerer Reform, »Fortschritt«, daß nur die wenigsten – aber es gab sie – ein katastrophales Ende, eine große Revolution herannahen sahen.

Der alte Mythos, wonach das aus den Westfälischen Verträgen hervorgegangene Europa bis 1789 im wesentlichen dasselbe geblieben sei, hat schon dem Kapitel Professor Tapiés nicht standhalten können; hier wird er vollends zerstört. Nach der Reduktion der beiden Sieger im Dreißigjährigen Krieg, Frankreichs und Schwedens, arbeitet allmählich jene »Pentarchie« sich heraus, die dann in der Tat und trotz allem bis 1914 hielt, das System der Großmächte, Frankreich, England, Österreich, Preußen, Rußland. England ist nicht neu; aber neu seine 1713 und noch einmal, entscheidend, 1756 bekräftigte Weltstellung. Vorbei sind die Zeiten, die doch gar nicht so weit zurückliegen, da Jakob I., seine Nicht-Politik entschuldigend, sich als einen kleinen, wenig bemittelten Potentaten am Rande Europas bezeichnete. Neu ist auch Österreich nicht; aber wiederum neu seine unter Eugen erkämpfte, unter Maria Theresia verteidigte und, trotz des schlesischen Verlusts, bewährte Großmachtsidentität, die Identität eines Reiches, das mit dem anderen, dem »Römischen« oder deutschen gedoppelt und dennoch nun von ihm getrennt ist. Uns will scheinen, daß der Autor, selber österreichischer Herkunft, dies Österreich Karls VI., Maria Theresias und Josephs II., dies zur Zeit seiner größten Ausdehnung von Ostende bis in die Wallachei, von Sizilien bis nach Schlesien reichende Europa-in-Europa mit besonderer Liebe und tiefer Kenntnis beschrieben hat; seine kriegerischen Leistungen nicht nur, auch die inneren, seine zumal in Italien, zumal in den letzten Jahrzehnten des Jahrhunderts entschieden mehr schöpferische als bedrückende Gegenwart.

Gänzlich neu, neben Rußland, ist Preußen. Der Leser wird die Seiten, die vom Aufstieg Preußens handeln, wenn nicht ganz so liebevoll, doch so treffsicher und informierend finden wie die Schilderung der österreichischen Dinge; wird das Porträt des Soldatenkönigs, in dem abstoßend Brutales sich mit Ernstem, Tüchtigem und Frommem mischen, und das seines Sohnes so lebendig finden wie das menschlich ergreifendere der Kaiserin. Preußen kann nicht im Zentrum des Kapitels stehen; die preußischen Dimensionen bleiben trotz allem eng, verglichen mit England und Frankreich auf den Meeren, England und Frankreich in Amerika und Indien. Aber wenn eine Figur im Zentrum stünde, so wäre es doch wohl der »erste Diener seines Staates«, Friedrich der Große; der junge König, Litterateur und Philosoph, der alsbald tut, was zu seiner Philosophie nicht recht passen will; der Heros des großen Krieges, dessen »Durchhalten«, imposant, wie es war, zu einer für Deutschland wenig glücklichen Legende wurde; der alternde Hüter des europäischen Friedens, der mit äußerster Energie der Regierungspraxis eine im Grunde konservative Gesinnung verband und zum Schluß, in junger Umgebung, verspätet und lastend wirkte, auch er.

Immer bleibt tief merkwürdig die auch von Wandruszka überzeugend begründete Beobachtung: daß in jenem Zeitalter die Monarchien, oder doch die besseren unter ihnen, die Träger des »Fortschritts« waren und ihnen gegenüber die Republiken Stätten der Stagnation und Verrottung; daß der Absolutismus so manches teils verwirklichte, teils versprach, was dann die Französische Revolution im Großen, Prahlerischen verkündete, und zwischen beiden eine starke, schon von Zeitgenossen verstandene Affinität bestand. Auch: daß gerade die Monarchie des späten 18. Jahrhunderts mit den großen politischen Kräften des 19., Liberalismus und Nationalismus, vorbereitend verwandt ist, und zwar im positiven wie im negativ-dialektischen Sinn. Sie schuf oder bekräftigte die Postulate, welche nachmals jene der Liberalen werden sollten, antihistorische Rationalität des Staates, Gleichheit aller vor dem Gesetz, und rief doch gleichzeitig den Protest der Freiheitsliebe gegen ihre Allmacht hervor. Sie spielte im Ernst mit Begriffen wie »Nationalerziehung« und bewirkte doch gleichzeitig eine nationale Reaktion gegen ihre über geschichtliche und kulturelle Grenzen sich hinwegsetzenden, zentralisierenden, kosmopolitischen Bestrebungen. – Schlangengleich wie die Wege des Geistes überhaupt sind auch jene der politischen Ideen, Verwirklichungen und Folgen. Wer täte überhaupt etwas, könnte er voraussehen, was daraus kommen wird? Und gerade die Generation dieses Spät-Absolutismus tat, versuchte, wagte so sehr viel.

Professor Schalk zitiert eine merkwürdige Prophezeiung Rousseaus, deren letzte Sätze lauten: »Wir nähern uns einer Krise, dem Jahrhundert der Revolutionen. Es ist unmöglich, daß die großen Monarchien Europas noch lange weiterbestehen.« Für meinen Teil möchte ich nicht entscheiden, ob diese Voraussage einer tiefen Einsicht entstammte oder zufällig glückliche Raterei war. Das Frankreich Robespierres, und dann Napoleons, sah den

»großen Monarchien« viel ähnlicher als der Art von Republik, die Rousseau im Auge hatte und zu der es in Europa nie kommen sollte. In Amerika kam es dazu; mindestens wollten die Europäer, mit von Rousseau geschulten Augen, die amerikanische Revolution so sehen. Ihr ist ein eigenes Kapitel gewidmet, und das hat seine Logik. Denn kaum gibt es seit Luthers Reformation, und wieder seit der *Crise de la Conscience Européenne* in Europa wühlende Ideenkräfte, die nicht im Amerika der siebziger und achtziger Jahre, direkt oder vermittelt, am Werke gewesen wären; und entsprechend tief war der Einfluß der amerikanischen Revolution auf Europa.

Dies, obwohl sie bescheidene, durchaus ortsgebundene Ursprünge hatte. Sie war, so erfahren wir, anfangs nicht als das gemeint, was sie wurde. Sie entsprang nicht universalen Ideen, sondern in der englischen, dann in der amerikanischen Wirklichkeit gewachsenen Grundsätzen; einer Differenzierung innerhalb der englischen Nation selbst, die einen gewissen, in England zur Seite gedrängten Menschentypus, den puritanischen, nach Amerika trieb, und einer folgenden Differenzierung zwischen den britischen und den amerikanischen Engländern. Diese, unterstützt durch die riesige, nur unter Gefahren zu überwindende Entfernung zwischen Mutterland und Kolonien, durch die Eigenarten der Geographie, des Bodens, der Arbeitsbedingungen, Möglichkeiten und Notwendigkeiten, schuf allmählich eine amerikanische Identität, deren Träger gleichwohl nicht aufhörten, stolz auf ihre englische Abkunft, ihre englischen Rechte zu sein. Vielleicht wären sie es, so wie später Australier oder Neuseeländer, noch lange geblieben, hätte nicht in den sechziger und siebziger Jahren jener Streit, jene Komödie oder Tragödie der Irrungen eingesetzt, in der beide Seiten sich in ihrem Recht, und zwar in ihrem englischen Recht, glaubten und tatsächlich waren. Faszinierend ist nun, in dem Berichte Morgans, wie das Lokale und Englisch-Gebundene sich zum Universalen erweiterte, wie, unter dem Antrieb hochgebildeter Geister wie Jefferson und Madison, Philosophie, diese aus uralten Wurzeln der europäischen Geistesgeschichte genährte Philosophie des 18. Jahrhunderts, die Gestaltung des Rechtsstreites übernahm und in der Unabhängigkeitserklärung ihren weithin hallenden Ausdruck fand. Regelmäßig zu spät machte die englische Staatsführung, die Situation mißverstehend, die versöhnlichen Angebote, die ein paar Jahre früher den Streit friedlich hätten beenden können. Der Krieg, einmal begonnen, war von den Engländern nicht mehr zu gewinnen; wäre, wie der ältere Pitt seine Landsleute warnte, auch dann nicht zu gewinnen gewesen, hätte die amerikanisch-französische Diplomatie ihn nicht zu einem Teil des europäischen Mächtespiels gemacht.

Es ist ein Drama mit einem Vorspiel und drei Akten: der Beginn des Rechtsstreites, der Unabhängigkeitskrieg, die chaotische Periode der Konföderierten Staaten, und die Gründung der großen Republik. Für die Geschicke Amerikas und Europas, man kann wohl sagen der Menschheit, ist dieser letzte Akt der entscheidende Hier wurde ein bis zum heutigen Tag nachwirkender weltgeschichtlicher Unterricht gegeben: wie man die Idee der Volks-Souveränität praktisch verwirklicht; wie man, im tiefen Mißtrauen gegen den Staat, einen Staat schafft, dessen doppelter Hauptzweck es ist, vor Unordnung und auch vor ihm selber zu schützen; wie man möglich und wirklich macht, was gerade Rousseau für unmöglich gehalten hatte, eine Republik, deren Gesetze auf einem ungeheuer weiten Territorium gelten sollen; wie man föderalistische und national-zentralistische Spielregeln vermischt, Zentralmacht verteilt und balanciert und sie genauso groß sein läßt, wie sie sein muß, aber nicht größer. Es war zunächst nicht so sehr die Idee der Republik, welche die Europäer so mächtig bewegte; das kam später. Es war der Aufbau eines großen Staatswesens nach Begriffen; debattiert am hellen Tag von gewählten Volksvertretern, rechtskundigen, philosophischen Bürgern, und vom Volke ratifiziert. Drei Jahrhunderte europäischer Geschichte kulminieren hier; ungleich erfolgreicher und eindeutiger, als sie es demnächst in Frankreich tun sollten. Sie kulminieren unter nichteuropäischen, regional einzigartigen Bedingungen. Und doch ist dies Ereignis gleichzeitig. Was immer seine konkreten amerikanischen Ursprünge, es hätte so nicht stattfinden können, wenn es nicht dem Geist, der eben damals auch in Europa lebendig war, zutiefst entsprochen hätte. Nur darum auch konnte es in Europa, bis nach St. Petersburg und bis in den Balkan, das Echo hervorrufen, von dem zu Beginn unseres folgenden Bandes ausführlich gehandelt wird.

Ein Triumph der Revolution, obgleich, wie Thomas Paine staunend bemerkte, mit der Hilfe von Despoten. Ein abermaliger Triumph des protestantischen Prinzips, das nun seit zweihundertfünfzig Jahren am Werke war, obgleich mit Hilfe der katholischen Mächte. Ein Triumph des Rechtes, das man für das Recht der Natur hielt, obgleich es sich der Natur, nämlich den gewordenen Realitäten, gegenüberstellte, sich von ihnen distanzierte, um sie zu verändern. Eine Wiederholung der zu Putney 1647, von Spinoza 1670, von John Locke 1690 entwickelten Argumente. Ein Sieg der Gegenwart über die Vergangenheit, der freien Arbeit über den ererbten Besitztitel, bürgerlicher Energie über König, Adel und Söldner. Das Erscheinen einer neuen Macht übersee, die zunächst sich von Europa abwenden, aber zur Europäisierung der Erde gewaltig beitragen und später, scheinbar zum Wächter, in Wirklichkeit aber zum Liquidator und Erben der europäischen Gleichgewichtspolitik werden sollte... Wer, noch einmal gefragt, würde leugnen, daß diese »moderne« Geschichte ihre Einheit, ihre Leitmotive hat, vom Anfang bis zum Ende und neuen Anfang?

Heinrich Lutz

DER POLITISCHE UND RELIGIÖSE AUFBRUCH
EUROPAS IM 16. JAHRHUNDERT

DAS ZEITALTER KARLS V. (1519–1556)

Die europäische Staatenwelt und die Anfänge Kaiser Karls V.

Der Weg, den Europa im 16. Jahrhundert zu durchmessen hatte, führte rasch und unaufhaltsam von den politischen und religiösen Lebensformen des Mittelalters fort. Das Schicksal der Völker und Staaten gewinnt einen rascheren und einschneidenderen Rhythmus. Die alte, quergelagerte Kraft gemeineuropäischer Sozialstrukturen und Rechtsordnungen wird zunehmend überschnitten durch die zusammenfassende und abgrenzende Macht monarchischer Regierungszentren. Die überlieferte Gemeinsamkeit des kirchlichreligiösen Lebens weicht einem vielgestaltigen Ringen um die wahre Erkenntnis und den rechten Dienst Gottes. Die kirchlichen Gegensätze verbinden sich vielfach mit zwischenstaatlichen oder innerstaatlichen Konflikten. Die Reinheit des religiösen Aktes und die Freiheit der personalen Glaubensentscheidung haben in dieser Krise der traditionellen christlichen Einheitskultur geringe Chancen, den Wirkungen und den Versuchungen der politischen Zwangsgewalt zu entgehen. Andererseits gewinnt der Werdeprozeß der staatlichen Organismen und das Selbstbewußtsein der Völker aus ihrer Verflochtenheit in das Ringen überstaatlicher Mächte und Ideen formende Impulse.

Vor dem Hintergrund dieses Wandels des europäischen Lebens stehen die Gestalten der Herrscher und Theologen, der Feldherren und Minister, an Hand deren Taten wir den Gang der Dinge zu verfolgen gewohnt sind. Es erhebt sich dabei freilich die Frage, wie weit wir in der Beobachtung dieser scharfumrissenen, im hellen Licht der Geschichte stehenden Menschen auch den hintergründigen Veränderungen des menschlichen Daseins, dem Insgesamt des Werdens der neuzeitlichen Existenzbedingungen auf die Spur kommen. Der Forscher und sein Publikum befinden sich gegenüber dieser Frage im Grunde in der gleichen Situation: Die Spannung zwischen Skepsis und leidenschaftlichem Erkenntnisdrang bleibt unaufhebbar, so verschieden die Wege sind, die heute gerade in der Erforschung des 16. Jahrhunderts eingeschlagen werden. So erscheint es möglich, von der Geschichte der Personen und der Ereignisse her auch Einsicht in die strukturellen Veränderungen dieses Jahrhunderts zu gewinnen. –

Die Anfänge Karls V. wurzeln in dem Werdeprozeß des nachmittelalterlichen Europa und spiegeln diesen wider. Eine neue Generation von jungen Königen trat damals in Frankreich und England, in Polen und Ungarn, in Spanien und im Reich die Herrschaft an. Während ihrer Regierung mußte es sich entscheiden, wie das Zusammenleben der europäischen Völker in einem Zeitalter aussehen werde, dem die neuen Techniken im Finanz-, Transport-, Kriegs- und Nachrichtenwesen eine Mobilisierung staatlicher Macht und eine Weiträumigkeit politischen Handelns erlaubten, wie es das Abendland noch nie gekannt hatte. Diese jungen Könige hatten von der vorhergehenden Generation vor allem zwei Probleme übernommen, von deren Lösung die Zukunft der europäischen Politik abhing: die burgundische Frage und den Kampf um Italien.

Der zukünftige Kaiser wurde am 24. Februar 1500 in Gent geboren, als Sohn des Habsburgers Philipp des Schönen und der Johanna von Kastilien und Aragon, als Enkel Kaiser Maximilians und des spanischen Königspaares Ferdinand und Isabella. Nachdem sein Vater 1506 gestorben war, konnte der junge Herrscher schon 1515 für volljährig erklärt werden und die Herrschaft über die ererbte burgundische Hausmacht antreten, die etwa dem Gebiet der heutigen Benelux-Staaten entsprach (dazu gehörte die Freigrafschaft Burgund). Diese Gebiete stellten weder eine staatliche Einheit dar, noch waren sie souverän. Ein Teil gehörte zum Reich, ein anderer Teil (Flandern und Artois) unterstand der französischen Lehensherrschaft. Das Ganze war nur mehr ein Fragment jenes großen burgundischen Zwischenreiches, das Karls Urgroßvater Karl der Kühne besessen hatte und um das dessen Schwiegersohn und Erbe Maximilian mit Frankreich gekämpft hatte. Die Rückgewinnung der an Frankreich verlorenen Teile des burgundischen Erbes blieb zeitlebens ein Ziel Karls V. Das war verständlich, da er sich weder als Deutscher noch als Spanier fühlte, sondern der niederländisch-burgundischen Staatstradition und Adelskultur entstammte. Aber es war etwas ganz anderes, ob Karls Vater noch als erster Pair Frankreichs in Paris einer Sitzung des Parlaments präsidierte, oder ob der Sohn nun alle Fesseln dieses altertümlich-feudalen Verhältnisses abstreifen und zugleich die alten burgundischen Landmarken als moderne Souveränitätsgrenzen wieder aufrichten wollte. Das mußte der französischen Krone als eine unerträgliche Bedrohung des eigenen und seinerseits zu moderner Geschlossenheit tendierenden Staatsraumes erscheinen.

Aber noch war es nicht soweit. Maximilian, der seit Philipps des Schönen Tod nominell die Regentschaft für den Enkel übernommen hatte (und sie durch seine Tochter Margarete in Gent ausüben ließ), stand meist gegen Frankreich. Dagegen folgte die Politik des burgundischen Hochadels langfristig einer überwiegend profranzösischen Linie. Das hing mit der Entspannung zusammen, die sich im nördlichen Mitteleuropa seit der Wendung Frankreichs zu einer aktiven Italienpolitik ergeben hatte. Es ist für die Anfänge Karls V. sehr wichtig gewesen, daß sich die burgundische Frage erst spät mit dem Kampf um Italien zu einer kompakten, dann allerdings unlösbaren Rivalitätsfrage zwischen Habsburg und Frankreich verkettete.

Italien war seit dem Ende des 15. Jahrhunderts zum Kampfplatz der großen Mächte geworden. Frankreich erhob Ansprüche auf das Herzogtum Mailand wie auf die Königreiche Neapel und Sizilien. Seine Könige kämpften mit wechselndem Glück auf dem italienischen Boden, dessen Besitz ihnen die europäische Suprematie sichern sollte. Auf der Gegenseite standen Spanien und das Reich. In Spanien, das eben erst durch die Ehe der Herrscher von Kastilien und Aragon zur staatlichen Einheit gefunden hatte, gab es zwei verschiedene Richtungen. Die aragonesische Politik war auf Italien gerichtet und

Maximilian I. mit seiner ersten Gemahlin Maria von Burgund und seinem Sohn Philipp dem Schönen
Vorn seine Enkel Ferdinand (Ferdinand I.), Karl (Karl V.) und Ludwig (Ludwig II. von Ungarn),
Gemahl seiner Enkelin Maria
Gemälde von Bernhard Strigel, 1515. Wien, Kunsthistorisches Museum

Kaiser Karl V.
Steinrelief von Hans Daucher, 1522. Privatbesitz

antifranzösisch; ihr gelang im ersten Jahrzehnt des 16. Jahrhunderts die Sicherung Unteritaliens gegen die französischen Angriffe. Kastilien war von alters her profranzösisch. Dies komplizierte System wurde noch bereichert durch die schwankende Politik Maximilians, der die alten Reichsrechte in Oberitalien einmal gegen Venedig und einmal gegen Frankreich zu verteidigen suchte. Ein gewisses Gleichgewicht schien eingetreten, seit einerseits der junge französische König Franz I. 1515 Mailand erobert hatte und andererseits Heinrich VIII. von England als nördlicher Partner von Frankreichs Gegnern in Erscheinung trat.

Dieser überaus labile, offene und nuancenreiche Zustand der europäischen Staatenwelt wurde von den beobachtenden Zeitgenossen teils mit Hoffnung, teils mit Sorge verfolgt. Erasmus von Rotterdam erwies sich als ein sublimer Kenner der politischen Tendenzen der Zeit, wenn er damals mit einem großangelegten Programm europäischer Föderation und Grenzgarantien gegen die Idee einer *Monarchia Universalis* auftrat und die Pluralität der abendländischen Staatenwelt verteidigte: »Der wahre und einzige Alleinherrscher des Erdkreises ist Christus. Wenn unsere Fürsten übereinstimmend seine Gebote beachten, wird alles Leben wahrhaft unter der Herrschaft eines Fürsten aufblühen.«

Aber es kam anders. Nicht die brüderliche, sich selbst begrenzende Übereinstimmung der christlichen Fürsten, sondern die unerbittliche Rivalität im Kampf um die europäische Vorherrschaft wurde zum Signum der folgenden Jahrzehnte. Betrachtet man diese rasche und definitive Wendung am Beispiel Karls V., so zeigt sich, wie schwer es ist, bei den damaligen Vorgängen zwischen Defensive und staatlicher Selbstbehauptung hier und Expansion und Hegemoniestreben dort zu unterscheiden. Vielleicht gehörte es überhaupt zu den Wesensmerkmalen der frühneuzeitlichen Staaten, daß sich der immanente Vorgang des innerstaatlichen Reifeprozesses nur in einer expansiven und hegemonialen Politik durchsetzen konnte.

Der junge Herzog Karl von Burgund wurde 1516 durch den Tod seines Großvaters Ferdinand zum Alleinherrscher der spanischen Königreiche, da seine Mutter infolge geistiger Umnachtung nicht regierungsfähig war. Von 1517 bis 1520 hielt er sich in Spanien auf. Verschiedene Umstände – darunter seine jugendliche Unerfahrenheit und die enorme Raffgier seiner burgundischen Umgebung – verhinderten ein tieferes Einwurzeln in die politischen und geistigen Lebensformen Spaniens. Der Prozeß der »Hispanisierung« Karls setzte erst in späteren Jahren ein. Als er damals die neugewonnenen Königreiche wieder verließ, blieb das Land in einer höchst gespannten und unbefriedigten Situation, die erst durch blutige Bürgerkriege im Sinne der habsburgischen Herrschaft gerettet werden konnte. Noch während des spanischen Aufenthaltes starb Anfang 1519 Karls anderer Großvater, Maximilian, der Kaiser des Heiligen Römischen Reiches. Er hatte vor seinem Tode die Wahl Karls zu seinem Nachfolger vorbereitet. Aber nun trat als stärkster Kandidat für die Krone des Reiches der französische König auf. Franz I. fand die Unterstützung des Papstes, denn Leo X. fürchtete die Verbindung der spanischen Macht in Unteritalien mit dem Reich und seinen italienischen Rechtsansprüchen.

Sollte Karl seine Kandidatur aufrechterhalten und in den Wahlkampf gegen den französischen König eintreten? Hier stoßen wir erstmals auf den Einfluß eines Nichtburgunders, des piemontesischen Staatsmannes Mercurino Gattinara, der 1518 das Amt des Großkanzlers übernommen hatte. Sein Vorgänger, Le Sauvage, war ebenso wie Karls politischer Mentor und Oberstkämmerer Chièvres ein Exponent jener altburgundischen Politik gewesen, die den Bruch mit Frankreich – auch gerade um der Übernahme des spanischen Erbes willen – nicht wollte. Nun aber hatte der junge Herrscher in Gattinara einen ganz anderen Berater zur Seite, dessen antifeudaler Rationalismus vor keiner politischen Konsequenz zurückscheute. Im Grunde war dieser italienische Jurist, der von den hochadligen Waffen- und Jagdgefährten Karls mit Mißtrauen betrachtet wurde, der einzige, der dem Herrscher ein vorwärtsgewandtes Programm der Zusammenfassung und Sinnerfüllung einer ungeheuren, aber weit verstreuten politischen Erbmasse unterbreitete. Dieses Programm war einfach: Karl ist zur Weltherrschaft berufen, »um die ganze Welt unter einem Hirten zu vereinigen«. Der Schlüssel zur Weltherrschaft aber liegt – so mahnte Gattinara den Herrscher – in der Kaiserwürde und im Besitz Italiens.

Über die geistesgeschichtlichen Wurzeln und die Einzelzüge dieser universal ausgeweiteten Kaiseridee kann man verschiedener Ansicht sein. Sicher ist eines: Karl entschloß sich, im Sinne des Gattinara-Programms, in den Wahlkampf um die Kaiserkrone einzutreten. Er war sich des daraus resultierenden Konfliktes mit Frankreich bewußt, und er setzte schließlich alle Mittel ein, um den Rivalen aus dem Feld zu schlagen. Als sich die deutschen Kurfürsten im Juni 1519 zu Frankfurt am Main versammelten, um dem Reich ein neues Oberhaupt zu bestimmen, zeigte sich rasch, daß habsburgische Finanzkraft und deutscher Reichspatriotismus imstande waren, Karl von Kastilien einen einstimmigen Wahlsieg zu sichern. Aber damit war der Kampf um die europäische Suprematie nicht etwa entschieden, sondern erst eröffnet. Jetzt begann sich die Vielfalt europäischer Machtkombinationen immer ausschließlicher um den Pol der habsburgisch-französischen Rivalität zu orientieren. Die nun beginnende Geschichtsepoche der europäischen Staaten und Völker ist reich an anderen Problemen, die nicht aus dieser Rivalität ableitbar sind und ihre eigene Bedeutung und Entwicklung haben: die Frage der Beziehungen zwischen Fürst und Ständen, zwischen kommunaler Freiheit und monarchischer Ordnung, zwischen Wirtschaftskraft und politischer Aktion, zwischen Militärwesen und Herrschaftsform, zwischen Staatstheorie und staatlichem Werden, zwischen Dynastie und Staat. Aber alle diese Fragen und Entwicklungen, so fundamental und eigenständig sie sein mochten, gerieten irgendwie und irgendwann unter den Einfluß des oben genannten Zentralproblems. Es gab nur *einen* Bereich des menschlichen Lebens, dessen Geschichtsmächtigkeit sich mit elementarer Kraft gegen und über dieses politische Problem hinweg geltend machte. Es war die intimste und in ihrem Kern weltfernste Sphäre – die Sphäre des religiösen Gewissens, wo der Mensch nach nichts anderem fragte als nach seinem gnädigen Gott.

Das Suchen nach der Gerechtigkeit Gottes: Martin Luther

Der kirchliche Zustand der abendländischen Christenheit am Vorabend der Reformation ist für das religiöse Bewußtsein des heutigen Menschen – sei er nun Christ oder nicht – fern, fremd und schwer verständlich. In vielen Jahrhunderten einer von der christlichen Lehre fast unbestritten beherrschten Kulturentwicklung hatten sich verschiedenartige Denksysteme und Institutionen entfaltet, die – jeweils aus genuiner religiöser Wurzel entstanden – in zähen und unklaren Überlagerungsformen fortbestanden. Dem Reichtum und der Vitalität spätmittelalterlichen Frömmigkeitslebens hatte eine geringe Fähigkeit entsprochen, zentrale und fällige Probleme der geschichtlichen Inkarnation des Gotteswortes anzugehen und zu lösen. Das zeigte sich in der theologischen Forschung und Lehre, wo das wenig fruchtbare Nebeneinander der ockhamistischen *Via moderna* mit der auf die Hochscholastik zurückgreifenden *Via antiqua* in manchem an die alexandrinische Spätstufe antiker Kultur erinnert. Es zeigte sich in der unsicheren und zögernden Form, in welcher die Auseinandersetzung der humanistischen Bildungsbewegung mit der überkommenen Theologie vor sich ging. Die zahlreichen Ungemäßheiten und Mißstände im Rechtsorganismus der Kirche und im Seelsorgewesen, die grobe Verdinglichung und Verweltlichung weiter Bezirke religiösen Lebens im Schnittbereich profaner Interessen – all das löste wohl einzelne Reformprogramme und -bestrebungen aus. Aber die lang erwartete Reform der Kirche »an Haupt und Gliedern« fand nicht statt. Das Papsttum hatte zwar die Krise der Schisma- und Konzilszeit überstanden. Aber die Nichterfüllung der Reformhoffnungen bedeutete für Rom eine starke Einbuße an spiritueller Autorität; durch die zunehmende Verstrickung des Renaissance-Papsttums in das politisch-militärische Ringen um Italien verschärfte sich diese Vertrauenskrise weiter, so daß bei Luthers Auftreten nur eine Minderheit der Katholiken in Rom eine Instanz zur Entscheidung von Glaubensfragen sehen wollte.

Die tiefe organische Schwäche und theologische Verwirrung in der Kirche trat zutage, als in Deutschland eine Bewegung entstand, die nationalkirchliche Impulse, volkstümliche antirömische Affekte und humanistische Kirchenkritik mit dem religiös-prophetischen Ingenium Luthers wie in einem reißenden Strom vereinigte. Um die epochale Wirkung dieser Bewegung zu verstehen, genügt es nicht, die Mißstände und die Reformbedürftigkeit des damaligen kirchlichen Lebens zu analysieren. Der eigentliche Schlüssel liegt in dem theologischen Werdegang Luthers. Hier, in dem einsamen Ringen des Augustinermönchs um die Gnade und Gerechtigkeit Gottes, entschied sich die Zukunft des abendländischen Christentums. Hier fielen geistige Entscheidungen, die das religiöse Schicksal unzähliger Generationen von Christen – evangelischen wie katholischen Bekenntnisses – betrafen. Denn es wird ja mit zunehmender historischer Distanz immer deutlicher, wie tief auch der Weg der an Rom festhaltenden Christen von Luther beeinflußt war und ist. Die Stufen der Regeneration, welche die katholische Kirche über das Konzil von Trient bis zum zweiten Vatikanischen Konzil durchschritt, sind von Luthers Tat nicht zu trennen.

Am 10. November 1483 in Eisleben geboren, entstammte Martin Luther einer Familie bäuerlicher Herkunft. Sein Vater hatte den Hof verlassen und war im Mansfelder Kupferbergbau erfolgreich; er stieg vom Arbeiter zum Teilhaber eines Grubenunternehmens auf. Der Aufstiegswille einer jungen, nach oben strebenden Schicht zeigte sich auch in dem väterlichen Berufswunsch für den begabten Sohn, der auf die Universität Erfurt geschickt wurde und dort nach Beendigung der vorbereitenden Ausbildung in der Artistenfakultät (*Magister artium* 1505) Jura studieren sollte. Der Weg des juristischen Studiums war ja damals eine der wenigen Möglichkeiten, die Schranken der geburtsständischen Gesellschaft nach oben zu überwinden. Aber eine plötzliche Entscheidung, deren krisenhaften Hintergrund wir trotz Luthers späterer Erzählung von dem Blitz, der neben ihm einschlug, und dem dadurch ausgelösten Gelübde nicht näher kennen, führte zum Verzicht auf diesen vielversprechenden Weg. Statt Jurist zu werden, trat Luther gegen den Willen des Vaters und den Rat der Freunde in das Kloster der Augustinereremiten in Erfurt ein. Auf die Profeß 1506 folgte schon im Frühjahr 1507 die Priesterweihe. Die folgenden fünf Jahre waren mit theologischen Studien an den Universitäten Erfurt und Wittenberg ausgefüllt. Nachdem Luther schon 1509/10 eine philosophische Vorlesungstätigkeit ausgeübt hatte, übernahm er 1512 als *Doctor Theologiae* den Wittenberger Lehrstuhl für Altes und Neues Testament, den er bis zu seinem Tode 1546 innehatte. Ebenso wie akademische Ehren übertrug man dem vielversprechenden jungen Mann bald auch Ordensämter; seit 1512 war er Subprior des Wittenberger Klosters, seit 1515 Distriktsvikar mit dem Aufsichtsrecht über zehn Konvente seines Ordens.

Während der Jahre dieses nach außen hin geradlinig und erfolgreich verlaufenden Lebensabschnittes erlebte Luther eine innere Wandlung. Sie brachte eine das Gesamtgefüge seiner Existenz umformende seelische Not und Erfahrung und einen umstürzenden theologischen Denkprozeß. An die Stelle des verlorenen Vertrauens in den religiösen Wert der »äußeren« Werke trat die Überzeugung von der ausschließlichen Kraft des innerlichen Glaubens und der göttlichen Gnade. Der unmittelbare Zusammenhang des ichhaften Erlebens mit der objektiven Tragweite der neugewonnenen Einsichten wird deutlich in dem autobiographischen Bericht, den Luther 1545 über diese Wende seines Lebens veröffentlichte:

> Ich war von einem außerordentlichen Drang erfaßt worden, den Paulus des Römerbriefes zu verstehen. Bisher hatte mich daran nicht etwa mangelnde Glut des Herzens gehindert, sondern ein einziges Wort im ersten Kapitel: »Die Gerechtigkeit Gottes wird in ihm (im Evangelium) offenbart.« Ich haßte nämlich jenes Wort »Gerechtigkeit Gottes«, weil ich nach dem Gebrauch und der Gewohnheit aller Doctores gelehrt worden war, es philosophisch zu verstehen im Sinne der sogenannten formalen oder aktiven Gerechtigkeit, kraft welcher Gott selbst gerecht ist und die Sünder und Ungerechten straft. Ich aber war mir bewußt, daß ich trotz meines untadeligen Mönchslebens vor Gott ein Sünder war mit überaus unruhigem Gewissen und daß ich nicht darauf vertrauen konnte, Gott durch mein genugtuendes Werk zu versöhnen. Deshalb liebte ich diesen gerechten und die Sünder strafenden Gott nicht, ich haßte ihn vielmehr...
> Bis ich Tag und Nacht grübelnd, durch Gottes Barmherzigkeit auf den Zusammenhang der Worte (jener Stelle) aufmerksam wurde... Da begann ich, die Gerechtigkeit Gottes als eine solche zu verstehen, kraft welcher der Gerechte als ein von Gott (mit der Gerechtigkeit) Beschenkter lebt, nämlich aus dem Glauben. Und ich verstand, daß dies gemeint sei: es wird durch das Evangelium jene Gerechtigkeit Gottes enthüllt, durch die uns der gnädige Gott Rechtfertigung zuteil werden läßt auf dem Wege des Glaubens, wie geschrieben steht: Der Gerechte lebt aus dem Glauben. Da fühlte ich mich ganz neu geboren und wie durch offene Pforten in den Himmel eingetreten. Und von da an zeigte mir die ganze Heilige Schrift ein anderes Gesicht...

Zur vollen Erläuterung dessen, was Luther hier über den Ursprung seiner Heilsgewißheit aus der Verzweiflung an der eigenen Werkgerechtigkeit berichtet, müßte man viele Kapitel der antiken und mittelalterlichen Geistesgeschichte heranziehen. Die fortlebende Spannung zwischen griechischem Seinsbegriff und christlich-personaler Heilsverkündigung, die antithetische Kraft des von Luther geliebten augustinischen Denkens, die Engpässe der ockhamistischen Form des scholastischen Systems (das die Willkür des der Vernunft nicht erreichbaren »verborgenen Gottes« lehrte, aber Luther in seiner Verzweiflung an den kreatürlichen Kräften des Menschen keine Hilfe bot), schließlich die unmittelbare Verzahnung dieser theologischen Aporien mit der klösterlich-hierarchischen Daseinsform, in die Luther gebunden war – aus dieser zutiefst durchlittenen Ausweglosigkeit befreite sich der Reformator, indem er für sich und für alle Welt eine neue Konzeption des Verhältnisses von Gott und Mensch errang. Wir wissen heute freilich auf Grund zahlreicher Dokumente, daß diese Wandlung, die Luther im Rückblick erlebnishaft konzentriert hat, ein kontinuierlicher, über Jahre verfolgbarer Prozeß war. Dies ändert aber nichts an dem grundlegenden Tatbestand, daß von dieser neuen Konzeption der Gerechtigkeit Gottes her alle weiteren, fortschreitend revolutionärer wirkenden Konsequenzen Luthers sich erklären.

Schon in der Römerbrief-Vorlesung von 1515/16 wurden die weitreichenden Folgen der neuen innertheologischen Positionen für die Gesamtheit der kirchlichen und weltlichen Gegenwartsbezüge angedeutet. Die Faszination für Studenten und Kollegen muß außerordentlich gewesen sein. Was zunächst nur als ein neues akademisches Leuchtfeuer erschien, wurde zum öffentlichen Ereignis und zum leidenschaftlich diskutierten Politikum, seit Luther im Herbst 1517 gegen die Ablaßpredigt auftrat. Weder dem Augustinermönch noch der breiten Schicht von Humanisten, Theologen und fürstlichen Räten, die nun seine gedruckten Schriften zu lesen und zu verbreiten begannen, konnten damals schon die späteren Folgen einsichtig sein. Niemand dachte an Kirchenspaltung oder an die Errichtung einer »zweiten Kirche«. In einem grandiosen Mißverständnis wandte sich der überwiegende Teil der öffentlichen Meinung Deutschlands Luther zu, dem man die eigenen – national oder bildungspolitisch gefärbten – aktuellen Reformwünsche unterstellte. Kaum einer begriff die Tiefe und Radikalität von Luthers Theologie. Aber keine große Bewegung erklärt sich nur aus Mißverständnissen. Tatsächlich bestand ein innerer Zusammenhang zwischen der Wucht des antirömischen Affekts in Deutschland und Luthers theologischen Schlußfolgerungen, die nun Zug um Zug das Gebäude der traditionellen Lehre und der Hierarchie trafen. Und andererseits ist die befreite Zustimmung tieferer Geister nicht zu übersehen, wie man sie etwa bei Albrecht Dürer findet, der Luther in Kupfer stechen wollte, »zu einer langen gedechtnus des kristlichen mans, der mir aus grossen engsten geholfen hat«.

Die Antwort der kirchlichen Stellen und der konservativen Theologen auf Luthers Auftreten war im großen und ganzen schwächlich, theologisch wenig überzeugend und noch dazu politisch gehemmt. Denn gerade als 1518 in Rom der Prozeß gegen den Wittenberger eröffnet wurde, kam Papst Leo X. in die Lage, dessen Landesherrn, den sächsischen Kurfürsten, für die kurialen Absichten bei der bevorstehenden Wahl des Reichsoberhauptes gewinnen zu wollen. So ergab sich die groteske Situation, daß der römische Prozeß gegen Luther im Zusammenhang mit der päpstlichen Politik gegenüber Franz I. und Karl V. fast eineinhalb Jahre auf Eis gelegt wurde. Erst im Sommer 1520 erging die Bannandrohungsbulle *Exsurge Domine*. Aber auch sie vermochte die öffentliche Meinung Deutschlands kaum mehr gegen Luther zu beeinflussen. Vielen Männern, die als Katholiken gestorben sind, erschien in jenen Jahren das kuriale Vorgehen gegen den Reformator nicht als die verbindliche Stimme der Kirche, sondern als eine von außen kommende, parteiische Maßnahme, die kein Gewissen verpflichtete. So schrieb damals Conrad Peutinger, der als Humanist und führender Politiker der süddeutschen Reichsstädte die Dinge genau verfolgt hatte, voll Ingrimm: »Luther ist in der Kirche und wird in der Kirche sein, bis ein Konzil gerecht über ihn urteilt und ihn hinauswirft.«

Luthers Suchen nach Gottes Gerechtigkeit war eine Frage von universaler Tragweite; seine Frage kam aus der Tiefe des geschichtlichen Schicksals der Heilsbotschaft Christi. Die Antworten, die er fand, waren von ebenso allgemeiner Bedeutung. Es machte die konkreten Bedingungen dieser geschichtlichen Stunde aus, daß sich Weg und Wirkung des Reformators mit den deutschen Verhältnissen auseinanderzusetzen hatte. Die Welt, in die Luthers Verkündigung wirkte, war zunächst die beschränkte und altertümliche Welt des Heiligen Römischen Reiches. Ihr trat er auf dem Wormser Reichstag von 1521 persönlich entgegen.

Der Reichstag zu Worms 1521

Weit über ein Jahr verstrich, bis das zu Frankfurt gewählte Oberhaupt des Reiches zur Krönung in Aachen eintraf. Von Spanien über England und die Niederlande kam Karl V. zum erstenmal ins Reich. Am 23. Oktober 1520 fand im Aachener Karls-Münster die Krönung des zwanzigjährigen Monarchen zum König der Römer statt. Die Kurfürsten walteten ihrer Ämter; der Erzbischof von Köln stellte die sechs Fragen, die das Krönungsformular enthielt: »Willst Du den heiligen überlieferten katholischen Glauben halten und bewahren? Willst Du die Kirche und die Geistlichkeit beschirmen? Willst Du das Reich in Gerechtigkeit regieren? Willst Du die Rechte des Reiches wahren und das ihm entfremdete Gut wiedergewinnen? Willst Du ein gnädiger Richter und ein Anwalt der Armen und Reichen, der Witwen und Waisen sein? Willst Du der päpstlichen Heiligkeit und der römischen Kirche in Treue und Ehrfurcht die schuldige Ergebenheit bewahren?« Karl antwortete jedesmal mit Ja und empfing die Krone und die liturgischen Krönungsgewänder. Wenige Tage später nahm er bereits – kraft päpstlicher Vollmacht – den Titel eines »erwählten römischen Kaisers« an. Die noch ausstehende Kaiserkrönung durch den Papst, die eigentlich die Voraussetzung für die Führung des Kaisertitels war, sollte vereinbarungsgemäß bald nachfolgen. Tatsächlich dauerte es noch zehn Jahre, bis dieser zweite Krönungsakt zustande kam.

Mit dem altertümlichen Prunk der Aachener Krönungsfeier begann der Eintritt des Kaisers in die Probleme der Reichspolitik. Eine Woge von ungemessenen und unklaren Hoffnungen schlug ihm entgegen, als er nun – umgeben von einem glänzenden Hofstaat aus Niederländern, Spaniern und Deutschen – über Köln rheinaufwärts nach Worms reiste, um dort den Reichstag zu eröffnen. Volkstümliche Prophezeiungen und humanistische Begrüßungsworte verkündeten gleicherweise den Anbruch des goldenen Zeitalters. Auch in

Martin Luthers revolutionärer Schrift »An den christlichen Adel deutscher Nation« klang damals die hochgestimmte Erwartung auf den jungen, mächtigen Herrscher wider: »Gott hat uns ein junges, edles Blut zum Haupt gegeben, er hat damit viel Herzen zu großer, guter Hoffnung erweckt.«

Aber was war es eigentlich, was die Deutschen von Kaiser Karl erwarteten, der ihre Sprache nicht sprach, ihre Wünsche nicht kannte und ihre Erregung nicht verstand? War es nur die Kraft des volkstümlich-atavistischen Kaisermythos oder die des antirömischen Affektes, welche die Gemüter in Bewegung versetzte? Es ist kaum möglich, die Vielfalt der Motive zu entwirren und die Vielschichtigkeit der Projektionen sozialer, politischer und religiöser Heilserwartung aufzudecken, in deren Mittelpunkt Karl in Deutschland geriet. Zweierlei scheint in diesem verwirrenden Bild einigermaßen klar zu sein: die spannungsreiche deutsche Atmosphäre dieser Monate ist erfüllt von der Ahnung großer, schon überfälliger Entscheidungen – eine Wende ist im Gang, es geht nicht mehr so weiter wie bisher. Andererseits ist der Kaiser selbst zu innerst unberührt von der heißen und undurchsichtigen Bewegung um ihn her. Im exklusiven Kreise seiner Berater herrschte die kühle Luft dynastischer Rationalität. Man dachte und handelte in den Bahnen einer berechenbaren und internationalen Politik. Der Kaiserhof spielte in dem Getriebe von Fürsten, Rittern, Humanisten, Luthergegnern und Lutherfreunden eine distanzierte Rolle. Man berechnete mit Genauigkeit die Züge und Gegenzüge und den Wert der einzelnen Figuren. Aber man blieb entschieden außerhalb des Dunstkreises dieser deutschen Leidenschaften und Engagements. So konnte der Kaiser den Wormser Reichstag – formal gesehen – mit Erfolg leiten und zu Ende führen. In Wirklichkeit aber war ihm hier schon die Führung der deutschen Dinge entglitten, bevor er sie noch wirklich in die Hand genommen hatte.

Bei alledem ging es aber keineswegs nur um die deutschen Dinge. Die Glaubensfrage, wie sie durch Luthers Auftreten in Worms in aller Öffentlichkeit gestellt wurde, richtete sich und richtet sich noch heute an alle Welt, wenn auch die Umstände und die besondere Form, in der diese Frage auftrat, unverkennbar von den besonderen geistigen und gesellschaftlichen Voraussetzungen Deutschlands bedingt waren. Auch die politischen Fragen, die der Wormser Reichstag behandelte, reichten über die innerdeutschen Anlässe und Konsequenzen hinaus. In allen Fürstenstaaten Europas war damals das Verhältnis zwischen herrschaftlicher und genossenschaftlicher Ordnung, zwischen monarchischer Zentralgewalt und ständischem Föderalismus in der Schwebe. Die Verfassung des Heiligen Römischen Reiches nahm nach Alter und Reichweite eine führende Stellung im konstitutionellen Leben Europas ein. Sie enthielt – wenn auch in stark verkümmerter Form – manche Elemente übernationaler Rechts- und Staatsordnung. Es mußte für die innere Ausgestaltung der europäischen Staaten wie für das Zusammenleben der christlichen Völker und Fürsten vieles davon abhängen, in welcher Weise sich das Verhältnis zwischen Kaiser und Reich entwickelte.

In der erstmaligen Begegnung Karls mit den deutschen Fürsten und Städtevertretern ging es um verfassungspolitische Entscheidungen von erheblicher Tragweite. Der alte Kaiser Maximilian hatte das Ringen um die Reichsreform nicht zu Ende geführt. Wohl war der innere Ausbau der deutschen Fürstenstaaten fast überall zu einem gewissen Abschluß gelangt; diese seit Jahrhunderten vor sich gehende territorialstaatliche Konsolidierung war auch durch ein mächtiges Kaisertum kaum mehr rückgängig zu machen. Aber andererseits war die Frage nach der zentralen Zuordnung von ständischer und kaiserlicher Regierungsgewalt noch ganz offen. Und außerhalb der großen, geschlossenen Fürstenstaaten gab es noch die Kleinwelt der reichsfreien Grafen und Ritter, der vielen kleinen geistlichen Herrschaften und der Reichsstädte, die zum Teil gerade damals einen Anstieg ihrer wirtschaftlichen und finanziellen Macht erlebten. Die Bedeutung dieser nichtfürstlichen Gruppen darf nicht unterschätzt werden. Die mächtige Organisation des Schwäbischen Bundes zeigte damals, wie dank einer modernen und zweckmäßigen Föderativverfassung die finanzkräftigen Städte Süddeutschlands zusammen mit Adel und Prälaten ihren fürstlichen Bundespartnern durchaus gewachsen waren. So waren die Reichsstädte und die kleinen, nichtfürstlichen Reichsstände die gegebenen Bundesgenossen des Kaisers, wenn er eine Reform der Reichsverfassung im Sinne einer Stärkung des monarchischen Charakters versuchen sollte.

Auf dem Wormser Reichstag ging der Kampf zwischen Kaiser und Fürsten vor allem um das neu zu errichtende »Reichsregiment«. Die Kurfürsten hatten es in der Wahlkapitulation gefordert, Karl hatte es im Prinzip zugestanden. Aber die beiderseitigen Vorstellungen gingen weit auseinander. Die Stände griffen auf eine Ordnung von 1500 zurück; damals war es ihnen vorübergehend gelungen, Maximilian zur Annahme einer Art von Regentschaftsrat zu zwingen, der sich aus Vertretern des Reiches zusammensetzte und die Regierungskompetenz des Reichsoberhauptes wesentlich beschränkte. 1521 mußte Karl in der Wiedererrichtung einer solchen Zentralbehörde den Versuch sehen, ihn unter Vormundschaft zu stellen. Seine Position war eindeutig und wurde von seinen Räten energisch verfochten: Nur der Kaiser repräsentiert die Gesamtheit des Reiches; ein dauerndes Zentralorgan der Stände ist deshalb ein Unding; nur für die Dauer der jeweiligen Abwesenheit des Kaisers vom Reich soll ein Statthalterrat gebildet werden, der im Namen Karls die Regierung führt. Nach monatelangem Ringen kam die »Regimentsordnung« vom 26. Mai 1521 zustande, die in der Form den Ständen entgegenkam, in der Sache aber durchaus der kaiserlichen Konzeption folgte.

Mit diesem Kompromiß war auf weitere Sicht nicht viel gewonnen; der Kampf war nur vertagt. In der Praxis der Reichsgesetzgebung, des Landfriedens und der Neuordnung des obersten Reichsgerichtes zeigte sich sofort, daß die Impulse zu herrschaftlicher Ordnung hier und zu föderativer Ordnung dort nicht ineinandergriffen, sondern sich gegenseitig lähmten. So blieb von der ungelösten Verfassungsfrage her das Reich in einem seltsamen Zustand von Hilflosigkeit und improvisierter Selbsthilfe. Die kaiserliche Idee des Reiches – das sollte sich später zeigen – war im äußersten Falle nur mit Waffengewalt zu realisieren. Bis dieser Fall eintrat, war jedoch durch die religiöse Neuerung das bisherige politische und rechtliche System des Reiches bereits tiefgehend verändert. Das religiöse Gewissen begann gegen profane Rechtsbindungen zu protestieren und schuf damit völlig neue Tatbestände. Diese Entwicklung setzte in den Jahren nach 1521 ein. Der Wormser Reichstag bot dazu einen ersten, bedeutungsvollen Anschauungsunterricht.

Die Frage nach Luther und seiner Stellung zur Kirche und zum Reich gehörte keineswegs zum ursprünglichen Programm der Wormser Versammlung. Es gab zwar in diesem

Programm einen Punkt, der die Interessen Roms sehr nahe betraf. Das waren die *Gravamina nationis Germanicae*, das heißt die seit dem 15. Jahrhundert stets wiederholten und verstärkten Klagen über die fiskalischen und rechtlichen Übergriffe der römischen Kurie in Deutschland. Der starke antirömische Affekt, der hinter diesen Klagepunkten stand, machte sich auch in den Verhandlungen über Karls geplanten Romzug geltend. Er bestimmte weitgehend die Atmosphäre der ersten Monate des Reichstages und erfaßte auch manche Teilnehmer, die der Sache Luthers skeptisch oder neutral gegenüberstanden. Diese antirömische Stimmung bei hoch und niedrig machte auf die in Worms anwesenden päpstlichen Nuntien tiefen Eindruck. Sie manifestierte sich bei vielen Gelegenheiten. Am 22. Januar 1521 hielt der Augsburger Dominikanerprior Johann Faber, der später vor der Reformation aus seinem Kloster fliehen mußte, die Leichenrede für den verstorbenen Kardinal von Croy. In Anwesenheit des Kaisers und der führenden Männer des Reiches forderte er zunächst ein Vorgehen gegen Luther, da es diesem Privatmann nicht zustehe, den Papst zu maßregeln. Wohl stehe dies aber dem Kaiser und den Kurfürsten zu. Der Kaiser solle nach Italien ziehen, Italien wieder dem Reich unterwerfen und die Mißstände in Rom abstellen. Der Nuntius Aleander berichtete über diese sensationelle Kundgebung nationaler und innerkirchlicher Angriffslust in höchst besorgtem Tone nach Rom. Er intervenierte beim Kaiserhof, hatte aber keinen Erfolg; vielmehr wurde Faber zum Fastenprediger bestimmt.

Solche Stimmungsmomente gaben den Hintergrund ab für das politische Ringen, das der Berufung Luthers vor den Reichstag vorausging. Friedrich von Sachsen, der Landesherr des Wittenberger Mönchs, war eine führende Gestalt unter den deutschen Kurfürsten, mit denen der Kaiser sich jetzt zu arrangieren hatte. Er forderte ein unparteiisches Verhör für Luther und sah geflissentlich darüber hinweg, daß der Mönch inzwischen schon von Rom gebannt war und seinerseits die päpstliche Bulle vor den Toren Wittenbergs verbrannt hatte. Nach den Regeln des Reichs- und Ketzerrechtes hätte nun dem päpstlichen Bann die kaiserliche Achterklärung folgen müssen.

Aber die Dinge beginnen anders zu laufen. Auf der einen Seite fordert eine Mehrheit der zum Reichstag eintreffenden Stände das Verhör, auf der anderen Seite ist im Kreis der Hofräte und Juristen – bis in die nächste Umgebung des Kaisers – der Gedanke verbreitet, im Sinne des Erasmus die »Tragödie Luthers« durch ein Schiedsgerichtsverfahren beizulegen. Das sind zunächst etwas vage Ideen, die vom Papsttum als lehramtlicher Instanz absehen wollen und den Fall des Wittenbergers halb noch als Gelehrtenstreit, halb schon als ein Politikum im antipäpstlichen Sinne erscheinen lassen. Aleander drängt den Kaiserhof unausgesetzt zum sofortigen Erlaß eindeutiger Strafmandate gegen Luther. Der Kaiserhof spürt gute Lust, Luther gelegentlich als ein Schreck- und Druckmittel gegen Rom auszuspielen. Man will den sächsischen Kurfürsten und die anderen Stände nicht vor den Kopf stoßen; man will ihnen aber von kaiserlicher Seite her auch keine eigentliche verfassungsrechtliche Mitwirkung bei der Behandlung Luthers zugestehen.

Aus diesen hin und her wirkenden Motiven und Einflüssen ergibt sich schließlich die weltgeschichtliche Entscheidung: Luther wird vor den Reichstag berufen. Aber er darf nicht disputieren; er darf nur zum Widerruf erscheinen. Wenn er nicht widerruft, ist der Kaiser berechtigt, gegen ihn gemäß den Gesetzen vorzugehen. Zwischen Karl und der

Kurie wird der Fall weiterhin nach allen Regeln der Renaissance-Diplomatie durchgespielt — so wenn Aleander der Kurie rät, die Sache Luthers vor dem Kaiser als nicht allzu wichtig zu behandeln, damit dieser für seine Hilfe (gegen Luther) nicht übertriebene Gegenforderungen stellen könne. Begleitet von dem kaiserlichen Herold wurde der Weg Luthers durch die Städte und Dörfer Hessens und Frankens zu einer Triumphfahrt. Die Blicke des ganzen Landes richteten sich nach Worms, wo der Wittenberger Mönch am 17. April 1521 zum erstenmal vor den Reichstag trat. Man legte ihm auf einem Tisch seine Bücher vor und fragte ihn, ob er sie als seine Werke anerkenne und ob er widerrufe. Luther bat um Bedenkzeit bis zum nächsten Tag. Hier wiederholte sich zunächst der Auftritt mit der Vorlage der Bücher. Aber nun ergriff der Reformator das Wort zu einer wohlvorbereiteten Rede, erst in deutscher, dann in lateinischer Sprache. Er ging davon aus, seine Werke zu klassifizieren und zu erläutern. Dabei legte er den Akzent weniger auf die theologischen Unterscheidungsfragen als auf den Gesamtkomplex von Papsttum, Kirche und Gewissen. Hier konnte er auf aufmerksamstes Gehör rechnen, und hier blieb er seinen Hörern, darunter dem Kaiser und allen Großen des Reiches, nichts schuldig: »Der Papst ist die Macht, die mit ihren allerbösesten Lehren und ihrem schlechten Beispiel die christliche Welt mit den geistlichen und leiblichen Übeln verheert, verwüstet und verdorben hat. Denn dies kann niemand bestreiten oder verhehlen, daß durch die Gesetze des Papstes und seine Menschenlehre die Gewissen der Christgläubigen aufs jämmerlichste gefangen, beschwert, gemartert und gequält sind.« Auf die abschließende Frage nach einem klaren Ja oder Nein zum Widerruf antwortete Luther ohne Zögern: »Wenn ich nicht durch das Zeugnis der Heiligen Schrift oder durch klare Vernunftgründe überzeugt und überwunden werde, so bleibe ich überwunden durch die von mir angeführten Schriftstellen, und mein Gewissen bleibt im Worte Gottes gefangen, und ich kann und will nicht widerrufen, da es beschwerlich, ungut und gefährlich ist, gegen das Gewissen zu handeln. Gott helfe mir, Amen!«

Nach dieser Erklärung war der Kaiser am Zug; er war jetzt konfrontiert mit einer Kampfansage, der gegenüber es kein taktisches Abwägen mehr gab. Einen Tag nach Luthers Rede ließ er die Stände zusammenkommen und gab eine Gegenerklärung ab, die er eigenhändig in französischer Sprache aufgesetzt hatte: »Ihr wißt, daß ich abstamme von den allerchristlichsten Kaisern der edlen deutschen Nation, von den katholischen Königen von Spanien, den Erzherzögen von Österreich, den Herzögen von Burgund, die alle bis zum Tode getreue Söhne der römischen Kirche gewesen sind. Sie haben die heilige katholische Religion hinterlassen, in der ich lebe und sterbe. So bin ich entschlossen, festzuhalten an allem, was seit dem Konstanzer Konzil erreicht ist. Denn es ist sicher, daß ein einzelner Mönch irrt, wenn er gegen die Meinung der ganzen Christenheit steht, da sonst die Christenheit tausend Jahre oder mehr geirrt haben müßte. Deshalb bin ich entschlossen, in dieser Sache alle meine Königreiche und Herrschaften, Freunde, Leib und Blut, Leben und Seele einzusetzen. Denn das wäre eine Schande für uns und für Euch, Ihr Glieder der edlen deutschen Nation, wenn in unserer Zeit durch unsere Nachlässigkeit auch nur ein Schein der Häresie und Beeinträchtigung der christlichen Religion in die Herzen der Menschen einzöge. Nachdem wir gestern die Rede Luthers hier gehört haben, sage ich Euch, daß ich

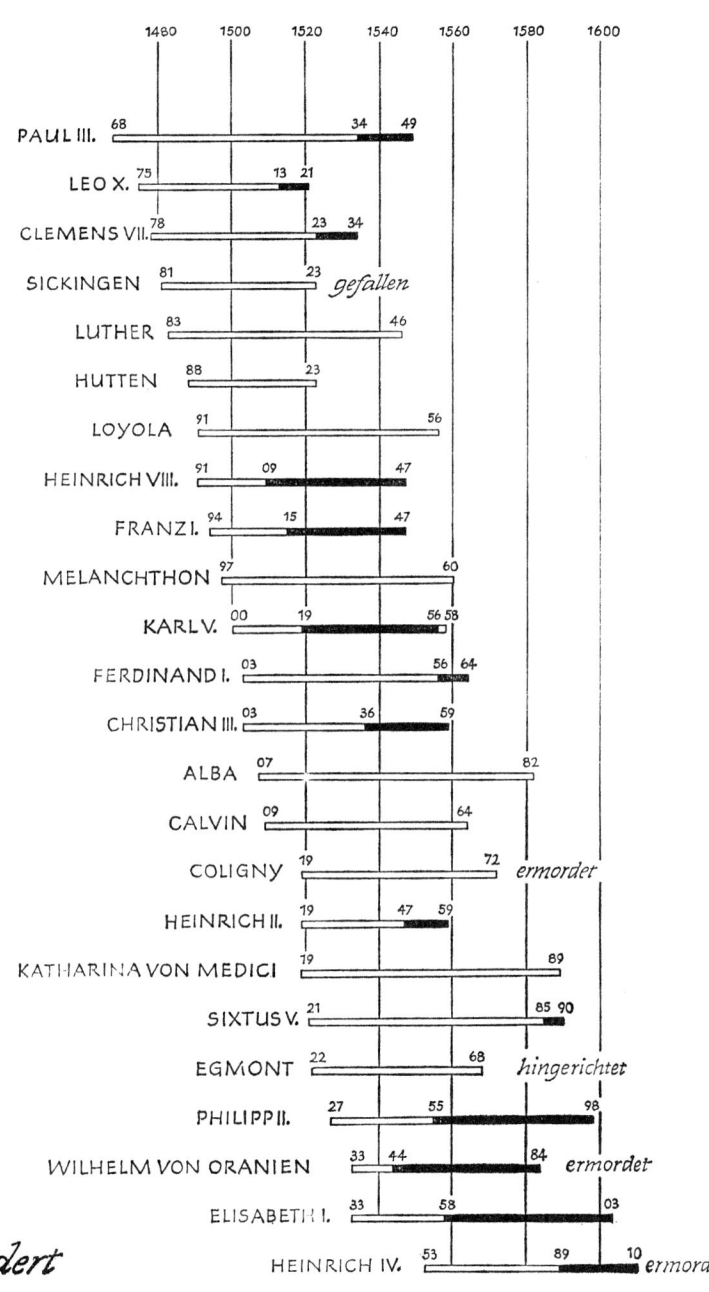

DER POLITISCHE UND RELIGIÖSE AUFBRUCH EUROPAS

	1480	1500	1520	1540	1560	1580	1600

PAUL III. 68 — 34 49
LEO X. 75 — 13 21
CLEMENS VII. 78 — 23 34
SICKINGEN 81 — 23 *gefallen*
LUTHER 83 — 46
HUTTEN 88 — 23
LOYOLA 91 — 56
HEINRICH VIII. 91 09 — 47
FRANZ I. 94 15 — 47
MELANCHTHON 97 — 60
KARL V. 00 19 — 56 58
FERDINAND I. 03 — 56 64
CHRISTIAN III. 03 — 36 59
ALBA 07 — 82
CALVIN 09 — 64
COLIGNY 19 — 72 *ermordet*
HEINRICH II. 19 — 47 59
KATHARINA VON MEDICI 19 — 89
SIXTUS V. 21 — 85 90
EGMONT 22 — 68 *hingerichtet*

EBENSDATEN:

PHILIPP II. 27 — 55 98
WILHELM VON ORANIEN 33 44 — 84 *ermordet*

Europa im
16. Jahrhundert

ELISABETH I. 33 — 58 03
HEINRICH IV. 53 — 89 10 *ermordet*

bedaure, so lange gezögert zu haben, gegen ihn vorzugehen. Ich will ihn nie wieder hören. Er habe sein Geleit; aber ich werde ihn fortan als notorischen Ketzer betrachten und hoffe, daß Ihr als gute Christen gleichfalls das Eure tut.«

Auch wenn man bedenkt, daß diese kaiserliche Erklärung nicht zuletzt eine außenpolitische Bedeutung hatte – sie wurde bald im Druck in ganz Europa verbreitet und dem Papst im Konsistorium vorgelegt –, wird man sich dem Eindruck ihrer bekenntnishaften Kraft nicht entziehen können. Aber kann man Karls Erklärung als eine ebenbürtige Antwort auf Luthers Bekenntnis betrachten? Wohl kaum, wenn man beide Äußerungen nach ihrem theologischen und menschlichen Gewicht wertet: Gegen die tief durchdachte und durchlebte Gewissensentscheidung des Mönchs stand der religiöse Traditionalismus des Monarchen. Dazu kam die Frage nach der Bereitschaft zur Last der Konsequenzen. Für Luther war diese Bereitschaft nicht zweifelhaft; er hat sein ganzes weiteres Leben mit allen Bitternissen und Enttäuschungen unter diese Last gestellt. Aber der Kaiser? Bei ihm trat alsbald die innere Schwäche einer traditionalistischen Glaubenshaltung zutage, die eben nur *ein* Bestandteil seiner monarchischen Vorstellungswelt neben vielem anderen war. Er meinte es ernst mit seiner Antwort an Luther; aber er hätte es als völlig absurd betrachtet, nun etwa auf den großen Krieg gegen Frankreich zu verzichten und statt dessen in Deutschland die Voraussetzungen für ein Umsichgreifen der Reformation Luthers zu beseitigen. Auf eine solche Idee wäre damals weder der Kaiser noch seine Umgebung gekommen. Aber das war eben nicht nur ein Mangel an Voraussicht oder sittlichem Ernst, sondern die logische Folge aus der alten Konzeption von Gott, Welt und Fürstenehre, in welcher der Kaiser groß geworden war.

Was Karls Hoffnung auf das Verhalten der Reichsstände anging, so erlebte er alsbald die ersten Enttäuschungen. Die Mehrzahl der Teilnehmer des Reichstages betrachtete den Fall Luthers auch jetzt noch nicht als entschieden. Sie wollten noch immer nicht die Hoffnung aufgeben, den Wittenberger für ihre Art von antirömischer Opposition und Kirchenreform zu gewinnen. Sie hielten den Konflikt zwischen der politischen Autorität und Luther noch für heilbar; um die lehramtliche Entscheidung Roms machten sie sich zunächst wenig Gedanken. So wurde nun unter unwilliger Duldung des Kaisers im kleinen Kreise Tag um Tag mit Luther weiterverhandelt. Zuerst stand ihm eine gemischte Kommission der Reichsstände gegenüber; zuletzt, am 25. April, waren es noch zwei Männer aus der starken Gruppe der humanistisch gebildeten Juristen – Conrad Peutinger aus Augsburg und Hieronymus Vehus aus Trier –, die aus eigener Initiative das Gespräch mit Luther zu retten versuchten. In diesem bewegenden Endstadium wurden noch einmal frühere Ausgleichsvorschläge aufgegriffen: das unparteiische Schiedsgericht der Gelehrten, ein Richterspruch des Reichstages oder die Entscheidung eines Konzils, damit verbunden ein Stillhalteabkommen zwischen Luther und dem Reichstag.

Die Haltung der beiden Juristen war typisch für die damalige Stellung weitester Teile der deutschen Bildungswelt zu Luther. Beide lobten das Anliegen und das Wirken Luthers; sie begrüßten sein Vorgehen gegen die »*sophistica theologia*, das unnutz predigen«, gegen die Ablaßverkäufer und gegen die Gesamtheit der »Unordnung des Römischen und geistlichen Wesens«. Sie dankten ihm, daß er »die rechten Fünklein evangelischer Lehre so gut an den

Luthers eigenhändiger Entwurf für seine Rede auf dem Wormser Reichstag am 18. April 1521
Geschrieben in der Herberge nach seinem Verhör am 17. April
Weimar, Thüringisches Staatsarchiv

Papst Leo X.
Zeichnung von Giulio Romano
Chatsworth, Devonshire Collection

Tag gebracht habe«. Aber alles Ringen und Bitten um eine Kompromißformel, die Luther für einen evolutionären Weg der Kirchenreform gewonnen hätte, stieß auf seinen unerschütterlichen Vorbehalt: er werde sich der Entscheidung des Reichstages oder eines Konzils unterwerfen, nur dürfe nichts gegen die Heilige Schrift entschieden werden. Das war tatsächlich der Angelpunkt der Wormser Vorgänge. Hier scheiterte trotz des besten Willens jeder Ausgleichsversuch, der von einer kollektiven Autorität in Glaubensfragen ausging – mochte dabei auch in extremster Form vom Papsttum als Glaubensinstanz abgesehen werden.

Als Luther am folgenden Tag Worms verließ, war die sächsische Politik schon darauf vorbereitet, den Gebannten und Geächteten für eine unbestimmte Übergangszeit dem Zugriff der Öffentlichkeit zu entziehen. Während der Wittenberger auf der Wartburg in Sicherheit saß, sich als »Junker Jörg« einen weltmännischen Bart wachsen ließ und die Bibel übersetzte, ging der Reichstag zu Ende. Der Kaiser erließ das berühmt-berüchtigte »Wormser Edikt«, das nicht nur für die Person Luthers alle reichsrechtlichen Strafmaßnahmen verkündete, sondern auch die Verbreitung seiner Schriften mit harten Vorschriften unterbinden sollte. Doch damit war dem Stand der öffentlichen Meinung gegenüber nicht durchzukommen. Wie ein reißender Strom ergoß sich in wachsender Anzahl das reformatorische Schrifttum über Deutschland. Nun wurde vielen deutlich, daß es sich nicht mehr um Reform, sondern um eine religiöse Revolution handelte. Heftiger und entschiedener begann man das Neue aufzunehmen, zu bedenken und mitzuvollziehen.

Neben der Verfassungsfrage und der Glaubensfrage hatte der Reichstag auch außenpolitische Probleme zu behandeln. Der Kaiserhof war ständig mit den Nachrichten vom Bürgerkrieg in Spanien beschäftigt; die Stände hatten sich mit den Hilfsforderungen der Ungarn auseinanderzusetzen, die vor der Türkengefahr warnten. Die italienischen Mächte verfolgten mit gespanntem Mißtrauen die Verhandlungen zwischen Kaiser und Reich über die Stärke des Heeres, das die Stände zum traditionellen Romzug des Herrschers zu stellen bereit waren. Schließlich rückte die französische Frage zunehmend in den Mittelpunkt des Interesses; sie beherrschte den Ausgang des Reichstages. Im Zeichen der ansteigenden Kriegsgefahr im Westen stand auch die Beschleunigung der lang schon fälligen Erbteilung zwischen dem Kaiser und seinem Bruder Ferdinand. Die jüngere Linie erhielt mit der Hauptstadt in Wien den östlichen und südlichen Teil des im Reich gelegenen habsburgischen Besitzes: Österreich, die Alpenherzogtümer, Teile von Schwaben und dazu bald noch den Breisgau und das Elsaß. Der Kaiser behielt die Niederlande, Spanien, die Freigrafschaft Burgund und die italienischen Besitzungen. Wie Glieder einer Kette legten sich diese Länder um das Königreich Frankreich.

Das kräftigste Glied in diesem Ring war jedoch Karls neuer Verbündeter, Papst Leo X. Obwohl er im Ringen um die Kaiserkrone eben noch auf der Seite der Gegner Habsburgs gestanden hatte, war der Mediceerpapst bald zu sehr weitgehenden Bündnisvereinbarungen bereit. Er wandte sich einfach jener Seite zu, deren Sieg im kommenden Hegemoniekampf am sichersten schien. Solange am Kaiserhof selbst die Würfel noch nicht gefallen waren, gab es auch in Rom Verzögerungen. Doch als Chièvres starb und damit die altburgundische und frankophile Richtung am Hofe endgültig das Terrain an die von Gattinara geführte

Kriegspartei verlor, nahm Leo X. offen Stellung. Am 28. Mai 1521 wurde in Rom das Kriegsbündnis zwischen Kaiser und Papst gegen den allerchristlichsten König Franz I. unterzeichnet. Die Gedanken und Kräfte des Kaisers wandten sich rasch von Deutschland ab. Gegenüber dem gewaltigen Ringen um die europäische Vorherrschaft, das nun begann, erschienen der Wormser Reichstag, Luther und die Welt der deutschen Fürsten und Städte bald nur noch wie eine Episode am Rande des Weltgeschehens.

Beginn des Kampfes um die europäische Hegemonie (1521–1530)

Der Krieg zwischen Frankreich und dem Kaiser begann keineswegs mit großen, überlegt geplanten und durchgeführten Operationen. Es waren regionale Konflikte an der niederländischen Grenze und im Pyrenäengebiet, die den großen Waffengang des 16. Jahrhunderts eröffneten. Henri d'Albret, König von Navarra, wollte im Frühjahr 1521 die innerspanischen Wirren benützen, um den 1512 an Spanien verlorenen südlichen Teil seines Pyrenäenstaates zurückzugewinnen. Er hatte französische Hilfstruppen zur Verfügung und konnte im Mai ohne große Mühe Pamplona erobern. Aber diese Kämpfe, die durch die Teilnahme eines baskischen Edelmannes namens Iñigo de Loyola weltgeschichtliche Berühmtheit erlangten, endeten bald mit dem Rückzug der Franzosen über das Gebirge. Im Juli 1521 befand sich ganz Süd-Navarra wieder in spanischer Hand.

Ein ähnlicher Kleinkrieg hatte an der luxemburgischen Grenze begonnen, wo Robert de la Mark, Herr von Sedan, zunächst eine Privatfehde in fast mittelalterlichem Stil gegen seinen kaiserlichen Lehensherrn führte. Der Kaiser machte für dieses Vorgehen wie für die Kämpfe in Navarra den französischen König haftbar. So bestand zwar seit dem April 1521 ein förmlicher Kriegszustand zwischen den beiden Monarchen, aber zu größeren Operationen kam es erst im Herbst in Oberitalien. Hier hatte der Kaiser in Papst Leo X. einen starken Verbündeten, und hier richtete sich der konzentrische Angriff kaiserlicher und päpstlicher Truppen gegen den französischen Kommandeur Lautrec, der alsbald Mailand räumen mußte. Die Entscheidung schien nun von der Stärke der Schweizer Hilfstruppen abzuhängen, die die französische Diplomatie zu mobilisieren vermochte. Aber in der Schlacht von La Bicocca (1522) zeigte sich die infanteristische Überlegenheit der Spanier und der deutschen Landsknechte über die Schweizer. Nach dieser entschiedenen Niederlage der Franzosen geriet auch Genua in die Gewalt der Kaiserlichen. Fast das ganze Herzogtum Mailand, das Franz I. seit 1515 behauptet hatte, befand sich nun in der Hand des Kaisers. Karl verzichtete jedoch mit Rücksicht auf seine italienischen Verbündeten auf die Aufrichtung einer unmittelbaren Herrschaft in diesem Gebiet, das zum Angelpunkt des europäischen Hegemoniekampfes geworden war. Er überließ die Regierung dem Herzog Francesco Sforza, einem jüngeren Bruder des vom französischen König seit 1516 festgehaltenen Herzogs Massimiliano.

1523/24 traten zwei weitere Gegner auf den Plan, die Frankreichs Lage nach dem Verlust Oberitaliens noch bedrohlicher gestalteten. Heinrich VIII. von England begann in Nordfrankreich offensiv vorzugehen. Dieser Angriff war schon früher mit dem Kaiser verabredet worden; Heinrich begründete sein Eingreifen mit den alten Rechten, die das englische Königtum auf die französische Krone geltend machte. Noch bedrohlicher wurde die Lage für Franz I., als es der kaiserlichen Diplomatie gelang, den ersten Würdenträger Frankreichs, Herzog Karl von Bourbon, zu einem Bündnis gegen seinen Monarchen zu gewinnen. Der Herzog lag in einem Streit mit der französischen Krone. Es ging dabei zunächst nicht um eigentlich politische Gegensätze, sondern um privatrechtliche Ansprüche und Erbauseinandersetzungen. Aber eine reinliche Scheidung zwischen privater und politischer Sphäre konnte damals nicht erwartet werden. Der Konflikt zwischen Bourbon und der Krone wurde zu einem Testfall. Der Kaiser hoffte, durch Bourbon den inneren Zusammenhalt Frankreichs sprengen zu können. Er stellte ihm die Hand seiner Schwester Leonore, der Königinwitwe von Portugal, in Aussicht und versprach ihm ein in Südfrankreich aus den Trümmern der französischen Monarchie zu errichtendes Satellitenkönigtum, das die Landverbindung zwischen Italien und Spanien hergestellt hätte. Aber die habsburgische Diplomatie hatte die innere Festigkeit der französischen Monarchie unterschätzt. Der neuzeitliche, antifeudale Einheitsgedanke erwies seine Überlegenheit. Bourbons Pläne wurden verraten, der Adel versagte sich seinen Aufstandsplänen und stand zum König.

Immerhin gelang dem Herzog mit wenigen Anhängern die Flucht außer Landes. Er stieß in Oberitalien zur kaiserlichen Armee. Der Kaiser wollte jetzt erst recht Bourbon im Kampf gegen Franz I. ausspielen. Er ließ ihn im Sommer 1524 an der Spitze eines starken Heeres in die Provence einmarschieren. Man hoffte auf eine Erhebung der Bevölkerung und auf ihren Anschluß an Bourbon. Man rechnete mit seinem raschen Vordringen über Arles und Avignon hinaus in das Zentrum Frankreichs. Bourbons Armee gelang es, im ersten Ansturm den größten Teil der Provence zu besetzen. Er selbst ließ sich in Aix, der alten Hauptstadt des Landes, zum Grafen der Provence ausrufen, vereidigte die Beamten und verfaßte als souveräner Herrscher Proklamationen an die Bevölkerung. Das Echo war jedoch schwach. Man wartete auf die militärische Entscheidung. König Franz I. war mit seinen Truppen rhôneabwärts aufgebrochen. Aber bevor die beiden Armeen aufeinandertrafen, war der Angriff der Kaiserlichen bereits vor Marseille zum Erliegen gekommen.

Marseille behauptete sich dank der überlegenen Seekriegführung der französischen Flotte siegreich gegen die Belagerer. Am 24. September mußte Bourbon die Belagerung abbrechen. Der Rückzug der geschlagenen Armee des Kaisers durch das Gebirge nach Italien wurde zu einer Katastrophe. In Rom spottet man: In den Alpen sei ein kaiserliches Heer abhanden gekommen; der redliche Finder werde gebeten, es gegen gute Belohnung abzuliefern. Der französische König zieht dem geschlagenen Feind nach und betritt als Sieger den Boden Oberitaliens. In Paris brennen die Freudenfeuer und läuten die Glocken: Ende Oktober 1524 kann Franz I. wieder in Mailand einziehen. Die kaiserlichen Generale behaupten nur einige wenige Festungen, darunter die Stadt Pavia, die nun den Winter über umkämpft bleibt.

Der römische Spott über den Mißerfolg der kaiserlichen Kriegführung bezeichnete einen tiefen Stimmungsumschwung, der von jetzt an vor allem in den italienischen Mittel- und Kleinstaaten spürbar wurde. Die bedrückende Last der jahrelangen Kriegführung, das

Nichtgelingen des habsburgisch-englischen Niederwerfungsplanes gegen Frankreich, die bitteren Erfahrungen mit dem harten und doch nicht erfolgreichen Eingreifen der kaiserlichen Macht in die inneren Verhältnisse Italiens – all das förderte die Entwicklung eines antihabsburgischen Patriotismus. Die alte Freiheit der italienischen Staatenwelt, wie sie im 15. Jahrhundert bestanden hatte, hoffte man nun im engen Anschluß an Frankreich wiederherzustellen. Diese Stimmungen und Hoffnungen bildeten von jetzt an für Jahrzehnte ein wesentliches Moment der italienischen Politik. Sie zeigen, daß von 1524 an eine zentrale Voraussetzung der von Gattinara konzipierten Weltherrschaftspläne des Kaisers unwiederbringlich verloren war. Der Großkanzler hatte die »sanfte und gewaltlose Herrschaft« Karls über Italien – und ihre bereitwillige Annahme durch Italien – als Schlüssel zur europäischen Hegemonie betrachtet. Damit war es jetzt vorbei. Alle späteren faktischen Erfolge der kaiserlichen Waffen und Diplomatie konnten über eines nicht hinwegtäuschen: Ein von Habsburg mit Gewalt bezwungenes und immer neu zu behauptendes Italien bot weder die ideelle noch die realpolitische Basis für jenes *Dominium Mundi*, wie es als Zielvorstellung am Anfang der Kaiserpolitik Karls V. gestanden hatte.

Papst Clemens VII., in den die habsburgische Diplomatie bis jetzt großes Vertrauen gesetzt hatte, schloß Ende 1524 ein Bündnis mit Franz I. und Venedig. Er öffnete einer französischen Armee unter dem Herzog von Albany den Durchmarsch durch den Kirchenstaat zum Angriff auf Neapel. Während die Hoffnung auf den völligen Sturz der habsburgischen Macht in Italien stieg, rief die Schwenkung des Papstes an den habsburgischen Höfen in Toledo und Wien unverhohlene Erbitterung hervor. Der Kaiser fühlte sich an einem entscheidenden Punkt vom Stellvertreter Christi verraten und im Stich gelassen – aus Motiven, in denen er nur niedrige politische Selbstsucht sah. Es konnte nicht ausbleiben, daß diese Wendung auch eine Wirkung auf die kirchlichen Einheitsfragen hatte, die damals zwischen den beiden Häuptern der Christenheit zu klären waren. Drohend schrieb der Kaiser seinem Gesandten an der Kurie: »Über die Angelegenheit Luthers zu sprechen, ist jetzt nicht die Zeit.« Hier wird eine kritische Seite im Verhältnis zwischen Kaisertum und Papsttum sichtbar. Die tiefen Vorbehalte Karls V. gegen ein nur politisch-opportunistisch gewertetes Verhalten der obersten kirchlichen Instanz ziehen sich wie ein roter Faden durch die Geschichte der folgenden Jahrzehnte. Aus so gesehenen Erfahrungen leitete der Kaiser das Notrecht selbständiger, aus letzter eigener Verantwortung zu treffender Entscheidungen kirchenpolitischer Fragen ab.

Indessen überstürzten sich seit Anfang 1525 die Ereignisse. Der französische König belagerte Pavia; französische und italienische Truppen sperrten den Südausgang der Alpenpässe, um den Anmarsch einer neuen kaiserlichen Armee aus Deutschland zu verhindern. Aber den starken Landsknechtsverbänden, die sich auf den Tiroler Musterplätzen unter Jörg von Frundsberg gesammelt hatten, gelang mitten im Winter auf Nebenwegen der überraschende Abstieg in die oberitalienische Ebene. Das französische Heer geriet vor Pavia zwischen Belagerte und Entsatzarmee. Am 24. Februar kam es unter den Mauern der Stadt zu jener denkwürdigen Schlacht, die zum vollen Sieg der Kaiserlichen führte. Es war der Tag des heiligen Matthias, der Geburtstag des Kaisers. Die spanischen *Tercios* und Frundsbergs Landsknechte zeigten ihre Überlegenheit über die gegnerische Infanterie, während die Spezialwaffen der Franzosen – schwere Reiterei und Artillerie – nicht ausgenutzt werden konnten. In wenigen Stunden war der Kampf entschieden: Die königliche Armee war vernichtet, der König selbst befand sich als Gefangener in der Hand seiner Feinde. Franz I. hatte sich im dichtesten Kampf befunden. Nachdem sein Pferd zusammengebrochen war, hatte er stehend weitergekämpft. Völlig erschöpft und mehrmals verwundet ergab er sich: Er zog den Panzerhandschuh von der rechten Hand und übergab ihn dem Herrn von Lannoy, Vizekönig von Neapel und Führer des siegreichen kaiserlichen Heeres.

Wenige Stunden später traf die Nachricht von der Schlacht in Mailand ein. Sofort räumte die französische Besatzung die Stadt. Ganz Oberitalien befand sich jetzt in der Hand der kaiserlichen Generäle. Drei Tage später verschafften sich um Mitternacht zwei Männer Eintritt durch das Tor der Rhônebrücke zu Lyon. Sie brachten der Regentin Luise von Savoyen, der Mutter des Königs, die in seiner Abwesenheit die Regierung führte, ein Schreiben des gefangenen Sohnes:

> Madame,
> Um Euch kundzutun, wie weit das Übermaß meines Unglücks reicht, so wisset, daß mir nur die Ehre und das nackte Leben verblieben sind... Indem ich Eure Enkel und meine Kinder Eurem Schutze anempfehle, bitte ich Euch inständig, dem Überbringer dieses Briefes sicheres Geleit für den Weg nach Spanien und zurück zu gewähren, da er beim Kaiser in Erfahrung bringen soll, wie dieser mich behandelt zu sehen wünscht...
>
> Euer ergebenster und gehorsamster Sohn
Françoys.

Der Kaiser erhielt die Nachricht in Madrid am 10. März. Die Größe des Sieges über die einzige ernstzunehmende Gegenmacht und die Gefangenschaft des einzigen ernsthaften Rivalen erzeugte am Kaiserhof eine Stimmung, die man mit Recht als »Messianismus« bezeichnet hat: das Ziel der Weltherrschaft, der *Monarchia universalis*, schien nun in greifbare Nähe gerückt. In einer amtlichen Verlautbarung über die Schlacht von Pavia hieß es damals: »Es hat den Anschein, daß Gott dem Kaiser diesen Sieg auf wunderbare Weise geschenkt hat, damit er... nach der friedlichen Beendigung all dieser Bürgerkriege (man muß die Kriege unter Christen Bürgerkriege nennen) die Türken und Mauren in ihrem Lande aufsuche und das Reich von Konstantinopel und die Heiligen Stätten von Jerusalem zurückgewinne, die von den Ungläubigen zur Strafe für unsere Sünden besetzt wurden – damit die ganze Welt, so wie es viele Prophezeiungen ankünden, unter diesem sehr christlichen Fürsten unseren katholischen Glauben annehme und damit sich die Worte unseres Erlösers erfüllen: Es wird ein Schafstall und ein Hirte sein.«

Dieses fast hymnische Ineinanderklingen politischer und religiöser Einheitshoffnungen darf man indessen keineswegs von den Berechnungen abtrennen, die nun in Madrid, in Paris und vielerorts in Europa über die Zukunft Frankreichs angestellt wurden: wird die traditionelle Vielfalt der europäischen Staatenwelt sich weiterhin behaupten, oder hat nun wirklich die Stunde einer neuen Weltherrschaft geschlagen, die den kulturellen und kirchlichen Zusammenhang des Abendlandes durch eine einheitliche politische Lebensform ergänzen und steigern wird? Nun war der Kaiser am Zuge; er mußte mit seinen Ministern, Generälen und Vizekönigen zeigen, was dieser Sieg bedeutete und was man aus ihm zu machen wußte.

Das Ergebnis der Beratungen, die im Januar 1526 in Madrid zum Frieden mit Franz I. führten, war ebenso aufschlußreich wie unfest. Innerhalb des kaiserlichen Staatsrates waren zwei sehr verschiedene Konzeptionen aufeinandergestoßen. Auf der einen Seite stand Gattinara. Er wollte den Sieg radikal ausnützen; er forderte nicht nur den Verzicht des französischen Königs auf alle italienischen Ansprüche und auf das seit 1477 eingegliederte Herzogtum Burgund. Er wünschte die Zertrümmerung der staatlichen Existenz Frankreichs als Unterpfand für die sichere Herrschaft des Kaisers über Italien und damit über ganz Europa. Gegen dieses rationale und radikale Programm des Juristen stand die Opposition der burgundischen und kastilischen Großen, die in dem gefangenen König einen Edelmann ihresgleichen sahen. Sie wollten und konnten den ungeschriebenen Kodex der ritterlichen Ehre und der dynastischen Loyalität nicht verletzen, der seit Jahrhunderten das Zusammenleben des europäischen Hochadels über Krieg und Frieden hinweg regelte. Ihr Exponent war Lannoy, der Vizekönig von Neapel, in dessen Hand sich der König auf dem Schlachtfeld ergeben hatte. Er hatte gegen den erklärten Willen des Großkanzlers Gattinara seinen königlichen Gefangenen aus Italien nach Spanien gebracht. Gattinara wußte: wenn die persönliche Begegnung der Monarchen zustande kommt, wenn sie sich als »Brüder« begrüßen und umarmen – wie es das höfische Zeremoniell vorsah und wie es dann auch erfolgte –, dann waren die Chancen für eine radikale Ausnützung des Sieges und damit für eine radikale Umgestaltung der europäischen Landkarte vorbei.

Der Kaiser stand zwischen beiden Parteien. Tatsächlich trug der Friede von Madrid alle Zeichen eines Kompromisses zwischen den beiden Konzeptionen. Dieser Friedensschluß konnte keine dauerhafte europäische Ordnung begründen. Auf der einen Seite wurde die Freundschaft und Brüderlichkeit der beiden Monarchen hervorgekehrt: Franz I. vermählte sich mit der Schwester des Kaisers (die ursprünglich dem Herzog von Bourbon zugedacht war), die Abtrennung des für Bourbon vorgesehenen südfranzösischen Satellitenstaates unterblieb, der Bestand der französischen Monarchie wurde nicht angetastet. Auf der anderen Seite wurden dem König mit dem Verzicht auf Italien, mit der Abtretung des Herzogtums Burgund und der Aufgabe der Oberhoheit über Flandern und Artois sehr harte Bedingungen auferlegt.

Gattinara protestierte gegen den Friedensvertrag und sagte voraus, daß der König diese Bedingungen nicht einhalten werde. Der König akzeptierte den Vertrag, denn nur so konnte er seine Freiheit wiedererlangen. Aber kaum hatte er französischen Boden betreten, so zeigte sich, daß Gattinaras Prognose richtig gewesen war. Von der Herausgabe Burgunds war keine Rede mehr. Franz erklärte den Vertrag, da erpreßt, für nicht bindend. Überall in Europa begann sich die antihabsburgische Opposition zu erheben. Ihre Hoffnung richtete sich auf Frankreich. Am 22. Mai 1526 konnte der französische König zu Cognac die »Heilige Liga« abschließen: Papst Clemens VII., Venedig, Florenz und der Herzog von Mailand verbanden sich mit Frankreich zur Offensive gegen den Kaiser »zur Verteidigung der Freiheit der Christenheit«. Der nächste Krieg war da, kaum daß die Tinte des Friedensvertrages getrocknet war.

Der Kaiser empfand diese Vorgänge vor allem als eine Verletzung von Eid und Fürstentreue; er forderte den König zum ritterlichen Zweikampf heraus. Aber mit solchen Mitteln war dem Circulus vitiosus des europäischen Machtkampfes nun nicht mehr beizukommen. Frankreich fühlte sich von Habsburg eingekreist und mit der Vernichtung seiner staatlichen Selbständigkeit bedroht, es warf dem Kaiser das Streben nach der Tyrannis und die Unterdrückung der europäischen Freiheit vor. Der Kaiser warf Frankreich Bruch der Verträge und Zerstörung der Rechtsbasis des europäischen Zusammenlebens vor. Dieses Ringen der Macht, der Rechtsansprüche und der ideellen Begründungen sollte über ein Menschenalter andauern. Während beide Mächte sich gegenseitig auf der Bahn einer rücksichtslosen Entfesselung aller machtpolitischen Methoden immer weiter trieben, veränderte sich rasch und unaufhaltsam die geistige und politische Physiognomie Europas.

Zunächst kam die Fortdauer des Konflikts dem Osmanenreich zugute. Nachdem seine Expansionskraft sich in den beiden ersten Jahrzehnten des 16. Jahrhunderts mit glänzenden Erfolgen gegen Syrien und Ägypten gerichtet hatte, lenkte Sultan Suleiman II. (seit 1520) seine Angriffe nun gegen die christlichen Staaten. 1521 fiel Belgrad, 1522 das wichtige Rhodos, das bisher Italien gegen die türkische Flotte abgeschirmt hatte. Von jetzt an waren Sizilien und Neapel den Korsarenfahrten unmittelbar ausgesetzt, und auch im westlichen Mittelmeer begann man die Kampfkraft der gemeinsam operierenden afrikanisch-türkischen Verbände zu spüren. Der Hauptstoß Suleimans richtete sich aber gegen Norden. Das schlecht gerüstete und vom Westen kaum unterstützte Königreich Ungarn brach nach der vernichtenden Niederlage von Mohacz (1526) zusammen. König Ludwig von Ungarn und Böhmen, dessen Frau eine Habsburgerin war, fiel in der Schlacht. Zwar konnte Erzherzog Ferdinand auf Grund früherer Verträge und geschickten Eingreifens das verwaiste Königreich Böhmen und auch die ungarische Krone gewinnen. Aber in Ungarn trat ihm als Gegenkönig der Woiwode von Siebenbürgen, Johann Zapolya, entgegen. Dieser konnte sich nicht nur auf türkische, sondern bald auch auf französische Hilfe stützen. Ein neuer Vorstoß der Osmanen wurde zwar 1529 vor Wien abgewehrt. Aber für Ferdinand blieb seither der größere Teil Ungarns verloren, während die französische Diplomatie auf der Suche nach östlichen Verbündeten nun auch am polnisch-litauischen Königshof der Jagiellonen Boden gewann und die Verbindung mit dem Sultan anzustreben begann.

So zog der habsburgisch-französische Machtkampf immer weitere Kreise. Die traditionelle Solidarität der europäischen Staatenwelt gegenüber dem Osmanenreich, dem »Erbfeind des christlichen Namens«, war bisher nur gelegentlich von Venedig durchbrochen worden, das wegen seiner Getreideversorgung und seiner Handelsinteressen im Orient und im Schwarzen Meer auf ein Auskommen mit dem Sultan angewiesen war. So sprach man von Venedig als »der Hure, die mit dem Türken schlief«. Nun aber begannen französische Diplomaten die Hohe Pforte in ihre antihabsburgischen Bündnispläne einzubeziehen. Der Kaiser antwortete mit dem Versuch, in noch weiterem Ausgriff an Persien einen Bundesgenossen gegen das Osmanenreich zu gewinnen, teils in direkten Anknüpfungen, teils auf dem Wege über das befreundete Portugal und dessen Stützpunkte am Indischen Ozean.

Das eigentliche Feld der Entscheidungen blieb aber weiterhin Italien. Im Zeichen der Liga von Cognac begann das militärische und diplomatische Ringen um die habsburgische Vorherrschaft in Mailand und in Neapel von neuem. Nach Anfangserfolgen der gegnerischen Koalition, an deren Spitze sich Papst Clemens VII. gestellt hatte, trat 1527 eine

Wendung ein, deren Bedeutung weit über einen strategischen Erfolg des Kaisers hinausging. Starke Verbände spanischer und deutscher Truppen in Oberitalien befanden sich infolge ausbleibender Soldzahlung in einem Zustand halber Meuterei. Unter Führung Bourbons brachen sie eigenmächtig zum Zug nach Süden auf. Ohne Artillerie, ohne Belagerungsgerät und ohne Rücksicht auf einen eben vom kaiserlichen Vizekönig Lannoy mit dem Papst geschlossenen Waffenstillstand rückte diese revoltierende Armee in Eilmärschen gegen Rom vor. Am Morgen des 6. Mai 1527 durchbrachen die Landsknechte am Borgo Santo Spirito den Befestigungsgürtel der Stadt. Der Papst hatte die Verteidigung Roms für gesichert gehalten. Er konnte gerade noch durch den gedeckten Fluchtgang, der noch heute besteht, aus dem vatikanischen Palast in die Engelsburg entkommen. Nachdem der Oberbefehlshaber Bourbon bei der Erstürmung der Mauer gefallen war, gewann die Besetzung der Stadt rasch den Charakter einer hemmungslosen Plünderei und Zerstörung. Der *Sacco di Roma* bedeutete kulturgeschichtlich das Ende der glänzenden Renaissance-Epoche des päpstlichen Rom.

In der Beurteilung des *Sacco* als eines göttlichen Strafgerichtes, das verdientermaßen über ein verweltlichtes Papsttum hereingebrochen sei, stimmten die Gegner Roms in Deutschland mit der humanistischen Romkritik, die am Hofe des Kaisers verbreitet war, überein. Aber auch in manchen römischen Kreisen, die der Kurie nahestanden, wurde die Katastrophe als ein Mahnruf zur Reinigung und zur Reform der Kirche verstanden. So schrieb damals Kardinal Kajetan in seinem Evangelienkommentar zu Markus 5 (»Ihr seid das Salz der Erde ...«): »Das erfahren wir, und in besonderer Weise wir Prälaten der römischen Kirche, die wir der Plünderung und Gefangennahme preisgegeben wurden, nicht durch Ungläubige, sondern durch Christen, auf Grund eines sehr gerechten Urteils Gottes; denn wir waren zum Salz der Erde auserwählt, und wir sind schal geworden und taugten zu nichts als zu äußerlichen Zeremonien und zu äußerlichem Besitz und Wohlstand. Nun sind wir auch mit körperlicher Gefangenschaft geschlagen bei der Plünderung und Gefangennahme von ganz Rom am 6. Mai dieses Jahres 1527.«

Der Eindruck der römischen Ereignisse auf die Zeitgenossen war ungeheuer. Furcht und Hoffnungen nahmen mancherorts apokalyptische Züge an. Den Hauch der Erregung und rascher, weitgespannter Pläne spürt man selbst in der habsburgischen Familienkorrespondenz dieser Zeit. König Ferdinand mahnte von Wien aus den in Spanien weilenden Kaiser, die Gunst der Stunde entschlossen wahrzunehmen: Jetzt, da der Papst sich in der Gefangenschaft des Kaisers befindet, muß ein Generalkonzil versammelt werden. Diese einzigartige Gelegenheit, den katholischen Glauben wiederherzustellen, darf Karl als *bon empereur* und *chief de la chretienté* nicht vorbeigehen lassen.

Wenn sich der Kaiser nach einigem Zögern entschloß, weder die Institution des Papsttums noch den Bestand des Kirchenstaates – der nun ganz in seiner Hand war – anzutasten, so sind hierfür wohl nicht nur politische Gründe maßgebend gewesen. Immerhin sind diese politischen Motive mit besonderer Deutlichkeit faßbar. Der Kaiser brauchte den Papst, um den Kampf um Italien siegreich zu beenden. Denn der *Sacco di Roma* hatte die gegnerische Koalition nicht entmutigt, sondern zu erhöhter Anstrengung veranlaßt. 1528 wurde das Jahr des entscheidenden Kampfes um das Königreich Neapel. Die Hauptstadt war von einer starken französischen Armee unter Lautrec eingeschlossen. Zur See wurde sie von der mit Frankreich verbündeten Genueser Flotte unter Andrea Doria blockiert. Doria hatte seinen Stützpunkt in Ischia. Bei Amalfi gelang es ihm, die aus Spanien eintreffende Flotte des Kaisers zum Kampf zu stellen und zu schlagen. Die Lage der Kaiserlichen in Neapel gestaltete sich zunehmend kritischer. Gleichzeitig erfolgte ein neuer Vorstoß französischer Truppen über die Alpen gegen Mailand.

In dieser Situation gelang es der kaiserlichen Diplomatie, die Interessen des Papstes auf eine besondere Weise mit den Interessen Habsburgs zu verbinden. In Florenz war nach dem *Sacco* die Herrschaft der Medici, der Familie des Papstes, gestürzt worden. Nun versprach der Kaiser Clemens VII. die Wiederaufrichtung ihrer Herrschaft in Form eines mediceischen Herzogtums. Ein illegitimer Neffe des Papstes soll Herzog von Florenz werden und eine illegitime Tochter des Kaisers zur Frau erhalten. Inzwischen war aber auch auf der militärischen Ebene ein Ereignis eingetreten, das dem Kampf um Neapel und damit dem Ringen um Italien eine Wendung zugunsten des Kaisers gab. Die genuesische Flotte unter Andrea Doria trennte sich von Frankreich und stellte sich dem Kaiser zur Verfügung. Damit gewann er die Seeherrschaft im Ligurischen Meer, konnte den französischen Nachschub abschneiden und die maritime Verbindung zwischen Spanien und Italien sichern. Ein Versuch Frankreichs, den Verlust von Dorias Flotte durch eine Kooperation mit der türkischen Flotte wettzumachen, blieb ohne wirksames Ergebnis. Lautrec mußte die Belagerung Neapels aufgeben, und auch in Mittel- und Oberitalien siegten die Waffen Habsburgs. Im Sommer 1529 konnte der Kaiser in zwei Verträgen den Kampf um Italien beenden und den Weg zum lang erwarteten Krönungszug nach Italien frei machen.

Im Frieden von Cambray verzichtete Franz I. zum zweitenmal auf alle italienischen Ansprüche. Aber diesmal gestand auch der Kaiser – anders als im Frieden von Madrid – einen Verzicht zu: auf das Herzogtum Burgund. So schien eine dauerhafte Basis für den europäischen Frieden bereitet. Auch mit dem Papst war im Vertrag von Barcelona (29. Juni 1529) eine weitgehende Einigung gelungen. Gegen das Versprechen Karls, die Medici-Feinde in Florenz niederzuwerfen und die Sicherung der mediceischen Dynastie zu gewährleisten, anerkannte der Papst die habsburgische Hegemonie in Italien und Europa. Das war keineswegs eine ideale Basis für das Zusammenwirken der beiden Häupter der Christenheit, es war vor allem die pragmatische Herstellung eines Gleichklangs der Interessen. Dabei fehlten auf keiner Seite über die politischen Augenblickserfolge hinausreichende Ziele. Das Papsttum wollte sich die Hilfe des Kaisertums im Kampf gegen den Abfall im Norden sichern. Der Kaiser bedurfte des Papstes zur Krönung, durch die sein Herrschertum erst die universale und sakrale Sanktion erfuhr.

Während nun kaiserliche und päpstliche Truppen in zehnmonatiger Belagerung den Widerstand des republikanischen Florenz brachen, verließ Karl Spanien und traf in Bologna mit Clemens VII. zusammen. Man hatte in gegenseitigem Einvernehmen darauf verzichtet, die Krönungsfeierlichkeiten in Rom vorzunehmen, das noch überall die frischen Spuren der Verwüstung durch die kaiserlichen Truppen aufwies. Am 6. Dezember 1529 ritt der Kaiser in feierlichem Zug in Bologna ein. Triumphbögen erwarteten ihn, die neben den habsburgischen Wappen die Bildnisse der römischen Cäsaren trugen. Clemens VII. war schon zuvor in der Stadt eingetroffen. Die Kaiserkrönung wurde auf den Geburtstag Karls, den 24. Februar 1530, festgesetzt. Zwei Tage zuvor hatte er — gleichfalls aus den Händen des Papstes — die eiserne Krone des lombardischen Königreichs empfangen. Es war das letztemal, daß Europa das große, aus der mittelalterlichen Welt stammende Schauspiel der Krönung des *Imperator Romanorum* durch den *Pontifex Maximus* sah. Als der Kaiser vom Papst Abschied genommen hatte und über die Alpen nach dem Norden aufbrach, verlor er seinen besten Helfer. Auf der Reise, in Innsbruck, starb der Großkanzler Gattinara, der an dem diplomatischen Gelingen der Versöhnung mit dem Papst und an der Konsolidierung Italiens stärksten Anteil gehabt hatte. In Deutschland erwartete den Kaiser eine andere Welt mit neuen, drängenden Fragen. Der Reichstag, der in Augsburg zusammengetreten war, konfrontierte den gekrönten »Schutzherrn der Kirche« mit der Glaubensfrage, wie sie durch Luther und Zwingli gestellt war.

Nun mußte sich zeigen, ob die mittelalterliche Sakralität der Kaiserwürde und dazu die Mittel der Renaissancediplomatie ausreichten, den Glauben und die Welt Luthers einer kaiserlichen Ordnung zu unterwerfen.

Die Krise des Reiches und die Entstehung evangelischer Territorialkirchen (1522–1532)

Die Jahre, die auf den Wormser Reichstag folgten, zeigten mit enthüllender Deutlichkeit, daß für keine der politischen und kirchlichen Fragen des Reiches eine Lösung gefunden war. Während der Kaiser von Spanien aus mit Frankreich Krieg führte und keine Zeit fand, sich um Deutschland zu kümmern, verlief hier die Entwicklung ebenso rasch wie zentrifugal. Sie entzog sich jeder Steuerung durch zentrale Instanzen und schuf in kürzester Zeit neue religiöse und politische Tatbestände, die nicht mehr rückgängig zu machen waren. Die Jahre 1522 bis 1524 standen noch im Zeichen des Versuches, vom Boden des Wormser Reichstages aus die Krise des Reiches beizulegen. Aber seit dem großen Bauernkrieg 1525 machte sich die Eigengesetzlichkeit der innerdeutschen Kräfte mit solcher Wucht geltend, daß jeder weitere Versuch des Kaisers oder seines im Reich gebliebenen Bruders Ferdinand, die Entwicklung wieder in die Hand zu bekommen, scheiterte. Als Karl 1530 ins Reich zurückkehrte, fand er gänzlich gewandelte Verhältnisse vor. In der Frage der Zuordnung von Politik und Religion, von alter Kirche und neuer Glaubensform waren in Deutschland bereits Zustände eingetreten, die eine weitgehende Vorwegnahme späterer gesamteuropäischer Probleme darstellten. Das mit dem Papsttum abgestimmte Eingreifen des Kaisers auf dem Augsburger Reichstag 1530 war nicht ohne Energie; aber es führte im Endergebnis nur dazu, die Gegensätze weiter zu akzentuieren und die Widerstandskraft der neuen Lebensformen in Bekenntnis und Bündnis zu steigern.

Das in Worms beschlossene Reichsregiment konstituierte sich Ende 1521 in Nürnberg. Am selben Ort traten 1522 bis 1524 mehrere Reichstage zusammen. Es stellte sich rasch heraus, daß weder das Reichsregiment noch die Reichstage zu einer wirkungsvollen

Tätigkeit imstande waren. Das Wormser Edikt gegen Luther und seine Schriften wurde von beiden Institutionen mit großer Zurückhaltung behandelt. Trotz der eindeutigen Rechtslage war am Reichsregiment der Einfluß lutherisch gesinnter fürstlicher Räte bereits so erheblich, daß das Edikt in praxi nicht vollzogen wurde. Auf den Reichstagen war das Stimmenverhältnis für die überzeugt »altgläubigen« Reichsstände günstiger. Aber auch hier kam man schließlich 1524 zu einer sehr milden Kompromißformel: Die Stände sollten dem Wormser Edikt »soweit möglich« nachkommen. Noch wichtiger war aber die positive Forderung, die gleichzeitig von der Reichsversammlung erhoben wurde. Man verlangte übereinstimmend die baldige Einberufung eines Konzils, das sowohl die Kirchenreform vornehmen als auch die theologischen Gegensätze und Unklarheiten überwinden sollte. Als eine mögliche Lösung war statt des ökumenischen Konzils auch ein Nationalkonzil vorgeschlagen. In der Konzilsforderung stimmten Freunde und Feinde Luthers überein; im Schutze dieser Forderung und des Wartens auf das geforderte Konzil waren Raum und Rechtfertigung für ein weitgehendes, eigenmächtiges Vorgehen einzelner Stände in der Frage der kirchlichen Ordnung gegeben.

Denn hinter diesen Proklamationen des Reichstages stand ja keine verbindliche Exekutivgewalt mehr; die tatsächliche ausführende Gewalt im Reich war von den Zentralinstanzen auf die einzelnen Fürsten und Reichsstädte und deren jeweilige Zusammenschlüsse übergegangen. Das zeigte sich schon 1523 bei dem Aufstand der Ritterschaft unter Franz von Sickingen. Das deutsche Rittertum befand sich zwischen Fürsten und Städten in einer politisch und wirtschaftlich wenig aussichtsreichen Lage. Der landsässige wie der reichsfreie Adel kämpfte ohne Erfolg gegen den fortschreitenden Verfall seiner sozialen Stellung in einer Gesellschaft, die für das Fehderecht und den ritterlichen Waffendienst keinen Raum mehr bot. Sickingen selbst und einige seiner Freunde – vor allem Ulrich von Hutten – hatten sich den Ideen Luthers genähert. Sie verstanden die neue Theologie auf ihre Weise; sie nahmen den neuen Freiheitsbegriff und die Verurteilung Roms und der Hierarchie in einer unmittelbaren und vergröbernden Weise als Signal zum bewaffneten Angriff auf die »fetten Pfaffen«.

Im Sommer 1522 eröffnete Sickingen mit seinen Anhängern einen Feldzug gegen den Erzbischof-Kurfürst von Trier. Er nannte dies den »Heerzug für Christi Ehre gegen die Feinde der evangelischen Wahrheit«. Sicher stand hinter diesem Unternehmen mehr als gemeine Raubgier; der Gedanke einer Säkularisation der geistlichen Fürstentümer hatte schon im 15. Jahrhundert im Umkreis radikaler Reformprojekte eine Rolle gespielt. Nun trat aber gegen Sickingens Ritter die Solidarität der geistlichen und weltlichen Fürsten in Erscheinung. Die Belagerung Triers scheiterte, und im Frühjahr 1523 endete der Rachezug der Gegner mit dem Tod Sickingens in seiner Burg Landstuhl. Während das Reichsregiment nur mit papiernen Protesten in Aktion trat, schloß sich unmittelbar eine weitergehende Strafexpedition an. Der Schwäbische Bund, im gemeinsamen Interesse der süddeutschen Städte und Fürsten handelnd, rückte von Nördlingen aus gegen die Stützpunkte fränkischer Adliger vor und brannte sie nieder. Zu Anfang der Bewegung hatten die Ritter die Bundesgenossenschaft der Reichsstädte gegen die Fürsten gesucht. Jetzt war ihre Niederlage durch das Zusammenwirken von Fürsten und Städten definitiv geworden.

Der Ausfall einer wirksamen Zentralgewalt einerseits und das aktive Ineinandergreifen religiöser Impulse und sozialer Bedingungen andererseits waren die Charakteristika der Ritterschaftsbewegung. Beide Tatbestände lagen in noch größerem Maßstab dem Bauernkrieg 1525 zugrunde. Bäuerliche Unruhen und Aufstände hatte es im Spätmittelalter schon in vielen Teilen Europas gegeben. Auch in Deutschland lebte eine alte und verbreitete Tradition der bäuerlichen Rebellion, deren Symbol der »Bundschuh« war. Das auffallende bei dem jetzigen Aufstand war das Vorwiegen politischer Unzufriedenheit vor den wirtschaftlichen Klagen. Gegen das Absinken in eine Sphäre politischer und sozialer Rechtlosigkeit rebellierten mit besonderer Heftigkeit die wohlhabenden Bauern. Zusammen mit einigen Bürgerlichen und Adligen stellten sie bei den Aufständen von 1524/25 den Hauptteil der Führerschaft. So verschieden die Zusammensetzung und die Ausgangsbasis der einzelnen Bauernheere zwischen Elsaß und Kärnten, Schwaben und Thüringen war, so rasch drang überall das religiöse Moment in den Vordergrund. In Memmingen entstanden die »Zwölf Artikel der Bauernschaft«, die sofort gedruckt und als gemeinsames Manifest der Bewegung verbreitet wurden. Hier war der Durchbruch von dem rückwärtsgewandten Appell an das »alte Recht« zu dem neuen, religiös-revolutionären »göttlichen Recht« geschehen. An der Spitze der zwölf Artikel stand die Forderung nach der freien Pfarrerwahl. Die Einleitung bezog sich unmittelbar auf den Willen Gottes: »Wer will seiner Majestät widerstreben! Hat er die Kinder Israel zu ihm schreiend erhört und aus der Hand Pharaonis erledigt, mag er nicht noch heut die Seinen erretten? Ja er wirds erretten, und in einer Kürz.«

Die zwölf Artikel mit ihrem gemäßigten Programm politischer und sozialer Emanzipation wirkten vereinheitlichend auf die vielgestaltige Bauernbewegung. Aber den Mangel an zentraler und zielbewußter Führung konnten diese Programmatik und die großen Anfangserfolge nicht ersetzen. Die Gegenkräfte gewannen Zeit zur Rüstung und zum Aufmarsch. Die Versuche zur Einberufung eines zentralen Bauernparlaments nach Heilbronn, das eine politisch-soziale Gesamtordnung ausarbeiten sollte, kamen zu spät. Als energisches Zentrum des fürstlichen Widerstandes erwies sich das Heer des Schwäbischen Bundes. Unter der militärischen Leitung von Jörg Truchseß von Waldburg gewann die Kriegführung des Bundes immer stärker den Charakter einer unbarmherzigen Niederwerfungs- und Vernichtungsstrategie. Gegen die anfänglichen Vermittlungspläne der Reichsstädte setzte sich innerhalb des Bundes rasch die entschiedene, von dem bayerischen Kanzler Leonhard von Eck geführte Fürstengruppe durch. Ihnen ging es nicht um Wiederherstellung des früheren Zustandes, sondern um die völlige Unterwerfung der Bauern unter die landesherrliche Macht. Das wurde in einer Reihe von äußerst blutigen Schlachten und Verfolgungsaktionen überall erreicht. Im Sommer 1525 war in Süd- und Mitteldeutschland die Ruhe wiederhergestellt. Hunderttausende von Bauern hatten den Tod gefunden, der deutsche Bauernstand hatte als politisches Subjekt aufgehört zu bestehen. Am längsten hielt sich der Widerstand noch in den Alpengebieten, wo die Bergarbeiter mit den Bauern gemeinsame Sache gemacht hatten.

Die Bewegung der Bauern gegen ihre Herren hatte sich überall auf Luther und auf das neue Verständnis des Evangeliums berufen. Für die theologischen Führer der Reformations-

Bauernunruhen bei Biberach und die Plünderung des Klosters Weißenau bei Ravensburg
Kolorierte Federzeichnungen in der »Chronik des Bauernkrieges« von Jakob Murer, 1525
Schloß Zeil, Fürstlich Waldburg-Zeil'sches Gesamtarchiv

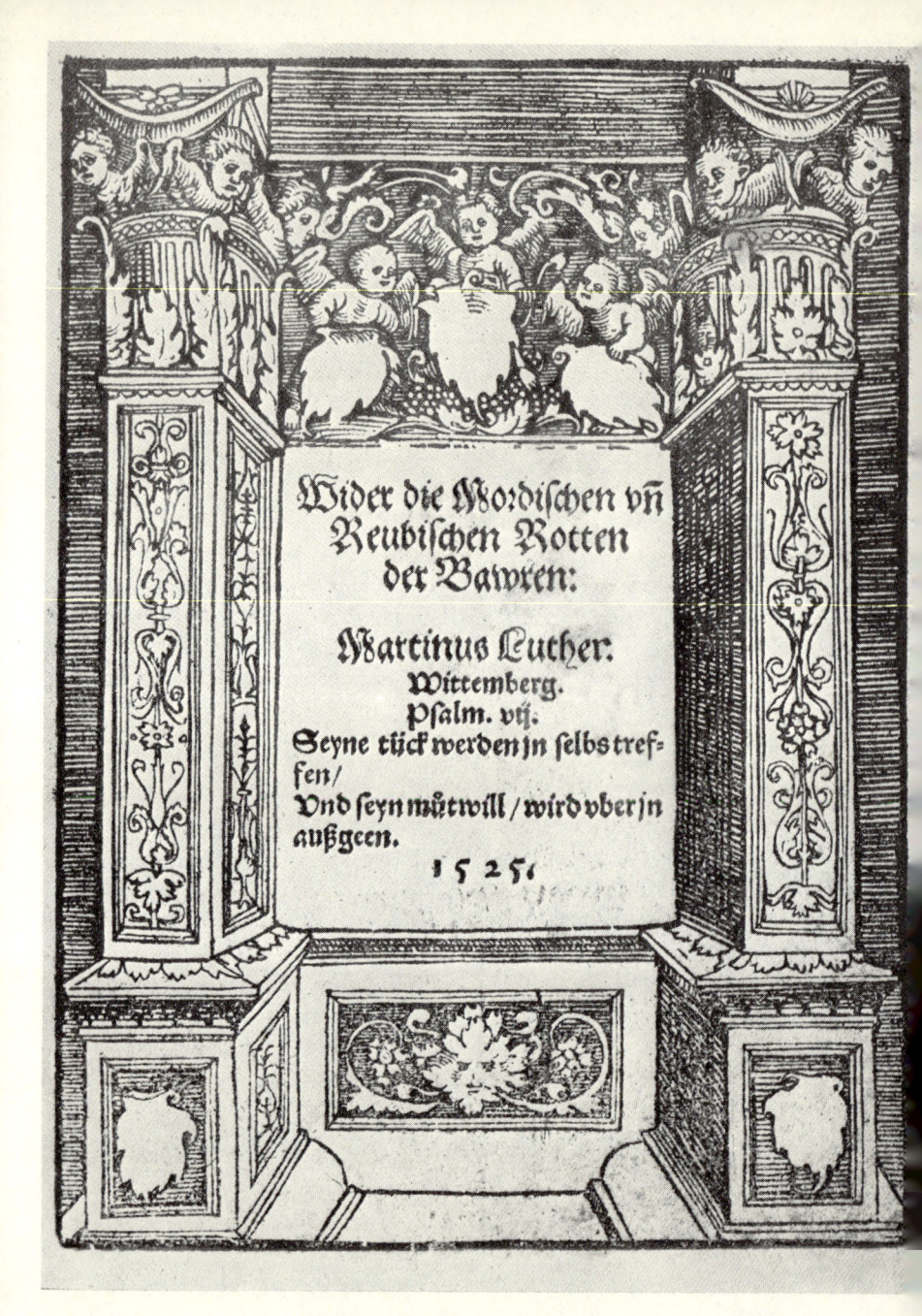

Wider die Mordischen vñ
Reubischen Rotten
der Bawren:

Martinus Luther.
Wittemberg.
Psalm. vij.
Seyne tuck werden jn selbs treffen/
Vnd seyn mutwill/ wird vber jn
außgeen.
1525.

Titelseite der Luther-Streitschrift, Wittenberg 1525

bewegung bedeutete das eine sehr schwierige Situation. Luther selbst zögerte anfangs, dann bezog er in schärfster Form Stellung gegen den bäuerlichen Aufstand. Er trennte seine Sache von der Sache des Aufstandes und sprach sich in der Schrift »Wider die Mordischen und Reubischen Rotten der Bawren« für das Recht und die Pflicht der Fürsten aus, ihre Untertanen mit allen Mitteln zur Räson zu bringen. Diese Entscheidung hatte für den Fortgang der Reformation und insbesondere für die politische Mentalität des deutschen Luthertums weitreichende Folgen. Um sie zu verstehen, muß man von den Problemen ausgehen, die sich Luther seit Worms in der Fortführung und Ausgestaltung seines reformatorischen Wirkens stellten. Wir stoßen hier auf die heute so aktuelle Frage nach der Form der reformatorischen Gemeindebildung wie nach der Entstehung des evangelischen Landeskirchentums.

Es handelte sich dabei um überaus komplizierte Vorgänge, in denen sehr sublime Probleme des christlichen Glaubens und seiner personalen Verwirklichung sich mit robusten Aufgaben staatlicher und bürgerlicher Zwangsordnung mischten und überschnitten. Das Ringen um das rechte Verständnis dieser Vorgänge ist bis heute noch nicht abgeschlossen. Ihre Betrachtung kann vor allem von drei grundlegenden Voraussetzungen ausgehen. Luther hatte sein Werk und seinen Weg nicht als Reformator und Erneuerer der kirchlichen Lebensformen begonnen, sondern als Bekenner einer neuen theologischen Erfahrung. Das neu begriffene und neu gelebte Verhältnis des Einzelmenschen zu Gott führte ihn dann erst mit innerer Notwendigkeit zu der Aufgabe, die zwischenmenschlichen Bezüge im kirchlichen Raum neu zu ordnen. Angesichts dieser unausweichlichen Aufgabe blieb es stets Luthers Wille, »daß die Erneuerung der Kirche sich möglichst aus der eigenen Kraft der Gemeinden heraus vollzöge« (Karl Holl). Aber der politische Raum, in welchem sich dieser Wille entfaltete, war so beschaffen, daß der landesherrliche Wille des sächsischen Kurfürsten und die politische Struktur des obrigkeitlich regierten deutschen Fürstenstaates den Dingen eine andere Richtung gab als Luther beabsichtigte.

Seit Luther 1522 von der Wartburg nach Wittenberg zurückgekehrt war, hatte er unausgesetzt mit der Frage zu ringen, wie sich die innere Freiheit der neuen, reformatorischen Gemeindebildungen schützen und behaupten lasse. Er fand sie von verschiedenen Seiten her bedroht: durch die schwärmerischen und sozialrevolutionären Strömungen, in deren Mittelpunkt Thomas Müntzer stand; durch die Restbestände altkirchlicher Institutionen und Formen; durch die allgemeine Verwirrung und Verwilderung, die dem Zusammenbruch der bisherigen Pfarr- und Diözesanverwaltung vielerorts folgte; schließlich durch das immer unverhülltere Interesse der politischen Instanzen, auf dem Wege über die Beschlagnahme des Kirchengutes, über Patronatsrechte und ähnliches Einfluß auf die inneren Verhältnisse des kirchlichen Lebens zu nehmen. Demgegenüber legte Luther in den Jahren bis 1525 großen Nachdruck auf die Rolle der christlichen Einzelgemeinde. Er richtete seine Hoffnung auf ein spontanes und vielfältiges Wachstum der einzelnen Gemeinden, denen er sehr weitgehende Rechte in der Ordnung ihrer internen Angelegenheiten und ihrer gottesdienstlichen Formen zusprach. Ein reglementierendes Eingreifen des Landesherrn in diese inneren Fragen erschien ihm nicht als wünschenswert, während er der christlichen Obrigkeit stets eine hohe Verantwortung für den äußeren Schutz des Gotteswortes zuschrieb.

Das änderte sich seit 1525. Offenbar unter dem Eindruck der Erfahrungen des Bauernkrieges begann Luther in der landesfürstlichen Gewalt und in ihrer Ordnungsfunktion eine – wenigstens vorübergehend notwendige – Hilfe für den Gesamtbereich des kirchlichen Neubaues zu sehen. Er zeigte sich bereit, diese Hilfe nicht nur zu dulden, sondern von sich aus in Anspruch zu nehmen. Nur der Landesherr konnte – so meinte Luther jetzt – die Fortdauer der katholischen Messe beseitigen. Nur er konnte die Frage des Kirchengutes befriedigend regeln. Nur die politische Obrigkeit war imstande, das widersprüchliche Nebeneinander verschiedener Formen des Gottesdienstes und der christlichen Verkündigung zu beseitigen. So wurde zwar der prinzipielle Ausgangspunkt – die Eigenverantwortung und Freiheit der christlichen Gemeinde – nicht aufgegeben. Aber in der neuen Praxis, die sich jetzt durch das massive Eingreifen des Fürsten als »Notbischof« ergab, setzte sich eine Richtung durch, die von diesem Ausgangspunkt fortführte. Ein Markstein der Entwicklung war die sächsische Kirchenvisitation. Sie wurde zwar 1527/28 auf Luthers Wunsch vom Kurfürsten begonnen, aber sie verfuhr nach Richtlinien und zeitigte Ergebnisse, die nicht mehr vom Notstand und vom Aushilfecharakter des staatlichen Eingreifens bestimmt waren, sondern kräftig und unaufhaltsam auf das landesherrliche Kirchenregiment hinsteuerten.

Es gab für diese harten Eingriffe der staatlichen Verwaltung in kirchliche Dinge schon eine lange spätmittelalterliche Tradition. Bisher hatte aber dem Staat stets noch eine mächtige und selbständige kirchliche Organisation gegenübergestanden, die einen gewissen Gleichgewichtszustand garantierte. War diese Organisation einmal zusammengebrochen, so besaß der Staat im Bereich der sichtbaren Ordnung der Dinge keinen ebenbürtigen Partner mehr. Er herrschte allein über Leib und Gewissen seiner Untertanen. Luther und seine Freunde mochten diese Entwicklung nach außen hin rechtfertigen oder insgeheim beklagen. Sie war nun einmal eingetreten und nicht mehr rückgängig zu machen.

Dieser Weg der Zuordnung von reformatorischem Neuwerden und Obrigkeitsstaat wurde über Kursachsen hinaus bestimmend für die meisten Teile Mittel- und Norddeutschlands. Einen anderen Weg beschritt der Schweizer Reformator Huldrych Zwingli. Er gewann vorübergehende Bedeutung für die süddeutsche Reformation, weltgeschichtliche Bedeutung aber für die Entwicklung der westeuropäischen Gläubigkeit, Politik und Kultur. Zwingli war als Mensch, als Theologe und als Politiker ein Mann von ganz anderem Gepräge als Luther. Der Raum seiner Erfahrungen und seines Wirkens war die von politischer Eigenständigkeit durchpulste Eidgenossenschaft und der Stadtstaat Zürich. Als Feldprediger nahm er zweimal an den Italienzügen seiner Schweizer Landsleute teil. Die Begegnung mit der humanistischen Geisteswelt und mit der Zeit- und Kirchenkritik des Erasmus wirkte tief auf ihn. Politisches Denken und theologisches Suchen bildeten für Zwingli eine untrennbare Einheit. Seit 1518 wirkte er als Prediger am Großmünsterstift in Zürich. In den folgenden Jahren ist der mitreißende Einfluß von Luthers Schriften und Auftreten unverkennbar. Es wäre jedoch müßig, zu fragen, ob Zwingli auch ohne Luther zum Reformator geworden wäre. Sein Durchbruch aus dem humanistischen Rationalismus und Biblizismus zum radikalen Reformator hat in gewisser Weise Luthers Vorgehen zur Voraussetzung. Aber seine Theologie und sein Werk zeigen ganz eigene, nicht abzuleitende Züge;

aus der Erfahrung der göttlichen Allmacht und der Ohnmacht des Menschen entspringt bei Zwingli und seinen Anhängern das volle Maß religiösen *und* politischen Gestaltungswillens.

Die entscheidenden Jahre für Zwingli und für den Weg der Schweizer Reformation liegen nach dem Wormser Reichstag. 1522/23 gewann er mit seinen Anhängern in Zürich die Oberhand. Die städtische Obrigkeit begann in seinem Sinne die Neugestaltung des kirchlichen Lebens in Angriff zu nehmen. In den nächsten Jahren verfolgte Zwingli mit stets wachsender Autorität das Ziel, die Stadt Zürich in ein Modell totaler Verchristlichung aller Lebensbereiche zu verwandeln. Das enge Ineinandergreifen von Kirchenzucht und aktiver städtischer Politik nach innen und außen war gegenüber Luthers Verhalten und Anschauungen etwas Neues. Nicht die dualistische Theologie des Augustinus, die Luther zu seiner Lehre von den »zwei Reichen« angeregt hatte, stand hier Pate, sondern eher alttestamentarisch-naturrechtliche Ideen von der ungebrochenen Einheit geistlich-weltlicher Lebensordnung. Zwinglis Lehre und Vorbild wirkten in der Schweiz und in Süddeutschland sehr stark. Besonders in den Städten, wo auf Grund der Zunftverfassung und der Wählbarkeit der Behörden die religiöse Bewegung Zug um Zug politische Positionsgewinne erringen und die kommunale Politik in ihrem Sinne ausgestalten konnte, war die Ausstrahlung des Züricher Modells oft stärker zu spüren als die des kursächsischen Vorgehens. Die theologische Geschlossenheit und die demokratisch-volkstümliche Aktivität der Schweizer Richtung machten tiefen Eindruck gerade auf die Masse der städtischen Bevölkerung. So standen im Süden des Reiches nicht die fürstlichen Territorien, sondern die Städte an der Spitze der reformatorischen Bewegung. In Straßburg und Konstanz, in Basel und Memmingen, in Ulm, Nürnberg und Augsburg entstanden im Zusammenwirken der städtischen Obrigkeit mit reformationsfreundlichen Geistlichen die ersten evangelischen Gemeinden. Die neue Form des kirchlichen Lebens beanspruchte auch hier bald die ausschließliche Herrschaft. Konflikte mit innerstädtischen Oppositionsgruppen, mit den Bischöfen und den altkirchlichen Nachbarn konnten nicht ausbleiben.

Die Konsolidierung des neuen Kirchenwesens in den Städten wie in den Fürstenstaaten wurde nicht nur durch die Erfahrungen des Bauernkrieges, sondern auch durch das Auftauchen der Täufer-Bewegung beschleunigt. Spiritualistische Deutung des Evangeliums und endzeitliche Heilserwartung, schwärmerischer sozialer Radikalismus und Ablehnung jedes obrigkeitlichen Reglementierens der religiösen Erneuerung – alle diese Elemente wirkten zusammen und ließen die täuferische Bewegung in den Jahren nach 1525 zu einer ebenso starken wie vielgestaltigen Strömung werden. Die politischen Instanzen – gleichgültig ob katholisch oder evangelisch – gingen fast überall mit großer Schärfe gegen die Bewegung vor, die aber trotz aller Verfolgung weiterlebte. In der gemeinsamen Unterdrückungspolitik gegen diese radikalen Gruppen trafen sich Alt- und Neugläubige, weil sie hier die soziale Ordnung und den politischen Bestand des Gemeinwesens selbst bedroht sahen. Die spätere Schreckensherrschaft der Täufer in Münster (1534/35), die von katholischen und evangelischen Fürsten niedergeworfen wurde, darf nicht zum Ausgangspunkt einer Beurteilung der ganzen Bewegung gemacht werden. Das Täufertum war ein Sammelbecken sehr verschiedener Elemente. Die tief religiösen und irenischen Züge, die in eine vom obrigkeitlichen Glaubenszwang freie Zukunft wiesen, dürfen dabei keinesfalls verkannt werden.

In dem Durcheinanderfluten lutherischer, zwinglianischer und täuferischer Impulse, die den kirchlichen Übergangscharakter dieser Zeit ausmachten, fehlte das Element entschiedener katholischer Gegenwirkung keineswegs. Kennzeichnend für diese Aktionen und Gesinnungen ist, daß man der reformatorischen Bewegung sowohl mit staatlichen Repressivmitteln als auch mit innerkatholischen Reformmaßnahmen zu begegnen versuchte. Im Sommer 1524 verbündeten sich auf dem Regensburger Konvent, dessen Zustandekommen vor allem ein Werk des päpstlichen Legaten Campeggio war, die bayerischen Herzoge, Erzherzog Ferdinand und süddeutsche Kirchenfürsten. Sie verpflichteten sich auf eine scharfe Durchführung des Wormser Edikts und arbeiteten ein Reformprogramm aus, das dem Umsichgreifen der Neuerung die Voraussetzungen entziehen sollte. Die Durchführung der Regensburger Reformvorschläge litt von Anfang an unter der Spannung zwischen den geistlichen und weltlichen Fürsten. Stärker waren die politischen Folgen der Regensburger Einung, der bald ein Zusammenschluß katholischer Fürsten in Nord- und Mitteldeutschland zur Seite trat. Es konnte nicht ausbleiben, daß auch auf der Gegenseite politische Bündnisse entstanden. Am wichtigsten war hier der Torgau-Gothaer Bund (1526) zwischen dem jungen hessischen Landgrafen Philipp und Kursachsen.

So begann sich die religiöse Entscheidung für oder gegen das »neue Evangelium« in politische Frontstellungen umzusetzen. Dieser Umformungsprozeß, der das gesamte politische und geistige Leben des Reiches erschütterte, war nicht aufzuhalten, obwohl zunächst eine Mehrheit der Stände dem Zerbrechen der Einheit die Kraft des Beharrungsvermögens entgegensetzte. Als 1526 der Reichstag in Speyer sich mit der Religionsfrage zu beschäftigen hatte, knüpfte man bewußt an die ausgleichenden, den Bruch vermeidenden Formulierungen des Nürnberger Reichstages 1524 an. Der weitaus überwiegenden Mehrheit der Reichsstände lagen Vorstellung und Entschluß einer definitiven kirchlichen Spaltung noch fern. Man glaubte und hoffte noch, die religiöse Entwicklung auf einen Mittelweg evolutionärer Reformen leiten zu können. Wieder stand die Konzilsforderung im Vordergrund. Der Abschied des Reichstages war ganz im Sinne einer gemäßigten, ausgleichenden Mittellinie gehalten: Bis zum Konzil sollten sich die Stände in Sachen des Wormser Edikts so verhalten, »wie ein jeder solches gegen Gott und kaiserliche Majestät hofft und vertraut zu verantworten«.

Erst drei Jahre später trat – wieder in Speyer – der nächste Reichstag zusammen. Während in der Zwischenzeit das Konzilsprojekt nicht verwirklicht worden war, während der Kaiser durch den Kampf gegen Frankreich und den Papst von Deutschland abgelenkt war, hatte in diesen drei Jahren die einzelstaatliche Verfestigung der neuen kirchlichen Organisation entschiedene Fortschritte gemacht. Nun ging es in den Beratungen über die Religionsfrage nicht mehr um allgemeine oder ausgleichende Formulierungen. 1529 ging es um die sehr weitreichende Frage, ob die evangelischen Fürsten und Städte durch einen Mehrheitsbeschluß des Reichstages gezwungen werden könnten, ihr neuaufgebautes Kirchenwesen wieder preiszugeben. Diese Frage kam für die evangelischen Politiker und Theologen nicht unerwartet. Sie hatten sich seit Jahren mit dem grundsätzlichen Problem auseinanderzusetzen gehabt: Können profane Rechtsordnungen und politische Mehrheitsbeschlüsse für evangelische Fürsten und Städte in Glaubensfragen bindend sein? Und als nun 1529 die Reichstagsmehrheit sich in scharfer Form gegen die religiösen Neuerungen der evangelischen Stände wandte, erfolgte die Antwort unmißverständlich: Kurfürst Johann von Sachsen, der Landgraf von Hessen, Markgraf Georg von Brandenburg, Herzog Ernst von Braunschweig, der Fürst von Anhalt und vierzehn Reichsstädte erhoben gegen diesen Beschluß Protest. Die Gruppe der »protestierenden Stände« erklärte feierlich und öffentlich, daß sie den neuen, von der 1526 getroffenen Regelung abweichenden Beschluß nicht anerkenne, daß sie ganz allgemein keinen Mehrheitsbeschluß in Glaubensfragen als bindend ansehen könne.

Damit war der Bruch vollzogen. Nun erst gab es zwei »Konfessionsparteien« im Reich, nun mußte der Kaiser zusehen, ob er diesen Riß quer durch die Christenheit und das Reich wieder ungeschehen machen könne. Während die protestierenden Stände unmittelbar nach dem Reichstag ein erstes politisch-militärisches Bündnis abschlossen und durch das Marburger Religionsgespräch einen Ausgleich der theologischen Differenzen zwischen Zwingli und Luther versuchten, rüstete sich der Kaiserhof, auf dem Augsburger Reichstag 1530 die Glaubensfrage aus seiner Sicht der Dinge in die Hand zu nehmen. Das Bedeutsame war, daß der Kaiser und seine Berater zunächst nicht an das Wormser Edikt anknüpften, sondern einen Neuansatz des kirchenpolitischen Kurses im Sinne einer Verständigung mit den gemäßigten Gruppen der Gegenseite versuchten. Aus dieser versöhnlichen und weithin vom Geist des Erasmus bestimmten Verhandlungsatmosphäre erklärt sich das Verhalten der evangelischen Theologen um Melanchthon. Ihr in Augsburg dem Kaiser überreichtes Glaubensbekenntnis, die *Confessio Augustana*, verstanden sie als einen Beitrag zur Wahrung der Einheit und nicht als eine scharfe Abgrenzung einer abgesonderten »zweiten Kirche«. Indessen erwies sich die Kluft zwischen dem Vermittlungswillen des Kaisers und den tatsächlichen Verhältnissen in Deutschland als tief und das Mißverhältnis zwischen seinen Zielen und seinen Machtmitteln als groß und offenkundig.

Die Ausgleichsgespräche, die im Juli und August in Augsburg zwischen den beiderseitigen Theologen geführt wurden, waren begleitet von einem diplomatischen Ringen zwischen dem Kaiser und Papst Clemens VII. um die baldige Eröffnung des Generalkonzils. Beide Verhandlungen mündeten in eine Sackgasse. Der Papst gab ein Konzilsversprechen, das so verklausuliert und mit seiner persönlichen Antipathie gegen die Konzilsidee so belastet war, daß es für die deutschen Dinge kaum etwas bedeuten konnte. Die Reunionsgespräche blieben stecken, und ihr Abbruch gab schließlich den Intransigenten auf beiden Seiten wieder Oberwasser. Der Kaiser mußte den Reichstag ohne die maßgebenden Vertreter der evangelischen Stände beschließen. Er sah sich zurückgeworfen auf die »harte« Politik gegenüber den Protestanten, wie sie durch das Wormser Edikt vorgezeichnet war und von manchen Vorkämpfern der katholischen Sache unausgesetzt gefordert wurde. Zeitweilig beschäftigte den Kaiser damals schon der Gedanke, gewaltsam gegen die evangelischen Stände vorzugehen.

Andererseits zogen die Protestierenden nun energisch die Folgerungen aus dem für sie durchaus bedrohlichen Abschluß des Augsburger Reichstages. Dort hieß es, »daß aus der hiervor verdammten Lehre viel verführige Irrsal unter dem gemeinen Volke erwachsen, alle wahrhaftige Andacht verloren, alle christliche Ehr, Zucht, Gottesfurcht und Nächstenliebe gänzlich in Abfall gekommen seien«. Die Protestanten mußten ihre rechtliche und politische Lage für um so gefährdeter halten, als der Kaiser unmittelbar nach dem Reichstag die Wahl seines Bruders Ferdinand zum römischen König durchgesetzt hatte. Das bedeutete ein festes Nachfolgerecht Ferdinands im Kaisertum und einen weiteren Schritt zu einer habsburgischen Erbmonarchie. Der Gegenzug der Protestierenden ließ nicht auf sich warten. Am 27. Februar 1531 wurde in Schmalkalden als abschließendes Ergebnis früherer Verhandlungen und Ansätze jener Bund evangelischer Fürsten und Städte geschlossen, der das theologische Problem des Widerstandsrechtes gegen den Kaiser in einer zunächst rein defensiven Zweckbestimmung lösen wollte: man verpflichtete sich zu gemeinsamer Hilfeleistung für jeden Stand, der um »des reinen Wortes Gottes« willen angegriffen würde.

Trotz der defensiven Begrenzung bedeutete das Entstehen des Schmalkaldischen Bundes für die deutsche und europäische Geschichte ein wichtiges Datum. Hier war zum erstenmal das evangelische Bekenntnis ausdrücklich unter den Schutz der Waffen gestellt worden. Damit hatte man eine einschneidende Konsequenz aus der Zuordnung von Territorialstaat und evangelischer Gemeindebildung gezogen. Trotz der verschiedenen Nuancen, die innerhalb des Bundes hinsichtlich des Widerstandsrechtes bestanden, war man doch allseits entschlossen, für die Sache des Evangeliums zu kämpfen. Das war die nachdrücklichste Besiegelung, welche das neue Prinzip der evangelischen Landeskirchen erhalten konnte. Für Zwingli und die Schweizer Reformation hatte das Widerstandsrecht aus religiöser Wurzel von Anfang an keine Schwierigkeit dargestellt. Daß nun der Reformator selbst im Kampf gegen die katholischen Orte der Eidgenossenschaft fiel (in der Schlacht bei Kappel, am 11. Oktober 1531), bedeutete zwar für die nächsten Jahre einen erheblichen Rückschlag. Aber sein geistiges Vermächtnis wirkte weiter und wurde in den folgenden Jahrzehnten für die religiöse Entwicklung in Westeuropa überaus fruchtbar.

Der Kaiser blieb nur bis zum Herbst 1532 im Reich. Ihn bedrängte die Sorge um die spanischen Dinge und um die Abwehr der neuen türkischen Offensive in Ungarn, um die Haltung Frankreichs und um das deprimierende Zögern der päpstlichen Konzilspolitik. Im Reich selbst war zu sehen, wie das katholische Bayern sich im Zeichen der antihabsburgischen Opposition mit dem Schmalkaldischen Bund zusammenschloß und die Verbindung mit Frankreich aufnahm. Karl mußte zu der Einsicht kommen, daß seine europäischen Siege und die Befestigung der habsburgischen Herrschaft in Italien auf die innerdeutschen Verhältnisse eher alarmierend als beruhigend wirkten. Das neue Element der religionspolitischen Gegnerschaft verband sich in verwirrender Weise mit der traditionellen Fronde der Reichsstände gegen die drohende Übermacht des Reichsoberhauptes. In dieser Situation schlug die kaiserliche Politik einen neuartigen Weg ein. Statt Ketzerkrieg, Konzilsentscheidung oder theologischem Vergleichsgespräch versuchte man es mit einem sehr provisorischen und nur aufschiebenden Mittel. In Nürnberg wurde im Sommer 1532 zwischen dem Kaiser und den Protestierenden ein erster, befristeter Religionsfriede abgeschlossen. Dieser »Nürnberger Anstand« war nichts weiter als ein Moratorium; man wollte einander einstweilen nichts Böses tun, und die Protestanten sollten auch vom obersten Reichsgericht einstweilen nicht belangt werden.

Der Nürnberger Vertrag gab dem Kaiser den Weg frei, Deutschland zu verlassen. Er sicherte der reformatorischen Bewegung in den folgenden Jahren eine erhebliche Freiheit und ermöglichte ihr ein rasches und weites Ausgreifen. Blickt man auf die europäische Konfessionskarte, so ist festzustellen, daß diese Jahre auch für die Verbreitung der Reformation außerhalb des Reiches von erheblicher Bedeutung waren. Damals entschied sich unter König Christian III. die Wendung Dänemarks und Norwegens zu Luthers Lehre. Gleichzeitig setzte sich in Schweden und Finnland in einem langsamen Reifeprozeß die neue Kirchenverfassung und Theologie durch, nachdem sie in Ostpreußen und in großen Teilen des Baltikums schon früher Boden gewonnen hatte. So war nun der ganze europäische Norden dem Weg Luthers gefolgt. Überall hatte sich der Gedanke der Loslösung von Rom und der volkstümlich-nationalen Neugestaltung von Liturgie und kirchlicher Organisation siegreich durchgesetzt.

Heinrich VIII.
und die Begründung der anglikanischen Staatskirche

Die Bedeutung der religiösen Umwälzungen, die England unter König Heinrich VIII. erfuhr, reicht weit über die Kirchengeschichte und die Geschichte des 16. Jahrhunderts hinaus. Nicht nur, daß hier erstmals ein Monarch, der zu den glänzendsten Gestalten der europäischen Fürstenwelt gehörte, sich von der im Papsttum repräsentierten Einheit christlichen Rechtes und Glaubens abwandte und eine moderne Staatsform außerhalb dieser Einheit begründete. Vielmehr wurde hier der Grund gelegt für neue Formen des gesellschaftlichen, des individuellen und des kirchlichen Lebens, die in den folgenden Jahrhunderten eine weltweite, prägende Kraft erwiesen.

Desto erstaunlicher ist es, daß am Anfang dieses besonderen Weges angelsächsischer Kultur, Frömmigkeit und Politik nicht ein spontaner und tiefgehender religiöser Aufbruch stand wie an vielen Stellen der kontinentalen Reformation, sondern das biographische Schicksal eines einzelnen Fürsten und die von oben wirkenden Entschlüsse seiner Minister. Dieser auffallende Tatbestand ist nur erklärbar aus der besonderen Stellung der Monarchie in England. Das Haus Tudor hatte das Königreich aus den blutigen und endlosen Kämpfen des 15. Jahrhunderts herausgeführt. Heinrich VIII. verkörperte den Weg des Inselreiches zu einer führenden Macht im europäischen Kräftespiel. Der wirtschaftliche Aufstieg des Mittelstandes – vor allem in London und in den südöstlichen Grafschaften – hatte die Stellung des Königtums gegenüber dem hohen Adel und dem Episkopat gestärkt. In der Gestalt des aus einer kleinbürgerlichen Familie stammenden Kardinals Wolsey verkörperte sich die neue Form der Tudormonarchie: Wolsey war königlicher Kanzler und päpstlicher Legat für den Gesamtbereich der englischen Kirche. So bedeutete die Tätigkeit dieses Diplomaten und Staatsmannes eine Konzentration politischer und kirchlicher Macht zu

Händen des Königs, die schon ganz unmittelalterlichen Charakter hatte. Während auf dem Kontinent das Ringen der Krone mit den Ständen vielfach zu einer zwiespältigen und gelähmten Politik führte, gelang es der Tudormonarchie, das Parlament zum wirksamen Instrument der staatlichen Vereinheitlichung und Willensbildung zu machen.

Außenpolitisch gesehen, befand sich England im fortschreitenden kontinentalen Hegemoniekampf in einer begünstigten Lage. Es konnte in wechselnden Allianzen die Rolle des begehrten Bundesgenossen, des »Züngleins an der Waage« spielen, ohne seine militärischen und finanziellen Kräfte sehr anzustrengen. Und zu einem ernsthaft störenden und die Einheit bedrohenden Hineinwirken der festländischen Konflikte in die englische Innenpolitik ist es auch in der schwierigen Lage nach dem Tode Eduards VI. (1553) nicht gekommen. So wirkten neben der Gunst der insularen Lage auch manche andere Momente dahin, daß das Königtum in England nicht nur durch seine Macht äußerliche Gefolgschaft fand, sondern auch im Mittelpunkt der Hoffnungen und Gedanken des Landes stand und von einem fast unbegrenzten Kapital an Loyalität zehren konnte.

Als Luthers Predigt über die Grenzen Deutschlands hinauszudringen begann, traf sie in England auf einen weitverbreiteten Antiklerikalismus in den Mittelschichten. Sie traf auf Reformtendenzen humanistischer Färbung und auch auf Ausläufer der mit dem Namen Wiclifs verbundenen spätmittelalterlichen antihierarchischen Bewegungen. In Cambridge fanden sich bald kleine gelehrte Zirkel zusammen, die von Luthers Schriften beeinflußt waren. Das Wirtshaus »Zum weißen Roß«, wo solche Zusammenkünfte stattfanden, nannte man *Germany* zur Bezeichnung der ausländischen Herkunft der neuen Ideen. Der Humanist William Tyndale, der diesem Kreise angehörte, war ein Verehrer des Erasmus. Er hatte Erasmus ins Englische übersetzt, bevor er nun zum Übersetzer der Lutherbibel wurde. Aber die große Wendung der Humanisten zu Luther, die für die Anfänge der deutschen Reformation wichtig wurde, blieb in England aus, so offenkundig auch die Schäden und die Reformbedürftigkeit vieler kirchlicher Einrichtungen waren. Entscheidend wirkte zunächst die Stellungnahme des Königs, der sich 1521 mit seiner theologisch nicht unbedeutenden Schrift *Assertio septem sacramentorum* persönlich an die Spitze der antilutherischen Publizistik und Apologetik stellte. Von Papst Leo X. wurde er dafür mit dem Ehrentitel »Verteidiger des Glaubens« bedacht.

Die Krise im Verhältnis zur Papstkirche kam auf einer ganz anderen Ebene zum Durchbruch als in Deutschland. Bekanntlich wurde das Schisma Englands durch die Frage der Ehescheidung des Königs herbeigeführt. Es wäre oberflächlich und verfehlt, diese Entwicklung nur aus der Gegenüberstellung der »sinnlichen Leidenschaft und unbeherrschten Wollust« Heinrichs VIII. mit der sittlich-rechtlichen Norm Roms erklären zu wollen. Vielmehr ist der Gang der Dinge trotz mancher skandalhafter Begleitumstände in hohem Grade aufschlußreich für Grundfragen des christlichen Gewissens, des Rechtes und der Staatsethik, wie sie den Menschen des 16. Jahrhunderts gestellt waren.

Die Königin von England hieß Katharina von Aragon. Sie war eine Tochter König Ferdinands des Katholischen, also eine Tante Kaiser Karls V., der als Verwandter stets für sie Partei genommen hat. Katharina war zuerst mit dem damaligen englischen Kronprinzen Arthur verheiratet gewesen. Nach dessen Tode hatte Heinrich als nunmehriger

König Heinrich VIII. von England
Gemälde von Hans Holbein d. J., 1537. Castagnola, Sammlung Schloß Rohoncz

Tagung des englischen Parlaments am 15. April 1523
Miniatur. Windsor, Royal Collection

Thronfolger die Witwe seines Bruders geehelicht, wobei die für eine solche Verwandtenehe benötigte Dispens von Papst Julius II. eingeholt worden war. Im übrigen war der politische Zweck dieser Ehen – Befestigung des englisch-aragonesischen Bündnisses gegen Frankreich – ganz eindeutig und wurde auch im Text der päpstlichen Bulle ausdrücklich erwähnt. Aus der Ehe der um fünf Jahre älteren Spanierin mit Heinrich VIII. gingen drei Knaben und zwei Mädchen hervor. Außer der 1516 geborenen Maria (der späteren Königin) starben alle. Katharina alterte frühzeitig und begann zu kränkeln. Die Hoffnung auf einen männlichen Thronerben schwand, während der König seine Frau zu meiden und seine Gunst anderen Damen des Hofes zuzuwenden begann.

Seit 1525 erfaßte ihn eine Leidenschaft zu einer sehr schönen, jungen Gesellschafterin seiner Frau mit Namen Anne Boleyn, deren Familie den offenkundigen Sachverhalt zu höheren Zwecken auszunützen beabsichtigte. Während Annes Schwester Mary in früheren Jahren die Mätresse Heinrichs gewesen war, ohne daß kronrechtliche oder sonstige Komplikationen aufgetreten wären, erklärte die neue Favoritin, dem König nur als seine legitime Frau gehören zu wollen. Hinter dieser konsequent vorgebrachten Forderung stand der Aufstiegswille des Familienclans der Boleyn. Aber es mischten sich von Anfang an andere Motive mit ein, die der Affäre zwischen Katharina, Heinrich und Anne Boleyn einen Ernst gaben, der sie weit über eine der üblichen Alkovenintrigen des Hofes hinaushob. Dem König ging es auch um die Sicherung der Dynastie und des Staates; er wollte den legitimen, männlichen Thronfolger, den ihm die Königin nicht schenken konnte. Er machte überdies Gewissensskrupel geltend: War nicht der frühe Tod von vier Kindern aus der Ehe mit Katharina ein Zeichen des Zornes Gottes über die Unerlaubtheit dieses Bundes? Konnte ein Papst überhaupt von dem göttlichen Gebot dispensieren, das im Alten Testament so deutlich die Ehe mit der Witwe des Bruders untersagt hatte? Man hat die Ernsthaftigkeit dieser Gewissensbedrängnis, in der die Obertöne theologischer Kritik an den Kompetenzen des Papsttums immer stärker wurden, entschieden in Zweifel gesetzt. Aber es ist kein Anlaß vorhanden, in der vitalen Vielschichtigkeit von Heinrichs Charakter und Situation das Wirken einer dergestalt drängenden Sorge um das Heil des königlichen Blutes auszuschließen.

Der einfachste Ausweg bot sich in einer kirchenrechtlich zu begründenden Annullierung der Ehe mit Katharina. In diese Richtung zielten seit 1527 die Bemühungen des Königs und seiner Minister. Zunächst wandte man sich an den Papst; man suchte also eine Lösung in Übereinstimmung mit dem traditionellen und universalen Rechtssystem des christlichen Europa. Clemens VII. befand sich damals – nach dem *Sacco di Roma* – in einer bedrängten Lage. Insgeheim hoffte er damals noch, im Bunde mit den Königen von England und Frankreich die Niederlage des Kaisers in Italien und die Rache für die Schmach von 1527 erleben zu können. Die englischen Unterhändler, die in Orvieto mit dem Papst zusammentrafen, rechneten damit, diese politischen Gegebenheiten für die »Sache des Königs« nutzen zu können. Aber Clemens VII. und seine kurialen Mitarbeiter waren der Verhandlungstaktik der Engländer durchaus gewachsen. Während von englischer Seite wechselnd mit Lockungen und Drohungen – bis zum kaum verhüllten Hinweis auf die Möglichkeit eines Schismas – gearbeitet wurde, spielte der Papst auf Zeitgewinn. Von Orvieto verlegte man den Schauplatz der Verhandlungen nach England, wohin ein römischer Kardinallegat zur näheren Untersuchung des kirchlichen Rechtsfalles entsandt wurde. Während der König ungeduldig wurde, zog die Affäre immer weitere Kreise. Heinrich VIII. zögerte durchaus, den Bruch mit der Autorität des Papstes zu wagen. Einem solchen Schritt hätte die öffentliche Meinung Englands und Europas sehr kritisch gegenübergestanden. Am Hofe setzte ein Wettbewerb der Hofparteien um die Lösung des Eheproblems ein: Wer den Weg zur Ehe mit Anne Boleyn findet, steigt in der Gunst des Königs, wer ihn nicht findet, verliert. So ist schon 1529 Kardinal Wolsey zu Fall gekommen. Der Aufstieg neuer Männer am Hof erfolgte im Zeichen ihrer Wendigkeit und ihrer Erfolge in dieser Sache. Thomas Cranmer, der spätere Erzbischof von Canterbury, empfahl sich dem König durch die Idee einer Befragung der englischen und ausländischen Universitäten. Eine zunächst erfolgreiche Idee, die mit beträchtlichen Geldmitteln ins Werk gesetzt wurde. Nicht nur Oxford und Cambridge, auch einige französische und italienische Universitäten nahmen Stellung für die These des Königs: Die Ehe mit Katharina sei ungültig.

Gleichzeitig wurde das Parlament zur Einschüchterung des einheimischen Episkopats und des Papstes aktiviert. Seit der Sitzungsperiode von 1529 gerieten hier die Dinge in folgenreiche Bewegung. In einer Reihe von sich verschärfenden Parlamentsakten und Regierungsdekreten wurde die rechtliche, finanzielle und administrative Eigenständigkeit der Kirche eingeschränkt. Als erfolgreicher Taktiker und energischer Vertreter der neuen Linie bewährte sich dabei Thomas Cromwell, der neue Vertrauensmann des Königs. Bewußt und unbeirrt ging er den Weg zur Abschüttelung aller außerenglischen Rechtsbindungen. Er gehört zu den eigentlichen Gründern der englischen Staatskirche, und auch in der Neugestaltung der Finanz- und Verwaltungsorganisation und später in der Auflösung der Klöster bewies er die harte und erfolgreiche Hand, die der König an ihm schätzte.

Das alles war nur Vorbereitung für den Bruch mit Rom, noch nicht der Bruch selbst. Erst 1533 beschleunigten sich die Ereignisse. Anne Boleyns Standhaftigkeit war schließlich ins Wanken gekommen. Nicht zu früh und nicht zu spät. Das Kind, das sie erwartete, wurde zum Anlaß des definitiven Bruches. Auf die geheime Trauung mit dem König im Januar 1533 folgten rasch die öffentlichen Entscheidungen: Parlamentsbeschluß gegen jeden Appell an den Papst, Beschluß der Klerusversammlung, daß der Papst das beanspruchte Dispensrecht nicht besitze, Erhebung Cranmers zum Erzbischof von Canterbury (dies noch mit päpstlicher Zustimmung), Urteil des Erzbischofs als des höchsten kirchlichen Richters in England: Die erste Ehe des Königs sei ungültig, die zweite gültig; feierliche Krönung der neuen Königin und wenige Monate später die Geburt der Prinzessin Elisabeth. Es folgten die Antworten des Papstes: Ungültigkeitserklärung der zweiten Ehe und die große Exkommunikation für Heinrich VIII. Letzte englisch-päpstliche Verhandlungen waren im Herbst 1533 durch den französischen König angeregt und vermittelt worden. Nach ihrem raschen Scheitern führte 1534 Heinrich VIII. die Initiative des Vorjahres weiter. Das Parlament beschloß die »Sukzessionsakte« (Nachfolgerecht nur für die Thronerben aus der zweiten Ehe) und schließlich die berühmte »Suprematsakte«, die besagte, daß der König *justly and rightfully is and ought to be Supreme Head of the Church of England.* Fortan gab es keinen Papst mehr, man sprach nur mehr von dem Bischof von Rom. Im übrigen bedeutete die

Trennung von Rom und die jurisdiktionelle Rolle des Königs als Oberhaupt der englischen Kirche keine sichtbare Veränderung der kirchlichen Organisation und der liturgisch-theologischen Substanz. Der König fühlte sich jetzt stark genug, Episkopat und Klerus durch einen überall geforderten und fast überall geleisteten Eid auf die neue Ordnung der Dinge festzulegen. Die Eidesleistung wurde mit Zwang und Strafdrohung durchgesetzt. Es ist bekannt, daß sich nur einige Ordensleute und nur zwei der Großen des Königreiches bis zur letzten Konsequenz widersetzten. Todesurteile wurden an einer Anzahl von Kartäusern und Franziskanern, an dem greisen Bischof Fisher und an Thomas Morus, dem früheren Kanzler des Königs, vollstreckt.

Obwohl Heinrich VIII. selbst theologisch konservativ eingestellt war, konnte es nicht ausbleiben, daß nun auf vielen Wegen immer stärker evangelische Ideen nach England eindrangen. Thomas Cromwell dachte hier wie in anderen Fragen vor allem politisch. Er betrieb mit Nachdruck die Klosteraufhebungen, um das Königtum fiskalisch zu stärken und die sich bereichernde neue Mittelschicht auf den neuen Stand der Dinge festzulegen. Er suchte zeitweilig die Verbindung mit dem festländischen Protestantismus. Im Zeichen der Verhandlungen mit dem Schmalkaldischen Bund war Cromwell zu erheblichen theologischen Konzessionen bereit. Auch der Sturz des allmächtigen Ministers, der 1540 als Hochverräter und Ketzer hingerichtet wurde, brachte kein völliges Erlöschen der reformationsfreundlichen Tendenzen. Eine entschiedene Entwicklung im Sinne der protestantischen Lehre setzte aber erst nach dem Tode Heinrichs VIII. ein, als für den minderjährigen Eduard VI. eine Vormundschaftsregierung amtierte, die dem neuen Glauben zuneigte.

Das englische Schisma unter Heinrich VIII. stellte – vor allem seit der Hinrichtung von Fisher und Morus – für die katholische Öffentlichkeit Europas und die Politik der katholischen Monarchen ein schwieriges Problem dar. Als im Winter 1536/37 in Nordengland eine Revolte der Landbevölkerung gegen die Klosteraufhebungen und die Kirchenpolitik des Königs ausbrach *(Pilgrimage of Grace)*, glaubte Papst Paul III. zeitweilig, den Kaiser und Franz I. zu einem solidarischen Vorgehen gegen England veranlassen zu können. Die Pläne für ein solches gemeinsames Eingreifen der katholischen Mächte gegen das schismatische Reich wurden auch später weiterverfolgt. Die vorgesehenen Maßnahmen reichten von gemeinsamen diplomatischen Schritten über eine allgemeine, kontinentale Handelssperre bis zum Projekt einer bewaffneten Invasion. Aber eine wirksame Zusammenarbeit zwischen Habsburg und Frankreich gegen das englische Schisma kam niemals zustande. Beide Kontinentalmächte mußten in England stets den möglichen Verbündeten im nächsten Waffengang sehen. So siegte in jedem Fall die Staatsräson über die Postulate einer gesamteuropäisch-katholischen Glaubensverantwortung, zu deren Sprecher sich das Papsttum immer wieder machte. Englands Kirche ging weiter ihren eigenen Weg. Selbst die vorübergehende Wiedervereinigung mit Rom in den Jahren 1554/59 hat die Eigengesetzlichkeit dieses Weges nicht abgeschwächt, sondern eher akzentuiert.

Das Papsttum und die beginnende Regeneration
der katholischen Kirche (1534–1540)

Am 11. Oktober 1534 begaben sich die Kardinäle ins Konklave, um einen Nachfolger für Clemens VII. zu wählen, der die katholische Kirche in einer Zeit großer Entscheidungen mutlos geleitet hatte. In überraschend kurzer Zeit einigte man sich auf den bisherigen Dekan des Kardinalskollegiums, Alessandro Farnese. Der sechsundsechzigjährige Papst nahm den Namen Paul III. an. Er regierte die Kirche fünfzehn Jahre lang und sicherte die Grundlagen für jene innere Erneuerung, die in den folgenden Jahrzehnten das Gesicht der katholischen Welt kraftvoll prägen sollte.

Blickt man zurück auf den Werdegang des aus einer alten römischen Familie stammenden Papstes, so ist rasch festzustellen, daß sein Aufstieg unter anderen Vorzeichen erfolgt war als unter denen einer Reform der Kirche. Nicht nur hatte sich Alessandro Farnese in der untheologischen Routine der kurialen Verwaltung mit großer Geschmeidigkeit emporgearbeitet. Er zollte auch der römischen Sitte des ausgehenden Quattrocento insofern besonderen Tribut, als seine Erhebung zum Kardinal durch Papst Alexander VI. nicht von der Tatsache zu trennen ist, daß dieser zuvor der Liebhaber von Farneses schöner Schwester Giulia gewesen war. Aber Alessandro Farnese wußte sich auch mit dem folgenden Papst – Julius II. – gut zu stellen. Er erhielt von ihm manche Gunstbeweise; so wurden zum Beispiel die Kinder, die er von einer in seinem Hause lebenden Dame der Aristokratie hatte, alsbald durch eine päpstliche Urkunde legitimiert. Das waren Dinge, die bei den Zeitgenossen wenig Verwunderung hervorriefen und für die weitere Karriere des Kirchenfürsten, der erst viel später die Priesterweihe empfing, kein erhebliches Hindernis bedeuteten. Als dann die Zeiten ernster und die Maßstäbe auch an der Kurie strenger wurden, konnte man Farnese durchaus zu jener Kardinalsgruppe rechnen, die ein geschärftes Bewußtsein von der kirchlich-religiösen Verantwortung Roms hatte. Als unter Clemens VII. die Konzils- und Reformfragen immer dringlicher wurden, gehörte er zu den ständigen Befürwortern einer energischen Inangriffnahme der fälligen kirchlichen Maßnahmen. Er war der hervorragendste Diplomat der Kurie, und als Papst zögerte er nicht, von der Einsicht Gebrauch zu machen, daß nur ein zielbewußtes Programm innerkirchlicher Reform die tiefgesunkene moralische und politische Autorität des Papsttums heben könne. Aber bei aller sachlichen Einsicht war Paul III. doch persönlich zu tief in die Anschauungen und Gewohnheiten der alten Zeit verstrickt, als daß er den vollen Durchbruch zur Unerbittlichkeit des apostolischen Hirtenamtes vollzogen hätte. Die Fesseln, die ihn an das kompromittierende Erbe kurialer Weltlichkeit banden, waren vielfältig und zäh. Am verhängnisvollsten erwiesen sich dabei die Bande des Blutes. Die Sorge für Kinder und Enkel, für ihre Ausstattung mit Reichtum und Staatenbesitz, für ihre Verheiratung in die ersten Fürstenhäuser Europas könnte bewundernswert erscheinen, wäre es nicht gerade als *Vicarius Christi* gewesen, der das Heil der Kirche vor aller Augen mit familiärer Interessenpolitik belastete.

Die kirchliche Lage, die Papst Paul III. zu Beginn seines Pontifikats vorfand, war dazu angetan, rasche Schritte nahezulegen. England hatte sich von Rom getrennt, ebenso die skandinavischen Reiche. In Deutschland hatten sich in einigen Gegenden bereits heterodoxe Landeskirchen gebildet, in anderen Teilen griff die Bewegung zur Lösung von Rom kräftig um sich. Sie begann aus Mitteleuropa nach dem Osten überzugreifen, nach Polen, Ungarn und dem Baltikum. Weniger gefährdet konnte die Lage zunächst noch in Westeuropa erscheinen. In Spanien entgingen der harten Aufsicht der staatlichen Inquisition nur kleine Zirkel evangelisch Gesinnter mit den Schwerpunkten in Valladolid und Sevilla. Viel größer war – von Rom her gesehen – die Gefahr eines erasmianisch gefärbten Staatskirchentums, dessen weitere Entwicklung im Zeichen des unberechenbaren Cäsaropapismus Karls V. stand.

In Frankreich konnte die Situation nur so lange als gesichert gelten, als der König der naheliegenden Versuchung widerstand, dem englischen Beispiel zu folgen und die politische Bundesgenossenschaft mit dem deutschen Protestantismus kirchenpolitisch zu untermauern. Dabei konnte nicht übersehen werden, daß trotz der Unterdrückungspolitik der französischen Regierung die neuen Ideen vom Osten her unaufhaltsam in das Land einströmten. Wohl hatte die Sorbonne Luthers Lehren verurteilt, aber von Zürich und Basel, von Straßburg und Antwerpen kamen immer neue Bücher und Flugblätter. Der Reformkreis des frommen Faber Stapulensis in Meaux stand den Gedanken des Erasmus näher als denen Luthers. Aber eine jüngere Generation wird sich mit diesen unentschiedenen Positionen nicht mehr zufriedengeben. An den Universitäten und in den Städten, im Adel und im Klerus greift die Unruhe um sich. Und während der neue Papst die Reihe seiner Regierungsakte mit der Erhebung zweier unmündiger Enkel zum Kardinalat eröffnet, überschreiten Scharen französischer Glaubensflüchtlinge die Schweizer Grenze. Sie hoffen auf baldige Rückkehr in eine für die Wahrheit des Evangeliums gewonnene Heimat. Unter den Flüchtlingen ist ein junger Jurist mit Namen Jean Cauvin. Er wird in wenigen Jahren an der Spitze der französischen Reformation stehen und dem Papsttum einen Kampf auf Leben und Tod ansagen.

Und Italien selbst? Die Eigenart der religiösen Situation Italiens in den dreißiger Jahren lag in einer sehr weitgehenden Unklarheit und Unbestimmtheit der Fronten. Erst im folgenden Jahrzehnt klärten sich – mit dem Einsetzen schärferer Repressivmaßnahmen – die Abgrenzungen zwischen innerkatholischen Reformgruppen und bewußter Glaubensneuerung. Es lag an dem aristokratischen Charakter der religiösen Bewegung Italiens und an dem Fehlen des volkstümlich-derben, national-antipäpstlichen Elements, daß hier die Dinge länger unentschieden blieben, während im Norden schon die Scharfrichter – auf beiden Seiten – an die Arbeit gingen. Der zögernd-distanzierte, immer noch auf die Einheit hin orientierte und in der Reform die Einheit suchende Charakter macht aber auch den besonderen Reiz dieser Entwicklung aus. Die Partei der Mitte, des »Evangelismus« oder der »Expektanten« – wie man sie nun nennen will – gab es überall in Europa. Aber nirgendwo bestimmte sie noch zwanzig Jahre nach Luthers Auftreten so sehr die Gesamtatmosphäre wie in Italien.

Da gab es den Kreis um Juan de Valdés in Neapel: eine hochgesinnte Gruppe feingebildeter Laien und Kleriker, versammelt um die fromme Unterweisung eines undogmatischen Mystikers. Damen der Hocharistokratie spielten eine große Rolle; hier traf man Vittoria

Colonna und die schöne Donna Giovanna di Aragona, die in ganz Italien von den Dichtern als *Diva Signora* besungen wurde. Von hier reichten Bande der Freundschaft und der Gesinnung in die Orden. Der Generalvikar des Kapuzinerordens, Bernardino Ochino, wurzelte in der Frömmigkeit des franziskanischen Spiritualismus. Ähnlich stand es mit dem toskanischen Augustinerprior Pietro Vermigli und manchen anderen Geistlichen, die zunächst in ihrem Reformwirken keine sichtbare Trennung zur alten Kirche vornahmen. Etwas kompaktere Erscheinungen bot Oberitalien, wo die unmittelbare Wirkung aus dem Norden zu spüren war. In der freieren Luft Venedigs traten immer wieder Anhänger Luthers auf; in Bischofsstädten, wie Modena, Verona, Lucca und Brescia, bildeten sich Gruppen, die der Häresie verdächtigt wurden. Der religiöse Charakter mancher dieser Fälle und Bewegungen ist bis heute umstritten. Aus der Sicht des heutigen Betrachters ist ohne weiteres festzustellen, daß das theologische Suchen und die tiefe Unruhe dieser Zwischenzeit in sehr verschiedene Wege münden konnten. Manche theologisch und menschlich bedeutenden Persönlichkeiten brachen schließlich mit der Papstkirche. Sie mußten als Exulanten Italien verlassen und bildeten in der europäischen Reformationsbewegung mit ihrer Neigung zu undogmatischer Auffassung der Glaubenslehre ein eigenartiges und zukunftsweisendes Ferment. Andere wurden zu überzeugten Anhängern und Führern der innerkatholischen Reform, deren Erfolg sie eher mit pastoraler Überzeugungskraft als mit Repressivmaßnahmen dienen zu können glaubten. Dazwischen gab es manche Spielarten der verstummenden Resignation und der Anpassung an die herrschende und in Italien herrschen bleibende Richtung.

Dieses Auseinandertreten der Wege war aber zum großen Teil bereits eine Folge des tiefgehenden Wandels, den die religiöse Gesamtatmosphäre Italiens unter Paul III. erfuhr. Als der Papst kurz nach seiner Krönung mit dem Vorschlag eines alsbald zu berufenden Generalkonzils hervortrat, fand er in der europäischen Öffentlichkeit viel Zustimmung. Auf heftigen Widerstand stieß er dagegen in den Reihen seiner engsten Mitarbeiter. Das Kardinalskollegium, das seine Zusammensetzung der Personalpolitik der Medici-Päpste Leo X. und Clemens VII. verdankte, erwies sich als erstes Hemmnis für eine neue Konzeption päpstlicher Politik. Paul III. griff zu dem Mittel, durch die Ernennung neuer Kardinäle das Kollegium und die Kurie selbst im Sinne der neuen Ära umzugestalten. Diese Umgestaltung ging zahlenmäßig nicht sehr weit. Aber bereits die ersten Schritte außerhalb der Routine und die Berufung einiger weniger Männer, deren kirchlicher Ernst und Reformgesinnung bekannt waren, begannen das Gesicht Roms zu verändern.

In Italien wie in der Gesamtkirche waren auch in den schlimmsten Jahrzehnten eines verweltlichten Papsttums die Bestrebungen zu einer Reform der Kirche an Haupt und Gliedern nie abgerissen. Die einzelnen Reformtendenzen in den Orden, im Episkopat, in der Theologie und in Laienkreisen hatten jedoch von Rom her wenig Ermunterung erfahren. Nun versuchte Paul III., das Papsttum zur Mitte und zum Kristallisationspunkt dieser vereinzelten und verschiedenartigen Bestrebungen zu machen. Das läßt sich an zwei besonders markanten Persönlichkeiten unter den neu berufenen Kardinälen zeigen. Gian Pietro Caraffa, der spätere Papst Paul IV., stammte aus altem, neapolitanischem Adel. Der damals Sechzigjährige verkörperte eine ältere Linie des katholischen Reformdenkens, die ihre Wurzeln im 15. Jahrhunderts hatte, daher von den Problemen Luthers und seiner Reformation im Kern unberührt war und die Beseitigung des »Schmutzes der Kirche« von einer rigorosen Durchführung disziplinärer Maßnahmen erwartete. Dieser Aufgabe hatte Caraffa in einer jahrzehntelangen Tätigkeit als Bischof und als Mitbegründer des Theatinerordens gedient. Gegenüber den neuen theologischen Fragen kannte er nur äußerstes Mißtrauen, ebenso gegenüber der Politik Karls V., dessen Eingriffen in innerkirchliche Fragen er das Ideal einer mittelalterlich-herrschenden Kirche im Sinne Innozenz' III. entgegenstellte.

Von der Schroffheit und Härte des Neapolitaners war die Persönlichkeit und die Gedankenwelt des Kardinals Gasparo Contarini weit verschieden. Contarini war als Laie zum Kardinalat berufen worden. Er war ein venezianischer Nobile, der seiner Heimat als Diplomat gedient hatte, ein Gelehrter, der aus der Fülle der *Eruditio Christiana* lebte, ein Freund des milden und durch Überzeugung wirkenden Vorgehens. Contarini hatte als Gesandter bei Karl V. das Auftreten Luthers in Worms 1521 miterlebt. Seitdem hatte er die kirchliche und die politische Seite der Glaubensfrage nicht mehr aus dem Auge verloren. Im Gegensatz zu Caraffa war sein Reformwille stark von dem Ideal der Urkirche und der Väterzeit geprägt. So unerbittlich er daher im Ringen um eine institutionelle Erneuerung der Kirche war, so weit konnten gleichzeitig seine Hoffnungen gehen, durch die Reform die »Abgewichenen« zur Einheit in einer reformierten Papstkirche zurückzugewinnen.

Contarini wurde in seiner überlegenen und verbindlichen Art, die Paul III. schätzte, alsbald zum Mittelpunkt der römischen Reformarbeiten. Er nahm Einfluß auf die Berufung weiterer Persönlichkeiten an die Kurie zur Verstärkung der Reformgruppe. Er ergriff die Initiative zur Bildung einer Studienkommission, die vom November 1536 an fast täglich zusammentrat. Als Ergebnis konnte er Anfang März 1537 dem Papst eine Denkschrift vorlegen, das berühmte *Consilium de emendanda ecclesia*. Hier war in höchst ungewöhnlicher Offenheit ein einschneidendes Programm der Reform »an Haupt und Gliedern« ausgearbeitet, das von der pastoralen Verantwortung her das Bild einer erneuerten Kirche und die Wege zur Behebung einer Vielzahl eingefressener Mißstände zeigte: »Mit unerhört kühnem Stoße eröffnet es die Offensive der Reformbewegung gegen die Zitadelle der römischen Kurie, von deren Eroberung das Schicksal der Kirche abhing« (H. Jedin).

Nicht nur die kurialen Routiniers – Feinde jeder Abänderung des bestehenden Systems, dessen korrumpierende Nutznießer sie waren –, auch gutwillige Kreise, die konservativ, aber nicht einfach reformfeindlich dachten, waren von diesem Programm schockiert. Sie hielten gegenüber dem Papst mit ihrer Meinung nicht zurück: das *Consilium* führe nicht zur Reform der Kirche, sondern zu ihrer Zerstörung. Die Kämpfe, die nun mit der Umarbeitung der Reformvorschläge in Reformgesetze begannen, erfüllten über Monate und Jahre hinweg die Sitzungen der Kommissionen und Unterkommissionen. Über alle Kompromisse und Niederlagen der von Contarini geführten entschiedenen Gruppe hinweg bleibt die Tatsache bestehen, daß die Grundzüge der tridentinischen Reform und damit der Regeneration der katholischen Kirche durch jenes *Consilium* im Winter 1536/37 erarbeitet worden sind. Denn hinter den römischen Arbeiten stand von Anfang an drängend die Frage des Konzils.

Während im Vatikan um Programm und Wirklichkeit der Erneuerung gerungen wurde, zeichneten sich in dem ernster werdenden Klima Roms weitere Entwicklungen ab, die aus kleinen Anfängen zu prägender und weltweiter Kraft heranwuchsen. Die Vorwürfe gegen die Mißstände im Kloster- und Ordenswesen gehörten zu den schärfsten Waffen der antipäpstlichen Kritik. Während Luther mit seinem Austritt aus dem Ordensleben diese ganze Welt mittelalterlicher Vollkommenheitsstufung von innen her sprengte und aufhob, bemühte sich die Gegenseite um den Nachweis der Sinnerfülltheit und Reformierbarkeit eben dieser Lebensform. So gehört das Ringen um die Ordensreform und die Gründung neuer Orden zu den zentralen Themen der katholischen Antwort auf Luther. Unter dem Pontifikat des Farnese-Papstes verstärkten sich auch diese Initiativen. Den wichtigsten Platz unter den neuen und den neu reformierten Orden der Zeit nimmt die Gründung des Ignatius von Loyola ein, der im Winter 1536 mit seinen Gefährten von Paris aus zu Fuß nach Italien aufgebrochen war.

Iñigo de Loyola mochte damals vierzig oder fünfundvierzig Jahre zählen. Das Datum seiner Geburt in einem kleinen baskischen Landsitz an der Gebirgsstraße von Azpeitia nach Azcoitia ist bis heute nicht bekannt. Überhaupt muß Loyola auf seine Zeitgenossen anfänglich einen eher dubiosen Eindruck gemacht haben. Er war eigentlich überall, wohin er kam, mit der Inquisition in Berührung gekommen und hatte infolgedessen mehrmals im Gefängnis gesessen. Als er nach der Verwundung bei Pamplona 1521 seine Offizierslaufbahn aufgab und seinen Offiziersrock einem Bettler schenkte, war er auf den religiösen Ruf, den er fühlte, durch kein theologisches Wissen und keinen Hauch einer *Eruditio Christiana* vorbereitet. Verglichen mit Luther, der durch einen intensiven Studienweg und die Ordenszucht das Erbe der spätmittelalterlichen Geistigkeit tief in sich aufgenommen hatte, war der Baske ein wilder Schößling und Außenseiter der religiösen Kultur seiner Zeit. Die Etappen seiner Wanderschaft und Selbstklärung erscheinen zunächst wenig planvoll. Nach den Erleuchtungen in der Höhle von Manresa trieb es ihn über Italien ins Heilige Land. Dort durchkreuzt die kirchliche Behörde seinen Plan, unter den Muslimen zu missionieren, und zwingt ihn zur Rückkehr nach Europa. Bettelarm in Barcelona gelandet, setzt sich der Dreißigjährige auf die Schulbank und lernt Latein. Fromme Frauen unterstützen ihn, Gefährten sammeln sich um ihn, Trostsuchende beginnen sich zu ihm zu drängen.

Nachdem man ihn zweimal unter dem Verdacht verhaftete, er gehöre zu von der Kirche verfolgten Schwarmgeistern, den *Alumbrados*, verläßt er Spanien und studiert sieben Jahre an der Sorbonne Philosophie und Theologie. Neue Gefährten, neue Armut, neue Verdächtigungen, Bettelreisen bis nach London und Antwerpen bilden den äußeren Rahmen dieser Zeit. Sie mündet in das Gelöbnis Loyolas und seiner neun Freunde, Armut und Keuschheit zu bewahren, nach Jerusalem zu pilgern und für das Heil der Seelen zu wirken. Ihr erstes Auftreten in Rom bleibt Episode: Während Paul III. zur Tafel sitzt, läßt er die Pariser Theologen mit römischen Doktoren vor der Tischgesellschaft disputieren. In Venedig warten die Gefährten dann Monat um Monat auf ein Schiff, das sie nach Palästina bringen soll. Aber der Türkenkrieg schneidet 1537 jeden Reiseverkehr nach dem Orient ab. Jetzt erst fällt die Entscheidung – nach Rom zu gehen und in Rom zu wirken. Sie mieten ein

Haus nahe am Kapitol und beginnen zu predigen; ein Boden arm an guten Früchten, überreich an schlechten – so beschreibt Loyola die ersten römischen Eindrücke.

Aus der Unmittelbarkeit der religiösen Erfahrung, die Loyola von Anfang an auszeichnete, formte er im Laufe der Jahre eine überindividuelle Ordnung: Sie wendet das introvertierte, mittelalterliche Motiv der Verachtung der Welt und des Sieges über das Irdische um Gottes willen in ein Pathos der gottgewollten, extravertierten Aktivität. Die Grundzüge wie die psychologischen und soziologischen Wege dieser Ordnung sind in dem Exerzitienbuch und in der Ordensregel enthalten. Das starke personale Element spätmittelalterlichen Frömmigkeitslebens – Christus und die Seele des Einzelnen – ist hier ganz eng verbunden mit der neuen Dynamik des gezielten und gesammelten Handelns in der Welt: was tust Du für Christus? Forderung wie Führung entspringt aus versenkender Selbstanalyse und aus der Hingabe an die im Befehl des Oberen vernehmbare göttliche Stimme.

Es war wohl kein Zufall, daß die Formwerdung dieses neuen Ordens erst im Rom Pauls III. zum eigentlichen Abschluß kam. In der Erfahrung der tiefen Kluft zwischen Idee und Erscheinung der Gottesherrschaft auf Erden lagen Schwierigkeiten, die anderswo vielleicht fromm umgangen werden konnten. In Rom gab es für entschiedene Männer keinen Weg an dieser Kluft vorbei. Loyola und seine Gefährten fanden ihren Weg in der schrankenlosen Hingabe an die Idee der im Papsttum repräsentierten Kirche. War dieser Schritt des engsten, gläubigen Anschlusses an das Papsttum einmal getan, so verwandelte sich die entmutigende Wirklichkeit der Kirche in ein riesiges Arbeitsfeld, dessen unterschiedliche Aufgaben mit planvollem Mut anzugehen waren. Aus streng zentralisierter Organisationsform, Sachkunde und asketischer Hingabe entstand seit 1540 jenes Netz von Kolleghäusern und Schulen, Druckereien und Universitäten, Wirtschaftsbetrieben und Gebetsverbrüderungen, das immer dichter die Ganzheit der bewohnten Erde zu umschließen suchte. Kritik und Feindschaft konnten nicht ausbleiben. Sie kamen nicht nur aus den Reihen der Lauen und der von Rom getrennten Kirchen; auch ernsthafte und reformfreudige Katholiken gehörten von Anfang an zu den Gegnern der Gesellschaft Jesu. Ihre Argumente waren verschieden. Sie reichten vom Vorwurf der Machtkonzentration und des Hochmuts bis zu tiefer dringenden Einwänden gegen die zweckhafte Rationalisierung der Seelenführung und gegen die dementsprechenden Lösungsversuche der christlichen Grundfrage von Autorität und Freiheit.

Alles in allem bedeutete das neue Aufblühen und Wirken der Orden eine tiefgehende Umformung und Erweiterung der Wirkweise des Papsttums auf die Gesellschaft. Die uralte Bistumsorganisation, die weitgehend in den Einflußbereich staatlicher Gewalten oder regionaler Feudalgruppen geraten war, wurde zwar gleichfalls zum Objekt der römischen Reformpläne. Aber während die Wirkungen des neuen Bischofsideals vielfach nur zögernd eintraten, boten die neue Aktivität und Mobilität der Orden unmittelbare Möglichkeiten einer von Rom aus gezielten Seelsorge-, Erziehungs- und Missionstätigkeit. Sie entsprachen der steigenden Mobilität, Weltweite und Bildungsbereitschaft der europäischen Ober- und Mittelschichten im 16. Jahrhundert. Wieweit diese gezielten Methoden der Tiefe der religiösen Krise des Jahrhunderts und ihren menschlichen und geistigen Differenzierungen gewachsen waren, war von vornherein nicht auszumachen. An Hingabe und Entschlossenheit fehlte es nicht; die Anziehungskraft der neuen Ordensideale auf die Elite der katholisch gebliebenen Bevölkerungsteile Europas war erstaunlich.

Für Paul III. standen die einzelnen Aspekte der innerkatholischen Reformbewegung von Anfang an in engster Verbindung mit dem zentralen Problem seines Pontifikats, mit der Veranstaltung des seit Luthers erstem Auftreten geforderten Generalkonzils. Sein Vorgänger Clemens VII. hatte das Konzil nicht gewollt; nun war es hohe Zeit geworden. Dabei spielte zunächst keine große Rolle, was man sich von dem Konzil erwartete; ob man es – wie Karl V. und viele Menschen in Deutschland – als ein Mittel zur Wiedervereinigung erwartete oder ob man seine Funktion nur mehr in der innerkatholischen Reform und in der »Festigung der Treugebliebenen« sehen wollte. Ebenso deutlich wie die Notwendigkeit des Konzils sah Paul III. die Schwierigkeiten, die vor allem aus dem Andauern des Hegemoniekampfes zwischen Habsburg und Frankreich stammten. Das Konzil konnte nur gelingen, wenn die beiden katholischen Großmächte sich aussöhnten und dem Papst zur Seite standen. So war für Paul III. die Herbeiführung des europäischen Friedens von Anfang an ein fester Bestandteil seiner Konzilspolitik. Der Weg strikter Neutralität und uneigennütziger Vermittlung, den die pastorale Verantwortung des Papsttums gefordert hätte, erwies sich jedoch aus inneren und äußeren Gründen als schwer begehbar.

Während päpstliche Nuntien die Konzilsankündigung verbreiteten und mit dem Kaiser und Franz I. über das Konzil verhandelten, begann sich noch im Jahre 1535 der politische Horizont Europas von neuem zu verdüstern. Auf der einen Seite sah sich Karl V. durch das mächtige Auftreten des mit dem Sultan verbündeten algerischen Korsarenfürsten Chaireddin Barbarossa zur Wiederaufnahme der spanischen Offensivpolitik gegen Nordafrika veranlaßt. Das große Flottenunternehmen, das sich im Sommer 1535 unter der persönlichen Führung des Kaisers gegen Tunis richtete, brachte einen spektakulären Sieg, aber keine endgültige Klärung der Lage an der afrikanischen Mittelmeerküste. Im Endergebnis beschleunigte dieser Erfolg den Verlauf der neuen französisch-türkischen Verhandlungen, die nun erstmals zu einem eigentlichen Bündnisvertrag führten. Andererseits war es die Mailänder Frage, die nach dem Tode des letzten Herzogs aus dem Hause Sforza den Wiederausbruch des Krieges zwischen Habsburg und Frankreich zur Folge hatte. Franz I. erneuerte seine Ansprüche auf Italien, die er im Frieden von Cambray aufgegeben hatte.

Der Papst suchte zu vermitteln; er versuchte im April 1536 in einem Zusammentreffen mit dem von Tunis über Sizilien nach Rom gekommenen Kaiser den Frieden der Christenheit zu retten und damit das Zustandekommen des Konzils zu sichern. Aber nun ergab sich eine neue und unerwartete Situation. Am Ostermontag, als sich Kaiser und Papst im Vatikan vor dem Beginn des Gottesdienstes trafen, tat Karl V. einen ungewöhnlichen Schritt: Vor den zum Kirchgang versammelten Kardinälen und Diplomaten hielt er eine eineinhalbstündige Rede, deren Wirkung außerordentlich und deren Inhalt ganz eindeutig war. Er appellierte an die europäische Öffentlichkeit, sie solle das Unrecht Frankreichs, des Verbündeten der Türken und der Protestanten, des Verächters der Verträge erkennen. Er appellierte an den Papst, er möge sich zum Richter und Rächer dieses Unrechts machen und für den Kaiser gegen Frankreich Partei ergreifen. Er appellierte an Franz I., er solle der Christenheit den Schrecken eines neuen Krieges ersparen und sich dem Kaiser nach alter Sitte zum Zweikampf um die strittigen Ansprüche stellen.

Es wäre einseitig, in dieser Ostermontagsrede und den folgenden Erwiderungen der französischen Diplomatie den tragischen Zusammenstoß von mittelalterlich-universaler Kaiseridee und neuzeitlicher, einzelstaatlicher Selbstbehauptung zu sehen. Der Kaiser hatte die Wirkung seiner Rede in einer durchaus modernen, propagandistischen Weise auf Paul III. und die europäische Öffentlichkeit abgestellt. Und eine staatliche Selbstbehauptung war zu dieser Zeit offenbar ebenso für Frankreich wie für Habsburg nur in einem hegemonialen Zusammenfassen von übernationalem Zuschnitt denkbar. Will man den tragischen Akzent, der diesem welthistorischen Auftritt zweifellos anhaftet, genauer bestimmen, so wird man ihn anderswo zu suchen haben: in der Unmöglichkeit, die damaligen Probleme europäischen Zusammenlebens mittels der vom Kaiser verwandten Begriffe von Fürstenehre, Treue, Recht und Christenheit zu erfassen und zu lösen.

Der Papst dachte nicht daran, seine Neutralität aufzugeben. Der Krieg griff, trotz fortgesetzter Ausgleichsversuche, immer weiter um sich: Frankreich besetzt Savoyen und Piemont, darauf greift der Kaiser in der Provence und in Nordfrankreich an. Wieder – wie 1524 – kommt die habsburgische Offensive vor Marseille zum Erliegen; aber vom östlichen Mittelmeer gehen nun Entwicklungen aus, die Paul III. trotz allem tiefen Mißtrauen vor dem Kaiser und aller Furcht vor dem französischen Schisma zur Annäherung an Habsburg führen. Der mit Frankreich verabredete Angriff des Osmanenreiches hat zu Land und vor allem zur See alarmierende Erfolge. 1537 landen die Türken in Apulien und setzen sich in Otranto fest. Daraufhin kommt eine Defensivliga zwischen dem Kaiser, Paul III. und Venedig zustande, die Frankreich politisch und propagandistisch isoliert. Die Fäden der päpstlichen Ausgleichsdiplomatie können nun – nach dem Ausbleiben entscheidender militärischer Erfolge – enger geknüpft werden. Das Oberhaupt der Christenheit nimmt selbst die Regie in die Hand. Der Papst verläßt Rom und reist nach Nizza, wo er im Juni 1538 mit den beiden Monarchen zusammentrifft, die des unentschiedenen Ringens müde sind. Auf das Dreiertreffen in Nizza folgt ein habsburgisch-französisches Familientreffen in Aigues-Mortes. Der Kaiser und der König begegnen sich in ausgesuchter Liebenswürdigkeit. Aber die Weihe der päpstlichen Friedensstiftung und der chevareleske Charme wiedergefundener alter Freundschaft können nicht darüber hinwegtäuschen, daß weniger denn je zuvor eine feste Basis europäischen Ausgleichs und eine außerkirchliche Plattform energischer Konzils- und Reformpolitik gefunden wurde. Paul III. konnte nur einen zehnjährigen Waffenstillstand zustande bringen, keinen Friedensvertrag. Alle Streitfragen um Mailand, die Niederlande, Burgund und Navarra blieben in der Schwebe; ihre ungelöste Härte versuchte man durch immer neue Projekte habsburgisch-französischer Ehen und Sekundogenituren zu verhüllen. Wie lange konnte dieser Zustand halten?

Dieser politische Hintergrund erklärt vieles, aber nicht alles an der immer unsicherer werdenden Konzilspolitik Roms. Von hoher Bedeutung war die Haltung der evangelischen Fürsten und Theologen Deutschlands zur päpstlichen Konzilswerbung. Auch diese Frage hatte ihre politische Seite: die Beziehungen zwischen Frankreich und dem deutschen Protestantismus waren wechselnd; zeitweilig tauchte die Idee einer französischen Initiative zur Wiedervereinigung der Deutschen mit Rom auf. Es sollte dadurch Ruhm und Machtgewinn der gelingenden Reunion dem Kaiser genommen und Franz I. gegeben werden. Aber hinter diesen veränderlichen politischen Zügen traten immer deutlicher unverrückbare, im theologischen Urgrund des Luthertums wurzelnde Motive auf. Als der päpstliche Nuntius und der kaiserliche Vizekanzler 1537 nach Schmalkalden reisten und auf der Versammlung des evangelischen Bundes die Konzilswerbung vorbrachten, war die Antwort eindeutig abweisend: Das vom Papst angekündigte Konzil entspreche nicht den Forderungen, die gestellt werden müßten. Die Freiheit des Konzils habe nicht in der Möglichkeit freier Meinungsäußerung zu bestehen, sondern im Ausschluß des Papstes von seiner Leitung. Christlich könne das Konzil nur dann genannt werden, wenn sein einziger Maßstab die Heilige Schrift sei.

Die Absage der Schmalkaldener war eines, die Furcht vor einer durch Konzilserfolge wachsenden Macht des Kaisers ein anderes – und dieses Motiv war dem Papst mit Frankreich gemeinsam. Innerkirchliche Schwierigkeiten und Differenzen über Art und Ausmaß der vom Konzil zu beschließenden Reformmaßnahmen kamen dazu. Nach fast fünf Jahren der Konzilsvorbereitung und Konzilsansage war Paul III. bereit, den politischen und religiösen Schwierigkeiten nachzugeben. 1539 wurde die Eröffnung des Konzils ohne Angabe eines Termins vertagt. Die Spötter in Rom und die Gegner Roms triumphierten. Was sollten der Kaiser und die Freunde der katholischen Reform von der Ernsthaftigkeit dieses Papstes halten? Die Enttäuschung in der europäischen Öffentlichkeit, soweit sie auf Paul III. gehofft hatte, war tief und nachhaltig. Der Kaiser aber hatte inzwischen einen anderen Weg beschritten, um die Wiedervereinigung herbeizuführen. Mit Duldung und Unterstützung der Kurie begann der Kaiserhof das Experiment einer außerkonziliaren Verständigung mit den Anhängern Luthers.

Daß Paul III. bei diesem sehr unorthodoxen Vorgehen, von dem später zu berichten ist, mithalf, war weniger Ausfluß einer theologischen Friedensliebe als Bestandteil einer virtuos angelegten Politik kurialer Selbstbehauptung. Das seltsame und spannungsreiche Spiel der päpstlich-kaiserlichen Beziehungen enthielt zahlreiche Elemente der Renaissance-Diplomatie: Mißtrauen, Haß, Verachtung, Furcht, Übertölpelung, Rachsucht und Mord. Nur von christlicher Liebe und einer aus der Gemeinschaft hoher Ziele stammenden Brüderlichkeit war wenig zu spüren. In diesem renaissancehaften Spiel zwischen Kaiser und Papst hatte das Schicksal der Familie Farnese seinen besonderen Platz. Paul III. zollte der Zeiterscheinung des Nepotismus hohen Tribut. Seinen Sohn Pier Luigi ernannte er zum Gonfaloniere des Kirchenstaates und überhäufte ihn mit Ehren und Besitz. Dessen Sohn, Alessandro Farnese, erhielt als noch nicht zwanzigjähriger Kardinal die Leitung des päpstlichen Staatssekretariats. Andere Enkel und Enkelinnen des Papstes sollten in die führenden Fürstenfamilien Europas einheiraten. Hier lag die Stelle, wo Karl V. eingreifen konnte. Auf dem Treffen in Nizza wurde ein päpstlich-kaiserliches Ehebündnis verabredet, und wenig später fanden Hochzeitsfeierlichkeiten statt: Margarete, eine sechzehnjährige Bastardtochter des Kaisers, die nach einer ersten politischen Ehe mit einem Medici eben Witwe geworden war, wurde mit Ottavio Farnese, einem vierzehnjährigen Enkel des Papstes, vermählt. Margarete weigerte sich lange, diese zweite, ihr aus politischen Gründen aufgezwungene Ehe zu vollziehen. Aber der Kaiser hatte sein Ziel erreicht; er hatte Paul III. Frankreich entfremdet und zu Gegenleistungen verpflichtet: Der Weg der Religionsgespräche konnte beschritten werden.

So endete das dritte Jahrzehnt seit Luthers Auftreten im Lager der katholischen Mächte in einer fast undurchschaubaren Vermischung von politischer Taktik und religiösem Läuterungswillen, von kirchlicher Orientierungslosigkeit und staatlich-dynastischem Schaugepränge. Zum Bild der Stadt Rom gehörte damals beides: das Bankettieren des Papstes mit seinen Enkeln und deren Damen im Vatikan und das büßende Gebet der Frommen für die Zukunft des Reiches Gottes.

Der Kaiser und die Einheit der christlichen Welt (1539–1547)

Das Jahrzehnt, das auf die Übergabe der *Confessio Augustana* folgte, hatte in den Staaten des nördlichen Europa und in Deutschland der Reformation große Fortschritte gebracht. Der Schmalkaldische Bund wurde stärker, weitere Fürsten und Städte wandten sich von Rom ab. Die katholische Partei im Reich war unsicher und uneinig, die Bischöfe waren ängstlich. Der Kaiser war fern und durch andere Aufgaben abgelenkt; über die innerdeutsche Entwicklung war er zuwenig informiert. Während seine religionspolitischen Absichten fortgesetzt unklar blieben, gestaltete sich die Lage des katholischen Kirchenwesens im Reich von Jahr zu Jahr kritischer.

Als sich Karl V. nach dem Waffenstillstand von Nizza ernsthaft der deutschen Kirchenfrage zuwandte, gab es im Reich zwei verschiedene politische Systeme, die sich beide auf die Autorität des Kaisers berufen konnten: ein System der »weichen Hand« gegenüber den Protestanten, verknüpft mit dem Namen des Erzbischofs von Lund, eines skandinavischen Diplomaten im Dienste Habsburgs, der im April 1539 mit den evangelischen Reichsständen den »Frankfurter Anstand« als eine Fortführung des Nürnberger Stillhalteabkommens von 1532 ausgehandelt hatte. Die parallellaufende Politik der »harten Hand«, vertreten durch den Reichsvizekanzler Matthias Held, hatte im Juni 1538 zur Gründung der »Christlichen Einung« geführt, eines katholischen Gegenstückes zum Schmalkaldischen Bund. Mitglieder waren der Kaiser selbst, Ferdinand, Bayern, Heinrich von Braunschweig, Georg von Sachsen, die Erzbischöfe von Mainz und Salzburg. Durch den baldigen Tod Herzog Georgs – des letzten katholischen Wettiners – und durch die unklare, zurückhaltende Stellung der Habsburger verstärkte sich der Einfluß Bayerns im Bund. Diese von Bayern geführte Gruppe pflegte engen Kontakt mit der Kurie und war grundsätzlich gegen alle religionspolitischen und politischen Konzessionen des Kaisers an die Protestanten.

Daß der Kaiser sich seit 1539 gegen diese intransigente Richtung und für eine ausgleichende Politik entschied, hatte äußere und innere Gründe. Da war die langsame, aber unaufhaltsame Verdüsterung des außenpolitischen Horizonts: Hinter der glänzenden Fassade der habsburgisch-französischen Freundschaft, die der Kaiser noch im Winter 1539/40 auf der Reise von Spanien über Paris in die Niederlande eindrucksvoll erlebte, begann sich seit dem Frühjahr 1540 das Scheitern des europäischen Ausgleiches abzuzeichnen. Da war die Unsicherheit der wenigen katholischen Machtfaktoren im Reich: Standen nicht die bayerischen Herzoge in ständiger Verbindung mit den Schmalkaldenern und Franz I.? Da war schließlich die Hoffnung, den Schmalkaldischen Bund von innen her zu sprengen: Philipp von Hessen, bedrängt von der Furcht vor den reichsrechtlichen Folgen seiner eben geschlossenen Doppelehe, näherte sich dem Kaiserhof und war bereit, dessen politische Bedingungen zu akzeptieren. Im Umkreis der kirchlich-theologischen Fragen war es nicht nur das enttäuschende Schicksal der Konzilsprojekte, das den Kaiser auf den Weg des vermittelnden Religionsgespräches wies; es war die vielerorts vorhandene Hoffnung auf die noch offene Möglichkeit einer Verständigung der gemäßigten Anhänger Luthers mit der Gegenseite.

Diese Hoffnung wurde damals vor allem von vielen Anhängern des Erasmus geteilt, der stets an der Möglichkeit der *Concordia* und einer außerkonziliaren Lösung festgehalten hatte. Die starke Gruppe der Erasmianer, die besonders am Kaiserhof vertreten war, deckte sich weitgehend, aber nicht vollständig mit den vielfältigen Gruppen der »Exspektanten«, der Unentschiedenen und Schwankenden. Die Stärke dieser Richtung lag darin, daß es sich nicht nur um Gesinnungsfragen im akademischen Sinne handelte, sondern vielfach auch noch um Unentschiedenheit des faktischen kirchlichen Zustands, wo Altes und Neues, Veränderung und Kontinuität in Stadt und Land vermischt und ungeklärt durcheinanderging.

Der heutige Christ, der die Geschichtlichkeit seines konfessionellen Schicksals kennt, wird immer wieder von diesen Unionsverhandlungen angezogen werden, in denen es ja nicht nur um innerdeutsche, sondern um weltweite Entscheidungen ging. Aber es ist für den heutigen Betrachter sehr schwer und vielleicht unmöglich, ein sicheres Urteil über die innere Möglichkeit oder Unmöglichkeit der Religionsgespräche von 1540/41 zu gewinnen Die Kirchenhistoriker beider Seiten, die konsequenterweise von den theologischen Lehrmeinungen Luthers und Roms ausgehen, werden sich vielleicht unschwer auf die Formel einigen: es war ein »Traum der Verständigung« (H. Jedin). Wer aber von der Fülle der möglichen Kombinationen zwischen politischer Steuerung, religionssoziologischer Typenbildung und religiösem Charisma ausgeht, wird vielleicht einer offeneren Perspektive den Vorzug geben.

Natürlich ging es damals um Theologie, und man zerstritt sich an theologischen Formeln. Aber stand dahinter nicht die elementare Frage nach der religiösen Glaubwürdigkeit der beiderseitigen Positionen? Diese Frage war seit Luthers erstem Auftreten 1517 ununterbrochen gestellt. Roms Gesicht und Antwort hatten sich in zwanzig Jahren wenig geändert. Jetzt aber, unter Paul III., begann die Position des Papsttums glaubwürdiger zu werden Gleichzeitig mit einer gewissen Glaubwürdigkeit der römischen Position ist nun eine bis zu einem gewissen Grad erreichbare und erreichte theologische Verständigung zu beobachten. Wer von solchen Beobachtungen ausgeht, stößt auf die Frage nach den möglichen Wirkungen einer überwiegenden – oder einer vollen – Glaubwürdigkeit Roms. Diese Überlegung mag theoretisch klingen, denn in Wirklichkeit gab es eine solche überwiegende oder volle Glaubwürdigkeit des Papsttums gegenüber den getrennten Christen damals nicht. Immerhin kann eine solche Überlegung dazu führen, jene Religionsgespräche von 1540/41 nicht von vornherein als Traum und Irrtum zu bezeichnen und ihnen eine ähnliche geschichtliche Offenheit zuzusprechen, wie früheren Etappen im religiösen Ringen dieses Jahrhunderts.

Überblickt man den Ablauf der kaiserlichen Reunionsversuche, die im Juli 1541 mit dem ergebnislosen Ausgang des Regensburger Reichstags zunächst ein Ende fanden, so fällt auf, wie günstig viele der politischen Voraussetzungen dem Werk der *Concordia* waren. Zunächst ging ja der Vorschlag eines von Karl V. zu veranstaltenden Religionsgespräches nicht vom Kaiserhof aus, sondern von einer Gruppe deutscher Fürsten. Sie waren daran interessiert, die unheilvollen Konsequenzen eines innerdeutschen Religionskrieges zu vermeiden und durch eine reichsrechtlich vollzogene Unionspolitik die Solidarität des deutschen Fürstenstandes gegenüber der Kaisermacht wiederherzustellen. In diesem Sinne hatte sich seit 1538 im Reich eine Art von Unionspartei gebildet, der die Mehrzahl der Kurfürsten zuzurechnen war. Federführend war dabei Kurfürst Joachim II. von Brandenburg, dessen Kirchenordnung von 1540 ein Musterbeispiel theologischer Unklarheit und konfessioneller Unabgegrenztheit bot. Auf der von diesen Fürsten gewiesenen Bahn schritt der Kaiser seit dem Frühjahr 1540 energisch voran. Ein erster Unionskonvent, den er im Juni 1540 in Hagenau eröffnen ließ, blieb infolge ungenügender Vorbereitung und schwachen Besuchs ohne greifbares Ergebnis. Im November folgte der zweite Konvent. Er wurde in Worms von Granvella, dem leitenden Minister des Kaisers, mit großem Geschick über mannigfaltige politische und theologische Klippen hinweggesteuert. Der Erasmianer Granvella war von der Lösbarkeit der Aufgabe fest überzeugt. Seine Art kam darin deutlich zum Ausdruck, daß er ebenso elastisch wie unbedenklich politische Lockung und Drohung aus dem Hintergrund in das theologische Gespräch hineinwirken ließ.

Im Januar 1541 brach ein Befehl des Kaisers das Wormser Gespräch ab und ordnete die Fortsetzung unter seiner persönlichen Leitung auf dem in Regensburg stattfindenden Reichstag an. Gleichzeitig wurde bekannt, daß Paul III. sich dem Drängen des Kaisers gefügt und Kardinal Contarini als Legaten nach Regensburg entsandt hatte. Das bedeutete, daß der Papst dem Kaiser die Hand reichte zu dem großangelegten Versuch einer friedlichen Verständigung mit den Protestanten. Contarini war der beste Mann, den Rom für diesen Zweck anbieten konnte. Sein theologischer Horizont und seine Vorstellungen von der Reform der Kirche an Haupt und Gliedern kamen den Anliegen der evangelischen Seite so nahe, wie es sich die Partei der Intransigenten als eine innerkatholische Möglichkeit nicht im Traum beikommen ließ.

Die politischen Führer dieser Partei waren in Regensburg die Herzoge von Bayern und der Kurfürst von Mainz. Herzog Wilhelm IV. suchte als erster der deutschen Fürsten den in Regensburg eingetroffenen Kaiser auf und malte in düstersten Farben die verhängnisvollen Folgen des geplanten Religionsgespräches aus: Der Kaiser müsse das Gespräch verhindern, denn es sei verwerflich und verboten. Es gäbe nur zwei Möglichkeiten, den alsbaldigen Zusammenbruch des katholischen Glaubens in Deutschland und in ganz Europa zu verhindern: entweder die sofortige Ansage des Generalkonzils oder die sofortige, gewaltsame Restitution des katholischen Besitzstandes. Nachdem der Kaiser sich durch diese harte

Opposition nicht von der Idee der friedlichen *Concordia* abbringen ließ, setzten die Intransigenten ihre Störungsversuche auf verschiedenen Wegen fort. Weitreichende politische Projekte wurden geplant. Man sprach von einem Zusammenschluß der »treugebliebenen« deutschen Katholiken mit Frankreich und Rom gegen einen Kaiser, der die katholische Religion preisgibt. Damit verband sich eine persönliche Intrige gegen Contarini, die von Regensburg über Paris eingefädelt wurde und seine Stellung in Rom erschüttern sollte: Der Legat lasse es an Eifer für den wahren Glauben und an Zusammenarbeit mit den guten Katholiken fehlen.

Es wäre vorschnell geurteilt, wollte man in dieser Gegnerschaft gegen die kaiserliche Versöhnungspolitik nur Borniertheit und Hinterwäldlerei sehen. Die Entschiedenheit des Nein und die Betonung des harten Entweder-Oder war dieser katholischen Gruppe gemeinsam mit Luther und mit dem jungen Calvin, der nach Regensburg gekommen war, um mit tiefer Skepsis das Colloquium als eine Vermischung von Menschenwerk und Gotteswerk zu erleben. Stand hier die Unbedingtheit der theologischen Entscheidung gegen die *Concordia*, so war es bei Bayern und seinen Bundesgenossen die regionale Erfahrung des neuen Prinzips der konfessionellen Ausschließlichkeit.

Gemäß dem Willen des Kaisers und der fürstlichen Vermittlungspartei begannen im April die Sitzungen der kleinen, nur aus deutschen Theologen gebildeten Gesprächsgruppe. Die religiösen Intentionen der Versöhnung waren am deutlichsten ausgeprägt in dem Theologenpaar Bucer und Gropper. Martin Bucer war der theologische Vertrauensmann des hessischen Landgrafen; der ehemalige Dominikanermönch nahm eine Mittelstellung zwischen Luther und den Schweizer Reformatoren ein. Wenn er der katholischen Seite weit entgegenkam, so war es nicht nur politischer Opportunismus, sondern auch ein selbständiges und weitgespanntes Verantwortungsgefühl für die Zukunft der kirchlichen Lebensform und die Universalität religiös-ethischer Bindungen. Bucers nächster katholischer Partner war schon in Worms der Kölner Scholast Johann Gropper geworden, der aus der großen Tradition niederdeutschen Frömmigkeitslebens zu einer überaus strengen Reformgesinnung gemäß der Idee der *ecclesia primitiva* vorgestoßen war. Die Selbstgefälligkeit katholischer Scharfmacherei, wie sie im Theologenausschuß anfänglich von Dr. Johann Eck vertreten war, wurde durch Kardinal Contarinis Eingreifen beiseite geschoben. Die Anfänge des Colloquiums verliefen hoffnungsvoll. Man einigte sich über eine Reihe wichtiger theologischer Grundbegriffe und fand schließlich sogar eine gemeinsame Formel für das zentrale Problem der Rechtfertigung des sündigen Menschen durch die Gerechtigkeit Gottes.

Bei der Erörterung über das Herrenmahl kam es dann zum Bruch, der sich trotz fortgesetzter Bemühungen als unheilbar erwies. Es wurde zwar auf Wunsch des Kaisers noch bis tief in den Mai hinein weiterverhandelt, aber der Zwiespalt, der in der Sakramentenlehre aufgebrochen war, vertiefte sich nun immer weiter. Was sollte jetzt geschehen? War es kirchlich und politisch möglich, einstweilen mit einer solchen halben *Concordia* nebeneinanderher zu leben, hoffend auf das Konzil oder auf ein späteres Gelingen der vollen Einigung? Oder trat nicht vielmehr jene frühere Alternative jetzt mit aller Schärfe hervor: Krieg gegen die unbelehrbaren Ketzer? Gegen die erste Lösung machte die Kurie die stärksten Bedenken geltend, gegen die zweite der Kaiserhof. Aus diesen Überlegungen in

Regensburg und in Rom gingen schließlich mit dem Ende des Reichstages neue Entschlüsse hervor, die von der katholischen Seite her den Weg für das folgende Jahrzehnt wiesen. Kaiser und Papst trafen sich in der Einsicht, daß nach dem Scheitern der Religionsgespräche die Lösung der Kirchenfrage für das Reich und Europa nur auf dem Wege des Konzils gesucht werden könne.

Auf der politischen Ebene endete der Reichstag mit einigen unklaren Kompromissen zwischen dem Kaiser und den katholischen und evangelischen Reichsständen, die dem Habsburger immerhin ein gewisses Maß an Hilfe gegen die türkischen Vorstöße in Ungarn boten. Im Grunde blieben die innerdeutschen Dinge in der Schwebe, und niemand wußte, ob sich nicht in den nächsten Jahren ein so eindeutiges Übergewicht des Schmalkaldischen Bundes ergeben werde, daß die Rolle eines katholischen Kaisertums endgültig ausgespielt war. Aber in kirchlicher Hinsicht hatte die Erfahrung des Scheiterns der Ausgleichsidee die Fronten geklärt. So bitter für Contarini und die katholischen Freunde des Ausgleichs dieser Ausgang war, so konsequent folgte nun im innerkatholischen Bereich ein Schritt dem anderen: Mit der zunehmenden Schärfe der theologischen Abgrenzung nach außen ging Hand in Hand die Erneuerung der römischen Inquisition als einer theologischen Überwachungsbehörde (1542) und die immer stärkere Verlagerung des katholischen Reformimpulses auf eine nur disziplinäre Reinigung und Stärkung der vorgegebenen kirchlichen Struktur.

Das Konzil war wieder in den Mittelpunkt der um ihre kirchliche Einheit ringenden Christenheit gerückt. Der Kaiser wußte nun ebenso wie der Papst, daß es keinen Weg am Konzil vorbei gab. Aber wie war der Weg zum Konzil zu finden? Karl V. war von Regensburg aus in Eile nach Italien aufgebrochen. Er ging in Genua an Bord, um den lange geplanten Seekrieg gegen die Ungläubigen in Nordafrika persönlich zu leiten. Die Regensburger Verhandlungen hatten jedoch zuviel Zeit verschlungen. Als die kaiserliche Flotte in See stach, hatte schon die Zeit der Herbststürme begonnen. Die Seeleute wußten, daß man im Oktober an der afrikanischen Küste keine großen Flottenmanöver mehr riskieren durfte. Aber der Kaiser ließ sich von dem Angriff auf Algier nicht abhalten. Noch als der nächtliche Seesturm aufkam, der das Fiasko des Landungsunternehmens bedeutete, wollte Karl die Zuversicht auf das Gelingen des Kreuzzuges gegen die Ungläubigen nicht aufgeben. Er soll gesagt haben: »Wenn nur meine Galeeren bis Mitternacht aushalten, denn dann erheben sich in den spanischen Klöstern die Mönche und Nonnen, um für das Gelingen meines Werkes zu beten.«

Auf die Niederlage vor Algier folgte im nächsten Jahr der Wiederausbruch des Krieges mit Frankreich. Vergeblich hatte der Papst den Beginn der Feindseligkeiten zu verhindern gesucht. Nun kam es dahin, daß im Juli 1542 fast gleichzeitig die päpstliche Bulle, die das Konzil nach Trient einberief, und französische Kriegserklärung an Karl V. veröffentlicht wurden. Frankreich hatte große Pläne: Die Zusammenarbeit mit der türkischen Flotte im Mittelmeer sollte diesmal zu durchschlagender Erfolgen führen, an der Pyrenäenfront sollte ebenso angegriffen werden wie an der niederländischen Grenze, wo der Herzog von Cleve als Bundesgenosse die Kaiserlichen im Rücken bedrohte, während sich im Norden von Schottland über Dänemark bis nach Schweden eine profranzösische Allianz abzeichnete.

Der Kaiser befand sich in Spanien, wo er Geld und Truppen mobilisierte. Er überließ seinem Sohne Philipp die Regentschaft und verließ im Frühjahr 1543 wieder seine spanischen Königreiche, die sich in den vergangenen zwei Jahrzehnten immer deutlicher als der eigentliche Kern und Rückhalt seiner imperialen Politik erwiesen hatten. Aber der Ort der Entscheidung über Sieg oder Niederlage dieser Politik war stets die europäische Mitte geblieben. Zu dieser Mitte kehrte der Kaiser jetzt für dreizehn Jahre zurück; Spanien sah ihn erst 1556 wieder, als er nach dem Scheitern seiner universalen Pläne und nach dem Verzicht auf Krone und Herrschaft eine Zuflucht in der Einsamkeit des Hieronymitenklosters von Yuste suchte.

Die epochale Bedeutung der Jahre seit 1543 liegt vor allem darin, daß sich in dem Handeln dieses einen Mannes Zug um Zug die Frage nach der politischen und der religiösen Zukunft Europas stellt. Wird es gelingen, nach der Niederwerfung Frankreichs die politische Einheit des Kontinents im Sinne einer dauerhaften habsburgischen Suprematie zu gestalten? Wird es gelingen, nach dem Waffensieg über die deutschen Protestanten die kirchliche Einheit des Abendlandes wiederherzustellen und die auseinanderstrebenden Kräfte katholischen und evangelischen Reformwollens zusammenzuführen? Beide Fragen waren nicht nur in der Sache eng miteinander verbunden. Sie waren auch in der Person des Kaisers, der nun erst die Höhe seiner Entschlüsse und Wirkungen erreichte, auf eine ganz besondere und schicksalhafte Weise zusammengefaßt und repräsentiert.

Von Spanien kommend, traf Karl im Juni 1543 in Busseto bei Parma mit Paul III. zusammen. Man besprach sich über die großen Fragen der Christenheit: Türkenabwehr in Ungarn, Friedensmöglichkeiten mit Frankreich, Eröffnung des Konzils. Während der Kaiser den Papst aus der Neutralität heraus auf seine Seite bringen wollte, trat ihm Paul III. mit Vermittlungsprojekten entgegen, die vor allem von dem Privatinteresse der Familie Farnese diktiert waren. Der Kaiser sollte das Problem des von Frankreich beanspruchten Mailand dadurch aus der Welt schaffen, daß er das Herzogtum gegen eine hohe Summe an Ottavio Farnese, den Enkel des Papstes, abtrat. Die Entrüstung Karls über diesen Vorschlag überschattete auch die Konzilsberatungen; es ist gleichsam mit Händen zu greifen, wie die innere Unglaubwürdigkeit der päpstlichen Friedenspolitik nun auch die Atmosphäre für die kirchlichen Verhandlungsgegenstände vollends vergiftete. Wenn der Kaiser aus der Konferenz von Busseto das Fazit zog, daß der Papst »sehr bedacht sei auf die Vergrößerung seines Hauses, und daß die Seinigen großen Appetit zeigten«, so war es kein Wunder, daß er bei der Erreichung seiner eigenen Ziele immer weniger innere Achtung vor der Position des Papsttums erkennen ließ.

Während das Konzilsprojekt weiterhin in der Schwebe blieb, schufen die kaiserlichen Waffen neue Tatbestände. Der Kaiser zog an den Niederrhein, schlug den Herzog von Jülich-Cleve, nahm ihm Geldern ab und verpflichtete den kirchlich Schwankenden im Friedensvertrag ausdrücklich auf den katholischen Glauben. Nun begann der Vorstoß gegen Frankreich. Er brachte im Herbst 1543 und im Frühjahr 1544 Erfolge, aber noch keine Entscheidung. Es kam darauf an, ob die Reichsstände dem Kaiser gegen Frankreich helfen würden. Das war der Inhalt der Verhandlungen auf dem Speyerer Reichstag. Die evangelischen Fürsten und Städte stellten erhebliche Gegenforderungen. Sie verlangten

— über frühere Rechtsgarantien hinaus — die reichsrechtliche Gleichstellung der Augsburger Konfession und ihres Kirchenwesens und die ausdrückliche Parität »beider Religionen«. Konnte der Kaiser das zugestehen, ohne seinen Krönungseid als »Schirmherr der Kirche« zu verletzen? Karl kam den evangelischen Forderungen tatsächlich weit entgegen. Er salvierte sein Gewissen, indem die religionspolitischen Zugeständnisse bis zur Konzilsentscheidung befristet wurden.

Stände und Reichsoberhaupt einigten sich darin, daß die Klärung der strittigen Glaubensfragen auf dem seit langem erwarteten »gemeinen christlichen freien Konzil in deutscher Nation« stattfinden sollte. Falls dies Konzil nicht bald zusammentreten könnte, sollte der nächste Reichstag über eine »christliche Reformation« verhandeln. Das hätte einen entschiedenen Schritt in Richtung auf eine nationalkirchliche Lösung hin bedeuten können. Aber man wird in der Beurteilung solcher kirchenpolitischer Versprechen des Kaisers sehr vorsichtig sein müssen. Waren nicht die Bedingungen des Konzils, mit denen er damals zwischen Protestanten und Katholiken lavierte, ebenso bewußt unklar und zweideutig gehalten wie Begriff und Sache einer solchen »christlichen Reformation«? Ging es dem Kaiser nicht immer wieder darum, einfach Zeit zu gewinnen?

Für den Augenblick war viel erreicht; der Reichstag unterstützte den Krieg gegen Frankreich und die Abwehr der türkischen Angriffe im Südosten. Rom antwortete auf die Beschlüsse des Speyerer Reichstages mit schärfster öffentlicher Kritik am Verhalten des Kaisers. In dem berühmten Tadelsbreve vom August 1544, das im Druck verbreitet wurde, forderte Paul III. von Karl Widerruf der Konzessionen an die Protestanten und Verzicht auf Übergriffe in das kirchliche Recht und Besitztum. Luther und Calvin griffen in den publizistischen Kampf ein und versuchten, den Kaiser gegen die römischen Angriffe zu verteidigen. Ungeahnte Entwicklungen schienen sich anzukündigen, als nun Karl V., mit Rom verfeindet, von den Protestanten unterstützt und mit dem schismatischen Heinrich VIII. verbündet, siegreich gegen die Armeen des allerchristlichsten Königs vorrückte. Aber sobald der Sieg der kaiserlichen Waffen über Frankreich mit dem Frieden von Crépy (September 1544) besiegelt wurde, zeichnete sich der eigentliche Grundriß des kaiserlichen Planes in überraschend großen Dimensionen ab. Nicht die europäische Öffentlichkeit, nur wenige Eingeweihte erfuhren zunächst, wie der Kaiser die Siege über Cleve und Frankreich nur als Vorstufen zu einer machtvollen Lösung der Glaubensfrage im Sinne einer erneuerten katholischen Einheit betrachtete.

In geheimen Zusatzartikeln zum Friedensvertrag von Crépy hatte der Kaiser Franz I. ausdrücklich auf Mitwirkung bei der Kirchenreform, auf Teilnahme am Generalkonzil und auf Mithilfe zur Brechung eines eventuellen Widerstandes der deutschen Protestanten gegen das Konzil verpflichtet. In diesem Geheimvertrag enthüllte sich der große Plan des Kaisers: Frankreich sollte in der Rolle eines Trabanten, dem eigene politische Entscheidungen weitgehend genommen waren, die kirchenpolitischen Ziele des Kaisers unterstützen. Diese Ziele waren universal in einem doppelten Sinne. Bei der Wiederherstellung der kirchlichen Einheit — durch den Einsatz diplomatischer Mittel oder auch kriegerischer Macht — ging es nicht nur um Deutschland, sondern um die religiöse Zukunft der ganzen Christenheit. Und diese Christenheit, der die kirchliche Einheit aus der Hand des Kaisers zurückgegeben werden sollte, käme dann auch in politischer Hinsicht dem Ideal des einen Hirten und der einen Herde nahe.

Soweit es Frankreich anging, war die Realisierung des Geheimvertrags von Crépy abhängig von der befriedigenden Ausführung der politischen Klauseln. Im Mittelpunkt stand die Frage des territorialen Ausgleichs. Er sollte durch eine dynastische Zwischenlösung alten Stils hergestellt werden: Der zweitgeborene Sohn des französischen Königs wird mit der Hand einer habsburgischen Prinzessin entweder das Herzogtum Mailand oder die Niederlande erhalten. Zur großen Erleichterung der Habsburger starb der französische Prinz, bevor der Ausgleich in dieser oder jener Form zustande gekommen war. Während Frankreich auf eine sinngemäße Umgestaltung der Ausgleichslösung drängte, war der Kaiser froh, die Vertragsklausel als durch den Tod des Prinzen erledigt betrachten zu können. Vielleicht war der Hof damit formal im Recht. In der Sache war es jedenfalls so, daß vom Kaiser her die Möglichkeiten eines dauerhaften europäischen Friedens, wie sie nach Crépy nahegerückt schienen, im Hochgefühl der Erfolge mißachtet wurden. Er gab sich damit zufrieden, seinen alten Rivalen Franz I. nun müde und mutlos zu sehen und die Gegenwart gesichert zu wissen. Daß indessen der zukünftige Rächer heranwuchs, daß der französische Thronfolger schon wenige Jahre später mit dem Ingrimm ererbter Feindschaft die sachliche Aufgabe der Neuorganisation europäischen Widerstandes gegen Karls *Monarchia universalis* erfolgreich verbinden werde, das konnte oder wollte der Kaiser 1545 nicht sehen.

War Frankreich einstweilen sicher, so mußte als nächstes Rom gewonnen werden. Nach dem Ende des Krieges hatte Paul III. im November 1544 mit der Bulle *Laetare Jerusalem* die Eröffnung des Konzils in Trient für das kommende Frühjahr angesetzt. Nun galt es, das sich immer tiefer einfressende Mißtrauen zwischen Kurie und Kaiserhof wenigstens so weit zu überbrücken, daß das Konzil in wirkungsvoller zeitlicher und sachlicher Koordinierung in den großen Plan Karls eingeordnet werden konnte. Sobald Paul III. die neue Situation erkannt hatte, zögerte er nicht, dem Kaiser die Hand zum Vorgehen gegen die deutschen Protestanten zu reichen. Es ist schwer zu sagen, wann am Kaiserhof die Hoffnung auf eine unkriegerische Lösung der Dinge aufgegeben wurde. Es gehörte zur Taktik des Kaiserhofes, und es lag in der Art Granvellas, bis zuletzt die Möglichkeiten zu einem friedlichen Ausgang, das heißt zu einem kampflosen Nachgeben des Schmalkaldischen Bundes gegenüber der geballten politisch-diplomatischen Aktion Habsburgs, nicht aus dem Auge zu verlieren.

Indessen gingen die Verhandlungen zwischen Karl und Paul III., die durch Kardinal Farnese in Worms begonnen und im Sommer 1545 in Rom rasch beendet wurden, bereits von der Eindeutigkeit der Kriegsbereitschaft aus. Der Papst stellte für den Feldzug gegen die Protestanten zwölftausendfünfhundert Mann an Truppen und ungewöhnlich hohe finanzielle Mittel zur Verfügung. Rom hätte am liebsten sofort den Krieg begonnen. Aber der Kaiser zögerte. Er setzte einstweilen die lavierende Kirchenpolitik des »Als ob« fort und versprach den evangelischen Ständen Religionsverhandlungen auf dem nächsten Reichstag. Währenddessen setzte er insgeheim die politische und militärische Vorbereitung des Krieges fort. Ferdinand schloß einen Waffenstillstand mit dem Sultan, um in Ungarn Rückensicherung zu haben. Mit Bayern wurde über einen Vertrag verhandelt, der unter dem Schein der Neutralität dem Kaiser die Hilfsquellen und die strategisch wichtigen Positionen des Landes zur Verfügung stellte. Gleichzeitig liefen Verhandlungen mit evangelischen Fürsten und Städten. Es gelang zwar nicht, die oberdeutschen Reichsstädte auf die Seite des Kaisers zu ziehen. Aber eine Anzahl jüngerer Fürsten ließ sich vom Kaiser gewinnen. Der bedeutendste unter ihnen war Herzog Moritz von Sachsen; er trat als aktiver Bundesgenosse in den Krieg ein, versprach Unterwerfung unter das Konzil und erhielt dafür die Kurwürde und die Kurlande seines sächsischen Vetters Johann Friedrich versprochen.

Der Krieg begann im Hochsommer 1546. Es war die gewaltigste militärische Kraftentfaltung, die auf deutschem Boden je stattgefunden hatte. Der Schmalkaldische Bund konnte dank seiner beträchtlichen Hilfsquellen, seiner schlagkräftigen Verfassung und günstiger strategisch-geographischer Bedingungen zunächst eine imponierende Aufmarschstellung beziehen. Sie reichte von der norddeutschen Tiefebene über die mitteldeutschen Verkehrszentren bis an den Rand der Alpen. Dagegen waren die Kräfte des Kaisers zunächst noch zersplittert. Das Gros seiner Truppen mußte erst aus Italien und den Niederlanden herangezogen werden. Je länger sich der Feldzug in unentschiedenem Manövrieren beider Teile hinzog, desto stärker machte sich das Übergewicht der Kaiserlichen bemerkbar: die Einheitlichkeit des Kommandos gegenüber den inneren Gegensätzen zwischen Offensiv- und Defensivgedanken bei den Schmalkaldenern und der Einsatz des außerdeutschen Finanz- und Heerespotentials Habsburgs gegenüber der außenpolitischen Isolierung der deutschen Protestanten.

Nach dem Verlust Süddeutschlands bildete im Frühjahr 1547 Kursachsen den Kern des Widerstandes. Unter der persönlichen Führung des Kaisers griffen seine Truppen den sächsischen Kurfürsten an der Elbe an. Am 24. April wurde Johann Friedrich bei Mühlberg geschlagen und gefangengenommen. Damit war der Feldzug entschieden, wenn auch an einzelnen Stellen Norddeutschlands die Kämpfe noch weitergingen. Auf die Gefangennahme des sächsischen Kurfürsten folgte die Verhaftung des Landgrafen Philipp von Hessen: Die Häupter der protestantischen Partei befanden sich wehrlos in der Hand des Kaisers. Er wandte sich unmittelbar nach dem Sieg wieder nach dem Süden, um in Augsburg den Reichstag zu eröffnen, der die Neuregelung der deutschen Dinge im Sinne der habsburgischen Suprematie bringen sollte. Aber nicht nur das Reich schien dem Diktat des Siegers widerstandslos unterworfen zu sein. Überall in Europa waren die Folgen des Sieges von Mühlberg zu bemerken. Im Januar 1547 war Heinrich VIII. gestorben, im März Franz I. Von jener Generation machtvoller Monarchen, die seit einem Menschenalter den Gang der europäischen Geschichte bestimmt hatten, waren nur noch Suleiman II. und Karl V. übrig. Aber der Sultan stand so sehr unter dem Eindruck der Siegesnachrichten aus Deutschland und der ihnen folgenden politischen Kräfteverlagerung, die überall in Europa zu spüren war, daß er für den Augenblick als europäischer Machtfaktor ausschied. Wer wollte dem Kaiser nun noch den Rang und die Macht eines »Oberhauptes der Christenheit« streitig machen?

Aber das Bild kaiserlicher Machthöhe, wie es Tizian gemalt hat – der Sieger im Harnisch mit der Lanze über das Schlachtfeld von Mühlberg reitend –, darf nicht über die enormen

Schwierigkeiten hinwegtäuschen, die gerade jetzt die Lösung zentraler Probleme der Christenheit hinderten. Papsttum und Konzil waren seit 1545 von der habsburgischen Diplomatie kunstvoll in das Gebäude des »großen Plans« hineingenommen worden. Aber schon 1546 hatte sich gezeigt, wie weit die Vorstellungen des Kaisers und des Papstes über das nun endlich in Trient versammelte Konzil auseinandergingen. Karl strebte eine vorgängige Beratung und Beschlußfassung zur Kirchenreform an; die militärisch unterworfenen Protestanten sollten durch die Teilnahme an einem Reformkonzil für die kirchliche Einheit zurückgewonnen werden. Paul III. sah die Dinge ganz anders. Er wollte durch das Konzil eine rasche, wenig nach Luthers Theologie fragende Klärung der katholischen Glaubenslehre herbeiführen und die Reformfrage danach von Rom her in Angriff nehmen. Diese Differenzen lähmten die Tätigkeit des Konzils das ganze Jahr 1546 über.

Dann aber traten noch schwerere Komplikationen ein. Der Papst rief im Januar 1547 die päpstlichen Hilfstruppen zurück, die mit dem Kaiser im Kampf gegen die Protestanten standen. Es scheint, daß Paul III. dabei nicht nur von dem Konflikt um das Konzil, sondern mehr noch von der Furcht vor einem zu weit gehenden Sieg des Kaisers bestimmt war. Als Karl die Nachricht erhielt, brach gegenüber dem päpstlichen Nuntius der ganze, alte Zorn über den Papst und dessen frankophile Politik durch. Der Nuntius mußte sich bittersten Hohn des Kaisers über den Papst anhören: Jungen Leuten möge man die Franzosenkrankheit verzeihen, bei alten Leuten sei sie unerträglich.

Es kam noch schlimmer. Während Karl im Frühjahr 1547 zum entscheidenden Schlag gegen die Protestanten ausholte, beschloß in Trient die Mehrheit der Konzilsväter, die Kirchenversammlung ohne Verständigung mit dem Kaiser nach Bologna zu verlegen. Das war für die kaiserliche Reichs- und Kirchenpolitik ein weit härterer Schlag als der Verlust der päpstlichen Hilfstruppen. Denn jetzt war der Angelpunkt des ganzen Planes zerstört: Ein in der päpstlichen Stadt Bologna versammeltes Konzil erfüllte in keiner Weise mehr die Bedingungen, die der Kaiser den Deutschen seit Jahr und Tag versprochen hatte; es befand sich nicht mehr »in deutschen Landen«, und es konnte nicht mehr als frei betrachtet werden. Die Kaiserlichen mußten in dieser Entscheidung eine Störaktion sehen, wie sie bösartiger kaum zu denken war. So konnte es nicht ausbleiben, daß die Spannung zwischen Kaiserhof und Kurie weiter wuchs und auch weitere außerkonziliare Folgen hatte. Im Oktober 1547 wurde der Sohn des Papstes, Pier Luigi Farnese, Herzog von Parma und Piacenza, von rebellischen Adligen ermordet. Wie weit die Mitwisserschaft der italienischen Vertrauensleute des Kaisers ging, ist umstritten. Jedenfalls lastete Paul III. die Ermordung seines Sohnes dem Kaiser an.

So war es dahin gekommen, daß im Augenblick des großen Sieges die Dinge im Hinblick auf die kirchliche Einheit der Christenheit im katholischen Lager so schlimm standen wie noch nie: das Konzil war seit der Translation nach Bologna so gut wie arbeitsunfähig, Kaiser und Papst waren heillos zerstritten. Eine solche Situation war zu paradox, um lange anzuhalten; es kam nur darauf an, in welcher Weise sie in Bewegung kam.

Das Scheitern der universalen Politik Karls V. *(1548–1556)*

Die siegreichen Feldzüge von 1543, 1544 und 1546/47 hatten den Kaiser auf die Höhe seiner Macht geführt. Nun mußte sich zeigen, ob es gelingen konnte, die reichentfalteten politischen und religiösen Lebensformen Europas dauerhaft zu einer sichtbaren Einheit zu verbinden. Diese Frage war in zweifacher Hinsicht gestellt. Sie betraf einerseits die sachlich vorgegebenen Verhältnisse: den Zustand und die Entwicklungstendenzen der europäischen Staatenwelt, die strukturellen Voraussetzungen im sozialen und wirtschaftlichen Organismus Europas, das Selbstbewußtsein und Selbstverständnis der Völker und ihrer Führungsschichten, die religiösen und kirchlichen Institutionen und ihre auseinander und zueinander drängenden Kräfte und Zielvorstellungen. Andererseits richtete sich die gleiche Frage an die Person Karls V.: an die universale Kaiseridee dieses Herrschers, die dynastisches Rechtsdenken mit der ethisch-religiösen Konzeption gesamtheitlicher Verantwortung für die Christenheit verband; sie richtete sich aber ebenso an die sehr erdenfesten und zeitgebundenen Mittel, die der Kaiser zur Erreichung seiner Ziele anwandte – an das renaissancehaft berechnende Interessenspiel seiner Diplomatie und Kriegführung, seiner Propaganda und Kirchenpolitik. Die Frage richtete sich schließlich an das gesamte Regierungs- und Verwaltungssystem, über das der Kaiser zur Kontrolle und Koordinierung seiner weltweiten Gebiete verfügte: an die Form und Wirksamkeit dieser »Weltregierung«, an ihre verfassungsrechtliche und funktionelle Ausgestaltung, an die Möglichkeiten des Übergangs von der altertümlichen Form der Personalunion zu einer Realunion all dieser Königreiche, Herzogtümer, Grafschaften, Städte. Und zuletzt wäre mit besonderem Nachdruck zu fragen nach den Menschen, die im Dienste des *Dominium mundi* standen und in seinem Namen Herrschaft ausübten: nach dem Entstehen oder Nichtentstehen einer übernationalen, solidarischen Gruppe aus all den europäischen Fürsten, Adligen und Juristen, die Amtsträger und ausführende Organe dieser universalen Politik waren.

In die Geschichte der europäischen Staatenwelt und der übernationalen Organisationen ist Karl V. als ein Gescheiterter eingegangen. Dies sollte nicht dazu verführen, nun alle verschiedenen Seiten der anfangs gestellten Frage in skeptischer Beleuchtung zu sehen. Bei der Beschreibung des Scheiterns dieser universalen Kaiserpolitik sind die einzelnen Bedingungen des Scheiterns in ihrem sachlichen und biographischen Gewicht nuanciert zu betrachten. Je schärfer man den inneren und den äußeren Fortbestand starker Momente europäischen Einheitswillens über das Ende Karls V. hinweg im Auge behält, desto besser wird man das gewandelte Antlitz des späteren Europa verstehen können.

Das Heilige Römische Reich hatte 1519 Karl V. die Kaiserwürde gegeben. Damit war die mittelalterliche Herausforderung der Weltherrschaft im Zeitalter Machiavellis erneuert worden. Nun war durch die Siege des Kaisers die Verfassungsfrage des Reiches in den Mittelpunkt der europäischen Neuordnung gerückt. Noch während des Schmalkaldischen Krieges hatte die habsburgische Diplomatie begonnen, eine Reform und Umgestaltung der Reichsverfassung vorzubereiten. Der Plan ging dahin, bei äußerer Schonung der alten Formen das Verhältnis des Kaisers zu den Reichsständen auf eine neue Basis zu stellen. Ein »Reichsbund« sollte eine neue, wirkungsvolle Verteilung der Lasten und Rechte im Reich bringen;

zugleich sollte er – in Anknüpfung an den alten Schwäbischen Bund – dem Hause Habsburg eine definitive Vorrangstellung sichern. Und er sollte schließlich durch die geplante feste Einbeziehung der Niederlande, Mailands, Savoyens und vielleicht auch Neapels eine dauerhafte Verklammerung des Reiches mit dem europäischen System Habsburgs schaffen. Aber anders als in Italien, wo die kaiserliche Macht sich dank ihrer faktischen Überlegenheit durchgesetzt hatte, war im Reich nur mit der Zustimmung der Stände eine Neuregelung möglich. Der Augsburger Reichstag 1547/48 stand im Zeichen der fortgesetzten Versuche des Kaiserhofes, die deutschen Fürsten und Reichsstädte für den geplanten Reichsbund zu gewinnen. Obwohl der Kaiser das volle Gewicht des frischen Sieges in die Waagschale werfen konnte, endete der Versuch mit einem totalen Mißerfolg. Das Bundesprojekt fand nur bei einer Gruppe kleinerer Reichsstände ein positives Echo. Die entscheidende Gruppe der Fürsten und Kurfürsten lehnte es ab. Geistliche und weltliche Territorialherren, Katholiken und Protestanten waren sich einig im Mißtrauen gegen die kaiserliche *Monarchia* wie in der Behauptung ihrer ständischen Rechte. Nachdem das Projekt des Reichsbundes begraben war, beschritt der Kaiser zunächst den mühsamen Weg von Einzelvereinbarungen. Der »burgundische Vertrag« regelte das Rechtsverhältnis der Niederlande zum Reich; es scheint, daß ähnliche Regelungen für die italienischen und die österreichischen Gebiete in Angriff genommen werden sollten. Als zentrales Problem des habsburgischen Weltreiches rückte nun aber immer stärker die Frage der innerdynastischen Nachfolgeregelung in den Vordergrund. Die Aufgabe der institutionellen Einheit und Sicherung des habsburgischen Weltreiches, deren Lösung mit Hilfe des Verfassungsrechts nicht gelungen war, verlagerte sich nun auf die Ebene familienrechtlicher Vereinbarungen.

Der Plan des Kaisers war genau durchdacht und ging von offenkundigen Wünschbarkeiten aus; aber er war überaus künstlich und führte zu einer tiefen und nie mehr zu heilenden Krise zwischen der älteren und der jüngeren Linie des Hauses Habsburg. Es sollte die Einheit dadurch erhalten werden, daß das Kaisertum zwischen den Familien Ferdinands und Karls abwechselte: Auf Karl sollte als Kaiser Ferdinand folgen (das war durch dessen Wahl zum römischen König schon festgelegt). Auf Ferdinand sollte aber nicht dessen Sohn Maximilian folgen, sondern Karls Sohn, der Infant Philipp. Erst nach diesem sollte dann Maximilian das Nachfolgerecht haben (falls er seinen etwa gleichaltrigen Vetter überlebte). Das Projekt wurde für die Wiener Linie noch bitterer durch die für Italien vorgesehene Regelung. Italien sollte insgesamt und ausschließlich der spanischen Linie zufallen; Ferdinand sollte schon jetzt die Übergabe der Reichsrechte in Italien (die bis Florenz und Siena reichten) an Philipp zusichern. Es gab um diese Nachfolgeregelung heftigen und langen Streit hinter verschlossenen Türen. Schließlich gaben Ferdinand und Maximilian widerwillig nach. Im März 1551 wurden in Augsburg die Familienverträge unterschrieben. Während Ferdinand sich wenigstens nach außen hin in die Dinge schickte, gehörte Erzherzog Maximilian von jetzt ab zu den entschiedenen Gegnern des Kaisers. Er trat in Verbindung mit Frankreich und mit der deutschen Fürstenopposition. Die Bedeutung der »spanischen Sukzession« Philipps kann man vor allem darin sehen, daß Karls Idee der institutionellen Befestigung seines Weltreiches über seinen Tod hinaus bereits im ersten Ansatz im Kreise der eigenen Dynastie so gut wie gescheitert war.

Die Teilnehmer des Trienter Konzils während einer Sitzung
Lavierte Federzeichnung in Matthias Burglehners »Der tirolische Adler«, Anfang 17. Jahrhundert
Wien, Haus-, Hof- und Staatsarchiv

König Heinrich II. von Frankreich beim Heilen von Kranken durch Handauflegen
nach seiner Krönung in Reims, 1547
Miniatur. Paris, Bibliothèque Nationale

Hand in Hand mit dem Ringen um die politische Ordnung des Errungenen ging seit dem Reichstag von 1547/48 der Kampf um den religiös-kirchlichen Ertrag des Sieges über den Schmalkaldischen Bund. Dabei war der Kaiser nicht nur durch die Konflikte mit Paul III. und die sterile Konzilssituation gehemmt, sondern auch durch die Konsequenzen seiner eigenen Politik. Vor und während des Protestantenkrieges hatte er seinen evangelischen Verbündeten (vor allem Moritz von Sachsen) und einigen kapitulierenden Gegnern erhebliche religionspolitische Zusicherungen gemacht. Was in Rom und in Spanien als Ketzerkrieg propagiert wurde, sollte in Deutschland nur als »Züchtigung der Rebellen wegen zivilen Ungehorsams« erscheinen. Dementsprechend war die Verhandlungsposition gegenüber den Protestanten im eigenen Lager und im Lager der Besiegten nicht auf eine eindeutige Verwerfung der Augsburger Konfession, sondern auf ein ziemlich vages Versprechen der Unterwerfung unter die zukünftige Konzilsentscheidung abgestellt. Wie schon früher, so war auch jetzt die Religionspolitik des Kaisers aus verschiedenen Komponenten zusammengesetzt: aus politischer Berechnung, echtem Einheitswillen und Reformbewußtsein mit einiger antirömischer Gereiztheit. Die katholischen Reichsstände standen nun – nach dem kaiserlichen Sieg über die Protestanten – der kaiserlichen Religionspolitik womöglich noch skeptischer gegenüber als zuvor; sie verweigerten dem Kaiser die Mitarbeit an einer reichsrechtlichen Rahmenlösung der Religionsfrage, während die kirchlichen Verhältnisse fast überall durch den Mangel an katholischen und die Verdrängung der evangelischen Geistlichen untragbar geworden waren.

Nun sollte und mußte aber rasch gehandelt werden. So blieb dem Kaiser nichts anderes übrig, als während des Augsburger Reichstages 1547/48 in eigener Regie durch theologische Fachkommissionen und in schwierigen Verhandlungen mit den päpstlichen Nuntien den toten Punkt zu überwinden. Was dabei herauskam, trug alle Zeichen eines mühsamen Notbehelfs. Da war zunächst das als Reichsgesetz verkündete *Interim*: Bekenntnisformel und Kirchenagende für die Protestanten bis zur endgültigen Konzilsentscheidung. Diese »kaiserliche Notreligion« ist viel geschmäht und verspottet worden. Als Dokument ausgleichender und reformfreundlicher katholischer Gesinnung ist dieses Reichsgesetz nicht ohne Rang und Bedeutung. Indessen war die Wirkung weithin negativ, vor allem wegen des staatlichen Zwanges in der Durchführung und wegen des Mangels an überzeugt mitwirkenden Geistlichen. Die meisten Katholiken standen von Anfang an skeptisch zum *Interim*; unter den Protestanten führte es zu einem folgenschweren Gegensatz zwischen den unbedingten, gesinnungstreuen Gegnern der neuen Ordnung und der gemäßigten, von Opportunismus nicht freien Gruppe um Melanchthon, denen die für Norddeutschland weiter abgeschwächte Form des »Leipziger *Interim*« als tolerierbar erschien. Man kann wohl nicht so weit gehen, alle evangelische Mitarbeit an der Durchführung des *Interim* als Charakterlosigkeit und Feigheit zu werten. Die konfessionelle Abgrenzung war damals noch keineswegs total, und die Hoffnung auf eine Wiederherstellung der Einheit im erasmianischen Sinne war verbreitet. Aufs Ganze gesehen erwies sich jedoch im Laufe der folgenden Jahre die innere Unmöglichkeit, tief verankerte Glaubensüberzeugungen durch obrigkeitliches Dekret zu reglementieren.

Für die Katholiken trat eine kaiserliche *Formula Reformationis* in Kraft, die eine Zusammenfassung der in den vergangenen Jahrzehnten in Deutschland vorhandenen Reformtendenzen versuchte. Sie blieb nicht ohne Wirkung. In positivem Sinne begann auch die entschiedene Verbesserung des Verhältnisses zwischen Kaiser und Papsttum zu wirken, seit 1549 auf Paul III. der prohabsburgische Julius III. gefolgt war. Die Verhandlungen um die Wiedereröffnung des suspendierten Konzils führten jetzt endlich zu Ergebnissen. Am 1. Mai 1551 konnte in Trient die zweite Sitzungsperiode des Konzils eröffnet werden. Eine Anzahl deutscher Bischöfe entschloß sich zur Teilnahme, und auch einige Delegationen evangelischer Reichsstände machten sich auf den Weg nach Trient. So konnte es aussehen, als seien nun endlich in freundschaftlicher und aufrichtiger Zusammenarbeit der beiden Häupter der Christenheit konziliare Reform und Wiedervereinigung nahegerückt.

Allein der Schein trog. Dem neueröffneten Konzil haftete der Mangel an, daß es von Anfang an von Frankreich boykottiert wurde. Julius III. ging nun in seiner Anlehung an den Kaiser so weit, daß er ihm insgeheim die kirchliche Absetzung des französichen Königs und die Belehnung Karls oder Philipps mit dessen Ländern anbot. Aber dieses Projekt war irreal, die politische Gesamtlage Europas tendierte 1551 bereits in eine ganz andere Richtung. Denn während sich der Kaiser mit dem zähen und zunehmenden Widerstreben der deutschen Stände herumschlug und während der Mißerfolg des *Interim* immer sichtbarer wurde, war die französische Diplomatie bereits am Werk, die europäische und die innerdeutsche Opposition zum großen Schlag gegen die habsburgische Weltstellung zusammenzufassen. Heinrich II., der in seiner Jugend unvergessen bittere Jahre in der Gefangenschaft des Kaisers verbracht hatte, fühlte sich als Vollstrecker einer weltgeschichtlichen Rache. Die Befreiungsideologie, die Frankreichs Diplomaten und Parteigänger nun überall in Europa propagierten, knüpfte an alte und neue Schlagworte an: die angemaßte *Monarchia* des Kaisers wird als unmenschliche Tyrannis geschildert und seine Religionspolitik als verschlagene Schauspielerei demaskiert. Die Freiheit Italiens, die Selbständigkeit Deutschlands, das Gemeinwohl der Christenheit fordern den Krieg gegen die »viehische Servitut« des Kaisers. Die *entière ruyne* seines Systems wird der rasche und leichte Preis des mit vereinten Kräften zu erringenden Sieges sein.

Als erstes erneuerte der französische König die Offensivallianz mit dem Osmanenreich, dann folgten konspirative Vereinbarungen mit den italienischen Gegnern des Kaisers. Schwieriger gestalteten sich die Bündnisverhandlungen mit der deutschen Fürstenopposition. Frankreich wollte ein religionspolitisch neutrales Bündnis, um das Einschwenken der katholischen Fürsten in die antikaiserliche Aufstandsbewegung zu erleichtern. Es wollte eine genaue strategische Planung und politische Absprache: ein staatsrechtliches Bündnis zwischen den deutschen Fürsten und Frankreich mit gemeinsamer Münze und gemeinsamem Wappen, mit einheitlicher politischer und militärischer Führung. Ein neuer Kaiser sollte gewählt werden, Heinrich II. sollte vom nächsten Reichstag zum *Vicarius* der französisch sprechenden Reichsteile bestellt werden. Was schließlich in den Vereinbarungen von Chambord und Friedewald im Winter 1551/52 zwischen Frankreich und Kurfürst Moritz von Sachsen fest vereinbart wurde, blieb an Präzision weit hinter diesen Plänen zurück.

Die Gruppe der rebellierenden Kriegsfürsten, deren Führung der Sachse an sich gerissen hatte, war schwach und konnte nur mit Hilfe der französischen Subventionen losschlagen. Das eigentlich religiöse Motiv war zwar bei Kurfürst Moritz so zweitrangig, wie es

Frankreich nur wünschen konnte. Die politischen und psychologischen Voraussetzungen in Deutschland waren jedoch derart, daß der Angriff auf den Kaiser als eine Verteidigung des evangelischen Bekenntnisses wirken mußte und eine katholische Partnerschaft ausschloß. Als im März 1552 der Aufstand gegen den Kaiser losbrach, bestand zwar schon einige Monate offener Kriegszustand zwischen Frankreich und Habsburg. Aber erst die Rebellion in Deutschland sollte das Signal zum allgemeinen Angriff geben; in Konstantinopel wie in den italienischen Oppositionskreisen wartete man auf den kombinierten Schlag der deutschen Fürsten und des französischen Heeres, das Heinrich II. durch Lothringen an den Rhein führte. Die Wirkungen des Fürstenaufstandes waren tief und dauerhaft, aber sie waren andere, als Frankreich und seine Verbündeten sie erwartet hatten. Als die ersten Wochen des Feldzuges bereits zur völligen Isolierung des Kaisers geführt hatten, als ein weiterer Vorstoß ihn zur hastigen Flucht von Innsbruck nach Villach zwang, schwenkte Kurfürst Moritz von Frankreich ab und begann mit den Habsburgern zu verhandeln. Von Heinrich II. her gesehen, war das ein Zusammenbruch; er selbst mußte mit seiner Armee bei Hagenau umkehren, und der strategische Wert der im Vorbeimarsch besetzten Städte Metz, Toul und Verdun stellte sich erst später heraus. Der Sultan verzögerte die geplante Flottenaktion gegen Unteritalien, und die italienischen Konspirationen kamen ins Stocken, als die Verhandlungen des Sachsen mit König Ferdinand bekanntwurden. Der Aufstand in Siena, der im Juli 1552 die spanischen Garnisonen aus der Südtoskana vertrieb, war nur ein später und vereinzelter Ausläufer der ursprünglich für ganz Italien geplanten Schilderhebung.

Um das Verhalten des sächsischen Kurfürsten ist viel gerätselt worden. Man muß sich an die Tatsachen halten. Karl V. war im entscheidenden Augenblick von allen Reichsständen im Stich gelassen worden. Es gab jetzt im Reich nur zwei Gruppen: die aktiven Gegner des Kaisers und die Masse der neutral gebliebenen Stände. Diese zweite Gruppe stellte bei all ihrer Zurückhaltung und Vorsicht das entscheidende Moment dar. Und nun liegt die Bedeutung der von Mai bis Juli 1552 in Passau geführten Unterhandlungen wohl darin, daß es nicht Moritz, sondern König Ferdinand gelang, sich zum Sprecher der Neutralen und zum Vermittler zwischen Reichsoberhaupt und Rebellen zu machen. Ferdinand hat in dieser sehr komplizierten Mittlerrolle mit hohem Einsatz gespielt. Er hat dabei den Kaiser nicht etwa verraten oder im Stich gelassen, er hat vielmehr aus dem deutschen Zusammenbruch gerettet, was für Habsburg zu retten war. Der Passauer Vertrag, der im August von den Kriegsfürsten und dem Kaiser ratifiziert wurde, war einerseits ein Waffenstillstand. Karl wollte Zeit und Rückendeckung gewinnen, um seine außerdeutschen Kräfte zu mobilisieren, den entscheidenden Schlag gegen Frankreich zu führen und dann an die Revision der deutschen Dinge zu gehen. Aber das blieb ein unerfüllter Traum des Kaisers, der in diesen Monaten der tiefsten Erniedrigung mit erstaunlicher Zähigkeit jede definitive Zurücknahme seiner kirchlichen Reunionspolitik und jede bindende Einschränkung seiner Kaiserrechte abgewiesen hatte.

Andererseits bedeutete der Passauer Vertrag für die Reichsverfassung wie für die gesamteuropäische Konfessionsfrage eine Vorwegnahme wesentlicher Entscheidungen, die drei Jahre später auf dem Augsburger Reichstag fixiert wurden. In Passau wurde der Weg zu dem weltgeschichtlichen Novum einer verfassungsrechtlichen Verankerung des evangelischen Bekenntnisses eingeschlagen, und es wurde der Schlußstrich gezogen unter das jahrzehntelange Bemühen des Kaisers, das Heilige Römische Reich zum festen Mittelpunkt eines europäischen Hegemonialsystems zu machen.

Von Villach zog Karl quer durch Süddeutschland nach Lothringen. Seine Rüstungen waren imponierend; er sah in der Rückgewinnung von Metz das nächste Ziel des Vergeltungskampfes gegen Heinrich II. Und als Karl V. im Januar 1553 die Belagerung der glänzend verteidigten Festung aufgeben mußte und sich nach Brüssel zurückzog, war er nur scheinbar am Ende seiner Kräfte. Von den Niederlanden aus unternahm er mit höchster Anspannung aller militärischen und diplomatischen Mittel die Fortführung des Kampfes gegen Frankreich. Während die politischen und kirchlichen Fragen Deutschlands ihm ferner rückten, rückte England in den Vordergrund.

Im Juli 1553 trat in England ein Thronwechsel ein. Auf Eduard VI. folgte dessen Halbschwester Maria, eine Kusine des Kaisers, die gegenüber der anglikanischen Kirche ihre katholische Überzeugung nie verleugnet hatte. Die europäischen Höfe reagierten heftig auf diesen Umschwung, der ganz neue politische und kirchliche Perspektiven eröffnete. Rom entsandte sogleich den englischen Kardinal Pole nach Norden; er sollte Paris und Brüssel zum Frieden bewegen, um Englands Rückkehr zur kirchlichen Einheit zu erleichtern. Heinrich II. tat alles, um zumindest eine englische Neutralität zu sichern. Der Kaiser griff zum äußersten Mittel. Er veranlaßte seinen in Spanien residierenden Sohn Philipp, die Heiratsverhandlungen mit einer portugiesischen Prinzessin abzubrechen und sich um die Hand der ältlichen Königin von England zu bewerben. In London gewannen die habsburgischen Diplomaten das Ringen gegen ihre französischen Kollegen und gegen eine nationalenglische Gruppe, die keinen Fremden als König wollte. Im Sommer 1554 traf Philipp in England ein.

Die damals geschlossenen Eheverträge gewähren Einblick in eine große dynastische Zukunftsvision des Kaisers: Spanien sollte Philipps Sohn Don Carlos erben; der kommende Erbe aus der englischen Ehe Philipps sollte das Inselreich mit den Niederlanden vereinigen. Das wäre nun neben der jüngeren Linie in Wien und neben der spanischen Linie eine dritte Filiation – ein habsburgisches Nordreich mit ungemessener Wirkung nach Nordeuropa und über den nördlichen Atlantik. Zunächst stand indessen der aktuelle Beitrag Englands zum Krieg gegen Frankreich zur Debatte. In den Brüsseler Berechnungen war England das letzte Glied der Einkreisungskette, der Frankreich nun nicht mehr gewachsen sein konnte. In London sahen die Dinge anders aus. Philipp und Maria und ihre Ratgeber hätten es vorgezogen, als Friedensvermittler den kontinentalen Krieg zu beenden. In die gleiche Richtung wirkte die päpstliche Politik, die durch das Zusammenwirken Kardinal Poles mit dem Parlament Ende 1554 die Beendigung des englischen Schismas erreicht hatte.

Im Frühjahr 1555 konnte in der Nähe von Calais (auf englischem Boden) eine Friedenskonferenz zusammentreten. Als Vermittler zwischen dem Kaiser und Heinrich II. trat einerseits England, andererseits der Friedenslegat Pole auf. Die Chancen dieser englischpäpstlichen Aktion wurden allgemein günstig beurteilt. Gleichzeitig war in Augsburg der seit Passau geplante Reichstag zusammengetreten. König Ferdinand hatte vom Kaiser uneingeschränkte Vollmacht, mit den Ständen über die Verfassungsprobleme und die Kirchenfrage zu verhandeln. Papst Julius III. hatte unter dem tiefen Eindruck des *miracolo d'Inghilterra* Kardinal Morone, den besten Diplomaten und Deutschlandkenner der Kurie, nach Augsburg entsandt, um an den von Ferdinand ernsthaft geplanten Religionsgesprächen helfend mitzuwirken. So schien im Frühjahr 1555 in Europa eine neue Lage gegeben, die über alte Narben und frische Wunden hinweg Wege der Versöhnung eröffnete. Diese neue Lage stand bereits nicht mehr im Zeichen des Kaisers und seines erstarrten Behauptungswillens gegen Frankreich und gegen die deutschen Protestanten.

Aber im Verlauf der folgenden Monate zeigte sich, daß auch der wendigeren Politik Philipps II. und Ferdinands keine Versöhnung der auseinanderstrebenden politischen und kirchlichen Kräfte mehr gelingen konnte. Die Friedenskonferenz von Marcq bei Calais löste sich im Juni 1555 ohne Ergebnis auf. Das Schwinden des Aussicht auf einen Erben aus Philipps englischer Ehe – Königin Maria und ihre Ärzte hatten sich monatelang durch eine pathologische Scheinschwangerschaft täuschen lassen – und die im Mai in Rom erfolgte Wahl des profranzösischen Gianpietro Caraffa zum Papst veränderten die internationale Lage zuungunsten Habsburgs. Die neue Hoffnung auf eine vom Papsttum ausgehende Erhebung Italiens führte zu einer Wiederbelebung der französischen Mittelmeerpolitik. Im Sommer und Herbst 1555 wurde in französisch-päpstlichen Geheimverhandlungen der Plan einer gemeinsamen Offensive gegen den Kaiser ausgearbeitet. Dieser Rückfall der Kurie in ein System unmittelbarer politischer Parteinahme war das Schlimmste, was dem innerkatholischen Erneuerungsgedanken widerfahren konnte. Er ist nur zu erklären aus dem Zusammentreffen zweier verschiedener Momente. Der neunundsiebzigjährige Caraffa-Papst war in einer anachronistischen politischen Ideenwelt befangen. Er hoffte, durch die Vernichtung der habsburgischen Macht den Weg für die Weltgeltung Roms und für die Erneuerung der Kirche im Sinne der hochmittelalterlichen *plenitudo potestatis* des Papsttums freizumachen. Damit verband sich eine hochgehende Woge von italienischem Patriotismus, die vor allem in der Umgebung des Papstes wirkte.

Im Zeichen dieser veränderten europäischen Konstellation gewannen auch die innerdeutschen und innerhabsburgischen Entscheidungen, die 1555 fällig waren, ein anderes Gesicht. Auf dem Augsburger Reichstag konnte es einige Zeit als zweifelhaft erscheinen, ob die vor allem von Kursachsen vertretene Konzeption eines »immerwährenden« Religionsfriedens sich durchsetzen werde. Als König Ferdinand nach dem Scheitern der Friedenskonferenz und nach der Wahl Pauls IV. sah, daß weder vom Kaiser noch vom Papst Unterstützung für eine ausgleichende und den Ständen gegenüber selbständige Religionspolitik zu erwarten war, versuchte er, den Reichstag nach Hause zu schicken. Aber die vom sächsischen Kurfürsten August angeführte protestantische Gruppe sah gerade in der zunehmenden Bedrängnis der habsburgischen Gesamtposition die günstige Gelegenheit, den Religionsfrieden »herauszureißen«. So blieb Ferdinand nichts anderes übrig, als im September in gedrängtesten Schlußverhandlungen den Reichstag auf der Basis des »immerwährenden« Religionsfriedens zu Ende zu führen.

Der Reichsabschied von 1555 bedeutete verfassungspolitisch einen Abschluß des jahrzehntelangen Ringens zwischen Reichsoberhaupt und Territorialstaaten im Sinne eines

Das Haus Habsburg
(von Maximilian I. zu Leopold I.)

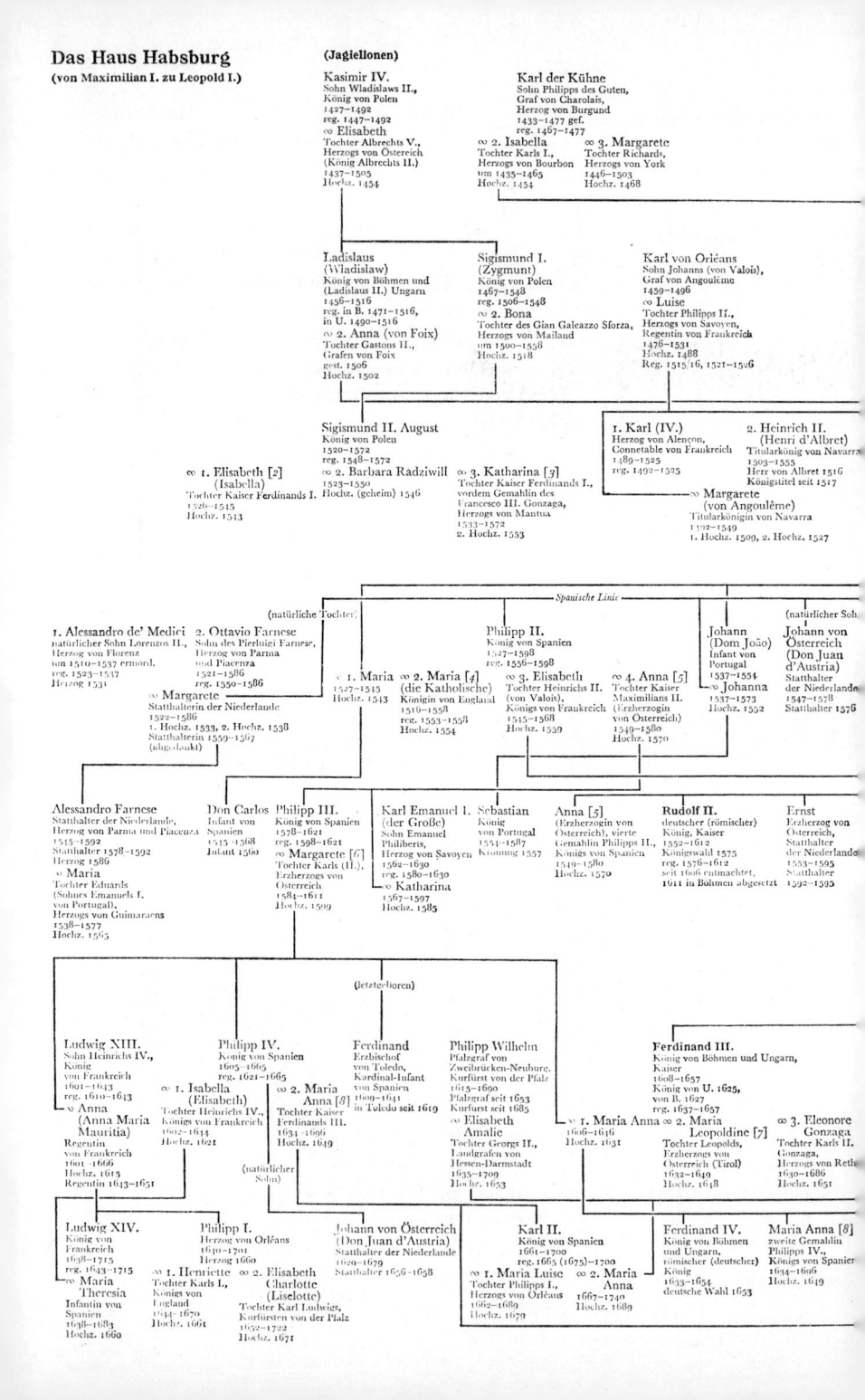

(Jagiellonen)

Kasimir IV.
Sohn Wladislaws II.,
König von Polen
1427–1492
reg. 1447–1492
∞ Elisabeth
Tochter Albrechts V.,
Herzogs von Österreich
(König Albrechts II.)
1437–1505
Hochz. 1454

Karl der Kühne
Sohn Philipps des Guten,
Graf von Charolais,
Herzog von Burgund
1433–1477 gef.
reg. 1467–1477
∞ 2. **Isabella**   ∞ 3. **Margarete**
Tochter Karls I.,   Tochter Richards,
Herzogs von Bourbon   Herzogs von York
um 1435–1465   1446–1503
Hochz. 1454   Hochz. 1468

**Ladislaus
(Wladislaw)**
König von Böhmen und
(Ladislaus II.) Ungarn
1456–1516
reg. in B. 1471–1516,
in U. 1490–1516
∞ 2. **Anna (von Foix)**
Tochter Gastons II.,
Grafen von Foix
gest. 1506
Hochz. 1502

**Sigismund I.
(Zygmunt)**
König von Polen
1467–1548
reg. 1506–1548
∞ 2. **Bona**
Tochter des Gian Galeazzo Sforza,
Herzogs von Mailand
um 1500–1558
Hochz. 1518

Karl von Orléans
Sohn Johanns (von Valois),
Graf von Angoulême
1459–1496
∞ **Luise**
Tochter Philipps II.,
Herzogs von Savoyen,
Regentin von Frankreich
1476–1531
Hochz. 1488
Reg. 1515/16, 1521–1526

Sigismund II. August
König von Polen
1520–1572
reg. 1548–1572

∞ 1. **Elisabeth [2]**
(Isabella)
Tochter Kaiser Ferdinands I.
1526–1545
Hochz. 1543

∞ 2. **Barbara Radziwill**
1523–1550
Hochz. (geheim) 1546

∞ 3. **Katharina [3]**
Tochter Kaiser Ferdinands I.,
vordem Gemahlin des
Francesco III. Gonzaga,
Herzogs von Mantua
1533–1572
2. Hochz. 1553

1. **Karl (IV.)**
Herzog von Alençon,
Connetable von Frankreich
1489–1525
reg. 1492–1525

2. **Heinrich II.**
(Henri d'Albret)
Titularkönig von Navarra
1503–1555
Herr von Albret 1516
Königstitel seit 1517

∞ **Margarete**
(von Angoulême)
Titularkönigin von Navarra
1492–1549
1. Hochz. 1509, 2. Hochz. 1527

Spanische Linie

1. **Alessandro de' Medici**
natürlicher Sohn Lorenzos II.,
Herzog von Florenz
um 1510–1537 ermord.
reg. 1523–1537
Herzog 1531

2. **Ottavio Farnese**
Sohn des Pierluigi Farnese,
Herzog von Parma
und Piacenza
1521–1586
reg. 1550–1586
∞ **Margarete**
Statthalterin der Niederlande
1522–1586
1. Hochz. 1533, 2. Hochz. 1538
Statthalterin 1559–1567
(abgedankt)

(natürliche Tochter)

Philipp II.
König von Spanien
1527–1598
reg. 1556–1598
∞ 1. **Maria**   ∞ 2. **Maria [4]**   ∞ 3. **Elisabeth**   ∞ 4. **Anna [5]**
1527–1545   (die Katholische)   (von Valois),   Tochter Kaiser
Hochz. 1543   Tochter Heinrichs II. Königin von Frankreich Maximilians II.
                Königin von England   1515–1568   (Erzherzogin
                1516–1558   Hochz. 1559   von Österreich)
                reg. 1553–1558   1549–1580
                Hochz. 1554   Hochz. 1570

Johann
(Dom João)
Infant von
Portugal
1537–1554
∞ **Johanna**
1537–1573
Hochz. 1552

(natürlicher Sohn)

Johann von Österreich
(Don Juan d'Austria)
Statthalter
der Niederlande
1547–1578
Statthalter 1576

Alessandro Farnese
Statthalter der Niederlande,
Herzog von Parma und Piacenza
1545–1592
Statthalter 1578–1592
Herzog 1586
∞ **Maria**
Tochter Eduards
(Sohnes Emanuels I.
von Portugal),
Herzogs von Guimaraens
1538–1577
Hochz. 1565

Don Carlos
Infant von
Spanien
1545–1568
Infant 1560

Philipp III.
König von Spanien
1578–1621
reg. 1598–1621
∞ **Margarete [6]**
Tochter Karls (II.),
Erzherzogs von
Österreich
1584–1611
Hochz. 1599

**Karl Emanuel I.
(der Große)**
Sohn Emanuel
Philiberts,
Herzog von Savoyen
1562–1630
reg. 1580–1630
∞ **Katharina**
1567–1597
Hochz. 1585

Sebastian
König
von Portugal
1554–1587
Krönung 1557

Anna [5]
(Erzherzogin von
Österreich), vierte
Gemahlin Philipps II.,
Königs von Spanien
1549–1580
Hochz. 1570

Rudolf II.
deutscher (römischer)
König, Kaiser
1552–1612
Königswahl 1575
reg. 1576–1612
seit 1606 entmachtet,
1611 in Böhmen abgesetzt

Ernst
Erzherzog von
Österreich,
Statthalter
der Niederlande
1553–1595
Statthalter
1592–1595

(Jetztgeboren)

Ludwig XIII.
Sohn Heinrichs IV.,
König
von Frankreich
1601–1643
reg. 1610–1643
∞ **Anna**
(Anna Maria
Mauritia)
Regentin
von Frankreich
1601–1666
Hochz. 1615
Regentin 1643–1651

Philipp IV.
König von Spanien
1605–1665
reg. 1621–1665
∞ 1. **Isabella**
(Elisabeth)
Tochter Heinrichs IV.,
Königs von Frankreich
1602–1644
Hochz. 1621

∞ 2. **Maria
Anna [8]**
Tochter Kaiser
Ferdinands III.
1634–1696
Hochz. 1649

Ferdinand
Erzbischof
von Toledo,
Kardinal-Infant
von Spanien
1609–1641
in Toledo seit 1619

Philipp Wilhelm
Pfalzgraf von
Zweibrücken-Neuburg,
Kurfürst von der Pfalz
1615–1690
Pfalzgraf seit 1653
Kurfürst seit 1685
∞ **Elisabeth
Amalie**
Tochter Georgs II.,
Landgrafen von
Hessen-Darmstadt
1635–1709
Hochz. 1653

Ferdinand III.
König von Böhmen und Ungarn,
Kaiser
1608–1657
König von U. 1625,
von B. 1627
reg. 1637–1657
∞ 1. **Maria Anna**   ∞ 2. **Maria
1606–1646   Leopoldine [7]**
Tochter Philipps III., Tochter Leopolds,
Königs von   Erzherzogs von
Spanien   Österreich (Tirol)
Hochz. 1631   1632–1649
                      Hochz. 1648

∞ 3. **Eleonore
Gonzaga**
Tochter Karls II.,
Herzogs von Rethel,
Gonzaga,
1630–1686
Hochz. 1651

Ludwig XIV.
König von
Frankreich
1638–1715
reg. 1643–1715
∞ **Maria
Theresia**
Infantin von
Spanien
1638–1683
Hochz. 1660

Philipp I.
Herzog von Orléans
1640–1701
Herzog 1660
∞ 1. **Henriette**
Tochter Karls I.,
Königs von
England
1644–1670
Hochz. 1661

∞ 2. **Elisabeth
Charlotte**
(Liselotte)
Tochter Karl Ludwigs,
Kurfürsten von der Pfalz
1652–1722
Hochz. 1671

**Johann von Österreich
(Don Juan d'Austria)**
Statthalter der Niederlande
1629–1679
Statthalter 1656–1658

Karl II.
König von Spanien
1661–1700
reg. 1665 (1675)–1700
∞ 1. **Maria Luise** ∞ 2. **Maria
Tochter Philipps I.,   Anna**
Herzogs von Orléans   1667–1740
1662–1689   Hochz. 1689
Hochz. 1679

Ferdinand IV.
König von Böhmen
und Ungarn,
römischer (deutscher)
König
1633–1654
deutsche Wahl 1653

Maria Anna [8]
zweite Gemahlin
Philipps IV.,
Königs von Spanien
1634–1696
Hochz. 1649

(Haus Tudor)

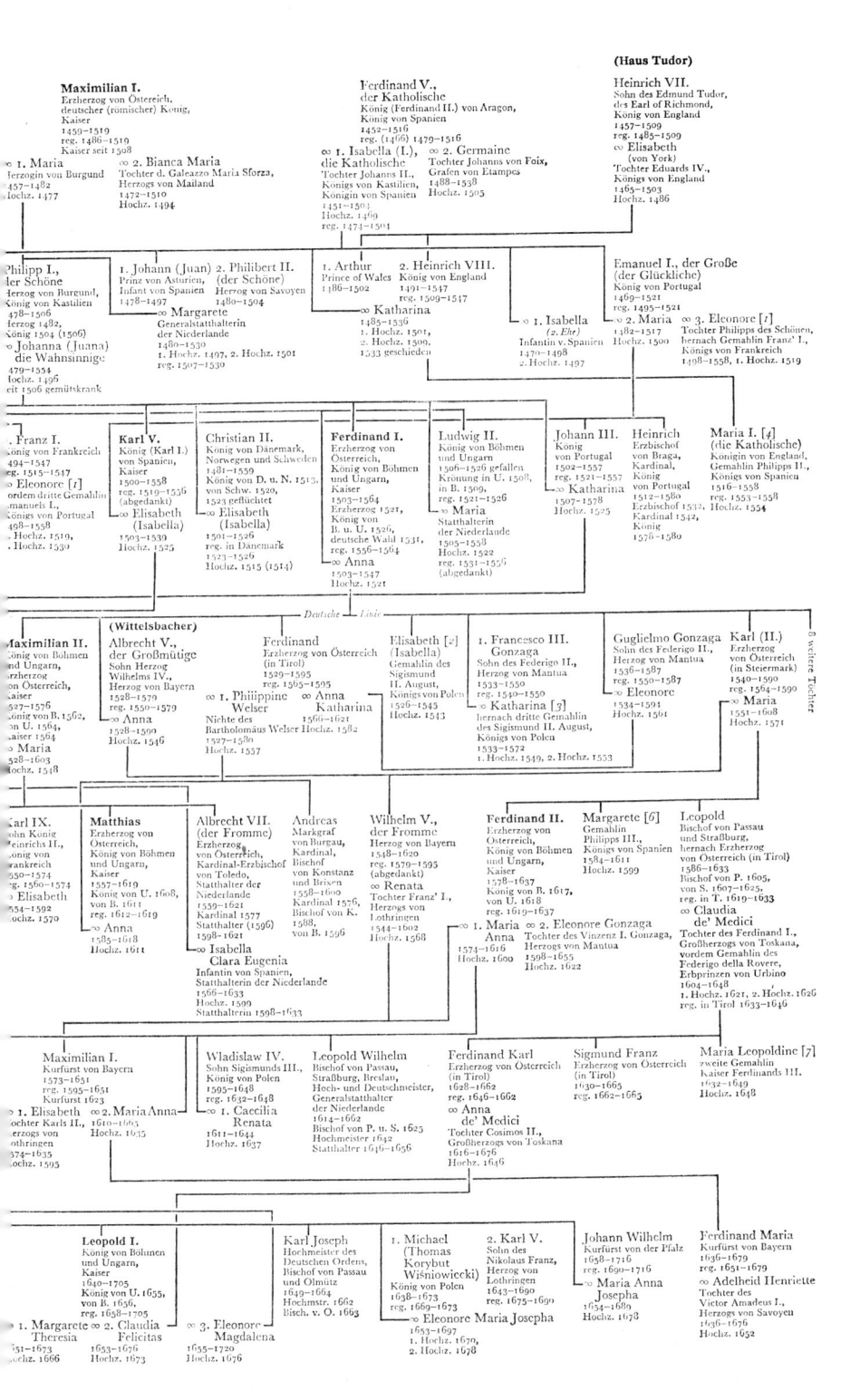

Maximilian I.
Erzherzog von Österreich,
deutscher (römischer) König,
Kaiser
1459–1519
reg. 1486–1519
Kaiser seit 1508
∞ 1. Maria ∞ 2. Bianca Maria
Herzogin von Burgund Tochter d. Galeazzo Maria Sforza,
1457–1477 Herzogs von Mailand
Hochz. 1477 1472–1510
Hochz. 1494

Ferdinand V.,
der Katholische
König (Ferdinand II.) von Aragon,
König von Spanien
1452–1516
reg. (1469) 1479–1516
∞ 1. Isabella (I.), ∞ 2. Germaine
die Katholische Tochter Johanns II.,
Tochter Johanns II., Grafen von Etampes,
Königs von Kastilien, 1488–1538
Königin von Spanien Hochz. 1505
1451–1504
Hochz. 1469
reg. 1474–1504

Heinrich VII.
Sohn des Edmund Tudor,
des Earl of Richmond,
König von England
1457–1509
reg. 1485–1509
∞ Elisabeth
Tochter Eduards IV.,
Königs von England
1465–1503
Hochz. 1486

Philipp I.,
der Schöne
Herzog von Burgund,
König von Kastilien
1478–1506
Herzog 1482,
König 1504 (1506)
∞ Johanna (Juana)
die Wahnsinnige
1479–1555
seit 1506 gemütskrank

1. Johann (Juan) **2. Philibert II.**
Prinz von Asturien, (der Schöne)
Infant von Spanien Herzog von Savoyen
1478–1497 1480–1504
∞ Margarete
Generalstatthalterin
der Niederlande
1480–1530
1. Hochz. 1497, 2. Hochz. 1501
reg. 1507–1530

1. Arthur **2. Heinrich VIII.**
Prince of Wales König von England
1486–1502 1491–1547
reg. 1509–1547
∞ Katharina
1485–1536
1. Hochz. 1501,
2. Hochz. 1509,
1533 geschieden

Emanuel I., der Große
(der Glückliche)
König von Portugal
1469–1521
reg. 1495–1521
∞ 1. Isabella ∞ 2. Maria ∞ 3. Eleonore
1482–1517 Königin Philipps des Schönen,
Hochz. 1500 hernach Gemahlin Franz' I.,
Königs von Frankreich
1498–1558, 1. Hochz. 1519

Franz I.
König von Frankreich
1494–1547
reg. 1515–1547
∞ Eleonore [1]
vordem dritte Gemahlin
Emanuels I.,
Königs von Portugal
1498–1558
1. Hochz. 1519,
2. Hochz. 1530

Karl V.
König (Karl I.)
von Spanien,
Kaiser
1500–1558
reg. 1519–1556
(abgedankt)
∞ Elisabeth
(Isabella)
1503–1539
Hochz. 1526

Christian II.
König von Dänemark,
Norwegen und Schweden
1481–1559
König von D. u. N. 1513,
von Schw. 1520,
1523 geflüchtet
∞ Elisabeth
(Isabella)
1501–1526
reg. in Dänemark
1523–1526
Hochz. 1515 (1514)

Ferdinand I.
Erzherzog von
Österreich,
König von Böhmen
und Ungarn,
Kaiser
1503–1564
Erzherzog 1521,
König von
B. u. U. 1526,
deutsche Wahl 1531,
reg. 1556–1564
∞ Anna
1503–1547
Hochz. 1521

Ludwig II.
König von Böhmen
und Ungarn
1506–1526 gefallen
Krönung in U. 1508,
in B. 1509,
reg. 1521–1526
∞ Maria
Statthalterin
der Niederlande
1505–1558
reg. 1531–1556
(abgedankt)

Johann III.
König
von Portugal
1502–1557
reg. 1521–1557
∞ Katharina
1507–1578
Hochz. 1525

Heinrich
Erzbischof
von Braga,
Kardinal,
König
von Portugal
1512–1580
Erzbischof 1532,
Kardinal 1542,
König
1578–1580

Maria I. [4]
(die Katholische)
Königin von England,
Gemahlin Philipps II.,
Königs von Spanien
1516–1558
∞ 1553–1558, Hochz. 1554

Maximilian II.
König von Böhmen
und Ungarn,
Erzherzog
von Österreich,
Kaiser
1527–1576
König von B. 1562,
von U. 1564,
Kaiser 1564
∞ Maria
1528–1603
Hochz. 1548

(Wittelsbacher)
Albrecht V.,
der Großmütige
Sohn Herzog
Wilhelms IV.,
Herzog von Bayern
1528–1579
reg. 1550–1579
∞ Anna
1528–1590
Hochz. 1546

Ferdinand
Erzherzog von Österreich
(in Tirol)
1529–1595
reg. 1564–1595
∞ 1. Philippine ∞ 2. Anna
Welser Katharina
Nichte des 1566–1621
Bartholomäus Welser 1582
1527–1580
Hochz. 1557

Elisabeth [2]
(Isabella)
Gemahlin des
Sigismund
II. August,
Königs von Polen
1526–1545
Hochz. 1543

1. Francesco III.
Gonzaga
Sohn des Federigo II.,
Herzog von Mantua
1533–1550
reg. 1550–1587
∞ Katharina [3]
hernach dritte Gemahlin
des Sigismund II. August,
Königs von Polen
1533–1572
1. Hochz. 1549, 2. Hochz. 1553

Guglielmo Gonzaga
Sohn des Federico II.,
Herzog von Mantua
1536–1587
reg. 1550–1587
∞ Eleonore
1534–1594
Hochz. 1561

Karl (II.)
Erzherzog
von Österreich
(in Steiermark)
1540–1590
reg. 1564–1590
∞ Maria
1551–1608
Hochz. 1571

2 weitere Töchter

Deutsche Linie

Karl IX.
Sohn König
Heinrichs II.,
König von
Frankreich
1550–1574
reg. 1560–1574
∞ Elisabeth
1554–1592
Hochz. 1570

Matthias
Erzherzog von
Österreich,
König von Böhmen
und Ungarn,
Kaiser
1557–1619
reg. von U. 1608,
von B. 1611
1612–1619

Albrecht VII.
(der Fromme)
Erzherzog,
von Österreich,
Kardinal-Erzbischof
von Toledo,
Statthalter der
Niederlande
1559–1621
Kardinal 1577
Statthalter (1596)
1598–1621
∞ Isabella
Clara Eugenia
Infantin von Spanien,
Statthalterin der Niederlande
1566–1633
Hochz. 1599
Statthalterin 1598–1633

Andreas
Markgraf
von Burgau,
Kardinal,
Bischof
von Konstanz
und Brixen
1558–1600
Kardinal 1576,
Bischof von K.
1589,
von B. 1596

Wilhelm V.,
der Fromme
Herzog von Bayern
1548–1620
reg. 1579–1595
(abgedankt)
∞ Renata
Tochter Franz' I.,
Herzogs von
Lothringen
1544–1602
Hochz. 1568

Ferdinand II.
Erzherzog von
Österreich,
König von Böhmen
und Ungarn,
Kaiser
1578–1637
König von B. 1617,
von U. 1618
reg. 1619–1637
∞ 1. Maria ∞ 2. Eleonore Gonzaga
Anna Tochter des Vinzenz I. Gonzaga,
1574–1616 Herzogs von Mantua
Hochz. 1600 1598–1655
Hochz. 1622

Margarete [6]
Gemahlin
Philipps III.,
Königs von Spanien
1584–1611
Hochz. 1599

Leopold
Bischof von Passau
und Straßburg,
Kardinal,
hernach Erzherzog
von Österreich (in Tirol)
1586–1633
Bischof von P. 1605,
von S. 1607–1625,
reg. in T. 1619–1633
∞ Claudia
de' Medici
Tochter des Ferdinand I.,
Großherzogs von Toskana,
vordem Gemahlin des
Federigo della Rovere,
Erbprinzen von Urbino
1604–1648
1. Hochz. 1621, 2. Hochz. 1626
reg. in Tirol 1633–1646

Maximilian I.
Kurfürst von Bayern
1573–1651
reg. 1597–1651
Kurfürst 1623
∞ 1. Elisabeth ∞ 2. Maria Anna
Tochter Karls II., 1610–1665
Herzogs von Hochz. 1635
Lothringen
1574–1635
Hochz. 1595

Wladislaw IV.
Sohn Sigismunds III.,
König von Polen
1595–1648
reg. 1632–1648
∞ 1. Caecilia
Renata
1611–1644
Hochz. 1637

Leopold Wilhelm
Bischof von Passau,
Straßburg, Breslau,
Hoch- und Deutschmeister,
Generalstatthalter
der Niederlande
1614–1662
Bischof von P. u. S. 1625
Hochmeister 1642
Statthalter 1646–1656

Ferdinand Karl
Erzherzog von Österreich
(in Tirol)
1628–1662
reg. 1646–1662
∞ Anna
de' Medici
Tochter Cosimos II.,
Großherzogs von Toskana
1616–1676
Hochz. 1646

Sigmund Franz
Erzherzog von Österreich
(in Tirol)
1630–1665
reg. 1662–1665

Maria Leopoldine [7]
zweite Gemahlin
Kaiser Ferdinands III.
1632–1649
Hochz. 1648

Leopold I.
König von Böhmen
und Ungarn,
Kaiser
1640–1705
König von U. 1655,
von B. 1656,
reg. 1658–1705
∞ 1. Margarete ∞ 2. Claudia ∞ 3. Eleonore
Theresia Felicitas Magdalena
1651–1673 1653–1676 1655–1720
Hochz. 1666 Hochz. 1673 Hochz. 1676

Karl Joseph
Hochmeister des
Deutschen Ordens,
Bischof von Passau
und Olmütz
1649–1664
Hochmstr. 1662
Bisch. v. O. 1663

1. Michael
(Thomas
Korybut
Wiśniowiecki)
König von Polen
1638–1673
reg. 1669–1673

2. Karl V.
Sohn des
Nikolaus Franz,
Herzog von
Lothringen
1643–1690
reg. 1675–1690
∞ Eleonore Maria Josepha
1653–1697
1. Hochz. 1670,
2. Hochz. 1678

Johann Wilhelm
Kurfürst von der Pfalz
1658–1716
reg. 1690–1716
∞ Maria Anna
Josepha
1654–1689
Hochz. 1678

Ferdinand Maria
Kurfürst von Bayern
1636–1679
reg. 1651–1679
∞ Adelheid Henriette
Tochter des
Victor Amadeus I.,
Herzogs von Savoyen
1636–1676
Hochz. 1652

weitgehenden Sieges der zentrifugalen Kräfte. Beide »Konfessionsparteien« anerkannten den gegenseitigen Besitzstand von 1552. Eine Reihe schwieriger Rechtsfragen blieb ungeklärt; die Zukunft der geistlichen Fürstentümer (auf denen die katholische Bistumsorganisation beruhte) wurde durch den »Geistlichen Vorbehalt« in einer reichsrechtlich umstrittenen Form behandelt. Und auch die Sicherung der evangelischen Untertanen geistlicher Reichsstände durch die *Declaratio Ferdinandea* entbehrte einer festen Grundlage. Insgesamt bezog sich die Anerkennung der beiderseitigen Kirchen- und Glaubensform nur auf geschlossene staatliche Gebilde. Eine auf den Einzelnen und sein Gewissen achtende Toleranz im modernen Sinne wird man nur in dem Auswanderungsrecht Andersgläubiger rudimentär angelegt finden.

So unterschiedlich dieses Ergebnis jahrzehntelanger Glaubenskämpfe damals und später beurteilt wurde, so wenig war damals die langdauernde Wirkung und Geltung des Augsburger Religionsfriedens vorauszusehen. Er trug in den Augen der meisten Zeitgenossen einen provisorischen Charakter. Je deutlicher man die Verstrickung politisch-rechtlicher Ordnung mit religiösem Bekenntnis sieht, desto weniger darf es verwundern, daß in der Folgezeit gerade das Vollgefühl religiöser Überzeugung zum Angriff auf die reichsrechtliche Barriere zwischen den Konfessionen führte.

Während Ferdinand mit dem Augsburger Ergebnis nicht unzufrieden war und es bald als Basis neuer theologischer Ausgleichsversuche benutzen wollte, zog Karl andere Konsequenzen aus dem Religionsfrieden, den sein Bruder kraft kaiserlicher Vollmacht unterzeichnet hatte. Der Gedanke einer freiwilligen Abdankung hatte Karl V. schon länger beschäftigt. Die Verdüsterung des europäischen Horizonts im Sommer und Herbst 1555 und der Augsburger Reichstag, der den bisher stets vermiedenen immerwährenden Religionsfrieden gebracht hatte, scheint nun die Entschlüsse des Kaisers gefördert zu haben. Die Serie der einzelnen Abdankungsakte Karls V. begann im Oktober 1555. Ihre gesamte Tragweite ließ sich auch dann noch kaum überblicken, als Karl im September 1556 die Niederlande verließ und sich in die freiwillige Einsamkeit eines Landhauses am Hieronymitenkloster von Yuste zurückzog. Die einzige Klammer, die jetzt noch nominell den habsburgischen Gesamtbesitz zusammenhielt, war die Kaiserwürde, die erst im Frühjahr 1558 auf Ferdinand überging. Aber die Aufteilung des Weltreiches unter Philipp und Ferdinand war seit 1555/56 definitiv vollzogen. Die Niederlande und Spanien, die Freigrafschaft Burgund und die italienischen Besitzungen (Mailand, Neapel, Sizilien) kamen in die Hand Philipps, dazu die überseeischen Besitzungen in Amerika und an der afrikanischen Küste. Ferdinand blieb auf die deutschen Erblande und auf Böhmen und den habsburgischen Teil Ungarns beschränkt. Auf die in den Familienverträgen von 1551 beschlossene »spanische Sukzession« mit dem Wechsel der Kaiserwürde zwischen beiden habsburgischen Linien wurde stillschweigend verzichtet.

Mit den Abdankungen des Kaisers war die faktische Einheit des habsburgischen Weltreiches ebenso aufgegeben wie die Idee einer transpersonalen *Monarchia Universalis*. Die europäische Gesamtlage beim Ausscheiden Karls V. bot ein unklares und widerspruchsvolles Bild. Die ausgleichende Politik Philipps und die Friedenspartei am französischen Hof, die das Risiko eines neuen Italienkrieges scheute, hatten zwar im Januar 1556 die

Einstellung der Kampfhandlungen erreicht. Aber der Waffenstillstand von Vaucelles brachte nur eine Atempause, keine Überwindung des europäischen Hegemoniekampfes. An der Kurie und in Italien trieben starke Kräfte zur Erneuerung des Krieges. In England und in Deutschland wurden die kirchlichen Gegensätze von der französischen Diplomatie hochgespielt. Die Gespanntheit der Beziehungen zwischen Brüssel und Wien ermunterte Frankreich zu dem Versuch, Ferdinand und Maximilian gegen Philipp zu gewinnen. Auch Ost- und Nordeuropa lagen weiterhin im unruhigen Kräftefeld des alten Gegensatzes zwischen Habsburg und Valois, der durch das resignierte Abtreten des Kaisers nichts von seiner strukturellen Schärfe verloren hatte. Und während sich der Kaiser in der fernen Estremadura dem Spiel der Uhren und dem Gesang der Mönche hingab, begann im Winter 1556/57 von neuem der europäische Krieg, diesmal unter aktiver Beteiligung des Papstes an der Seite des allerchristlichsten Königs.

Dem Umsichgreifen der Reformationsbewegung war durch den Religionsfrieden nirgendwo Einhalt geboten. Das Ausbleiben sichtbarer Wirkungen der innerkatholischen Reform und das steigende Mißtrauen gegen das sich wieder politisch kompromittierende Papsttum schwächten vielerorts die Kraft der katholischen Positionen. In den katholischen Territorien des Reiches wie in Böhmen, Ungarn und Polen gewann gerade nach 1555 die evangelische Lehre viele neue Anhänger in Adel und Bürgertum. Gleichzeitig begann im Westen eine neue Epoche schärferen reformatorischen Wirkens; ihren Mittelpunkt hatte sie in Genf, das von Calvin nach dem Niedergang Wittenbergs in die neue Hochburg des Evangeliums verwandelt wurde.

So befindet sich Europa zu Ende der Epoche Karls V. in einem Zustand der Ungewißheit und des Übergangs. Die Einheit der christlichen Welt, die der Kaiser in politischer Form zu schaffen und in kirchlicher Form zu erhalten suchte, ist in keiner sichtbaren Gestalt mehr gegenwärtig. Die Tendenzen des europäischen Lebens weisen in andere Richtung, sie weisen in eine Zukunft, die erfüllt ist von einer Mehrheit politischer und kirchlicher Zentren. Die alten Landmarken sind 1556 im Versinken. Die Umrisse eines neuen, vielgestaltigen Lebens beginnen erst langsam hervorzutreten.

DAS RINGEN DER KONFESSIONEN
UND DIE NEUGESTALTUNG
DER EUROPÄISCHEN STAATENWELT (1556–1598)

Die Monarchie des Escorial und Calvins Gottesstaat in Genf

Als Philipp II. 1556 das Erbe Karls V. antrat, zählte er neunundzwanzig Jahre. Sein Vater hinterließ ihm den Krieg mit Frankreich und den Krieg mit Papst Paul IV. Die Siege des Herzogs von Alba vor den Toren Roms und des Herzogs von Savoyen bei St. Quentin und Gravelingen setzten dem jahrzehntelangen Kampf um Italien und um die burgundische Erbschaft ein Ende. Heinrich II. und Philipp II. einigten sich unter dem Zwang der finanziellen Erschöpfung im Frieden von Cateau-Cambrésis (3. April 1559). Frankreich verzichtete auf seine Positionen und Ansprüche in Italien, das nun ganz dem spanischen Machtbereich zugehörte und Spaniens Vorherrschaft in Süd- und Westeuropa sicherte. Dafür stabilisierte Heinrich II. seine Ost- und Nordgrenze. Sie war auf Kosten des Reiches um Metz, Toul und Verdun und auf Kosten Englands um Calais verbessert worden. Die habsburgischen Ansprüche auf das Herzogtum Burgund waren endgültig aufgegeben worden.

Philipp II. hatte im November 1558 seine zweite Frau, die englische Königin Maria Tudor, verloren. Als ihre Halbschwester und Nachfolgerin Elisabeth Philipps Brautwerbung abwies, wurde eine Ehe mit Elisabeth von Valois, einer Tochter Heinrichs II., verabredet und geschlossen. Diese dynastische Verbindung sollte nicht nur das Ende der politischen Rivalität zwischen den Häusern Habsburg und Valois besiegeln. Sie sollte auch die neue Gemeinsamkeit einer entschieden antiprotestantischen Politik befestigen, zu der sich die beiden Monarchen auf der Basis der *Pax catholica* von Cateau-Cambrésis verpflichtet hatten. Der rasche Tod Heinrichs II. verhinderte für Frankreich die Verwirklichung dieses Programms. Aber für die europäische Gesamtsituation blieb es von epochaler Bedeutung, daß an Stelle der politischen Hegemoniekämpfe, die das Signum der internationalen Politik im Zeitalter Karls V. gewesen waren, nun die kirchlichen Gegensätze bestimmend auf die zwischenstaatlichen Verhältnisse einwirkten.

Man hat diese neue Periode europäischer Geschichte vielfach als »Zeitalter der Gegenreformation« bezeichnet. Es ist aber zweifelhaft, ob der Begriff »Gegenreformation« (der erst seit Leopold von Ranke in umfassender Weise benutzt wird) der Vielfalt der eigenartigen politischen und kirchlichen Bezüge dieses Zeitabschnittes angemessen ist. Einen Fortschritt in der Kennzeichnung des Geschehens brachte eine heute häufig verwendete

Nuancierung: Man unterscheidet eine politisch-militante »Gegenreformation« von einer religiös bestimmten, innerkirchlich wirkenden »Reform« oder »Regeneration« der katholischen Kirche. Eine ähnliche Unterscheidung ist wohl auch für die gleichzeitigen Vorgänge auf der Seite des europäischen Protestantismus möglich. Im Sinne einer solchen übergreifenden Betrachtungsweise ist jüngst mit Recht betont worden, »daß in den großen Auseinandersetzungen der zweiten Hälfte des 16. Jahrhunderts um die Zukunft der kirchlichen Lebensformen des Abendlandes neben massivster Gewalt, unsäglichen Härten und Grausamkeiten auch sublimste religiöse und geistige Regungen aufs folgenschwerste wirksam gewesen sind« (Erich Hassinger). Diese nuancierte und beide Seiten des Konfessionskampfes einschließende Sicht ist allerdings überwiegend von der Kirchengeschichte her konzipiert. Die Frage nach dem Gesamtcharakter der Epoche und nach dem verschlungenen Ineinanderwirken von Religion und Politik bleibt offen. Im Zeichen dieser Offenheit wird im Folgenden der Nachdruck nicht auf eine einheitliche begriffliche Etikettierung gelegt, sondern auf die Betonung der widerspruchsvollen Züge im Leben jener Zeit. Die Spannung zwischen der Eigenkraft staatlich-sozialer Dynamik und der Wirkweise religiös-kirchlicher Impulse blieb auch im engsten Zusammenwirken unaufhebbar. Und gerade in der weltweiten Entfaltung des neuen religiösen Ideals auf evangelischer wie katholischer Seite konnte kaum ein Akt religiösen Lebens und kirchlicher Verantwortung unberührt bleiben von der Wucht außerreligiöser Geschichtsmächte.

Der Aufbau und das Wirken der spanischen Monarchie unter Philipp II. ist bei aller imponierenden Geschlossenheit der äußeren Erscheinung ein instruktives Beispiel dieser inneren Problematik. In der Zeit Richelieus versuchte der Hugenottenführer Henri de Rohan in einer berühmten Staatsschrift die katholische Politik Spaniens als Tarnung einer bloßen Interessenpolitik zu entlarven: »Die hohe Meinung, die man über Spaniens großen Eifer für die Erhaltung der katholischen Religion hat, verdeckt mit dem Mantel der Frömmigkeit alle seine Absichten und hält die Menschen in einer staunenswerten Ehrfurcht... Aus alledem ergibt sich die Reputation Spaniens, und es ist daran interessiert, diese Frömmigkeit kräftig zu pflegen. Das ist eine Sache, die nichtig und zwecklos erscheint, aber sie bringt solide Wirkungen hervor.« Dieser Demaskierungsversuch, der im übrigen typisch für das skeptische Denken zu Ende der Konfessionskämpfe war, traf das Wesen der spanischen Politik, wie es seit Philipp II. in Erscheinung trat, in keiner Weise. In der *Monarchia Hispanica* wirkten elementare Kräfte christlicher Verantwortung und politischer Gestaltung. Philipp II. hatte von Karl V. den festen und unverbrüchlichen Anspruch geerbt, daß seine Politik ausschließlich dem Gemeinwohl der katholischen Christenheit diene. Tatsächlich war aber das Verhalten Spaniens immer wieder so stark von den Bedingungen der eigenen Staatsräson abhängig, daß es fast zwangsläufig gegen die objektiven Ansprüche einer universalen kirchlichen Verantwortung verstieß. Von den Klagen über diese Konflikte ist die zeitgenössische Papstgeschichte voll; man braucht dazu keineswegs einen außer der Zeit liegenden Maßstab heranzuziehen. Andererseits nahm Spanien die überstaatlichen Aufgaben christlicher Staatsethik und religiöser Verwirklichung so ernst, daß es um dieser Ziele willen immer wieder die eigenen staatlichen Interessen, wie sie eine spätere Zeit säkularisierter und einzelstaatlicher Politik sah, verletzte und zurückstellte.

Die Teilung des habsburgischen Weltreiches brachte im Machtbereich der älteren Linie eine Straffung des staatlichen Zusammenhangs und ein starkes Hervortreten des nationalspanischen Elements. Der Schwerpunkt des Machtsystems verlagerte sich endgültig von der Peripherie in das alte Kernland Kastilien, seit Philipp II. im Herbst 1559 die Niederlande verlassen hatte. Bis dahin gab es wohl einige von den spanischen Herrschern bevorzugte Residenzstädte — etwa Sevilla, Toledo, Valladolid —, aber keine eigentliche Hauptstadt. Nun schuf sich der König in Madrid, inmitten einer unfruchtbaren, kaum bevölkerten Steppenlandschaft, ein neues Regierungszentrum. Hier gab es keine alten Adelspaläste und Adelsprivilegien. Alles, was hier entstand, trug den Stempel des absoluten königlichen Willens, der sich von jeder feudal-ständischen Beschränkung freimachte. Der straff zentralisierte und rational gegliederte Regierungsapparat, den Philipp in Madrid aufbaute, hob sich von der weithin improvisierenden Regierungsweise Karls V. deutlich ab. Indienrat, Italienrat, Rat der Niederlande, Rat für Kastilien, für Aragon, ... so entstehen festumrissene Ressorts mit einer wachsenden Bürokratie, mit Aufsicht und Oberaufsicht, Kontrolle und Gegenkontrolle. Von diesen Zentralbehörden wird der hohe Adel bewußt ferngehalten. Er wird meist nur in weit entfernten Außenposten verwendet, deren Befugnisse streng umrissen und von der Zentrale überwacht werden.

Der König regiert vom Schreibtisch aus. Man hat Philipp II. den ersten Bürokraten auf dem Königsthron genannt. Das trifft aber nur den äußeren Aspekt dieses Herrscherdaseins Die unendliche, verschleppende, mißtrauische und oft in subalterne Details sich verlierende Schreibtischarbeit des *Rey prudente* ist nicht zuletzt Ausdruck einer mittelmäßigen Begabung. Aber sie ist auch Zeichen neuartiger struktureller Probleme: der absolutistische Herrscherwille will allein die Steuerung eines weltweiten Reiches in der Hand behalten. Schließlich ist Philipps Regierungsstil der Ausfluß eines eminenten Verantwortungsgefühls, an dessen religiöser Verankerung kein Zweifel besteht.

Zu einem skrupulösen Pflichtgefühl trat die Einsamkeit des Herrschers. Sie hatte gewollte und ungewollte Gründe. Die Einführung des burgundischen Hofzeremoniells, das die ursprüngliche Ungezwungenheit spanischen Adelslebens rasch umformte, isolierte den König gegenüber seiner Hofgesellschaft und seiner Familie. Was im spätmittelalterlichen Burgund künstlerisch-spielende Selbstdarstellung war, wurde in Madrid zu einer sakralen und menschenfernen Überhöhung der königlichen Majestät. Philipp war von frühester Jugend an elternlos aufgewachsen; seine Ehen waren Ergebnisse außenpolitischer Kalkulation. In den sechziger Jahren erlebte er mit Elisabeth von Valois einige glückliche Jahre. Dann starben im selben Jahre 1568 die Königin und der Kronprinz Don Carlos, dessen Haltlosigkeit und physische wie psychische Degeneriertheit Philipp schon zuvor die Aussicht auf einen regierungsfähigen Thronerben genommen hatte. Seine vierte und letzte Ehe mit Anna von Österreich brachte zwar den ersehnten männlichen Thronerben, konnte aber der zu extremen Formen fortschreitenden Isolierung des Königs keinen Einhalt gebieten.

Einsam war Philipp II. auch im Kreise der europäischen Monarchen. Das endlich versöhnte Haus Valois bestand nur aus Katharina von Medici und ihren degenerierten Söhnen, die der König verachtete. In England herrschte gleichfalls eine Frau. Die Wiener Verwandten kannte Philipp zu gut, um den wankelmütigen Vetter Maximilian ernst zu nehmen. So hatte der spanische König – ganz im Gegensatz zu seinem Vater – keinen ebenbürtigen Partner in der europäischen Politik. Er stand allein in Europa, allein mit der Last der von Karl V. überkommenen Reiche, allein mit der neuen Bürde einer europäischen Verantwortung für die katholische Sache.

Aus der im Ödland neugeschaffenen Hauptstadt Madrid drängte es den König fort zu einer noch ausschließlicheren und reineren Darstellung seiner Staatskonzeption. Am Südhang der Sierra de Guadarrama ließ er seit 1561/63 in Erfüllung eines Gelübdes, das auf den Sieg von St. Quentin zurückging, ein höchst ungewöhnliches Bauwerk errichten. Der Escorial wurde dem heiligen Laurentius als Tagespatron der siegreichen Schlacht geweiht. Was in der grandiosen Einsamkeit eines felsigen Gebirgsmassivs mit einer geradezu pharaonenhaften Anstrengung erbaut wurde, hat seinesgleichen weder in der abendländischen Architektur noch in der Geschichte der europäischen Monarchie. Es war ein riesiger Komplex: Um eine zentrale Kuppelkirche, die zugleich das Mausoleum der Dynastie bildete, ordneten sich in strenger baulicher Form das Kloster der Hieronymiten, die Bibliothek und die Kunstsammlungen, der Wohntrakt für den König und seine Familie und die für den Hof und die Führung der Regierungsgeschäfte benötigten Anlagen. In der monumentalen Zusammenfassung von Leben und Tod, Macht und Andacht, Weltflucht und Herrscherstolz ist der Escorial bis heute das sprechendste Zeugnis dessen, was Philipp II. war und wollte.

In der Geschichte Spaniens gilt das 16. Jahrhundert und insbesondere die Zeit Philipps II. als das *Siglo de Oro*. Spätere Zeiten und außerspanische Autoren haben harte und härteste Urteile über diese Epoche gefällt. Diesen Kritiken lagen gewandelte Vorstellungen von der Wohlfahrt des Staates und dem Nutzen der Gesellschaft zugrunde. Ohne Zweifel hat die Regierung Philipps II. und seine gegenreformatorische Politik Spaniens Wirtschaft und Sozialstruktur in krisenhafter Weise beeinflußt. Der starke Zufluß an Edelmetallen aus den amerikanischen Gruben führte nicht zu einer Gesundung der Finanzlage des Staates. Vielmehr brachte die ungeheure Höhe der Staatsausgaben, bedingt durch das außenpolitische und militärische Engagement, einen dreimaligen Staatsbankrott und ein hoffnungsloses Ansteigen der Verschuldung. Im Inneren kam es durch die Silberimporte zu einer exzessiven Preissteigerung mit allen negativen Auswirkungen auf die agrarische und gewerbliche Basis des Wirtschaftslebens. Die Verfolgung und Bedrückung der maurischen Restbevölkerung in Südspanien, die 1609 mit ihrer Austreibung nach Afrika abgeschlossen wurde, wirkte ebenfalls als Element des wirtschaftlichen Niedergangs. Gerade im Falle der *Moriscos* ist die politische wie religiöse Wurzel des wirtschaftsschädigenden Vorgangs besonders deutlich. Im Interesse der politischen Sicherheit und der kirchlichen Einheit, die man durch diese mit ihren afrikanischen Glaubensgenossen eng verbundenen Bevölkerungsteile gefährdet sah, nahm man die wirtschaftlichen Nachteile der Repressionspolitik in Kauf. So hat das Spanien Philipps II. die ökonomischen Grundlagen seiner Macht im Dienste seiner großen europäischen Politik zerrüttet.

Ganz anders wird das Bild des spanischen Lebens, wenn man nach der kulturellen und religiösen Entfaltung jener Zeit fragt. Die mitreißende Kraft des politischen Engagements in Europa und Übersee spiegelte sich auf mannigfaltige Art in einem hochgespannten

Sendungs- und Selbstbewußtsein. Der offenbare Kontrast zwischen Sein und Sollen, zwischen Anspruch und Gelingen wurde zum Hintergrund einer ebenso kraftvollen wie eigengeprägten Literatur. Die religiöse Mystik der Teresa von Avila, die Gemälde eines El Greco, die dramatische und epische Gestaltungskraft eines Calderón oder Cervantes sind zeitlos gültige Zeugnisse der menschlichen und künstlerischen Möglichkeiten innerhalb der *Monarchia Hispanica*.

Nur aus dem Zusammenwirken politischer Macht mit geistiger Prägekraft ist die Ausstrahlung der spanischen Kultur und Sitte über ganz Europa zu erklären. Sie führte dort zu dauerhaften Wirkungen, wo sie auf kulturelle und gesellschaftliche Zusammenhänge traf, die sich in einer inneren Krise befanden und in der Gemeinsamkeit politischer und religiöser Voraussetzungen mit Spanien verbunden waren. Das traf zum Teil für die Niederlande und das katholische Deutschland, besonders aber für Italien zu. Die Hispanisierung Italiens bedeutete das Ende jener Renaissancekultur, die in den Städten und an den Fürstenhöfen des Quattrocento ihren Höhepunkt erlebt hatte. Der Einfluß Spaniens traf sich hier mit inneren Tendenzen, die im Zeichen des neuen religiösen Ernstes von der schwerelosen und spontanen Vitalität der alten Zeit wegführten.

Wie sollte diesem mächtigen Aufbruch an geistiger Energie und politisch-militärischer Tatkraft die Welt des Luthertums auf die Dauer widerstehen? In der Tat sind denn auch die Konfessionskämpfe der Zeit Philipps II. weniger von der Nachwirkung Luthers gekennzeichnet als von dem Geist und Werk des Genfer Reformators Johann Calvin. Er war die beherrschende Figur in der zweiten Generation der Reformation. Ihm ist es vor allem zuzuschreiben, daß der europäische Protestantismus sich gegenüber dem Elan der erneuerten katholischen Kirche behauptet hat.

Jean Cauvin – so schrieb er sich vor der Latinisierung seines Namens – wurde am 10. Juli 1509 zu Noyon in Nordostfrankreich als Sohn eines bürgerlichen Juristen geboren. Sein Lebensweg bis zur endgültigen Niederlassung in Genf 1541 ist eng mit den Schicksalen des frühen französischen Protestantismus verbunden. Als Student in Paris, Bourges und Orléans machte sich Calvin die philosophische, juristische und humanistische Bildung seiner Zeit zu eigen. Wann er zuerst mit den Lehren und Schriften der deutschen Reformatoren in Berührung kam, ist nicht mit Sicherheit festzustellen. Einen deutlichen Einschnitt in seinem äußeren Schicksal wie in seinem religiösen Werdegang bildet das Jahr 1534. Damals verzichtete er auf die kirchliche Pfründe in Noyon, die ihm bisher ein ruhiges, ganz auf die Wissenschaft konzentriertes Leben gesichert hatte. Der zunehmenden Schärfe der Verfolgung in Frankreich entzog er sich durch das Exil. 1535 veröffentlichte er in Basel die erste Ausgabe der *Institutio religionis Christianae* mit einer Vorrede an König Franz I. Dieses Buch hat Weltgeschichte gemacht. Aus einem schmalen Wegweiser wuchs es durch immer neue Umarbeitung und Erweiterung zu jenem grundlegenden Werk der reformatorischen Theologie und Bekenntniskraft, das in ungezählten Ausgaben in allen Hauptsprachen Europas verbreitet wurde.

1536 wurde Calvin auf einer Reise von Frankreich nach Straßburg von dem Ausbruch des Krieges mit Karl V. zu einem Umweg über die Schweiz gezwungen. Er kam nach Genf, um dort eine Nacht zu bleiben. Aber Guillaume Farel, der dort eben eine neue Kirchenordnung im Stile der Schweizer Reformation eingeführt hatte, bewog Calvin zum Bleiben und zur Mitarbeit. Dieser erste Aufenthalt in Genf dauerte nur zwei Jahre; es gelang den beiden Theologen nicht, gegenüber dem Rat der Stadt und dem Einfluß des mächtigen Bern ihre kirchliche Konzeption durchzusetzen. 1538 wurden beide aus Genf ausgewiesen. Die nächsten Jahre brachten Calvin in Straßburg neue Erfahrungen. In enger Zusammenarbeit mit Bucer leitete er die französische Flüchtlingsgemeinde in der Stadt. Als Beobachter bei den Religionsgesprächen in Hagenau, Worms und Regensburg 1540/41 lernte er die Probleme des deutschen Luthertums und die kirchenpolitische Situation im Reich kennen.

Als man Calvin zur Rückkehr nach Genf einlud, entschloß er sich nur zögernd; sobald er aber im Herbst 1541 die Stadt seines ersten Wirkens wieder betreten hatte, begann er eine ebenso umfassende wie erfolgreiche Tätigkeit. Die *Ordonnances ecclésiastiques* vom 20. 11. 1541 stellten eine von Calvin ausgearbeitete, nach einigen Abänderungen vom Rat angenommene Gemeindeordnung dar, die nicht nur das gottesdienstliche Leben, sondern vor allem auch den organisatorischen Aufbau der Gemeinde mit großer Präzision regelte. Ganz im Gegensatz zu Luther widmete Calvin den Fragen der rechtlichen Ordnung und der Gemeindezucht von Anfang an größte Aufmerksamkeit. Die Organe der Gemeinde – Pastoren, Lehrer, Diakone, Älteste – wurden in genau bestimmter Form gewählt. Das Zusammenwirken der kirchlichen Aufsicht mit der politischen Obrigkeit hatte die totale Verchristlichung des Gemeinwesens mit Sittengericht, Hauskontrollen, Verbot von Tanz, Kartenspiel und Theater zum Ziel.

Dies Genfer System hatte eine Reihe von politischen und kirchlichen Krisen zu bestehen, bis die Stadtrepublik sich – seit 1555 – fest in der Hand Calvins befand. Es ist gewiß unzutreffend, im Prinzip von einer Genfer Theokratie zu sprechen. Formal bedeuteten die *Ordonnances* keineswegs eine Unterordnung der weltlichen unter die geistlichen Instanzen. Aber die Genfer Wirklichkeit sah anders aus. Im Bewußtsein des göttlichen Auftrags beherrschte und formte der Reformator alle Seiten des Lebens der Stadtrepublik. Der Grundsatz der Identität von bürgerlicher Pflicht und religiöser Ordnung wurde mit solcher Kraft vertreten, daß sich die Hinrichtungen von politischen und theologischen Opponenten häuften. Am bekanntesten wurde das Verfahren gegen den spanischen Arzt und Philosophen Michael Servet (1553), der wegen seiner Angriffe auf das Trinitätsdogma verbrannt wurde. Toleranz kannte das Genf Calvins weder in der Theorie noch in der Praxis.

Dem Ausbau der inneren Ordnung entsprach das Wachsen der Ausstrahlung Genfs nach allen Seiten. Wenn sich auch die Differenzen zum deutschen Luthertum als unüberbrückbar erwiesen, so gelang doch 1549 im *Consensus Tigurinus* eine weitgehende Verständigung mit den Gemeinden in der deutschen Schweiz. Je schwieriger sich die Lage für den Protestantismus in Frankreich, Italien, England und den Niederlanden gestaltete, desto stärker wurde der Zustrom von Glaubensflüchtlingen nach Genf. Die calvinistische Propaganda begann durch die Rücksendung der in Genf ausgebildeten Theologen und durch systematische Verbreitung theologischer Werke quer durch Europa zu wirken. Die Errichtung einer theologischen Akademie unter der Leitung von Theodor Beza brachte 1559 diese Entwicklung zu einem krönenden Abschluß. Eine Elite des europäischen Protestantismus traf sich in Genf und nahm den Geist eines kämpferischen Dienstes am Gotteswort und die Bereitschaft zum Martyrium in sich auf. Als Calvin 1564 starb, stand sein Werk in voller Blüte.

Sein theologisches Denken wie sein organisatorisches Wirken beruhten auf einer entschlossenen Folgerichtigkeit in der Auswertung dessen, was er an Erfolgen und Mißerfolgen der vorausgegangenen Generation von Reformatoren beobachtet hatte. Calvins Lehre vom Menschen und seinem Verhältnis zu Gott knüpft an Luther an, aber er zieht die Linien der kreatürlichen Schwäche und der göttlichen Allmacht womöglich noch schärfer aus: »Jeder Mensch ist in sich verloren und ruiniert... Es besteht keine Gefahr, daß der Mensch sich zu tief erniedrigt, dadurch versteht er, daß er bei Gott all das suchen muß, was ihm fehlt... Verflucht sei, wer dem Menschsein vertraut und seine Tugend auf das Fleisch baut.« Gott beruft zum Heil, wen er will: »Wir sind berufen – nicht gemäß unseren Tugenden, sondern gemäß der Wahl und der Gnade (Gottes).« Aber diese Gnadenwahl Gottes bleibt nicht verborgen. Es wird hier und heute offenbar, wen der Herr berufen und wen er verstoßen hat. Die Eindeutigkeit der göttlichen Berufung wird für Calvin zum Schlüssel für eine Sicherheit im Aufbau und in der verantwortlichen Leitung der Gemeinden, wie sie Luther nie gekannt hat. Alle zögernde Halbheit, alles Paktieren mit der Welt wird als Zeichen der Verdammnis erkannt und abgewiesen.

So fällt Calvin härteste und apodiktische Urteile nach allen Seiten, etwa wenn er das friedensbereite Verhalten der deutschen Protestanten nach dem Aufstand von 1552 kritisiert: »Da den Deutschen bisher ihre Waffen so wenig genutzt haben, wundere ich mich nicht, daß sie ihre Waffenlosigkeit nicht als Verlust empfinden. Da ihre eigene Nachlässigkeit sie schon früher des göttlichen Beistandes beraubte, zweifle ich nicht daran, daß der Herr sie nun mit Besinnungslosigkeit geschlagen hat, so daß sie selbst nach ihrem Verderben trachten.« Dieselbe leidenschaftliche Stimme Calvins wird weich und bezwingend, wenn er mit den Verfolgten in Frankreich spricht und die »Kirchen unterm Kreuz« zum Ausharren in Demut und Gottesfurcht bis zum Martyrium ermahnt. Diese Stimme voll Härte und Tröstung, voll beißenden Hohns und bezwingender religiöser Kraft wurde in ganz Europa vernommen. Sie rief zum Kampf auf, zum erneuerten und nun endlich siegreichen Kampf gegen die »Papisten« und für das Voranschreiten des Reiches Christi.

Der Abschluß des Konzils von Trient und die Anfänge des Reformpapsttums

Am 8. August 1559 starb Papst Paul IV. Sein Tod, der von der römischen Bevölkerung mit Jubel begrüßt wurde, machte an der Kurie den Weg frei für die Wiedereröffnung des Konzils, auf das sich allerseits die Hoffnungen für eine Regeneration der katholischen Kirche richteten. Seinem Nachfolger Pius IV. wurde im Konklave die Verpflichtung auferlegt, die Konzilsarbeit wieder aufzunehmen. Der neue Papst gehörte keineswegs zu den prononcierten Vertretern der Kirchenreform. Er war theologisch wenig gebildet; aber die

Inneres der Kirche des heiligen Laurentius im Escorial
Erbaut von Juan Bautista de Toledo und Juan de Herrera, 1563–1584

Johannes Calvin
Gemälde eines unbekannten Malers
Genf, Bibliothèque Publique et Universitaire

Forderung, nach dem Schiffbruch des Caraffa-Pontifikats das Werk der kirchlichen Erneuerung in engem Kontakt mit den katholischen Mächten in die Hand zu nehmen, stand gebieterisch vor ihm. So begann Pius IV. langwierige und umwegige Verhandlungen mit Spanien, Frankreich und Kaiser Ferdinand, die erst am 28. Januar 1562 zur Neueröffnung der Kirchenversammlung in Trient führten.

Die kirchlichen und politischen Verhältnisse Europas, auf welche sich die Arbeit des Konzils zu beziehen hatte, waren seit der vorausgegangenen Sitzungsperiode von 1551/52 ganz andere geworden. Damals hatte es manchem Katholiken noch so scheinen können, als stellten die Macht des Kaisers und die Anwesenheit deutscher Protestanten in Trient eine Wiedergewinnung der Einheit in Aussicht. Seitdem hatten die reichsrechtliche Sicherung der deutschen evangelischen Landeskirchen, die Neubegründung der anglikanischen Kirche durch Königin Elisabeth und das erfolgreiche Auftreten der Hugenotten in Frankreich neue Züge in die europäische Konfessionskarte gebracht. Aber nicht nur die Ausdehnung des Protestantismus, sondern vor allem seine resolute und durchgehende Absage an die päpstlichen Konzilswerbungen 1560/61 bezeichneten die neue Lage der verschärften Abgrenzung. Es gab auch jetzt noch – vor allem in Frankreich und Deutschland – Gruppen, die aus verschiedenen Gründen den edlen »Traum der Verständigung« nicht aufgeben wollten. Aber die kirchliche Wirklichkeit war von schärferen Tendenzen bestimmt: Konzentration und Mobilisierung der Kräfte, dogmatische Klärung, Überwindung hemmender Mißstände war das Gebot der Stunde. Ihm allein und nicht mehr der Begegnung mit der anderen Seite diente die letzte Sitzungsperiode der Trienter Versammlung. Die großen Schwierigkeiten, die das Konzil 1563 an den Rand des Scheiterns brachten, stammten aus anderer Wurzel.

Im innerkatholischen Bereich hatte das Debakel Pauls IV. die schon länger bestehende Vertrauenskrise zwischen den *Oltramontani* und dem Papsttum weiter verschärft. Die Konzilskrise im Frühjahr 1563 resultierte vor allem daraus, daß die katholischen Hauptmächte – Spanien, Frankreich, Kaiser Ferdinand – von tiefem Mißtrauen gegen die Ernsthaftigkeit des römischen und des in Trient wirkenden Reformwillens erfüllt waren. Sie schickten sich an, gegenüber Kurie und Konzil eine weitzielende, zwischen den Höfen abgestimmte kirchenpolitische Pression zu entwickeln. Die Zielvorstellungen der Mächte waren im einzelnen uneinheitlich und nur in der Gesamttendenz ähnlich: spanisches Staatskirchentum, Gallikanismus und Konziliarismus von Frankreich her, die Tradition der deutschen *Gravamina* mit einem Einschlag von Irenismus und Wiedervereinigungshoffnung durch scharfe Kurial- und Kirchenreform vom Kaiserhof her. Wohin ein Sieg der vereinten Bestrebungen der katholischen Mächte damals geführt hätte, ist schwer zu sagen. Selbst bei positivster Beurteilung der hier zweifellos auch wirkenden echten Impulse zur Reinheit und Einheit kirchlichen Lebens ist kaum einzusehen, daß eine Niederlage der kirchlichen Zentrale zunächst mehr bedeutet hätte als ein Chaos ungeklärter Rivalitäten zwischen den siegreichen staatlichen Instanzen.

In dieser Situation entsandte Pius IV. im März 1563 als neuen Konzilspräsidenten Kardinal Morone nach Trient. Dieser Kirchenfürst, den Paul IV. zwei Jahre lang als häresieverdächtig in der Engelsburg gefangengehalten hatte, war nicht nur der beste

Diplomat der Kurie. Er verkörperte das Erbe jener frühen und tiefen italienischen Reformbewegung der Kreise um Contarini und Reginald Pole. Mit der ihm eigenen Mischung von politischer Kaltblütigkeit und religiösem Ernst glückte es Morone, den gordischen Knoten der gänzlich verfahrenen Konzilspolitik zu durchhauen. Er suchte zunächst Kaiser Ferdinand auf, der sich in Innsbruck mit seinen Theologen und Ministern fast wie zu einem Gegenkonzil installiert hatte. Dem glänzenden Erfolg dieser Entrevue folgte eine vergleichbar erfolgreiche Auseinandersetzung mit dem Kardinal von Lothringen, der in Trient Frankreich vertrat. Es gelang Morone, durch seine persönliche Überzeugungskraft dem Kaiser, Frankreich und dem mißtrauischen Teil der Konzilsväter den Ernst der päpstlichen Konzils- und Reformpolitik glaubhaft zu machen. Der Kardinal hat das Prinzip seines Vorgehens, das den Weg für die produktive Fortführung und den Abschluß der Konzilsarbeit öffnete, in einem berühmt gewordenen Schlußbericht dem Papst gegenüber erläutert: »Alle glaubten, daß man in Rom überhaupt keine Reform wolle... Um aus dieser Situation herauszukommen, versicherte der Kardinal (Morone) mit öffentlicher Rede und mit privaten Erörterungen, daß der Papst wirklich die Reform wolle. Und er stellte sich selbst als Bürge dafür...«

Im gleichen Geiste einer persönlich überzeugenden und der Kurie wie den Mächten gegenüber selbständigen Gesinnung führte Morone das Konzil zu Ende, indem er kontroverse Fragen – wie die nach der Superiorität von Papst oder Konzil – beiseite ließ und den Akzent auf die positive Reformarbeit legte. So konnte das Konzil am 4. Dezember 1563 in Übereinstimmung zwischen der Kurie und den katholischen Mächten geschlossen werden. Sein Werk war die Erneuerung und Festigung der katholischen Kirche. Ob die bewahrenden oder die erneuernden Züge dieses Werkes stärker hervortreten, hängt von der jeweiligen Betrachtungsweise ab. Geht man von dogmatisch-kirchenrechtlichen Fragen aus, so wird der konservative und gegen Luthers Reformation abgrenzende Aspekt im Vordergrund stehen. Fragt man dagegen nach dem geistigen Raum kirchlicher Existenz und nach der religiösen Kraftentfaltung im geschichtlichen Ablauf, so werden die neuen Züge der nachtridentinischen Epoche deutlicher sichtbar. Und manche dieser neuen Züge weisen eine Verwandtschaft mit genuinen Formen der von Luther und Calvin erschlossenen religiösen Welt auf, die keineswegs zufällig oder nur äußerlich ist. Der spirituelle Ernst und die Leidenschaft des Sichlosringens von der Erdenschwere der alten Welt waren beiden Seiten gemeinsam, so verschieden die Aufgabe begriffen und angegangen wurde.

Die religiösen Formkräfte, die von Trient ausgingen, wirkten auf Rom und von dort aus auf die Welt. Die tiefe Veränderung, die das Angesicht der Ewigen Stadt in den folgenden Jahrzehnten erfuhr, war ein sichtbares Zeichen eines sehr viel allgemeineren Vorganges. Die »Hure Babylon« verschwand aus dem Repertoire der evangelischen Polemik, denn die Umwandlung der Renaissance-Stadt in ein Zentrum herber geistlicher Zucht und kirchlicher Bildung konnte nicht verborgen bleiben. Indessen blieb auch im Zeichen des neuen, angespannten Ernstes so viel heitere südländische Natur bestehen, daß es sich für deutsche Prinzen weiterhin lohnte, nach Rom zu reisen und ihre vatikanischen Gastzimmer nachts auf der Strickleiter zu verlassen. Weniger im Versuch einer totalen Versittlichung des bürgerlichen Lebens, wie ihn Calvin in Genf vorlebte, als in einer Reihe von neu geprägten Werken und Gestalten offenbarte sich die Eigenart des römischen Reformpapsttums.

Da war der Tridentinische Katechismus von 1566, an dessen Veröffentlichung Kardinal Carlo Borromeo, der heiligmäßige Neffe Pius' IV., großen Anteil hatte. Die christliche Unterweisung des Volkes erhielt, dem deutschen Vorbild des Petrus Canisius folgend, erstmals eine zuverlässige Hilfe. Die Verlegung der Druckerei des Venezianers Paolo Manuzio nach Rom ging auf eine Anregung Morones zurück, der die wissenschaftliche Publikation theologischer Texte als drängende Aufgabe sah. Eine späte Frucht dieser Impulse war die Edition eines autorisierten Bibeltextes unter Sixtus V. 1568 und 1570 erschienen das neue römische Brevier und ein erneuertes Meßbuch. Gleichzeitig begann ein systematischer Ausbau der Studienanstalten und Kolleghäuser in Rom, auch und vor allem für die Ausbildung des ausländischen Priesternachwuchses. Von Rom aus griff der neue Geist über die Orden und über die Bistumsorganisation in die Weite. Vor allem aber war es die beispielhafte Wirkung einiger Päpste, die den neuen Maßstäben Kraft in der Kirche und Glaubwürdigkeit vor den Augen der Welt verlieh.

Auf Pius IV., der eine Gestalt des Übergangs war, folgte von 1566 bis 1572 ein strenger Asket, der Dominikaner Pius V. Der tiefe Eindruck, den das Wirken dieses heiligmäßigen Mannes auch auf die nichtkatholische Nachwelt machte, ist in dem Brief zu fassen, den der junge Ranke 1827 an seinen Bruder schrieb: »Von Pius V. weißt Du vielleicht? Oder kennst Du ihn nicht? Du sollst ihn durch mich kennen lernen. Ich habe Relationen über ihn, wie er leibte und lebte. Ein so frommer Mensch: einfältig wie ein Kind und der strengste Inquisitor und Verfolger der Protestanten, die doch in dem, was das Wesen seiner Gesinnung war, mit ihm ganz übereinkommen...« Dem nach innen gewandten Mönch folgte als nächster Papst der weit in die Welt planende und wirkende Gregor XIII. Er reorganisierte den kurialen Behördenapparat im Sinne des neuen Vorrangs der pastoralen vor den politischen Aufgaben. Die katholischen Länder wurden mit einem fast lückenlosen System päpstlicher Nuntiaturen überzogen, deren Aufgabe es war, über den Fortschritt der Reform und die Durchführung der Trienter Dekrete zu wachen. Gleichzeitig wurde die überseeische Missionstätigkeit ausgebaut und der Kontakt mit den schismatischen Ostkirchen in Europa und Asien gefördert.

Wie diese neue Ära des Papsttums und der katholischen Kirche in den einzelnen Ländern wirksam wurde und auf welche Hindernisse und Gegenkräfte sie stieß, wird in den folgenden Abschnitten zu zeigen sein. Jenseits dieser sehr unterschiedlichen Einzelbereiche war dem nachtridentinischen Papsttum auch eine tief in den politischen Raum hineinreichende Aufgabe gestellt. Die Solidarität der christlichen Mächte gegenüber dem Islam war seit dem 15. Jahrhundert ein Ziel, das die päpstliche Politik um so weniger aus dem Auge verlor, je unmittelbarer auch die Küsten Italiens von der türkischen Expansion im Mittelmeerraum bedroht waren. Die Beendigung der habsburgisch-französischen Rivalität schien in den Jahren nach 1559 die Chancen einer antiosmanischen Liga zu heben. Pius V. war unausgesetzt bemüht, vor allem die führenden Seemächte im Mittelmeer, Spanien und Venedig, für diesen Plan zu gewinnen. Da auch alle anderen in Frage kommenden Partner – Frankreich, Portugal (wichtig wegen seiner indischen Stützpunkte im Rücken des Sultans), der

Kaiser und Polen – katholisch waren, fehlte diesen Bestrebungen das Problem eines gemischtkonfessionellen Bündnisses. Im Gegenteil, dem erneuerten Papsttum stellte sich hier die Möglichkeit, ein geschlossenes katholisches Staatensystem im Sinne der nie ganz erstorbenen Kreuzzugsidee zu gemeinsamer Tat zu führen.

Indessen mußte erst eine unmittelbar auf Venedigs Inselbesitz im Ostmittelmeer gerichtete türkische Offensive einsetzen, bis Pius V. 1570/71 die Verwirklichung der Türkenliga gelang. Noch zuletzt drohte der Gegensatz zwischen Spanien (das an Algier und Tunis interessiert war) und Venedig (das in Zypern angegriffen wurde) das Bündnis zu sprengen. Der Ausgleich war vor allem Kardinal Morone zu danken, der als päpstlicher Verhandlungsführer die westlichen Kriegsziele Spaniens miteinzubeziehen wußte. Im Sommer 1571 vereinigten sich die Seestreitkräfte Spaniens, Venedigs und des Papstes in Messina unter dem Oberbefehl des Don Juan d'Austria. Am 7. Oktober traf die christliche Flotte mit der Kreuzesfahne am Mast in der Bucht von Lepanto auf die zahlenmäßig überlegenen türkischen Seestreitkräfte. Die größte Seeschlacht des 16. Jahrhunderts endete mit einem entschiedenen Sieg der christlichen Waffen. Lepanto leitete den Niedergang der türkischen Machtstellung im Mittelmeer ein. Aber der Sieg konnte nicht wirklich ausgenutzt werden. Die Spannung zwischen Spanien und Venedig und auch die Eifersucht Philipps II. auf die Erfolge seines Halbbruders Don Juan lähmten die weiteren Aktionen. Schon 1573 schloß Venedig einen Sonderfrieden mit der Pforte. Spanien kämpfte noch einige Jahre weiter, dann aber verlagerte sich sein Interesse in Richtung Portugal und England. Der Atlantik wurde zum Meer der Zukunft; die Bedeutung des Mittelmeeres war im Sinken begriffen.

Die Lepanto-Liga war von Rom her gesehen ein konsequenter Schritt in der Umsetzung des neuen kirchlichen Selbstbewußtseins in politische Gestaltung. Trotz aller Bemühungen waren sowohl Frankreich wie der Kaiser und das Reich dem Bündnis ferngeblieben. In beiden Ländern waren religionspolitische Entwicklungen im Gange, die einem Bündnis mit dem Papst – auch wenn es gegen die Türken ging – entgegenstanden.

Die französische Monarchie und die Hugenotten

Der »katholische Friede«, den Heinrich II. 1559 mit Philipp II. geschlossen hatte, sollte der französischen Krone die Möglichkeit bieten, mittels einer scharf antiprotestantischen Politik die innere Geschlossenheit des Staates zu sichern und auszubauen. Aber das Gegenteil trat ein. Wenige Wochen nach dem Friedensschluß starb der König an den Folgen eines Turnierunfalls. Ein Stück eines gesplitterten Lanzenstumpfes war durch das Visier in sein Auge gedrungen. Dieser tödliche Holzsplitter löste eine jahrzehntelange politische und kirchliche Krise aus; Frankreich wurde zum blutigen Experimentierfeld des europäischen Konfessionskampfes. Am Ende der mehr als dreißigjährigen Krise Frankreichs stand schließlich eine neue Konzeption der Politik, die in der Souveränität des Staates den rettenden Ausweg aus dem mörderisch gewordenen Wettbewerb kirchlich geformter Gruppen erblickte. Die fürchterlichen Erfahrungen der französischen Religionskriege legten die

Schlußfolgerung nahe, das Prinzip der konfessionellen Ausschließlichkeit aufzugeben. Es wurde für den Gang der europäischen Geschichte jedoch sehr wichtig, daß die Überwindung der konfessionellen Bürgerkriegssituation weniger im Zeichen einer vertieften Ansicht von der Würde des einzelnen Menschen und seines Gewissens stand als im Zeichen der gesteigerten Ordnungsmacht des Staates.

Schon in den letzten Jahren der Regierung Heinrichs II. hatte der französische Protestantismus große Fortschritte gemacht. Nach dem Genfer Vorbild entstanden überall im Lande organisierte Kirchengemeinden, die sich 1559 ein gemeinsames Glaubensbekenntnis gaben. Als im selben Jahre der kränkliche und nahezu regierungsunfähige Franz II. im Alter von fünfzehn Jahren den Thron bestieg, wuchsen die Hoffnungen der Protestanten. Sie gewannen neue Anhänger in allen Teilen der Bevölkerung: im hohen Adel, in den Städten, im Landadel und bei dessen bäuerlichen Hintersassen. Während Paris und der Nordosten weniger berührt wurden, entstanden im Languedoc, in Mittelfrankreich und im Westen von Navarra über La Rochelle bis Nantes zahlreiche protestantische Zentren.

Am königlichen Hof gab es zwei Parteien, deren Gruppierung noch aus dem Ringen um die Italienpolitik stammte und sich jetzt in einen religionspolitischen Gegensatz umformte. Auf der einen Seite stand die streng katholische Gruppe der Prinzen aus dem Hause Lothringen-Guise. Sie verfügten über eine starke Hausmacht im östlichen Frankreich und besaßen in Kardinal Karl von Lothringen eine markante Führerpersönlichkeit. Ihnen stand gegenüber die Gruppe der »Prinzen von Geblüt« aus dem Hause Bourbon, einer Seitenlinie der Valois. So seltsam der feudale Nationalismus erscheint, mit dem die Bourbonen und ihre Anhänger die Lothringer als »Ausländer« zu diskreditieren suchten, so deutlich ist die Hinneigung dieser Adelsfraktion zum Protestantismus zu beobachten. In enger Verbindung mit ihnen standen die Brüder Châtillon, Neffen des alten Connétable Montmorency, der mit den Guisen seit langem verfeindet war. Einer von ihnen, der Admiral Gaspard de Coligny, bekannte sich früh und offen zu Calvin, während sein Bruder, Kardinal Odet de Châtillon, nur zögernd seine protestantische Überzeugung in den Verzicht auf den Purpur und seine katholischen Pfründen umsetzte.

Man muß dieses Gegeneinander und Miteinander feudaler und regionaler Clans stets im Auge behalten, um den besonderen Charakter und die blutige Unerbittlichkeit der folgenden Konfessionskämpfe zu verstehen. Angesichts der Schwäche der Zentralgewalt praktizierte man überall im Land eine eigenmächtige Religionspolitik, bei der die Gegensätze im kleinen und kleinsten Raum leidenschaftlich aufeinanderstoßen mußten. Adliger Standesstolz und religiöses Sendungsbewußtsein verbanden sich aufs engste, so wenn einer dieser protestantisch gewordenen Grundherren 1561 schrieb: »Gott hat mir Gewalt über viele Menschen gegeben, und durch dieses Mittel wird eines der abergläubischsten Gebiete des Königreiches für Christus gewonnen werden können.« Als im Kreise des protestantischen Adels eine gewaltsame Unternehmung geplant wurde (man wollte den jungen König in Amboise von seiner katholischen Umgebung »befreien« und Anton von Bourbon zum Regenten einsetzen), legte man Calvin die Frage nach dem Recht des bewaffneten Kampfes für das Evangelium vor. Der Genfer warnte vor jeder eigenmächtigen Gewaltsamkeit und empfahl ein Vorgehen in legaler Form, in Übereinstimmung mit den Parlamenten und mit den Prinzen von Geblüt. Aber der Rat des alten Calvin blieb ohne entscheidenden Einfluß auf den Gang der Ereignisse. Und nach seinem Tode (1564) wurde die weiterentwickelte Theorie des Widerstandsrechts gegen eine reformationsfeindliche Obrigkeit immer stärker zu einer aktiven Waffe im Ringen um die Neugestaltung Frankreichs und Europas.

Seit dem gescheiterten Handstreich auf Franz II. in Amboise wurden die Protestanten in Frankreich immer häufiger als »Hugenotten« bezeichnet. Dieser Name, der wohl von »Eidgenossen« abzuleiten ist, kennzeichnete ihr Hervortreten als aktive, politisch-militärische Partei. Andererseits wurde Amboise zum Beginn einer neuen Phase, die durch das energische Eingreifen der Königinmutter Katharina von Medici und des von ihr berufenen Kanzlers de l'Hôpital geprägt war. Katharinas Stellung hatte sich auch dadurch verstärkt, daß sie nach dem raschen Tod Franz' II. für dessen minderjährigen Bruder Karl IX. in die verfassungsrechtliche Stellung einer Regentin eingetreten war. Sie versuchte, eine Politik des Ausgleichs der konfessionellen Gegensätze zu treiben. Sie veranstaltete im Herbst 1561 in Poissy ein Religionsgespräch, an dem von Genfer Seite Theodor Beza, von römischer Seite der Kardinallegat Ippolito d'Este und der Jesuitengeneral Laynez teilnahmen. Este war ein Renaissance-Prälat alten Stiles. Er verstand viel von Gartenarchitektur und Wasserspielen – wie man noch heute in seiner herrlichen Villa in Tivoli feststellen kann –, aber nichts von Theologie. Der Verlauf des Religionsgesprächs zeigte, daß für eine wirkliche Aussprache keine Basis mehr vorhanden war. Anfang 1562 wurde das Scheitern der Ausgleichspolitik evident. Auch ein Toleranzedikt der Regentin konnte die Gegensätze nicht entschärfen. Beide Seiten zeigten sich entschlossen, zu den Waffen zu greifen. Es begann die Zeit der Bürgerkriege.

Der Verlauf der drei Hugenottenkriege, die Frankreich zwischen 1562 und 1570 verwüsteten, ist gekennzeichnet durch den fortschreitenden Verfall der Zentralgewalt, durch das immer stärkere Hereinwirken der außerfranzösischen Kräfte und durch die Fanatisierung und Verhärtung des Kampfes. Ein gewisser Haltepunkt schien 1570 erreicht, als es Coligny gelang, in dem königlichen Edikt von St. Germain weitgehende kirchliche und politische Zugeständnisse für seine Glaubensgenossen zu erhalten. Sein nächstes Ziel war nun, einen »Nationalkrieg« aller Franzosen – Katholiken und Protestanten – gegen die bedrohliche Macht Spaniens zu führen und eine europäische Koalition gegen Philipp II. zustande zu bringen. Man sieht, wie hier innen- und außenpolitische Motive kombiniert wurden, um ohne Wiederaufnahme des Bürgerkrieges Frankreich dem protestantischen Lager anzunähern.

Die neue Politik und Position Colignys wurde von Katharina als so bedrohlich empfunden, daß sie in einer fatalen Verbindung von persönlicher Rachsucht und politischer Berechnung den Tod des Hugenottenführers beschloß. Die Hochzeit ihrer Tochter Margarete mit Heinrich von Navarra, die in Paris mit einer Serie von Hoffesten unter starker Beteiligung des hugenottischen Adels begangen wurde, bot eine günstige Gelegenheit. Am 22. August 1572 ließ die Königinmutter das Attentat auf den Admiral ausführen, der aber nur verwundet wurde. Nun folgte dem Schlimmen das Schlimmste. Die Hugenotten forderten sofort Untersuchung und Sühne. Katharina aber ließ sich angesichts der Gefahr völliger

Entmachtung zum äußersten hinreißen. Sie gewann ihren Sohn, König Karl IX., dafür, alles auf eine Karte zu setzen — auf die Karte des Massenmordes. In der Bartholomäusnacht (vom 23. zum 24. August) wurden zunächst fast alle in Paris anwesenden Hugenottenführer — darunter auch Coligny — ermordet. Darauf folgte die organisierte Hetzjagd eines fanatisierten Pöbels auf die Ketzer, der in Paris etwa dreitausend, in den Provinzen etwa zehntausend Menschen zum Opfer fielen.

Die positive Reaktion der katholischen Öffentlichkeit war einerseits bedingt durch die gefärbte Berichterstattung der französischen Regierung (Notwehr gegen ein bevorstehendes hugenottisches Komplott) und andererseits durch die Annahme, nun sei die Widerstandskraft nicht nur der Hugenotten, sondern auch des europäischen Protestantismus gebrochen. Papst Gregor XIII. veranstaltete in Rom kirchliche Feierlichkeiten, ließ eine Gedenkmünze prägen und befahl Vasari, die »Austilgung der Hugenotten« durch ein Fresko im Vatikan zu verewigen. War nun dies die Frucht der Regeneration der katholischen Kirche? Jeder Versuch, die damaligen Exzesse auf beiden Seiten gegeneinander aufzurechnen, schlägt fehl angesichts der Tatsache, daß die Pariser Bluthochzeit zwar von Rom weder angeregt noch in aller Form gebilligt, aber auch keineswegs prinzipiell mißbilligt wurde. Der Historiker hat hier das Vorwalten eines unchristlichen Vergeltungs- und Erfolgsdenkens festzustellen, dessen zeitbedingte, deswegen aber nicht weniger niederdrückende Hypothek zu schweren Beeinträchtigungen der Kraft und Glaubwürdigkeit des innerkirchlichen Reformgedankens führen mußte.

Es zeigte sich rasch, daß das Blutbad vom August 1572 nicht den Zusammenbruch, sondern einen neuen Aufschwung des französischen Protestantismus zur Folge hatte. Jetzt waren die letzten Fesseln monarchischer Loyalität gefallen. Eine Flut von heftigen literarischen Angriffen auf das Königtum kündigte eine neue Stufe hugenottischen Selbstbewußtseins an. Im Fortgang der Kämpfe und der Vertragspausen zeigte sich weiterhin eine für römische Perspektiven ebenso unerwartete wie schwer zu verstehende Erscheinung. Unter den französischen Katholiken trat eine tiefgehende Spaltung auf. Ein radikaler Flügel formierte sich unter Führung der Guisen in der straff organisierten »Liga«, die sich immer stärker nach Spanien hin orientierte und eine kritische Stellung zur Krone bezog. Wie schon früher bei den Hugenotten, so vermischte sich jetzt bei den Ligisten konfessioneller Universalismus mit einer feudalen und regionalen Reaktion gegen die Zentralgewalt.

Gemäßigte katholische Gruppen begannen dagegen den Kontakt mit entsprechenden Kräften der Gegenseite zu suchen. So bildete sich in den Jahren nach 1573 als dritte Kraft die »Partei der Politiker«. Sie sah in einer starken, über den Konfessionen stehenden Krongewalt die einzig mögliche Rettung Frankreichs aus dem Zustand des permanenten Bürgerkriegs. Diese Partei setzte sich von Anfang an dem Vorwurf des politischen und konfessionellen Opportunismus aus. Tatsächlich vereinigten sich in ihr ganz verschiedene Elemente. Einer ihrer Sprecher war Jean Bodin, dessen berühmtes Buch *Six livres de la République* das neue Bild des souveränen, von allen übergreifenden Bindungen befreiten Staates zeigte. Läßt sich bei Bodin eine Säkularisierung des Denkens als Antwort auf den mörderischen Konfessionskampf beobachten, so gehörten zu den »Politikern« bald auch überzeugte und im Sinne der tridentinischen Reform tätige Katholiken. Sie stellten im Gesamtbereich der nachtridentinischen Kirche einen neuen Typus dar, denn sie waren durch die Erfahrung der Ausweglosigkeit des konfessionellen Bürgerkrieges hindurchgegangen.

Bis diese dritte Kraft für die Neugestaltung des französischen Staates maßgebend wurde, vergingen noch lange Jahre voll heftigster Parteikämpfe. Karl IX. starb 1574. Ihm folgte sein Bruder Heinrich III., auch dieser kränklich und degeneriert wie alle Söhne der Katharina von Medici, dazu energielos, bigott und von sprichwörtlicher Unsittlichkeit. Seine Ehe blieb kinderlos, und als 1584 sein jüngerer Bruder Franz von Anjou, der letzte überlebende Thronerbe, starb, kam zu der politisch-kirchlichen die dynastische Krise. Wer sollte nach Heinrich III. den Thron besteigen? Der nächste Erbberechtigte war Heinrich von Navarra, ein Bourbone und der führende Kopf der Hugenotten. Die Furcht vor einem protestantischen Herrscher auf dem Throne des heiligen Ludwig veranlaßte Philipp II. zu einer immer offeneren Intervention in Frankreich. In dieser aufs äußerste zugespitzten Situation stand die Frage nach der Zukunft Frankreichs in engstem Zusammenhang mit dem Kampf Spaniens gegen England und gegen die aufständischen Niederlande.

Der Aufstand der Niederlande

Die habsburgischen Niederlande hatten in Karl V. ihren *seigneur naturel* gesehen; sein in Spanien geborener und erzogener Sohn Philipp II. blieb in Brüssel ein Fremder. Die Lage, in der er die niederländischen Provinzen 1559 zurückließ, um für immer nach Spanien heimzukehren, war auch ohnedies schwierig genug. Die dynastische Verbindung mit England, die politischen Rückhalt und wirtschaftlichen Nutzen für das ganze Land versprochen hatte, war seit 1558 aufgelöst. Die finanziellen Lasten einer langen Kriegsepoche lagen hart auf der Bevölkerung. Große Teile des Landes waren verwüstet. Dazu kamen verfassungsrechtliche und kirchliche Spannungen, die zunächst in den Auseinandersetzungen um die neue Bistumsorganisation zutage traten. Der Widerstand gegen die von Philipp angeordnete Vermehrung der Bistümer und gegen die Ausdehnung der kirchlichen Rechte der Krone ging durch alle Bevölkerungsschichten. Die für die Reformation gewonnenen Gruppen – es gab Lutheraner, Calvinisten und täuferische Gemeinden – fürchteten eine Verschärfung der Inquisition und der Verfolgung. Im Vordergrund stand jedoch die Fronde von Teilen des hohen Adels. Hier fehlte zunächst das konfessionelle Element noch fast ganz. Es handelte sich um ein Aufeinanderstoßen zweier entgegengesetzter politischer Tendenzen, deren Ringen das Leben der Niederlande und ihr Verhältnis zum spanischen König zunehmend in Mitleidenschaft zog.

Auf der einen Seite stand die Politik Madrids, deren Exponent in den Niederlanden Kardinal Granvella war. Ihr Ziel war, diese reichen und privilegierten Provinzen im Sinne einer straffen, zentralisierten Regierungsform zusammenzufassen und als ergiebige Einnahmequelle zu nutzen. Dem stand der feudale und regionale Behauptungswille des hohen Adels gegenüber. Für Männer wie Egmont, Graf Hoorne und Wilhelm von Oranien war es selbstverständlich, daß sie als Gouverneure der Provinzen und hohe Würdenträger des

Sitzung der Generalstände in Orléans
unter dem Vorsitz König Karls IX. und seiner Mutter, der Regentin Maria von Medici, in den Jahren 1560/61
Holzschnitt

Die Bartholomäusnacht in Paris
Auf Befehl König Karls IX. geschlagene Erinnerungsmedaillen auf die Ereignisse vom 24. August 1572
Paris, Bibliothèque Nationale

Königs berechtigt waren, dem Aufkommen des neuen, bürokratisch-absolutistischen Stils in Verwaltung, Finanzwesen und kirchlichen Fragen Widerstand zu leisten. Zwischen den Fronten stand die von Philipp II. eingesetzte Regentin Margarete von Parma, eine Bastardtochter Kaiser Karls V. 1564 erzielte die oppositionelle »Statthalterpartei« einen Erfolg; gemeinsam mit der Regentin setzte sie durch, daß Kardinal Granvella aus dem Staatsrat entfernt und nach Rom abberufen wurde. Aber diesem Sieg folgte keine Entspannung; vielmehr griff die oppositionelle Bewegung nun rasch auf den niederen Adel über. Sie gewann dadurch an Radikalität, und das konfessionelle Element begann sich stärker geltend zu machen. Hoorne und Egmont waren keine Protestanten, sie wandten sich jedoch gegen die zunehmende Schärfe der Ketzerverfolgung. Als alle Bemühungen in Madrid erfolglos blieben, traten sie 1565 mit Wilhelm von Oranien aus dem Staatsrat aus. Nun ging die Führung des Widerstandes von den Grandseigneurs auf andere Kräfte über. Unter Führung von Brederode und Philipp Marnix von St. Aldegonde bildete sich die über das ganze Land verbreitete *noble companie*, die erstmals den kleinen Adel mobilisierte. In einer Massenpetition, die im Frühjahr 1566 der Regentin übergeben wurde, forderte sie Abschaffung der Inquisition, Aufhebung der Religionsedikte und Einberufung der Generalstände. Bei der Übergabe dieser Petition soll von seiten eines hohen Regierungsbeamten das Spottwort von den *gueux* – den Bettlern – gefallen sein. Seither wurde »Geusen« zur stolzen Selbstbezeichnung der Opposition, in deren Reihen sich jetzt ein überprovinzielles Zusammengehörigkeitsgefühl entwickelte.

Was sollte die Regentin Margarete tun? Die Versuche, zu einer ausgleichenden Lösung des politisch-ständischen und kirchlichen Konfliktes zu kommen, wurden durch die Hugenottenkämpfe im benachbarten Frankreich erschwert. Unter ihrem Einfluß gewann die militante Form des Calvinismus auch in den Niederlanden an Bedeutung. Er erfaßte die Arbeitermassen in den großen Städten. Eine soziale Krisensituation traf mit der religiösen Radikalisierung zusammen; im Sommer 1566 entlud sich die aufgestaute Spannung in wilden Tumulten, die mit Bildersturm und Plünderung das Land aufstörten. Der Ausbruch und Verlauf dieses Sturmes diskreditierte die Gruppe der Grandseigneurs nach beiden Seiten hin: weder hemmend noch führend hatten sie eingegriffen. Wilhelm von Oranien verließ die Niederlande und zog sich auf seine deutschen Besitzungen zurück.

Nun kam sehr viel darauf an, in welcher Weise Philipp II. sich zum Handeln entschloß. Angesichts der offenkundigen Exzesse griff er seinerseits zu radikalen Mitteln und ließ im Sommer 1567 seinen besten General, den Herzog von Alba, an der Spitze eines ausgesuchten Heeresverbandes aus Italien in die Niederlande rücken. Die Regentin Margarete trat zurück, und Alba begann von seinen sehr weitgehenden Vollmachten kräftigen Gebrauch zu machen. Das Entscheidende war, daß er seinen Auftrag von vornherein nicht als einen politischen, sondern als einen militärischen und richterlichen verstand. Vielleicht war damals erst ein Zehntel der Bevölkerung für den neuen Glauben gewonnen. Die Loyalität zum Hause Habsburg war in den weitesten Kreisen noch tief eingewurzelt. Aber der Weg, den Alba einschlug, kannte kein Zurück. Seiner blutigen Strafjustiz fielen Tausende zum Opfer; Hoorne und Egmont ließ er öffentlich enthaupten. So etwas hatte die europäische Öffentlichkeit noch nicht gesehen. Eine Massenflucht der Verfolgten nach England und

Deutschland setzte ein. Die Sache der katholischen Kirche wurde in einer Weise mit den extremen Methoden staatlicher Unterdrückungspolitik verquickt, deren Folgen noch Jahrhunderte später in der europäischen Geistesgeschichte zu spüren sind.

Nach außen hin konnte Albas Wirken zeitweilig als Erfolg erscheinen. Mit seiner überlegenen militärischen Macht überwand er auf dem Festland jeden Versuch organisierten Widerstandes. Die wenigen Zentren des Widerstandes, deren er nicht Herr wurde, lagen auf den Inseln und an den schwer zugänglichen Teilen der Küste. Hier lagen die Schlupfwinkel der »Wassergeusen«, die im Wattenmeer und in den unübersichtlichen Flußmündungen mit flachen Booten operierten. Für ihre Kaperfahrten auf dem Atlantik fanden sie Unterstützung in englischen Häfen oder in La Rochelle. Aber dieser Kleinkrieg, der den Mut der Aufständischen lebendig erhielt, konnte nur dann zu einer Wendung der Dinge führen, wenn sich eine große Gestalt an die Spitze des Freiheitskampfes stellte. In diese historische Rolle ist Wilhelm von Oranien erst mit der Zeit hineingewachsen. Seine Wandlung vom lebenslustigen und religiös indifferenten Hofmann zum Symbol eines jungen, revolutionären Staatswesens calvinistischer Prägung spiegelt eine wichtige Wegstrecke des europäischen Werdeprozesses im 16. Jahrhundert wider.

Oranien hoffte zunächst, von außen mit deutscher, englischer oder hugenottischer Hilfe in einem sozusagen »klassischen« Feldzugsunternehmen das Schicksal der Niederlande wenden zu können. Diese Versuche schlugen fehl; die auswärtige Unterstützung war zu schwach, und das Echo im Landesinnern enttäuschte. So wurde er auf einen Weg gedrängt, der in anderer Weise zu Sieg und Unabhängigkeit führte und zugleich in neue Formen des politischen und bürgerlichen Lebens einmündete. Nachdem die Bartholomäusnacht alle Pläne zunichte gemacht hatte, mit Hilfe einer großen europäischen Koalition Philipp II. zu treffen, zog sich Oranien auf die schmale Basis der lokalen Widerstandszentren in den Provinzen Seeland und Holland zurück. Hier trat er 1573 öffentlich zum reformierten Bekenntnis über, das nun die tragende Kraft der militärischen und politischen Selbstbehauptung dieser isolierten Gruppen wurde. Sein eigentliches Programm überkonfessioneller Sammlungspolitik gab Oranien nie auf; es war die bleibende Voraussetzung seines Zieles, die Gesamtheit der Niederlande – und nicht nur ihren nördlichen Teil – zur Freiheit zu führen.

Der erbitterte Kleinkrieg gegen die Spanier zwischen Meer und Land, Dämmen und Kanälen wurde nun Jahr um Jahr mit größerem Erfolg geführt. Das von den Rebellen kontrollierte Gebiet begann sich auch nach der Festlandsseite hin zu erweitern. Alba gab schließlich das Kommando an Requesens ab, der anfangs eine neue Politik der Amnestie und des Ausgleichs versuchte. Aber spektakuläre Erfolge – wie die Befreiung der von den Spaniern eingeschlossenen Stadt Leyden 1575 – härteten den Willen der Aufständischen zum Weiterkämpfen. Wilhelm von Oranien zeichnete die tapfere Stadt durch die Gründung einer Universität aus; damit gewann die kleine kämpfende Republik einen geistigen Mittelpunkt. Der revolutionäre Elan des Widerstandes prägte die neue Generation, die hier studierte. Mit der reformierten Theologie verband sich bald eine neue und gegenwartsbezogene Wirkkraft des humanistischen Weltbildes. Der Philologe und Philosoph Justus Lipsius, der die Blüte der Leydener Universität mitbegründete, widmete 1581 seinen Kommentar zur

Germania des Tacitus dem jungen Staatswesen. Er schlug die ideelle Brücke von dem Freiheitskampf der Germanen zur Gegenwart und wirkte durch die Erneuerung der antiken Kriegslehre und der stoischen Staatstheorie auch unmittelbar auf die Ausbildung einer neuen Strategie und Politik.

Als 1576 nach der Abberufung von Requesens im spanischen Teil der Niederlande Unruhen ausbrachen, war die Stunde gekommen, von dem revolutionierten Kerngebiet Holland-Seeland aus das ganze Land zu gewinnen. Zunächst schien ein voller Erfolg möglich. Der von Madrid abhängige Staatsrat in Brüssel wurde rasch überspielt, und in der Genter Pazifikation vom 5. November 1576 vereinigte sich die Gesamtheit der niederländischen Provinzen mit den Aufständischen. Der neue Generalstatthalter Don Juan d'Austria versuchte durch eine hinhaltende Politik Zeit zu gewinnen. Er glaubte, den Zerfall des Genter Bündnisses mit Hilfe des fortbestehenden Gegensatzes von Katholiken und Protestanten herbeiführen zu können.

Was ihm nicht gelang, glückte seinem Nachfolger Alessandro Farnese. Der expansive Calvinismus der Holländer und Seeländer und die Gegensätze zwischen ihrer demokratischen Orientierung und dem konservativen Stadtpatriziat und Adel der anderen Provinzen schufen zunehmende Spannungen. Farnese nutzte sie mit großem Geschick aus. Am 6. Januar 1579 schlossen drei wallonische Provinzen zum Schutze des katholischen Glaubens die Union von Arras. Damit waren die Genter Pazifikation und der niederländische Einheitsgedanke in den Hintergrund gedrängt. Bald erweiterte sich die Union von Arras durch den Beitritt niederdeutsch sprechender katholischer Gebiete. So begann das konfessionelle Schwergewicht sich deutlich über die sprachlich-ethnische Abgrenzung hinweg geltend zu machen. Farnese besaß jetzt eine feste Basis, um zur politischen und militärischen Gegenoffensive überzugehen. Zwar schlossen sich jetzt Holland, Seeland und ihre Anhänger in der Mitte und im Norden des Landes zur Union von Utrecht zusammen. Aber trotz aller Bemühungen Oraniens gewann dieser Bund ein so starkes konfessionelles Gepräge, daß der vorübergehend verwirklichte Einheitsgedanke in immer weitere Ferne rückte.

Der Fortgang des Kampfes in den achtziger Jahren zeigte immer deutlicher, daß sich – unabhängig von den Einzelergebnissen des militärischen Ringens – in den Niederlanden zwei Kraftzentren gebildet hatten, deren Gegensatz sowohl kirchlich wie politisch und sozial bedingt war. Der Süden, der sich nun im Schutze der spanischen Waffen reorganisierte, stand unter dem Einfluß der katholischen Reform und der aristokratischen Gesellschaftskultur der alten Welt. Die gegen Spanien kämpfenden Provinzen boten das Bild eines Gemeinwesens, das sich nach entgegengesetzten Prinzipien entwickelte. Dabei zählte nicht nur die politische Entwicklung, die 1581 mit der förmlichen Aufkündigung des Gehorsams an Philipp II. einen revolutionären Akt freiheitlichen Selbstbewußtseins hervorbrachte. Ebenso beachtenswert war das gleichzeitige Hervortreten neuer Züge im wirtschaftlichen und sozialen Leben. Der Schwerpunkt des niederländischen Handels und Gewerbes hatte bisher im Süden gelegen. Nun verschob er sich von Tournai, Gent und Antwerpen nach den Seehäfen und Städten Hollands und Seelands. Der Aufstieg der holländischen Hochseeschiffahrt verband sich im Zeichen des Freiheitskrieges mit einer dynamischen Ausweitung des maritimen Handels und der gewerblichen Produktion. Erwerbsformen des modernen

Kapitalismus, die erst bedeutend später für die gesamteuropäische Wirtschaftsentwicklung maßgebend wurden, begannen das Gesicht des kaufmännischen Lebens in den aufständischen Provinzen zu bestimmen. So eng diese Entwicklungen hier mit der katholischen und dort mit der calvinistischen Gläubigkeit der führenden Schichten verbunden waren, so unentschieden mußte um die Mitte der achtziger Jahre das zukünftige Verhältnis der beiden Teile des Landes zueinander erscheinen. Wilhelm von Oranien wurde am 10. Juli 1584 zum Opfer eines politischen Mordes, den ein als Calvinist aufgetretener Katholik sorgfältig vorbereitet hatte. Zwar trat alsbald Moritz von Oranien in die Stellung seines Vaters ein, aber die fortgesetzten Erfolge Farneses schufen eine überaus kritische Situation. Man wandte sich — wie schon früher — um Hilfe an England. Das von Königin Elisabeth entsandte Expeditionskorps unter Graf Leicester brachte nur wenig Entlastung. Dagegen löste das Auftreten des englischen Kommandeurs eine Serie von Konflikten aus, welche die innere Geschlossenheit der Union von Utrecht auf schwierige Proben stellten. Es konnte damals den spanischen Generälen und Philipp II. so scheinen, als ob die Niederwerfung des niederländischen Aufstandes nach über zwanzig Jahren härtesten Kampfes in erreichbare Nähe gerückt sei. Indessen verlagerte sich nun das Feld der Entscheidungen. Nicht auf niederländischem Boden, sondern in Frankreich und an den Küsten Englands fielen die Würfel über das zukünftige Verhältnis der spanischen Macht und des katholischen Glaubens zur protestantischen Welt. Vom Ausgang dieser Entscheidungen hing auch das weitere Schicksal der Niederlande ab.

England unter Königin Elisabeth

Das Königreich England zählte im 16. Jahrhundert kaum mehr als vier Millionen Einwohner, während man damals die Bevölkerung Frankreichs auf etwa zwanzig Millionen schätzte. Es war ein kleines Land, und es lag für damalige Begriffe am Rande der bewohnten Welt. Der Aufstieg Englands im Zeitalter Elisabeths ist eng mit der Tatsache verbunden, daß sich die Nachteile der maritimen Randlage in Vorzüge zu verwandeln begannen. Die atlantische Welt war die Welt der Zukunft. Der Ausbau einer Überseeschiffahrt neuen Stils eröffnete dem Inselreich den Weg zum Welthandel und zur Weltpolitik. Dieser Weg war zu Ende des 16. Jahrhunderts erst angedeutet. Etwas anders steht es mit dem Beitrag, den Englands innere Entwicklung und politische Position zum Werden des neuzeitlichen Europa beisteuerte. Der englische Staat hatte als insulare Vormacht des Protestantismus an der Neugestaltung der europäischen Staatenwelt bedeutenden Anteil. Das jahrhundertelange Wirken dieser aus innerenglischen Entscheidungen nach außen drängenden Kräfte setzte bereits unter Königin Elisabeth mit einem epochalen Sieg über die spanische Macht ein. Eine solche Feststellung darf jedoch nicht zu der Annahme verführen, daß das elisabethanische England schon die eindeutigen Merkmale jenes späteren puritanisch-nordeuropäischen Aktivismus aufwies. Gerade die Spannung zwischen einem starken Fortwirken der südeuropäisch-katholischen Kultur und dem Hervortreten neuer Züge, die für

Königin Elisabeth von England
und die vor ihr flüchtenden Göttinnen Juno, Minerva und Venus
Gemälde von Hans Eworth, 1569
Hampton Court Palace

Maria Stuart vor ihren Richtern in Schloß Fotheringhay am 12. Oktober 1586
Federzeichnung in den Protokollen des Robert Beale, Mitglieds des Staatsrates
London, British Museum

das spätere Angelsachsentum und seine globale Rolle typisch wurden, macht den Reiz dieser Zeit aus. Die Blüte des englischen Theaters, die in Shakespeare gipfelt, hatte diese kontrastreiche Situation zur Voraussetzung.

Königin Elisabeth, die Ende 1558 den englischen Thron bestieg, ist von den Zeitgenossen und der Nachwelt sehr verschieden beurteilt worden. Die außerordentliche Bedeutung ihrer fünfundvierzigjährigen Regierungszeit wird von niemand bestritten. Sie hatte die reichen Anlagen Heinrichs VIII. und seine Liebe für Musik und Literatur geerbt. Während der Regierungsjahre ihrer Halbschwester Maria hatte sie – stets überwacht und zeitweilig in Gefangenschaft gehalten – einen hohen Grad kühler Überlegung und Verstellung erworben. Wer mit ihr zu tun hatte, geriet unter den Eindruck der berechnenden Vielfalt ihrer menschlichen und politischen Mittel. Ohne auf die erotischen Freuden im Stile der Zeit zu verzichten, blieb sie unverheiratet und gefiel sich der europäischen Öffentlichkeit und dem englischen Volk gegenüber in der Rolle der jungfräulichen Königin: »Sie wolle die Gnade nicht gering schätzen, die der Herr ihr verliehen habe, daß nämlich ihre Freude sei, als Jungfrau zu leben und zu sterben.« Die Meisterschaft des politischen Verhaltens, mittels deren Elisabeth trotz schwierigster Anfänge zunehmend die Zustimmung und Mitarbeit des englischen Volkes gewann, beruhte auf einem teils bewußten, teils instinktiven Erfassen und Formen vorgegebener Stimmungen und Strömungen. Elisabeth hatte aus dem Fiasko ihrer Vorgängerin gelernt, vor allem aus dem Haß, den die spanische Ehe und die gewaltsame Religionspolitik erzeugt hatten. Die neue Königin wollte es anders machen. Sie wollte England zu sich selbst führen, sie wollte selbst England sein.

Dem entsprach eine Religionspolitik, die ebenso elastisch wie zielstrebig geführt wurde. Elisabeth war persönlich wenig an den theologischen und kirchlichen Streitfragen der Zeit interessiert. Sie ging zunächst davon aus, daß die innenpolitische Situation Englands weder auf der Basis eines radikalen Protestantismus noch durch die Fortsetzung der bisherigen Linie konsolidiert werden könne. Wenn sie nun einen mittleren Weg einschlug, so bedeutete dies zunächst den Bruch mit Rom. Zu Weihnachten 1558 verließ die Königin die Messe vor der Elevation der Hostie, und am 1. Februar 1559 berief sie den englischen Gesandten am Vatikan ab. Ihr erstes Parlament, das im Unterhaus eine starke, im Oberhaus eine knappe Mehrheit für die neue Regierungspolitik aufwies, beschloß im Frühjahr 1559 die »Suprematsakte« und die »Uniformitätsakte«: Die Königin wurde als »oberster Leiter in allen geistlichen und kirchlichen Dingen« bezeichnet; Klerus und Beamtenschaft wurden zur Eidesleistung auf die Suprematsakte verpflichtet. Das *Prayer Book* von 1552 wurde wieder eingeführt. Der Widerstand fast des gesamten Episkopats wurde durch die Neubestellung regierungstreuer Bischöfe überwunden. Gegen die abgesetzten Bischöfe verfuhr man vorsichtig und individuell; man wollte keine Märtyrer. Die Wiederaufrichtung der anglikanischen Kirche wurde 1563 durch eine in neununddreißig Artikeln zusammengefaßte dogmatische Erklärung abgeschlossen, die zurückhaltend formuliert war und sowohl gegenüber dem festländischen Luthertum wie dem Calvinismus Distanz hielt.

Von der niederen Geistlichkeit verweigerte mindestens ein Zehntel den Eid. Die Anhänglichkeit an Rom und an die alte Kirche blieb weit verbreitet, vor allem im bäuerlichen

Norden und Westen des Landes. Aber die Königin und ihre Berater, unter denen William Cecil der einflußreichste wurde, konnten mit ihrem Werk zufrieden sein. Ohne Bürgerkrieg und Scheiterhaufen war in wenigen Jahren eine kirchliche Neuorientierung eingetreten, deren Beständigkeit sich als gesichert erwies. Ihre Stärke lag in der schonenden Beibehaltung vieler katholischer Formen, in dem Zurückgreifen auf innerenglische Frühstufen der Reformation und in der Sicherung einer zwar obrigkeitlich und national umschriebenen, in sich aber kräftigen und bedeutenden theologischen Substanz. Ihr Sieg wurde erleichtert durch die Unsicherheit und Orientierungslosigkeit der oppositionellen Katholiken, deren weiterblickende Vertreter damals vergeblich auf ein klärendes Wort Roms warteten. Bei zahlreichen Laien und auch Geistlichen gab es ein unklares Hin und Her zwischen den offiziellen Formen des anglikanischen Gottesdienstes, dessen Besuch durch Geldstrafen erzwungen wurde, und der heimlichen Messe und Sakramentenspendung in der traditionellen Form. Dabei ging von dem allgemeinen Gebrauch der englischen Sprache in der anglikanischen Kirche eine nicht unerhebliche Anziehungskraft aus.

Die Neubegründung der anglikanischen Kirche und die Befestigung der Herrschaft Elisabeths vollzogen sich im Schutze Philipps II. Das klingt paradox. Aber es war die Folge der enormen Bedeutung, die England für die Sicherung der Verbindungslinien zwischen Spanien und den Niederlanden besaß. Der spanische König wollte England durch eine dynastische Verbindung auch weiterhin an den habsburgischen Machtbereich fesseln. Als Elisabeth Philipps Werbungen abschlug, versuchte man es mit einem Sohn Kaiser Ferdinands. Obwohl auch dieses Projekt bald scheiterte, legte Madrid auch in der Folgezeit großen Wert auf freundschaftliche Beziehungen zu Elisabeth. Das politische Gewicht dieser Beziehungen war so stark, daß Philipp jede tatkräftige Intervention zugunsten der unterdrückten englischen Katholiken als eine Störung betrachten mußte. Als das Trienter Konzil von englischen Emigranten aufgefordert wurde, zu den Vorgängen in England Stellung zu nehmen, winkte man in Madrid und Wien energisch ab. Eine Exkommunikation Elisabeths hätte 1562 oder 1563, als die englischen Katholiken noch eine zahlenmäßig sehr starke Gruppe darstellten, vermutlich eine tiefe Wirkung gehabt. Aber nicht nur das habsburgische Veto stand einem so entschiedenen Vorgehen im Wege. Auch in Rom neigte man damals dazu, die englische Entwicklung abwartend zu verfolgen. Man wollte die Möglichkeit einer Wiederannäherung nicht durch Gewaltakte versperren.

Schließlich wirkten verschiedene Ereignisse zusammen, um Madrid und Rom zu einer schärferen Stellungnahme zu veranlassen. Das Königreich Schottland wurde seit 1561 von Maria Stuart, der Witwe des französischen Königs Franz II., regiert. Die schottische Königin war katholisch. Sie lag im Kampf mit dem ungebärdigen Adel, der sich überwiegend zum Calvinismus bekannte. Ihre Ansprüche auf den englischen Thron waren erbrechtlich unanfechtbar, wenn man Elisabeth als illegitime Tochter Heinrichs VIII. betrachtete. Maria Stuart war ihrer englischen Rivalin an Schönheit und Anziehungskraft mindestens ebenbürtig, aber an politischer Energie und Zielstrebigkeit weit unterlegen. Ihr Scheitern trägt sehr persönliche Züge.

Gegen Lord Darnley, den sie 1564 geheiratet hatte, verbündete sie sich 1567 mit dem protestantischen Adel, da sie an Darnley die Ermordung ihres Sekretärs David Riccio rächen wollte. Als ihr zweiter Mann unter ungeklärten Umständen ums Leben kam, heiratete sie in dritter Ehe Bothwell, der Protestant war und als ihr Liebhaber und Mörder Darnleys galt. Dann geriet die Königin in die Gefangenschaft des rebellischen Adels, der sie zum Thronverzicht zwang und für ihren unmündigen Sohn Jakob eine Regentschaft errichtete.

1568 gelang Maria Stuart die Flucht nach England. Sie stellte sich unter den Schutz ihrer Rivalin Elisabeth, die aber nicht daran dachte, in die Angelegenheiten Schottlands einzugreifen. Vielmehr wurde die geflohene Königin nun in England als Gefangene festgehalten. Diese Vorsicht Elisabeths konnte nicht verhindern, daß die Anwesenheit der katholischen Thronprätendentin auf englischem Boden zum Signal für eine Aufstandsbewegung im katholischen Adel Nordenglands wurde. Der Aufstand war keineswegs ein eindeutig spontanes Ereignis. Er war von dem spanischen Gesandten in London systematisch geschürt und vorbereitet worden.

Das Verhältnis zwischen Madrid und London hatte sich aus zweierlei Gründen zugespitzt. Einmal war es die Hilfestellung, die Elisabeth in verdeckter, aber doch spürbarer Form den Hugenotten in Frankreich und den Aufständischen in den Niederlanden gewährte. Das Auftreten militanter protestantischer Widerstandsgruppen auf dem Festland, die an England einen Rückhalt besaßen, drängte Philipp II. zu einem aktiven Eingreifen. Mit dem konfessionellen Moment verbanden sich handels- und kolonialpolitische Konflikte. Englische Kapitäne begannen in den eifersüchtig gehüteten Raum des spanischen Kolonialreiches und Atlantikhandels einzudringen. Die Fortsetzung dieser erfolgreichen Kaperfahrten in der Karibischen See konnte durch sofort einsetzende Repressalien im englisch-spanischen Handel nicht verhindert werden. Der Kaper- und Handelskrieg ging weiter – mit zunehmenden Verlusten für die spanische Seite und wachsender seemännischer Überlegenheit der englischen Freibeuter.

Der Aufstand von 1569 endete mit einem blutigen Fehlschlag. Seine historische Bedeutung lag vor allem darin, daß Papst Pius V. sich durch ungenaue und übertriebene Nachrichten von der Aufstandsbewegung zu einem raschen Schritt gegen Elisabeth bewegen ließ. Ohne Philipp II. zu Rate zu ziehen und ohne die kirchenrechtlich vorgeschriebene Frist von einem Jahr zwischen Warnung und Vollzug einzuhalten, erließ der Papst am 25. Februar 1570 die Bulle *Regnans in excelsis*: Elisabeth, die »angemaßte Königin von England und ihr ketzerischer Anhang«, sei der Strafe der Exkommunikation verfallen. Das bedeutete gleichzeitig den Verlust der Thronrechte und die Exkommunikation für alle Untertanen, die Elisabeth weiterhin als Königin anerkannten. Dieser impulsive Schritt des Papstes erwies sich sehr rasch als ein politischer Mißerfolg, denn weder Spanien noch eine andere Macht dachte nach dem Scheitern des Aufstandes in Nordengland daran, die militärische Vollstreckung des päpstlichen Urteils zu übernehmen. Noch folgenreicher und schwieriger war aber die Wirkung auf die englischen Katholiken. Sie hatten ein Jahrzehnt lang auf das Wort Roms gewartet. Man kann der Auffassung sein, daß gerade in diesen zehn Jahren der Verwirrung der englische Katholizismus aus einer Majorität zu einer Minorität wurde. Nun war das Urteil ergangen. Aber es war in einer Form ergangen, welche die katholischen Untertanen Elisabeths in einen harten Loyalitätskonflikt stürzte und kaum lösbare

Probleme aufwarf. Durften die romtreuen Engländer weiterhin der politischen Obrigkeit gehorchen? War nicht das verschärfte Vorgehen der englischen Gesetzgebung und Justiz gegen die Katholiken, das jetzt einsetzte, durch die vom Papst verkündete Bulle gerechtfertigt? Mußten nicht in der Auslegung der politischen Tragweite der Bulle tiefe Meinungsverschiedenheiten innerhalb des englischen Katholizismus auftreten? Wie sollte ohne eine nachträgliche Einschränkung des päpstlichen Urteils in England ein Modus vivendi gefunden werden?

Der Papst hatte spontan gehandelt; er hatte sich aus innerster pastoraler Verantwortung zu der Bulle entschlossen und jede Verabredung mit politischen Instanzen bewußt vermieden. Aber die Idee der Exkommunikation eines Monarchen war den damaligen Umständen so wenig angemessen, daß gerade ein ohne Rücksicht auf staatliche Räson ergangener päpstlicher Akt eine heillose Verstrickung von Religion und Politik zur Folge haben mußte. Für die englischen Katholiken begann nun die Zeit der Verfolgung und der Blutopfer. Mit der Schärfe der Unterdrückung stieg auch die Zahl der jungen Engländer, die auf das Festland flohen und in den Seminaren zu Douai und Rom, bald auch in Valladolid und Sevilla die Ausbildung zum Priester und den Befehl zur heimlichen Rückkehr erhielten. Seit 1580 nahmen auch Jesuiten teil an dem Aufbau einer geheimen Missionskirche in England, die von der Regierung mit den schärfsten Strafen verfolgt wurde.

In politischer Hinsicht war die Stimmung in den Kreisen der englischen Katholiken innerhalb und außerhalb des Landes lange Zeit überwiegend versöhnlich. Der spätere Kardinal Allen, der Sprecher der englischen Emigration, appellierte immer wieder an Elisabeth, die er als legitime Herrscherin anerkannte, und suchte sie für eine Toleranz zu gewinnen. Die politische Wiederannäherung zwischen Spanien und England in den siebziger Jahren ließ den Gedanken an eine militärische Intervention in den Hintergrund treten. Erst im folgenden Jahrzehnt gewann im Zeichen einer veränderten politischen und geistigen Gesamtlage der Invasionsgedanke neue Kraft.

Aber die katholischen Exulanten, die 1588 die Ausfahrt der spanischen Armada zur Eroberung des Inselreiches mit ihren Gebeten begleiteten, kannten das neue England nicht, das unter der Herrschaft Elisabeths herangewachsen war. Ihre Hoffnungen auf eine katholische Erhebung waren unbegründet. Die Veränderungen im staatlichen und gesellschaftlichen Leben Englands waren so tief, daß sich auch die katholische Minderheit dem allgemeinen Prozeß der Umformung nicht entziehen konnte. Sie stand loyal zur Königin, die England verkörperte. Das Aufbauwerk der elisabethanischen Periode umfaßte alle Gebiete des Lebens. Im Gegensatz zu den Tendenzen des festländischen Absolutismus handhabte die Königin die Kronrechte zwar in energischer Form; aber sie betrachtete – wie schon Heinrich VIII. – das Parlament nicht als Hindernis, sondern als Instrument einer starken monarchischen Gewalt. In enger Zusammenarbeit zwischen Krone und Parlament entstand ein neuartiges System wirtschafts- und sozialpolitischer Förderungsmaßnahmen. Das Zentrum der Regierungstätigkeit lag in dem *Privy Council* der Königin. Diese oberste Behörde arbeitete kollegial; ihre Zusammensetzung spiegelte das Zurücktreten des Hochadels und die Vorherrschaft der bürgerlich-adligen Mittelschichten wider.

Der kaufmännische und maritime Tätigkeitsdrang dieser Schichten entfaltete sich immer stärker und suchte nach neuen Organisationsformen und überseeischen Märkten. Die *Muscovy Company* betrieb den Handel mit den russischen Weißmeerhäfen und den Warentransit über Moskau bis Persien. Ostsee- und Levantehandel gewannen steigende Bedeutung. Die westafrikanischen Küstengebiete boten im Sklavenhandel enorme Gewinnspannen. Vor allem aber lockte die atlantische Westroute. Je heftiger sich der Kampf gegen das spanische Schiffahrtsmonopol in Mittelamerika gestaltete, desto größer wurde auch das Interesse an der nordamerikanischen Küste und an der Südpassage. Auf der Suche nach der nördlichen Durchfahrt nach China drang Frobisher bis in die Hudson-Bay vor. Francis Drake umsegelte die Südspitze Amerikas, erklärte Kalifornien für englischen Besitz und kehrte als erster Weltumsegler seit Magellan über die Molukken wieder zurück.

In diesen abenteuerlichen Fahrten zeigte sich ein neuer Geist individueller Tatkraft und merkantiler Risikofreude. Aber nicht nur der Unternehmungsstil der Überseefahrten begann sich von der staatlich gelenkten Schwerfälligkeit der Handelsbräuche auf den älteren iberischen Handelsrouten zu unterscheiden. Auch im Schiffsbauwesen und in der nautischen Technik bedeutete die Epoche eines Francis Drake einen revolutionären Fortschritt. Die Erfahrungen der englischen Hochseeschiffahrt wurden alsbald in eine neue Konzeption der Seekriegführung umgesetzt. Die englische Flotte, die 1588 gegen die spanische Armada auslief, war mit ihrer wendigen Segeltechnik und der starken Bestückung erstmals zum artilleristischen Kampf auf hoher See gerüstet. So gingen technischer Fortschritt, organisatorischer Neuaufbau und individuelle Unternehmungsfreude eine Verbindung ein, die im Bewußtsein des Glaubenskampfes Englands gegen die »papistische Abgötterei« ein dynamisches Ziel fand.

Das Reich, der Norden und Osten Europas

Seit dem Scheitern der universalen Politik Karls V. hatte sich der Schauplatz der großen Entscheidungen im Ringen um die europäische Zukunft nach Westen verlagert. Die Mitte, der Norden und Osten des Kontinents befanden sich in einem Stadium ruhigerer und regionaler Entwicklung, und erst im folgenden Jahrhundert verschob sich der Schwerpunkt der Ereignisse wieder nach Mittel- und Osteuropa. Der Kontrast zwischen dem stürmischen Rhythmus der westeuropäischen Geschichte und dem fast stagnierenden Zustand der deutschen Dinge war ein Ergebnis der Entscheidungen der Jahrhundertmitte. Mit dem Augsburger Religionsfrieden 1555 und den habsburgischen Teilungen 1555/58 zog das Reich einen Schlußstrich unter die turbulenten Kämpfe der ersten Jahrhunderthälfte. Aus den Erfahrungen des konfessionellen Bürgerkrieges, die Deutschland dem übrigen Europa voraus hatte, und aus der siegreich zu Ende geführten Opposition gegen die universale Herrscheridee Karls V. erwuchs der Wille der deutschen Fürsten, fortan in Ruhe und Frieden den eigenen Geschäften nachzugehen. In dieser Gesinnung waren Katholiken und Protestanten einig mit den Wiener Habsburgern, die nach Karl V. die Kaiserkrone trugen – mit Ferdinand I. (1558–1564) und dessen Sohn Maximilian II. (1564–1576).

Die fortbestehende föderative Kraft der alten Reichsverfassung hatte den Religionsfrieden möglich gemacht. Beide Konfessionen waren entschlossen, innerhalb der Ordnungen des Reiches zu leben und ihr Auskommen zu finden. Der Gedanke, die Reichsverfassung zu sprengen, war Katholiken wie Lutheranern gleich fremd, und der Anblick der fürchterlichen Bürgerkriege im Westen bestärkte sie in ihrem Auskommen. Aber es fragte sich, wie lange die Reichsverfassung im wachsenden Sturm der westeuropäischen Religionskämpfe und im Vordringen der militanten Formen des Calvinismus und der regenerierten katholischen Kirche ihre ausgleichende und abschirmende Rolle erfüllen werde. Vieles drängte auch hier zu Konflikt, Bruch und Austrag der hinausgeschobenen Entscheidung. Je ausschließlicher sich außerhalb der Reichsgrenzen das konfessionelle Prinzip durchsetzte und je mehr die alten Fürsten und Räte, die den Religionsfrieden geschlossen hatten, einer neuen Generation Platz machten, desto näher rückte die Gefahr der inneren Auflösung der friedenswahrenden Reichsverfassung.

Das erste Jahrzehnt nach dem Abschluß des Religionsfriedens stand auf katholischer Seite im Zeichen einer tiefen und fortdauernden Krise der kirchlichen Verhältnisse, während der deutsche Protestantismus zwar äußerlich noch im Voranschreiten, im Innern aber durch theologische Lehrstreitigkeiten geschwächt war. Dem Umsichgreifen des evangelischen Bekenntnisses war durch den in Augsburg 1555 aufgerichteten Grundsatz der territorialstaatlichen Religionshoheit keineswegs ein Ende gesetzt worden. In Adel und Bürgertum der nominell katholischen Fürstenstaaten griff der Abfall weiter um sich. Der Priestermangel führte vielerorts zu einem fast totalen Zusammenbruch der Seelsorge. Vielfach ergab sich aus dem institutionellen Tiefstand, aus dem Schwanken der Gesinnung bei Laien und Geistlichen und aus dem Lavieren der politischen Obrigkeit ein Suchen nach Kompromißformeln. Charakteristisch für diese Übergangssituation war die Forderung nach Laienkelch und Priesterehe, die in Jülich-Cleve, in Bayern, in Österreich laut wurde und von den Landesherren nach Rom weitergeleitet wurde. Innerhalb des Gesamtprozesses, der hier rascher, dort zögernder dem Endstadium einer eindeutigen konfessionellen Abgrenzung zustrebte, war die Kelchbewegung ambivalent. Sie konnte ein Übergangsstadium zum vollen Anschluß an die evangelische Lehre darstellen. Sie konnte aber auch als eine Möglichkeit erscheinen, durch Entgegenkommen in sekundären Fragen schwankende Bevölkerungsteile der katholischen Kirche zu erhalten.

Aus dieser sehr unsicheren Lage in den katholischen Territorien sind die Hoffnungen und Wünsche zu verstehen, mit denen man im Reich die dritte Sitzungsperiode des Trienter Konzils verfolgte. Kaiser Ferdinands Reformlibell und die bayerische Forderung nach Laienkelch und Priesterehe zielten in ähnliche Richtung. Aber der Weg, den das Konzil einschlug, ging im wesentlichen an den deutschen Sonderwünschen vorbei. Das Selbstverständnis der regenerierten Kirche ging von anderen Voraussetzungen aus. Die folgende Generation der im Sinne der tridentinischen Reform erzogenen deutschen Geistlichen und Bischöfe bedeutete einen entschiedenen Neuansatz, ihr Wirken konnte nur in seltenen Fällen unmittelbar an alte, innerdeutsche Reformanliegen anknüpfen.

Dieser Neuansatz im Stil des römischen Reformprogramms wurde in Deutschland in größerem Maßstab erst seit den siebziger Jahren fruchtbar. Bis dahin hatte sich auch in der Haltung der katholischen Fürsten ein fühlbarer Umschwung vollzogen. Der bayerische Herzog Albrecht V. dachte nicht daran, den Religionsfrieden anzutasten, an dessen Abschluß er mitgewirkt hatte. Seine Reichspolitik war fortgesetzt bemüht, die überkonfessionelle Solidarität der deutschen Fürsten zu stärken. Aber seit dem Abschluß des Konzils und seit der Niederwerfung einer protestantisch orientierten Adelsverschwörung war in der personellen und sachlichen Führung der innerbayerischen Politik ein starker, einheitlicher Zug zu spüren. Die Mittel bürokratischer Aufsicht und weitgehende, päpstlich sanktionierte Eingriffe in das kirchliche Rechtsleben und Vermögen wurden in den Dienst eines geschlossenen Systems katholischer Staatlichkeit und Erziehung gestellt. Die Jesuiten erhielten maßgebenden Anteil am bayerischen Schulwesen und am Wiederaufbau der Landesuniversität Ingolstadt. Während die Schranken gegenüber dem Kulturleben der protestantischen Teile Deutschlands zunehmend höher wurden, öffnete sich das Herzogtum und die Residenzstadt München stärker als je zuvor dem gegenreformatorisch geprägten und prägenden Einfluß der romanischen Welt. Künstlerische Prachtentfaltung im Dienste der katholischen Kirche und ein neuer Stil persönlicher Devotion, der vom Fürst und seinem Hof ernsthaft vorgelebt wurde, begannen das Gesicht des Landes zu verändern.

Von München griff die neue Gesinnung auf die verwandten habsburgischen Höfe über. In den österreichischen Erblanden war die Stellung des zum Protestantismus tendierenden oder übergetretenen Adels stärker. Dementsprechend reichte hier die Linie der innerlich schwankenden und nach außen taktierenden Religionspolitik, wie sie Kaiser Maximilian verkörperte, noch weit in die siebziger Jahre hinein. Aber auch hier entstanden durch das zielstrebige Wirken der Jesuiten und der päpstlichen Nuntien vielerorts Zentren entschiedenen kirchlichen Neuwerdens. Und Maximilian selbst begann der neuen Konstellation Rechnung zu tragen, indem er im Hinblick auf mögliche Erbfolgechancen seiner Familie in Spanien (nach dem Tode des Don Carlos) eine dynastische und politische Annäherung an den Kurs Philipps II. suchte.

Unter den evangelischen Reichsfürsten nahm Kurfürst August von Sachsen eine führende Stellung ein. Er war – ganz im Gegensatz zu seinem Bruder und Vorgänger Moritz – jedem kämpferischen Einsatz für die protestantische Sache abgeneigt. Seine Wirksamkeit konzentrierte sich auf den inneren Ausbau seines Staates. Den heftigen innerprotestantischen Lehrstreitigkeiten stand er innerlich unbeteiligt gegenüber. Diese stammten sowohl aus der Spaltung des Luthertums in eine gemäßigte, an Melanchthon anknüpfende, und eine schärfere, von Flacius Illyricus angeführte Richtung, wie aus dem Gegensatz des Luthertums zu Calvin. Das kirchenpolitische Ziel des Kurfürsten war die ruhige Stärkung des landeskirchlichen Regiments. Ein tatkräftiges Eingreifen in die Konfessionskämpfe Frankreichs und der Niederlande lag ihm fern. Zu einer weitergehenden theologischen Verständigung zwischen einer Anzahl lutherischer Reichsstände kam es erst durch württembergische Initiative. Aber auch diese Konkordie von 1580 schuf nur für einen Teil des deutschen Luthertums eine gemeinsame Lehrgrundlage. Andererseits wurde jetzt die Distanz zum Calvinismus vollends unüberbrückbar. »Lieber papistisch als calvinisch« wurde in Kreisen des sächsischen Luthertums zur offen ausgesprochenen Maxime. Im Zeichen einer scharf gehandhabten landesherrlichen Kirchenhoheit führte diese innerprotestantische Kluft zu ausgedehntem Gewissenszwang, der an die religiös depravierende und kulturell wie politisch parzellierende Wirkung der katholisch-protestantischen Polizeigrenze heranreichte. Der vom Westen ins Reich eindringende Calvinismus konnte nur in begrenzten Gebieten und in eingeschränkter Weise wirksam werden. Während sich in Frankfurt und am Niederrhein einzelne Flüchtlingsgemeinden aus französischen und niederländischen Anhängern Calvins bildeten, wurde der Heidelberger Hof des pfälzischen Kurfürsten Friedrich III. zum deutschen Mittelpunkt des neuen Bekenntnisses. Der »Heidelberger Katechismus«, den die pfälzischen Hoftheologen 1563 veröffentlichten, bot die Lehre Calvins allerdings nur in abgeschwächter Form. Da der Religionsfriede bis 1648 ausdrücklich nur für Anhänger der Augsburger Konfession galt, gelang es damals und später nur auf dem Wege theologischer Verwässerung, für das »reformierte Bekenntnis« – wie man es jetzt in Deutschland nannte – den reichsrechtlichen Schutz zu erhalten. Auch wenn sich dem pfälzischen Bekenntnis später noch einige andere westdeutsche Territorien anschlossen – Hessen-Kassel, Anhalt, Bremen, Nassau-Dillenburg –, so kam dem Calvinismus bei seiner Verpflanzung in den deutschen Boden doch das ursprüngliche Charakteristikum einer dem Staat gegenüber selbständigen Gemeindeverfassung weitgehend abhanden.

Die religionssoziologische Dynamik des Calvinismus, die für die Formung der bürgerlichen Gesellschaft und des republikanischen Staatsdenkens in Westeuropa überaus wichtig wurde, konnte sich im Reich nur in Ausnahmefällen entfalten. Vielmehr entwickelte der deutsche Fürstenstaat dieser Zeit die gleichen Züge von patriarchalischer Fürsorge und polizeilicher Reglementierung im katholischen und lutherischen wie im calvinischen Bereich. Man darf die fortwirkende Rolle dieses Fürstenstaates, der sich gegen alle Versuche zu einer Belebung und Reform der Reichsverfassung siegreich behauptete, nicht unterschätzen. »Diese christliche Obrigkeit hat das politische Leben Deutschlands, mit starken Abwandlungen freilich, bis ins 18. Jahrhundert beherrscht«, hat den Typus des deutschen Menschen – des loyalen, ehrsamen und unpolitischen, gottesfürchtigen deutschen Untertanen – mit ausgeprägt, die Eigenart des deutschen Geisteslebens wesentlich mitbestimmt« (Gerhard Ritter).

Der Kampf um die Auslegung des Religionsfriedens, der in die friedfertige Welt der deutschen Fürstenstaaten Bewegung brachte, war keineswegs der unmittelbare Ausdruck des Ringens zweier zum Letzten entschlossener kirchlicher Gruppen. Vielmehr lag diesem langwierigen Konflikt, der schließlich die Reichsverfassung sprengte und den Dreißigjährigen Krieg nach sich zog, eine verwickelte verfassungsrechtliche und strukturelle Situation zugrunde. Es ging um das Schicksal der geistlichen Territorien des Reiches. Diese seltsamen, kirchlich-weltlichen Staatsgebilde nahmen geographisch, bevölkerungsmäßig und im Verfassungsrecht eine Schlüsselstellung ein. Wurden sie protestantisch, dann war der volle Sieg der Reformation entschieden und die Wahl eines evangelischen Kaisers nur mehr eine Frage der Zeit. Die Erzbischöfe und Bischöfe wurden von ihren Kapiteln gewählt, die sich ganz überwiegend aus dem Adel und dem Fürstenstand rekrutierten. Sie waren als Reichsfürsten auf den Kaiser angewiesen, der ihnen die Regalien, das heißt die Hoheitsrechte für ihre reichsunmittelbaren Territorien, verlieh. Sie unterstanden dem Papst, von dem sie die Konfirmation, das heißt die bischöflichen Rechte für ihre Sprengel, erhielten. Das begann schwierig zu werden, sobald sich in West- und Norddeutschland unter dem Einfluß protestantischer Gruppen innerhalb und außerhalb der Domkapitel und unter dem Druck benachbarter protestantischer Fürsten die Fälle häuften, daß diese Bischofssitze der katholischen Kirche verlorengingen. Solche Vorgänge bedeuteten sowohl den Zusammenbruch der Bistumsorganisation als auch die Protestantisierung der Bevölkerung des jeweiligen fürstbischöflichen Territoriums (die freilich in manchen Fällen schon zuvor weit fortgeschritten war).

Der Religionsfriede von 1555 enthielt im »Geistlichen Vorbehalt« die Bestimmung, daß geistliche Fürsten, die zur Augsburger Konfession übertraten, ihr bischöfliches Amt wie ihre weltlichen Hoheitsrechte verlieren mußten. Aber die Rechtskraft dieser Bestimmung wurde von evangelischer Seite bestritten. Denn der Geistliche Vorbehalt war 1555 nur von den katholischen Reichsständen gebilligt und von Ferdinand kraft der Machtvollkommenheit des Reichsoberhauptes erlassen worden. Der Streit, der sich nun seit dem letzten Drittel des 16. Jahrhunderts um die Protestantisierung zahlreicher Reichsstifte erhob, rührte an die Frage nach den Grenzen der gesetzgeberischen Gewalt von Kaiser und Ständen. Diese Frage war in den Verfassungsgesetzen des Reiches niemals geklärt worden. Hier setzte also die Hebelkraft des konfessionellen Gegensatzes an, den man gerade durch das Schwergewicht der Reichsverfassung zu neutralisieren versucht hatte.

Der Kurfürst und Erzbischof von Köln, Gebhard Truchseß von Waldburg, war ein typischer Vertreter des deutschen Adels, wie man ihn bis dahin im deutschen Episkopat überall antreffen konnte. Er war von der katholischen Reform noch nicht geprägt, aber auch nicht innerlich für den Protestantismus gewonnen. Er liebte die Stiftsdame Agnes von Mansfeld und beschloß sie zu heiraten und auf die kurfürstliche und erzbischöfliche Würde zu verzichten. Nun besaß aber das Erzstift Köln gerade im Zeichen der niederländischen Kämpfe enorme politische und religionspolitische Bedeutung. Man kann wohl sagen, daß damals eine Protestantisierung des Erzstiftes das konfessionelle Schicksal von ganz Nordwestdeutschland in andere Richtung gelenkt hätte. Außerdem hätte sich eine protestantische Mehrheit im Kurfürstenkollegium ergeben. Das wußte man auf beiden Seiten. Waldburg ließ sich – entgegen seiner ursprünglichen Absicht – von der protestantischen Partei dazu bestimmen, Köln nicht aufzugeben, sondern es in ein evangelisches Kurfürstentum zu verwandeln. Er erklärte 1582 seinen Übertritt zur Augsburger Konfession. Die Gegenwehr der katholischen Partei ließ nicht auf sich warten. Im Zusammenwirken von Kaiser, Papst, Bayern und Spanien wurde der Kampf aufgenommen und schließlich mit dem Einsatz militärischer Mittel gewonnen. Die Niederlage Waldburgs war aber nicht nur eine Folge des Eingreifens der Katholiken, sondern ebenso das Ergebnis der Weigerung Kursachsens, eine wirkungsvolle Gegenaktion der protestantischen Fürsten herbeizuführen.

Der katholische Aspekt des »Kölner Krieges« ist deshalb besonders aufschlußreich, weil man auf der Suche nach einem geeigneten Gegenkandidaten niemand besseren fand als Herzog Ernst von Bayern. Dieser Kirchenfürst hatte damals bereits die Bistümer Freising, Lüttich und Hildesheim inne. Er war der Kurie als »großer Sünder« bekannt. Aber weder die persönliche Unwürdigkeit noch die grobe, durch päpstliche Dispense nur formal zu heilende Verletzung des in Trient erneuerten Verbots der Pfründenhäufung konnten die katholische Partei von dieser Kandidatur abhalten. Man glaubte, all diese dem katholischen Reformprogramm widersprechenden Fakten in Kauf nehmen zu müssen, um durch eine Figur mit hohem politisch-dynastischem Stellenwert die bedrohte Position zu retten.

Der Kampf um Köln enthüllt den sonderbaren und zwielichtigen Charakter, den der Konfessionskampf im Reich vor dem Hintergrund des Religionsfriedens annahm. Umwegiger als in Westeuropa, zunächst weniger grausam, aber doch den großen Krieg und den Tod und das Elend vieler Millionen nur aufschiebend – so stellte sich die deutsche Spielart der Verstrickung von Politik und Religion dar. Auch ein Aufschub kann jedoch wertvoll und rettend sein, und es war in den achtziger Jahren im Reich trotz zunehmender Häufung der Konflikte noch keineswegs ausgemacht, ob die Dinge zum großen Konflikt treiben mußten. Das deutsche Leben in den letzten Jahrzehnten des 16. Jahrhunderts zeigte keineswegs die Züge einer *facies hippocratica*. Wohl machte sich im Zeichen der konfessionellen Abgrenzung eine gewisse Stagnation des kulturellen Lebens bemerkbar. Aber warum sollte die neu orientierte Weltweite der kirchlichen Bindungen und Wirkungen nach dem protestantischen Norden und nach dem katholischen Süden hin auf längere Sicht nicht befruchtend wirken? Zwar hatte auch die wirtschaftliche Entwicklung Deutschlands unter der Störung der internationalen Handelslinien, unter der Erschöpfung der deutschen Erzgruben und unter einer passiven Außenhandelsbilanz zu leiden. Aber noch waren der Glanz und Reichtum der großen Handelsstädte im Norden und Süden des Reiches nicht gebrochen. Noch war Deutschland das am reichsten bevölkerte und wohlhabendste Land Europas. Seine Bevölkerung war an Frieden und Recht gewöhnt. Auf die Verwirrung und Bestürzung des konfessionellen Zwiespalts folgte eine neue Generation von Denkern und Forschern, die über die späthumanistische Gelehrsamkeit hinaus Fragestellungen universaler Art nachgingen. Die geistige Welt eines Jakob Böhme und eines Johannes Kepler gehört ebenso zum Bild des damaligen Deutschland wie die Verhärtung der konfessionellen Fronten. Die Zukunft war noch offen.

Für die Zukunft des Reiches und Europas waren die gleichzeitigen Vorgänge im Norden und Osten von großer, wenn auch wenig sichtbarer Bedeutung. Die skandinavischen Königreiche und die östliche Küste der Ostsee waren durch die Reformation in einen engeren Kontakt mit dem mittleren Deutschland gekommen. Andererseits traten von Rußland und Polen her neue Entwicklungen auf, welche die Ostsee zu einem Feld lebhafter Kraftlinien machten. Auch hier überschnitten und durchdrangen sich die politischen Interessen mit den Fronten des kirchlichen Ringens. Das Königreich Polen-Litauen wurde bald zum Mittelpunkt der von Rom in den Osten und Norden ausstrahlenden Kräfte. Während unter Zar Iwan IV. das orthodoxe Großfürstentum Moskau erstmals in den Kampf um die baltische Ostseeküste eingriff, ergab sich durch das Aussterben des jagiellonischen Herrscherhauses eine enge und spannungsreiche Beziehung zwischen Polen und Schweden.

Der schwedische König Johann III. war mit einer polnischen Prinzessin verheiratet. Er selbst neigte dem katholischen Glauben seiner Frau zu, und der aus Rom nach Stockholm entsandte Jesuit Possevino hoffte zeitweilig auf eine baldige Rekatholisierung Schwedens. In Polen war nach dem Tod des letzten Jagiellonen eine religionspolitische Vereinbarung zustande gekommen, die in manchem dem Augsburger Religionsfrieden entsprach. Die Warschauer Konföderation von 1573 sicherte sowohl Lutheranern wie Calvinisten volle Religionsfreiheit zu. Das kirchliche Schicksal Polens hing nun weitgehend von der Lösung der dynastischen Frage ab. Stephan Báthory (1575–1586) verdankte seine Wahl zum polnischen König der antihabsburgischen Partei des Adels. Um so wichtiger wurde für ihn eine enge Verbindung mit Rom, von der er sich auch Unterstützung im Kampf gegen Iwan IV. erhoffte. Das aktive Interesse Papst Gregors XIII. an den osteuropäischen Fragen zeigte sich in der berühmt gewordenen Sendung Possevinos nach Polen und Moskau. Es gelang dem Jesuiten, den Krieg zwischen Polen und Rußland zu schlichten. Aber die weiter gesteckten Ziele Roms – Zusammenschluß der Ostmächte zum Krieg gegen das Osmanenreich und Wiedervereinigung der russischen mit der lateinischen Kirche – gingen damals nicht in Erfüllung.

Nach Báthorys Tod wählte Polen einen König aus der schwedischen Dynastie Wasa. Sigismund, Sohn des schwedischen Königs Johann III., war Katholik. Er führte die Politik des engen Einvernehmens mit Rom fort. Durch eine energische Förderung der Jesuiten und der Kirchenreform in allen Teilen des Landes leitete er die Epoche der Identität von polnischem Staat und katholischem Glauben ein. Das war eine Wendung, die weit über die polnischen Grenzen hinaus wirkte. Einerseits griff Sigismund die schon von Possevino verfolgte Aufgabe der Union mit der russischen Kirche auf. Einen Teilerfolg stellte die Synode von Brest (1596) dar, die eine Union der im polnisch-litauischen Staatsgebiet lebenden russisch-orthodoxen Gemeinden mit Rom brachte. Damit stiegen die Hoffnungen auf eine weitergehende Anschlußbewegung.

Auf der anderen Seite trat die Frage der Rekatholisierung Schwedens in ein neues Stadium, als Sigismund nach dem Tod seines Vaters nach Stockholm ging und die schwedische Krone mit der polnischen vereinigte. In seiner Begleitung befand sich der päpstliche Nuntius Malaspina, aber die Schwierigkeiten einer sofortigen Restauration der katholischen Kirche in Schweden erwiesen sich als unübersteigbar. Der König überließ zunächst seinem Onkel Karl von Södermanland die Führung der Regierung und kehrte nach Polen zurück. Die Entscheidung darüber, ob Polen und Schweden zu einem mächtigen katholischen Reich vereinigt werde, war einstweilen hinausgeschoben. Der spätere Aufstieg Schwedens zur protestantischen Vormacht und zum Retter des deutschen Protestantismus war zu Ende des 16. Jahrhunderts noch nicht erkennbar. Einstweilen war dem siegreichen Vordringen der Gegenreformation in den Ostseeraum kein ebenbürtiger Widerstand entgegengetreten.

Der Ausgang der gegenreformatorischen Politik Philipps II.
und der beginnende Wiederaufstieg Frankreichs

Die Macht Spaniens in Europa und in Übersee erreichte ihren Zenit, als das portugiesische Königshaus 1580 ausstarb und Philipp II. die Herrschaft über Portugal an sich brachte. Damit war nicht nur die Einheit der Iberischen Halbinsel, sondern auch der

Anschluß des portugiesischen Kolonialreiches erreicht, das sich von Brasilien über Afrika bis Indien und Südostasien erstreckte. Fortan war der spanische König der Herr der Weltmeere. Aber gerade die handelspolitische und maritime Geschlossenheit des neuen globalen Systems forderte zum Widerspruch und zur Gegenwehr heraus. Frankreich versuchte, auf den Azoren und in Brasilien Rechte geltend zu machen. Noch stärker wurden die spanischenglischen Beziehungen durch die neue Situation in Mitleidenschaft gezogen. Das schwankende System positiver und negativer Faktoren zwischen Madrid und London geriet nun endgültig aus dem Gleichgewicht.

Immer enger und eindeutiger verbanden sich politische, wirtschaftliche und kirchliche Gesichtspunkte; man näherte sich von beiden Seiten schrittweise dem offenen Konflikt: Komplotte in England, um Elisabeth zu beseitigen, Erörterung von Invasionsplänen zwischen der Kurie und Madrid, Embargo gegen die englischen Kauffahrer in den iberischen Häfen, Kaperkrieg der Engländer an der spanischen Küste, in der karibischen See und in Florida. Die Hinrichtung der gefangenen Königin Maria Stuart in Schloß Fotheringhay (Februar 1587) brachte die entscheidende Wende. Nun fühlte sich Philipp II. als einziger Treuhänder der Sache der englischen Katholiken. Er entschloß sich zur Tat und bereitete die Landung in England für den Sommer 1587 vor. Durch den Sieg über Elisabeth sollte auch der Kampf um die Niederlande entschieden werden. Alessandro Farnese wurde beauftragt, das Zusammenwirken seiner Festlandstruppen mit der spanischen Landungsflotte vorzubereiten. Ebenso sollte die Entscheidung in England nach Frankreich wirken und den Zusammenbruch der Hugenottenmacht nach sich ziehen.

Der römische Partner dieses großangelegten Planes gegenreformatorischer Waffenentscheidung war Papst Sixtus V. (1585–1590). Sein Werdegang und seine Gestalt spiegeln den tiefen Umschwung der römischen Dinge wider. Felice Peretti stammte aus ganz einfachen Verhältnissen. Es ist kein Anlaß gegeben, die Erzählung zu bezweifeln, daß er die Schweine hütete, bevor er zwölfjährig in ein Franziskanerkloster eintrat. Ein asketisches Leben als Prediger und Seelsorger führte ihn zum Staunen der Welt auf den päpstlichen Thron. Die wenigen Jahre seines Wirkens bedeuteten einen Höhepunkt in der weltweiten Wirkung des Reformpapsttums. Sie haben im Bild der Stadt Rom, in der innerkirchlichen Reformarbeit und in der politischen Geschichte des Papsttums tiefe Wirkungen hinterlassen. Sixtus V. hatte einen überraschend scharfen Blick für die Bedeutung Englands und für die Persönlichkeit der englischen Königin. Er hoffte zeitweilig auf Elisabeths Konversion und hat ihr in Geheimverhandlungen, die bis heute nicht ganz geklärt sind, trotz der Bannbulle Pius' V. anscheinend sehr weitgehende Angebote gemacht. Dann aber schloß er sich den spanischen Plänen an. In den Verhandlungen mit Philipp II. setzte der Papst allerdings seine persönliche Meinung durch, daß die englische Krone – im Falle des Gelingens der Invasion – nicht dem spanischen König selbst zufallen dürfe. Der am 27. Juli 1587 unterzeichnete Geheimvertrag zwischen Rom und Madrid sah eine entsprechende Lösung der dynastischen Frage in England vor. Gleichzeitig verpflichtete sich der Papst zu einer Geldhilfe von einer Million Scudi.

Die Ausfahrt der spanischen Armada zur Niederwerfung der ketzerischen Königin Englands erfolgte im Sommer 1588. Sie wurde in der katholischen Welt von Gebet und

Prozessionen begleitet. Die strategische Vorbereitung und die nautische und militärische Ausrüstung waren hinter den ursprünglichen Absichten zurückgeblieben. Aber Philipp II., der sonst lange zögerte, ließ sich auch durch Sturmschäden, die schon an der spanischen Nordküste auftraten, nicht mehr umstimmen. Unter dem Kommando des Herzogs von Medina Sidonia segelte die »unbesiegbare Flotte« der englischen Südküste entgegen, wo sich innerhalb weniger Tage ihr Schicksal entschied. Bessere Ortskenntnis, Segeltechnik und artilleristische Ausrüstung sicherten den englischen Seestreitkräften in einer Serie von Gefechten die Überlegenheit. Die traditionelle spanische Taktik des Enterkampfes Schiff an Schiff erwies sich gegenüber dem neuartigen englischen Gefechtsstil des artilleristischen Fernkampfes als wirkungslos. Das geplante Zusammenwirken mit Farneses Landungskorps kam nicht zustande. Nirgends wurde die englische Küste erreicht. Andererseits glückte auch der englischen Flotte kein spektakulärer Sieg über die Armada. Auf der Höhe von Gravelingen gelang es Medina Sidonia, der feindlichen Gefechtsaufstellung auszuweichen und die Ausfahrt in die Nordsee zu gewinnen. Er umsegelte Schottland und Irland, und im Laufe des Oktober kehrte etwa die Hälfte der spanischen Schiffe in schwer angeschlagenem Zustand nach Santander zurück. Den ganzen August über hatte an den europäischen Höfen Unklarheit über den Ausgang des Unternehmens geherrscht. In Paris und Rom waren von den Spaniern Siegesnachrichten verbreitet worden. Desto nachhaltiger war nun die Wirkung der Niederlage. Philipp II. zog sich in die Einsamkeit zurück, erneuerte sein Testament und führte stundenlange Gespräche mit seinem Beichtvater.

Spaniens Macht und Ruhm hatte durch die Niederlage der Armada eine Einbuße erlitten, aber keine tiefgehende Erschütterung erfahren. Das zeigte sich schon 1589, als die Gegenoffensive der englischen Flotte an der spanischen und portugiesischen Atlantikküste siegreich abgewiesen wurde. Für den Fortgang des europäischen Ringens bedeutete das Jahr 1588 einen Wendepunkt. Aber erst durch die nachfolgenden Entscheidungen auf französischem Boden erhielt die Niederlage der Armada definitive und weltgeschichtliche Bedeutung. Während das Bündnis zwischen Philipp II. und der Liga (1585) die spanische Intervention im französischen Konfessionskampf verstärkte, sah sich das Papsttum gegenüber Frankreich – anders als zuletzt im Falle Englands – vor überaus schwierigen Problemen. Ein Sieg des Protestantismus in diesem Lande mußte einen religiösen Umschwung mit unübersehbaren Folgen für ganz Europa bewirken. Andererseits konnte eine erfolgreiche Intervention Philipps II. von Spanien an der Seite der Liga eine Vernichtung der Unabhängigkeit Frankreichs und damit den entscheidenden Schritt zur Erneuerung der *Monarchia Universalis* im Sinne Karls V. bedeuten. Diese zweite Möglichkeit – darüber gab sich Sixtus V. zunehmend Rechenschaft – war für den Fortbestand des erneuerten Papsttums als selbständiger geistiger Macht fast ebenso gefährlich wie die Protestantisierung Frankreichs. Dies war die Aporie, aus der Sixtus sich und die katholische Kirche zu befreien hatte.

Schon bald nach der Erhebung des Papstes waren in Rom als Vertreter der Liga der Herzog von Nevers und Kardinal Karl von Lothringen eingetroffen. In enger Zusammenarbeit mit Olivares, dem Gesandten Spaniens, versuchten sie die Kurie für die bedingungslose Unterstützung der Liga zu gewinnen. Die Partei Heinrichs III., vertreten in Rom durch den Kardinalprotektor Este und den Gesandten Vivonne, arbeitete nach Kräften gegen sie. Die Liga — so erklärten sie mit Nachdruck dem Papst — vertrete nur einen Bruchteil der französischen Katholiken: Rebellen gegen den König unter dem Deckmantel der Religion, die der Religion schadeten, indem sie den König durch ihre Parteibildung in die Arme der Hugenotten trieben. Sixtus hielt beide Gruppen hin und versuchte Zeit zu gewinnen, um sich ein klares Bild von den verwickelten Verhältnissen zu machen. Sein Nahziel war eindeutig: Vereinigung von König und Liga gegen die unter der Führung Heinrichs von Navarra kämpfenden Hugenotten, Sammlung aller Katholiken gegen die Häretiker. Aber die Ligisten drängten; sie wollten eine päpstliche Bulle, die Navarra und den Herzog von Condé als rückfällige Ketzer auf immer von der Thronfolge ausschloß. Sixtus wies den Kardinal von Lothringen ab, als er in der Abschiedsaudienz nochmals auf den Erlaß der Bulle drängte. Die Delegierten der Liga verließen Rom unverrichteterdinge.

Der neue Nuntius, der nach Paris entsandt wurde, gehörte der ligistischen Richtung an. Heinrich III. verwehrte ihm in Lyon die Weiterreise. Sixtus fühlte sich persönlich verletzt und verwies den Gesandten des Königs aus Rom. In diesem Klima erfolgte nun doch mit plötzlichem Entschluß die Abfassung der Bulle gegen Heinrich von Navarra und den Herzog von Condé. Sie wurde am 21. September 1585 publiziert. Die beiden Bourbonen wurden exkommuniziert und als »Söhne des Zornes« aller Würden und Rechte, insbesondere hinsichtlich der Thronfolge, für verlustig erklärt. Ihre Untertanen wurden des Treueids entbunden, und Heinrich III. erhielt die Aufforderung zur Vollstreckung.

Aber der König publizierte die Bulle nicht einmal; er blieb sozusagen neutral. Das Ziel des Papstes, durch die Bulle die Vereinigung der französischen Katholiken zu bewirken, war nicht erreicht. Im Gegenteil: Quer durch die Konfessionen erregte die Bulle heftigsten Widerspruch als eine unbefugte Einmischung der geistlichen Gewalt in die politischen Verhältnisse Frankreichs. In den nächsten Jahren stießen immer mehr Katholiken zur Partei Navarras, der die einzige Hoffnung auf eine nationale Zukunft Frankreichs bildete.

Diese nächsten Jahre brachten statt eines wirkungsvollen Zusammengehens von König und Liga gegen Navarra zunehmende Zwietracht und steigende Fortschritte Navarras. Im Jahr der Armada überstürzten sich die Ereignisse. Der König floh zunächst vor dem Herzog von Guise aus Paris, unterwarf sich dann aber ganz dem Diktat der Liga und bestellte Guise zum Oberbefehlshaber des vereinigten Heeres. Zuletzt ließ er — im Wahn, seine Handlungsfreiheit dadurch zurückgewinnen zu können — den Herzog von Guise und dessen Bruder, den Kardinal Louis de Guise, heimtückisch ermorden. Der Kardinal von Bourbon wurde gefangengesetzt. In diesem wechselvollen Ablauf spiegelte sich deutlich der Umschwung der öffentlichen Meinung von der Erwartung des spanischen Sieges zur positiven Reaktion auf die englisch-protestantische Selbstbehauptung.

Die Liga, nach dem Tod ihrer Häupter jetzt unter der Führung des Herzogs von Mayenne, begann den offenen Kampf gegen den König und Navarra zugleich. Philipp II. setzte nach dem Scheitern des englischen Unternehmens nun ganz auf die französische Karte. Heinrich III. näherte sich Navarra und vollzog am 30. April 1589 die Vereinigung seiner Armee mit den hugenottischen Truppen. Sixtus V., der zunächst den Tod der Guisen als eine Erleichterung für den Zusammenschluß der Katholiken betrachtete, war aufs tiefste betroffen. Er erließ am 24. Mai ein Monitorium an Heinrich III., das unter Ausschluß der politischen Frage – Verbindung mit den Hugenotten – den König wegen der Ermordung des Kardinals Louis de Guise rügte, die Freilassung des Kardinals Bourbon forderte und Heinrich III. mit einer Frist von sechzig Tagen nach Rom zitierte. Die spanisch-ligistische Partei triumphierte. Kurz nach Ablauf der Mahnfrist wurde der König von dem jungen Dominikaner Jacques Clément erstochen.

Sixtus sah in dem Mord ein Gottesurteil. Aber was war nun zu tun? Navarra wurde sofort von seiner Armee und den königstreuen Katholiken als Heinrich IV. zum König von Frankreich ausgerufen. Die Liga ihrerseits proklamierte den greisen Kardinal Bourbon, der sich gefangen in den Händen der Gegenpartei befand, als Karl X. zum König und bestürmte den Papst um dessen Anerkennung und um Unterstützung ihres Kampfes für die katholische Religion. Philipp II. ging nun so weit, die Entsendung Farneses mit dem Gros seiner Truppen aus den Niederlanden nach Frankreich vorzubereiten. Das bedeutete für den Kampf der Aufständischen eine wesentliche Entlastung und den Übergang von der Defensive zu erfolgreicher Offensive. Auch Sixtus V. kam zu der Ansicht, daß der Einsatz der spanischen Waffen nicht mehr zu umgehen war, selbst wenn über der Rettung der katholischen Religion die selbständige staatliche Existenz Frankreichs gefährdet wurde. Er entsandte im Herbst 1589 den Kardinallegaten Caetani nach Frankreich. Caetani stand den Spaniern nahe, aber seine Instruktionen waren unklar: Neben bedingungsloser Unterstützung der Liga stand der Gedanke einer möglichen Rückkehr Heinrichs von Navarra zur katholischen Kirche. Strafmaßnahmen gegen seine katholischen Anhänger waren keineswegs vorgesehen.

Während Caetani in Frankreich bald ganz in die Bahnen der extremen Ligisten geriet, bedrängte in Rom die spanische Partei ununterbrochen den Papst und seine Umgebung. Es kam dahin, daß Sixtus ein Bündnisangebot an Philipp II. entwerfen ließ, das im Dezember 1589 nach Madrid überbracht wurde. Es enthielt den Vorschlag eines gemeinsamen Feldzuges gegen Navarra unter einem vom Papst zu ernennenden Befehlshaber. Für den Fall des Ablebens des Kardinals Bourbon stellte der Papst die Regelung der französischen Thronfolge dem Belieben Philipps anheim. Die italienischen Staaten sollten zum Eintritt in das päpstlich-spanisch-ligistische Bündnis eingeladen werden. Aber während die Tinte dieses Entwurfes noch nicht getrocknet war, begann sich bei Sixtus bereits jener Umschwung abzuzeichnen, der schließlich mit der Absage an Spanien den Weg für Navarras Konversion und für die Erhaltung der nationalen Integrität Frankreichs freimachte.

Dieser Umschwung wurde von Venedig her eingeleitet. Am Anfang stand ein heftiger Konflikt mit der Markusrepublik, die als erster katholischer Staat den Hugenotten Navarra als König von Frankreich anerkannt hatte. Der Nuntius verließ protestierend Venedig; die Signorie entsandte Donato, ihren gewiegtesten Diplomaten, nach Rom, um den Bruch mit Sixtus zu verhindern. Die Verhandlungen verliefen negativ. In der Abschiedsaudienz Donatos, als die Kluft zu der kirchenrechtlich bestimmten Haltung Roms unüberbrückbar schien und weder Sixtus noch die Venezianer ihren Argumenten Neues hinzufügen konnten, appellierte Donato nochmals an die Gemeinsamkeit der Interessen von Rom und

Venedig gegenüber dem spanischen Übergewicht in Italien und Europa. Mit einer plötzlichen Wendung zog Sixtus sein Ultimatum gegen Venedig zurück. Der Bruch war vermieden, und die Anerkennung Heinrichs IV. durch eine katholische Macht wurde vom Papsttum toleriert.

Die nächste Etappe begann mit dem Eintreffen des Herzogs von Luxemburg in Rom, der im Namen der katholischen Anhänger Navarras Sixtus im Januar 1590 aufsuchte. Und während Philipp im Escorial die Bündnisvorschläge des Papstes erhielt und schleunigst positiv beantwortete, gewann der Abgesandte des französischen Königs von Tag zu Tag Terrain bei Sixtus V. Er schlug dem Papst vor, geeignete Geistliche zu Heinrich zu senden, um ihn in der wahren Religion zu unterweisen. Heinrich glaube durchaus an die Gegenwart Christi im Altarsakrament. »Das ist eine gute Nachricht«, rief Sixtus aus.

Olivares und die spanischen Kardinäle verlangten die sofortige Entfernung Luxemburgs. Sixtus weigerte sich auf das entschiedenste. Inzwischen traf die Antwort Philipps auf das Bündnisangebot des Papstes vom Dezember 1589 in Rom ein. Sie war zustimmend in allen Punkten und mahnte zu raschem Handeln. Olivares drängte den zögernden Papst. Er verlangte im Namen Philipps die sofortige Exkommunizierung aller katholischen Anhänger Navarras, die Ausweisung Luxemburgs und eine nochmalige Erklärung, daß Navarra für immer vom Thron ausgeschlossen sei. Wenn Sixtus sich weigere, werde Philipp allein weitere Maßnahmen im Dienste Christi treffen. Der Papst war aufs äußerste erregt und drohte Philipp II. seinerseits mit Exkommunikation.

Eine Woche später wiederholte sich die Szene, und in einer weiteren Audienz vom 17. März 1590 kam es so weit, daß Olivares dem Papst drohte, Philipp werde sich vom Gehorsam gegen den Heiligen Stuhl lossagen. Sixtus brach die Konferenz ab und suchte Rückhalt bei einer außerordentlichen Kardinalskongregation. Der Standpunkt der Ablehnung der spanischen Forderungen setzte sich durch. Inzwischen traf die Nachricht von einer blutigen Niederlage ein, die Navarra bei Ivry dem Ligaheer beigebracht hatte. Sixtus dachte nun sogar daran, den Legaten Caetani zurückzuberufen, dessen Tätigkeit bei den Ligisten jetzt so wenig den päpstlichen Intentionen entsprach. Aber die Kardinäle rieten ab. So blieb alles in der Schwebe.

Jedenfalls in Rom. In Frankreich war am 9. Mai 1590 Kardinal Bourbon, der ligistische Gegenkönig, gestorben, während Navarra bereits die Vorstädte von Paris besetzt hielt. Jetzt erst betrachtete auch Philipp II. den französischen Thron als vakant. Die Weisungen, die er seinen Vertretern in Frankreich gab, zeigen, wie er sich für die eventuelle Erhebung eines der Ligafürsten auf den Thron bezahlen lassen wollte: Abtretung der Bretagne, der Dauphiné, des Herzogtums Burgund an Spanien. In den folgenden Verhandlungen trat dann immer deutlicher der Plan Philipps zutage, die französische Krone für seine Tochter Clara Isabella Eugenia (aus der Ehe mit Elisabeth von Valois) zu gewinnen.

In Rom traf indessen der junge Herzog von Sessa ein, um als spanischer Sonderbotschafter den Widerstand des Papstes gegen die französische Unternehmung endgültig zu brechen. Sessa trat in den Audienzen höflich auf, aber in der Sache ergaben sich die gleichen erbitterten Gegensätze. Immer mehr wuchs die Skepsis des Papstes gegen die spanisch

Das Grabmal des Papstes Sixtus V. in S. Maria Maggiore in Rom
Bau des Domenico Fontana, die Papstfigur von Leonardo Sormani, 1587

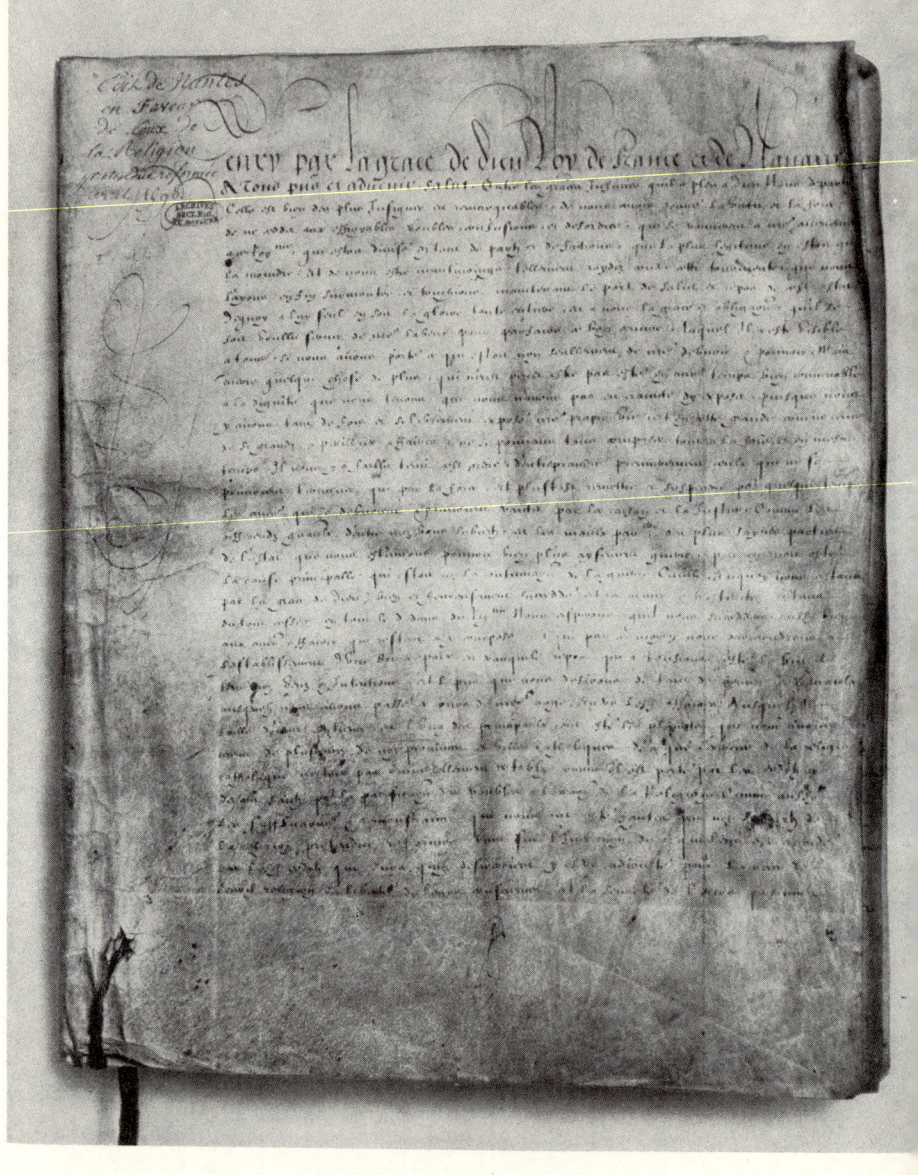

Das Edikt von Nantes vom 13. April 1598
Die erste Seite des von König Heinrich IV. unterzeichneten Dokuments
Paris, Archives Nationales

Absichten. Er trug sich mit dem Plan einer öffentlichen Erklärung: Die Spanier verfolgten in Frankreich unter dem Deckmantel der Religion nur ihre ehrgeizigen Pläne, und sie verklagten ihn, den Papst, der sich dabei nicht als ihr Instrument benützen lassen wolle, der Begünstigung der Häresie. Während in der Hitze des römischen Sommers Audienz auf Audienz und Beratung auf Beratung folgten, während die Anspannung dieses Ringens die Gesundheit des Papstes zermürbte, versteifte sich sein Widerstand gegen die Forderungen der Spanier weiter. Wohl ließ er einen neuen Vertragsentwurf ausfertigen, der das militärische Eingreifen gegen Navarra vorsah, verweigerte aber die Unterschrift. Er berief sich dabei auf die Kardinalskongregation für französische Angelegenheiten, der er zum Erstaunen aller plötzlich die Frage vorgelegt hatte: Ob die Wahl eines französischen Königs beim Fehlen eines leiblichen Erben Sache des Papstes sei?

Sessa stellte Sixtus ein Ultimatum zum 1. August; dieser weigerte sich weiter. Er wußte, daß Navarra Paris schon eingeschlossen hatte. Er hoffte, daß jeder Tag die Nachricht vom Fall der Stadt bringe und daß dem Einzug Navarras in Paris seine Konversion folgen werde und müsse. Am 19. August hatte Sessa die letzte Audienz bei Sixtus. Seine Mission war bereits gescheitert. Die Würfel waren gefallen: Sixtus setzte auf Navarra. Aber die Kräfte des Papstes waren nun vollends erschöpft. Das Fieber verließ ihn nicht mehr. Am 21. August rief er nochmals die französische Kongregation zusammen. Er erging sich in wirren und phantastischen Anklagen gegen die Spanier, betete für die Bekehrung Navarras und prophezeite Philipp das Schicksal Nabuchodonosors. Es war die Sprache eines Schwerkranken. Sechs Tage später war Sixtus V. tot.

Der Papst hatte die politische Verfremdung des kirchlichen Problems nicht zu überwinden vermocht. Diese Verfremdungstendenz lag zu tief in der politischen Konstellation der Zeit begründet. Aber er hatte immerhin den pastoralen Gesichtspunkt mit solcher Schärfe gegen Spanien geltend gemacht, daß der Weg gewiesen war für eine Lösung der französischen Krise in den folgenden Jahren. 1593 trat Heinrich von Navarra zum katholischen Glauben über. Seine Motive waren politisch; nur auf diesem Wege konnte die staatliche Einheit Frankreichs gerettet werden. 1594 wurde der König zum *Rex christianissimus* gesalbt. Er konnte in das bis dahin von spanischen Truppen besetzte Paris einziehen. 1595 folgte die feierliche Absolution durch Papst Clemens VIII.

Der Niederlage Philipps II. in Frankreich folgte mit unerbittlicher Logik der Gegenangriff Heinrichs IV., der sich bedenkenlos mit England und den Niederländern gegen Spanien verbündete. So war nun aus den Erfahrungen des französischen Konfessionskampfes nicht nur ein neuer Typus innerstaatlicher Ordnung jenseits der kirchlichen Frontstellungen entstanden. Die neue Monarchie Heinrichs IV. durchbrach auch in der europäischen Politik sogleich das konfessionelle Prinzip und kämpfte unter rein politischen Vorzeichen gegen das katholische Spanien. Das bedeutete eine entschiedene Verbesserung der Lage der protestantischen Mächte und sicherte dem Freiheitskampf der nördlichen Niederlande den Sieg. Von dieser Wendung war am unmittelbarsten das Papsttum betroffen. Clemens VIII. tat, was er tun konnte. Er vermittelte Friedensverhandlungen zwischen Heinrich IV. und Philipp II. Am 2. Mai 1598 konnte in Vervins der Friedensvertrag unterzeichnet werden, der im wesentlichen die Bestimmungen von Cateau-Cambrésis erneuerte.

Aber jene vierzig Jahre, die seit der *Pax catholica* vergangen waren, hatten nicht zum Siege der katholischen Sache geführt, sondern ganz neuartige Entwicklungen gebracht. Philipp II. starb wenige Monate nach dem Friedensschluß. Der Wiederaufstieg Frankreichs unter Heinrich IV., der 1593 einsetzte, vollzog sich in Bahnen, die innen- wie außenpolitisch dem System der *Monarchia Hispanica* entgegengesetzt waren. Der französische König gewährte im Edikt von Nantes (13.4.1598) den Hugenotten eine gesicherte Rechtsstellung und weitgehende Freiheit des protestantischen Gottesdienstes. Auf der Basis konfessioneller Duldung begann ein wirtschaftliches und administratives Aufbauwerk großen Stils, das von dem starken und planenden Willen des Königs durchpulst war. Die Krongewalt allein war imstande, die fürchterlichen Wunden der Bürgerkriegszeit zu heilen. Die Katholiken – Laien und Klerus – wirkten in diesem Neuaufbau loyal und bereitwillig mit den Protestanten und der Krone zusammen. Der Elan des gemeinsamen Wiederaufbaus wurde zum Signum der Epoche Heinrichs IV. Und die Bindekraft dieses innerstaatlichen Zusammenwirkens wurde so stark, daß viele französische Katholiken bereit waren, eine Außenpolitik zu billigen und mitzugestalten, die das Gemeinwohl Frankreichs über die konfessionelle Solidarität stellte.

Ergebnisse

Noch einmal die Wegstrecke überschauend, die Europas Völker und Staaten im 16. Jahrhundert durchschritten, sucht der Blick in der Fülle und Gegensätzlichkeit des Geschehens die vorherrschenden Tendenzen festzustellen. Im Wandel der politischen und religiösen Lebensformen sehen wir einerseits einen starken Zug von der Einheit zur Vielgestaltigkeit. Die Idee einer hegemonialen Zusammenfassung der europäischen Staatenwelt machte den Inhalt der politischen Kämpfe im Zeitalter Karls V. aus. Aber die ausgreifenden Schritte, mit denen sich der Kaiser der *Monarchia Universalis* näherte, waren mehr von Mißtrauen und Abwehr als von Zustimmung begleitet. In dem politischen und geistigen Widerstreit von Einheitsgedanke und Pluralismus waren alte und neue Elemente der europäischen Geschichte auf beiden Seiten zu finden. Die Idee eines kaiserlichen *Dominium mundi* stammte aus der mittelalterlichen Geisteswelt. Doch der Weltherrschaftsgedanke, wie ihn etwa Gattinara dem Kaiser nahegebracht hatte, enthielt durchaus neuzeitliche Züge rationaler Politik und universaler Planung, und die Wege und Methoden der Vollstreckung dieser Politik gehörten nicht mehr dem Mittelalter, sondern dem Jahrhundert Machiavellis zu. Ein ähnliches Ineinandergreifen von Vergangenheit und Neuorientierung ist auch auf der Seite der Gegner des Kaisers zu finden. Die tiefverwurzelten eigenstaatlichen Traditionen und das differenzierte Selbstbewußtsein der europäischen Völker, an denen Karl V. scheiterte, waren Erbstücke und Ergebnisse der mittelalterlichen Entwicklung. Das schloß nicht aus, daß die konfliktreiche Behauptung dieses pluralistischen Erbes des Abendlandes einen Aufbruch neuer Gestaltungskräfte im geistigen, politischen und sozialen Leben bedeutete. Nach der Mitte des Jahrhunderts schien mit dem Scheitern der universalen Politik Karls V. der Sieg der zentrifugalen Kräfte im staatlichen Bereich Europas endgültig gesichert.

Ähnlich verlief die Entwicklung der religiösen Lebensformen Europas. Die Einheit der Papstkirche und der in ihr bestehenden Frömmigkeit, Theologie und Rechtsnormen wurde von Martin Luther und seinen Anhängern gesprengt. Die neuerlebte Unmittelbarkeit des Menschen zu Gott führte zur Bildung neuer Formen der religiösen Vergemeinschaftung. Dabei war Luthers Tat bei aller Einmaligkeit seines religiösen Ingeniums tief in dem Gang der abendländischen Geistes- und Kirchengeschichte begründet. Er zog die Konsequenzen aus Entwicklungen, die über Jahrhunderte reichten. Auch innerhalb der katholischen Kirche setzte auf der Grundlage älterer Reformansätze ein religiöses Neuwerden ein. Das Ringen mit Luthers Reformation stärkte den Elan der katholischen Reformbewegung. Es sicherte ihr eine Prävalenz in den innerkirchlichen Auseinandersetzungen mit den Exponenten der alten Erdenschwere. Aber der Zwang der Abwehr brachte in die Regeneration der katholischen Kirche zu der neuen Spiritualität eine neue Härte und ein neues Sich-Verlassen auf die weltliche Zwangsgewalt. So erhielt die tridentinische Reform in vieler Hinsicht den Charakter eines Kompromisses.

Mit dem übermächtigen Hereinwirken der staatlichen Gewalten und mit der Verfremdung der religiösen Sphäre durch die Politisierung des Konfessionskampfes hatte auch die Reformationsbewegung zu schaffen. Die Problemlage in ihrem Bereich war deshalb eine andere, weil die Ablehnung einer hierarchischen Kirchenform die Konflikte weitgehend dem einzelnen Gewissen auferlegte. Um nur einen Vergleichspunkt zu nennen: Der Weg von einer freien Gemeindebildung zum landesherrlichen Kirchenregiment, wie er sich unter den Augen Luthers vollzog, war in diesem Sinne ähnlich spannungsreich wie auf katholischer Seite das öffentliche Ringen um die politischen oder religiösen Schwergewichte im Verlauf des Konzils von Trient.

Der religiöse Aufbruch des 16. Jahrhunderts hatte zunächst innerhalb Deutschlands, seit der Jahrhundertmitte in ganz Europa zu tiefgehenden politischen Wirkungen geführt. Die enge Verstrickung von Politik und Religion gehört zu den neuen und besonders kennzeichnenden Erscheinungen der Epoche. Eine spätere Zeit hat angesichts der Begleitumstände und Folgen dieser Verstrickung den ganzen Vorgang in schärfster Form verurteilt und ihn als das Ergebnis von Dummheit, Lüge, Herrschsucht und Bosheit hingestellt. Man versteht die moralische Entrüstung jener Generationen, die sich eben erst aus den Fesseln einer »unaufgeklärten« Epoche befreit fühlten. Aber es wäre falsch und unfruchtbar, die ungeheuerlichen Verletzungen des *Humanum* wie des *Divinum*, die im Zeichen jener Verstrickung geschahen, nur aus solchen Wurzeln ableiten zu wollen.

Das Zerbrechen der christlichen Einheitskultur im 16. Jahrhundert war ein Vorgang von beispielloser und verwirrender Wucht. Im konfessionellen Ringen war auf beiden Seiten die Überzeugung verbreitet, zur Wahrheit gehöre die Ganzheit und die Einheit des Reiches Gottes auf Erden. Kraft jahrhundertelanger Gewöhnung bildete in den Augen der meisten Zeitgenossen bürgerlich-politische Ordnung und kirchliche Lebensform ein untrennbares Ganzes. Die wenigen Verfechter einer individuellen Glaubensfreiheit blieben Außenseiter in einer Gesellschaft, welche die religiöse Krise unmittelbar als eine Krise des menschlichen Zusammenlebens erfuhr. Nicht aus Dummheit oder heuchlerischer Herrschsucht, sondern aus Hingabe an das Höchste geriet die europäische Menschheit in die Verstrickung des politisch geführten Konfessionskampfes. Diese Einsicht ist das eine; das Innewerden der objektiven Folgen ist das andere. Welcher heutige Christ kann ohne starke Bewegung und Beunruhigung die Tatsache ins Auge fassen, daß unsere kirchliche Zugehörigkeit in den meisten Fällen das Ergebnis der obrigkeitlichen Religionspolitik jenes fernen Jahrhunderts ist? So gehört die konfessionelle Frage, wie sie der religiöse Aufbruch *und* der obrigkeitliche Glaubenszwang des 16. Jahrhunderts gestellt haben, bis heute zu den zentralen Bedingungen unserer Existenz.

Der Staat des 16. Jahrhunderts geriet zunehmend unter den Einfluß der kirchlichen Gegensätze. Die autonome Politik, wie sie Machiavelli beobachtet und verkündet hatte, wurde auf weite Strecken abgelöst von einem neuartigen staatlichen Engagement im Dienste überstaatlicher Ideen. Die Wirkung des religiösen Ringens um die Wiederherstellung der katholischen Einheit wurde zeitweilig so stark, daß sie in der zweiten Jahrhunderthälfte zu einer Wiederbelebung universaler politischer Ideen führte. Die katholischen Führer Frankreichs, die mit Philipp II. gegen Heinrich von Navarra kämpften, opferten im Dienste des kirchlichen Ideals den einzelstaatlichen Gedanken. So schien zeitweilig eine Auflösung der einzelstaatlichen Idee im Schmelztiegel des europäischen Konfessionskampfes möglich zu sein. Die konfessionellen Fronten gingen mit schneidender Kraft quer durch die Völker und Staaten. Aber gerade das Beispiel Frankreichs zeigt, wie der Gedanke der zwischenstaatlichen konfessionellen Solidarität auf die Dauer nicht standhielt. Die kirchliche Kampfstellung konnte zum Auseinanderbrechen eines Staatsgebildes und zum Neuwerden eines Einzelstaates führen; das war am Aufstand der Niederlande zu beobachten. Aber eine dauerhaft zusammenfassende Kraft war dem politischen Universalismus der Gegenreformation so wenig gegeben wie dem Protestantismus.

So zeichnete sich bereits zu Ende des 16. Jahrhunderts als der eigentliche Gewinner und als der kraftvoll Überlebende des konfessionellen Ringens der einzelne, nur für sich selbst stehende, souveräne Staat ab. Er allein war imstande, jenseits der kirchlichen Gegensätze das menschliche Zusammenleben zu ordnen. Dafür schob er im Inneren überall die alten ständischen Freiheitsrechte beiseite. Und nach außen hin emanzipierte sich dieser Staat nicht nur von den Forderungen der konfessionellen Solidarität, sondern zunehmend auch von allen gesamtheitlichen Bindungen im Sinne der alten *Respublica Christiana*. Frankreich hat unter Heinrich IV. diesen neuen Typus staatlicher Existenz zum erstenmal dargestellt. Er wurde in vieler Hinsicht wegweisend für die Entwicklung des 17. und 18. Jahrhunderts, denn er brachte die Lösung vieler administrativer, wirtschaftlicher und sozialer Aufgaben, die das 16. Jahrhundert gestellt hatte.

Aber das zentrale politische Problem, das der Aufbruch Europas seit Karl V. gebracht hatte, war von diesem souveränen Einzelstaat her nicht lösbar; die Frage nach dem konstruktiven Zusammenleben der europäischen Völker und Staaten wurde von nun an durch das mechanische Prinzip eines europäischen Gleichgewichtes eher verdeckt als beantwortet. Und auch die religiöse Frage des 16. Jahrhunderts, die sich in einem spontanen und vielfältigen Suchen nach der Gerechtigkeit Gottes Bahn gebrochen hatte, fand in der harten und instrumentalen Verfaßtheit des neuen Staates nur selten den ihr gemäßen menschlichen Raum.

Golo Mann

DAS ZEITALTER DES
DREISSIGJÄHRIGEN KRIEGES

Europa um 1618

Von »Europa« zu reden – aber der Ausdruck kommt selten vor – wäre man zu Beginn des 17.Jahrhunderts wohl berechtigt gewesen; denn man verstand in London, was in Madrid, was in Prag oder in Stockholm vorging, und hatte Ursache, es wissen zu wollen, nach wie verschiedenem Rhythmus auch das Leben in all den Ländern und Hauptstädten pulsierte. Die Unterschiede wirkten auf einem Boden von Gemeinsamkeiten, die das ganze abhoben von dem, was nicht Europa war. Oft waren es Unterschiede, die bewußt artikuliert und organisiert wurden, so daß sie zu Feindschaften wurden und werden sollten. Überall war die Gesellschaft in Klassen unterteilt; überall war die bei weitem zahlreichste Klasse, und die sich selber samt allen anderen trug und ernährte, die der Bauern, und war zugleich die ärmste, ob sie genug zu essen hatte wie in England oder zuwenig wie in Frankreich, ob sie frei und selbstbewußt war wie in Schweden oder gedrückt, dumpf, leibeigen, hörig, erbuntertänig wie in Deutschland. Überall gab es den Gegensatz zwischen Stadt und Land, wenngleich die meisten Städte ummauerten Dörfern glichen. Überall stieg die vielschichtig-regelmäßige Pyramide der Gesellschaft auf, von der Bauernschaft zum ländlichen Kleinadel, zum großen Feudaladel, der teilweise mit dem neuen, hauptstädtisch-höfischen Adel zusammenfiel, von Handwerkern und Krämern zu Bürgertum, Kaufmannschaft, Großhändlertum; vom ländlichen Priester zu Fürst-Abt und Erzbischof. Wo nicht Republik war, wie im aristokratischen Venedig, im bürgerlich-bäuerischen Bund der Eidgenossen, in der ständischen, noch um ihre Unabhängigkeit ringenden Föderation der Niederländer, da stand an der Spitze der Pyramide der König, gewählt wie in Polen, scheingewählt wie in Böhmen und im Deutschen Reich, erblich wie jetzt in den meisten Königreichen und Fürstentümern. Überall hatte er sich mit ständischen Vertretungen auseinanderzusetzen. Sie halfen ihm, wenn er seine Sache zu der ihren zu machen verstand, wie dies dem Königshaus der Tudor in England, dem der Wasa in Schweden gelang; oder sie behinderten ihn; dann mußte er ihre Macht zu verkleinern oder auszutilgen versuchen. Nicht königlicher Absolutismus war die alleinherrschende politische Tendenz der Zeit, aber überall herrschend die Frage, ob Absolutismus sein würde oder nicht; eine Haupttendenz war er, der andere entgegenstanden. Und diese Frage sollte überall anders entschieden werden: in England zugunsten eines Parlaments, das wohl oder übel revolutionär wurde, oder dem eine Revolution über den Kopf wuchs; in Frankreich und Spanien zugunsten des nationalen Königtums; in Deutschland zugunsten vieler Fürsten. Unbeschränktes dynastisches Herrschertum, das in Westeuropa den nationalen Ein-Staat schuf oder vorbereitete, vertiefte in Deutschland die territoriale Zerteilung.

Noch galt die uralte Gleichsetzung zwischen Europa und Christenheit. Vom Reich des Großtürken und tief in es hinein bis ins schottische Hochland, von Moskau bis Portugal gab es keinen Flecken Land, dessen Bebauer nicht christlich gewesen wären, mehr, denen ihr Glaube nicht Trost und Halt und ein klein wenig Würde gab. Europas Bildung war christlich. Die gleiche geistige Wanderbewegung hatte im vorigen Jahrhundert die uralte Tradition zugleich wiederbelebt, neu erhöht und zerrissen; daß sie an den Grenzen des Moskowiters haltmachte, sollte sein Reich bis zum heutigen Tag von allen übrigen Reichen unterscheiden. Nach Polen und Ungarn, nach Finnland und Schottland war die »protestantische Rebellion« gedrungen. Überallhin auch die ungeheure geistige Willensanstrengung, die kluge, seelenkennende, seeleneroberende Gegenbestrebung, an ihrer Spitze der verschworene Orden der Jesuiten. Wie die beiden großen Tendenzen sich auseinandersetzten, ob die eine die andere ganz aus dem Felde schlug oder nicht, ob sie Frieden schlossen, Waffenstillstand, und was für einen, in welcher Gestalt, mit welchem Vorzeichen eine von beiden siegte und endgültig wurde, welches Schicksal dem Besiegten bereitet wurde, das macht zu einem Großteil die Geschichte des 16. Jahrhunderts wie auch noch des hier betrachteten Zeitabschnittes aus. Anderthalb Jahrtausende war nun das Christentum alt, so wildfremd waren die Zeiten seiner Gründung für jene, in denen man nun lebte; und doch war die Frage seiner rechten Auslegung noch einmal zur Schicksalsfrage geworden, brennender für die Seelen als alle die Fragen über Herrschaft, Besitz, Gerechtigkeit. Verwirrender: beide Sphären hatten sich vermengt. Man stritt über den Staat, über Herrschaft, Besitz und Gerechtigkeit, in dem man über Prädestination, Abendmahl und gute Werke stritt.

Indem ganze Staaten, Dynastien, Königreiche, Fürstentümer sich mit einer der beiden Positionen oder einer ihrer Spielarten identifiziert hatten, war der Streit unvermeidlich auch in den Bereich der äußeren Politik eingedrungen, ohne daß er sie je ganz beherrscht hätte. Man half sich selber, half dem eigenen Staat, indem man dessen Religion verbreitete, Religionsgenossen jenseits der Grenzen in ihrem Kampf zu unterstützen suchte; war aber auch bereit, sich mit Nachbarn anderer, gegnerischer Konfessionen zu verbinden, wenn die Staatsräson dazu riet. Übrigens hatte das Prinzip des Staates sich noch nicht zu eindeutiger Existenz herausgearbeitet. England war nun ein Staat. Venedig, Schweden, Dänemark waren Staaten; die Niederlande im Begriff, einer zu werden. Frankreich war einer, mit notgedrungenen Einschränkungen. Die Reiche und Ansprüche und nie aufgegebenen Pläne des Königs von Spanien waren zu vielerlei, als daß man hier von *einem* Staat hätte reden können; und die Tatsache, daß die zu Madrid regierende Dynastie auf das engste verschwistert war mit der zu Wien und Prag regierenden und diese Verschwisterung nie aus dem Auge verlor, würde es geratener erscheinen lassen, hier vom »Hause Habsburg« zu sprechen als von Spanien-Österreich-Böhmen, wenn nur nicht wieder das Gesamtinteresse der Habsburger oft überschattet worden wäre von auseinanderstrebenden Teil-Interessen,

König Heinrich IV. von Frankreich
Bronzeplastik von Mathieu Jacquet, um 1609. Paris, Louvre

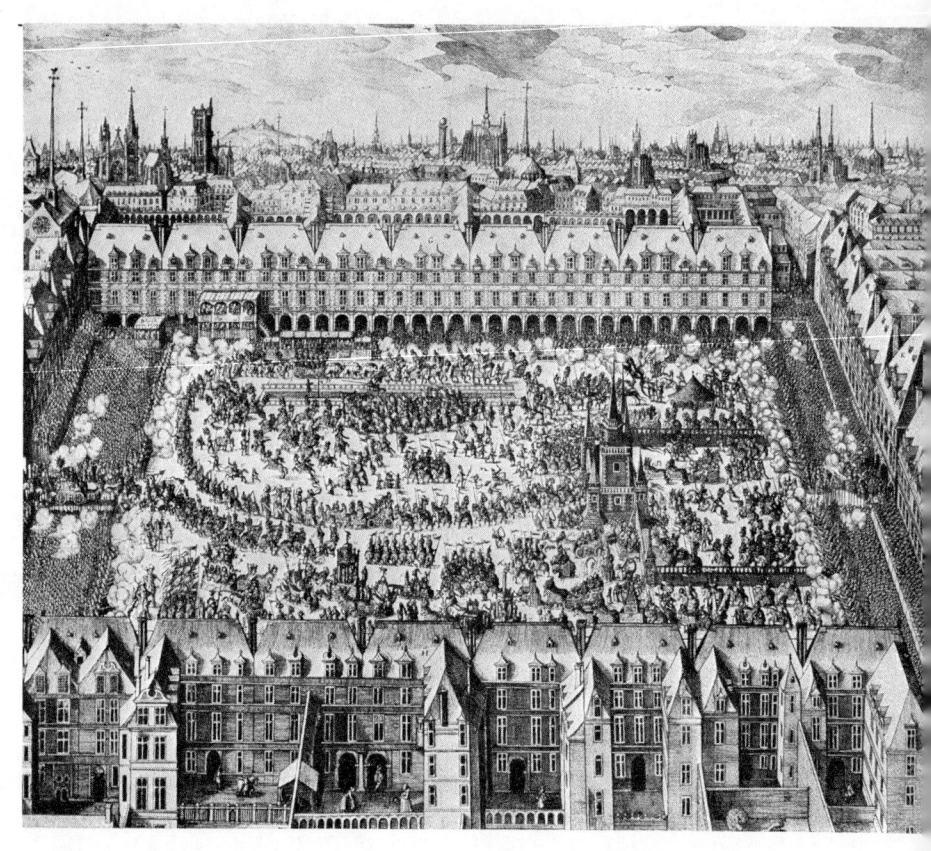

Festlichkeiten auf der Place Royale in Paris
aus Anlaß der Verlobung König Ludwigs XIII. mit Anna von Österreich im Jahr 1612
Kupferstich

wenn der österreichische Zweig des Hauses nicht auf das tiefste in die deutschen Angelegenheiten verwickelt gewesen wäre. So groß war Europa, daß man glauben könnte, diese oder jene Staatsaktion hätte unterwegs veralten oder verlorengehen müssen. Nicht viele Straßen wurden unterhalten, der Rest war Räder- und Reitspur, die im Schnee verschwand. In den Hauptstädten verkaufte man Pamphlete und Flugblätter; halbwegs regulär erscheinende Wochenzeitungen machten in England, Deutschland, Frankreich ihre ersten unsicheren Versuche in den Jahren, die den Bericht unseres Kapitels umgrenzen. Korrespondenzen zwischen Madrid und Wien dauerten neun Wochen, doppelt so lange zwischen Paris und Stockholm. Der Wille der Politiker war stärker als die natürlichen Hindernisse. Europa war dennoch ein einziges Kraftfeld, in dem es Freundschaft, Feindschaft und allenfalls Neutralität gab – ein Wort, das jetzt aufkam für eine Sache, die es schwer hatte, sich durchzusetzen. Residierende Gesandte, unter denen die apostolischen Nuntien eine führende Rolle spielten, Agenten, Sonderbotschafter lieferten Berichte, oft ausführlichere, farbigere, als sie es heute sind. Karten mochten unbeholfen gezeichnet sein, aber welche Straßen von Italien nach der Ostschweiz, zum Rhein, nach den Niederlanden führten und welch lästiges Hindernis die calvinistische Pfalz auf diesem Weg bedeutete, wußten die spanischen Heerführer nur zu genau. Wenn der junge König von Schweden, Gustav Adolf, sich mit den Moskowitern schlug, ihnen das Land Karelien nahm, um dann mit ihnen gemeinsame Sache gegen Polen zu machen, so ging das die spanische Politik nur indirekt an; Stockholm und Moskau waren weit. Aber es ging sie an, denn Schweden war lutherisch und mit den Niederlanden verbunden, Polen, oder doch der König von Polen, katholisch und Nachbar der jüngeren Habsburger Linie; Gustav Adolfs eingestandenes Ziel, die Ostsee schwedisch zu machen, mußte, wenn es verwirklicht wurde, die ganze europäische Machtanordnung verändern, nicht von heute auf morgen, aber allmählich.

Ein Zeichen dafür, daß Europa ein einziges Staatentheater war, gaben die fürstlichen Verwandtschaften. Eine Schwester des Königs von Dänemark war Gattin des Königs von England, ein Schwiegersohn des englischen Paares der Kurfürst von der Pfalz, Enkel Wilhelms von Oranien. Der König von Polen war mit einer habsburgischen Prinzessin verheiratet, der von Schweden mit einer brandenburgischen, deren Schwester sich mit einem an der Grenze der Christenheit hausenden Potentaten von zweifelhaftem Rang, dem Fürsten von Siebenbürgen, hatte begnügen müssen. Der Herzog von Bayern war Vetter und Schwager des Erzherzogs von Steiermark, demnächst Königs von Böhmen und deutschen Kaisers, und wurde später auch sein Schwiegersohn. Der König von Frankreich, Ludwig XIII., war mit der Tochter Philipps III. von Spanien verheiratet und dessen Sohn, Philipp IV., mit Ludwigs XIII. Schwester, die, rechnet man genau, seine Schwägerin war. Was die Verwandtschaften zwischen Wien und Madrid betrifft, so sind sie so immer wieder erneut, so schwindelnd dicht, daß man ihre Grade und Überkreuzungen besser unberechnet läßt. Die fürstlichen Verbindungen waren katholisch oder protestantisch – ein kleiner Prinz mochte auch, vorteilhaftem Heiraten zuliebe, sich seines alten Glaubens abtun, um den neuen desto energischer zu bekennen. Bestehende gemeinsame Staatsinteressen konnten sie unterstreichen, nicht bestehende aber kaum schaffen, wie denn die eben erwähnte spanisch-französische Doppelheirat von 1615 ihr Versprechen einer Freundschaft zwischen beiden Königreichen nur für kurze Dauer hielt. Auch die englisch-pfälzische Verschwägerung hatte mehr hohle Spekulation und Enttäuschung als wirksame Politik im Gefolge. Und wenn der Bayer, der keinen Spaß verstand, das Leben seines Herzogtums im Spiel sah, so galten ihm alle habsburgischen Verwandtschaften nichts.

Nur wenige privilegierte Menschen, Fürsten auf einer Bildungsreise durch Italien oder sich eine Prinzessin suchend, Diplomaten, Priester und Mönche, die Diplomaten waren, Kaufleute, Soldaten, Gelehrte, italienische Musiker und Architekten, englische Schauspieler kamen über die Grenzen ihres Landes hinaus; die allermeisten blieben, wo sie waren; einige, Häretiker, mußten auswandern oder waren ihr Leben lang auf der Flucht. Von ferne aber wirkte alles auf alles; spanisches Gold und Silber aus Amerika, Kunststile, Trachten und Moden, strategische Künste, Hofzeremonielle, in Burgund entwickelt und über Madrid nach Wien und München verzweigt, religiöse, politische Doktrinen, in Genf ausgeheckt, in Edinburgh, in Prag, Warschau, Heidelberg abgewandelt – Sprachen. Das gebildete Deutsch der Zeit war mit lateinischen, italienischen, französischen Brocken dermaßen durchmischt, daß es manchmal wirkte wie eine internationale Kunstsprache.

Im Nebeneinander der Herrschaftsbereiche, in die Europa zerfiel, galt noch immer der König von Spanien als der mächtigste aller Potentaten; als Haupt des Gesamthauses Österreich, dessen älterer Linie er angehörte; als vornehmster Repräsentant der katholischen Reformation, die in seinen Landen ihren Ursprung genommen hatte und dort zum vollständigen Triumph geführt worden war; als Herr der größten Ländermasse, über die je ein christlicher Fürst gebot: die Iberische Halbinsel, von Italien das meiste, Stücke am Oberrhein, der vom Kriegsglück willkürlich begrenzte Teil der Niederlande, in der Neuen Welt Brasilien, Peru, Chile, Mexiko. Daß es zuviel sei, was hier in einer Hand vereinigt war, daß das kastilische Herzland den ungeheuren Körper nicht beleben konnte, daß Spanien dekadent sei, überschätzt und sich selber überschätzend, arm trotz allen Reichtums, den die Galleonen brachten, war ein europäischer Gemeinspruch seit den Niederlagen Philipps II. Sein Nachfolger, der dritte Philipp, Produkt alter Inzucht, kränkelnd, vergnügungssüchtig, scheu und bequem, galt nicht als der Mann, die übergroßen Werke des Vaters mit dessen Ernst weiterzuführen. Ihn umgaben korrupte Günstlinge, an ihrer Spitze der Graf von Lerma, welcher stürzte im Jahr, in dem unsere Erzählung beginnen soll. Sein und seinesgleichen ungeheurer Reichtum kontrastierte mit der Bedrängtheit des städtischen Bürgertums, das die Hauptlast dynastischer Weltmachtpolitik zu tragen hatte, zumal die Kirche steuerfrei war; schweigend war die Armut der Armen. Der Landwirtschaft fehlte es an Arbeitern, während Hunderttausende von Vagabunden das Königreich durchzogen. Aberglaube, der in Palästen und Klöstern sich in allerlei Beschwörungen und Dämonenspuk gefiel, behinderte das Geringe, das die königliche Regierung zur Förderung des Handels ins Auge faßte: Das Projekt einer Schiffbarmachung des Tajo und Manzanares wurde, unter Philipp IV., von einer Prüfungskommission mit der Begründung verworfen, wenn Gott die Schiffbarkeit der Flüsse gewollt hätte, dann hätte er sie selber so gemacht. Einmal, 1609, zeigte der Staat beachtliche Energie; aber dies geschah, um das Land selber energieärmer zu machen, indem man die letzten Nachkommen der arabischen Eroberer, die Moriscos, vertrieb, nützliche Handels- und Werksleute, obgleich kaum loyale Untertanen. Diese Vertreibung wurde mit einer Umsicht organisiert, die man modern nennen könnte. Nutznießer des konfiszierten Reichtums wurden ein paar Granden.

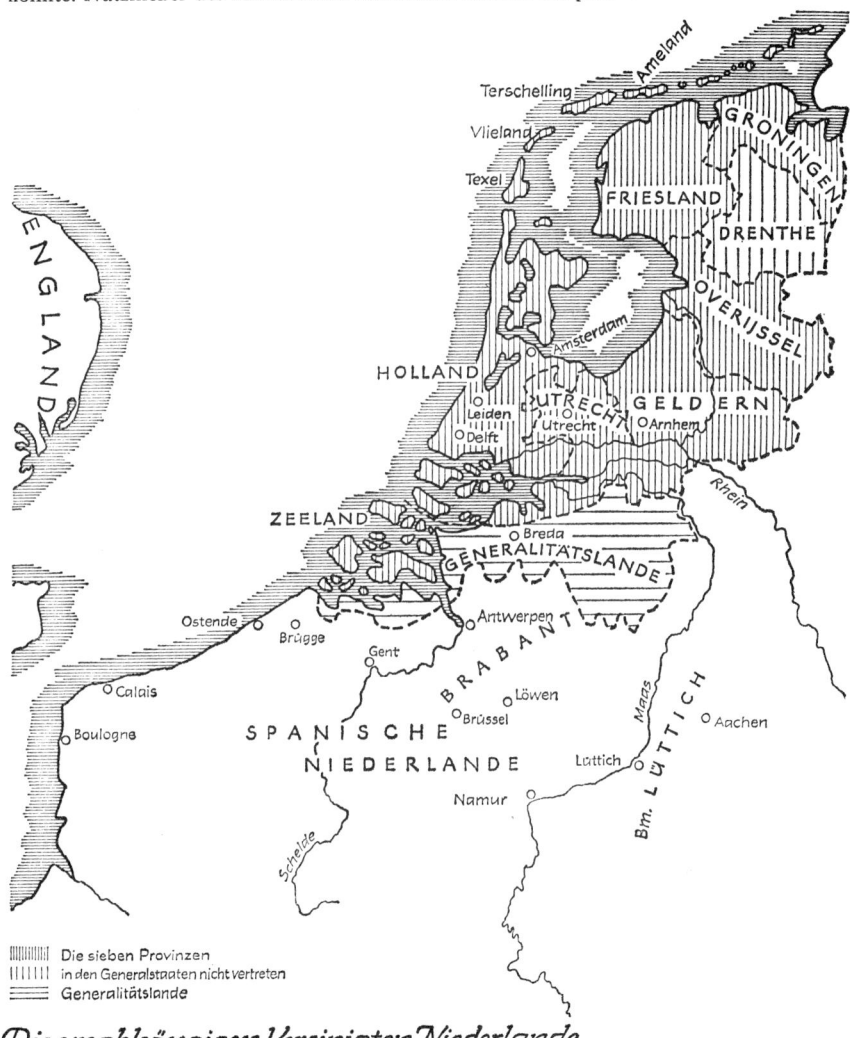

Die unabhängigen Vereinigten Niederlande

Dergleichen beredete man nördlich der Pyrenäen; daß die Spanier faul und priesterbeherrscht seien und trotz der Priesterherrschaft allen Lastern ergeben, daß bei ihnen Religion und Liebe und Grausamkeit die furchtbarsten Mischungen eingingen. Den Leidenschafts- und Liebesmord hat Lope de Vega besungen. Was die Grausamkeit betrifft, so war man grausam überall in Europa, überall gab es die Ausführung gräßlich ersonnener Todesstrafen, an denen hoch und niedrig sich ergötzten. Die spanischen Autodafés, von beobachtenden Chronisten begierig aufgezeichnet, Verbindung von frommer Feier, Volksbelustigung und an Menschen verübter Höllenqual hatten eine besondere Note. Nahm man sie den Spaniern übel, waren sie ein Grund für die Verschlechterung seiner politischen Lage? Keineswegs. Sowenig man den Deutschen ihre Hexenprozesse verübelte; es waren nationale Sonderbarkeiten.

Die große Fassade hielt, und trotz pessimistischer Vorhersagen war es mehr als eine Fassade. Ein Reich wie das spanische, zusammengeerbt, ohne genügende Basis, wie es war, aber gleichwohl regiert von einer machterfahrenen Kaste, brauchte Jahrhunderte zum Niedergang. Die Monarchie gab mystischen, von niemand bezweifelten Glanz. Die militärische, diplomatische Tradition war stark; fehlte es an Geld, so doch nie an Geld, Söldner zu bezahlen, nicht an Männern, die der Fahne zuliefen, Spanier, Italiener, Flamen. Am Rhein kommandierte ein General, der die spanische Kriegskunst noch einmal zu höchster Höhe erhob, Ambrosio di Spinola.

Übrigens war die spanische Politik nun bis auf weiteres friedlich. Der Tod hatte die großen Gegner hinweggerafft: 1598 den Hort katholischen Trotzes, Philipp II.; 1603 die englische Elisabeth; König Heinrich von Frankreich, der den großen Kampf mit Habsburg wieder aufzunehmen im Begriff war, 1610. Seither war die Madrider Diplomatie auf Freundschaft mit England und Frankreich ausgerichtet, eine Tendenz, welcher der erste Stuart-König, Jakob, und die Regenten zu Paris entgegenkamen. Daher die schon erwähnte spanisch-französische Doppelheirat von 1615. Wirft man freilich einen Blick auf die Karte der Zeit, sieht man, wie Frankreich von spanischen Territorien umschnürt war, so errät man, was die heimlich vorbereitenden Schritte bestätigen: Daß es sich hier um einen Waffenstillstand aus Ermüdung und persönlichem Zufall, nicht um dauernde Auflösung des Machtgegensatzes handelte.

Das gleiche gilt für den Vertrag, den Spanien 1609 nach vierzigjährigem Kampf mit den rebellischen Niederlanden schloß. Der Form nach wurde er nicht von Spanien ausgehandelt, sondern von den Regenten der »Spanischen Niederlande«, wie sie nun im Gegensatz zu den Generalstaaten genannt wurden, dem Erzherzog Albrecht und seiner Gattin Isabella, Tochter Philipps II. Es war eine der letzten Maßnahmen, die ihr Vater getroffen hatte, um zu retten, was zu retten war: Belgien sollte sich selber regieren dürfen, durch seine Stände und Räte, gebunden an Spanien nur durch die Person der Regentin und die noch immer unerbittlichen Glaubensgesetze. Das erzherzogliche Paar machte seine Sache gut, wohlwollend, so liberal, wie es durfte, und bequemte sich endlich dazu, den Krieg mit dem protestantischen Norden zu beenden, als »freien Provinzen und Staaten, auf welche sie keinen Anspruch« erhöben. Ob das eine völkerrechtliche Anerkennung der Generalstaaten war, blieb undeutlich; war sie es, so wurde sie von den Erzherzögen, nicht vom König ausgesprochen, der heimlich sein Placet sogar für Hollands blühenden überseeischen Handel gab. Der Friede sollte zwölf Jahre dauern. Ein Waffenstillstand also; mit ängstlicher Neugier sahen Europas Diplomaten das Jahr 1621 herankommen.

Kaum waren die Holländer der äußeren Gefahr ledig, so gaben sie sich innerer Zwietracht hin, in der, dem Zeitgeist entsprechend, religiöse Leidenschaft sich mit politischer verband oder diese sich in jener ausdrückte. Gegen das furchtbarste Lehrstück der Calvinisten, die Prädestination, erhob sich ein edel gesinnter Professor, Arminius, mit dem Argument, Gott könne die Sünde nicht gewollt haben; ein Gedanke, der uns heute einleuchtender erscheint als zu Beginn des 17. Jahrhunderts den Anhängern der Genfer Orthodoxie und hinter dem, so wie die wohlhabende Geschäftswelt von Holland ihn entwickelte, sich der Wunsch nach einer freieren Kirchen- und Staatsverfassung verbarg. Der Staat von Holland, vertreten durch seinen hochverdienten, greisen Politiker Oldenbarnevelt, machte die Sache der Arminier oder »Remonstranten« zu seiner eigenen, weigerte sich, an einer von den Generalstaaten einberufenen Synode teilzunehmen; nahm schließlich ein eigenes Heer in Pflicht und begann sich als souveräner Staat im Rahmen einer kündbaren Union zu gerieren. Es war nicht der erste Konflikt seiner Art, einen Föderativstaat zerreißend, nicht der letzte. Hier gewann die Partei der Union, die zugleich die Partei der Orthodoxie war, an ihrer Spitze der Statthalter, Moritz von Oranien, Sohn des Schweigers. Im Sommer 1618 – kurz vorher hatte sich im fernen Böhmen ereignet, womit soviel begann – machte eine militärische Exekution den holländischen Sonderansprüchen ein Ende. Ein Justizmord an Oldenbarnevelt folgte nach, nicht besser, im Lande der neuen Freiheit, als der an Egmont und Hoorne. Der berühmteste Anhänger Oldenbarnevelts, der Rechtslehrer Hugo Grotius, floh, in einer Bücherkiste versteckt.

Das 16. Jahrhundert hatte zwei große Friedensschlüsse zwischen den streitenden Konfessionen erlebt: den von Augsburg und das Edikt von Nantes, 1598. Dieses ging weiter auf dem Weg der Toleranz als der deutsche Kompromiß, beruhte aber, wie jener, mehr auf einer praktischen Auseinandersetzung als auf einem geistigen Prinzip; »ein Arrangement, keine Entwicklung« (Lord Acton). Freiheit des Gewissens sollte nur in den Territorien gelten, welche die bewaffneten Hugenotten innehielten, im Süden hauptsächlich und im Westen. Was man ihnen einräumte, war keine allgemeine Wahrheit, es war ein Staat im Staate, den sie sich nach niederländischem Vorbild organisiert hatten, mit seinem Heer, seinen Festungen, seinen Kassen, die der König zu füllen hatte, seinen Synoden, Generalversammlungen, Oberhäuptern. Folglich war Frankreich eine katholische Macht, innerhalb derer es eine protestantische Macht gab. Mit dem Grundsatz des *einen* Königreiches stritt dieser Zustand so offenbar, daß des Königs oberste Gerichtshöfe, die Parlamente, lange zögerten, ihn anzuerkennen.

Und Heinrich IV., der ehemalige Protestant, dem religiöser Fanatismus fremd war, machte keinen Hehl daraus, daß er die ungeheure Konzession als ein für den endlich errungenen inneren Frieden notwendiges Übel ansah, welches er, wenn er könnte, wieder abschaffen würde. Es ist aus dem Spätherbst des Jahres 1609 ein Gespräch des Monarchen mit einem seiner Vertrauten überliefert, welches uns seine geheimsten Gedanken verrät. Die Quelle aller Ordnung in Frankreich, sagte er, sei die Autorität des Fürsten. Daher die militärische, die finanzielle Macht, die er so emsig aufgebaut und die ihn, nach ihm seinen Sohn, *absolut* machen müsse. Daher auch dürfte es im Land auf die Dauer nur *eine* Religion geben, welche, so wie die Dinge einmal lagen, nur die katholische sein konnte. Er nehme Protestanten wie Katholiken in seinen Dienst, er lasse ihnen alle Gerechtigkeit widerfahren, aber er hoffe sie friedlich und Schritt für Schritt zur alten Religion zurückzubringen. Nach außen bedürfe das Reich noch immer gewisser territorialer Abrundungen, im Osten Lothringen, Flandern im Norden. Die Versöhnung Frankreichs mit Spanien oder Habsburg sei eine Chimäre, denn die Größe des einen Hauses sei der Ruin des anderen und umgekehrt; keine dynastische Heirat vermöchte etwas gegen die Natur der Sache. Die Fundamente von Frankreichs Einheit und Größe habe er als sorgsamer Architekt gelegt; er fühle sich jung genug, wenn Gott ihm noch zehn Jahre gäbe, so werde das Werk den Schöpfer überdauern.

Sechs Monate später machte der Mord seinem Leben ein Ende. Damals war er im Begriff gewesen, den Krieg gegen Habsburg zu erneuern, nicht nach Süden hin, sondern durch eine großartig geplante Intervention in den Erbstreit, der in Deutschland um das Herzogtum Jülich-Berg entbrannt war – wovon später; in einem Festsetzen der katholischen Kaisermacht westlich des Rheins glaubte er eine neue Phase der gesamt-habsburgischen Aggression zu erkennen, gleichzeitig die Chance zu einem Gegenschlag im Bund mit den deutschen Protestanten. Heinrichs Tod reduzierte den gewaltigen Plan – vier französische Heere hätten nach Deutschland ziehen sollen – auf eine bescheidenere Diversion, welche die Franzosen zusammen mit den Holländern ins Werk setzten, um die Kaiserlichen zu vertreiben und dem deutschen Calvinisten, dem Kurfürsten von Brandenburg, einen Teil der umstrittenen Fürstentümer zu sichern. Der Ausbruch der großen Staatenkrise war damit noch einmal verschoben, sie selber nicht gelöst.

Wie sehr der Monarch noch zehn Jahre gebraucht hätte, um sein Werk zu vollenden, wie treffend seine Ansicht von der ordnungsstiftenden Autorität der Krone war, zeigten die Folgen seines plötzlichen Ausfalls. Die streitenden Mächte, die er gebändigt hatte, waren alle noch da: Die Prinzen des Blutes, oft die giftigsten Gegner des Oberhauptes, die Grenzfürsten, die, so verurteilte sie ein zeitgenössischer Memoiren-Schreiber, »in französischer Sprache deutsch redeten«, Bouillon, Lothringen, halb Stände des deutschen Reiches, halb französische Vasallen; der große Feudaladel, katholischer wie protestantischer, nicht mehr wie früher fest in der natürlichen Hierarchie der Gesellschaft gebettet, aber wurzellos abenteuernd, Provinzen, Festungen, Regimentern gebietend; der hohe Clerus, mit dem hohen Adel versippt, aber in seinen Interessen und Wertmaßstäben nicht immer mit ihm identisch; die Gesamtmacht der Protestanten; die Gesamtmacht der Stadt Paris; das ständische Bürgertum, aufragend in den durch Kauf erblich gewordenen Richterämtern der Parlamente; die unvertretene, leidende Bauernschaft, welche die ganze schwere Pyramide trug.

Die Witwe Heinrichs IV., die für den Königsknaben Ludwig XIII. die Regentschaft führte, Maria von Medici, war landfremd, schwach und töricht; ihre von italienischen Ratgebern ausgeheckte Politik sollte nur-katholisch sein, also rom- und spanienfreundlich, und Gegner mit Geld beschwichtigen. Was unter ihrer Regentschaft und in den ersten Jahren des volljährig erklärten Ludwig durch das Land ging, war nicht *eine* Gegnerschaft, *ein* Konflikt. Alle die egozentrisch-irrationalen Kräfte, die König Heinrich zusammengezwungen hatte, brachen auseinander oder trafen sich in unstimmigen Bündnissen; Protestanten gegen eine unnationale katholische Außenpolitik, aber im Bund mit einem Teil des katholischen Feudaladels, Fürsten gegen das Königtum oder dafür, je nach Laune und

Hoffnung, Bürgertum gegen Erbadel, Adel gegen Erb-Bürgertum – amorphe Bestrebungen insgesamt, welche Aufbau und Leitung des Staates, so wie König Heinrich sie konzipiert hatte, blutig behinderten, aber durch kein tragfähiges Prinzip ersetzen konnten.

Im Jahre 1614 wurden die Generalstände des Königreichs nach Paris gerufen, Clerus, Adel, Bürgerstand, zum letztenmal für sehr, sehr lange Zeit. Die Debatten waren leidenschaftlich, mitunter geistvoll, aber chaotisch. Großbürger wetterten gegen die wollüstige, unnütze Existenz des Adels, der seinerseits sich gegen die Kaufbarkeit der Parlamentsämter, diesen zweiten falschen Adel, erhitzte; der dritte Stand ahnte im Königtum seines und des Landes Schutz, solange er ihn brauchte. Die Erklärung, daß der König seine Krone von Gott allein habe und für sein irdisches Tun keiner geistlichen Macht, keinem Papst verantwortlich sei – die Proklamierung des absoluten Staates –, wurde verlangt, von der Regentin aber vermieden. Der Clerus selber war in dieser Frage geteilt. Den politisch gesinnten Gallikanern standen ultramontane Prälaten gegenüber. Der junge Bischof von Luçon, Richelieu, ist den Debatten gefolgt und hat gelegentlich in sie eingegriffen, wobei er durch die kühle Eleganz seiner Rede wie durch seine scharfe Bestimmung der überparteilichen, unbestechlichen, schlagkräftigen, rationalen Autorität des Staates auffiel. Daß mit den alten Ständen nicht mehr zu regieren, mit der Arroganz des Feudaladels nicht mehr zu paktieren sei, mag er damals beobachtet haben, indem er übrigens Schritte tat, um sich bei der Regentin und ihrem Sohn günstig bemerkbar zu machen.

Die von Maria von Medici lange ersehnte spanisch-französische Doppelhochzeit fand im Herbst 1615 in Bordeaux statt, gegen einen düsteren Hintergrund; Rebellen-Regimenter des arrogantesten unter den Hocharistokraten, des Prinzen von Condé, mit dem später ein regelrechter Friedensvertrag geschlossen werden mußte, zogen plündernd durch das Land, und gegen die neue Spanienpolitik des Hofes waren nicht bloß die Hugenotten. Eine Allianz für zehn Jahre, die auch gegen innere Feinde ins Spiel kommen sollte, krönte das unsolide Versöhnungswerk.

Wenn östlich des Rheines die Dinge sich so entwickelten, als ob es Frankreich nicht gäbe, so hätte ein Hellsichtiger voraussagen können, daß dieser Zustand nicht von Dauer war. Denn das Land war gleichwohl eines der volkreichsten der Christenheit, eines der wohlhabendsten auch, schon beinahe in den Grenzen, die später seine endgültigen werden sollten, noch nicht einem Willenszentrum durchweg untertan, aber längst über den Moment hinaus, in dem noch eine andere, ständisch-föderale Lösung möglich gewesen wäre, bewohnt von einer lebhaft begabten und überaus wehrfähigen Rasse. Der Künstler, sie zu mobilisieren, war der neue König für sich allein nicht, obgleich es ihm an Staatsinstinkt und kaltem Egoismus des echten Monarchen nicht fehlte. Er war langsam, scheu, ohne Charme und Feuer des Vaters.

Das spanisch-französische Bündnis war ein Erfolg der römischen Politik, die schon beim Friedensschluß zwischen Philipp II. und Heinrich IV. emsig tätig gewesen war. Habsburg und Frankreich waren die ersten katholischen Mächte; ihr Streit durchschnitt, verwirrend und lähmend, den anderen, der im Denken der Kurie als der einzige zählte. Je weniger gallikanisch, bürgerlich, protestantisch, je weniger national die Gestalt Frankreichs, desto geringer der Antrieb im Machtkampf der beiden großen Dynastien und Staatsverbände.

Sie war aktiv, diese römische Politik, und um so bewundernswerter, weil sie, gestützt auf die schmale territoriale Basis des Kirchenstaates, eine geistige, universale, sich jeweils den regionalen Bedingungen anpassende sein mußte. Spaniens, als katholischer Macht, war sie sicher, und, über Spanien, der fünf Erzbistümer und vierhundert Klöster in Südamerika, der Missionen in Indien. Nicht so sicher war sie Spaniens als politischer Macht, insofern der Papst sich selber als italienischen Fürsten sah und weltliche Politik treiben mußte. In dieser Rolle zog er die ferneren Franzosen seinen spanischen Nachbarn vor, wenn es zwischen diesen beiden Mächten zum Konflikt kam; ungefähr so, wie die deutschen Fürsten es taten, und zwar nicht bloß die protestantischen, mitunter die katholischen auch.

England, seit dem Tode der Elisabeth, schien nicht völlig verloren, denn der Nachfolger, Jakob I. aus dem Hause Stuart, unter dem die Verbindung der beiden die Insel teilenden Königreiche sich endlich vollzog, war entschieden kontinental gesinnt, politisch im Sinn Machiavellis, auf Bündnisse ausgehend, die nicht von dem Religionsstreit bestimmt waren. Daß England unter seiner, dann seines Sohnes Regierung sich von Europa trennte, lag nicht an ihm. Es lag an dem Konflikt, der sich zwischen Königshaus und Bürgertum entwickelte und von dem in einem anderen Kapitel die Rede sein soll. Den Absolutismus hatte er von seinen Vorgängern, den Tudors, auf Umwegen von Luther, übernommen. Insoweit die Jesuiten Revolution gegen häretische Fürsten predigten, mußte er gegen sie sein; als eine greuliche, von Jesuiten geförderte Verschwörung mit dem Ziel, König und Parlament in die Luft zu sprengen, in letzter Stunde entdeckt wurde (1605), war die Wiederbelebung der strengsten Katholiken-Gesetze unvermeidlich. Für seine Person aber blieb der Monarch tolerant und führte die lockersten Reden: Der Unterschied zwischen den Konfessionen sei im Grunde so tief nicht, und wo es keine Bischöfe gäbe, da würde es bald auch keine Könige mehr geben – ein Wort, dessen Bestätigung die Zukunft seinem Hause vorbehielt. Eine spanische Heirat wünschte auch er, wesentlich, um seinen noch immer zahlreichen, einflußreichen, reichen katholischen Untertanen zu zeigen, daß Spanien, welches auf ihrer Seite war, auch auf der seinen sei. Der Plan, seinen Sohn mit einer Habsburgerin zu vermählen, scheiterte aber schließlich unter lächerlichen Umständen.

Erfreulich, im Sinn der geistlichen Politik Roms, waren die Entwicklungen, die es seit den Jahrzehnten um 1600 mit dem polnischen Königreich genommen hatte. Längst sind wir gewohnt, den Katholizismus als Trost und Stütze der polnischen Nation, als nicht fortzudenkenden Träger ihrer bedrohten Indentität anzusehen. Aber er war es nicht immer; nicht im zweiten Drittel des 16. Jahrhunderts, damals, als ein großer Teil des jungen Adels sich seine Bildung in Genf und Wittenberg, im hugenottischen Frankreich gewann und der Ruf »Los von Rom« auch hier seinen Widerhall im städtischen Bürgertum fand. Tief war das polnische Geistesleben mit dem germanischen und lateinischen verbunden, keine europäische Tendenz, kein Denk- und Kunststil, der hier nicht sich schöpferisch ausgewirkt hätte: Luthertum vom preußischen Norden her, Calvinismus, die Nuancen der böhmischen Konfession im Süden, Humanismus an der blühenden Krakauer Universität. So wie Österreich, die deutsch-habsburgischen Erblande, bis zum heutigen Tag wohl überwiegend protestantisch wäre ohne den einen Ferdinand, so war der Triumph der zurückgewinnenden katholischen Reformation in Polen das Werk einiger weniger Potentaten, Edelleute und

Die im Jahr 1614 einberufene Versammlung der Generalstände
Kupferstich

Das für den Besuch des Kaisers Matthias festlich geschmückte Nürnberg
Federzeichnung, 1612. Nürnberg, Germanisches National-Museum

Jesuiten, die ihre Collegien gründeten, ihre Seelenfänge machten, mit Güte, Kultur und List wirkten, wo Strenge ihnen verboten war.

Polen war groß damals und hatte eine Schlüsselposition in der osteuropäischen Politik inne. Es verband den hohen Norden mit dem tiefen Süden; hier an die ungarisch-türkischen Wirren grenzend und oft in sie hineingerissen, dort an Schweden oder die schwedischen Besitztümer am Südrand des Baltischen Meeres. Ebenso verband es den Osten und die Mitte, denn es reichte weit ins heutige Rußland hinaus, in die Ukraine, nach Weißrußland, und konnte noch zu Beginn des Jahrhunderts begehren, sich Moskau untertan zu machen, während es gleichzeitig als Lehnsherr über das Herzogtum Preußen gebot und gemeinsame Grenzen mit den Ländern der böhmischen Krone besaß. Es war denn auch, nach dem Aussterben der Jagiellonen, der polnische Wahlthron so begehrt wie der deutsche und leichter zu gewinnen, und es konnte vorkommen, daß nacheinander ein französischer Prinz, ein ungarischer Aristokrat und türkischer Vasall, der Fürst von Siebenbürgen, und ein schwedischer Wasa ihn innehatten. Den vielseitigen Möglichkeiten, Interessen, Gefährdungen entsprechend, verschob das Schwergewicht der außenpolitischen Bestrebungen des Königreiches sich vom Süden nach Osten und Norden, je nach den Neigungen der regierenden Dynastie. Kurz vor den Jahren, in denen unsere Erzählung beginnt, hatte es den Anschein, als ob Polen und Schweden sich vereinen würden: Sigismund Wasa, König von Polen, habsburgisch verschwägert und römisch gesinnt, war gleichzeitig König von Schweden. Es wäre dann, anstatt der aufgelösten skandinavischen Union, eine ganz andere zustande gekommen, Schweden, Finnland, Livland, Polen, und es wäre der alte Kampf um die Ostsee – *dominium maris baltici* – zugunsten eines polnischen Imperiums entschieden worden. Dergleichen schien zu Ende des 16. Jahrhunderts noch möglich; so ungesichert waren noch die staatlichen, die nationalen Identitäten. Aber Schweden, seine Edelleute und Bauern, lutherisch durch und durch, wollte weder katholisch noch polnisch werden. Ein älterer Wasa, Karl, erhob sich als Vorkämpfer der nationalen Sache und zwang den fremd gewordenen polnischen Neffen zum Verzicht. Karls Sohn, Gustav Adolf, dritte Generation der jungen Schwedenkrone, auf den Thron gekommen 1611, sah in Polen den erklärten Feind, in der schwedischen Herrschaft über die Ostsee das erklärte Ziel. Nachdem er den Moskowitern Karelien abgenommen und Reval besetzt hatte, verband er sich mit dem Feind von gestern gegen Polen.

Der Kampf um die Ostsee war nicht neu. Schon 1563 hatte ein Kurfürst von Sachsen Klage darüber geführt, daß Schweden sehr unmilde mit der deutschen Schiffahrt umginge; »alles der Meinung, die Hanthierung und Kaufmannschaft mit den Reußen und die ganze Ostsee unter seine Bootmäßigkeit und Gewalt allein zu ziehen und dieselben des heiligen Reiches Ständen und Städten abzustricken«. Dieser Kampf war vielfältig; zwischen Schweden und Dänemark, das noch einen Teil von Schwedens Südküste und den Sund beherrschte und alle ihn durchfahrenden Schiffe zu einer Abgabe nötigte; zwischen beiden Königreichen und Polen; zwischen allen dreien und Rußland, das noch keinen Halt an der Ostsee besaß, aber weltkundigerweise dorthin drängte. Es war ein besonderes nordisches, östliches Ringen, aber mit dem anderen Hauptgegensatz, welcher den Rhein zum Zentrum hatte und Spanien-Habsburg, Frankreich, die Niederlande und England anging, gleichwohl verknüpft, denn auf dem gesamteuropäischen Kräftefeld suchte jeder überall Bundesgenossen wie Feinde. Spanien durfte das rekonvertierte Polen als seinen Artverwandten ansehen, und 1614 schloß Gustav Adolf ein Bündnis mit den Niederlanden. In der Mitte beider Konfliktsgebiete, sehr groß, sehr mannigfaltig, das Herzland Europas, lag das Deutsche oder Heilige Reich. —War es noch ein Staat? So wie Schweden einer war, England, Dänemark, wie Frankreich, trotz augenblicklicher Verdüsterung, im Begriff war, einer zu werden? Im Grunde war es wohl nie einer gewesen. Ein anderes Entwicklungsgesetz hatte hier geherrscht, tief unterschieden von dem, welchem die Schwesternationen folgten. Nicht schlechter vielleicht, in vieler Beziehung phantasiereicher und großartiger, das Leben jener, die ihm untertan waren, manchmal erhöhend, manchmal beengend und bedrohend. In eine solche Epoche war Deutschland nun eingetreten. Das wußte man dort auch und sprach viel und wohltönend darüber. Aber keiner erhob sich, den langsam und sicher einer Krise zustrebenden Gang der Dinge abzubremsen, und es konnte sich auch keiner erheben; der hätte ein Gott sein müssen, der die Wirrsal des *Corpus Germanicum* mit einem Schlag geordnet hätte. Denn es waren nicht zwei Parteien, die sich das von der Natur so sehr gesegnete, durch seine Geographie so begünstigte wie gefährdete Land teilten, so, daß eine der anderen hätte obsiegen oder beide zu einem tragfähigen Kompromiß hätten gelangen können. Es war ein Chaos sich bekämpfender, durchkreuzender, aneinander vorbeizielender Willenszentren, wenn der Wille überhaupt ein Zentrum hatte und wußte, was ihm noch zu wollen übrigblieb.

Eines war die Verfassung, der Wust von Präzedenzen, Beschlüssen, Richtsprüchen, Wahlkapitulationen, der dem Gesamtreich Form geben sollte; ein anderes die Wirklichkeit. Der Form nach war, wie wir wissen, Deutschland längst das geworden, was man später einen Bundesstaat nannte. An der Spitze der Kaiser, seit Jahrhunderten regelmäßig ein Mitglied des Hauses Habsburg, aber immer aufs neue zu wählen, immer gezwungen, mit Pressionen und Konzessionen um seine Wahl zu ringen. Ihn wählten die sieben Kurfürsten, drei geistliche und katholische, Köln, Mainz und Trier, vier weltliche, Pfalz, Sachsen, Brandenburg und Böhmen. Das letztere war eine Enormität, denn der König von Böhmen war der Habsburger selber und Böhmen kein Gliedstaat des Reiches. Der Kaiser handelte durch den Reichstag, die buntscheckige, hierarchisch aufsteigende Gesamtvertretung der Stände des Reiches, die er, aber nur in Übereinstimmung mit den Kurfürsten, einberufen durfte; durch das Reichskammergericht, dessen Räte auf eine kunstvoll-bündische Art gewählt wurden; durch den in Wien residierenden Reichshofrat, dessen Mitglieder er selber ernannte und der ihm gefügiger war. Auch dem Reich? Das hätte der Fall sein mögen, wenn der Kaiser nichts gewesen wäre als Inkarnation, Herrscher, oberster Vertreter des Reiches, in allen Provinzen gleich gegenwärtig. Aber der Kaiser war selber einer der Territorialfürsten, der mächtigste von ihnen, und was er für oder gegen das Reich tun konnte, stützte sich mehr auf seine eigenen Hilfsmittel als auf jene, die das Reich ihm zu liefern gewillt war. Seine Territorien – Böhmen, Ungarn – waren ferner zum großen Teil weder deutsch noch reichisch. Er war Mitglied einer übernationalen Dynastie, deren Interessen Deutschland umfaßten, aber nicht dort zentrierten. Er war Katholik, und das hieß hier, nicht Vertreter des Landes gegenüber einer rebellischen Minderheit, wie in Frankreich, sondern Haupt einer Religionspartei gegen die andere, ungefähr ebenso gewichtige, die sogar sich rühmen durfte, eben weil sie weniger international verbunden waren, die deutschere zu sein. Das sind ebensoviel Gründe dafür, warum der Kaiser eine klare Quelle reichsfriedenstiftender, gerechter Autorität nicht sein konnte; selbst wenn er eine stärkere Persönlichkeit gewesen wäre, als der melancholische Rudolf II. und sein feindlicher Bruder und Nachfolger, der alte Matthias, es waren.

Unter dem Kaiser die Reichsstände, von den großen Kurfürsten- und Herzogtümern, den Reichsstädten und Bistümern, die weiten Regionen geboten, hinab zu den Miniatur-Reichsstädtlein, Reichsrittern, Reichsdörfern. Die Stände waren geteilt durch ihre Eigeninteressen, die weltlicher, religiöser und aus beidem gemischter Natur waren. Die katholischen waren geeint in der Religion, obgleich getrennt in anderen Beziehungen; die protestantischen auch in der Religion nicht einig, denn Lutheraner und Calvinisten nährten gegeneinander giftigere Bosheit als beide gegen die katholischen. Gelegentlich der Jahrhundertfeier von Luthers Rebellion höhnte ein katholisches Lied:

> Ein Wolkenfahn' und Wetterhahn
> wars Luthers Lehr von Anfang an:
> soll man dann triumphieren?
> Izt nein, izt ja, izt gelb, izt grau,
> izt grad, izt krumb — ist's Luthertumb:
> soll man da jubilieren?

Als der Pfalzgraf von Neuburg zum Katholizismus konvertierte, um eine bayerische Prinzessin zu heiraten und seine Ansprüche auf Jülich-Berg desto besser geltend zu machen, rechtfertigte er seinen Schritt, indem er die uralte geistige Einheit des römischen Glaubens mit den Streitereien der Protestanten kontrastierte: »Da doch hingegen die augsburgische Konfession in einem kleinen Winkel der Welt geboren, auch oft verändert und nunmehr nicht allein nicht weiter ausgebreitet, sondern durch Calvinus und andere also in die Enge getrieben worden, den Namen ›katholisch‹ ohne Schimpf und manniglichs Spott nicht führen, auch keinen alten, heiligen lehrer aufweisen kann...« Dergleichen war schwer zu widerlegen. Glaubensernst und Machttrieb, Streben nach innerer Einheit und äußerer Expansion, Rechthaberei und Streitsucht waren in Deutschland wie überall in Europa in religiöse Formen eingegangen. Aber nicht nur gaben sie der Nation keinen Frieden, wie sie es in Schweden oder Spanien taten; sie zersplitterten noch das, was sie gegeneinander teilten.

Unter den Ständen des Reiches war die Mehrzahl noch immer in ihrer Wesensart von ihm abhängig, weil sie ohne den Schutz, den es gewährte, nicht existieren konnten, dürftig und unsicher wie dieser Schutz auch war: kleine Reichsstädte, Reichsgrafen, Reichsabteien. Die wenigen größeren Gebilde, die es unter den zweitausend Ständen gab, waren in einer anderen Situation; ihr Bestreben, bewußt oder unbewußt, war längst dahin gegangen, eigentliche Staaten zu werden, und ihre Bürger fühlten das, was der Kurfürst, Herzog, Landgraf, Bischof oder Senat tat, ungleich mehr, als was Kaiser und Reich für sie noch taten oder von ihnen forderten. Eine Vielzahl von Stilen des Lebens und der Repräsentation hat so die deutschen Lande geprägt, denn jeder größere Potentat wirkte emsig für die Erziehung seiner Untertanen wie für die Pracht seiner Residenzen; »für die Erhaltung Gottes und unseres Hauses«, wie ein Habsburger formulierte. Andererseits gab die Identifizierung jeder dieser Herrschaftsgebilde mit einer der Konfessionen dem Religionsstreit in Deutschland eine einzigartige Gefährlichkeit; brach er aus in Gewalt, so mußte das Land in eine Zahl sich bekämpfender Staaten oder Staatenverbindungen auseinanderfallen und das nichtdeutsche Europa mithereingerissen werden, weil die deutschen Geschicke ihm gar zu interessant waren und dementsprechend die bedeutenderen deutschen Fürsten zu England und den Niederlanden, zu Frankreich, zu Spanien und Rom enge Sonderbeziehungen unterhielten, während es eine äußere Politik des Reiches in seiner Gesamtheit nicht gab.

Die Bedeutung des Fürsten hing ab vom Verhältnis zu seinen Standesgenossen; ebensosehr von dem Platz, den er sich im eigenen Lande erkämpft hatte oder in Gefahr war, wieder zu verlieren. Die schwächliche Rolle, welche die Habsburger in den beiden ersten Jahrzehnten des Jahrhunderts spielten, war die Folge tiefer innerer Unruhen in den »Erblanden«; die Monarchie wurde der ständischen Bewegung, des adligen und städtischen politischen Eigenwillens nicht Herr.

Das war anders in Bayern, dem aktionsbereitesten unter den deutschen Fürstentümern. Hier hatte, wie anderwärts erzählt, die Dynastie der Wittelsbacher ein Gemeinwesen aufgebaut, in dem die geistigen Kräfte der Gegenreformation den Bestrebungen des Absolutismus zu Hilfe kamen, ohne daß der Fürst der Kirche untertan gewesen wäre; Herzog Maximilian, Regent seit 1597, gab ihr Macht über die Seelen, aber nicht über den Staat, und fühlte sich auf Erden niemandem untertan. Man hat den bayerischen Staat der letzten Herzöge einen »Polizeistaat« genannt, und das war er wohl auch, aber in dem älteren Sinn des Wortes, in welchem »Polizierung« nicht bloß von der Polizei kontrollierte Regeln, sondern von der Staatsspitze her gelenkte und gestaltete Zivilisation bedeutet. Der Herzog, mit seinen Geheimen und Hof- und Geistlichen und Kriegs-Räten, seinen Landrichtern und Landpflegern, seinen Rentmeistern und Vice-Domen, kurzum mit seiner Staatsbürokratie, arbeitete für die Bürger wie für den Staat an der Spitze einer genau gebauten Verwaltungspyramide. Nichts entging der Aufmerksamkeit des »fleißigen Herrn, der sich bei Tag und Nacht keine Ruhe gönnt, sondern sich und andere aufreibt«, wie einer seiner Räte klagend bemerkte. Er kümmerte sich um die Sitten seiner Untertanen, die Mengen von Bier, die man ihnen verstatten sollte – »etwa eine Maß« –, die Kleider, die sie tragen, die Tänze, die sie tanzen durften, und schickte seine geheimen Aufpasser unter sie. Er war sparsam und prüfte jede staatliche Aufgabe selber; der Königin von Spanien riet er aus eigenster Erfahrung zu bedenken, »daß die rechte Reputation ad grandezza nicht im Spendieren, sondern Wohlspendieren und Gespürigkeit besteht; denn vieles Kleine macht Großes. Ich habe den Brauch, daß alle Monate jeder Pfennig, so bei meinem Zoll- oder Finanzamt eingeht, mir ordentlich verzeichnet muß zugestellt werden.« Infolgedessen hatte er immer Geld zur Verfügung und konnte den größeren Teil seiner oder des Staates Einnahmen, im Lauf seiner langen Regierung etwa hundert Millionen Gulden, für seine außenpolitisch-kriegerischen Unternehmungen verwenden, was ihm eine führende Stellung in Deutschland und eine beträchtliche in Europa schuf. Die Ermahnung, die er für seinen

Sohn schrieb: »Nach Gott und der Liebe des Volkes sind ein tüchtiges Kriegsheer, stets bereite Geldsummen und gute Vestungen eines Fürstentums vürzüglichste Stützen«, klingt wie ein Kernwort des Absolutismus. Dabei fehlte es ihm nicht an Sinn für »Grandezza«; die schöne »Residenz« in München ist sein Werk, für Künstler, Musiker, Geschichtsschreiber hatte er eine offene Hand, und sein zugleich prächtig und sparsam verwalteter Hofstaat belief sich auf über sechshundert Personen. Mit der Volksvertretung, den Landständen, verfuhr er streng. Er hat sie zeit seines Lebens nur zweimal zusammengerufen und verschaffte sich die Gelder, die sie ihm verweigerten, durch eigene wirtschaftliche Unternehmungen: er werde wissen, »Mittel zu ergreifen, sich bei Land und Leuten und in fürstlichem Stande zu erhalten«. Was nicht hieß, daß er sich nur um seinen fürstlichen Stand, nicht aber um das Wohl seiner Untertanen sorgte. Hebung des Gewerbes und Handels, Pflege der Gesundheit, Hilfe für die Armen ließ er sich so angelegen sein wie Staatsschatz, Heer und Festungen und wie die Erhaltung der wahren Religion.

Als Jüngling hatte Maximilian die Ermordung Heinrichs III. von Frankreich jubelnd begrüßt: »Gestern habe ich mit großer Freude verstanden, daß der König von Frankreich umgebracht sei, wenn solches wahr wäre, hätte ich mich dessen noch höher zu erfreuen.« Fast ein halbes Jahrhundert später sollte er noch herzlichere Freude über die Ermordung eines anderen europäischen Anführers empfinden. Seine Regierung begann er damit, daß er zu Fuß nach dem fernen Kloster Altötting wallfahrte; dort schwor er, sein Leben dem Dienst der Heiligen Jungfrau zu weihen. Täglich betete er vielmals auf den Knien, denen man nachsagte, sie seien davon hart wie Stein geworden; in einem Kasten führte er Bußinstrumente, härene Stricke, Geißeln, Ketten, mit sich. Die Frage, was ihm höher gälte, der Glaube oder die Politik, hätte er unbeantwortet gelassen. Man mußte, so sah er es, für den rechten Glauben rechte bayerische Politik machen; auch wohl deutsche. Herzog Maximilian war nicht ohne Sinn für das Große und Ganze des Reiches, und die furchtbaren Dinge, die im Werden waren und zu deren Werden er beitrug, wollte er keineswegs.

Der religiöse Glaube, der in Bayern einen katholisch gesitteten, nach Rom und auch nach Madrid orientierten, von Herrschaft und Gehorsam durchwalteten Polizeistaat schuf, konnte in protestantischen Gegenden in eine bürgerlich-freiere, aber nicht weniger ernstere und kaum tolerantere Gestaltung staatlicher, kirchlicher, bürgerlicher Existenz eingehen. Das Bayern benachbarte kleine Fürstentum Pfalz-Neuburg mag als ein Beispiel für viele stehen. Der dort regierende Fürst, Philipp Ludwig, war so fromm wie sein Münchner Vetter, aber auf die neue Art; las die Bibel jedes Jahr von Anfang bis Ende und überwachte streng den sonntäglichen Kirchgang seiner Diener, so wie sie in Bayern täglich die Messe zu hören gehalten waren. Auch er war ein unermüdlicher Arbeiter und Arbeitsantreiber, »damit es allenthalben recht zuginge und die Frage der Gerechtigkeit mit Hintansetzung aller Privat-Affekten und Parteilichkeit gleich gehalten werde«. Nur war die Pflege von Glauben und Sittlichkeit anders inspiriert. Nicht Priester, Jesuiten, heimlich bezahlte Agenten wachten darüber, sondern »Censoren«, von der Gesamtheit der Gemeinde gewählte würdige Gemeindemitglieder, deren Ermahnungen der Pfarrer, der Lehrer, der Patronatsherr selbst sich zu fügen hatten. Krönung des »Kirchenregiments« war die Visitation: der alljährliche Besuch von Kirche und Schule durch einen Vertreter des Fürsten oder diesen selbst, wobei über alle sittlichen Verfehlungen der Gemeinde und ihrer Amtsträger Gericht gehalten wurde. Es war Schwere des Ernstes in dieser Sache, dem Zusammenleben der Bürger in fromm-gebundener Ordnung; nicht mehr die lebendige, mystische Schöpferkraft der frühen Lutherzeit, sondern ein obrigkeitlich festgelegter, zur alten Institution gewordener Ernst. Die Bürger machten ihn doch zu ihrem eigenen. Wie sehr sie es taten, zeigte sich, als das kleine Fürstentum ein Opfer des Konfessions-Streites wurde, der Erbe Philipp Ludwigs aus Gründen der Staatsräson zum römischen Glauben konvertierte und nun den Grundsatz, *cuius regio eius religio*, erbarmungslos durchführte. So mancher Handwerker zog damals auf seine alten Tage die Auswanderung dem Verrat am Glauben der Väter vor.

Deutsches Zentrum des Calvinismus war die Pfalz, das vornehmste unter den weltlichen Kurfürstentümern, das in zwei ungleiche, aber strategisch gleich wichtige Teile zerfiel, die Pfalz zu beiden Seiten des Rheines mit der Heidelberger Residenz und die Oberpfalz nördlich der Donau, an Böhmen grenzend. Ein hübscher und charmanter, mit Glücksgütern reichgesegneter junger Edelmann herrschte dort: Kurfürst Friedrich V., französisch erzogen, niederländisch verwandt, englisch verheiratet. Der Lage seines Landes und seiner Religion nach war er der internationalste unter den deutschen Fürsten, und dem entsprach sein von Projekte schmiedenden Beratern gestützter Ehrgeiz, der auf nichts weniger ging als auf eine volle Enthabsburgisierung, Enthispanisierung des Deutschen Reiches. Böhmen, hatte man sich in Heidelberg ausgerechnet, sollte der verfassungsgerechte Schlüssel dazu sein; denn Böhmen konnte noch immer als ein Wahlkönigreich angesehen werden, und wurde ein protestantischer Herr zum böhmischen König und damit zum Kurfürsten gewählt, so bekamen die Protestanten im Kurfürstenkollegium die Oberhand. Ein gefährlicher Plan, der die Köpfe der politisierenden Pfälzer schon erhitzte, als es ihnen gelang, ihrem jungen Fürsten die Tochter des Königs von England zur Frau zu gewinnen. Jedoch hatten die Engländer mit dieser Staatsheirat eines vor, was sich durchaus nur auf Westeuropa bezog, die Deutschen etwas anderes.

Der Calvinismus war international; das Luthertum, trotz Skandinavien, wesentlich deutsch; und sein weltliches deutsches Haupt, der in Dresden residierende Kurfürst von Sachsen, der konservativste unter den Fürsten des Reiches. Kurfürst Johann Georg sah, daß die Dinge bergab gingen, wußte aber kein anderes Mittel des Heils, als streng am alten Reichsrecht festzuhalten. Chef des großen Wettiner Fürstenhauses, Herr über eine beträchtliche, durch den Leipziger Markt bereicherte Region, hätte er eine sowohl führende wie vermittelnde Rolle spielen können, wozu es ihm an gutem Willen nicht fehlte. Aber Johann Georg war nicht der Mann, im Sturm kühn zu steuern. Er hoffte nur, es würde keiner kommen, betonte seine biedere Treue zu Kaiser, Reich und Gerechtigkeit, hielt nichts von den ehrgeizigen Plänen des Pfälzers und sah in den Habsburgern die legitime Höchst-Obrigkeit, weil sie es nun einmal geworden war. Übrigens liebte er die Jagd, wie fast alle seine Standesgenossen, die Musik und den Wein. Ein kalter Beurteiler, Wallenstein mit Namen, meinte über Johann Georg: »Was ist er für ein Vieh, und was führt er für ein Leben!« Eine Warnung für die Protestanten, sich nicht auf den Sachsen zu verlassen, und wenigstens insofern zutreffend; denn es war das Los Johann Georgs, erhalten zu wollen, was nicht erhalten werden konnte, für den Frieden wie für den Krieg zu schwach zu sein; nicht Partei nehmen zu wollen, wo Partei genommen werden mußte.

Brandenburg, das dritte Kurfürstentum, stand zu Sachsen ungefähr wie Bayern zu Habsburg, indem es geneigt war, der sächsischen Politik zu folgen und sie gleichzeitig als ihm im Grunde feindlich beargwöhnte, ein Verdacht, den man von Wien aus gern schürte; denn, so meinte der österreichische Vizekanzler, es »wäre ein Kunststück, die Ketzer uneins zu machen und wie die Füchse ihre eigenen Lande verderben zu lassen«. Neuerdings bekannte der Kurfürst von Brandenburg sich zur Lehre Calvins, über welche der sächsische Hofprediger Hoë ein Pamphlet mit dem Titel »Besser türkisch als calvinisch« herausgegeben hatte; der Grund der Konversion war derselbe wie im Falle Pfalz-Neuburgs, nämlich die Hoffnung auf Gewinn des Herzogtums Jülich-Berg. Ein anderes Herzogtum fiel dem Hause Hohenzollern 1618 durch Erbschaft zu: das ferne Preußen, ein polnisches Lehen. Die Verbindung hat später Folgen gehabt. Im Augenblick wurde sie wenig bemerkt. Brandenburg blieb Brandenburg, das seiner Lage und Ökonomie nach am wenigsten zählende unter den weltlichen Kurfürstentümern. Die geistlichen, Mainz, Köln und Trier, bedeuteten etwas ihrem Rang nach, solange die Reichsverfassung noch etwas bedeutete. Ihre Machtmittel waren geringfügig.

Zwischen allen diesen Potentaten und den vielen kleineren war ein emsiges Treffen, wechselseitiges Besuchen und Konferieren, wobei es mit Jagden, Trinkfesten und mythenträchtigen Feuerwerken hoch herzugehen pflegte. Gleichzeitig war Feindschaft zwischen ihnen. Man könnte nicht zwei nennen, die zuverlässig verbündet gewesen wären, nicht einen, der mit klarem Willen ein in sich stimmiges Ziel erstrebt hätte. Sie eiferten sich für die »deutsche Libertät«, das hieß ihre eigene möglichst weitreichende Unabhängigkeit von Kaiser und Reich. Mittlerweile verweigerten sie die Rechte, die sie als Reichsstände geltend machten, ihren eigenen Landständen, Adel und Bürgern, so energisch, wie sie konnten, und der gleiche Widerspruch bezeichnet ihren Begriff von religiöser Freiheit; sie wollten toleriert werden, nicht tolerieren. Auch einen kleineren Reichsstand, Stadt oder Kloster, einzuschlucken zeigten sie sich jederzeit begierig. Die katholischen und protestantischen lagen gegen sich auf der Lauer, neigten aber auch wieder zum Zusammenspiel gegenüber kaiserlichen oder habsburgischen Aspirationen. Wenn der religiös akzentuierte »Kulturstaat«, den die Besseren unter ihnen aufgebaut hatten, schöpferische und in Europa einzigartige Leistungen aufzuweisen hatte, so war auch viel giftiger Zank, viel Erstarrtes, ja Barbarisches in ihrer Art, die Politik und die Religion zu pflegen. Es wäre sonst die folgende Krise weniger blutig und weniger verworren gewesen.

Die Basis ihres Zusammenlebens war noch immer der Religionsfriede von 1555. Der Vertrag hatte gehalten, hatte sich bewährt, länger, als man hätte voraussehen können. Nur die Dinge, die er regeln sollte, waren anders geworden und nicht im Gleichgewicht geblieben. Der Grundsatz, wonach der Fürst die Religion seiner Untertanen bestimmen durfte, hatte Wirklichkeit nur da, wo, wie in Bayern, glaubensbegeisterte, energische Fürsten an der Spitze standen. In Österreich, den habsburgischen Erblanden, gingen in den Zeiten der Kaiser Maximilian II. (1564–1576), Rudolf II. (1576–1612), Matthias (1612 bis 1619) Adlige und Bürger in hellen Haufen zum Luthertum über: Eine Bewegung, die ständischen so sehr wie religiösen Charakter hatte und nur durch die schärfste Kirchenpolitik von der Staatsspitze her rückläufig gemacht werden konnte. Eine solche Reaktion, einmal begonnen, mußte ihre Schatten weit über die Grenzen der Herrschaft werfen, innerhalb derer sie ausgeübt wurde. Der junge Erzherzog Ferdinand von Steiermark begann sie, zunächst nur in seinem Herzogtum, mit der Konsequenz, die diesem frommen und gutmütigen, gleichzeitig überaus zähen, fanatischen und wagemutigen Habsburger eigen war. Gemäß Familienvertrag war Ferdinand das zukünftige Oberhaupt des Hauses und damit der zukünftige Kaiser, falls nicht eine Fürstenrevolution ihn um die Wahl betrog.

Nicht, daß der Protestantismus noch die geistige Tiefe und Leidenschaft besessen hätte wie zu Luthers Zeiten. Dennoch breitete er sich weiter aus; teils als Ausdruck ständisch-sozialer Bestrebungen, teils weil die Fürsten in ihm ein Mittel sahen, um Macht und Einkünfte zu vergrößern.

Hier ging es um den »Geistlichen Vorbehalt«, jene dem Augsburger Vertrag beigegebene Erklärung, wonach geistliche Herrschaftsgebiete nicht von oben her protestantisiert, nicht verweltlicht werden durften. Der Grundsatz, für den, der hier nach Gerechtigkeit fragt, war gerecht; niemand wird jenen Priester-Fürsten von Köln loben, der die Vorzüge seiner erzbischöflichen Prunkexistenz mit jenen eines weltlichen Ehemannes zu verbinden und beide an seine Nachkommen zu bringen versucht hatte. Waren aber die Untertanen eines Abtes, eines Bischofs in der Mehrheit protestantisch geworden, so lag die Versuchung nahe, eine solche geistliche Herrschaft zu säkularisieren. Tatsächlich waren im Laufe der Jahrzehnte eine beträchtliche Zahl von ihnen protestantischen Ständen zugute gekommen; sei es durch einfache Annexion, sei es, indem statt Bischöfe sogenannte Administratoren bestellt wurden, die großen protestantischen Häusern angehörten. Solche Besitztümer der Kirche zu restituieren, war eine Forderung der katholischen Stände; sie zu behalten und das Prinzip, wodurch sie gewonnen worden waren, noch weiter anzuwenden, die Gegenposition. Beide Religionsparteien waren aufs neue im Angriff; die katholische, weil sie von ihrer tiefen Schwäche in der Lutherzeit sich erst jetzt ganz erholt, die Früchte ihrer inneren Reformierung erst jetzt ganz geerntet hatte und selbst- und zielbewußt dastand; die protestantische, weil die Tendenz zur Verweltlichung, einmal zum Durchbruch gelangt, auch ohne tiefe Leidenschaft fortgesetzt werden konnte und Angriff die beste Verteidigung war. Ein ideeller Streit, den man vor hundert Jahren begonnen, vor vierzig gerade in Deutschland für in seiner Explosionskraft halbwegs verbraucht gehalten hatte, bewegte sich einem neuen Höhepunkte zu. – Ein Anzeichen dafür folgte dem anderen.

1608. Ein Protestant wird zum Präsidenten des Reichskammergerichts gewählt. Die katholischen Stände weigern sich, die Jurisdiktion, die unter einem solchen Vorsitz zustande kommt, anzuerkennen. Das Oberste Reichsgericht hört damit zu funktionieren auf, was die Bedeutung des anderen, des Wiener Reichshofrates, gefährlich erhöht.

Im gleichen Jahr verhalten die protestantischen Bürger der Reichsstadt Donauwörth sich frech gegen die Mitglieder einer benachbarten katholischen Gemeinde, die ihrerseits sich frommen Provokationen hingeben. Der Kaiser, nach Anhören des Reichshofrates, erklärt die Stadt in die Acht; der Herzog von Bayern soll sie vollziehen. Maximilian läßt seine Leute die Stadt besetzen, erst mit Soldaten, denen Jesuiten folgen, und nimmt sie schließlich, zum Ersatz seiner Kosten, als Pfand, was praktisch bedeutet, daß die Freie Stadt bayerisch wird. Durch parteiische Anwendung wird hier Reichsrecht gebrochen — ein unheilverkündender Präzedenzfall.

Ein Reichstag, der über die Restituierung geistlicher Besitztümer verhandeln soll, scheitert, wieder 1608, weil die am schärfsten denkenden protestantischen Stände, noch einmal »Protestanten«, ihn nach Übergabe einer Beschwerdeschrift verlassen. Die Pfalz ist dabei führend, Brandenburg, kleinere Stände, wie Ansbach und Bayreuth, Braunschweig, Baden-Durlach, sind dabei.

Darauf vereinigen sich vorwiegend süddeutsche protestantische Stände, Pfalz, Württemberg, Baden, Neuburg, Hessen, Ulm, Nürnberg, zu einer »Union«. Ihr Ziel ist die Erhaltung des Friedens und Rechts, nichts weiter, und die Gründung hat Vorgänger. Freilich, auf den Schmalkaldischen Bund ist der Schmalkaldische Krieg gefolgt. Auch ruft eine Allianz die andere hervor; 1609 gründet Herzog Maximilian die »Liga«, eine Vereinigung süddeutscher und rheinischer geistlicher Herrschaften unter der Führung des Bayern. Sie ist auf neun Jahre befristet, die Union auf zehn, und gleichfalls durchaus nur für Erhaltung bestimmt. Fragt sich, was beide Seiten unter »Erhaltung« verstehen. Die Liga, dank der Energie ihres finanzkräftigen Anführers, ist besser organisiert, unterhält ein gemeinsames Heer, an dessen Spitze der in bayerischen Diensten stehende spanisch-belgische Kriegsmann Johann Tserclaes von Tilly tritt.

Wie nahe die beiden Verbände das Reich der eigentlichen Auflösung bringen, zeigt der Reichstag von 1613. Hier erklären die Mitglieder der Union, durch Majoritätsbeschlüsse nicht mehr gebunden zu sein; nicht bloß in Glaubenssachen, ganz und gar nicht, auch in Fragen der Besteuerung nicht, weil »keiner dem anderen vorschreiben könne, Geld auszugeben«. Sie zahlen denn auch die Beiträge nicht, welche der Kaiser sich von der katholischen Majorität des Fürstenrates als Beihilfe in seinem immerwährenden Krieg gegen die Türken hat bewilligen lassen. Die katholischen Stände zahlen, aber mehr mit Ja-Stimmen als mit barem Geld, und betonen ihre Reichstreue, sei es, weil sie ihnen von Herzen kommt, sei es, weil sie eben das ist, was die Protestanten nicht betonen.

1609 brechen die anderwärts schon erwähnten Wirren um Jülich-Berg aus. Daß der Kaiser die erbrechtlich umstrittenen Fürstentümer zunächst von Reichs wegen besetzen will, ist an sich nicht unbillig; aber in einer nach der innerdeutschen wie nach der internationalen Seite hin so gespannten Atmosphäre nimmt auch das an sich Rechtliche einen parteiischen Sinn an, oder er wird ihm von den Gegnern beigemessen. Wir erinnern uns, wie König Heinrich IV. auf das Erscheinen habsburgischer Truppen westlich des Rheins reagierte und wie nur sein Tod den vorbereiteten großen Feldzug in einen Kleinkrieg zwischen Franzosen, Niederländern und Reichstruppen verwandelte. Es folgt eine gefährlich-groteske Epoche von kaiserlichen Entscheiden, die nicht anerkannt werden, von niederländischen Interventionen zugunsten des einen Prätendenten, der eilends calvinisch geworden ist, von spanischen zugunsten des anderen, der ebenso eilends den römischen Glauben seiner Ahnen wiedergefunden hat. Schließlich, 1614, kommt es zu einem Austrag: Die umstrittenen Herrschaften werden zwischen Brandenburg und Pfalz-Neuburg geteilt.

Der europäische Friede von 1598 und 1609, der deutsche von 1555 waren krank. Die Krise mußte kommen, wenn 1621 der spanisch-holländische Waffenstillstand zu Ende ging; sie konnte kommen, wenn der alte Kaiser Matthias starb und der militante Herr aus Steiermark sein Nachfolger wurde – oder nicht wurde. Sie konnte kommen, wenn Union und Liga aneinandergerieten, in Binnendeutschland und nicht nur dort; denn hinter der Liga stand Spanien, Frankreich hinter der Union. Mittlerweile hielten die beiden Bünde den Kontakt, den ein Rest von gemeinsamen Interessen und fürstliche Vetternschaften ergaben. Es war im Spätwinter des Jahres 1618, als das eine Oberhaupt, der Kurfürst von der Pfalz, das andere, Herzog Maximilian, in München besuchte. Der junge, fröhliche Pfälzer wollte seinen von der Natur sparsamer begabten Gastgeber überreden, für den Kaiserthron zu kandidieren. Es wäre eine antihabsburgische, binnendeutsche, wenngleich nichts weniger als protestantische Lösung der Thronfolge-Frage gewesen; es hätte Union und Liga vorläufig versöhnt und beide, Kerndeutschland, mit Österreich-Spanien verfeindet. Eine Versöhnung zwischen Liga und Union wünschte Maximilian auch, aber nicht auf so revolutionäre Weise. Er entzog sich und blieb dabei, als die Sache später noch einmal an ihn herankam.

Die böhmische Revolution

Aus dem Jahre 1613 gibt es einen Brief des Kaisers Matthias an seinen Vetter von Steiermark, in dem er sich überaus pessimistisch über die Zukunft der deutschen Habsburger äußert. Bis zu seinem Tode werde die Sache wohl noch halten, danach aber auseinanderbrechen. Nirgends habe er die Macht, wie sie einem König zustehe. Der ungarische Adel spreche offen von seiner Beseitigung, wolle keine Deutschen in Ungarns Festungen dulden, verweigere ihm jede Hilfe gegen die Türken, obgleich sie ihnen doch so notwendig sei wie dem ganzen Gemeinwesen. Das Fürstentum Siebenbürgen, von Ungarn abgetrennt, mit den Türken verschworen, sei offen feindselig. Im Erzherzogtum Österreich selber rebellierten die Stände und machten gemeinsame Sache mit der deutschen Union. Der Landeshauptmann von Mähren, Zierotin, geriere sich wie ein Souverän, die Befehle des Markgrafen-Königs hätten dort keine Geltung. Nicht minder widerspenstig seien die schlesischen Magnaten. In Böhmen könne er nichts tun ohne die Stände, und könne auch wieder nichts mit ihnen tun, wenn er ihnen nicht die weitreichenden Versprechungen erfüllte, die er ihnen ehedem im Zwang der Not habe machen müssen. Ohne die Stände aber erhalte er aus Böhmen kein Geld... Mit den Unterschieden, welche die neuen Zeiten mit sich brachten, war die Habsburger Monarchie am Anfang ungefähr so bedroht wie am Ende, 1848, 1918. Ihre große Epoche sollte erst noch kommen, wäre nicht gekommen ohne die blutigen Ereignisse, von denen hier berichtet wird, und ohne den einen Ferdinand.

Seit Jahrhunderten war das böhmische Königreich ein Mittelpunkt europäischer Politik, wer es besaß, einer der mächtigsten Herren des Kontinents; wobei noch die Frage war, wie er es besaß. Denn überaus fein war das böhmische Staatsrecht ausgebildet, der Dualismus

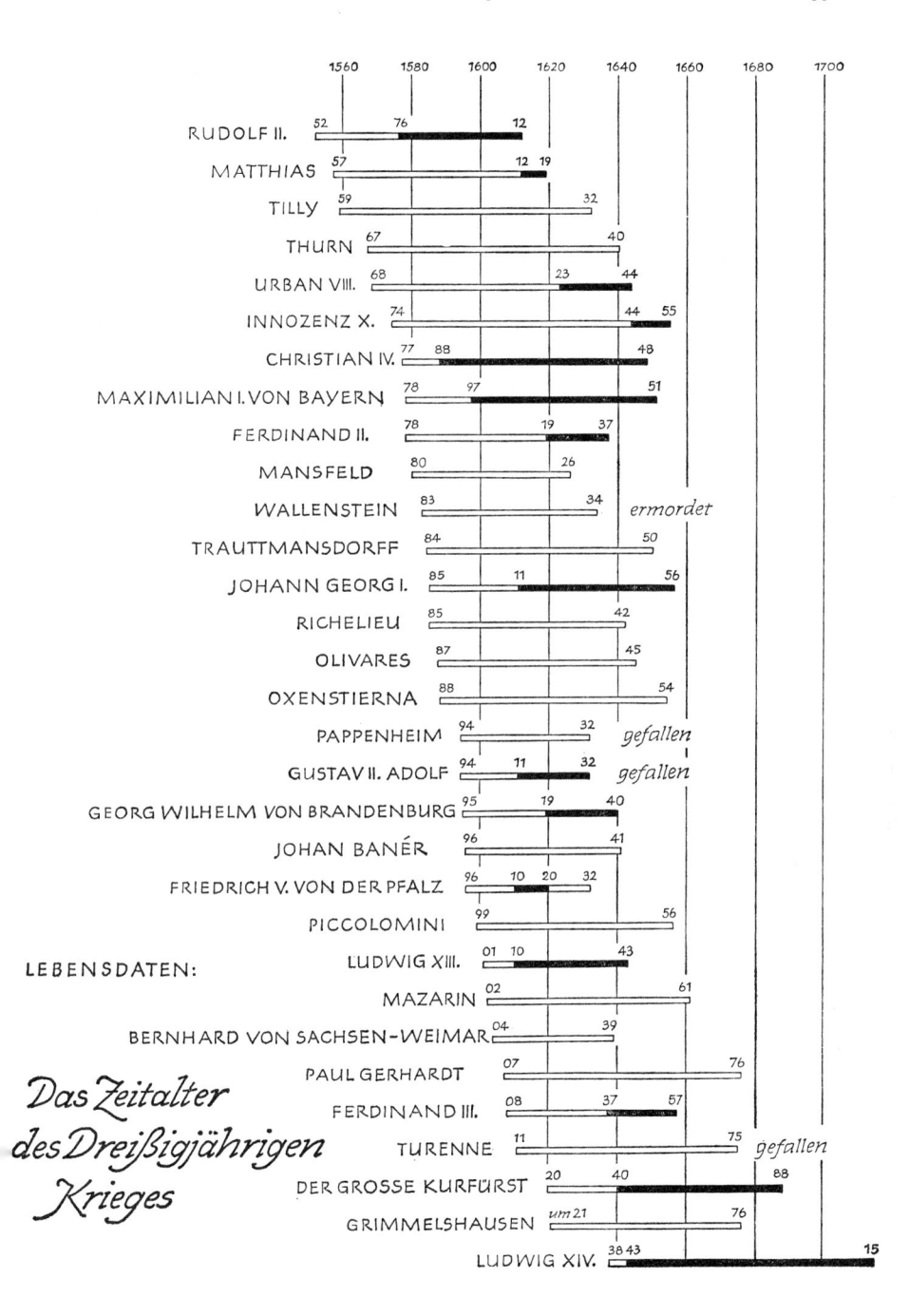

DAS ZEITALTER DES DREISSIGJÄHRIGEN KRIEGES 155

Name	Lebensdaten
RUDOLF II.	52–12 (1576)
MATTHIAS	57–19 (12)
TILLY	59–32
THURN	67–40
URBAN VIII.	68–44 (23)
INNOZENZ X.	74–55 (44)
CHRISTIAN IV.	77–48 (88)
MAXIMILIAN I. VON BAYERN	78–51 (97)
FERDINAND II.	78–37 (19)
MANSFELD	80–26
WALLENSTEIN	83–34 ermordet
TRAUTTMANSDORFF	84–50
JOHANN GEORG I.	85–56 (11)
RICHELIEU	85–42
OLIVARES	87–45
OXENSTIERNA	88–54
PAPPENHEIM	94–32 gefallen
GUSTAV II. ADOLF	94–32 (11) gefallen
GEORG WILHELM VON BRANDENBURG	95–40 (19)
JOHAN BANÉR	96–41
FRIEDRICH V. VON DER PFALZ	96–32 (10, 20)
PICCOLOMINI	99–56
LUDWIG XIII.	01–43 (10)
MAZARIN	02–61
BERNHARD VON SACHSEN-WEIMAR	04–39
PAUL GERHARDT	07–76
FERDINAND III.	08–57 (37)
TURENNE	11–75 gefallen
DER GROSSE KURFÜRST	20–88 (40)
GRIMMELSHAUSEN	um 21–76
LUDWIG XIV.	38–15 (43)

LEBENSDATEN:

Das Zeitalter des Dreißigjährigen Krieges

von König und Ständen hier so weit getrieben wie nirgendwo sonst; seit dem Triumph der Hussiten-Bewegung hatten ständisches Interesse und Selbstgefühl sich mit der Religion verbündet. Die Krone Böhmens umfaßte eine stattliche Reihe von Ländern, die, so lesen wir in der Conföderationsakte von 1619, »theils aus freyer Gutwilligkeit, theils aus anderen wichtigen Ursachen« zum Königreich waren »geschlagen« worden: Böhmen selber mit den ihm angeschlossenen deutschen Städten Eger und Ellenbogen, das Herzogtum Schlesien mit Breslau, die Markgrafschaften Mähren und Lausitz. Alle diese Länder besaßen ihre eigenen Verfassungen, Stände und Offiziere. Sie hatten ihre Einheit in der Krone, was erklären mag, warum die Tschechen auch auf dem Höhepunkt ihrer Revolution eines Königs nicht entraten zu können glaubten; ferner in einer nicht genau faßbaren Führerstellung, welche die böhmischen Stände beanspruchten.

Die Stände in Böhmen waren in der Zeit, von der die Rede ist, die Herren, zweihundertvierundfünfzig an der Zahl, die Ritter, etwa viermal soviel, und die königlichen Städte. Sie waren, zusammen mit dem König, die Gesetzgeber; aus ihnen waren die obersten Beamten zu entnehmen; ihnen oblag auch Überwachung und Schutz der Religion, nämlich den evangelischen Ständen der Schutz der evangelischen Religion, welche hier aus hussitischen, lutheranischen, calvinistischen Überlieferungen sich allmählich gebildet hatte und seit den siebziger Jahren des vorigen Jahrhunderts die »böhmische Konfession« genannt wurde. Ihr Wesen war, wie bei den Lutheranern, die Verwaltung der Kirche durch die Gemeinde selbst, an der Spitze durch ein Konsistorium von Pfarrern; aber völlig fehlte das Prinzip landesherrlicher Kirchenobrigkeit. Statt seiner gab es das schon im 16. Jahrhundert erscheinende, 1609 erneuerte Institut der »Defensoren«, vornehme Herren aus dem Laienstand, denen die Verteidigung der Religion aufgegeben war. Der katholische Clerus hatte in den Hussitenstürmen seine Standschaft verloren, war aber, was er bis zum Ende blieb oder bis über das Ende hinaus, eine Macht und sehr wohlhabend; Böhmen religiös nicht so geteilt wie Deutschland, aber geteilt. Neben den Anhängern des böhmischen Bekenntnisses fanden sich noch Reste des ursprünglichen, von der katholischen Tradition nicht allzu tief verschiedenen Utraquismus; ferner die »Brüder-Unität«, eine Sekte, die unter den evangelischen Spielarten, welche das Land beherrschten, als die am reinsten christliche bezeichnet werden kann. Der Landeshauptmann von Mähren, Karl von Zierotin, gehörte ihr an; kaum gab es unter Europas Politikern einen zweiten, der es an religiöser und weltmännischer Bildung, an Sittenstrenge, an Feierlichkeit des Auftretens mit ihm aufgenommen hätte.

Ungefähr wie die englische, war die böhmische Verfassung unterwegs zwischen ihren feudalen Anfängen und dem parlamentarischen Ende, das dem Rückblickenden ihr als vorgeschrieben erscheinen mag. Sie war repräsentativ nur, was die Städte betrifft, die Vertreter zum Landtag schickten; die vom Adel, die alle erschienen oder erscheinen durften, vertraten nur sich selbst. Immerhin konnten sie für sich in Anspruch nehmen, das Land, im doppelten Sinn des Wortes, darzustellen; sie mußten Land besitzen, es fehlte ihnen nicht an lebendigem Sinn für die »Erhaltung der Freiheiten dieser Cron und unserer behmischen Zungen«. Und wie notwendig war dieser Sinn angesichts der Eigenart ihrer Zivilisation und deren tiefer Verflochtenheit in das der schieren Quantität nach so ungeheuer überlegene deutsche Herrschaftswesen und -treiben! – Die Bauern waren politisch rechtlos, aber wirtschaftlich erträglich dran; besser jedenfalls, freier von Fron, als sie es im Zeitalter der Aufklärung sein sollten.

War Böhmen eine Wahlmonarchie? Darum ging die Frage 1616, als der von Steiermark sich um den Thron bewarb, und noch einmal, im weltgeschichtlichen Stil, 1619. Es war eine Frage der rechtlichen Auslegung, wobei, wie so sehr oft, politischer Wille die Auslegung diktierte.

Die Habsburger Monarchie hatte das von der ihr vorhergehenden luxemburgischen statuierte Prinzip erblicher Thronfolge übernommen. Nach altem, nie veraltetem böhmischem Recht jedoch war das Erbrecht eingeschränkt durch das der Annahme, welches die Stände besaßen; der Erbe hatte ein Vorrecht auf die Krone, kein unbedingtes Anrecht auf sie. Die Stände mußten ihn annehmen. Es konnte vorkommen, daß dies Recht verneinend angewandt wurde; so gegen den Luxemburger Sigismund, weil er »der Feind der Menschen tschechischer Sprache und des Amtes unwürdig sei«. Die Annahme war also an sich eine Art von Wahl, denn wenn sie erfolgte, wurde sie mit der Eignung des Anzunehmenden begründet; auch hatte er, ehe er angenommen wurde, seinerseits die Rechte des Landes, die Vorrechte der Stände zu beschwören, ein Akt, der ungefähr der deutschen Wahlkapitulation entsprach. So standen die Dinge zu Anfang des Jahrhunderts.

Nun war aber der regierende König, Matthias, im eigentlichen Sinn des Wortes gewählt worden. Es hing dies mit den Vorgängen zusammen, die ihn auf den Thron gebracht hatten: der Rebellion der Erzherzöge gegen den regierungsunfähigen Rudolf II., seinem Thronverzicht, den die Stände im Jahre 1611 im Einvernehmen mit Matthias erzwangen, woraus sich ergab, daß der Nachfolger in eine doppelte, einzigartige Abhängigkeit von den Ständen geriet. Sie hatten ihn, so die These, durch einen freien Akt gewählt, obwohl er an sich nicht daran war. Ob dieser Akt eine Enormität war oder Norm schaffend, darüber wurde demnächst gestritten, sehr ernsthaft; denn die Menschen jener Zeit nahmen das Recht ernst und wollten keine Rechtsbrecher sein.

Was immer die Habsburger waren, was sie schöpferisch leisteten, ihr Begriff von Herrschaft vertrug sich nicht mit mächtigen Ständen, ihr Begriff von Religion nicht mit der Freiheit der Protestanten. Der erste Ferdinand und sein Nachfolger Maximilian II. waren zu staatsklug gewesen, um das, was sie vorfanden, über den Haufen zu rennen; bei Maximilian kamen sehr unhabsburgische Sympathien für den Protestantismus hinzu. Unter Rudolf II. gerieten die drei Tendenzen in offenen Kampf. Da der geisteskranke Monarch weder stark genug war, um sich durchzusetzen, noch klug genug, um sich zu arrangieren, so folgte eine Periode chaotischen Kampfes, während derer Matthias, dem kaiserlichen Bruder im Grunde gleichgesinnt, aber klüger, den Agenten des Kompromisses spielte. Er machte seinen Frieden mit den Österreichern, mit den Ungarn, das hieß, mit den Ständen dieser Länder, die Protestanten mit eingeschlossen, mit dem siebenbürgischen Groß-Rebellen, mit den Türken, die aus den ungarischen Wirren ihren Nutzen zogen. Einen ähnlichen Frieden oder Vertrag schloß Rudolf 1609 mit Böhmen, das ihm noch blieb, bis der Bruder ihn auch von diesem Thron verdrängte. Der böhmische Friede beruhte auf dem »Majestätsbrief«, wie das Dokument genannt wurde. Es war eine Art von Konkordat zwischen dem

König und den evangelischen Ständen, denen ihre volle Religionsfreiheit und Kirchenhoheit zugestanden wurde. Ihr entsprechend kam es alsbald zu einem »Vergleich« zwischen protestantischen und katholischen Ständen. Ein Historiker unserer Tage hat nachgewiesen, daß der »Vergleich« nicht einmal so weit ging wie der Majestätsbrief selber, der auch die Bauern mit einbezog, während der Vergleich die freie Religionsausübung, den Bau von Kirchen und Schulen, nur dem Adel, den Städten und den Landsassen königlicher Güter einräumte. Der Unterschied ist erwähnenswert, weil er den Charakter der Bewegung in Böhmen beleuchtet. Sie war aristokratisch-ständisch, nicht sozial. Weitere Verpflichtungen hatte Matthias eingehen müssen, als er den kranken Bruder aus Böhmen verdrängte, so, keinen Landtag zu berufen ohne Einwilligung der Stände; so, die Frage der Nachfolge zu Lebzeiten nicht aufzuwerfen.

Aus den Forderungen, welche die böhmischen Stände unter der Regierung des Matthias erhoben, aus den Gesetzen, welche sie machten, spricht ein komplexer, gärender Geist. Sie wollten »Konföderation«, nämlich mit den Ständen Ungarns und Österreichs, und »Defension«, nämlich ein diesen Ländern gemeinsames ständisches Heer. Kardinal Khlesl, der kluge, bürgerliche Berater des Kaisers, erriet, daß diese Bestrebungen möglicherweise zum Nutzen der Gesamtmonarchie gewendet werden konnten, ja, daß erst ihre Erfüllung aus den Herrschaftsgebieten der Dynastie etwas wie einen Staat oder Bundesstaat machen würde. Die Gefahr sah Matthias. Es wäre ein ständischer Bund gewesen, kein monarchischer, der ja nicht zur Diskussion stehen konnte, und hätte dem König wenig zu tun übriggelassen. Zum Beschluß, ein gemeinsames Heer aufzustellen, ist es auf einem »Generalkonvent« der habsburgischen Stände, einer Art von erstem Reichstag der Monarchie, auch einmal gekommen, aber zu nichts als dem Beschluß. Jedenfalls, die Tschechen waren keine Separatisten. Das Problem der Trennung oder Einheit konnte für sie noch keines sein, da die Einheit der habsburgischen Lande eine höchst unbestimmte war und sie der Identität ihres alten Königreiches sicher sein durften. Eben darum wollten sie auch »Erbeinigung«, eine Erneuerung der alten böhmischen Bündnisse mit Sachsen, Brandenburg, Polen. Der Zweck war der gleiche: wechselseitige Hilfe und Garantien, in dem einen Fall zwischenständischer, im anderen internationaler Art. Aber die deutschen Fürsten – mit einer Ausnahme – verhielten sich überaus vorsichtig gegenüber dem habsburgischen Imbroglio, und zu einem rettenden Zusammenwirken zwischen den Ständen tschechischer, deutscher, magyarischer Zunge ist es nicht gekommen. Es wurde beschworen und versucht, aber nicht mit der Energie, welche den Erfolg bringt.

Ein nationales Element ist in dem Komplex ständischer Ansprüche zu erkennen. Von alters her war den Tschechen die Verteidigung ihrer bedrohten Sprache – ihrer Nationalität – am Herzen gelegen. Der Märtyrer Hus hatte gegen die Deutschen einen wahrhaft modern anmutenden Haß empfunden, wie denn auch *Quod suscitat et suscitavit Boemos contra Teutones* einer der Konstanzer Anklagepunkte gegen ihn gewesen war. Im Jahre 1615 beschloß der Landtag: Niemand sollte mehr Einwohner des Landes oder Bürger einer Stadt werden dürfen, der nicht tschechisch spräche. Das Gesetz, so erklärt uns Gindely, klingt radikaler, als es war. Das *incolat* bedeutete nicht das bloße Wohnrecht, sondern das Recht, einem Stande anzugehören und auf dem Landtag zu erscheinen, eine Freiheit, die man, nach gemachten Erfahrungen, etwa noch zuwanderndem habsburgischem, deutschem oder welschem Adel nun vorenthalten wollte. Was die Deutschen betrifft, so waren sie dort, wo sie zusammengedrängt wohnten, in Eger und Ellenbogen, von Böhmen verwaltungsrechtlich getrennt. Im eigentlichen Böhmen sollen sie damals nur etwa ein Zehntel der Bevölkerung ausgemacht haben.

Jedenfalls wurde die nationale Tendenz durchkreuzt durch andere, welche mächtiger waren. Das große Königreich, dessen Teilung die Tschechen nimmermehr zugeben wollten, war kein nationales, denn in Schlesien wurde deutsch und polnisch gesprochen, deutsch in der Lausitz, in Mähren slowakisch. Die religiöse Bewegung, was für besondere Gestalt immer sie in Böhmen angenommen hatte, war international; der ständische Anspruch überwiegend aristokratisch und gleichgesinnte, gleichinteressierte Bundesgenossen in anderen Ländern suchend. Übrigens konnte allenfalls ein Kenner der Person voraussagen, wie die Herren vom Adel sich in dem beginnenden großen Streit verhalten würden; die Lobkowitz, Schlick, Waldstein, Slavata finden wir auf ständischer Seite und Träger der gleichen Namen auf der habsburgischen.

Zum einflußreichsten Anführer der rebellierenden Stände schwang sich im zweiten Jahrzehnt des Jahrhunderts Graf Heinrich Matthias von Thurn auf. Er stammte aus einer italienischen Familie, die später unter dem Namen Thurn und Taxis in Deutschland Karriere machen sollte, und verstand kaum tschechisch. Seine deutsch geschriebenen Briefe geben uns den Eindruck eines frommen und redlich-robusten, aber klatschhaften und törichten Mannes, und was gerade ihn so leidenschaftlich in die böhmischen Dinge verwickelte, hat keiner herausgefunden. Jedenfalls war er darin, Fähigkeit durch raschen Mut und polterndes Selbstvertrauen ersetzend. Schon 1614 hatte er, ohne eigentlich dazu ermächtigt zu sein, dem Kurfürsten von Sachsen die böhmische Krone anbieten lassen. Johann Georg ließ antworten, was er auch bei einer späteren Gelegenheit geantwortet hätte, daß er nicht interessiert sei.

Statt dessen wurde im Juni 1617 Ferdinand von Steiermark zum König oder zukünftigen, designierten König von Böhmen gekrönt. Indem der alte Matthias zu diesem Zweck die Stände einberief, brach er ein Versprechen; seine Berater, zumal der mächtigste unter ihnen, der spanische Botschafter, hatten ihn dazu gedrängt, weil die Zukunft Böhmens für das ganze europäische Gemeinwesen, das Reich, die Stellung der Dynastie zu wichtig sei, um sie länger ungeklärt zu lassen. Über die Frage, ob es sich um eine Wahl oder eine bloße Annahme handle, kam es zwischen den Protestanten vom Herrenstand und dem Kanzler zu einer juristisch zugespitzten Diskussion, bei welcher der Vertreter des Kaisers die Oberhand behielt; sei es, weil seine Argumente die triftigeren waren, sei es, weil die Führer des Adels im entscheidenden Augenblick der Mut verließ. Daß man auch die bloße Annahme hätte verweigern können, daß Ferdinand, der berüchtigte katholische Reaktionär, der Feind des Majestätsbriefs, der erbarmungslos-geschickte Reformator seines Herzogtums, für das Amt nicht paßte, diese Idee scheint den Ständen nicht gegenwärtig gewesen zu sein. Ehe sie sich's versahen, war der Erzherzog nahezu einstimmig angenommen, ausgerufen, gekrönt; das Bankett, das er darauf seinen neuen Untertanen gab und bei dem er sich überaus jovial erzeigte, sollte die letzte Vergnügung des alten Böhmen sein.

Im folgenden Winter verließ Matthias die Prager Burg, um in Wien zu sterben. Als Vertreter ließ er zehn »Statthalter« zurück, unter ihnen, immerhin, drei Protestanten. Alsbald zeigte sich der Einfluß des zielbewußten Nachfolgers. In Prag brachte ein Dekret alles Gedruckte, das bisher von den evangelischen Defensoren beaufsichtigt worden war, unter die Kontrolle des königlichen Kanzlers – ein Zensurgesetz, wie man später gesagt hätte. Die Rekatholisierung der Landsassen auf den königlichen Gütern, schon vorher begonnen, wurde mit gesteigertem Ernst weitergetrieben. Gleichzeitig flammte ein Streit auf, der schon jahrelang geschwelt und wieder seinen Ausdruck in einer profunden, historisch-rechtlichen Diskussion gefunden hatte. Waren die in geistlicher Hand befindlichen Ländereien eigentliche kirchliche Besitztümer oder waren sie königliche, der Kirche nur geliehen? Im letzteren Fall durften die Evangelischen, die dort wohnten, laut Majestätsbrief und Vergleich in Freiheit ihre Kirchen bauen; im ersteren waren auch ihre Seelen untertan den Äbten und Bischöfen. Die protestantische Auslegung scheint hier der Wahrheit näher gewesen zu sein. Aber wieder stand beiderseits kämpferischer Wille hinter den Argumenten der Juristen; wieder ging, wer die Macht hatte, in seinem Sinn vor. Als die Braunauer sich weigerten, dem regierenden Abt die Schlüssel ihrer Kirche zu überliefern, als die schon gebaute Kirche zu Klostergrab auf Befehl des Bischofs niedergerissen wurde, erkannten die Defensoren, was den nicht eben hellsichtigen Augen des Grafen Thurn von Anfang an deutlich gewesen war, daß die Wahl Ferdinands sie mit gebundenen Händen der katholischen Reaktion überliefert hatte.

Von da ab steuerten die Führer des Adels bewußt darauf hin, das Geschehene ungeschehen zu machen. In Prag wurden zwei große Treffen protestantischer Stände gehalten, von den Defensoren einberufen, aber über ihren Rahmen weit hinausgehend, das erste im März 1618, das zweite im Mai. Beim zweiten setzte Thurn sich durch: Nur eine vollzogene tödliche Tatsache konnte den Aufstand schaffen, das Band zwischen Habsburg und Böhmen zerschneiden. Der Beschluß, die beiden katholischen Statthalter, die man für die schuldigsten hielt, zum Fenster hinauszuwerfen, wurde von ein paar Adligen gefaßt; von wie vielen, ist nicht ganz sicher, denn mancher, der dabei war oder halb dabei war, leugnete es später. Das »Defenestrieren« war eine hergebrachte böhmische Methode des Tötens, zwischen Hinrichtung und Mord. Daß es eine Adelsverschwörung war, oder doch eine vom Adel geführte Verschwörung, zeigen die Namen der schwertgegürteten Männer, die am Morgen des 23. Mai in einer Amtsstube des Hradschin drohend vor den verurteilten Politikern standen: Wenzel von Ruppa, Matthias von Thurn, Wilhelm von Lobkowitz, Paul Řičan, Ulrich von Kinsky in der ersten Reihe. Nach einem hitzigen, mit bezeichnender historischer Gründlichkeit geführten Wortgefecht wurden die Grafen Martinitz und Slavata, samt ihrem Sekretär, fünfzehn Meter tief in den Abgrund gestürzt, wobei Thurn – »Edle Herren, hier habt ihr den anderen« – in deutscher Sprache kommandierte. Die Opfer, man kann nicht genau sagen wie, kamen mit dem Leben davon, konnten aus dem Lande fliehen und später noch eine Rolle spielen. Der Sekretär erhielt den Titel eines Freiherrn von Hohenfall. Sehr schön und ein wenig verschönt hat Graf Slavata in seinen Memoiren alles beschrieben.

Daß hier ein Staatsstreich, eine Revolution – wenn man den positiven Ausdruck vorzieht, die Ausübung des Widerstandsrechtes – in seiner ganzen Schärfe in Gang war,

Der Fenstersturz von Prag am 23. Mai 1618
Holzschnitt mit der Darstellung des mißglückten Mordversuchs
an den Grafen Martinitz und Slavata und ihrem Sekretär

Spannischer Türck.

Die Spannischen Obristen/ der Conde di Bucquoi vnnd Graf Tampier/ haben sich gleich bey Anfang deß Böhmischen Kriegs verlauten lassen/ wañ sie solchen vortheil gleich die Böhmen/ in Händen hetten/ sie selbiges Königreich vmbstürtzen/ auch deß Kinds in Mutterleib nicht verschonen wolten: Ob nun wol zwar nicht nur den Böhmen/ sondern auch der gantzen Christenheit/ der Spannier Art vnnd Natur/ auch ihre übende mehr als Türckische Tyranney/ bekandt vnnd offenbar/ so haben sie doch selbiger vorzukommen notdürfftigen erheischenden Ernst nicht gebraucht/ sondern sich mit blosen Friedens- vnnd Interpositions-Worten/ so lang auffhalten lassen/ biß sich die Spannischen also gestärckt/ daß sie den Böhmen/ weit überlegen/ vnd nunmehr solchen Gewalt verüben/ daß die Böhmische Obristen selbsten vermeynen/ die Böhmen von jhnen/ vnnd die Spannier nicht von den Böhmen belägert seyen: Wie sichs dann auch im werck erscheinet/ daß sie dermassen auß vnd auffgeräumbt haben/ daß sie vorgeben/ in Böhmen sie nichts mehr zu thun hetten/ als vor Prag/ oder in Oesterreich zurucken: Vnd dieses haben sie in so geschwinder Eyl verrichtet/ darüber sich wol zuverwundern/ auch einen solchen Schrecken vnd Forcht in das Landvolck gebracht/ daß sie

Eine Seite in einer Flugschrift über das schändliche Verhalten der kaiserlichen Truppen in Böhmen unter Bucquoy und Dampierre, 1619 Wien, Haus-, Hof- und Staatsarchiv

zeigten die Ereignisse der folgenden Tage. Denn alsbald wurde aus den drei Ständen eine provisorische Regierung von dreißig Direktoren gewählt, die demnächst auch einen Präsidenten erhielt, die Aufstellung eines Heeres unter Thurn beschlossen, die Anknüpfung hilfreicher Beziehungen mit den Ständen Ungarns, Mährens, Schlesiens und der Lausitz versucht. Ebenso hoffte man, längst vorbereitete internationale Verbindungen spielen lassen zu können: zu Sachsen und Pfalz, zu den Niederlanden, zu Frankreich und England. Die Tschechen kannten die Bedeutung ihres Landes im deutschen, im europäischen Machtkampf und bauten darauf. Gleichzeitig betonten sie, daß sie keine Rebellen, daß sie kaisertreu seien und nichts verteidigten als ihre heiligsten Rechte – ungefähr wie ehedem die Niederländer. Auch den Katholiken sollte nichts geschehen. Trotzdem war ein Zug zur Radikalisierung unvermeidlich, nachdem man den Bann einmal gebrochen hatte. Der Jesuitenorden wurde verboten; Kirchenfürsten, ein Teil des loyalistischen Adels, suchten freiwillig das Weite.

Daß Zeit verging, erklärt sich durch den Raum. Eine Botschaft von Prag nach Wien brauchte nur vier bis fünf Tage; aber Wien konnte in einer so feuergefährlichen Sache nicht handeln, ohne zu wissen, wie Madrid, München, Brüssel, auch Paris sich zu ihr stellen würden. Überdies waren Matthias und Erzbischof Khlesl zuerst geneigt, die aus Böhmen kommenden düsteren Nachrichten zu bagatellisieren. Sie hatten die kirchliche Restaurationspolitik betrieben und würden sie später fortsetzen. Trafen sie auf so schroffen, gefährlichen Widerstand, so war Nachgeben, weniges, vorläufiges Nachgeben das, wozu sie neigten, und in diesem Sinn ergingen ihre bittenden Befehle. Überall gab es eine ausgleichswillige Partei; in Wien, in Mähren, wo Landeshauptmann Zierotin ihr vornehmster Sprecher war, in Dresden, in Böhmen selber. Katholische Magnaten rieten dem Kaiser, manches preiszugeben, um etwas zu retten.

Dagegen die zu Krieg, Unterwerfung und Strafe Entschlossenen: An ihrer Spitze König Ferdinand, sein Berater Eggenberg, der spanische Botschafter Oñate. In emsiger Korrespondenz brachten sie die katholischen Potentaten Europas, Maximilian von Bayern, Sigismund von Polen, Albrecht von Belgien, Philipp von Spanien, auf ihre Seite. Die innere Entwicklung Böhmens schien ihre Alles-oder-nichts-These zu bestätigen. Den Beschwichtiger Khlesl ließ Ferdinand kurzerhand entführen und in Tirol in festen Gewahrsam nehmen. Indem Matthias die gewaltsame Entfernung seines Ministers hinnahm, war er nur noch ein Schatten, der um Frieden bat und den Tod erwartete. Als er im März 1619 starb – die Obduktion fand das Gehirn »ganz wässerig und anbrüchig« –, hatte der Krieg schon begonnen.

Die Haltung der katholischen Mächte Europas war eindeutig oder wurde es nach einigem Schwanken. Die der protestantischen nicht. Für Skandinavien lag Böhmen weit ab. So für England; Jakob I. hatte auf die spanische Karte gesetzt und wünschte sie jetzt nicht auszuwechseln. Kurfürst Johann Georg mißbilligte die katholische Reaktion in Böhmen, mißbilligte aber auch sehr, daß hier Untertanen sich gegen ihren Souverän erhoben hatten. Moritz von Oranien, in protestantischen Freiheitskämpfen erfahren, erkannte wohl das allgemeine, bedrohliche Interesse der böhmischen Vorgänge. Aber er war selber eben erst aus einem inneren Konflikt unschön-siegreich hervorgegangen und hatte Grund, seine

Hauptsorge Belgien-Spanien zuzuwenden, nicht Böhmen-Österreich. Und die deutschen Unionsfürsten? Es mußte jetzt sich zeigen, inwieweit es die Union überhaupt gab. Einstweilen gab es den Pfälzer, und dieser erwies sich als der aktivste. Hier war, was er oder was sein Politiker, Christian von Anhalt, längst vorausgesehen, gewünscht, angezettelt hatte. Prompt erschienen seine Abgesandten in Prag, angeblich, um sich zu informieren und womöglich zu vermitteln. Dem widersprach, daß er den Tschechen Waffenhilfe sandte, wofür er sich eines bereitstehenden kleinen Söldnerheeres bediente, das ein abenteuerlicher Kriegs-Unternehmer, Graf Ernst von Mansfeld, zur Verfügung hielt. Schon im August 1618 marschierte Mansfeld nach Böhmen; eine willkommene Hilfe für die Aufständischen und die erste folgenschwere Intervention.

Nach dem Tode des Kaisers ließ Ferdinand, nun Alleinherr von Österreich, den Tschechen noch einmal Amnestie und Bekräftigung ihrer Privilegien anbieten, wenn sie sich seiner Gnade unterwürfen. Man versteht, daß sie ablehnten; was nützten alle Versprechungen des regierenden Hauses, da sie bisher nichts genützt hatten und seinem Geist und Willen so weltkundig konträr waren? Auch schien die böhmische Sache dem, der keinen langen Blick hatte, nicht schlecht zu stehen. Die Nebenländer, Schlesien und Lausitz, hatten sich angeschlossen; zuletzt auch Mähren, das unter dem mäßigenden Einfluß Zierotins gezögert hatte. Dem Obersten von Waldstein, oder Wallenstein, Mitglied einer vornehmen böhmisch-mährischen Familie, gelang es, nur einen kleinen Teil des ständischen Regimentes, das er kommandierte, ins habsburgische Lager hinüberzuführen. Wallenstein mußte sich den Exilierten zugesellen, die ihre Wiederherstellung, und mehr als sie, nur noch von einer totalen Niederlage der Rebellen erwarten konnten. Das Kriegsglück schwankte. Was es kostete, zahlten in jedem Fall die tschechischen Bauern. Sie wurden mit Einquartierungen und Brandschatzungen heimgesucht, ihre Felder verwüstet, ohne daß man sie um ihre Ansicht befragt hätte; so war denn auch ihr Herz nicht recht dabei. Was beschlossen und getan worden war, war oben, in Prag, in Schlössern und königlichen Städten getan worden. So dort und damals, so später, anderswo, überall. Das Landvolk erlitt die Ereignisse nur.

Im Sommer 1619 schien es, als bräche das ganze Gebäude der deutsch-habsburgischen Herrschaft zusammen. Der Fürst von Siebenbürgen, Gabriel Bethlen, nahm die Gelegenheit war, um Ungarn zu revolutionieren und dort sich zum Fürsten ausrufen zu lassen. Er schloß eine regelrechte Allianz mit den Tschechen. Als er gegen Wien marschierte, fand sich Thurn mit seinem Kriegsvolk vor den Mauern der Stadt; drinnen bedrängte eine Versammlung der österreichischen Stände ihren Herrscher mit Forderungen im böhmischen Stil. Kärnten, Steiermark selbst drohten mit Aufruhr. Zur Düsternis der Stimmung trug ein dürrer, gnadenlos brennender Sommer bei, in dessen Zeichen sich tödliche Seuchen im Lande verbreiteten. Ein schwächerer oder phantasiebegabterer Mensch als König Ferdinand hätte in dieser Lage seine Sache wohl verloren gegeben und jede Kapitulation beschworen. Der Habsburger, von unerschütterlicher Ruhe, fromm, zäh, zugleich beschränkt und die weitesten Ziele nie aus den Augen verlierend, ließ Gefährdungen und Demütigungen über sich ergehen. Sie waren ephemer, wie sich zeigte; die Macht des Erzhauses mit seinen vielfältigen, weltweiten Verbindungen war es nicht. Regelmäßig kam Hilfe in der höchsten Not und kehrte die Dinge um, jetzt und später.

Im selben Sommer gingen die Tschechen an eine rechtliche Ordnung ihrer Staatsangelegenheiten, die bis dahin, solange man an der Fiktion einer nur vorübergehend ausgesetzten Loyalität festhielt, in der Schwebe geblieben waren. Dies waren die Hauptfragen: Die Verfassung des Königreiches und seiner Nebenländer; das Verhältnis zu den habsburgischen Ländern, die nicht zur Krone Böhmens gehörten; die Person des Monarchen. Über die Verfassung wurde zwischen den Direktoren und den Ständen der Nebenländer verhandelt; das Resultat war die »Conföderationsakte«, wie sie genannt und am 31. Juli 1619 in einem feierlichen, politisch-religiösen Akt beschworen wurde. Dem Dokument sollte nur eine kurzfristige, von Gefahren überschattete Wirkung beschieden sein. Sein Geist war kühn und in eine Zukunft weisend, die hier niemals Gegenwart geworden ist. Das Königreich wurde zu einer Konföderation sich in ihrer Gesetzgebung, in ihren Finanzen, ihrem Heerwesen selbständig verwaltender Republiken, innerhalb derer den Städten vollständige Autonomie, und freie Religionspflege nun auch den evangelischen Bauern eingeräumt wurde. Gemeinsam sollte ihnen allen nur der König sein; ein Wahlkönig, ein in der Ernennung seiner Beamten, in der Führung seines Heeres, in der Gestaltung seiner Außenpolitik, in der Verwirklichung seines religiösen Wollens von den Ständen dermaßen kontrollierter, von einem über und über betonten Widerstands- und Absetzungsrecht dermaßen bedrohter König, daß die Frage, warum man überhaupt noch einen König haben wollte, sich aufdrängt. Sie wurde oben schon beantwortet. Die Einheit der Länder beruhte auf der Krone des heiligen Wenzel, auf nichts sonst. Überdies gab es in Europa wenige Republiken, auf deren Erfahrungen man hätte bauen können.

Mit den Ständen Ober- und Niederösterreichs, welche Beobachter zu den Beratungen geschickt hatten, kam ein formeller Vertrag zustande. Im selben Moment aber, in dem man in Prag unter den Entwurf eines weiten ständischen Bündnisses habsburgischer Lande das Siegel setzte, zerschnitt man das Band mit dem Erzhause selbst. Am 19. August wurde König Ferdinand als ein rechtsbrecherischer Tyrann, dessen Wahl selber schon der erste Rechtsbruch gewesen war, des Thrones für verlustig erklärt und die Wahl eines Nachfolgers beschlossen. Keiner der Kandidaten war Tscheche. Zwar an glanzvollen Herrenfamilien, den Lobkowitz, Smiřicky, Waldstein, Slavata, Kinsky, Kolowrat, hätte es den Wählern nicht gefehlt, und die Vergangenheit gab Beispiele einheimischen Königtums. Aber die Tage der neuen Kronen-Republik waren zu ungesichert; man suchte einen Monarchen, der Geld, Bündnisse, internationale Hilfe bringen könnte und fand drei der Art: den Herzog von Savoyen, einen geschworenen Feind der Habsburger, der schon den Kriegszug Mansfelds hatte finanzieren helfen; das Haupt der deutschen Lutheraner, Kurfürst Johann Georg; den Pfalzgrafen Friederich. Jeder hatte seine Partei; jeden machte man sich anheischig, zu gewinnen oder schon gewonnen zu haben, wobei viel Unkenntnis der harten, feigen, verräterischen Welt, viel Illusion, Dilettantismus und Intrige im Spiel waren. Savoyen fehlte es an Ernst und Mut; er hatte den Rebellen manches versprochen, aber wenig geleistet. Sachsen zeigte ihnen die kalte Schulter, womit nicht zusammenstimmen wollte, daß er sich über die Wahl des Pfälzers dann doch gründlich ärgerte, zumal ihm nicht verborgen blieb, daß einige der tschechischen Anführer ihn geradezu als einen Trunkenbold verworfen hatten; er wollte gewählt werden, um abzulehnen. Von Friedrichs verheißungsvollen

Beziehungen zur Union, zu England, den Niederlanden, den Eidgenossen wurde viel Wesens gemacht; seine Wahl war beinahe so einstimmig wie die Ferdinands zwei Jahre früher. Den Habsburger erreichte die Kunde von seiner Absetzung in Frankfurt, wohin er sich, trotz des revolutionären Gewühls in Österreich, trotz Sommerglut und mannigfacher Gefahren, begeben hatte, um an der Kaiserwahl – seiner eigenen! – teilzunehmen. Die deutschen Kurfürsten waren versammelt; genauer, sie waren es nicht, denn die drei weltlichen, protestantischen, schickten Vertreter, eine Geste des Ärgers und wirkungslosen Mißtrauens. Sachsen und Brandenburger waren gleichwohl beauftragt, ihr Votum für Ferdinand abzugeben. Es war wie bei der böhmischen Wahl zwei Jahre früher; eine Art von Nachlässigkeit, Geistesabwesenheit, skeptischer Schicksalsergebenheit. Er kenne Ferdinand, soll Johann Georg gesagt haben, es werde nichts Gutes daraus kommen – so als ob das Gute hier überhaupt nicht zu haben gewesen wäre. Pfalz allein leistete Widerstand und setzte auf Bayern, der hatte wissen lassen, daß eine Stimme für ihn als eine für Ferdinand anzusehen wäre. Eine tschechische Delegation protestierte gegen Ferdinands Anwesenheit: Er sei der Kurfürst von Böhmen nicht mehr, er habe kein Recht, unter den Kurfürsten zu sitzen. Worüber man zur Tagesordnung überging. Am Ende kam lustlose Einstimmigkeit heraus. – Die Wahl brachte dem Habsburger keine wesentlichen zusätzlichen Ressourcen, wohl aber die ganze feierliche Macht uralten Rechtes. Das deutsche staatliche Gemeinwesen, so nahe seiner Auflösung, war trotzdem konservativ; war gerade, weil es so sehr konservativ war, seiner Auflösung so sehr nahe gekommen.

Mit der Annahme der böhmischen Krone zögerte Friedrich eine kleine Weile. Ob man ihm aber dringend abriet, wie aus London, oder flau zuriet, wie aus dem Kreise der Unionsfürsten, im Grund war er doch entschlossen; in einem religiösen Pflicht- und Sendungsgefühl, scheint es, mehr denn aus irdischer Begierde, er hätte es ja in seinem Heidelberg schön genug gehabt. Die ernsteste Warnung kam aus München. In einem Brief, voll von Sorge, vorausblickender Klugheit, ja Freundschaft, stellte der sonst nicht eben warmherzige Maximilian dem jungen Vetter die ganze Gefährlichkeit des Unternehmens für ihn selbst und das Vaterland dar. Dem Schreiben fehlte das eine, was Friedrich, vielleicht, hätte anderen Sinnes machen können: eine klare Ankündigung dessen, was der Herzog tun würde, wenn der Kurfürst annähme. Maximilian wußte es. Denn eben in diesen Tagen, Oktober 1619, war zwischen ihm und Ferdinand, im Beisein des spanischen Botschafters Oñate, ein geheimer Vertrag unterzeichnet worden, der Bayern das »völlige Direktorium über die katholischen Verfassungs- und Defensionswesen« übertrug und es zur Intervention in Österreich verpflichtete, wobei der neue Kaiser versprechen mußte, keinerlei Separatfrieden zu schließen und dem Bundesgenossen zur Schadloshaltung seinen gesamten Besitz zu verpfänden. Maximilian dachte genau und »ex naturali instinctu auf seine eigene Defension«, wie er es einmal ausdrückte. Der Vertrag machte ihn zum Diktator über die deutschen und österreichischen Dinge, solange der Krieg dauerte, soweit das Glück der katholischen Waffen reichen würde. Ein mündlich gegebenes Versprechen kam dazu: Die Kurfürstenwürde sollte dem Pfälzer genommen und auf Bayern übertragen werden.

Daß auch Johann Georg sich zu einem ähnlichen Vertrag mit Wien verstand, der ihm die Markgrafschaft Lausitz verhieß und überdies – man hatte auch ein Gewissen – die Ungekränktheit der lutherischen Konfession in Böhmen garantierte, machte das Unglück Pfalzgraf Friedrichs und seiner betrogenen Wähler voll, noch ehe er seinen Einzug in Prag hielt. Für ihn war eine unkoordinierte, unsicher geführte ständische Revolution in Österreich, in Ungarn, in Böhmen selber, für ihn war, mit ermunternden Worten, die europäische Welt des Protestantismus – zu einem Teil. Ein paar Staaten erkannten ihn an, Schweden, Dänemark, die Niederlande, Venedig, was nur im Fall der Niederlande eine bescheidene Geldhilfe bedeutete. Da gemeinsame Feindschaft manchmal Freundschaft bedeutet, so suchte Friedrich den Beistand des wetterwendisch-durchtriebenen Fürsten von Siebenbürgen, sogar des Sultans, der keinen gab. Gegen ihn stand die ungleich gesammeltere Macht des Katholizismus, standen Spanien, standen Belgien, Rom, und nun die deutschen Mächte, die zählten. Gegen ihn stand das gewaltige, wirklichkeitsträchtige Phantom der Legitimität.

Es hat Könige gegeben, die, in ein fremdes Land verpflanzt, dort geschickt sich anzupassen wußten und Gutes taten. Der umgekehrte Fall ist in der Geschichte häufiger. Er trat hier ein. Friedrich kam in ein Land, das er nicht kannte und dessen Sprache er nicht sprach – die Königin nicht einmal die zweite, deutsche – und dessen Anführer ihn zu ihm fremden, oft nicht einmal liebenswerten Zwecken zu benutzen gedachten. Böhmische Bauern, kriegsgequält, wie sie waren und angeregt durch die allgemeine Unordnung, hatten sich zusammengerottet und Aufhebung der Leibeigenschaft verlangt. Friedrich war bereit, sie zu konzedieren, und das war ein guter Gedanke, den gleichzeitig ein weitblickender Edelmann in Österreich verfocht: Ohne daß die Bauern mitmachten, sei keine Revolution zu gewinnen. Aber nicht zu diesem Zweck hatten die tschechischen Stände die ihre gemacht; sie belehrten den fremden Jüngling eines Besseren. Hatte er nur begriffen, auf welch neue Art von Königtum er sich da eingelassen? Wußte er das mindeste vom Geist der Tschechen, von ihrer Religion, welche die Ursache von alledem gewesen war? Er selber war Calvinist, und seine Prediger fingen alsbald an, gegen den Bilderschmuck der Kirchen vorzugehen. Ein Lutheraner konnte schreiben: Unter den Habsburgern sei mehr Freiheit der Religion gewesen als jetzt. In Prag gab es einen lustigen Winter im Heidelberger Stil, Festlichkeiten die Fülle, auch Huldigungsreisen nach Breslau und Brünn. Aber unter der glänzenden hauptstädtischen Firnis war Fremdheit zwischen König und Untertanen, die keine mehr sein wollten, Zank zwischen Pfälzern und Tschechen, Zank zwischen den Ständen unter sich, Unruhe der Bauern, Zusammenbruch der militärischen Disziplin, drohender Bankrott, durch Konfiskation katholischen Besitzes nicht aufzuhalten, Angst vor werdendem Unheil. Es könnte sein, daß die tschechischen Anführer den Gewichten der Wirklichkeit, die sie kühn auf sich geladen hatten, auch dann nicht gewachsen gewesen wären, hätte nicht gnadenlos überlegene Macht ihr Unternehmen von außen erstickt.

Unentwegt arbeitete Herzog Maximilian im Winter an dem, was er im Sommer auszuführen gewillt war: Rüstungen; Korrespondenzen mit Madrid, mit Rom; dringende, beschwörende Bitten um Geld, um Truppen, um die Mitwirkung Belgiens, was alles ihm zugesagt wurde. Noch brauchte er die Neutralität, ein gesichertes Nichtstun der Union, solange er in Österreich und Böhmen tätig war. Auch die erhielt er. Längst war die Union in sich geteilt, das böhmische Abenteuer ihres Präsidenten, das sie rechtzeitig nicht verhindert hatten, ihren Mitgliedern verdächtig. Verdächtig waren ihnen wohl auch die bayrischen Rüstungen; das von beiden Seiten gepflegte Betonen nur notgedrungener friedlichdefensiver Absichten beruhigte sie nicht. Als aber im Frühsommer 1620 die Heere beider Machtgruppen sich bei Ulm gegenüberlagen, kam es, anstatt zu dem befürchteten Zusammenstoß, zu Verhandlungen. Die Fürsten und Städte der Union forderten eine wechselseitige Nichtangriffsverpflichtung, welche Böhmen ausließ, aber Belgien mit einbezog. Den Nichtangriffspakt wollte Maximilian auch, aber ohne den Einschluß Belgiens, von wo, wie er wußte, ein Kriegszug gegen die Pfalz geplant war, und ohne den Einschluß der Pfalz, wenn er etwa einmal, nicht als Haupt der Liga, sondern als Exekutor des Reiches, gegen sie vorzugehen haben würde. Es war die Art dieses Fürsten, zu wissen, was er wollte, und der Zukunft vorzudenken. Als die Verhandlungen ihr Ziel zu verfehlen drohten, griff eine im rechten Moment eingetroffene französische Gesandtschaft ein.

Dieser mächtige Auftraggeber, Frankreich, ist bisher in unserer Erzählung nicht erwähnt worden. Oft schon hatte die katholische Großmacht protestantische Politik getrieben. Sie tat es diesmal nicht. Der junge König hatte seine Ziele noch nicht bestimmt, sah in der böhmischen Revolution eine Wiederholung dessen, was seine eigenen Hugenotten ihm zu schaffen machten, und dachte zeitweise daran, gegen sie zu intervenieren. Statt dessen setzten seine erfahreneren, nicht genug erfahrenen Berater den Versuch einer Vermittlung durch: Erst Deutschland zu neutralisieren, dann den Pfalzgrafen zum Verzicht auf seinen Thron, die Tschechen zu einem Austrag mit Habsburg zu bewegen. So würde Friede sein; ein gerechter Friede; und einer, der Spanien nicht zugute käme. – Daß Spanien nicht Deutschland beherrschen sollte, war wohl auch die Idee des Herzogs Max. Aber er hatte sich einen anderen Reim auf dies schwierige Problem gemacht: Mit Spaniens Hilfe den Willen der erbländischen Protestanten zu brechen, die wahre Religion zu retten und doch Herr im eigenen Haus zu bleiben. Der »Ulmer Vertrag« lautete zuletzt so, wie er es wünschte. Er ließ Spanien-Belgien jede Freiheit, er gab der Union die Freiheit, in Böhmen zu handeln, von der sie keinen Gebrauch machen wollte, und jene, die Pfalz zu verteidigen, von der einzelne ihrer Mitglieder einen späten Gebrauch machten; er gab der Liga Sicherheit vor der Union und damit volle Freiheit im Osten. – Von Ulm reisten die Franzosen nach Wien weiter, um für ihren allgemeinen Frieden zu wirken, erhielten aber einen kalten Empfang. Ferdinand bedurfte keiner Vermittlung mehr.

Ende Juli marschierten die Bayern und Ligisten, Söldner in Wirklichkeit und Sprecher vieler Zungen, unter Maximilian und seinem General Tilly in Oberösterreich ein. Es war die Idee Maximilians, daß erst die österreichischen Stände zur Räson gebracht, ihre Verbindungen mit Böhmen zerschnitten werden müßten. In Linz nahm er die Huldigung der gedemütigten Rebellen entgegen. Ringsumher verödete, brennende Dörfer, verhungertes Vieh – Tiere und Bauern sollten von nun an durch die Jahrzehnte die verworrenen Händel der Herren in Leid zu zahlen haben. In Linz fand auch die Vereinigung mit den Resten kaiserlicher Truppen unter einem anderen Belgier namens Bucquoy statt. Weiter ging es im Spätherbst nach Böhmen, Soldaten, Jesuiten, Kanonen, deren zwölf gewichtigsten die Namen der Apostel trugen; das Ganze, so dekretierte Ferdinand, unter dem Befehl der

Heiligen Jungfrau. Mansfeld, der sich untätig in Pilsen hielt, weil seine Mieter ihn nicht mehr hatten bezahlen können, ließ man links liegen. Die böhmische Hauptarmee, unterstützt oder gehindert durch die marodierenden Banden Bethlen Gabors, wurde am 8. November vor den Toren Prags, am Weißen Berg, gestellt, aufgerieben, in die Flucht gejagt. Prag ergab sich am nächsten Tag. König und Königin entflohen nach Breslau, reiche Beute zurücklassend, mit ihr auch die Kanzlei, welche die politischen Geheimnisse der Vorjahre barg. Die Unterwerfung des größten Teils von Böhmen, dann Mährens, erfolgte in wenigen Wochen. Wie ausgemacht, nahmen die Sachsen sich unterdessen Schlesiens und der Lausitz an.

Es hätte das Ende des Kriegs sein können und war es für Böhmen, zunächst; und für Böhmen das Ende von vielem. Hätten die Tschechen gewußt, was ihr Los sein würde, mag sein, sie hätten lieber ihre Hauptstadt in Schutt und Asche legen lassen und den Kampf fortgesetzt. Hätten sie es gekonnt? Ihr Unternehmen war kühn erdacht, aber schlecht geführt, und nicht nur von der Seite des jungen Deutschen, der sie betrogen hatte und sie ihn. Es war die Revolution einer Oligarchie, nicht eines Volkes. Die Bauern und Kleinbürger, zur Zeit der Hussitenstürme Ruhm und Stärke Böhmens, waren immer indifferent, wenn nicht feindlich geblieben; sie hatten nur den Herrn gewechselt und würden ihn jetzt wieder wechseln. In den dreißig republikanischen Monaten hatten sie keine gute Zeit gehabt. Nur so erklärt sich, daß eine einzige Niederlage den so lange vorbereiteten, so frech und froh begonnenen Aufstand brach.

Die Ligisten, unter Tillys eisern-frommer Zucht, hatten sich besser verhalten als die Kaiserlichen, besser als Böhmens wüste Hilfstruppen, Mansfelder und Ungarn. Herzog Maximilian war, wenn nicht zu human, zu klug, um ein Schreckensregiment der Reaktion zu wünschen. Aber der eigentliche Sieger blieb nicht lang. Er hatte in München dringendere Sorgen. Unter dem von ihm ernannten Subkommissarius, Fürst Liechtenstein, der später kaiserlicher Statthalter wurde, begann das schlimme Werk, das den Charakter Böhmens für Jahrhunderte bestimmen sollte. Zuerst die Rache an den Anführern. Sie hätten fliehen können, da man sie ein paar Monate lang ungeschoren ließ. Aber in der Mehrzahl flohen sie nicht, und wenn sie selbst flohen, nach Dresden, nach Bad Ragaz in der Schweiz, um ihr Podagra zu heilen, so wurden sie dort aufgestöbert, gefangen, ausgeliefert und endeten wie die zu Hause Gebliebenen. Unter den wenigen, denen die Flucht gelang, war Thurn. Ein Monsterprozeß wegen Hochverrats folgte. Im Juni 1621 starben siebenundzwanzig vor dem Altstädter Rathaus auf dem Schafott: Direktoren und Defensoren, Herren, Ritter, Bürger. Friedrich von Hurter, dem wir eine Biographie des frommen Monarchen in elf Bänden verdanken, berichtet, Kaiser Ferdinand habe die Nacht vor der Unterzeichnung der Urteile schlaflos zugebracht, die Unterschrift mit zitternder Hand und tränenden Auges vollzogen. Das mag sein; Ferdinand war gutmütig. Aus seinen Briefen an Liechtenstein aber sehen wir, daß er äußerst sparsam in Begnadigungen war, auf Vollzug der Hinrichtungen drängte und vor allem in der Besitzes-Konfiskation weitergehen wollte und weiterging, als der Statthalter am Orte selbst für ratsam hielt.

Dies war der Kern der Sache: Die Konfiskation. Sie sollte jeden treffen, gänzlich oder in Graden, der mit der Rebellenregierung irgendwie zu tun gehabt hatte; und wer im Adel, im Bürgertum der königlichen Städte, in der protestantischen Geistlichkeit hatte nicht irgendwie mit ihr zu tun gehabt? Ein Konfiskationsrat brachte im Lauf der Zeit gut die Hälfte des Landes in anderen Besitz und viele Tausende an den Bettelstab. Dabei wurde der Zweck, die leere Staatskasse zu füllen und den Krieg zu bezahlen, nur zu geringem Teil erfüllt. Die schamloseste Korruption waltete. Liechtenstein selber, des Kaisers erster Minister, Eggenberg, und Albrecht Wallenstein, der beizeiten auf die habsburgische Karte gesetzt hatte, brachten riesige Güterkomplexe an sich, wobei sie sich zu vier Fünfteln gefälschter Gulden bedienten, die ein vom Kaiser privilegiertes Münz-Konsortium adliger Herren auf den Markt brachte und die zum Nennwert angenommen werden mußten. Das schlechte Geld, zusammen mit dem Ruin der Bauern, der Angst und Rechtsunsicherheit, trieb die Preise hoch, die Kosten des Lebens auf das Zwölffache. Da Inflation viele arm macht, aber keine wirklichen Werte zerstört, so wurden wenige sehr reich in der allgemeinen Not und durch sie. Andere Güter wurden gnadenhalber verschenkt oder Offizieren und Kriegs-Kleinunternehmern, die ihre Rechnungen präsentierten, an zahlungsstatt überlassen. Ein neuer böhmischer Adel entstand, so feudal, wie der alte gewesen war, aber habsburgisch-international seiner Herkunft nach, deutsch, italienisch, spanisch, flämisch, schottisch und ohne Sinn für die großen Traditionen des Landes. Er ist bis 1918, bis 1945, im Besitz geblieben.

Den Majestätsbrief zerschnitt Ferdinand mit einer Schere, nachdem er die Siegel ins Feuer geworfen hatte – die Erfüllung eines alten Wunschtraumes, oder richtiger, Vorhabens; der Kaiser war kein Träumer. Calvinistische Prediger verjagte man sofort; demnächst auch die Pfarrer des Böhmischen Bekenntnisses und die reinen Lutheraner. Vergebens blieben die Proteste des Kurfürsten Johann Georg, dem anderes versprochen worden war. Die Katholisierung der Bürger wurde nach steierischem Vorbild betrieben. Später, 1627, erklärte eine vom Kaiser-König dekretierte »erneuerte Landesordnung« das Königreich zur erblichen Monarchie, die katholische Religion zur einzigen, den Clerus zum ersten Stande. Das letztere bedeutete nicht einmal viel, denn den Ständen wurde das Recht der Gesetzgebung genommen und allein das der Steuerbewilligung gelassen. Eine in Wien etablierte »Böhmische Hofkanzlei« entwickelte sich zur eigentlichen Regierung wie zum Obersten Gerichtshof. Böhmen war so habsburgisch geworden wie ein anderes habsburgisches Land und blieb es. Erst der Liberalismus des späten 19. Jahrhunderts hat die Blutspuren von 1621 verwischt. Als das Werk Ferdinands II. 1918 zusammenbrach, war es im Grunde zu spät dafür; da, in den letzten Jahrzehnten, hatten gerechtere Tendenzen sich endlich durchgesetzt und das Alte mit Neuem versöhnt und verbunden. Der zerrissene Majestätsbrief ist damals von Wien nach Prag zurückgeholt worden, als stritte man noch immer um die Privilegien von 1609.

Gab die fromme, schlimme Unterdrückung Böhmens jenen recht, die sich 1618 erhoben hatten? Hatten sie sich dagegen erhoben? – Es ist eine der geschichtlichen Fragen, auf die man keine klare Antwort geben kann. Die katholische Reaktion war längst im Gang, und weiter wäre sie auch ohne den Aufstand gegangen; aber nicht so schnell, so furchtbar konsequent, wie nachher.

Sie war nicht primär eine gegen die Tschechen als Nation. Unter den Rebellen befanden sich, wie wir sahen, zahlreiche Deutsche; sie hatten emsig die Verbindungen zu den Ständen des deutschen Österreich gepflegt; das Verhältnis der Habsburger zu diesen war nicht viel besser als zu den Böhmen. Ein nationales Problem als solches kannte Ferdinand II. nicht. Aber längst waren in Böhmen Tschechentum, ständisches Interesse und protestantische Religion das engste Bündnis eingegangen. Da man jene unterdrückte, so litt auch dieses; die Vernichtung protestantischer Bücher war auch die Vernichtung tschechischer Literatur; hundert Jahre später schien es, als würde die Sprache selber zu einem vom niederen Volke gesprochenen Dialekt herabsinken und aussterben – ein Schicksal, das sehr kluge Leute ihr noch 1848 prophezeiten.

Soviel über das Schicksal Böhmens. Das Volk trug es, weil es mußte, bekehrte sich oder heuchelte Bekehrung. Aber an die dreißigtausend Familien wanderten aus, so hart die Bedingungen waren, nach Ungarn und Siebenbürgen, nach England und Holland, nach Preußen, Schweden, Polen, Rußland; vor allem ins benachbarte Sachsen. Johann Georg nahm sie auf; so schmählich-klug er sich Böhmen gegenüber verhalten hatte, diesen Dienst meinte er seinen verfolgten Glaubensbrüdern doch leisten zu müssen. Er oder sein Land haben Vorteile davon gehabt. Und über der Masse der religiösen Auswanderer gab es die einzelnen, die politischen Exulanten. Sie werden wir nun überall treffen, wo Widerstand gegen Habsburg sich zusammenballte, in holländischen, in sächsischen, in schwedischen Diensten; immer hassend, immer kämpfend, Pläne schmiedend, hoffend; und immer enttäuscht und betrogen bis zum einsamen Tod.

Der deutsche Bürgerkrieg

Die inner-österreichische Herrschaftskrise war durch eine prompte und grausame Operation zum Abschluß gebracht. Wie konnte sie sich trotzdem zu etwas erweitern, was man später den »Dreißigjährigen Krieg« nannte und was schon, während es noch spielte, als eine einzige auf das Jahr des Unheils, 1618, zurückgehende Kette von Kämpfen und Leiden empfunden wurde?

Die österreichische Frage hatte sich an der deutschen entzündet. Ohne die Existenz von Union und Liga wäre es zu den Aufständen in Österreich und Böhmen nicht gekommen. Umgekehrt entzündete sich jetzt die zum Brand längst reife deutsche Frage an der tschechischen. Die Dynamik des bayerisch-österreichischen, spanisch-römischen Sieges in Böhmen war zu stark, um ihre Wirkung jetzt zum Stillstand zu bringen. Ferdinand II. sah die deutschen Dinge, wie sie sich seit 1555 entwickelt hatten, als illegitim und mit dem Willen Gottes so sehr streitend an, wie die böhmischen seit 1609. Im Moment der schlimmsten Ohnmacht, umtobt von Protest und Aufstand, hatte er seine Meinung nicht geändert. Sollte er sie ändern, jetzt, als Sieger? – Das hieß nicht, daß er immer der Angreifer war. Andere griffen an; der Pfalzgraf, indem er sich weigerte, die Abbitte zu leisten, die ihm, angeblich, sein Kurfürstentum wieder eingebracht hätte; die Bundesgenossen, die er fand. Aber sie griffen an, ungefähr so wie die böhmischen Stände 1618: Gegen eine Macht, die ihnen unerträgliche Tatsachen schon geschaffen hatte und weitere schaffen würde, sei es direkt, sei es auf schleichenden Umwegen. Und so wie die Stände der habsburgischen Erblande um 1618 nicht gemeinsam geplant und den Schlag geführt hatten, so griffen auch sie nicht gemeinsam und konzentriert an, sondern einer nach dem anderen; wodurch sie dem mächtigen Gegner willkommene Gelegenheit gaben, sich immer weiter auszudehnen und schließlich einem Ziele von äußerster Radikalität nahezukommen. Das ging so, seit 1620, zehn Jahre lang; und wurde immer schlimmer, ergriff mit Brandschatzungen, Hunger, Mord und Seuchen immer weitere Kreise, indes man nur von Frieden redete, sei es durch Verständigung, sei es, weil bald kein Gegner mehr auf dem Schauplatz sein würde. Indes man auch fast nie sagen konnte, worum denn eigentlich gekämpft wurde.»Anfang zwart«, schrieb der Kurfürst von Brandenburg an den Kaiser,»ist mir die eigentlich ursach dieses Krieges unnbewust.« Jeder kämpfte irgendwie für sein Recht und das Recht.

Es war die Zeit der Söldnerheere. Nationale Aufgebote gab es wohl auch, in Schweden, wo sie sich bewährten, in Böhmen und in Bayern, wo sie ohne guten Erfolg versucht worden waren. Der eigentliche Kriegsherr war der General, der von einer Regierung Lizenz erhielt, eine Zahl von Regimentern aufzustellen, zu welchem Behuf er Werbepatente an Offiziere vergab: Ein Großunternehmer und seine Nebengewinner. Die Summen, welcher das Heer zu seiner Bezahlung und Ausstattung bedurfte, sollten aus den Staatskassen kommen, wurden aber von den Herren vorgeschossen und nach Methoden berechnet, die einen weiten Spielraum ließen. Dazu kamen die »Kontributionen«, die den Ständen und Städten, Feinden, Neutralen und Freunden auferlegt wurden und über die immerhin noch verhandelt werden konnte; dazu kam das eigentliche Plündern im gemeinen oder im Herrenstil. Die Truppenzahlen waren gering. Hatte einer zwölftausend Mann unter den Fahnen, so war er eine Macht. Zwölftausend Streiter bedeuteten dreißig- oder vierzigtausend Menschen, Frauen und Kinder, Diener, Troßbuben, Brandschatzmeister, Händler. Eine solche Schar unter einem Maß von Ordnung zu halten, zu behausen und zu ernähren, zu bewegen, schlagkräftig zu erhalten, stellte den General vor eine gewaltige Aufgabe organisatorischer, erst in zweiter Linie militärischer Art. So energiearm waren die Länder, so schwach beschützt die meisten Städte und Fürstentümer, daß, wer mit seinen zwölftausend Mann und einigen Kanonen heranrückte, der Herr war, sich halten und fordern konnte, was er wollte; bis einer, der mehr hatte, das Kunststück fertigbrachte, ihn zu finden, einzuholen, zu belauern, zu stellen und zu schlagen. Spät im November wurden Winterquartiere bezogen. Von da an bis zum Frühjahr geschah kriegerisch wenig oder nichts. Mit das wichtigste Ziel aller Strategie war, sich gute Winterquartiere zu sichern.

Bestrebungen kreuzten und verdarben sich, Selbsterhaltungswille, Erweiterungswille, guter und böser Wille, rechtliche, pedantische Fiktionen und fürchterliche Wirklichkeit. Die Fronten liefen wirr durcheinander, keine Kombination, fast keine, die nicht möglich erschienen, von der Wirklichkeit nicht das eine oder andere Mal angespielt worden wäre. Protestanten standen gegen Katholiken, in Deutschland wie in Europa. Aber die großen deutschen Stände, katholische wie protestantische, hatten gegen die wachsende kaiserlich-habsburgische Macht ein gemeinsames Interesse, das oft sich zu Wort meldete und gelegentlich sehr wirksam sein konnte. Die böhmische Intervention hatte Bayern im Bund mit Spanien und Rom durchgeführt. Bald darauf betrieb Rom die Vermehrung Bayerns durch die Kurwürde, um ein Gegengewicht zu Madrid und Wien zu stärken, während Spanien eine Wiederherstellung der Pfalz, von Spaniens Gnaden, augenblicksweise sehr gern gesehen hätte. Die Habsburg-Bourbon-Feindschaft erwachte 1624 zu großzügiger Tätigkeit, um zwei Jahre später, unter den gleichen Regierungen in Paris und Madrid, von einer spanisch-französischen Allianz abgelöst zu werden, die wiederum nicht dauerte, wieder anderen Stimmungen und Bestrebungen Platz machte. Der eigentliche Konflikt setzte gegenüber den ephemeren sich nur langsam durch. Oder: der Kardinal von Richelieu spielte sein großes Spiel vorsichtig und führte Krieg gegen Spanien selber erst, als alle anderen Auswege versperrt waren. Oder: Alle Verbindungen, alle Feindschaften waren gleich vernünftig, gleich unvernünftig, gleich verrückt... Trotz der internationalen Religionsfronten konnte es vorkommen, daß Spanien in Frankreich die Hugenotten unterstützte, um der Regierung zu Paris Kummer zu machen; daß die Niederländer, uralter Bindungen nicht eingedenk, dem König von Frankreich gegen seine Protestanten half, weil ihnen an einem schlagkräftigen Frankreich mehr gelegen war als an einem, in dem die Glaubensbrüder sicher wären. Nach dritten Parteien wurde immer Ausschau gehalten. Aber boten sie sich an, versuchten sie zu vermitteln, so wurden sie mit hineingerissen. Die großen Endziele wurden bewußt, indem der Krieg ihnen nähertrieb, das »absolute Dominat« Habsburgs zuerst, ein von Frankreich kontrolliertes europäisches wie innerdeutsches Gleichgewicht später.

Daß die große Masse der Menschen nur Opfer waren, wie immer im Krieg, noch mehr so als später, heißt nicht, daß sie ohne Interesse gewesen wären. Es wurde viel Politisches geschrieben und gedichtet in jenen Jahren, häufig mit Religiösem untermischt oder in der Form des Religiösen, teils von Machthabern veranlaßt, Apologien, Manifeste und vertrauliche Geheimbriefe, angeblich von Gegnerhand stammend und wunderbarerweise entdeckt, teils spontane Artikel, Klagen, Spottgedichte. Was die diplomatischen, fürstlichen, militärischen Korrespondenzen betrifft, so sind ihre Dichte, Breite, Redseligkeit von keiner anderen Zeit zu überbieten; mitunter nicht ihre Klugheit, ihr Witz.

Es geschah also, daß der flüchtige, im Winter 1621 in die Reichsacht erklärte Pfalzgraf ein paar fahrende Ritter fand, die ihm sein glückloses Banner tragen wollten. Es waren der Markgraf von Baden-Durlach, letztes Überbleibsel der »Union«, die nach dem Weißen Berg sich kläglich aufgelöst hatte, ein calvinisch-frommer, braver alter Herr, aus den reinsten religiösen und wohlverstandenen politischen Motiven handelnd; der uns schon bekannte Ernst von Mansfeld, benachteiligter Bastardsohn eines belgischen Granden, immer sein Recht, sein Glück, sein Fürstentum suchend, tapfer und bitter, vorsichtig spielend mit der einzigen Karte, die er im Glücksspiel besaß, mit seinem Söldner- und Räuberheer; der Herzog Christian von Braunschweig, »Administrator« von Halberstadt, der »Tolle Halberstädter«, begabter, mutiger Jüngling und geborener Führer der Menschen, aber zum Irren neigend, der in platonischer Liebe zur gestürzten Böhmenkönigin entflammt zu sein glaubte – *Pour Dieu et pour elle* – und sich Gottes Freund, aber der Pfaffen Feind nannte.

Diese drei sammelten oder ergänzten ihre Heere nach der oben beschriebenen Art. Freilich wurden sie einer nach dem anderen durch die Spanier und Bayern außer Gefecht gesetzt; Mansfeld zum Schluß durch einen, von dem gleich die Rede sein wird. Es war die

Leistung dieser unglücklichen Häupter, eine improvisierte Front der Protestanten so lange zu halten, bis gewichtigere Mächte in sie eintraten. Will man es negativ ausdrücken, wozu viel Anlaß ist: Sie gewöhnten Deutschland an den Krieg, indem sie ihn nach der Pfalz und ins Elsaß, nach Westfalen und Niedersachsen trugen und ihn mit dem seit April 1621 wieder entfesselten niederländisch-spanischen verschmolzen. Sie gewöhnten Deutschland an diese Art von Kriegführung, die Kontributionen, die brennenden Dörfer. Sie gaben der habsburgisch-bayerischen Partei willkommenen Anlaß, gegen die Reichsfriedensbrecher weiter vorzugehen, in die Oberpfalz, die Rheinpfalz und dann in den niedersächsischen Kreis.

Den Katholischen entstand so bei geringer Gegnerschaft ein gewaltiges Kriegstheater, das nach mächtigeren Figuren rief. Im Verlauf dieser frühen Kämpfe unterwarf Tilly seinem Herrn beide Landesteile des pfälzischen Kurfürstentums, zuletzt auch die Hauptstadt Heidelberg. Die Büchersammlung der Universität, eine der reichsten Europas, wurde dem Papst verehrt und nach Rom gebracht, wo sie heute noch ist. Dem Papst dediziert wurden auch die eroberten Länder selber, indem dort die Rekatholisierung nach jetzt schon gängigen, stets verbesserten Methoden betrieben wurde; zum Schluß ließen sie stets nur zwei Alternativen, Auswanderung oder Messe, übrig. Man sage nicht, daß sie nicht wirkten; sie wirkten in der Pfalz so gut wie in Böhmen, und hätte man sie nicht angewandt, so gäbe es heute nicht so viele treue Gläubige hier und dort. Durch Bedrängnis, wie ein Nuntius es weise ausdrückte, kamen die Menschen zur Einsicht.

1623 wurde die pfälzische Kurfürstenwürde auf Bayern oder doch dessen Herzog übertragen. Gutes Reichsrecht war das nicht, denn selbst wenn Friedrich die Kur verwirkt hatte — wo war noch ein unparteiisches Gericht, es zu befinden? —, so gab es Agnaten, die näher daran gewesen wären als Maximilian. Eine politische Gerechtigkeit also, von Rom gefördert, von Spanien bekämpft, von Sachsen und Brandenburg mit den längst vertrauten, kummervoll-wirkungslosen Protesten beantwortet. An Bayern kam auch ein Teil der pfälzischen Territorien, zunächst als Pfand für das ihm geschuldete Geld. Der Vorgang verhieß den deutschen Fürsten nichts Gutes, und Maximilian wußte das auch. Da aber hier er selber der Nutznießer einer beginnenden willkürlichen Neuordnung und Neuverteilung der Lande war, so unterwarf er seinen Sinn für das Recht einem stärkeren Triebe.

Olivares und Richelieu

Es sind hier einige persönliche Veränderungen auf dem Welttheater zu erwähnen.

In Spanien, 1621, eine königliche Generationsablösung. Philipp IV. liebte die Frauen, die Künste und die Jagd und ließ sich von Velazquez malen; seinen Ersten Minister ließ er regieren. Das Porträt des Herzogs von Olivares hat in unseren Tagen der Arzt-Historiker Marañon mit tiefem Blick gezeichnet: Das Bild des letzten spanischen Politikers, der großartig im Stil Karls V. dachte, dessen Können und Ehrgeiz aber nicht nur durch die Krankheiten Spaniens belastet wurden, auch durch ein eigenes geistiges Leiden, das ihn zwischen Euphorie und Verzweiflung schwanken ließ und im Wahnsinn endete. Das Programm des

Grafen-Herzogs war im Inneren an Stelle der losen Verbindung iberischer Kronen der spanische Einheitsstaat, der den König zum mächtigsten Herrscher der Welt machen würde. Die Versuche, die in diesem Sinn unternommen wurden, vermehrten weder das Glück der Bürger noch die Größe des Staates. Sie sollten zu einem blutigen Aufstand Kataloniens, zur Loslösung Portugals führen. In der äußeren Politik kehrte Olivares zum religiösen Imperialismus des 16. Jahrhunderts zurück. Daß Spanien tief in die Wirren Deutschlands und Italiens gerissen wurde, daß auf allen Schlachtfeldern des Dreißigjährigen Krieges spanische Soldaten bluteten, daß der Krieg schließlich in einem letzten, entscheidenden spanisch-französischen Zweikampf endete, sollte sein Werk sein.

Zwei Jahre später wurde ein neuer Papst gekrönt, der ungefähr so lange aushalten sollte wie Olivares: Urban VIII. Seine beiden Vorgänger, Paul V. und Gregor XV., waren echte Vertreter der katholischen Reformation gewesen, fromm und streng; sie hatten die Unternehmungen Ferdinands und der deutschen Liga nach Kräften unterstützt. Gregor XV. war es, der die Heiligsprechung des Ignatius von Loyola durchsetzte; unter ihm auch kam es zur Gründung der *Congregatio de propaganda fide*, der Zentrale für Missionen unter Heiden – und Protestanten. Maffeo Barberini war von einem anderen Schlage. Ranke meint von ihm, er habe sich vor allem als weltlicher Fürst gefühlt. Das kann wohl nicht ganz so sein, seit Luther konnte das kein Papst. Aber auch als weltlicher Fürst verhielt er sich, sah römische Soldaten und Gewehre als für Kirche und Kirchenstaat wirksam zu gebrauchende Mittel an. Urban VIII. mißtraute den Habsburgern, den deutschen fast so sehr wie den spanischen, setzte auf Frankreich, wo er Nuntius gewesen war, hatte geringes Interesse für die deutschen Dinge, aber das stärkste für die italienischen. Darum spielte Rom im Verlauf des Dreißigjährigen Krieges nicht die Rolle, die es am Anfang gespielt hatte und die ihm angestanden hätte, wenn der Krieg ein vorwiegend religiöser gewesen wäre. Eben das bestritt der Papst.

Wieder ein Jahr später, April 1624, wurde im Schloß von Compiègne Kardinal Armand du Plessis de Richelieu als Minister in den Rat des Königs eingeführt. Es ist hier von Zeitgenossen die Rede; Richelieu starb ein Jahr vor dem Sturz des Olivares, zwei Jahre früher als Urban; und wenn seine Politik der spanischen entgegengesetzt war, so darum, weil sie ihr ähnlich war.

Auch der Kardinal setzte sich zum Zweck die Einheit des Staates, für den König »den Platz unter den Nationen, der ihm zukam«. Einheit des Staates bedeutete die Ausschaltung der Hugenotten als politische Macht, die Reduzierung des rebellischen Hochadels, die Unterwerfung des Landes unter den einen königlichen Willen. Um solche Ziele zu erreichen – ganz erreichte sie auch Richelieu nicht –, bedurfte es kristallklarer Bewußtheit, unbeugsamen Willens, gnadenloser List; Gaben eines guten oder unguten Gottes, die der Kardinal reichlich sein eigen nennen konnte. Wenn es je eine Inkarnation des seit dem 16. Jahrhundert um Verwirklichung ringenden Prinzipes Staatsräson gab, er war es; und hielt durch die schiere Kraft seiner Persönlichkeit den König, der von seinem hageren, kränkelnden, feierlich-stolzen, sich in furchtbaren Willensanstrengungen verzehrenden Minister nie angenehm berührt war, allen Gegenwirkungen zum Trotz in seinem Bann. Aber gerade Staatsräson vertrug sich nicht mit religiösem Imperialismus, nicht mit »universalem Dominat«.

Die Ziele Richelieus waren zeitgemäßer als die Ziele Ferdinands II. und Olivares'; realisierbarer, bescheidener. Weder erstrebte er Imperium über Europa, noch maßte er sich an, den Protestanten ihren Glauben vorzuschreiben; nicht in Frankreich, wenn sie nur sonst des Königs gehorsame Untertanen sein wollten, viel weniger in Deutschland. Die Außenpolitik war das Handwerk, auf welches er sich verstand, der sich für die Dinge der inneren Verwaltung und Finanzgebarung großartig wenig interessierte. Der endliche Triumph des königlichen Willens im Lande war ihm Vorbedingung für das große Spiel mit dem Land unter anderen Ländern. Gerade dies Spiel aber spielte er, im Grunde verteidigend und immer auf neue Diversionen sinnend, gegen die letzte große, von allen Seiten anbrandende habsburgische Verschwörung. Eine moderne Defensive gegen einen im tiefsten Grunde schon anachronistischen, obgleich mit gewaltigen Mitteln geführten Angriff. Modern, im Sinn der Zeit geurteilt. Will man sich der Maßstäbe einer viel späteren bedienen, so wirkt auch Richelieu fremd, denn er arbeitete für die Größe des Königs und Staates, nicht für das Glück der Bürger. Sie konnten nach seinem Tode sich rühmen, Untertanen eines mächtigeren Monarchen zu sein als vorher, sonst aber keiner Besserung ihrer Lebensumstände.

Im März 1625 wurde Jakob von England durch seinen Sohn Karl abgelöst, der vor dem Vater die Energie der Jugend und eine edlere Einfachheit des Wesens voraus hatte, im Äußeren wie im Inneren übrigens seine Unternehmen fortsetzte. Sein erster Minister, Buckingham, war ein prunkliebender junger Narr in Samt und Seide. – Im selben Frühjahr, 1625, trat in Österreich Albrecht von Wallenstein an die Spitze eines neu aufgestellten Heeres. Sein offizieller Titel war der eines Obersten Feldhauptmanns. Man gab ihm auch wohl schon den eines Generalissimus, welcher die Sache, so wie sie sich vorstellte, besser traf.

Olivares, Richelieu, Wallenstein. Es sollten demnächst noch andere auf der Hauptbühne erscheinen und die Liste der *dramatis personae* vollmachen. Eine interessante, bedeutende Liste, in der ersten wie in der zweiten Kategorie. Darüber wenigstens konnten die Untertanen sich nicht beklagen; die sonst über so sehr viel und immer mehr ihre Klagen zu einem tauben Himmel zu schreien Ursache erhielten.

Das Jahr 1624, Richelieus erstes Amtsjahr, hätte eine gewaltige romanisch-protestantische Koalition sehen können; Venedig und Savoyen im Süden, England, die Niederlande, Dänemark und Schweden im Norden, Frankreich die Brücke zwischen beiden Zentren und selber das Zentrum. Der Kardinal steuerte auf diese Kombination hin. Er betrieb eine englisch-französische Heirat, und die kam zustande: zwischen dem neuen König Karl I. und der Schwester Ludwigs XIII. Er suchte, unterstützt von der englischen Diplomatie, Dänemark und Schweden in eine Verbindung zu bringen. Aber die »Wasserkönige« konnten sich nicht einigen. Gustav Adolfs strategischer Plan, durch Polen nach Schlesien und Böhmen vorzustoßen, gleichzeitig aber Polen durch Rußland in die Zange nehmen zu lassen – er sagte: »Alle Kriege hängen zusammen« –, wurde nie verwirklicht. Für Richelieu ergab sich, daß er erst in Frankreich zu tun hatte, ehe er nach außen etwas tun konnte und mittlerweile nach außen sich mit Vorsicht zu gebaren hatte.

Die Einheit des Staates und königlichen Willens in Frankreich wurde nicht so sehr durch die drei Stände, durch die Parlamente, den Adel, wie durch die verbriefte Sonderexistenz der Protestanten gelähmt.»Solange die Hugenotten ihren Fuß auf Frankreich setzen, wird der König weder im Inneren der Herr sein, noch nach außen ruhmreiche Taten tun können.« Das Nicht-mehr-Funktionieren der in Nantes gestifteten Ordnung hielt das neue Ministerium einstweilen von »ruhmreichen Taten nach Außen« ab. Ein paar Jahre lang fand das wunderlichste diplomatische Ballett zwischen den drei Westmächten – Spanien, Frankreich und England – statt, in dem es um so viel Endeffekte ging, wie mathematisch möglich waren: eine englisch-französische Kombination gegen Spanien, eine französisch-spanische gegen England, eine englisch-spanische gegen Frankreich. Der Kardinal, Meister in solchen Tanzkünsten, zögerte das in jedem Fall nur provisorische Ende hinaus, bis seine Hugenotten ihn dazu zwangen.

Im Jahr 1627 trieben sie unter ihrem Führer Heinrich von Rohan die Sache auf die Spitze. Ihre starke Festung und Hafenstadt La Rochelle verband sich mit den Engländern, deren törichter Minister Buckingham hier eine Gelegenheit sah. Ein sich anschließender Seekrieg zwischen England und Frankreich, eine kurzfristige Zusammenarbeit zwischen Frankreich und Spanien bedeuteten nichts. – Im Inneren aber war die von Richelieu und seinem König mit gewaltigem Aufwand betriebene Belagerung La Rochelles epochemachend. Er wollte, schreibt der Kardinal in seinen Memoiren, »die Häretiker dorthin zwingen, wo alle Untertanen eines Staates zu sein haben, dorthin, wo sie keinen getrennten Körper mehr bilden und ganz vom Willen des Souveräns abhängen«. Durch rechtzeitige Besetzung der Inseln, die der Hafenstadt vorgelagert sind, wurde sie vom versprochenen englischen Sukkurs abgeschnitten. Die Belagerung war dann kein Diplomaten-Ballett; während des Jahres, das sie dauerte, starben vier Fünftel der Bevölkerung Hungers. Die Bedingungen, die Richelieu schließlich gewährte, scheinen liberal, wenn man sie mit dem Schicksal der Tschechen vergleicht: Die Bürger von La Rochelle sollten Leben, Vermögens- und Gewissensfreiheit erhalten, nur ihre politischen Sonderrechte alle verlieren. Es war Richelieus Art. Ein Mann der Kirche war er, aber tolerant, und wußte das Reich der Seele von dem des Staates zu unterscheiden. Auch nach dem Sturz von La Rochelle, und gerade danach, hat er Protestanten in hohen Staatsämtern verwendet; sein ruhmreichster General, Turenne, ist einer gewesen.

Damals gab es in Deutschland einen Politiker, der ähnlich dachte und der eine norddeutsche Seestadt belagerte, eben während Richelieus Truppen vor La Rochelle lagen; aber mit anderem Ausgang.

Wallenstein

Unermeßlich reich und zeitweise der Oberkommandierende in Böhmen, hatte Albrecht von Wallenstein längst eine große Stellung inne, als er sich, Frühjahr 1625, den Auftrag erwarb, ein eigenes kaiserliches Heer aufzustellen. Es sollten zwanzigtausend Mann sein dürfen; bald fünfzigtausend; später trieb des Kaisers Oberster Feldhauptmann die Truppenzahlen so hoch, wie er für gut fand, hundertfünfzigtausend und mehr. Hastig improvisierend, gründete Wallenstein die österreichische Armee. Die Regimenter, die er aufstellte, fochten noch unter Eugen, Karl, Radetzky; im Wiener Heeresmuseum ist ihre erloschene Glorie ausgebreitet.

1625 – das war das Jahr, in dem eine große nordeuropäische Koalition sich gegen Habsburg zu bilden schien. Daß, kam sie zustande, die bayerisch-ligistischen Truppen, und was die Spanier geben konnten, gegen sie nicht genügen würden, traf zu. Wallenstein selber mußte an der Erhaltung der neuen Ordnung mindestens in Böhmen sehr gelegen sein, denn keiner hatte so viel von ihr gewonnen wie er. Seine im nordöstlichen Böhmen und Mähren gelegenen mehr als fünfzig Grundherrschaften hatte er zu einem Fürstentum Friedland konsolidiert; einem Staat im Staate, der durch die schöpferische Wirtschaftlichkeit seiner Verwaltung von den übrigen habsburgischen Landen auf das günstigste abstach. Im Königreich begann man von einer *terra infelix* und einer *terra felix* zu sprechen: Diese reichte so weit wie der Besitz des Herzogs von Friedland.

Wenn Wallenstein nun ins Weite der habsburgischen Kriegführung und Politik strebte, so mochte ihm bewußt sein, daß man in Wien und München die Sache nicht richtig anfaßte und trotz jährlicher Erfolge planlos tiefer und tiefer in den Sumpf geriet. Sich selber traute er die Meisterung der Lage zu. Auch: daß für ihn dabei irgend etwas Großartiges herausschauen würde. Dagegen ist kein Argument, daß er schon genug hatte; Imperienerbauer, wie er einer war, haben nicht genug. Wieder waren die selbstischen Pläne so rein selbstisch nicht, weil sie sich mit großen, träumerischen, über die eigene Existenz hinausgehenden Projekten verbanden, den Träumen eines Visionärs und eines Realisten. Sie werden noch beim Namen zu nennen sein. Völlig sicher weiß man bei Wallenstein, sehr im Gegensatz zu Richelieu, nie, woran man ist, sobald man den Boden wirklich getaner Taten verläßt. Von dem Moment an, in dem er an die Spitze des von ihm organisierten Heeres trat, war er neun Jahre lang im Gerede der Welt, Mittelpunkt wie kein anderer, außer, für eine kurze Zeit, dem König von Schweden. Über ihn korrespondierten die Diplomaten und diplomatisierenden Mönche, schrieben die Gazetten, sprachen die Leute am Ofen. Gerüchte über ihn gingen um oder wurden von seinen Feinden in die Welt geschickt mit Wahrem und Falschem darin, wogegen dann seine Agenten beschwichtigend und verwirrend die Feder führten. Er selber war sekretiv, behielt vieles lange für sich, um es in einem Moment des Zorns herauszusagen. Zugleich mißtrauisch und vertrauensselig, tat er Aussprüche, die er so ernst nicht meinte, die aber flugs nach Wien und Madrid getragen wurden. Entschuldigend meinte der Kaiser zu einem deutschen Kurfürsten: »Der Herzog von Friedland seye in Reden und Moribus etwas grob.«

In Wallensteins Heeresorganisation war an sich wenig Neues; das Werben der Soldaten und Zusammenstellen der Regimenter durch die Obersten als Subkontraktoren; das Vorschießen der Gelder, die mit Zinseszins wieder einzutreiben wären; die Ernährung der Truppen am Ort selbst und durch das Land, durch auferlegte »Kontributionen«, all das gab es längst. Originell war die Belieferung des Heeres aus des Feldherrn eigenen Mühlen und Fabriken, so daß Wallensteins Fürstentümer recht eigentlich für die Industrien des Krieges da waren und aufblühten. Merkwürdig auch, daß in einem Krieg, den man in Wien als Religionskrieg ansehen wollte, der General sich um die Religion seiner Soldaten und Offiziere nicht kümmerte; in der Mehrzahl sollen sie protestantisch gewesen sein. Es

Richelieu
Gemälde von Philippe de Champaigne
Versailles, Museum

Wallenstein
Gemälde eines unbekannten Malers
Eger, Museum

entsprach dies dem Standpunkt Wallensteins, der im religiösen Charakter des Konfliktes den folgenschwersten Irrtum und in den Häretikern bessere Untertanen sah als in den Katholiken; ihm ging es um Macht und Ordnung und Frieden durch Macht, nicht um Glauben. Was die Grausamkeit seiner Kriegführung betrifft, so war sie nicht grausamer als die der anderen, in Absicht und Ursprung eher das Gegenteil. Denn alle Unordnung war ihm verhaßt, und er verstand gut, daß, wenn der Bauer nicht zu leben hätte, der Soldat bald nicht mehr zu leben haben würde. Wenn trotzdem seinen Regimentern die pervertiertesten Greueltaten vorgeworfen werden konnten, so ist die Erklärung die, daß auch sein imperialer Wille den aufgeschwollenen Heereskörper nicht zu durchdringen vermochte; wo er nicht war, verachtete man seine Befehle. In allen Armeen brach die Manneszucht zusammen; bei den Truppen des frommen, strengen Tilly früher noch als bei den Wallensteinischen, zuletzt auch bei den Schweden, der edleren Vorsätze ihres Anführers ungeachtet. – Ob Wallenstein, der sich als Geschäftsmann, Verwalter, Organisator bewährt hatte, auch genug von einem General sei, um eine gewaltige Kriegsmaschine nicht bloß aufzubauen, sondern erfolgreich zu bewegen, darüber wurden Zweifel sofort laut, um die nächsten neun Jahre lang laut zu bleiben. Entsprechend blieb es eine seiner Sorgen, sie zu stillen, sei es durch Erfolg, sei es durch Rücktrittsdrohungen. Tatsächlich verstand er sich auf das Kriegshandwerk, indem er Kühnheit und Schnelligkeit durch Vorsicht, gründliche Vorbereitung, treffend sichere Wahl seiner Positionen ersetzte.

Und nun also das Erscheinen einer kaiserlichen Kriegsmacht in Deutschland; ihr Marsch durch Franken und Hessen nach Niedersachsen; die beginnenden Drangsalierungen der Städte und Stände. Zu welchem Zweck? Da doch die Union längst aufgelöst, die pfälzische Sache doch längst erledigt ist, der Pfalzgraf im Haag mageren Verbannten-Hof hält? Aber die Bundesgenossen des Pfälzers sind noch da, und die niedersächsischen Stände haben kürzlich den König von Dänemark, Herzog von Holstein, zu ihrem Kreisobersten gewählt. Die Welt weiß, daß Christian IV. einen Angriff vorbereitet. Ungern sah er die Spanier in der Pfalz; am *Mare Balticum* will er die Habsburger durchaus nicht haben. Reichen seine Mittel, es zu hindern? In der Kriegsgeschichte gibt es verlorene Schlachten, während derer die Regimenter einzeln, jedes für sich, vorgingen und einzeln zurückgeschlagen wurden. Die Geschichte dieses nie endenden mitteleuropäischen Krieges oder deutschen Bürgerkrieges gleicht allzu lange einer solchen Schlacht. Die Intervention Christians, von ein paar tausend Engländern und niederländischem Geld schwach unterstützt, ist das einzige, was von den großen Koalitionsplänen des Vorjahres übrigbleibt. Sie ist brav und weiträumig beabsichtigt. Würde sie ein paar spektakuläre Erfolge davontragen, weit würde das Echo reichen; denn überall, wo die Liga gesiegt hatte, in Österreich, in der Pfalz, in Böhmen selbst, schwelen Leid und Haß in der Asche. Aber auch sie scheitert, ziemlich weit oben in Deutschland, wohin sich der König gewagt hat (Schlacht bei Lutter am Barenberge, 27. August 1626); am alten Tilly, an den Verstärkungen, die Wallenstein zurückließ, bevor er selbst nach Schlesien marschiert, um den geschlagenen Mansfeld zu verfolgen, von wo er weiter nach Ungarn zieht, um sich noch einmal mit dem Fürsten von Siebenbürgen zu vergleichen, und dann wieder zurück nach Schlesien und nach Niedersachsen. Der Ausfall Bethlen Gabors ist diesmal endgültig, weil die Türken, mit denen er so gut zu spielen wußte, sich mit dem Kaiser verständigt haben, was sie, zum Kummer der englischen Agenten in Konstantinopel, mußten, zumal die Perser dem Sultan die Hände voll zu tun geben. Im Südosten sicher, kann Österreich seine Energien um so freier den deutschen Angelegenheiten zuwenden. Es geht um einige seit langem protestantische Stifte, Magdeburg, Halberstadt, Minden, Bremen, die man der Kirche zurückgewinnen will, wobei Prinzen des Erzhauses bereitstehen, sie zu übernehmen. Es geht um die Botmäßigkeit des niedersächsischen Kreises, dessen Stände sich notgedrungen mit Dänemark eingelassen haben; es geht darum, die deutschen Hafenstädte an der Ost- und Nordsee in eine enge Verbindung mit dem Reich, will sagen Habsburg, zu bringen, so daß der König von Schweden dort nirgends landen kann, wenn er es möchte, auch die Niederlande vom Norden her zu bedrohen wären. Die Idee ist ursprünglich spanisch-belgisch, aber sie erobert Wallensteins Phantasie. Das Reich soll Seemacht werden, soll selber das *Dominium Maris Baltici* erringen. Im Winter 1628 sind Wallensteins Truppen in Jütland. Schon ist davon die Rede, er solle König von Dänemark werden; der Kaiser, schreibt er, habe es ihm angeboten, aber er habe sich schön bedankt, er könnte sich auf so fremdem Thron nicht halten. Einstweilen nimmt er mit den mecklenburgischen Herzogtümern vorlieb, die der Kaiser ihm verleiht, um seine Dienste zu belohnen und seine Geldforderungen zu befriedigen. Die Herzöge, dekretiert man in Wien, hätten ihr Land verwirkt, als sie sich mit Christian von Dänemark verbündeten. Ein böhmischer Edelmann wird ihr Nachfolger.

Es ist ein weiterer Schritt in jener Neuverteilung, Neuordnung Deutschlands, die mit der Enteignung des Pfälzers begann. Damals hatte Maximilian von Bayern seinen Vorteil davon, diesmal nicht; er sieht, alle seine Standesgenossen sehen die von Wallenstein ins Werk gesetzte Revolution mit steigendem Befremden. Der General macht wenig Unterschiede zwischen loyalen und nicht loyalen Ständen. Sein immer wachsendes Heer muß von beiden leben. Von Franken bis Brandenburg und Pommern lagern seine Truppen. Was sie tun, wie die Soldaten die friedlichen Bürger behandeln, darüber werden Zeugnisse gesammelt, heute noch schauerlich zu lesen. Die Fürsten, denen es selber an Wein und Fleisch und Brot nicht fehlt, haben Mitleid mit ihren Untertanen. Ehrliches, landesväterliches Mitleid; es gibt Briefe der Kurfürsten von Sachsen und Brandenburg, die in diesem Sinn zu uns sprechen. Es wäre aber der Kummer wohl nicht so laut, wenn sie selber die Urheber all des Leides wären, wie ehedem, als Maximilian die Pfalz eroberte; wenn nicht ein anderer, ein Kaiserlicher und ein Fremder, ein Böhme, jetzt der erste Mann im Reiche wäre und Dinge mit ihm vorhätte, die niemand recht durchschaut. Und so erkennen sie den neuen Herzog von Mecklenburg nicht an, so überhäufen sie den fernen Kaiser mit Protest- und Jammerschreiben, so organisieren und treffen sie sich, Liga und Nicht-Liga, Katholiken und Nichtkatholiken, in Würzburg, Mergentheim, Mühlhausen, und beraten sich über die »abhelfung des unerträglichen Jochs des Frietländischen dominats«. Sie wollen es mehr für friedländisch halten als für kaiserlich, für eine durchaus von dem einen Individuum abhängige Sache. – Ist Wallenstein wirklich ein Fremder, wie die Kurfürsten ihm vorwerfen, einer, der in Deutschland nichts zu suchen hat? Und was will er mit ihm?

Die Waldsteins sind eine große böhmische Familie, halbwegs germanisiert, wie diese Familien es waren. Er selber spricht deutsch und tschechisch ungefähr gleich gut, auch italienisch; deutsch mit einer frappanten Kraft des Ausdrucks. Für die Freiheit der böhmischen Stände ist er ohne jeden Sinn, wie die Freiheitsidee ihn überhaupt nicht anspricht. Nicht nur ging er beizeiten ins kaiserliche Lager über, er schämte sich nicht, während der Exekutionen vor dem Altstädter Rathaus eines seiner Regimenter zum Sicherheitsdienst zur Verfügung zu stellen, und sein Reichtum ist im Ursprung Beute des Unterdrückers. Trotzdem hoffen die Tschechen auf ihn, die Emigranten und die daheim ihren Gram Nährenden; einer von ihnen ist der Mächtigste unter dem Kaiser geworden und könnte wohl eines Tages die Lust daran verlieren, *unter* dem Kaiser zu sein... Wallenstein hält die deutsche Zivilisation der tschechischen für überlegen, mindestens, was ihn betrifft, für interessanter; große Dinge kann man nur mit den Deutschen machen. Halb außerhalb des Reiches stehend, sieht er seine Möglichkeiten klarer, als die Binnendeutschen sie sehen, ist aber auch wieder geneigt, die Zähigkeit alter Einrichtungen zu unterschätzen. Für ihn gibt es nichts, was Macht nicht tun könnte, solange sie Vernünftiges, Praktisches tun will. Deutschland soll also unter einem Herrn zum Frieden gezwungen werden. Es mag seine Glaubensfreiheiten behalten und die Besitzesanordnungen, die seit 1555 entstanden; Wallenstein hält nichts von einer gewaltsamen Rekatholisierung, weil er gesehen hat, wie schädlich sie die Gemüter verwirrt und erregt. Im Weltlichen, nicht im Geistlichen, soll die Nation parieren. Daß die Monarchie erblich werden und künftig nur einer Herr sein solle wie in Hispanien, daß es Zeit sei, den Kurfürsten ihr Hütel abzuziehen, soll er gesagt haben – Aussprüche, die, wahr oder erfunden, in Dresden und Mainz und München Schauer von Wut und Haß erregen. Jedenfalls will er die deutschen Libertäten verkürzen, weil nur dann in einer neuen Welt europäischer Großmächte Deutschland das seine wird halten können. Daß er selber so sehr gern ein Fürst des Reiches sein wollte und nun geworden ist, steht mit dieser Bestrebung freilich im Widerspruch und macht wahrscheinlich, daß er sie in Grenzen gehalten hätte. Jedenfalls ist sein Begriff von Deutschland ein mitteleuropäischer. Der Böhme kennt Ungarn und Italien, neuerdings das östliche Norddeutschland, er hat gegen die Türken gekämpft, er sieht in Polen einen der gewichtigsten Nachbarn, er ahnt Rußland. Er war nie am Rhein, und Westeuropa ist ihm fremd. So also malt sich ihm die Zukunft: Deutschland *ein* Staat, stark zu Land und zur See, um die Elbe zentriert, nach Osten und Südosten schauend. Sind die deutschen Fürsten pascisciert, so will er alles überflüssig gewordene Kriegsvolk, eine große deutsch-europäische Armee, gegen die Türken führen und den Sultan für immer aus Europa werfen – »das Übrige mag er behalten«.

Solchen Plänen entspricht es, daß er den Kämpfen in Deutschland Maß und nahes Ziel zu setzen wünscht. Schweden sucht er zu beschäftigen, indem er dem König von Polen Kriegshilfe gewährt. Er ist gegen einen deutschen Einsatz in den Niederlanden, gegen neue Abenteuer und Verzettelungen in Italien, die er gleichwohl nicht hindern kann; gern würde er mit Dänemark zu Rande kommen. Den Mächten, die sind, nichts Unzumutbares zuzumuten, ist sein eigentliches Prinzip; wobei er übersieht, daß er selber den deutschen Fürsten als *Dictator Imperii* nicht zumutbar ist.

Der Titel eines »Generals des Ozeans und Baltischen Meeres«, den er sich beilegen läßt, bezeichnet die neue Phase seines Ehrgeizes. Schon spielt sein verwegener Geist mit dem Plan, einen Kanal durch die jütische Halbinsel zu graben, »die Ostsee in das Oceanum zu derivieren, damit man ohne Berührung des Sundes der Westsee sich gebrauchen könnt«. Mit den Städten des alten Hanse-Bundes werden in Lübeck Verhandlungen angeknüpft. Sie sollten doch ihren wahren deutschen Vorteil erkennen, der bei Kaiser und Reich liege, nur eine kaiserliche Kriegsflotte könnte ihnen die scharfe englische und skandinavische Konkurrenz vom Halse halten. Was aber Wallenstein mittlerweile mit Rostock und Wismar treibt, was er Stralsund zumutet, nämlich eine kaiserliche Besatzung aufzunehmen, widerspricht so selbstlosen Motiven.

Die Belagerung von Stralsund, Sommer 1628, wird zum Höhe- und Wendepunkt der maritimen Bestrebungen Habsburgs. So wird sie empfunden. Der General des Baltischen Meeres kann nicht hindern, daß die »Wasserkönige« Dänemark und Schweden der bedrängten Stadt jede Hilfe zukommen lassen; Gustav Adolf schickt seinen vornehmsten Berater, Axel Oxenstierna, der einen regelrechten Allianzvertrag mit Stralsund schließt. Der neue Admiral der Ostsee, höhnt ein protestantischer Fürst, werde sich zu Land behelfen müssen. Eben dies ist im Herbst Wallensteins Entschluß. So rasch ihn die Idee einer habsburgischen Seemacht und Nordmacht kaptivierte, so rasch gibt er sie wieder auf, nachdem er begriffen hat, daß eine Kriegsflotte sich nicht in ein paar Monaten improvisieren läßt. Er bricht die Belagerung Stralsunds ab, zum Jubel aller Gegner Österreichs; und drängt seitdem auf einen Frieden mit Dänemark. Man möge sich eilen, »dem König sein Holstein, Schleswig und Jütland zurückzugeben, ohne viel vacillationen: geschieht dies, so haben wir fried, wo nicht, so ist kein fried zu hoffen, sondern langwieriger Krieg«.

Die Bedingungen des Friedensvertrages von Lübeck (Mai 1629) sind denn auch für Dänemark selber günstig genug, weil es nichts verliert außer dem Anspruch, sich in den innerdeutschen Streit einzumischen. Eine große Hoffnung der Protestanten aber, der Pfälzer, der Böhmen ist abermals zuschanden geworden; nichts oder beinahe nichts ist übrig von der Koalition des Jahres 25. Der Kaiser hat auf deutschem Boden keinen aktiven Gegner mehr; jene, die es zu sein längst Anlaß gehabt hätten, sind es bisher nie gewesen. Was steht der aufgeklärten Militärmonarchie wallensteinischen Gepräges noch im Wege?

Und wieder, wie nach der Eroberung der Pfalz, neue Schritte des Übermutes, neue Reaktionen und Erweiterungen. In dem »Edict wegen der Restitution der geistlichen Güter« (6. März 1629) befiehlt der Kaiser: Alle seit dem Augsburger Religionsfrieden vollzogenen Säkularisierungen kirchlichen Besitzes sind rückgängig zu machen. Der Kirche soll wieder gehören, was ihr Anno 1555 gehört hat, in Württemberg, in Franken, in Westfalen, in Niedersachsen, überall. Bischofsstädte, wie Halberstadt und Magdeburg, Reichsstädte wie Augsburg, die der Jurisdiktion ihres Bischofs seit Jahrhunderten entwachsen sind, sollen so katholisch werden, wie Prag es wurde. Herzogtümer wie Württemberg, die sich durch die Einziehung Dutzender von Klöstern konsolidiert hatten, müssen sie alle wieder herausgeben und sich selber zerstückeln. Durch das Reich eilen kaiserliche Kommissare, um das Werk zu vollenden, notfalls mit militärischer Gewalt. Dreivierteljahrhundert politischer und sozialer Geschichte sollen rückgängig gemacht werden. Jetzt geht es; so hoch hat die Macht der Habsburger sich erhoben, die zehn Jahre früher vor ihrer Auflösung schien. Aber es geht nicht ohne die greulichste Verwirrung der Besitzesverhältnisse und der Seelen.

Wallenstein weiß es; er, der das Restitutionsedikt durch seine triumphierende Militärmacht ermöglicht hat, ist dagegen, nicht so sehr, weil er es für illegal hält – tatsächlich ist seine Legalität zweifelhaft, nur der Reichstag könnte dergleichen beschließen –, sondern weil es ihm unpraktisch scheint. »Die Unkatholischen«, schreibt er, »hat alle das kaiserliche Edict wider uns moviert, wir werden viel mehr Diversionen haben als Spanien, denn das ganze Reich wird wider uns sein, der Schwed, der Türk und Bethlehem auch«. Und wieder: »Wollte Gott das das kaiserlich edict das ganze Reich in desperacion nicht gebracht hette«. Aber Wallenstein ist nicht der Herr über die Wiener Politik, als der er von seinen Feinden angesehen wird. Er hat so viel Gegner bei Hof wie Freunde; er muß einen beständigen Kleinkrieg gegen die Minister führen und kann, was er will, den glimpflichen Frieden mit Dänemark nur unter furchtbaren Anstrengungen durchsetzen. Die Minister geben ihm manchmal nach, weil sie ihn fürchten. Ferdinand fürchtet ihn nicht einmal, so sicher ist er in seinem Instinkt des unendlichen Abstandes zwischen Monarch und Untertan. Der Kaiser denkt fromm und rechtlich, er will nur das Recht wiederherstellen, allerdings eines, das seit Jahrzehnten abgestorben ist. Nie, zeit seines Lebens, hat er etwas getan, was er für Unrecht hielt. Im schlimmsten Fall war er von Rechtsbrechern zu harten Maßnahmen gezwungen worden, immer fühlte er sich geborgen in seinem Glauben, in der geheiligten Majestät des Amtes. Wallenstein denkt weder rechtlich noch fromm, sondern praktisch und gewalttätig. Hier aber, wie später noch einmal, ist es die fromme Politik des Habsburgers, aus der die schlimmsten Gewalttaten fließen.

Mittlerweile ist Frankreich, nach der Kapitulation der Hugenotten und der nachfolgenden Beendigung seines törichten Krieges gegen England, wieder aktionsfähig geworden, und Richelieu macht Gebrauch davon. Mantua, ein Herzogtum, das starke Festungen umschließt, soll durch Erbe in den Besitz eines französischen Agnaten, des Duc de Nevers, übergehen. Die italienische Niederlassung dieses Prinzen begünstigt Richelieu, Spanien sucht sie zu verhindern. Es bedient sich dabei eines veralteten Rechtes, das Kaiser und Reich auf Mantua besitzen. Ferdinand läßt sich bereden, Mantua als Reichslehen einzuziehen. Papst Urban ist auf Frankreichs Seite, weil er kein spanisches, kein habsburgisches Mantua zum Nachbarn haben will. Es entsteht in Oberitalien eine Front Rom-Venedig-Frankreich gegen Madrid und Wien; und entsteht ein italienischer Krieg um die Festungen Mantuas, welcher Truppen, auch deutsche Truppen, erfordert. Von Anfang an ist Wallenstein gegen diesen Krieg gewesen, weil er Soldaten absorbiert, die anderswo gebraucht werden, weil er Frankreich Ursache und Anlaß gibt, sich feindlich in die deutschen Dinge zu mischen. Mit der ihm eigenen Insistenz verlangt Wallenstein Frieden in Italien, wieder und wieder. »Wenn fried in Italien ist, so ist fried mit Frankreich.« – »... kann die Sach komponiert werden, so bitt ich, man thu es, denn wir werden gewiß mehr zu thun bekommen, als wir vermeinen; im Reich weiß ich ihr wenig, so gut auf Ihr. Maj. Seiten seind; wollte Gott, daß man bald den Frieden machen thäte.«

Was er mehr zu tun bekommen wird, weiß Wallenstein, wird ihm Schweden zu tun geben; hier ist das neue Regiment, das nun angreifen soll, um das Phantom des Universalfriedens abermals verschwinden zu lassen, das kampfstärkste Regiment, das noch je in die Schlacht geworfen wurde. Schweden wird um so sicherer angreifen, nachdem kaiserliche Truppen von Norddeutschland nach Italien abgezogen sind, nachdem Frankreich, auf dem Umweg über Mantua, Kriegspartei geworden ist und Schweden unterstützen wird, nachdem das Restitutionsedikt Millionen von Deutschen in Verzweiflung getrieben hat und vom internationalen Protestantismus als eine abermalige Kriegserklärung empfunden wird. Längst hat Wallenstein den König von Schweden im Auge. Längst hat er ihn durch Unterstützung Polens von einem Großangriff gegen Deutschland abzuhalten versucht. Nun aber, September 1629, vermittelt Richelieu einen Waffenstillstand zwischen Schweden und Polen.

Die kaiserliche Politik zu zügeln, eine Beendigung des Krieges in Italien herbeizuführen, eine Zurücknahme des fürchterlichen »Edictes« zu erzwingen, wäre unter diesen Umständen die Aufgabe der deutschen Kurfürsten, Protestanten und Katholiken, wenn sie zur Erfüllung einer gemeinsamen Aufgabe noch imstande wären. Das sind sie nicht. Die Katholiken wünschen zwar Frieden mit Schweden und besonders mit Frankreich, aber das Restitutionsedikt ist die Blüte ihres Strebens, die sie nicht preisgeben wollen. Der Führer der Protestanten, Sachsen, hütet sich ängstlicher als Bayern vor jeder internationalen Verbindung, jeder Geste scheinbarer Illoyalität gegen Kaiser und Reich; aber das Edikt treibt ihn nun, sehr spät, zu dem ersten Schritt organisierten Widerstandes. So gibt es nur ein Ziel, auf das beide Kurfürstenparteien sich noch einigen können und sich längst geeinigt haben: Wallensteins Entlassung. Unleugbar liegt sie in ihrem Interesse. Ob, unter den obwaltenden Umständen, auch im Interesse Deutschlands, darüber ließe sich streiten, wenn Deutschland überhaupt noch ein Ding wäre, dessen Interessen man klar bestimmen könnte.

Im Frühsommer 1630 kommt es zu einem großen Treffen der Kurfürsten in Regensburg, einem »Kollegialtag«, vom Kaiser einberufen. Die beiden Protestanten entschuldigen sich, ihre Länder seien ruiniert, sie hätten das Geld zur Wegzehrung nicht und wollten sich von ihren gequälten Untertanen nicht trennen. Die Katholiken erscheinen. Als nun Ferdinand ihnen seine von unbeirrbarer, frommer Selbstgerechtigkeit durchtränkten Propositionen machen läßt, ihre Hilfe gegen Frankreich, die Niederlande, Schweden fordert und die Wahl seines Sohnes zum »Römischen König«, das ist designiertem Nachfolger, betreibt, erhält er zur Antwort, erst sei die viel brennendere Frage des kaiserlichen Heeres und Oberkommandos zu klären: Die barbarische Tyrannei des Herzogs von Friedland sei zu beenden, der General müsse weg. Der Kaiser hört es und kapituliert. Nicht einen Augenblick kommt ihm der Gedanke, das zu tun, was eigentlich die Konsequenz der in den letzten Jahren von ihm betriebenen oder geduldeten Politik wäre, nämlich, seine fürstlichen Standesgenossen durch einen Staatsstreich zu überwältigen. Ein Maximum an formaler Rechtlichkeit des Denkens, verbunden mit einem Maximum von Verwüstung in der Wirklichkeit ist ja das Wesen dieser toller und toller werdenden Conflagration. Ferdinand läßt seinem Feldherrn mitteilen, daß er auf seine weiteren Dienste verzichten müsse, indem er gleichzeitig eine Reduktion seiner Heeresmassen verspricht. Und sowenig der Kaiser seinen Kurfürsten, sowenig leistet Wallenstein seinem Monarchen den Widerstand, dessen man ihn für fähig hält. Er bedauert höflich und zieht sich auf seine böhmischen Güter zurück.

Ein Triumph des ständischen Prinzips; aber in seiner gespaltenen, ausschließlich katholischen Form, die dem Lande den Frieden nicht bringt und nicht bringen kann. Am Edikt wird nicht gerüttelt. Die Heere Wallensteins und der Liga sollen unter dem Befehl Tillys zusammengelegt werden. Später wird der Krieg in Italien beendet, unter Bedingungen, die man auch ohne das Blutvergießen dort hätte haben können. Richelieu ist, zusammen mit Maximilian von Bayern, der eigentliche Gewinner, denn sein Kandidat wird in Mantua anerkannt, und längst hat er auf den Sturz Wallensteins hingearbeitet. Es konnte denn auch die Legende entstehen, sein in Regensburg anwesender schlauer Hauptagent, der Kapuzinerpater Joseph, sei der eigentliche Beseitiger des Feldherrn gewesen. So weit reichte der Einfluß der »Grauen Eminenz« kaum, und die Kurfürsten bedurften hier nicht seines Ratschlages. Heimlich verbunden aber sind Bayern und Frankreich längst; eine Rückversicherung, die der immer wachende Geist Kurfürst Maximilians gegen Spanien, gegen Schweden, gegen Wallenstein suchte.

Während die deutschen Kurfürsten und der deutsche Kaiser in Regensburg bankettieren und langwierige Schriftstücke tauschen, landet der König von Schweden mit einem Heer von dreizehntausend Mann an der Küste Pommerns (26.Juni 1630). *Iacta nunc est alea*, berichtet ein pfälzischer Agent überglücklich an die niederländischen Generalstaaten, *transivit S. R. Majestas non Rubiconem sed vastum mare.*

Gustav Adolf von Schweden

Im Gespräch mit deutschen Fürsten erklärte Gustav Adolf einmal, er habe nun zwanzig Jahre Krieg führen müssen, obwohl er schon vor fünfzehn Frieden zu machen willens gewesen; »aber Gott hätte es anders mit ihm versehen, wäre gemeiniglich von seinen Benachbarten zum Kriege genötigt, gezwungen und lacessiert worden...« So sah er sich; ein Friedensfürst, der leider vom Kriege nicht los kam. Allerdings war er in ein gefährliches Zeitalter geraten, gefährlich selbst für ein so fernes, weites Reich wie das seine, in dem er, so versicherte er den Deutschen stolz, geradeaus vierhundert Meilen reisen könne. Ein Erbe von seinem Vater waren die Kriege mit Dänemark, Rußland, Polen. Die Dinge, die ihn jetzt nach Deutschland zogen, hatten sich fast ohne sein Zutun, hätten sich ungefähr ebenso entwickelt, wenn es ihn nicht gegeben hätte. Nur war der König selber ein überaus energischer Mann seiner Zeit, einer ihrer stärksten Individuationen. Er handelte lieber, als daß er mit sich handeln ließ, attackierte, ehe er attackiert wurde. So groß Schweden war, so sollte es größer sein, wäre es auch nur, um zu bleiben, was es war; sollte ein immer weiteres Stück der fremden Küsten seines Meeres kontrollieren, um mit den eigenen etwas anfangen zu können. Der Religionsstreit kam dazu. Im Geiste des Fürsten verband er sich unlöslich mit Interessen, die nicht religiös waren.

Dieser herrschafts- und kriegserfahrene Potentat war nur sechsunddreißig Jahre alt, als er nun in Deutschland landete; auf der Höhe seiner Kraft; von unerschütterlichem Selbstvertrauen. Fromm dabei, sehr fromm; ein Beter und ein Kämpfer im engen, gläubigen Bund mit seinem Gott. Wie fromm sie alle, beinahe alle, waren, die Verursacher von so viel Qual; wie sie alle das Feuer löschen wollten, aber jeder in seinem Sinn, zu seinen Zwekken, und alle es nährten und höher schlagen ließen. Was war das Ziel König Gustavs? Endlich Ordnung zu machen in dem großen, zugleich zerrissenen und bedrohlichen Nachbarreich, den Glaubensgenossen zu helfen, Niederdeutschland in der einen oder anderen Form an Schweden zu binden. Das traute er sich zu und sollte darin für einen kurzen Augenblick weiterkommen als seine glücklosen Vorgänger, der Däne, die deutschen Rächer des Pfalzgrafen, gekommen waren. Im Resultat hat selbst er die Unordnung nur vermehrt, und von den idealen Zielen, die er sich setzte, der edleren Kampfesart, die er einführen wollte, blieb wenig übrig.

Die Persönlichkeit muß hinreißend gewesen sein. Ein deutscher Diplomat berichtet: »Es muß sich jeder, der mit I. M. zu reden und ihr aufzuwarten die Gnade hat, in sie verlieben.« Die Gestalt überragend, frei der Blick der kurzsichtigen blauen Augen, die Haltung entspannt, dennoch von königlicher Noblesse; die Sprache manchmal derb, manchmal zornig, verachtungsvoll, oft leutselig einschmeichelnd, immer treffend; das ganze Wesen Lebensfreude, Mut und Autorität ausstrahlend. Daß er Lateinisch, Holländisch, Französisch und Deutsch fließend sprach, Polnisch und Russisch wenigstens verstand, wirft ein Licht auf das Ausmaß wie die regionalen Grenzen seines Ehrgeizes. Die ihn für einen bloßen Haudegen hielten, erkannten bald ihren Irrtum; er war fein gebildet, und von der hellsten Klugheit, durch den Wust verschleiernder Worte den Kern der Sache ergreifend. Auch der verworrenen deutschen Sache, insofern sie gegenständlicher Art war, oder wie sie eben dem geraden Denken eines Fremden erscheinen mußte. Die deutsche Psychologie zu begreifen, war er zu gescheit. Daß die Leute ihren altertümlichen Kram, Kaiser und Reich und Präzedenzen trotz allem noch ernst nahmen, daß sie, die sich untereinander abschlachteten, dem Nicht-Deutschen gegenüber sich einer und derselben Nation zugehörig fühlten und ihrem Retter mißtrauten, selbst wenn sie ihm widerwillig Folge leisteten, ging über seinen freien Verstand. Wie konnten sie immer noch von ihrem »gnädigen Kaiser« faseln, da doch dieser Kaiser ihr Recht brach, sie mit seinen Kriegsknechten heimsuchte, ihr Gut wegnahm, ihren Glauben kränkte? Den Nürnbergern sagte der König einmal: Von den Dingen des Reiches, wie es früher war, verstünden sie wohl etwas, aber nicht, wie es *jetzt* sei.

Dem Regenten von Schweden werden die beachtlichsten inneren Leistungen nachgesagt. Wenn ein Land in Form war, so war es das seine, was es nicht immer gewesen war. Es sei rühmte er, das freieste Königreich in Europa. Eine »Carta« hatte die politische Verfassung Schwedens neu geklärt, die alten, oligarchischen Ansprüche des Adels zugleich bestätigt und eingedämmt; hier war des Königs erster politischer Berater, Axel Oxenstierna, als Vertreter der Aristokratie federführend gewesen. Der Reichsrat, eine Versammlung des hohen Adels, durfte sich selber ergänzen; vor jedem Schritt, der die Schicksale Schwedens anging, hatte der König ihn anzuhören. In ihrer Mehrzahl waren die Mitglieder des Rates zugleich Träger von Staatsämtern, keine bloßen Kritiker. Unter ihm stand der Reichstag,

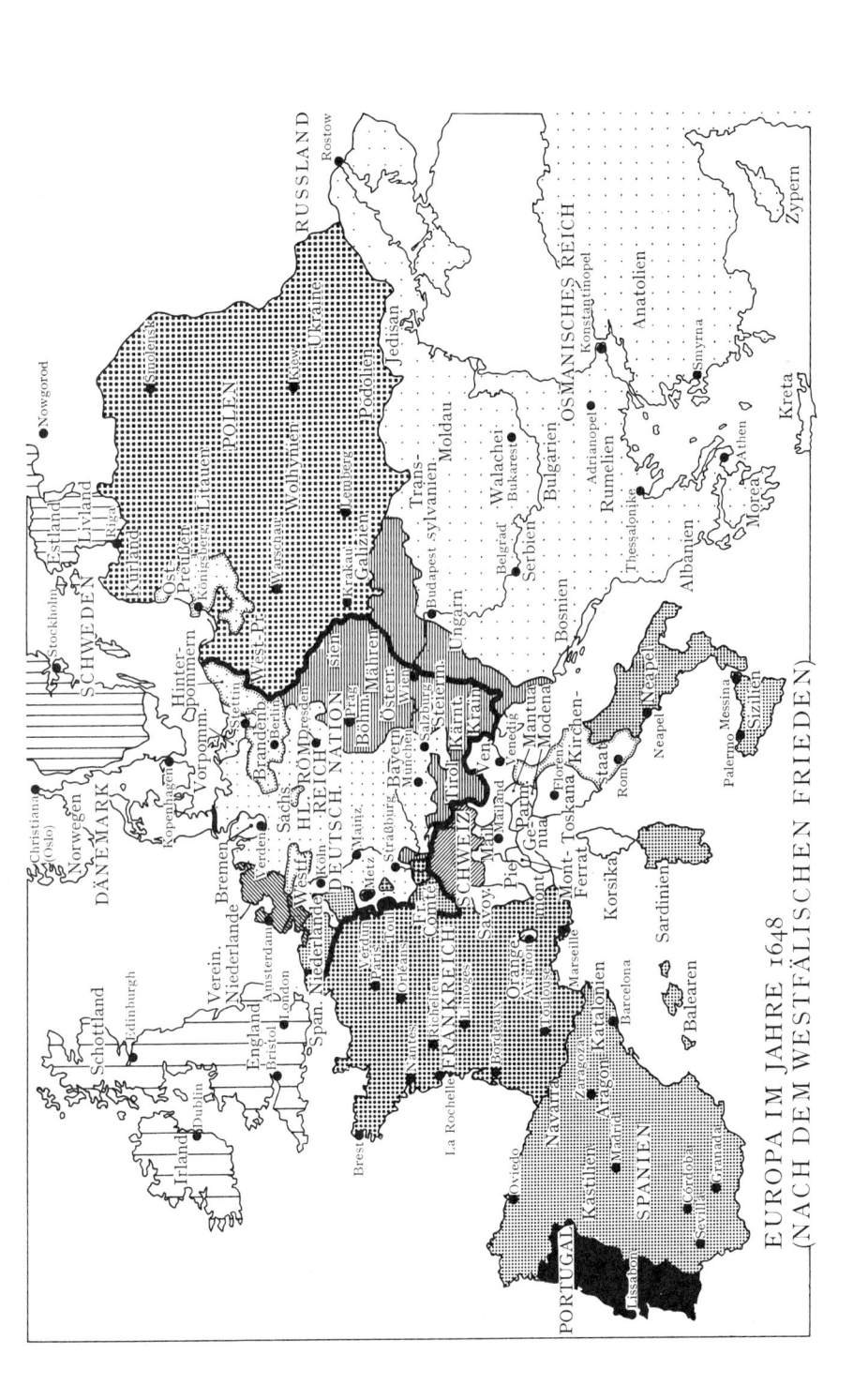

EUROPA IM JAHRE 1648
(NACH DEM WESTFÄLISCHEN FRIEDEN)

die Vertreter der vier Stände, deren letzter, gleichgeachteter, die Bauern waren. Der Reichstag hatte nicht bloß die Steuern zu bewilligen; der König durfte keinen Krieg beginnen ohne sein Votum. Für Wohlstand und Kultur war manches geschehen; die Gründung von nicht weniger als siebzehn Städten, Göteborg darunter, die Anlage von Straßen und Kanälen, allerlei Schritte zur Ausnutzung von des Landes natürlichem Reichtum, seiner Eisenerze zumal, die reiche Dotierung der Universität zu Uppsala.

Aber mehr, als er wissen wollte, war Gustav Adolf ein Krieger. Zum Waffenhandwerk zogen ihn seine bedeutendsten Gaben; es ist eine alte Sache, daß wir immer wieder zwingende Gründe finden, das zu treiben und zu treiben nicht aufzuhören, was wir am besten können. Er liebte es, strategische Pläne von kühnster Weiträumigkeit zu entwerfen, die nicht immer zur Ausführung kamen; nicht minder, die Taktik der kämpfenden Truppe zu revolutionieren. Größere Beweglichkeit sollte sein, leichtere Kanonen, Musketen, nicht mehr auf Gabeln zu stützen und rascher zu bedienen; undichtere, weiter aufgestellte Einheiten, die Kavallerie mitten unter ihnen, anstatt der tiefen und dichten Phalanx, welche die spanische Kriegskunst entwickelt hatte. Schnelligkeit vor allem; Überraschungen; rücksichtslose Ausnutzung gewonnener Vorteile, wäre es selbst zur Zeit der Winterquartiere. »Dieser Fürst«, schreibt Richelieu in seinen Memoiren, »der den Krieg nicht für einen Zeitvertreib hielt, sondern ihn führte, um zu siegen, ließ den Winter nicht ungenutzt vergehen, wie man sonst zu tun pflegt.« Propaganda kam dazu; lockende, aufrüttelnde Manifeste, Werben um die Sympathien der Menschen am Orte selbst, ohne die, er wußte es, er das Werk nicht würde durchführen können.

Sein Kanzler, Axel Oxenstierna, ergänzte und balancierte die Tugenden des Königs aufs glücklichste. Verglichen mit Gustav erscheint er grau und alt, obgleich er damals nur achtundvierzig Jahre zählte. Er besaß den gleichen gesunden Menschenverstand, die gleiche intuitive Sachnähe, auch die plastische Derbheit des Ausdrucks, welche des Königs Sprache bezeichnete; aber mehr Vorsicht, mehr Skeptizismus, die illusionsloseste Menschenkenntnis; unmögliche Pläne seines Herrn wußte er auf das Mögliche zu reduzieren. In Krisen stand er wie ein Fels. Den beiden diente ein tüchtiger Stab Diplomaten und Agenten, teils Schweden, Salvius, Chemnitz, Nicolai, teils Deutsche, Solms, Camerarius, die früher im Gefolge des Pfalzgrafen gewesen waren. Nicht minder zuverlässig erwiesen sich die militärischen Gehilfen Banér, Horn, Tott, Torstensson, zu denen bald wenigstens ein Deutscher vom Schlage der geborenen Menschenführer, Bernhard von Weimar, kommen sollte.

Die Invasion war seit 1629 beschlossene, gründlich vorbereitete Sache. Schweden, hieß es, konnte Nachbarn wie die habsburgische Armee, Spanien, den neugekrönten Herzog von Mecklenburg, in den Hafenstädten der Ostsee nicht ertragen. Die Vertilgung der gereinigten Religion überall sei das Ziel der kaiserlichen Politik. Daß Wallenstein den König von Polen militärisch unterstützt hatte, wie umgekehrt Gustav die Stadt Stralsund, machte eine Kriegserklärung unnötig. Man war längst im Krieg, man ging nur in eine neue Phase. Eine wenig gefährliche, wenn man dem Urteil der Wiener Kriegsräte trauen durfte. Wallenstein sah es anders. Aber Wallenstein war nun im Ruhestande, froh, wie er gern betonte, die Last los zu sein, und beobachtete, was dort unten begann, mit überaus komplexen Gefühlen.

Verbündete besaß Gustav nicht. Das deutsche Kurfürstenkollegium, mit dem er Kontakt gesucht hatte, war höflich ausgewichen. Die Niederländer waren Bundesgenossen *de facto*, aber durch ihre eigenen, immerwährenden Kämpfe mit den Spaniern gebunden; sie steuerten Geld und Schiffe bei. England sympathisierte wie eh und je und erlaubte, daß man auf seinem Boden Hilfstruppen warb, nicht mehr. Der Kardinal zu Paris hat es an ermunternden Winken nicht fehlen lassen, war aber bisher keine Verpflichtung eingegangen und würde zögern, sie einzugehen; was er, Schweden und die katholischen Mächte Deutschlands betreffend, wünschte, wäre überaus gedoppelt und schwer, ja unmöglich, mit sich selbst zu versöhnen. Auf die deutschen Protestanten kam alles an, konnte ja niemand befreit werden, der nicht befreit werden wollte; unter den Deutschen wieder mußte die Haltung Sachsens entscheidend sein, denn wie Sachsen ging, so gingen Brandenburg und die kleineren. Der König wußte das: »Alles steht auf Kursachsen. Wenn der Prinzipal nur die Hand aufhebt, so folgen alle protestierenden Fürsten und Stände nach.« Aber wann, bisher, hatte Johann Georg die Hand aufgehoben, außer zu wirkungslosen Beschwörungen und Klagen? – Es mußte also der Erfolg selber den gefährlichen, so weit von der heimatlichen Sicherheit entfernten Zug weitertreiben und verbreitern, der Erfolg, und wenn er allein es nicht tat, die Drohung, die der Erfolgreiche sich erlauben konnte. Von Anfang an war Gustav Adolf nicht gewillt, Neutrale zu dulden. Freund oder Feind? – war die Frage, die er jedem stellte, dem er begegnete. »Was ist das doch für ein Ding: Neutralität?« ließ er sich gegen einen brandenburgischen Unterhändler aus. »Ich verstehe es nicht.« Ebensowenig hielt er von geschriebenen Versprechen, »Papier und Dinte«; das seien »lauter *quisquiliae*, die der Wind aufhebt und wegweht«. Was er forderte, waren Soldaten, Reichstaler, Festungen, Pässe; Sicherungen im Rücken, damit er unbesorgt vorwärts dringen konnte.

Der erste, der herüberkam und nach einigem Sich-Winden seine Hauptstadt Stettin offerierte, war der alte Herzog von Pommern, Bogislaw, der letzte seines Stammes. Er schloß ein Bündnis mit Gustav, das zum Modell werden sollte, indem er gleichzeitig an Kaiser Ferdinand schrieb, er handelte unter Druck und meinte nicht, was er täte. Der nächste Bundesgenosse war die große und reiche, die Elbe beherrschende Festungsstadt Magdeburg. Über dem verweltlichten Erzstift schwebte, noch nicht zu Ende geführt, das Restitutions-Edikt. Der »Administrator«, Markgraf Christian Wilhelm von Brandenburg, war entflohen, kehrte aber nun zurück und vermochte den Rat der Stadt, die schwache kaiserliche Garnison austreiben zu lassen und ein Hilfsversprechen des Königs von Schweden anzunehmen. Es ging nicht ganz sauber zu bei dieser Revolution und gab wohl eine Minderheit oder Mehrheit des Rates, Besitzende, gediegene Bürger, die eine so scharfe Herausforderung der obersten Macht nicht wünschten. Aber sie wurden von radikaleren Volksvertretern überspielt. Der König, gelang es ihm, bis Magdeburg vorzustoßen, hätte an der Festung den vorteilhaftesten Stützpunkt gehabt. Seinerseits war Tilly, als er im Spätherbst aus Bayern aufbrach, um die Reste der kaiserlichen Armee in Norddeutschland zu reorganisieren, zur Rückgewinnung Magdeburgs entschlossen. Die Belagerung der Stadt begann im Winter. Seit dem April 1631, als Tilly selber mit dem Gros seiner Truppen vor den Mauern erschien, wurde sie mit Ernst betrieben.

Damals beherrschte Gustav Adolf Pommern und Mecklenburg, wohin er die vertriebenen Herzöge zurückgeführt hatte, die Oder hinauf bis Frankfurt und das Tor nach Schlesien hin, Landsberg; eine Basis insgesamt, wie sie noch keiner der Intervenierenden innegehabt hatte. Im Januar kam, eine Anerkennung des bisher Gewonnenen, das langverhandelte Bündnis mit Frankreich zustande. (Vertrag von Bärwalde, 13.Januar 1631.) Eine Million Livres im Jahr verpflichtete sich Richelieu an Schweden zu zahlen, auch freies Werben und Einkaufen auf Frankreichs Boden zu gestatten. Die katholische Religion sollte überall, wo der König siegte, unangefochten bleiben, die Ordnung in Deutschland so wiederhergestellt werden, wie sie ehedem gewesen: Libertät der Fürsten und Städte, Vertreibung der Spanier, wo immer sie auf Reichsboden standen. Unternähme die Liga nichts gegen den König, erklärte sie sich neutral, so würde der König nichts gegen die Liga unternehmen. Der Kardinal wünschte Geheimhaltung der folgenschweren Allianz; Gustav, wissend, daß ein geheimer Vertrag ihm moralisch nichts wert war, gab ihn alsbald der Welt bekannt.

Er hatte einen Zweck für ihn; einen anderen für die französische Politik. Was Richelieu sich vorgesetzt hatte, war *d'arrester le cours de la violence de la Maison d'Autriche*, worunter er Madrid so sehr wie Wien verstand, ohne selber in Deutschland Krieg zu führen; die Schweden, sobald sie konnten, sollten sich gegen die Erblande wenden und das Reich in Ruhe lassen. Das nicht-habsburgische, nicht-hispanisierte Deutschland begünstigte der Kardinal, und nichts wäre ihm lieber gewesen als eine Verständigung der beiden, jede auf ihre Art verfassungstreuen Religionsparteien, der von Sachsen und der von Bayern geführten. Der Schwarm gewiegter Diplomaten und Deutschlandkenner, den er aussandte, agitierte zu diesem Zweck. Vor allem wünschte er Bayern zu erhalten, Bayern von den Kaiserlichen zu trennen: Ein vollständiger Akkord zwischen dem König von Schweden und den Kurfürsten von Bayern wäre ihm »von unschätzbarem Wert«. Und so, wenige Monate, nachdem er mit Schweden zu Rande gekommen, brachte er sein gleichfalls längst unterwegs gewesenes Bündnis mit Bayern unter Dach und Fach. (Fontainebleau, 30. Mai 1631.) Maximilian hatte ehedem die Annäherung an Frankreich gewünscht, um seine Beute, die Pfalz, nach dieser Seite hin zu sichern, den italienischen Krieg von Deutschland fernzuhalten und Frankreich gegen Habsburg, das, was er das »spanische Servitut« nannte, auszuspielen. Nun hatte die Lage für ihn sich geändert; die Zeiten, in denen er triumphierend durch Böhmen und Süddeutschland gezogen war und selber Reichsrecht mit Füßen getreten hatte, waren vorbei; auch jene, in denen er in der Gestalt Wallensteins die kaiserliche Macht zu fürchten und zu hassen gelernt hatte. Was er nun ernsthaft brauchte, um seine die Kräfte seines Staates überspannende Politik zu decken, war Hilfe gegen Schweden, und die wurde ihm auch, falls sie notwendig wäre, in Fontainebleau zugesagt. Mittlerweile war Frankreich selber Schwedens Verbündeter, sehr ungewiß, inwieweit es den ungestüm vorwärts stürmenden »Gothen« würde lenken und zurückhalten können; und das kaiserliche Heer, oder was von ihm übrig war, stand unter dem Befehl von Bayerns eigenem General, Tilly. Es ist möglich, daß der Geist des Kurfürsten sich von dem seines greisen Feldherrn ein wenig unterschied. Der Bayer dachte vor allem bayerisch, dann katholisch, dann deutsch; der Wallone vor allem katholisch, dann reichisch im Sinn des spanisch-österreichischen Erzhauses; in bayerischen Dienst hatte der Zufall ihn getrieben. Aber solche Nuancen wogen in der Wirklichkeit nichts. Für Maximilian, den Räuber der Pfalz, der mit Habsburg zusammen aufgestiegen war, gab es in der jetzt herannahenden Krise keine reale Möglichkeit, sich von Habsburg zu trennen, woran sein französischer Rückversicherungsvertrag ebenso scheitern mußte wie ein letzter matter Versuch, sich mit der protestantischen Verfassungspartei zu verständigen. Wo war Hilfe, wenn Gustav Adolf sich durch seinen französischen Partner nicht bändigen ließ? Gelang es selbst, den schwedischen Ansturm nach Österreich hin abzulenken, mußte nicht die Befreiung Böhmens auch die seit 1620 in Deutschland geschehene Revolution rückläufig machen?

Es gab viel Befremdendes im Wirbel dieser neuen Gefahren. Wallenstein, der ungekrönte König des neuen Böhmen, der ruchloseste Nutznießer des Umsturzes von 1620, tat nichts, um den schwedischen Siegeszug aufzuhalten. Wenn im ersten Jahr der Invasion die kaiserlichen Truppen in Norddeutschland so kümmerlichen Widerstand leisteten, so war ihre Armut, ihre Entblößtheit von allem Notwendigen daran schuld. Wallenstein, der ehedem sein Heer so großartig zu halten verstanden hatte, gab nun keine Hilfe; weder aus seinem mecklenburgischen Besitz, solange er ihn noch kontrollierte, noch aus seinen böhmischen Kriegs- und Ernährungsindustrien. Die flehenden Briefe der kaiserlichen Anführer ließen ihn so ungerührt wie der Verlust seines norddeutschen Herzogtums; selbst ein möglicher Einfall der Schweden in Böhmen schien ihn nicht zu bedrohen.

Kaum weniger desinteressiert zeigte sich der Staats- und Seelenherrscher, der, so erwartete man, am stärksten hätte interessiert sein müssen. Gegen das Bündnis des Allerchristlichsten Königs mit dem nordischen Häretiker hatte Papst Urban VIII. in Paris einen milden Protest einreichen lassen. Über dies geschuldete Minimum ging er nicht hinaus. Umsonst beschworen die kaiserlichen, spanischen, bayerischen Gesandten den Priesterfürsten, den religiösen Charakter des Krieges in Deutschland zu erkennen. Hätte doch, machte Kardinal Passmann geltend, der Kaiser sein Reich in guter Ruhe besitzen können ohne das Restitutions-Edikt,»derowegen die ganze Ursach des angesponnenen Krieges nichts anderes ist als die Religion«. Urban erwiderte lächelnd, daß er es besser wisse:»Bei dem Siege des Schwedenkönigs ist für die katholische Religion keine Gefahr, er will sie nicht unterdrücken, wie sie von der Übermacht Österreichs und Spaniens, welche selbst unsere Lande und Leute in Gefahr brachte, unterdrückt war. Diese haben durch ihre Gewalttaten den Schwedenkönig von dem äußersten Norden gerufen, und Gott selbst hat ihn auferweckt, daß er uns schütze.« Maximilian, als ihm solche verblüffenden Reden hinterbracht wurden: Seine Heiligkeit sähen es offenbar nur zu gern, daß der Krieg in Deutschland weiterginge, sie selber aber von ihm verschont blieben.»Wenn die Catholische sogar von seiner Heiligkeit *in negotio religionis* hilflos gelassen werden, so ist besagten Catholischen nit zu verdenken, ja werden hiezu gleichsamb gezwungen und getrungen, ohne fernern aufschub mit den Protestierenden zu accordieren.«

In seinen Memoiren schreibt Richelieu, die Deutschen hätten Gustav Adolf erwartet wie den Messias – ein Ausdruck, der, mit Bezug auf den König, in Korrespondenzen der Zeit mehrfach vorkommt. Die Sache war so einfach nicht. Wohl gewann Gustavs glanzvolle Erscheinung viele, mit denen er umging, wohl tönte ihm, wenn er hoch zu Roß Einzug in eine Stadt hielt, der Jubel der Bevölkerung entgegen. Andererseits waren die Leute nicht so blind um nicht zu wissen, daß die schwedische Invasion eine neue Intensivierung des Krieges bedeutete, der ohne sie nicht mehr viel zu verbrennen gehabt hätte; daß sie im besten Fall würden zahlen, im schlimmeren neue Heimsuchungen der Kriegsfurie würden erleben müssen. Der König, der seinen Hugo Grotius studiert hatte, gab sich denkbare Mühe, Disziplin zu halten und den Krieg nach Völkerrecht zu führen. Das Völkerrecht verbot nicht das Plündern in einer eroberten Stadt, und je mehr entwurzelte, beutesuchende Scharen der schwedischen Fahne zuliefen, desto ausgiebiger wurde dies Recht geübt. Was die friedlich akkordierenden Städte und Stände betraf, so waren die Verbindungen zwischen den schwedischen Heeren und dem Heimatstaat so langwierig, daß man, um zu leben, unvermeidlich zu Wallensteins Methoden griff: Kontributionen. Im Laufe der Zeit wurde Gustav Adolf härter und grausamer in dem Maß, in dem die Erfolge und zugleich die Gefahren seines Abenteuers wuchsen. Ganze Ernten mit Plan zu zerstören, ganze Gegenden zur Wüste zu machen, damit der Feind nichts aus ihnen ziehen könnte, hielt er dann mit seiner sonst so betonten Menschlichkeit für vereinbar. Im Geist der deutschen Politiker kam die Frage hinzu, was er denn eigentlich so tief in Deutschland von Deutschland wollte und was es mit der »Satisfaktion«, von der er gern sprach, auf sich hätte.

So erstaunlich oder erbärmlich, wie es später protestantische Geschichtsschreiber fanden, ist es unter diesen Umständen nicht, daß Sachsen und Brandenburg auch jetzt noch zögerten, mit dem Löwen aus Mitternacht gemeinsame Sache zu machen und dem deutschen Krieg eine aller Voraussicht spottende Wendung zu geben. Besser, besser auch jetzt noch, wenn die Deutschen ihren Streit unter sich beendeten. In diesem Sinn beschwor Johann Georg den Kaiser Ferdinand: Er solle doch »das Edict aufheben, die Executionen einstellen, die evangelische Bürgerschaft zu Augsburg und anderwärts ferner nicht bedrängen, die Irrungen zwischen den Ständen durch mildere und gelindere, im Heiligen Römischen Reich auch herkömmliche Wege gütlich, glücklich, sicher und beständig beilegen und allso gutes Vertrauen zwischen den Ständen wiederum pflanzen«. Es waren die seit zehn Jahren gewohnten vernünftigen Bitten und Vorschläge, die der Dämon des Machtsinnes, falschen Rechtssinnes, falschen Religionssinnes noch immer ins Taube und Leere gelenkt hatte. Im Winter 1631 ging der träge Sachse einen Schritt weiter. Er berief einen »Convent« der protestantischen Stände nach Leipzig. Die Versammlung trat im Februar zusammen; »anderthalb Fürstlein«, einem katholischen Spottlied zur Folge, in Wahrheit deren immerhin dreizehn, der Vertreter der gewichtigsten Reichsstädte nicht zu gedenken. Auch schwedische und französische Agenten eilten nach Leipzig; diese, um die versammelten Protestanten in das Lager ihres Königs zu ziehen, jene, um Friede zwischen ihnen und der bayerischen Liga zu stiften. Ende März gebar der Berg etwas, was nicht die vertraute Maus mehr war: ein letztes verzweifeltes Manifest an die Wiener Adresse. Feierlich erklärten die Stände sich unschuldig an allem Unheil, allen grausamen Drangsalen, die das Reich schon erlitten und die es bis zum völligen Ruin noch erleiden würde, wenn nicht endlich die Fundamente und Reichsgesetze durch gütliche Vergleichung wiederhergestellt, die grausamen Unordnungen, Pressuren und Gewalttaten eingestellt, ein allgemeiner, beständiger, sicherer Friede gebracht und des Jammers, Elends, der Öde und Verwüstung, auch erschrecklicher Blutstürzung ein Ende gemacht würde: Aufhebung des Edikts,

Freiheit der Religion, Abrüstung. Einstweilen bleibe den treuen Ständen nichts übrig, als ihrerseits sich zu einem Kampf für ihr Recht, den sie nicht wollten, bereit zu machen. – Eilends ließ Johann Georg die Trommel rühren. Es war furchtbar schwer, Frieden zu machen, aber furchtbar leicht, Soldaten zu finden.

Die Sprache des Leipziger Beschlusses war die alte, patriotische, weise, alles Elend voraussehende; aber neu in ihrem ultimativen Ton. Ferdinand II., den Niederlagen Gewohnten, Siege Gewohnten, Krisen Gewohnten, den in seinem Rechtsbewußtsein Unerschütterlichen, rührte sie noch einmal nicht. Bei Vermeidung kaiserlicher Ungnade und Strafe gebot er die Auflösung des neuen Protestantenbundes. In denselben Reichstraditionen zu denken, dennoch immer aneinander vorbeizureden und zuletzt aufeinander zu schlagen – dies bezeichnet Politik und Seelenlage der Gegner im deutschen Bürgerkrieg.

Den Absprung ins schwedische Lager hatten Sachsen und Brandenburg in Leipzig nicht gefunden, ihr Manifest erwähnte Schweden nicht einmal; es sprach nur dunkel von »auswärtigen Potentaten«, die sich zuletzt noch einmischen könnten, so als ob sie es nicht schon längst getan hätten. Was versucht wurde, war eine dritte, protestantische und Reichspartei zu organisieren. Dahinter stand die von der französischen Politik genährte, momentweise und halbherzig auch von Kurfürst Maximilian berührte Hoffnung, die Liga könnte sich mit dieser Partei verbinden.

Der Krieg ging weiter, während man in Leipzig perorierte und abends sich nach altdeutschem Brauch des Lebens freute; er ging weiter, nachdem man dort zum Schlusse gekommen war. Die Stadt Magdeburg war sein nächstes Opfer. Gustav Adolf, an der Oder, an der Havel stehend, hätte zur Elbe vordringen und, sein königliches Versprechen erfüllend, die belagerte Stadt entsetzen können, wenn er der Brandenburger und Sachsen sicher gewesen wäre. Mit so bedenklichen, nun eifrig rüstenden Neutralen im Rücken wagte er es nicht. Zwei Parteien beteuerten hier vor Welt und Nachwelt ihre Unschuld: Der König, indem er den beiden Kurfürsten schrieb, er könnte Magdeburg nicht retten, solange sie in treuloser Unentschiedenheit verblieben; Tilly, an der Spitze seines belagernden, wissenschaftlich langsam sich eingrabenden, vorwärtsarbeitenden Heeres, indem er wieder und wieder den Magdeburgern sagen ließ, sie sollten doch die Gnade des Kaisers annehmen, anstatt sich dem schlimmsten Schicksale auszusetzen. Die Beherrscher der Stadt vertrauten auf Gustav Adolf bis zuletzt. In den Morgenstunden des 20. Mai 1631 wurde sie denn also im Sturm genommen. Was nun geschah, ist oft erzählt worden und ist nur zu wahr; Tilly, der solche Dinge auf seine ältesten Tage gewiß nicht zu sehen wünschte, konnte es nicht hindern. Genüge es zu sagen, daß von dreißigtausend Einwohnern kaum fünf überlebten und ein Feuer, dessen Ursprung man nicht kennt, die große Stadt in vierundzwanzig Stunden in Asche legte. Wochenlang wurden die verkohlten Leichen der Bewohner in die Elbe gekarrt. Der Dom blieb übrig, und ihn ließ Tilly alsbald der wahren Religion weihen.

Eine große Stadt des Reiches von Reiches wegen dem Erdboden gleichgemacht, ihre Bürger ausgemordet – das hatte es vorher nicht gegeben. Auch nicht, daß ein Teil der Nation offenes Vergnügen an dem grausigen Ereignis zur Schau trug, sich an Spottliedern über die gefallene Magd ergötzte und »magdeburgisieren« zum gängigen Wort machte. Welche Illustration der Warnungen, die der noch zwei Monate alte Leipziger Schluß enthielt!

Ende Juni zwang der König, der an der Spitze seines Heeres vor Berlin erschienen war, den Brandenburger, Farbe zu bekennen. Es war kein Allianzvertrag, was zwischen den beiden Schwägern unterzeichnet wurde, aber lief praktisch darauf hinaus: Gustav erhielt

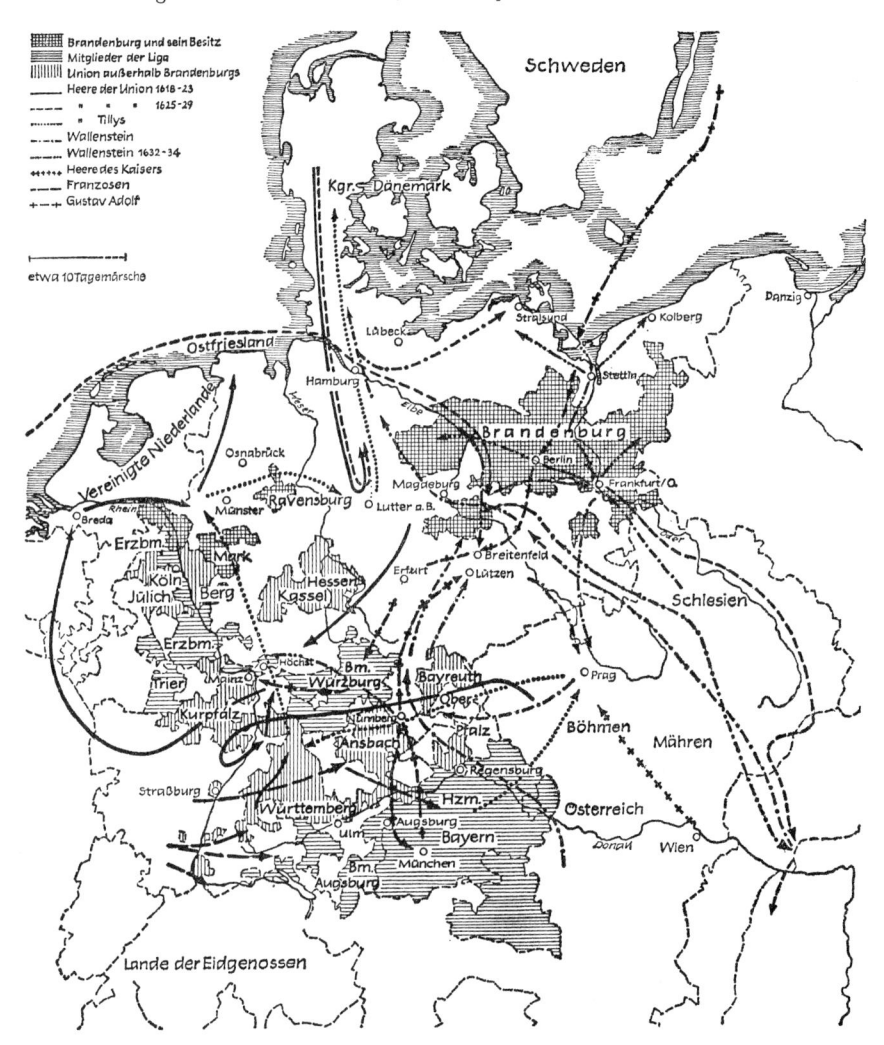

- Brandenburg und sein Besitz
- Mitglieder der Liga
- Union außerhalb Brandenburgs
- Heere der Union 1618-23
- " " " 1625-29
- " Tillys
- Wallenstein
- Wallenstein 1632-34
- Heere des Kaisers
- Franzosen
- Gustav Adolf

etwa 10 Tagemärsche

Der 30jährige Krieg von 1618 bis 1648

Freiheit, die Festungen des Kurfürsten zu besetzen, zu verteidigen, um sie ihm nach Friedensschluß zurückzugeben. Noch immer suchte dabei Georg Wilhelm das doppelte Spiel der guten Deutschen zu spielen: Mit hartem Zwang, Elend der Lage, aber unverändert treuer Reichsgesinnung ließ er sich in Wien entschuldigen.

Tilly nutzte seinen Sieg nicht mit der Schnelligkeit aus, die sein Gegner ihn hätte lehren können. Er wußte nicht, wohin sich wenden, sprach von Thüringen, von Hessen und verzettelte Zeit, zur Verzweiflung seines robusteren Feldmarschalls, Pappenheim, der unver hüllt an Wallenstein schrieb, Rettung sei nur, wenn Seine fürstlichen Gnaden den Ober befehl wieder übernehmen wollten. Schließlich kam bündiger Befehl aus Wien, sich gegen Sachsen zu wenden, den Leipziger Bund, dort wo er gegründet worden war, zu sprengen und den Kurfürsten zum Gehorsam zu bringen. Der greise Feldherr führte die Sprache des Siegers: Vorbei seien die Zeiten, da die Protestanten den Katholiken hätten das Gesetz vorschreiben können, die Dinge lägen jetzt umgekehrt, auch der Augsburger Religionsfriede habe keine ewige Gültigkeit. Eine habsburgische mehr denn bayerische Sprache; da aber Tilly zugleich der General der Liga war, mußte sein Auftreten die letzten Hoffnungen auf eine »Komposition« des innerdeutschen Religionsstreites vereiteln. Den Drohungen und Johann Georgs altgewohnten Tergiversationen folgte der Einfall in Sachsen mit allen Greueln, die nun mit dem Erscheinen kaiserlicher Soldateska verbunden zu sein pflegten. Sodaß der Kurfürst von Sachsen endlich vor der Entscheidung stand, die er dreizehn Jahre lang treu, klug und feige verzögert hatte. Vielmehr, er fand sich nicht mehr davor, die Kaiserlichen hatten sie ihm abgenommen. Mit einem letzten bitter-schmerzvollen Brief an den Kaiser verband er den Schritt, der allein ihm noch übrigblieb; am 11. September 1631 schloß er mit dem »auswärtigen Potentaten«, Gustav Adolf, ein regelrechtes Kriegsbündnis ab. Der Leipziger Schluß war damit als ein Halbweghaus erwiesen, bei dem stehenzubleiben keine der Hauptparteien der sich suchenden dritten hatte erlauben wollen. Deutschlands protestantische Mächte, die zählten, waren nun der Schweden Verbündete.

Ihre Untertanen mußten einen entsetzlichen Preis dafür entrichten. Daß die Fürsten machtpolitisch nicht schlecht gewählt hatten, wenn hier noch von Wahl die Rede sein konnte, zeigte sich alsbald. Bei Leipzig, bei dem Dorfe Breitenfeld, stießen am 18. September das kaiserliche und das schwedisch-sächsische Heer aufeinander. Die Sachsen gewannen keinen Ruhm an diesem Tag; aber Gustav Adolfs neue Feldherrnkunst trug über die altspanische Tillys den vollständigsten Sieg davon. Die Schweden sollen an Toten und Verwundeten kaum über tausend Mann, die Kaiserlichen über zwölftausend verloren haben, dazu siebentausend Gefangene; ihre ganze Artillerie, Schanzzeug, Proviant. Mit den Resten seines verschlagenen Heeres rettete der schwerverwundete Tilly sich nordwärts. »Ihr werdet Euch in nit geringer Bekümmernis befinden, derowegen ich Euch gnädigst kondolieren«, schrieb ihm sein nicht weniger bekümmerter bayerischer Herr. Und der sehr wallensteinisch gesinnte Wiener Kriegsrat von Questenberg an den Friedländer: In Wien wisse man sich leider in die Victorien besser als in Niederlagen zu schicken. »*Post factum errorem agnoscimus;* jetzt bekennen wir unsere *inprudentiam,* daß es uns schwer fallt, zu behaupten, mit den Schweden und Sachsen zugleich Krieg zu führen, weilen die eingebildeten Miraculi und Wunderzeichen nit folgen. Wir wollten gern zurück auf unsere vorige Stell und sehen und wissen nit *quomodo?«*

Mit einem Schlag war die politische Szene verwandelt, so wie ehedem nach der Schlacht am Weißen Berg. Gustav Adolf war Herr über Nord- und Mitteldeutschland. Gegenüber dem mächtigen Verbündeten jenseits des Rheines besaß er nun die Ebenbürtigkeit, wenn

König Gustav Adolf im Kampfgetümmel
Gemälde von Jan Martsen de Jonge. Stockholm, Königliches Schloß

Ein durch Bildchen verschlüsselter Bericht aus dem von den Schweden belagerten Konstanz
Brief eines Unbekannten an Kaiser Ferdinand II., 1633
Konstanz, Privatbesitz

nicht mehr. Er konnte marschieren, wohin er wollte. Er konnte, vielleicht, auch Frieden machen; gewonnene Schlachten, heißt es, sind die besten Diplomaten. Sind sie es wirklich? In den großen Siegen liegt eine Dynamik, die zu beherrschen es der höchsten, verzichtenden Kunst bedarf. Vernunft hatte in Deutschland keine Kraft mehr; sie war zu lange zerredet worden. Aber Schadenfreude, Spott und Hohn gab es. Hatten die Katholiken nach der Katastrophe Magdeburgs so hell gelacht, so war das Lachen nun auf der protestantischen Seite.

Kardinal Richelieu hätte nach Breitenfeld, wie vorher, eine schwedische Invasion der Erblande am liebsten gesehen. So auch der Sachse, aber eben ihm traute Gustav Adolf, mit gutem Grund, auch jetzt noch nicht. Ungern hatte er ihn im Rücken; tief ins Österreichische einzudringen schien ihm leicht, aber nicht so sicher, wie er wieder herauskäme. So beschlossen also die Verbündeten unter dem Diktat des Stärkeren: Die Sachsen sollten Schlesien und Böhmen unterwerfen oder befreien, welch letztere Lesart aber nicht die sächsische war, der König in die weiten, noch immer wohlhabenden Westgebiete des Reiches ziehen und so oder so mit der Liga ein Ende machen.

Johann Georgs General, Arnim, früher in des Kaisers Diensten, ein sehr politisch, ein sehr deutsch gesinnter brandenburgischer Edelmann, führte im Spätherbst den Zug nach Böhmen. Keine schwierige Aufgabe; denn es war kein der Rede werter Widerstand mehr da. Wallenstein, der, auch ohne Amt, ihn hätte organisieren können, tat das Gegenteil; mit seinem Hofstaat verließ er Prag, allen Interessierten großartig dartuend, daß er es für verloren halte, und begab sich auf seine mährischen Besitzungen. Fünf Tage später, am 15. November, nahm Arnim die böhmische Hauptstadt. Ihm folgte, in schwedischen Uniformen, eine Schar tschechischer Emigranten, die so sehr lange auf diesen Tag hatten warten müssen, der alte Graf von Thurn unter ihnen. Was Thurn vorgeschwebt hatte, die Revolutionierung Böhmens, ein neues 1618, ließ die konservative sächsische Politik auch jetzt nicht zu. Daß die Jesuiten – »diese blutdürstigen und in aller Welt billig als *turbatores publicae pacis* verhaßten und mehr als zuviel durch ihre eingesetzten Mordklauen wohlbekannten Lärmbläser«, hieß es in einem tschechischen Manifest – aus Prag weichen mußten, daß die bösen Trophäen von 1621, die Schädel der Gerichteten, feierlich vom Turm genommen und beigesetzt wurden, dazu kam es immerhin; an die fünfzehntausend tschechische Zwangskatholiken warfen die Maske ab und bekannten sich zu ihrem alten Glauben.

So recht erfreulich war die Wiederbegegnung der Emigranten mit der alten Heimat dennoch nicht. Sie traten groß auf, forderten nicht nur ihren Besitz zurück, sondern nahmen sich Dinge, die ihnen nie gehört hatten; sie stießen in eine Ordnung hinein, die, wie trübe ihr Ursprung, sich in zehn Jahren leidlich gefestigt hatte. Daß sie sich auch auf Gütern Wallensteins breitmachten, konnte dem Herzog zeigen, was er ohnehin wußte: Von einer Wiederherstellung des alten Böhmen hatte gerade er Unannehmlichkeiten die Fülle zu gewärtigen. Schlecht war das Verhältnis der Emigranten zu den Sachsen; zu der einheimischen Bevölkerung kaum besser, da sie fremd und durch langjährige Bitternis hochfahrend und gierig geworden waren. Was Johann Georg mit Böhmen auf die Dauer anzufangen gedachte, wußte niemand. Mittlerweile stand Arnim in vertraulichster Korrespondenz mit Wallenstein.

Großzügiger als die muffig-halbherzige, von heimlicher Diplomatie und offenen Spannungen entstellte sächsische Expedition nach Böhmen war die Bewegung, die den Schwedenkönig quer durch Deutschland trug. Sie trug ihn weiter, als er anfangs geplant hatte, von Erfolg zu Erfolg. Von Leipzig nach Erfurt, nach Würzburg, nach Frankfurt, nach Mainz, wo er am 19. Dezember ankam, nur drei Monate nach Breitenfeld. Einen solchen Feldzug, Glückszug und Blitzzug hatten die Deutschen noch nicht gesehen – der Vergleich mit dem Blitz stammt von Kardinal Richelieu. Was nicht kapitulierte, wurde, wie die Festung Würzburg, mit stürmender Hand genommen. Die katholischen Fürsten, geistliche Kurfürsten, Bischöfe, Äbte wirbelten in rascher Flucht. Ihre Länder, folgerte der König, seien herrenlos und nach Kriegsrecht zur Verfügung. Die protestantischen Stände gingen in Scharen zu ihm über, widerwillig oder ganz und von Herzen: Hessen-Kassel und Hessen-Darmstadt, Weimar, Braunschweig, Württemberg, Ansbach, die großen Reichsstädte Frankfurt und Nürnberg, Lübeck und Bremen. Sie gaben Geld und Soldaten, die katholischen auch, und was ihre Magazine bargen, so daß die harten Schweden und Finnen zum erstenmal etwas wie Überfluß kennenlernten. In Dingen der Religion verhielten die Sieger sich tolerant; so war es Frankreich zugesagt worden, so entsprach es des Königs eigener freier und nobler Denkart. Weniger diskret zeigte er sich in Fragen des Besitzes. Existierende Regierungen und Beamtenstäbe wurden übernommen, aber auf die schwedische Krone eingeschworen und obersten schwedischen Gerichten unterstellt. Der König fing an, von »unserem Herzogtum Franken« zu sprechen, und verteilte geistliche Güter an schwedische und deutsche Freunde. In Mainz, umgeben von zahllosen deutschen Fürsten, hielt er Hof, während er den Frühjahrsfeldzug vorbereitete. Sechs Korps hatte er nun neben seiner eigenen »Royal Armee« in Deutschland stehen, in Franken, Hessen, Mecklenburg, Niedersachsen, bei Magdeburg, achtzigtausend Mann insgesamt, die er durch Werbungen zu verdoppeln hoffte. Eine große Macht und so wohl fundiert, wie sie es, in einem fremden Reich aufgebaut, sein konnte. Für den Moment das stärkste Energiezentrum in Europa. Unvermeidlich ergaben sich Reaktionen.

Die Deutschen kamen mit dem Erfolg. Sie würden ohne Erfolg nicht bleiben. Die Spanier waren am Rhein, in der Pfalz, in Kämpfe mit den Schweden geraten. Ohne Kriegserklärung; der König wünschte sie nicht und hätte diese militärische Begegnung gern vermieden, mußte aber den Boden haben, auf dem spanische Truppen standen. Wer Wien zum Hauptfeind hatte, hatte wohl oder übel auch Madrid zum Feind. Die Franzosen hatten den Schweden Erfolg gewünscht, aber nicht diesen. Schwächung Österreichs ja; Umsturz des innerdeutschen Gleichgewichts zugunsten eines von Schweden geführten, dynamisch ausgreifenden Protestantenstaates – nein. Ostentativ verlegte Ludwig XIII. im Winter sein Hoflager nach Metz, was nicht weit von Mainz war. Richelieu, noch immer nicht im Krieg mit dem Kaiser, fand Vorwände, linksrheinisches Reichsgebiet vorbeugend besetzen zu lassen: Lothringen, dessen Herzog die Sünde begangen hatte, sich in den Streit zwischen Ludwig XIII. und seinem Bruder Orléans bewaffnet einzumischen; die Trierer Festungen, deren Besitzer, der Kurfürst, um französischen Schutz bat. Das waren Sicherungen. Die stichfesteste, erkannte Richelieu, wäre die längst angestrebte Neutralisierung des deutschen Katholizismus gewesen; sie hätte den Schweden in Deutschland Halt geboten und sie gegen die Erblande abgedrängt. Es eilten denn auch während des Winters französische Diplomaten zwischen Paris, Mainz und München emsig hin und her. Maximilian, nach Anhören seiner Theologen, nach Anhören Tillys, der während dieser Konferenz den Eindruck eines verwirrten, rat- und hilflosen Greises machte, hätte nun gern nach dem Rettungsanker gegriffen. Aber was er verlangte, Restituierung aller katholischen Herrschaften, war Gustav Adolf zuviel; was die Schweden verlangten, Abrüstung der Liga, Pfänder für ihre Treue, mochte der Bayer nicht geben. Daran scheiterte die französische Vermittlung und mußte wohl scheitern. Die schwedische Lawine, genährt nicht bloß von den Energien des einen Anführers, nicht bloß von schwedischer Kriegskunst und Bravour, auch von allen den Kräften, die in Deutschland zwölf Jahre lang unterdrückt gewesen waren, hatte ihr eigenes Gewicht. Wenn dann Maximilian an seinen Bündnisvertrag mit Frankreich appellierte und flehend um Rettung bat, mußte Richelieu antworten: Das Bündnis sei so nicht gemeint gewesen, Bayern, Tilly, habe ja selber angegriffen. Im Rat gestand er: Die Dinge seien leider so, wie sie seien; Frankreich sei noch nicht stark genug, offen im deutschen Krieg zu intervenieren.

Von einer anderen Seite kündete im Winter eine Hilfe sich an, die Maximilian würde annehmen müssen, auf die sich zu freuen er aber keinen Grund hatte. Ein neuer mächtiger Feind, Gustav Adolf, war da; ein alter, Wallenstein, schickte sich an zurückzukehren.

Seit der Entlassung des Herzogs hatte in Wien eine zahlreiche »Friedländische Fraktion«, geführt von den Ministern Eggenberg und Questenberg, zu seinen Gunsten zu wühlen nicht aufgehört und die Rückschläge, die man erlitt, im Lichte ihrer Ansichten interpretiert: Da sähe man, wohin man ohne Wallenstein käme. Was sich nun in Gustav Adolfs Hauptquartier für das Frühjahr vorbereitete und wogegen man nahezu wehrlos war, ließ die Freunde des Abgesetzten triumphieren. Nur Wallenstein konnte dem Kaiser wieder ein Heer schaffen, das etwas Besseres war als die Heerestrümmer, die Tilly in Deutschland noch einmal zusammengefügt hatte; nur er konnte es führen.

Im Jahre 31 stand er in dunklen Beziehungen zu dem Schwedenkönig, welche über die tschechischen Emigranten gingen. Ihren Ernst, ihr Gewicht abzuschätzen, wird immer Geschmackssache bleiben. Heraus kam bei alledem nichts; wir haben kein Zeugnis von Wallensteins Hand; als ein leichtgläubiges, törichtes altes Plappermaul kennen wir den Hauptvermittler, Matthias Thurn. Etwas jedenfalls war daran. Schillers »Die Freiheit reizte mich und das Vermögen« trifft psychologisch den Nerv der Sache. Der Herzog liebte es, mit Möglichkeiten zu spielen und umworben zu sein. Er mußte fühlen, daß er zu groß und gleichzeitig zu unsicher in der Welt dastand, um in dieser europäischen Krise inaktiv bleiben zu können. Unmöglich, die Motive zu entwirren, die ihn nun wieder auf die kaiserliche Seite trieben: die stärkere Anziehungskraft der legalen Autorität, das Gefühl, daß Gustav ihn nicht mehr brauchte und ohne sein Zutun schon zu mächtig geworden war, Mißtrauen gegenüber den Emigranten. Unmöglich auch, zu entscheiden, wie ehrlich die ablehnende Haltung war, mit der er zuerst den kaiserlichen Bitten begegnete; krank und müde war er wirklich, und nur zu wirklich hatte er das Hoffnungslos-Überspannte der Wiener Politik erfahren.

Endlich gab er nach, aber wie es seine Art war, indem er zugleich verneinte: Er wollte ein Heer kommandieren, aber nur für drei Monate, Januar bis März, er wollte es aufstellen, aber dann nicht führen. Natürlich blieb er bei dem wunderlichen Kompromiß nicht stehen, als die Frist zu Ende ging. Sein eigener Reichtum, seine nie abgerissenen militärischen Kontakte, der Kredit, den seine Firma bei Offizieren und Soldaten genoß, erlaubten es ihm, in neunzig Tagen ein Heer zu sammeln, das sich mit dem schwedischen messen konnte; wunderbar bleibt die organisatorische, geschäftliche Leistung, die der Frühgealterte noch einmal vollbrachte. Die Sachsen, ist hier einzuschalten, die nicht allzu weit von seinen Werbeplätzen standen, störten ihn dabei nicht. Danach überwog der Zwang; überwog die Lust, noch einmal Großes zu tun und die Ordnung zu stiften, die seiner Intelligenz vorschwebte. Der Text seines neuen Dienstvertrages, der sogenannten Göllersdorfer Abmachungen, existiert nicht oder ist bis heute nicht gefunden. Gedruckte Flugschriften darüber waren schon 1632 im Umlauf und berichteten von einem Generalat in *absolutissima forma*, von ausschweifendsten Forderungen, die ihm bewilligt sein sollten; die besten Historiker trauen dieser Überlieferung aber nicht. Sicher sollte er über die Heeresstärke und die Ernennung der Obersten zu bestimmen haben, Kontributionen ausschreiben dürfen und im Reich keinen ebenbürtigen Befehlshaber neben sich haben; neuer Fürstentümer zur Deckung seiner Kosten und zum Ersatz für Mecklenburg nicht zu gedenken. Auch waren ihm jederzeit Friedensverhandlungen, wenigstens mit Sachsen, gestattet. Die Umstände, unter denen er »Generalcapo« wurde, sind wichtiger als diese Punktuationen, die erwiesenen und die bezweifelten. Kaiser Ferdinands Briefe an seinen großen Untertan hatten den Ton des Flehenden, des um Verzeihung Bittenden gehabt. Als ein Halb-Souverän, ein Reichsfürst, eine Macht für sich ging er ans Werk; das Heer, das sein Zauberstab zusammenbrachte, sah er vom ersten bis zum letzten Tag als sein eigenes an. Er würde diesmal seine eigene Politik machen, eine Politik der Selbstvergrößerung wohl, aber auch der Toleranz und des Friedens. »Denn zuletzt«, schrieb er in den Tagen, als er das Generalat wieder auf sich nahm, an Arnim, »wenn die meisten Länder werden in Asche liegen, wird man Fried machen müssen, wie uns denn diese in die vierzehn Jahr continuierte Krieg Exempel genug vor Augen stellen.«

Anfang März begann Gustav seinen neuen Feldzug; Nürnberg, Donauwörth, der Lech, den die Schweden kämpfend überschritten. Hier erhielt Tilly die Wunde, an der er Wochen später starb, fromm, treu und streng, wie er gelebt hatte. Sein letztes Wort soll »Regensburg« gewesen sein, der Name der Festung, die Österreich schützte und nicht in Feindeshand fallen durfte. Die Befreiung Augsburgs war das nächste, eine Befreiung recht eigentlich, gefeiert durch den Jubel der protestantischen Bürger und festliches Bankettieren. Eine Belagerung Ingolstadts, wohin Maximilian und der todwunde Tilly sich geflüchtet hatten, gab Gustav auf: Er hatte keine Zeit dazu. Vor Ingolstadt kam es zu einer Unterredung zwischen ihm und dem französischen Vertreter in München, die ein Licht auf die Situation und auch auf den allmählich sich wandelnden Charakter des Königs wirft. Saint Etienne wollte ihn noch einmal Richelieus spinnengewobene Unterscheidung zwischen der Liga und dem Kaiser anerkennen lassen: Hatte Tilly ihn auch angegriffen, so sei es nicht mit Willen des Bayern geschehen. Warum, fragte Gustav Adolf, lasse dann der Kurfürst seinen

General nicht hängen? Er habe die Betrügereien Maximilians und seines Pfaffenschwarmes satt; man wolle ihn nur hinhalten, bis Wallenstein erscheine. Ergebe Bayern sich nicht, so wolle er in dem Lande sengen und brennen, plündern und morden, daß der Kurfürst merken würde, was ein Feind sei. Bei Breitenfeld habe sich gezeigt, auf wessen Seite der Allmächtige stehe... Die Erfolge sowohl wie der Widerstand, die verwirrenden, klebrigzähen Künste der deutschen Diplomatie hatten seine Geduld erschöpft, den Unterschied zwischen seiner Menschlichkeit und der Barbarei der anderen zusehends verwischt. Nicht ganz ohne Grund schrieb Maximilian an Wallenstein, es sei seines »unvorgreiflichen Ermessens sehr zweiflig, ob man mit dem König aus Schweden wegen seines bekhandten unnd bei seinen progressen noch mehreres gewachsnen hochmuetts durch guetliche tractat zu einem billichmessigen Friden werdt gelanngen könnden...«

Von Ingolstadt wandte er sich gegen München, das sich dem Schicksal Magdeburgs durch die Kapitulation und durch Bezahlung eines ungeheuren Lösegeldes entzog. Maximilian, mit seinen Archiven und was von seinen Schätzen er mit sich führen konnte, floh nach Salzburg. Als der Schwede in der Residenz seines so sehr schuldigen, so sehr klugen und nun doch überspielten Gegners einzog, fand sich in seiner Begleitung ein hagerer alter Mann von fünfunddreißig Jahren, den seine Freunde nicht wiedererkannten: Pfalzgraf Friedrich, der Böhmenkönig, die Ursache von alledem. Aber diese Ursache war vergessen. Die Restitution der Pfalz, um derentwillen der deutsche Krieg begonnen hatte, hätte ihn jetzt nicht beenden können; Friedrich, triumphierend in der Hauptstadt des Räubers seiner Krone, hatte doch Ursache, seinem Retter nicht völlig zu trauen.

Die Eroberung Münchens ist der Kulminationspunkt von Gustavs Siegeszug. Er konnte sich Herr über Deutschland von der Ostsee bis zu den Alpen fühlen. Maximilians Liga teilte nun das Schicksal ihrer blasseren Schwester, der Union; sie hatte zu existieren aufgehört.

Von diesem Moment an sehen wir den König den sicheren Griff auf die Dinge verlieren. Es ist, als ob sein Vorstoß unsichtbare Grenzen erreicht oder seine Kraft erschöpft hätte. Man traute ihm zu, sich jetzt gegen Österreich zu wenden, wo die unterdrückten protestantischen Bauern ihn so freudig empfangen hätten wie die Augsburger. Statt dessen ging er nach Nürnberg zurück, ein Entschluß, an welchem Anteil hatte, was mittlerweile in Böhmen geschehen war. Denn eben in den Tagen, in denen die Schweden München besetzten, erhob Wallenstein sich mit seinem Heer aus Mähren, hielt Einzug in Prag und drängte die Sachsen aus Böhmen hinaus. Er schlug sie nicht, er drängte, er komplimentierte sie hinaus, seine Beziehungen zu Arnim nutzend. Das verkümmerte Glück der Emigranten hatte nicht lang gedauert, sieben Monate; und war ihr letztes. Die bedrohliche Existenz Wallensteins, halbwegs zwischen Dresden und Wien, das nie eindeutige Gebaren Johann Georgs mußte eine schwedische Offensive gegen Österreich als ungeraten erscheinen lassen. Von Böhmen rückte Wallenstein in die Oberpfalz. In Schwabach traf er sich mit dem Kurfürsten ohne Land, Maximilian, und den Überresten des bayerischen Heeres. Uns wird berichtet, daß beide Fürsten sich mit Gesten ritterlicher Freundschaft begrüßten, der echte aber die Kunst der Selbstbeherrschung besser erlernt hatte als der Emporkömmling.

Bei Nürnberg improvisierte Gustav etwas wie eine Festung, ein Lager, umgeben von Gräben, Schanzen und Verhauen, in Verbindung mit der großen Stadt, die sein Heer ernähren mußte, so gut sie konnte. Während Wallenstein langsam näher kam, war Zeit für vergnügte Festlichkeiten, auch für Politik und politische Phantasien. In Verhandlungen mit dem Rat der Reichsstadt ließ der König sich über seine Zukunftspläne deutlicher aus als zuvor. Friede, meinte er, sei das Schönste auf der Welt, aber er müßte auf Sicherheiten ruhen, und Papier und Tinte wären keine. Was die deutschen Protestanten brauchten, sei ein *Corpus Evangelicorum*, fester als die Union und der Leipziger Schluß gewesen seien, unter einem einzigen Anführer; wer, fragte er, die schwächliche Schar der Fürsten Revue passieren lassend, käme denn dafür in Betracht, außer ihm selber? Freundesland gedenke er nicht zu behalten; mit dem, was er dem Feind abgenommen, Würzburg und Mainz zum Beispiel, sei es etwas anderes. Vor allem müsse er dauerhafte *Socii*, Verbündete, haben; und da seien ihm die großen Städte wichtiger als die Fürsten. Als man ihm von einem Städtetag sprach, um so gewichtige Fragen zu diskutieren, wurde er ungeduldig: Aus Verhandlungen der Deutschen unter sich komme in Ewigkeit nichts heraus als Gerede um Instruktionen und Präzedenzen. Des Königs Diplomat, Salvius, hat damals lose Bemerkungen über die Dinge fallenlassen, die Gustav Adolf tun oder nicht tun würde, wenn man ihn zum Kaiser wählte. Dem würde entsprechen, was Gustav Adolf selber einmal zu einem der Herzöge von Mecklenburg gesagt hatte und was mit den Worten »Wenn ich Kaiser werde...« begann.

Zu kräftig darf man solche Äußerungen nicht interpretieren. Möglich war alles, bei solcher Bewegung, solchen Machtverhältnissen, in solchem Kopf; auch ein skandinavisches Kaiserreich soll Gustav projektiert haben. Die Tatsache, daß er auf eine dauerhafte Vereinigung der Protestanten, einen protestantischen Staat im Staate hinauswollte, läßt die Beherrschung Gesamt-Deutschlands als ein widersprechendes, unernst angespieltes Ziel erscheinen; wozu kommt, daß die Schweden selber, Rat und Reichstag, in eine so gefährliche Mischung ihrer klaren Sache mit der ewig verworrenen, ewig explosiven deutschen kaum gewilligt hätten. Das einprägsamste in diesen Gesprächen bleibt, daß auch Gustav Adolf zum Eroberer geworden war. Der Hunger kommt beim Essen; aus der Sicherung der Ostseeküsten, für die er das Schwert gezogen hatte, war das unsolide Projekt schwedischer Herrschaft in West- und Süddeutschland geworden. Hatte der Deutsche, Johann Georg, am Ende recht, einem solchen »Capo« der deutschen Protestanten zu mißtrauen?

Es gehört zur Strategie des Dreißigjährigen Krieges, daß einer der Gegner nie wußte, wohin der andere sich wenden würde. Die Truppenzahlen blieben klein; man konnte Festungen und Pässe besetzen, nie aber weite Fronten so abriegeln, daß es dem Feind nicht möglich gewesen wäre, sie zu durchbrechen oder sie zu umgehen, um zu marschieren, wohin er wollte, diesen und jenen Fürsten zu drangsalieren, oder sich zu erholen in Gebieten, in denen es noch etwas zu holen gab. Ob Wallenstein nach Sachsen, Thüringen, Franken, Bayern ziehen würde, war Gustav unbekannt, bis die friedländisch-bayerische Armee in der Nähe Nürnbergs erschien. Binnen wenigen Tagen entstand ein Lager, dem schwedischen gegenüber, geschützt vom Rednitzfluß, an waldige Höhen gelehnt, von Gräben, Schanzen und Palisaden umgeben, kanonenstarrend. Idee und Ausführung waren gut; die Schweden, argumentierte Wallenstein, würden verhungern oder stürmen müssen, das neu zusammengetrommelte kaiserliche Heer sich an den furchtbaren Gegner gewöhnen. Nach sechswöchigem Belauern und Geplänkel hatte er den König da, wo er ihn haben wollte.

So grauenhaft wurden die Lebensbedingungen der Schweden und Nürnberger, daß man sich zum Sturm entschloß. Hier trug Wallensteins Verteidigungstaktik, seine erfahrungsgesättigte, kalte Feldherrnkunst den Sieg davon, den ersten, eklatanten über den *Invictissimus* seit der Landung auf Usedom.

Gustav, am Ende seines Rates, bot Friedensverhandlungen an. Wallenstein antwortete korrekt oder spielte den Korrekten: Er könne nicht verhandeln ohne Instruktionen aus Wien. Die kamen, als die Sache ihr Interesse verloren hatte, und waren nach der alten Art: Alles und alles habe man getan, um mit den Evangelischen ins reine zu kommen, zu den weitestreichenden Konzessionen sei man bereit gewesen, immer umsonst; so daß nun wohl leider die Waffen entscheiden müßten. Wir fürchten, daß die kaiserlichen Minister dergleichen ehrlich glaubten. Wer hätte noch im Kriege sich nicht im Recht und den bösen Willen ganz allein auf der anderen Seite gesehen? Praktisch war im Moment so oder so nichts zu entscheiden. »Universalfriede« wäre im vergangenen Winter denkbar gewesen; jetzt nicht.

Nach einem weiteren Monat beschloß Gustav, daß seine Stellung in Nürnberg, wo Hunger und Seuchen schlimmer wüteten als eine Schlacht, nicht länger zu halten sei. Er brach auf, Tausende von Verwundeten und Kranken zurücklassend, und marschierte westwärts, vorbei am Lager Wallensteins, der ihn ziehen ließ. »Er hat«, berichtete Wallenstein an den Kaiser, »eine schöne Retraite getan, und weiß gewiß aus dieser und allen Aktionen, daß er das Handwerk leider wohl verstehet.« Aber an Kredit habe er gewaltig verloren. In einem anderen Brief: »So hat sich der Konig bei dieser *Impresa* gewaltig die Hörner abgestoßen...« Wieder kannte er das Ziel der Schweden nicht; Mainfranken? Bayern, Österreich? Jedenfalls folgte er ihnen nicht; in diesem Krieg bewegte man sich häufiger voneinander weg als gegeneinander; sei es, um den Feind hinter sich herzulocken, sei es, zu einem anderen garen oder ungaren politischen Zweck. Hier war noch einmal die Absicht, Sachsen von der schwedischen Allianz wegzusprengen. Auf nach Sachsen also, wohin Wallensteins fähigster und brutalster Gehilfe, Holk, schon sengend und brennend vorausgeeilt war. Aus den Niederlanden wurde ein anderer bewährter Stürmer und Verwüster, Pappenheim, mit seinem Detachement herbeigerufen. Winterquartiere in Sachsen, dem Lande, in dem schon im Vorjahr man weiß nicht wie viele hunderttausend Menschen Mordes und Hungers gestorben waren; den zitternden Landesvater, der doch nicht ohne Herz für das Leid seiner Untertanen war, zum Frieden zu zwingen. Eine Wiederholung von Tillys Taktik vor Breitenfeld, mit dem Unterschied, daß Wallenstein bessere Beziehungen zu Sachsen, nämlich zu dem General Arnim, besaß und daß er sich hütete, vom Restitutionsedikt zu sprechen. Gustav, völlig unsicher geworden, hatte in der Tat noch einmal Absichten gegen Österreich gehabt. Als aber die Notschreie seines Verbündeten zu ihm drangen, kehrte er um, wieder um und wieder vorbei an Nürnberg, wo er, ringsum Wallensteins verlassenes Lager, mit Grausen die noch Lebenden unter den Toten sich bewegen sah, machte er seinen Weg durch Thüringen nach Sachsen. Hier fand er die Entscheidung, die er bei Nürnberg gesucht hatte. Schon hatte der Herzog begonnen, sein Heer zu zerstreuen, Pappenheim gegen Halle geschickt, hatte die Verteilung der Quartiere bestimmt. Ein dringenderer Brief als jener, den er an Pappenheim sandte, als er erfuhr, der Feind marschiere

»hereinwarths«, ist nie geschrieben worden. Wieder, versichert uns der große Kenner der Kriegsgeschichte, Delbrück, wählte er seine Position meisterhaft und so, daß die Schweden, selbst wenn sie siegten, ihm den Rückzug nach Böhmen offen lassen mußten. Wallenstein hatte von der Taktik des Königs gelernt, die spanische Phalanx aufgegeben und sich leichter bewegliche Feldstücke zu verschaffen gewußt. An Zahl waren die Schweden zunächst überlegen, sechzehntausend Mann, davon fünftausend Reiter, gegen zwölftausend, ein Unterschied, der im Lauf des Tages durch herzueilende Kaiserliche ungefähr ausgeglichen werden konnte.

Man hat die Schlacht von Lützen (6. November 1632) einen Entscheidungskampf um die Dinge der Welt wie um das Reich der Ideen genannt (Leopold von Ranke). Was das Weltliche betrifft, so hätte eine Niederlage Gustav Adolfs den schon verblassenden Zauber seines Namens gebrochen – mehr nicht. Seine »Royal Armee« war nur ein Fragment seiner zerstreuten Gesamtmacht; und je bedrohter diese erschien, desto energischer und offener mußte die Intervention Frankreichs werden, so später, so jetzt. Nur allzu treffend war die Einsicht, die Wallenstein gelegentlich äußerte: Der Kaiser könnte noch zehn Victorien gewinnen, sie würden ihn dem Ende nicht näher bringen. Kein einziger Schlag durchhieb den verworrenen Knäuel dieses Krieges; wenn Breitenfeld es nicht vermocht hatte, welcher Waffensieg sollte es vermögen? Den Kampf der Ideen angehend, so wäre er eindeutig gewesen, wenn hier die katholische, spanisch-österreichische Reformation gegen den hellen, freien Protestantismus des Königs gestanden hätte. Tatsächlich stand Wallenstein gegen ihn; Wallensteins Absichten und Begriffe unterschieden sich von den schwedischen längst nicht so klar. Toleranz für alle wollte auch er; nebenher, ganz wie der König, eine »Satisfaktion« für sich selber. Die Frage war dann, wie weit Wallenstein die österreichische Politik beherrschte oder nach einem Sieg beherrschen würde. Beide, König und Herzog, hatten Kontakt gesucht und Feind zu sein gezögert. Was sie nun doch zu einem blutigen Sich-Messen ihrer Kräfte zwang, war einerseits der Umstand, daß Wallenstein seine persönliche Macht noch einmal mit der österreichisch-spanischen verbunden hatte; andererseits das in beiden lebende Bewußtsein, daß in Deutschland für zwei ihres Schlages kein Platz sei. Der Tod Gustavs, soll Wallenstein später gesagt haben, sei recht und gut, denn »es könnten doch zwei Hanen auf einem müst sich nit vertragen«. So berichtet der tschechische Zwischenträger, Raschin, der unzuverlässig ist, hier aber nicht gefabelt haben dürfte. Wallenstein hat das Gleichnis von den Hähnen auch sonst gebraucht.

Da die beiden denn nun also, unter dem starrenden Aug' Europas, aufeinandertrafen, so wogen alle Feinheiten der Geheimdiplomatie nichts mehr. Die Gebete am Morgen vor der Schlacht, die Losungsworte – »Gott mit uns«, »Jesus Maria« –; wie hin und her wogender Nebel, die Furien des Kampfes selbst, die Kommandos zum Spott machten; wie Wallenstein, von Gicht gepeinigt, die Steigbügel mit Seide umwickelt oder in einer Sänfte getragen, unter Aufbietung seiner letzten Kräfte zu beherrschen suchte, was nicht zu beherrschen war; wie Pappenheim mit seinen Reitern noch rechtzeitig eintraf und fiel, wie der König fiel, erst durch den Arm geschossen, dann an fünf Wunden blutend, das reiterlose weiße Pferd, der nackte Leichnam, das schnell sich verbreitende Gerücht, die Übernahme des Befehls durch den jungen Bernhard von Weimar, die doppelte Wut, mit der die verwaisten Schweden nun kämpften, das Nachgeben von Wallensteins linkem Flügel, der Verlust der Windmühlen, wo seine stärksten Batterien standen, die tödliche Erschöpfung beider Seiten, der Einbruch der Nacht, der sie endlich trennte – eine klingendere Schlachtenlegende haben diese dreißigjährigen Wirren nicht hinterlassen. Gesiegt hatte keiner; vielleicht hätte Pappenheims am Abend hinzukommende, unverbrauchte Infanterie Wallenstein erlaubt, den Kampf am Morgen wieder aufzunehmen. Statt dessen befahl er den Rückzug in der Nacht, nach Leipzig, zu dessen anderem Tor wieder hinaus, Böhmen zu. Auch die Schweden hätten Zuzug erhalten können, stärkeren sogar, seine Kanonen waren verloren, die Soldaten jeder Hilfsmittel bar, das Land Sachsen feindlich ringsumher. Er räumte es und nahm Winterquartiere in den Erblanden. In Wien, wo man die Schlacht von Lützen für einen Sieg hielt, wollte man diesen Entschluß nicht verstehen; der Anfang neuer Ärgernisse. Einstweilen gratulierte der Kaiser »zugleich mir und Euer Liebden« zu dem »glückseligen Success und des Schweden Tod«. – »Gott sei ewiger Lob und Dank gesagt...« – In Rom ließ Papst Urban eine Trauermesse lesen.

Als er von Stockholm aufbrach, hatte Gustav Adolf Todesahnungen gehabt, später aber sich unter höchstem Schutz sicher gefühlt und daraufhin als Soldat gewagt, was ein Mann, von dem so sehr viel abhing, wohl nicht hätte wagen dürfen. Für seinen Ruhm zu früh starb er nicht. Er schenkte Europa ein edles Menschenbild, in einer Zeit, die von Unedlem wimmelte, aber hinterließ so viel blutige Wirrsal und mehr, als er angetroffen hatte und die er hatte meistern wollen und nicht können.

Wallensteins Ende

Auf Axel Oxenstierna blieb die Last, den »königlich-schwedischen Krieg in Deutschland« weiterzuführen. Man hatte sich zu tief in ihn eingelassen, um ihn nun ohne greifbare Resultate abzubrechen; »der Hund, der die Zähne fletscht«, schrieb der Kanzler an den schwedischen Reichsrat, »kommt eher mit heiler Haut davon als der, welcher den Schwanz zwischen die Beine nimmt und ausreißt«. Mit geschäftskundiger Hand brachte Oxenstierna zunächst die schwedischen Dinge in Ordnung: Ein neues, zu Lebzeiten des Königs vorbereitetes, in seiner endgültigen Gestalt aber wohl von ihm nicht mehr gesehenes Verfassungsdokument – »Regierungsform« – wurde eine Woche nach der Schlacht von Lützen nach Stockholm gesandt und von den Ständen akzeptiert. Während der Minderjährigkeit von Gustav Adolfs Tochter Christine sollte die Regentschaft in den Händen nicht der Königin oder des nächsten Agnaten, sondern der fünf obersten Reichsbeamten ruhen. Der Reichstag, die vier Stände, wurde zugunsten des Rates zurückgesetzt, in dem fünfundzwanzig Vertreter der führenden Adelsfamilien saßen – ein Triumph der Aristokratie, der Oxenstierna selber angehörte und deren Zusammenarbeit mit dem kräftigen König eine nie ganz beschwichtigte gewesen war. Der Kanzler selber erhielt den Titel eines »Bevollmächtigten Legaten der Krone Schwedens beim Römischen Reich und allen Armeen, *cum plena potentia et commissione absolutissima*«. Damit war er Alleinherr über Schwedens Politik und Strategie in Europa; sicher der Billigung, aber sehr unsicher der weiteren materiellen Unterstützung aus der Heimat.

Desto dringender war die Aufgabe, dem deutschen *Corpus Evangelicorum* eine »nähere Zusammensetzung und beständige Verfassung« zu geben. In Dresden, wo Johann Georg nun wieder mit dem Gedanken der Neutralität oder einer dritten Partei spielte, mit den gewohnten, hinhaltenden Künsten abgewiesen, wandte Oxenstierna sich an die süddeutschen Protestanten. Zu Heilbronn brachte er, März 1633, eine neue Union zustande, mit Rat und Exekutive, die er als Direktor selber übernahm, mit Bundesheer, Kriegskasse und Bundesfeldherr; die letztere Funktion wurde dem bei Lützen erprobten Herzog Bernhard von Weimar anvertraut. Bernhard war ein Soldat von Genius und ein echter Protestant; übrigens kälter, egoistischer, als seine Biographen ihn haben machen wollen, und sehr auf den eigenen Vorteil bedacht. Daß er sich Gustav Adolfs »Herzogtum Franken« als schwedisches Lehen übertragen ließ, spricht gegen die Legende, wonach er sich von deutsch-patriotischen Motiven vornehmlich habe leiten lassen. Es war eine der territorialen Phantastereien, die die verwilderte Zeit hervorbrachte.

Oxenstiernas deutsche Politik wurde durch die französische zugleich ergänzt und durchkreuzt. Noch immer war der deutsche Bürgerkrieg Richelieus Art, sich der spanisch-habsburgischen Macht zu erwehren, ohne daß Frankreich direkt ins Spiel käme; also Unterstützung der Protestanten mit Geld und guten Worten, für Frankreich bescheidene Faustpfänder am Rhein, um Spaniens Verbindungen nach Belgien abzuschneiden. Es erschien denn auch in Heilbronn der gewiegteste von des Kardinals diplomatischen Gehilfen, Marquis de Feuquières, dem es in der Folgezeit gelang, die süddeutschen Stände zur Annahme einer französischen Protektion zu überreden. Feuquières reiste emsig in Deutschland hin und her, Pensionen an Fürsten und Herren austeilend, Freundschaften für seinen König knüpfend, Intrigen spinnend. Nur in Dresden, wo man, nach Feuquières Beschreibung, überaus deutsch gesinnt war, wurde er glattweg abgewiesen. Wohl war den Deutschen nicht in der Sonne der französischen Gunst; sie mißtrauten Richelieus zähem Vordringen in Lothringen und im Elsaß; sie suchten Anlehnung bei Schweden gegen Frankreich, bei Frankreich gegen Schweden, und fühlten sich zu beidem gezwungen durch die immer sich gleichbleibende, immer wieder aufgenommene spanisch-kaiserliche Offensive. Weder den französischen noch den schwedischen Politikern scheinen die mindesten Skrupel darüber gekommen zu sein, daß ihre Bemühungen auf eine Verewigung des Krieges hinausliefen, dessen entsetzliche Folgen sie auf ihren Reisen täglich vor Augen hatten. Ein Zeitalter der Humanität war das nicht, und was hier geschah, geschah immerhin nicht bei ihnen zu Hause.

Friedensparteien gab es auch jetzt. Es gab sie in den Niederlanden, wo Friedrich Heinrich von Oranien durch eine glanzvolle Waffentat, die Einnahme von Maastricht, die Basis für einen endlichen Kompromiß geschaffen zu haben glaubte; die greise spanische Regentin Belgiens, Isabella, zeigte sich bereit dazu, und Verhandlungen begannen. Sie scheiterten an Richelieu, in dessen Pläne ein niederländischer Friede nicht paßte, da er die Spanier von Frankreichs Nordgrenze ganz entfernt wissen wollte; ebenso an Olivares, der die Hoffnung auf eine Rückgewinnung der Niederlande auch jetzt nicht aufgegeben hatte. Die Regentin starb und wurde durch einen ehrgeizigen jungen Mann ersetzt: den Prinzen und Kardinal Ferdinand, Bruder von Spaniens König. Der »Kardinal-Infant« lebte in den großen strategischen Plänen Spinolas: Eine Kette spanischer Posten zwischen Mailand und Belgien, enge militärische Zusammenarbeit mit Österreich, konzentrierter Großangriff gegen die rebellischen Stände. Der Prinz war der Vetter, bald auch der Schwager des ebenso jugendlichen Königs von Ungarn, Ferdinands II. Sohn und Nachfolger, der in Wien sich zum Haupt einer entschieden prospanischen Gesinnungsgruppe aufwarf. Hier bereitete ein Generationswechsel sich vor, und die neue Generation war militanter als die alte, die es doch zeit ihres Lebens an Unbeugsamkeit nicht hatte fehlen lassen.

In Deutschland fanden sich zwei friedenswillige Zentren. Das sächsische war in sich gespalten; der Kurfürst strebte zurück zur alten gutdeutschen Neutralität, sein General, Arnim, biederer denkend, wünschte Schweden in einen »Universalfrieden« einzubeziehen, wobei er auf die Frage, wer Schwedens »Satisfaktion« bezahlen sollte, keine rechte Antwort wußte. Die andere Friedenspartei inkarnierte Wallenstein; er war oder schien in diesem Jahr 1633 noch einmal der mächtigste Mann in Deutschland und in den Erblanden. Aber es stand nicht gut um ihn.

Wallensteins Macht beruhte nicht, wie die eines Erbmonarchen, auf geheiligten Titeln. Seine persönliche Energie hatte Fürstentümer und Industrien, Armeen, Investitionen, Kredit und Ruhm zusammengezaubert; dies Reich mußte desintegrieren, sobald der Wille des Schöpfers erlahmte. Nun ist kein Zweifel, daß er im Lauf des Jahres 1633 an den Rand physischen und geistigen Zusammenbruchs geriet. Hinter dem, was man sein Podagra nannte, hat die Wissenschaft unserer Tage eine Häufung von Leiden zu erkennen geglaubt: verschleppte Malaria, Wolhynisches Fieber, Angina pectoris, Gicht. Der Fünfzigjährige wirkte wie ein Greis, ja manchmal, so schildert ihn einer, dem er im Bett liegend Audienz erteilte, »wie eine tote Leiche«. Die schönen, schwungvoll kühnen Linien seiner Unterschrift waren schauerlich zitternden Krähenfüßen gewichen. Nicht minder beredt ist die Rechnung, die nach seinem Tode von dem Apotheker in Pilsen präsentiert wurde; nur wenige Wochen hatte er in der Stadt zugebracht und doch so viele schmerzstillende Tränklein und Pillen sich kommen lassen, als gälte es, ein Spital zu versorgen. Mit dem Verfall des Körpers hielt der des Geistes Schritt. Immer, auch in der Zeit seines Aufstieges, war Wallenstein ein überaus nervöser, zwischen Euphorie und Depression schwankender Mensch gewesen. Er konnte bezaubern durch Witz und Charme; er konnte abschrecken durch eisigen Hochmut, durch rasenden Jähzorn. Die mit ihm umgingen, sprachen von seinem »Schiefer«, den man ausrauchen lassen müsse. Notorisch war seine Lärmempfindlichkeit, seine gelegentlich ausbrechende Menschenscheu, sein Mißtrauen. Solche morbiden Züge seines Wesens erreichten jetzt ein zerstörendes Maß. Sie allein erklären seinen Ausgang.

Nicht, daß sein Verstand verdämmert wäre. Im Gegenteil; er sah Deutschland und Europa klar wie immer, klarer denn je; Worte, die eine tiefe und noble Intuition verraten, ließen sich aus seinen letzten Monaten wohl zitieren. Aber keine eindeutigen Taten flossen aus der Weisheit des Kranken, sein Handeln war zögernd, dann sprunghaft vorprellend, sich wieder zurücknehmend und eine andere Richtung suchend. Es brachte keine Resultate.

Der Ausgang des Feldzugs von 1632 bestätigte ihm, was er schon längst vermutete: daß Österreich sich zwar leidlich aus dieser Affäre ziehen, daß aber die österreichisch-spanische Gegenreformation ihr großes Ziel in Deutschland und den Niederlanden nie würde erreichen können. Eine französische Intervention hintanzuhalten, die Schweden auf gute, notfalls ungute Weise loszuwerden und ebenso die Spanier, die drei kriegstreibenden Parteien also, die protestantischen Kurfürsten zu neutralisieren, die Dinge im Reich, vielleicht auch in Böhmen, auf den Stand zurückzuführen, auf dem sie vor 1618 gewesen, dies war das ungefähre Ziel, um das seine Gedanken kreisten; ein Ziel, muß man hinzufügen, dessen Gewinnung den Deutschen den nachfolgenden furchtbaren Zusammenbruch ihrer Zivilisation erspart haben würde.

Wallenstein hatte Vollmacht, die Sachsen von ihrem Bündnis mit Schweden abzuziehen und zu diesem Zweck mit ihnen zu verhandeln, nicht aber mit Schweden selbst, viel weniger mit Frankreich und den böhmischen Emigranten. Tatsächlich verhandelte er mit allen; mit den Sachsen, mit den Generalen Arnim und Herzog Franz von Lauenburg direkt, mit Frankreich durch einen entfernten Verwandten, Graf Kinsky; mit Schweden durch die Sachsen und durch die böhmischen Emigranten, Thurn, Bubna und andere. Die hin und her gehenden Botschaften und Vorschläge, soweit er sie überhaupt kontrollierte – was zwischen Kinsky und den Franzosen spielte, kontrollierte er keineswegs –, hielt er nicht für Verrat, weil er sein eigenes Ziel für das wohlverstandene Interesse auch des Kaisers hielt; nur daß der Kaiser, umgeben von kriegswütigen Spaniern, Pfaffen und Jesuiten, sein Interesse nicht wohl verstand. Praktisch fühlte er sich während des zweiten Generalats als sein eigener Herr, seinem Auftraggeber nur sehr ungefähr verpflichtet. Dies nicht vor allem Rechtens, etwa als Reichsfürst, sondern kraft seiner überlegenen Einsicht und Unparteilichkeit, die es, das wußte er, in Wien und Madrid nicht gab, und weil die Armee ihm gehörte. Eben dieser Tatsache hat er bis zum letzten Tag seines Lebens die entscheidende Bedeutung beigemessen. Die Armee gehörte ihm faktisch, weil er und nur er sie kommandierte, gehörte ihm moralisch, weil er und nur er sie zusammengebracht hatte. Folglich konnte er sie zu seinen Zwecken frei gebrauchen. Und was war dem unmöglich, der die Armee besaß?

Bevor er spät, im Mai, zu seinem letzten verworrenen, durch Stillstände und Verhandlungen unterbrochenen Feldzug in Schlesien prunkvoll aufbrach, empfing er in seinem Schlosse zu Gitschin heimlich einen der böhmischen Emigrantenführer, Graf Bubna, Offizier in schwedischen Diensten. Bubna hat über diese Unterredung zu Händen des Kanzlers Oxenstierna einen Bericht verfaßt, der unter den zahllosen, auf diese tragische Geschichte bezughabenden Dokumenten das sprechendste ist. Seien sie nicht Erzlappen, begann Wallenstein, daß sie einander die Köpfe zerschmissen, da sie, die die Armeen in ihrer Macht hätten, sich doch einen gewünschten Frieden machen könnten? Bubna antwortete, wenn alle Kaiserlichen so dächten wie der Herzog, so wäre ein allgemeiner Friede wohl möglich; mit dem Hause Habsburg und seinen Pfaffen sei aber nichts anzufangen, und darum wäre es das beste, man ginge auf den von dem verstorbenen König Gustav schon vor Jahren gehegten Plan zurück und Wallenstein zöge die böhmische Krone auf sich. »Was, die Krone«, rief Wallenstein, »das wäre ein groß Schelmstück.« Der Kaiser sei ein frommer Herr, die Pfaffen und Bärenhäuter, die ihn betrögen, würde man wohl zum

Schweigen zu bringen wissen und sie zu einem Frieden zwingen, der nur der allgemeinen Wohlfahrt diente, den Evangelischen wie den Katholischen. Was sie, die die Armeen in ihrer Macht hätten, beschlössen, das müßten die anderen annehmen und belieben, ob sie wollten oder nicht. Zudem seien selbst die Pfaffen des Krieges überdrüssig und bereit, gelinde Saiten aufzuziehen. Auf Bubnas Einwand, ein Friede, der den Kaiser auf seinem Thron ließe, sei keiner, wiederholte er immer nur, man müßte ihm trauen, ihn allein machen lassen. – Bubna schied ungläubig und enttäuscht.

»Was, die Krone? Das wäre ein groß Schelmstück.« Es ist das einzige authentische Wort aus Wallensteins Mund, das wir über den angeblichen Plan einer Thron-Usurpierung haben, und es bedarf eines kräftigen Vorurteils, um daraus zu schließen, er habe sich zum König von Böhmen machen wollen. Wie hätte er das erstreben sollen, der seine Standesgenossen so gut kannte, die klägliche Königsepisode des Pfälzers mit Verachtung beobachtet hatte? Allenfalls war er bereit, etwas zur Entschädigung der tschechischen Stände zu tun, solange es nicht von dem Seinen ging; mehr nicht. Daß für ihn selber bei seinem letzten Unternehmen irgendeine Vergrößerung herausschauen würde, nahm er aus alter Gewohnheit an; es scheint, daß er gehofft hat, ein Kurfürst des Reiches mit einem Territorium im Südwesten zu werden. Der Kern der Sache ist das nicht. Er fühlte sich dem Ende nahe und hatte keinen Sohn. Der Ruhm, den er mit ins Grab nehmen wollte, der einzige, den er noch nicht ausgekostet hatte, war der des Friedensstifters. Dabei bewegte er sich auf einer unsicheren Grenze zwischen dem Legalen und dem Illegalen. Er traute sich zu, einen allgemeinen Frieden zu stiften, da er den Gegensatz zwischen den Konfessionen für unsinnig hielt. Den Kaiser galt es von dem Einfluß der Kriegspartei zu befreien, ihn zu überzeugen, ihn zu zwingen – feine, gefährliche Unterschiede.

Die andere Seite verstand es anders. Oxenstierna ließ ihm sagen, von den beiden Wegen zum Frieden sei der eine: offizielle Verhandlungen aller mit allen, wenig aussichtsreich, so zahlreich und tief, wie die Konflikte leider nun einmal seien. Wollte aber der Herr Generalissimus für sich selber unterhandeln, so wäre das der verheißungsvolle, rechte Weg. Darin lag die unverschämte Frage, was Wallenstein nun eigentlich sein wollte, Vertreter seines Herrn oder Rebell, und der Zusatz, daß nur die zweite Alternative die Schweden eigentlich interessierte; ein Sonderfriede, nicht zwischen der ganzen kaiserlichen Macht und Sachsen, sondern der ganzen protestantischen Macht und Wallenstein. Wallenstein glaubte dieser Frage ausweichen zu können.

Er fing es ungeschickt an. Von den verschiedenen Möglichkeiten, die er in seinem Geiste wälzte, war die eines Friedens mit den protestantischen Kurfürsten die praktikabelste, in Wien am ehesten zu vertretende. Man möchte sagen: es war die einzig reale Seite seiner Unterhandlungen und jedenfalls die einzige, über die wir Zeugnisse von seiner Hand haben. Alles andere, Verbindung seines Heeres mit dem schwedischen, Verbindung mit Frankreich, Revolution in Böhmen, war Gerede, das über andere ging; teils ganz solide Leute, die eingestanden, daß sie selber »dubitierten« und sich bei ihren Berichten in sonderbare Widersprüche verwickelten, teils Intriganten, wie Kinsky, und leichtgläubige alte Schwätzer wie Matthias Thurn. Hätte Wallenstein einen Staatsstreich ernsthaft gewollt und vorbereitet, so hätte er nicht das getan, was er bis zuletzt unentwegt tat: Er hätte nicht dem Kaiser Ferdinand wieder und wieder zum Frieden geraten und alle legitimen Möglichkeiten dazu, die sich zeigten, von Dänemark, von Hessen-Darmstadt angebotene Friedensvermittlungen begierig ergriffen. Aber er hatte sich zu tief mit den böhmischen Emigranten eingelassen, die sich von ihm eine Wiederherstellung des böhmischen Staatsrechts erhofften, um klar von ihnen wieder loszukommen; er hatte sich tief genug mit den Schweden eingelassen oder schien es doch, um als im höchsten Grade unzuverlässig zu erscheinen, als er seinen sächsischen Partnern plötzlich erklärte, er sei wohl bereit, sich mit ihnen zu vereinigen, aber nicht mit den Schweden, und wollte gemeinsam mit ihnen sich gegen diese wahren Feinde des Reiches wenden. Er beherrschte den unsagbaren Wirrwarr der europäischen Politik nicht, er verwirrte ihn noch mehr durch sein Aufgreifen, unüberlegtes Aussprechen und Wieder-Fallenlassen sich durchkreuzender Projekte. Er schloß Waffenstillstände, im Juni, im August, kündigte sie auf, schlug zu und begann aufs neue zu verhandeln. Immer, hatte er ehedem gesagt, müßte er sich eine Zwickmühle offenhalten. Schließlich besaß er so viele Zwickmühlen, daß er sie nicht mehr übersah, und keine von ihnen taugte.

Von den Gespinsten seiner Diplomatie wußte man in Wien nur das Allerungefährste und fürchtete sie um so mehr, je weniger man sie kannte. Was man sah, war, daß er weder mit dem Krieg noch mit dem Frieden vorwärts kam und das Kriegstheater, welches eigentlich kraft der Anwesenheit des Generalissimus das Haupttheater sein sollte, zum unergiebigen Nebentheater wurde. Im Oktober raffte der Herzog sich endlich auf und nahm bei Steinau in Schlesien die gesamte dort stehende schwedische Armee gefangen. Dem folgte die Eroberung der Provinz, dann Frankfurts an der Oder, Landbergs an der Warthe. Seine Kroaten streiften bis ins Pommersche; da war er schon einmal gewesen und viel weiter. Wohin hatte all das Umherziehen, all das Land-Besetzen und Verwüsten geführt?

Er sah den ost- und norddeutschen Kriegsschauplatz als entscheidend an, weil er ihn gründlich kannte und in der Haltung von Sachsen und Brandenburg den Schlüssel zum Frieden sah. Erst nachdem er mit ihnen zu Rande gekommen, wollte er sich »ins Reich«, nämlich nach Südwestdeutschland, wenden, wenn es dann noch notwendig wäre. Was an diesem Plan politische Strategie, was schiere Abneigung gegen den Kurfürsten von Bayern war, muß unentschieden bleiben. Seine Argumente ließen sich hören: Die befreundeten Truppen, die südlich der Donau operierten, sein eigener General, Aldringen, und der Spanier, Herzog von Feria, der von Mailand mit zwölftausend Mann zum Rhein vorgedrungen war, genügten, um die schwedischen oder heilbronnischen Truppen in Schach zu halten. Aber Bernhard von Weimar unternahm eine der »Diversionen« oder Bewegungen vom Gegner weg, welche für die Kriegführung der Zeit so bezeichnend sind und welche der kraftlose, verwüstete deutsche Raum ermöglichte: Im Oktober wandte er sich donauabwärts gegen Regensburg. Die in des Königs Tagen nie eroberte Festung galt als das Bollwerk nicht bloß Bayerns, sondern der Erblande. Wallensteins letzte Krise ergab sich aus dieser Situation. Von der Lausitz sah er sich gezwungen, nach Böhmen zurückzukehren.

Von jeher, auch während des ersten Generalats, hatte er im Konflikt mit den Wiener Hofkriegsräten gelegen, den »Herren Gelehrten«, den »kahlen Kerlen«, wie er sie nannte, den Schreibtischstrategen, die ihm und dem Heer zumuteten, was nicht zu leisten war

Gern hatte er ihnen gegenüber den erfahrenen Kriegsmann und Praktiker herausgekehrt. Oft war sein Zorn berechtigt gewesen, angesichts der Diskrepanz zwischen den Leistungen, die man von ihm erwartete, und der materiellen Hilfe, die man ihm bewilligen wollte oder konnte. Berechtigt war er auch jetzt: Mit einem erschöpften, ohne Löhnung von Wasser und Brot lebenden Heer einen Winterfeldzug im ausgeplünderten Bayern zu führen, war eine verzweifelt harte Zumutung; Trauttmansdorff selber, der kaiserliche Abgesandte im Hauptquartier Pilsen, warnte, daß Wallenstein in dieser Frage das sachliche Urteil der Obersten auf seiner Seite hätte. Das starre Nein, das der Herzog den Befehlen des Kaisers – zum erstenmal seit seiner Ernennung zum Generalissimus waren es Befehle, nicht Bitten – entgegensetzte, wurde ihm als von Haß gegen Bayern diktierter Ungehorsam, als fast schon eine Rebellion ausgelegt. Tatsächlich unternahm er im November von Pilsen aus eine Kavalkade über das verschneite Gebirge zur Rettung Regensburgs, kehrte aber wieder um, als er die Nachricht vom Fall der Festung erhielt: Die Jahreszeit erlaubte ein weiteres Operieren nicht, und daß er selber keinen Winterfeldzug mehr auszuhalten imstande war, ist gewiß. Er ließ das Gros seiner Truppen Quartier in Böhmen nehmen.

Es war diese Maßnahme, die man in Wien durchaus zu verhindern gewünscht hatte, denn Quartiere kosteten viel, auch den großen in Böhmen begüterten Wiener Herren, und man hatte in der Hauptstadt wie anderswo die Illusion, ein Krieg könnte überwiegend auf Kosten des Gegners geführt werden. Kriegsrat von Questenbergs heikler Auftrag war denn auch, den Generalissimus zu einer Revision seiner Entscheidung zu bewegen; in der Instruktion Questenbergs steht der merkwürdige Satz, es könnte schließlich der Eindruck entstehen, »daß wir gleichsam einen *corregem* an der Hand und in unseren eigenen Landen keine freie *disposition* mehr übrig haben...« Im Bewußtsein seines Rechts, im Überdruß an der ewigen Wiederholung der Dinge, in müder Starrheit blieb Wallenstein unerbittlich.

Also war er ein Rebell, wahrscheinlich ein Verräter. Die Zahl derer, die es in Wien glaubten und fürchteten, wuchs mit jedem Tag. In geheimen, nicht geheim bleibenden Denkschriften wurde allen seinen »ungleichen« Schritten in diesem Jahr, seit Jahren, eine bösartige Logik beigemessen, die sie nicht besaßen; mit den spanischen Diplomaten, die gegen ihn wühlten, machte Kurfürst Maximilian, sonst kein Freund der Spanier, gemeinsame Sache; es kam so weit, daß selbst Fürst Eggenberg seinen ehedem vergötterten Schützling seufzend fallenließ.

Wallenstein kannte diese Verdächtigungen, und sie verbitterten ihn bis ins Mark, obwohl er doch wußte, was jene, die die Vorwürfe gegen ihn erhoben, nicht wußten: daß er nämlich seit dem Frühling wirklich mit Plänen umging, die, wenn sie in ihrer ursprünglichen Konzeption kein Verrat waren, in der Ausführung es leicht hätten werden können. Zu eben diesen Plänen kehrte er nun zurück, in der Gekränktheit darüber, daß man ihn ihrer verdächtigte. In der zweiten Dezemberhälfte knüpfte er mit Sachsen und Brandenburg, mit Frankreich und Schweden wieder an; jetzt zu seiner Selbstverteidigung, jetzt wohl auch aus der Erkenntnis, daß das, was er wollte, die Friedensstiftung, im gütlichen Verein mit seinem Wiener Auftraggeber nicht mehr zu erreichen war. Graf Adam Trčka, sein intimster Mitarbeiter, konnte schreiben, der Herzog sei nun »resolviert, die Maske ganz abzulegen und mit Gottes Hilfe dem Werk mit Grund einen Anfang zu machen«. Trčka überschätzte die Tauglichkeit der verworrenen Intrigenmaschinerie, an der er selber im letzten Jahr gebaut hatte; den Glauben und die Bereitschaft der zu oft betrogenen Partner. Er überschätzte auch die Entschlußfähigkeit seines Schwagers. Wallensteins Antlitz zeigte nur noch Masken, hinter denen nichts Festes, Eigentliches mehr war, nur körperlichen Schmerz und seelische Qual und Schwanken. »O Fried, o Fried, Fried, o Fried!« hörte man ihn einmal gellend von seinem Krankenlager rufen. Einem anderen kaiserlichen Abgesandten, dem Kapuzinerpater Quiroga, sagte er, er würde sich selber das Leben nehmen, wenn er nicht die ewigen Höllenqualen fürchten müßte; und das war keine Heuchelei. Wie wir denn auch nicht anzunehmen brauchen, daß es Heuchelei war, wenn er den in Pilsen zusammengerufenen Obersten erklären ließ, er wollte sich von dem Kommando zurückziehen. Seine Sehnsucht nach Ruhe war ebenso stark wie sein trotziger Entschluß, sich nicht noch einmal fortschicken zu lassen, und wie sein Traum, vor seinem Tode noch das Größte zu leisten. Praktisch mußte sein freiwilliger Rücktritt nicht weniger gefährlich sein als seine Absetzung, überaus schwierig zu vollziehen. Seine Offiziere, finanziell an ihn gebunden, hätten sein Scheiden als eine Art ungeheuren Geschäftsbetruges empfunden, er selber wäre ohne Heer seinen zur Legion angeschwollenen Feinden hilflos gegenübergestanden. Hatte doch schon seine erste Entlassung den Zusammenbruch der ihm verbündeten Geldmacht – des Großfinanziers de Witte – und beinahe seinen eigenen Ruin bedeutet. So spielte er denn mit seinem Rücktritt, wünschte ihn, wollte ihn dennoch nicht. Aus der Drohung, sein Amt niederzulegen, ging der »Pilsener Schluß« hervor: Das mit ihrer Unterschrift besiegelte Versprechen der Obersten, bei ihrem General auszuhalten bis zu ihrem letzten Blutstropfen, wenn er bei ihnen aushielte. Eine wegeskamotierte Klausel »von Kaisers Diensten« gab es nicht. Offenbar hat Wallenstein den Akt als eine Sicherung für sich selber, vielleicht auch als Druckmittel gegen den Hof, nicht aber im Sinn einer Verschwörung aufgefaßt. Als solche wäre ein so offenes und lautes Beginnen auch ebenso ungeeignet gewesen wie die bitteren Klagen und Vorwürfe, in denen er sich im Gespräch mit Ferdinands Ministern erging. Nie war er untätiger als in den Wochen nach dem »Pilsener Schluß«, in denen er doch, wenn er schon ein Verschwörer war, am tätigsten hätte sein müssen. »Denn er braucht einen, der ihm hilft, merke ich wohl«, berichtet Franz von Lauenburg, der ihn besuchte; das hieß, er sei ohne Anstoß von außen zu keiner Entscheidung mehr fähig. Als er endlich begriff, welchen Eindruck, welche Folgen der Akt von Pilsen in Wien hervorgerufen hatte, versammelte er die Offiziere, die noch im Hauptquartier waren – aber die wichtigsten fehlten jetzt –, an seinem Krankenbett und ließ sie einen zweiten Revers unterschreiben, der den ersten zurücknahm: Nie habe man etwas gegen Kaiser und Religion beabsichtigt, das sei der Sinn des Dokumentes nie gewesen. Darunter setzte er selber seinen Namen, das stolze »Albrecht Herzog zu Mecklenburg« als erster, mit zitternder Hand. Aber dieser »Zweite Pilsener Schluß« verhallte ungehört in dem Zusammenbruch, der längst begonnen hatte.

Von der Untätigkeit Wallensteins in den letzten Wochen seines Lebens sticht die Energie seiner alten und neuen Gegner merkwürdig ab. Unter den Heerführern waren es vor allem die nichtdeutschen, die Italiener und Wallonen, die gegen ihn agierten, Piccolomini, Gallas, Coloredo, Caretto, Aldringen. Soldaten der Fortuna waren sie alle, und hätten sie an

Wallensteins Zukunft geglaubt, so möchten sie bei ihm ausgeharrt haben. Aber da sie merkten, daß er keinerlei Führung mehr zu geben imstande war, zu illegitimen sowenig wie zu legitimen Zwecken, so fielen sie von ihm ab. Unvertraut mit den Intrigen Trčkas und Kinskys, ersetzten sie wirkliche Kenntnisse durch haarsträubende Erfindungen. Piccolomini zumal wußte von einem höllischen Plan zur Neuteilung Europas, den Wallenstein ins Werk zu setzen im Begriff sei. Daß seine phantastischen Verleumdungen die Panik in Wien schürten, die Katastrophe beschleunigten, steht fest. Jedoch muß man zu Ehren Kaiser Ferdinands sagen, daß er so rechtlich vorging, wie er unter den Umständen, wie man sie ihn sehen ließ, vorgehen zu können glaubte. Er zog sich zu inbrünstigen Gewissensforschungen und Gebeten zurück, er ließ Gutachten von seinen bedeutendsten Räten verfassen: ließ schließlich drei von ihnen förmlich über Wallenstein zu Gericht sitzen, und unter den dreien war keiner von den notorischen Feinden Wallensteins. Zwei waren seine besten Freunde, Fürst Eggenberg und der Bischof Anton von Wien; der dritte, Trauttmansdorff, dem Thronfolger nahestehend, war immerhin ein verläßlicher und erfahrener Diener. Die drei kamen zu dem Schluß, daß der Herzog und seine nächsten Anhänger Verräter und daß sie daher gefangenzunehmen seien, zu töten jedoch, wenn Gefangennahme nicht möglich wäre.

Mehr als ein Monat verging zwischen dem Urteil und der Exekution; Wochen, während derer der Kaiser wie eh und je die höflichsten Briefe an seinen verurteilten Feldherrn richtete – »Hochgeborener lieber Oheim und Fürst«; Wochen voll emsiger Korrespondenz und Tätigkeit der italienischen Heerführer. Verschwörer waren nun sie; verschworen gegen die Verschwörung Wallensteins, die es im Grunde gar nicht gab, die aus so vielen sich widersprechenden, nur eben flüchtig angerührten Möglichkeiten bestand, daß sie gar keine Wirklichkeit hatte. In blindem Vertrauen, in der Unkenntnis der Menschen, die dem Introvertierten eignete, ließ der Herzog einen der Rädelsführer nach dem anderen aus Pilsen entweichen, lieh ihnen seine eigenen Wagen und Pferde dazu, duldete, weil er es nicht wußte, daß sie den ganzen Heeresapparat, Befehl der Obersten und Gehorsam der Truppen, Stück für Stück unter ihre Kontrolle brachten. Als sie das Absetzungspatent, welches sie so lange in der Tasche getragen hatten, daß es kaum noch lesbar war, endlich bekanntmachten, konnten sie ihrer Sache sicher sein. Gleichzeitig begann schon, was nicht der geringste Zweck des Unternehmens war: die Konfiskation von Wallensteins Besitz, eines der größten Vermögen in der Christenheit.

Auch als Wallenstein von seiner Absetzung erfuhr, vom Übergang fast aller Offiziere in das Lager des neuernannten Generalissimus Gallas, verhielt er sich unentschlossen und passiv. Auch jetzt noch ließ er die Offiziere gehen, wenn sie gehen wollten. Er sprach mit ihnen auf seinem Schmerzenslager, er drohte ihnen mit dem Finger, erging sich in bitteren Vorwürfen über den an ihm verübten Betrug und ließ sie gehen, indem er ihnen Botschaften an den Kaiser mitgab. Noch sei er bereit abzudanken und sich für immer zurückzuziehen, wenn er nur seine Herzogtümer behalten dürfe. Die Abgesandten gelangten gar nicht bis Wien, und was sie zu sagen gehabt hätten, wurde dem Sender als hohle Lüge ausgelegt. Es war aber ein Doppelspiel im ungewöhnlichen Sinn des Wortes: Wallenstein wollte auch jetzt noch zurück, da ihm der Weg schon abgeschnitten war, wollte auch jetzt noch sich nicht entscheiden, da seine Gegner schon für ihn entschieden hatten. Die gleichzeitig an die nahe an Böhmen stehenden protestantischen Generale und Potentaten, Arnim, Weimar, Brandenburg-Kulmbach, abgehenden Botschaften waren jetzt Hilferufe mehr denn Anerbietungen. Wallensteins langsamer Zug von Pilsen nach Eger war eine Flucht. Wäre er auch am Leben geblieben und hätte er über die in Eger stationierten Truppen seine Autorität bewahrt, so hätte er für die berühmte, jahrelang besprochene Vereinigung mit den Sachsen kaum dreitausend Mann zur Verfügung gehabt; dazu eine hastig zusammengeraffte geringe Summe Geldes, einen verjährten Ruhm, den Namen eines Geächteten.

Die Geschichte der Sturmnacht vom 25. Februar 1634 hat sich gleich danach verbreitet und ist, ungefähr richtig, in Tradition und Legende eingegangen. Zwei authentische Berichte, des Oberstleutnants Gordon und des Oberstwachtmeisters Lesley, hat erst unser Jahrhundert ans Licht gebracht, aber sie fügen dem von jeher Bekannten nur wenig hinzu. Zwei Details verdienen Erwähnung. Wallensteins Mörder, Hauptmann Deveroux, hat nicht die rhetorische Frage »Bist Du der Schelm, der seiner Majestät die Krone vom Haupte herunterreißen will?« gestellt. Er hat, um sich Mut und Zorn zu machen, dem im Nachtgewand am Tisch stehenden, ehedem so Mächtigen, Furchtbaren eine letzte Beschimpfung zugebrüllt: »Du schlimmer, alter, meineidiger, rebellischer Schelm!« Und Wallenstein, unwissend, woher ihm der Tod kam, ist nicht schweigend gestorben. Er hat gerufen: »Ah, Quartier«, also um Schonung gebeten, bevor er den Stoß der furchtbaren Mordwaffe empfing. Der Rest, der rote Teppich, in den man den Leichnam wickelte, ehe er die Treppe des Bürgermeisterhauses heruntergeschleift wurde, so daß der Kopf auf jeder Stufe aufschlug, die Aufbahrung auf der Burg neben den anderen Erschlagenen, das verspätete Eintreffen und die Gefangennahme Franz von Lauenburgs – das ist alles so gewesen, wie es sich schon die Zeitgenossen erzählten.

Von denen, die mit Wallenstein umkamen, hatte der Feldmarschall Christian von Ilow sich dem Herzog nur im irrigen Glauben angeschlossen, durch ihn reich und groß zu werden. Wallenstein liebte den brutalen Soldaten nicht – Ilow, schrieb er einmal, sei ein stolzer, aufgeblasener Kerl, ein Intrigant und der schlimmste Erpresser; erst gegen Ende geriet er unter den Einfluß des Mannes, der das eine hatte, was ihm jetzt so sehr fehlte, Entschluß- und Tatkraft. Die beiden anderen, Trčka und Kinsky, stellten ein größeres Interesse dar, das des böhmischen Staatsrechts und Adels. Trčkas Mutter war eine bedeutende Frau und grimmige Patriotin. Schiller hat Züge von ihr für seine Gräfin Terzky entlehnt. Im Sinne der Mutter glaubte der Sohn zu handeln. Wilhelm Kinsky, Trčkas Schwager, war der Begabteste und Schuldigste des Kreises, kein Militär wie die anderen, sondern ein Politiker auf eigene Faust, der in Dresden residierte und von dort aus phantastische Projekte schmiedete, die viel mehr seine eigenen als die Wallensteins waren, obgleich er Wallensteins Namen dafür gebrauchte. Er war von Dresden nach Pilsen geeilt, da er den großen Verwandten jetzt endlich zu Taten bereit glaubte, hatte die Flucht nach Eger mitgemacht und endete wie die anderen beim Mordbankett auf der Burg. Die drei waren geblendet von Wallensteins alten Erfolgen. Sein Wesen, so wie es zuletzt war, durchschaute keiner von ihnen.

Des Herzogs Astrolog, Seni, wurde nach dem Mord verhaftet, aber alsbald wieder freigelassen, und wir wissen, warum. Unlängst erst haben Forschungen auf Schloß Friedland das saubere Handwerk dieses Mannes ans Licht gebracht, der im Dienst des Generals Gallas stand und hohe Bestechungssummen von ihm erhielt; sei es, um ihm über Wallensteins Tun und Planen zu berichten, sei es, um seinem Herrn falsche, hindernde Horoskope zu liefern.

Ob die Mörder Wallensteins, die »drei Heroen«, wie sie sich nennen ließen, nur das Absetzungspatent oder auch den heimlichen Beschluß »lebend oder tot« kannten, wissen wir nicht. Daß der wehrlose Invalide keine Gefahr mehr war, zumal nach dem mit eindrucksvoller Umsicht geplanten, mit staunenswerter Leichtigkeit durchgeführten Massaker seiner letzten Getreuen, mußten sie sehen, und so haben sie wohl in erster Linie gehandelt, um sich auszuzeichnen und Belohnungen zu gewinnen. Wie ungefährlich die ganze in Wien so gefürchtete Krise geworden war, bewies der weitere Hergang. Spät, zögernd, ohne Glauben brachen Arnim und der Weimaraner auf, Bernhard, nicht so sehr, um sich mit Wallenstein zu vereinigen, als um ihn in offener Feldschlacht zu schlagen, denn er hielt die Angebote und Hilferufe des Fliehenden bis zuletzt für Gaukelspiel. Lange bevor sie ihm hätten Hilfe bringen können, trafen Gallas und Piccolomini in Eger ein. Diese moralischen Urheber des Mordes, wie auch der Kaiser selbst, fanden sich in einer gewissen Verlegenheit. Die versprochenen Beweise für Wallensteins Schuld konnten nicht aufgetrieben werden, wie man auch verhörte und prozessierte. Es blieb bei dem, was man längst gewußt hatte, seiner offenen, passiven Widersetzlichkeit während der letzten Monate. Jene, die halbwegs ernsthafte Beweisstücke in Händen hatten, Schweden, Sachsen und Franzosen, schwiegen weislich. Sie hatten keinen Grund, dem Hause Österreich in dieser peinlichen Lage zu Hilfe zu kommen. Nur ein Böhme geringer Statur und zweifelhaften Charakters fand sich als Denunziant: Sesyna Raschin, ein Gehilfe des Grafen Thurn. Auf seinen, Wahrheit mit Schwindeleien mischenden Bericht hat Österreich seine Verteidigung und Anklage wesentlich aufgebaut, er blieb die Hauptquelle für die Geschichte von Wallensteins Verschwörung bis in die Tage Schillers, dessen Drama den wahren menschlichen Zusammenhang mit genialer Intuition erahnte. Die archivalische Forschung des 19. und 20. Jahrhunderts hat dann alles an den Tag gebracht: ein Bild unsagbar verzweigter, verworrener, nie ausgereifter, obgleich gutwilliger Machenschaften.

Am Tag vor seinem Ende hat Wallenstein geäußert, er wolle endlich sein eigener Herr sein; und das ist etwas, wie sein letztes, wahrstes Wort. Er war der alten Bindungen überdrüssig, und ebenso graute ihm vor den neuen, nach denen er tastete. Sein eigener Herr aber, ein freier Monarch, konnte er nicht sein. Lebensmüdigkeit und Ekel erklären seine letzten Taten, sein Nicht-Tun. Daß er den Reichsfrieden wollte an Stelle des Krieges, der dann noch vierzehn Jahre immer toller und zerstörender wütete, ist seine Ehre. Aber schließlich war der Friede, nach dem er sich sehnte, vor allem sein eigener, die Ruhe, das Nichts, und der schnelle Tod kam ihm als Erlösung.

Der europäische Krieg

Mit Gustav Adolf war der Held verschwunden, der über den Greueln des Krieges noch einmal den Glanz der Idee, der Religion und Religionsfreiheit, hatte erscheinen lassen. Ideen, obgleich weniger eindeutiger Art, wurden auch mit Wallenstein begraben, Toleranz, Vernunftfriede, die letzte Hoffnung auf eine Wiederherstellung Böhmens; mindestens war die kämpfende mitteleuropäische Welt um eine Gestalt ärmer, die, selber phantasiebegabt, der Phantasie der Menschen reichlich Nahrung gegeben hatte. Was nun folgte, meint Lord Acton, habe die großen Fragen von Kirche und Staat nicht mehr angegangen, sei nichts mehr gewesen als Machtpolitik und Schlächterei, »ohne höhere Bedeutung«. Es haben denn auch die klassischen Darsteller der Epoche sich mit den Ereignissen seit Wallensteins Tod kurzgefaßt; ein Beispiel, dem unser unklassischer Bericht folgen muß.

Für die Zeitgenossen freilich dauerte die zweite Hälfte des Krieges so lange wie die erste, und länger; denn das Höchstmaß an Entartung erreichte er erst jetzt, und wenn nach der Zerstörung Magdeburgs, 1631, noch eine Welle staunender Empörung über Europa ging, so wurden zehn Jahre später vergleichbare Schrecken nur noch von denen erlitten, die es traf. Wir haben die Ortschroniken, die Lebenserinnerungen, die Pfarrbücher; die Klagerufe einzelner Fürsten oder ihrer Beamteten und selbst einzelner Generale; die Romane von Grimmelshausen und Moscherosch; die Zeichnungen Callots; die Gedichte von Gryphius und Gerhardt. In Anlehnung an solche Quellen sind Gustav Freytags »Bilder aus der deutschen Vergangenheit« und dann Ricarda Huchs Meisterwerk »Der große Krieg in Deutschland« entstanden. Später wurde ein wenig reduziert. Grimmelshausen habe das nicht selbst erlebt, was er seinen Simplicius erleben ließ, sondern sich an Modelle gehalten; andere hätten übertrieben zu Zwecken, hätten Lokales verallgemeinert, falsche Berechnungen angestellt, der unsicheren Grenze zwischen den Verwüstungen des Todes und bloßer Dislocierung nicht geachtet; und so fort. Was erwiesen bleibt, genügt. Es sind Dinge, auf welche der alte Ausdruck zutrifft, die Feder sträube sich, sie zu beschreiben; und auf welche der Ausdruck »Bestialisierung« keineswegs zutrifft, denn nie tun Tiere einander an, was hier die Soldaten den Bürgern der eroberten Städte, den Bauern auf dem Land antaten. Entmenschlichung ja, solange man dem Menschen das Teuflische nicht zutraut; Bestialisierung nein. Diese gab es wohl auch, nämlich das Essen von Menschenfleisch, das nur allzu sicher bezeugt ist; von den Toten, die man mit Gras oder Wurzeln im Mund fand, zu schweigen. Ein Graf von Nassau schrieb an den Kaiser: »Ja, ich habe gesehen, daß die Leut vor Hunger nicht nur allein allerhand unnatürliche Speisen, und sich untereinander selbst aufgefressen, sondern rasend worden, wie die unvernünftigen Tiere, die Sprach verloren, dagegen als Hund und Wölf geheult, nicht mehr aufrecht, sondern auf allen Vieren gelaufen...« Ihrerseits wurden die Tiere mit in die Katastrophe gerissen; wütende Hunde, die in Rudeln umherzogen, fielen Sterbende an und wurden den Lebenden so gefährlich wie die Pest. Rektor Andreae in Worms will ein totes Pferd haben liegen sehen, von dem zugleich eine Frau, etliche Hunde und Raben sich nährten.

Im 19. Jahrhundert hat ein königlich-preußischer Bezirksarzt eine »Geschichte der Seuchen, Hungers- und Kriegsnot zur Zeit des Dreißigjährigen Krieges« geschrieben. Der

Die Ermordung Wallensteins und seiner Offiziere in Eger am 25. Februar 1634
Kupferstich

Soldatenwerbung, Brandschatzung eines Dorfes und gehenkte Marodeure
Aus der Radierungsfolge »Les Misères de la Guerre« von Jacques Callot, 1633
Paris, Bibliothèque Nationale

Mann ging Jahr für Jahr vor und brachte nur, was er genauestens belegen konnte, aber sein Buch liest sich wie ein Roman des Marquis de Sade; es sind die gleichen monotonen Wiederholungen des Grausigen. Den schieren Zahlen nach ergibt seine Darstellung, daß der eigentliche Krieg zwischen Soldaten am wenigsten Menschen tötete; der einseitig geführte Krieg der Soldaten gegen die Zivilbevölkerung weit mehr; die Seuchen, Bubonenpest, Typhus, eine häufig erwähnte »Hauptkrankheit« oder *Morbus Novus* die meisten. Es entspricht dies den neuesten Berechnungen, etwa jenen von Günther Franz. Seuchen hatte es auch vor 1618 gegeben und gab sie jetzt auch in vom Krieg nicht direkt heimgesuchten Gebieten, in Frankreich, in Schweden; in Deutschland war das Ausmaß ihrer Wirkungen kriegsbedingt, und die Millionen von Pesttoten sind hier Kriegsopfer. Sichere Zahlen sind für einzelne Städte, Distrikte, Fürstentümer festzustellen, nie für das ganze Land, das mehr als ein Drittel, weniger als die Hälfte seiner Bewohner verloren haben mag. Die wir in unseren Tagen ähnliche Statistiken, ähnlichen Streit zwischen den Statistikern erlebt haben, kennen das Unvorstellbare der Zahlen, das grauenvoll Abstrakte der Unterschiede. Dem Herzogtum Württemberg verschwanden in fünf Jahren drei Viertel seiner Bürger, der Mark Brandenburg etwa die Hälfte. Glücklichere Landstriche gab es – Oldenburg, Hamburg, das südliche Österreich –, die ganz oder beinahe ganz verschont blieben. Alles hing vom Zufall der hin und her wogenden Kämpfe, viel von der Nähe zu den Hauptstraßen, ein wenig von der Klugheit der Politik ab. Klug waren die Eidgenossen, die sich draußen hielten. Aber sie konnten nicht hindern, daß die Pest auch in ihr Land drang, bis hoch ins Gebirge hinauf und ganze Gemeinden vertilgte, bis zuletzt noch der Pfarrer sich selber ins Totenbuch eintrug; sie konnten auch – ihre Fremdenpolizei arbeitete weniger gut als später – nicht hindern, daß aus dem gemarterten Südwestdeutschland viele Tausende von Flüchtlingen zu ihnen herüberkamen. An einem Sommertag des Jahres 1635 ließ Zürich siebentausendvierhundert »fremde Bettler« über die Rheinbrücke bei Eglisau vertreiben.

Mitunter rotteten die verzweifelten Bauern sich zusammen, um den Soldaten, wenn sie ihrer einzeln habhaft wurden, mit den gleichen Teufeleien heimzuzahlen; wobei dann zwischen Freund und Feind sowenig ein Unterschied gemacht wurde, wie die Soldaten ihn selber noch machten. In Bayern kam es im Winter 1634 zu einem eigentlichen Aufstand und Bauernkrieg gegen die kaiserlichen und spanischen Truppen. Den kommandierenden General ließen die Bauern wissen, »dass uns die äusserste Not dahin bringt, weilen wir drei Feind haben, von denen der Kurfürst der grösst, den seine Hoffahrt und Geiz dahin bringen, dass er uns in diesen erbärmlichen Stand gebracht. Der andere ist die ganze Soldateska zu Ross und zu Fuss, welches lauter ehrlose Leut, ärger als die Strassenräuber... Dieselben wollen wir verfolgen und zu Tode schlagen, wo wir diese bekommen...« Nur zu gut kannte die Regierung Maximilians die Wahrheit in der Bauern Anklagen. Sie war zu klug, vielleicht zu schwach, die übliche Niederschlagung des Aufstandes, mit dem üblichen folgenden Strafgericht, zu unternehmen, sondern verlegte sich auf gutes Zureden: Man würde abhelfen, wenn nur die Bauern zu ihren Höfen zurückkehrten und ihre Steuern zahlten. Daß sie in ihrem eigenen Landesherrn den schlimmsten Feind sahen, darin hatten sie nachgerade wohl recht; in ihm und in all den hartherzigen Stümpern, den Fürsten, den

Geheimräten, die Noten tauschten und jahrlang darüber stritten, welches das »Normaljahr« des wieder zu errichtenden Friedens sein sollte, indes vor ihren blinden Augen immer weitere Strecken des Landes zu Brandstätte, Friedhof und Wüste wurden. Das Kriegsjahr 1634 war ereignisreich. Wallensteins Generale, fett mit Geld und Gütern aus der Wallensteinischen Erbmasse, konnten nun beweisen, wie sehr der Ermordete zuletzt die Kriegführung paralysiert hatte. Ihr neuer Oberbefehlshaber war der Kaisersohn, Ferdinand. Ein gewaltiger Zuzug kam ihnen aus Italien; Kriegsvolk, das der Kardinal-Infant führte und das seinen Weg nach den Niederlanden nehmen sollte. Bei Donauwörth trafen sich die beiden jungen Vettern, Ungarkönig und Kardinal. Einige Tage später, den 6. September 1634, brachten sie den schwedisch-heilbronnischen Truppen, Horn und Weimar, bei Nördlingen eine vernichtende Niederlage bei. Die Protestantischen sollen dort an Toten siebzehntausend, dazu viertausend Gefangene verloren haben. Damit war Süddeutschland den Schweden verloren und wurde eilends geräumt. Mit den Trümmern seines Heeres, mit zusammengerafften Garnisonen preisgegebener Festungen hoffte Bernhard von Weimar, der ein halbes Jahr vorher noch von Regensburg aus Österreich bedroht hatte, die Rheinlinie zu halten. Über Württemberg und Baden ergoß sich die spanisch-kaiserliche Soldateska mit einer Furie, die selbst in diesem Krieg noch nicht erfahren worden war: die Verödung Württembergs, die wir eben erwähnten, begann in dieser Zeit. Die schwedische Macht war oder schien dem Ende nahe, der Heilbronner Bund, was von ihm noch blieb, nun völlig auf die französische Hilfe angewiesen. Richelieu erkannte die Bedeutung der Nördlinger Schlacht sofort; die indirekten, die verschleierten Mittel würden nun nicht mehr ausreichen, die Stunde der offen französischen Intervention war gekommen, wenn nicht die Gefahr von 1629, das habsburgische Dominat über Mitteleuropa, sich wiederholen und festigen sollte. Im November schlossen die deutschen Protestanten zu Paris einen Vertrag, der ihnen nicht mehr nur Geld, sondern französische Truppen verhieß und Frankreich eine Reihe fester Plätze im Elsaß einräumte. Dem folgte ein offenes Bündnis zwischen Frankreich und den Niederlanden; am 5. Mai 1635 die feierliche französische Kriegserklärung gegen Spanien. Das Verhältnis, welches sie ausdrückte, hatte schon vorher bestanden und den deutschen Kaiser miteingeschlossen.

Tatsächlich schloß es nun nicht bloß den Kaiser, das deutsche Haus Habsburg, sondern auch einen guten Teil des deutschen Reiches mit ein. Hier nämlich hatte die Schlacht von Nördlingen einen Prozeß beschleunigt, der längst unterwegs gewesen war und auf Bemühungen Dänemarks, Sachsens, Hessen-Darmstadts, auch Wallensteins zurückging. Im Juni 1635 wurde zwischen Sachsen und dem Kaiser der »Friede von Prag« geschlossen, ein Rechtsinstrument, das formal gesehen nicht eigentlich ein Friedensvertrag war, da »Krieg« zwischen beiden Mächten nie hatte stattfinden können, sondern eine Art von regelwidrig zustande gekommenem Reichs- oder Notgesetz. Es war nichts als ein zweiseitiger Vertrag zwischen dem Kaiser und dem einen Kurfürsten, sollte aber allen zur Annahme offen sein, den fremden Mächten wie den deutschen Ständen, welche die Prager Abmachungen binnen zehn Tagen zur Gänze anzunehmen hatten. Eine Mehrzahl nahm an, die wichtigsten Reichsstädte, Pommern, Mecklenburg, nach einigem Zögern auch Brandenburg und Bayern. Ausgeschlossen blieb der Erbe des Pfalzgrafen – der Vater war wenige Tage nach

Gustav Adolf gestorben; zwei radikal gesinnte Potentaten, Braunschweig-Lüneburg und Hessen-Kassel, weigerten sich zu ratifizieren.

Die Bestimmungen des Vertrages waren weder unklug noch illiberal. In einer entscheidenden Frage gaben sie den Manen Wallensteins recht: Das Restitutionsedikt wurde, wenn nicht ausdrücklich kassiert – darein hätte Ferdinand II. nie gewilligt –, so doch für vierzig Jahre außer Kraft gesetzt; spätere Generationen durften den alten Konflikt, wenn sie wollten, wieder aufleben lassen. Man entschied sich für ein »Normaljahr« – 1627: Mit dem Besitz an geistlichen Gütern sollte es sich so verhalten, wie es sich am 12. November 1627, also zwei Jahre vor dem unseligen Edikt, verhalten hatte. Bündnisse der deutschen Stände untereinander waren fortan verboten – eine Bedingung, die sich Maximilian von Bayern nur ungern zu eigen machte. Die Truppen der deutschen Fürsten sollten ein Reichsheer bilden, dem Kaiser schwören und den Reichsfrieden gegen alle fremden Mächte verteidigen, die ihn noch weiter stören würden. Der »kläglichen Bewandtnis« des Reiches abzuhelfen, Fremdherrschaft von Deutschland fernzuhalten, war ein ausdrücklich bekanntes Ziel des Vertrages, dem es an nationalen Tönen, »treulich, deutsch und aufrecht«, nicht fehlte. Eine Amnestie wurde verkündet, aber sie war nicht allgemein; die böhmischen Rebellen von 1618, auch die »friedländischen«, der Pfalzgraf und einige kleine Stände sollten sie nicht genießen. Sachsen, das im Namen aller handelte, ohne Auftrag zu haben, erhielt seine besonderen Vorteile: das Erzstift Magdeburg und die Lausitz, die es schon hatte. Die Fürsten sollten über die Religion ihrer Untertanen bestimmen wie zuvor, jedoch bei bleibender Gültigkeit des »geistlichen Vorbehalts«; das ihnen zugestandene Recht behielt auch der Kaiser als Landesherr sich vor – keine Religionsfreiheit in Böhmen, keine in Österreich.

Der Friede, setzte er sich durch, bedeutete eine Stärkung des Reiches als nationalen Staatswesens, wie des Kaisers, der ein durch seine Verfassung beschränkter Monarch war. Gleichzeitig beruhte er auf weltlich inspirierten Kompromissen; ein Verständigungsfriede, trotz Nördlingen, kein Diktat, und von dem religiösen Fanatismus der vorhergehenden Jahrzehnte deutlich unterschieden. Hier verleugnete er nicht Geist und Einfluß einer neuen Generation. Aber der Friede konnte sich nicht durchsetzen, weil der habsburgische Kaiser, so ehrlich er das große Interesse des Reiches im Auge zu haben glaubte, eine von Deutschland wesentlich getrennte, mit Spanien verbündete Macht darstellte und von dem Konflikt zwischen Spanien, Frankreich, den Niederlanden nicht loskam; weil die französische Politik entschlossen blieb, die habsburgische Macht vom Rhein fortzudrängen, weil kein ernsthafter Versuch gemacht wurde, Schweden durch eine »Satisfaktion« in den Vertrag miteinzubeziehen. Axel Oxenstierna wäre damals wohl friedenswillig gewesen, und er ließ auch Anerbietungen machen; der schwedische Reichsrat riet dringend dazu. »Je länger wir das deutsche Wesen ansehen, Herr Kanzler«, schrieben die Stockholmer Räte an Oxenstierna, »desto seltsamer kommt es uns vor.« Dem »seltsamen« Wesen ein Ende zu machen, war der schwedische Staatsmann für einmal bereit, auf territorialen Gewinn zu verzichten; nur Erstattung der Kriegskosten forderte er, Amnestie für alle an den mitteleuropäischen Wirren Beteiligten, auch die Tschechen, und das Recht zur Allianz mit den deutschen Protestanten. Das war viel weniger als das Programm Gustav Adolfs, aber mehr, als man in Wien jetzt zugestehen wollte. Indem die Stunde versäumt wurde, Deutschland von Spanien zu trennen und Schweden zu befriedigen, verwandelte der deutsche Bürgerkrieg sich endgültig in einen europäischen; die deutschen Stände, die in Prag den Frieden zu erhaschen geglaubt hatten, vollzogen im Resultat nichts als eine Umkehrung der Allianzen. Sie traten dem österreichisch-spanischen Lager bei und hatten fortan Schweden und Franzosen zu Feinden. Auch Nördlingen bestätigte so das prophetische Wort Wallensteins, der Kaiser könnte noch zehn Victorien gewinnen, aber nie den Krieg.

Von da an war Wüste in der Zeit wie im Raum, Wüste, durch welche die Söldnerheere, Polen, Italiener, Schotten, Flamen, Kroaten, Kosaken, Griechen, Türken, auch Deutsche, auch Franzosen, Spanier, Schweden plündernd hin und her, und mitunter gegeneinander zogen. Der Soldaten wurden mehr, nicht weniger, denn immer stärker war die Versuchung, aus dem Lager derer, welche die Mittel zum Leben unter steter Gefahr beschafften, zu den bloß Verbrauchenden, Nehmenden, den Herren im Lande überzugehen

> Bist du groß, wird dich weit und breit,
> Die Trommel anwerben.
> Folg ihr nach, Kind, hör deiner Mutter Rat,
> Fällst du in der Schlacht, so würgt dich kein Soldat.
>
> *(Ricarda Huch)*

Aber Seuchen und Desertionen reduzierten beständig die Truppenzahlen; zwischen den Heeren war ein Kommen und Gehen der nach besseren Beutechancen Suchenden. Die Überwindung riesiger Entfernungen bezeichnet die Kriegführung nach wie vor; einmal, 1636, waren die Kaiserlichen (Johann von Werth) in Compiègne und die Pariser in Panik; ein anderes Mal, 1642, waren die Schweden fünfundzwanzig Meilen vor Wien und die großen Herren der Hauptstadt, in tausend schweren Kutschen, auf der Flucht nach Graz. Dreimal noch besetzten die Schweden das Königreich Böhmen, bedrohten oder belagerten sie Prag, 1639, 1645, 1648; 1645 mußte Ferdinand III. aus Prag entfliehen, so unrühmlich wie 1620 der Pfalzgraf. Der Fürst von Siebenbürgen, Rakoczi, half den Schweden, wie sein Vorgänger, Bethlen Gabor, den Tschechen geholfen hatte. Wie es dieser letzten, schlimmsten Kriegsepoche überhaupt nicht an geisterhaften Wiederholungen fehlt. 1641 belagerte Banér Regensburg, wie Bernhard von Weimar 1633; in der Festung war unter dem Vorsitz des Kaisers ein deutscher Reichstag, der erste seit 1613, versammelt. In einem Sonderkrieg, der, längst schwelend, 1643 zwischen Schweden und Dänemark entbrannte, besetzten die Schweden unter Torstensson Schleswig und Jütland von Böhmen her, wie einst Wallenstein getan hatte. Die Kaiserlichen, unter Gallas, folgten ihnen nach, aber Torstensson entging ihnen bei Kiel, um wieder südwärts zu marschieren, und Gallas hinter ihm her. Bei Aschersleben, nahe Magdeburg, wurde Januar 1645 der kaiserliche Generalissimus – »von jeher schon ein Heerverderber« – schmählich geschlagen. Es kam, 1642, zu einer »zweiten Schlacht von Breitenfeld«, in der die Schweden abermals die Kaiserlichen und die Sachsen aufs Haupt schlugen. Zweimal noch, 1646, 1648, wurde Bayern von den Schweden im Bunde mit den Franzosen furchtbar heimgesucht. Wenn 1647 der alte Maximilian einen Waffenstillstand mit Frankreich schloß, so wiederholte er im Drang der Not das Spiel, das er 1631 gespielt hatte. So tat Brandenburg, als es 1641 eine Neutralitätserklärung gab, der ein regelrechter Friedensvertrag mit Schweden folgte. Der Prager Ausgleich, der das Deutsche Reich hatte zusammenfassen und den großen Ständen eine eigene Außenpolitik hatte verbieten wollen, hatte damit schon wieder zu existieren aufgehört. Verwegene Kriegsanführer schienen Wallensteins großes Abenteuer schattenhaft nachzuahmen. General *in absolutissima forma*, Herr über Krieg und Frieden, ein großer Fürst, wollte auch Bernhard von Weimar sein. Nachdem die Schlacht von Nördlingen ihn um sein Herzogtum Franken gebracht, winkte ihm die Landgrafschaft Elsaß als Beute: seine persönliche Politik und Strategie und gleichzeitig die französische, die, gegen Spanien, den Rhein von Basel bis Koblenz zu kontrollieren bestrebt war. Die Belagerung der strombeherrschenden Festung Breisach 1638 wurde der Höhepunkt von Bernhards Laufbahn. Dem sterbenden Pater Joseph soll Richelieu die Freudenbotschaft – *Brisac est à nous!* – zum Trost überbracht haben, ehe sie einen Tag später zur Wahrheit wurde. Bernhard überlebte sie um ein halbes Jahr; seine Träume, halb nationaldeutsche, halb phantastisch persönliche, nahm er mit ins Grab. Sein Heer, die »Weimaraner« oder »Bernhardiner«, blieb als ein geschlossenes Korps zurück unter dem Befehl des Schweizer Kriegsmannes Erlach, von unbestimmter Staatszugehörigkeit, aber von Frankreich bezahlt, der französischen Politik willig. Ein deutsches Fürstentum wollte auch der Schwede Banér sich gründen; auch der erlebte es nicht. Einen Abfall von seinem Herrn, dem Kurfürsten, unternahm 1647 der Bayer Johann von Werth; er ging in das Lager des Kaisers über, von dem Maximilian abgefallen war.

Wenige, die den großen Krieg hatten beginnen und führen helfen, erlebten sein Ende: Axel Oxenstierna, seit 1637 wieder in Stockholm residierend, und seine Generale Banér, Torstensson, Wrangel, aus der Ferne lenkend; Max von Bayern, Johann Georg von Sachsen. Die übrigen verschwanden mit dem guten Gewissen, mit dem sie gelebt hatten. 1637 der Kaiser Ferdinand II., nachdem er noch die Freude erlebt hatte, seinen Sohn von den Kurfürsten einstimmig zum »Römischen König« gewählt zu sehen. Sein Sterben, wie Hurter es uns beschreibt, war von schöner Friedlichkeit und Frömmigkeit; über die der Kirche geretteten Seelen, die er in Linz zur Messe wallen sah, hatte er unlängst noch Tränen der Dankbarkeit vergossen. 1642 starb zu Paris der große Kardinal den offiziellen, den Staatstod, der seiner würdig war, bis zuletzt Herr der Verschwörungen gegen ihn und den Staat, die nicht aufhörten. Andere Feinde als die des Staates, ließ er von seinem Sterbebett hören, habe er nie gehabt. Der König Ludwig XIII. folgte ihm im nächsten Jahr und wieder ein Jahr später der Frankreich-freundliche Papst Urban VIII. Dessen Nachfolger, Innozenz X., war kein Freund Frankreichs, sondern Spaniens, und seine religiöse Politik schärfer als jene des weisen Urban.

Wie die alten Figuren verschwanden, so erschienen neue, teils nach den Regeln von Erbfolge oder Wahl, teils kraft freieren Drängens. Ferdinand III. war ursprünglich sehr von der spanischen Partei, ein grimmiger Gegner Wallensteins, ein jugendlicher Draufgänger gewesen. Verantwortung und Jahresreife ließen die bemühte, gebildete Intellektualität seines Charakters sich auswirken. Noch zu Lebzeiten des Vaters hatte er den Prager Vertrag mitbestimmen helfen und war seither, leider meistens zu spät, zu weiteren

Konzessionen bereit, solange sie an den Grenzen der Erblande haltmachten; seine Regierung sollte einen wesentlichen Schritt in der Geschichte der Abtrennung Gesamtösterreichs vom Deutschen Reiche bedeuten, eine Abtrennung, die der Vater wohl mitverursacht, aber sein Leben lang bekämpft hatte. Friedwillig war auch Ferdinands erster Berater, Trauttmansdorff, und der erkannte wohl, daß Friede erst möglich wäre, wenn Österreich aufhörte, blind dem spanischen Kurs zu folgen.

Der Generationswechsel in Frankreich ging zunächst ohne die Wirren vor sich, welche die Nachfolge Heinrichs IV. bezeichnet hatten. Richelieu hatte solide gebaut. Die Regentschaft für den Königsknaben, Ludwig XIV., lag in den Händen der verwitweten Königin Anna von Österreich und eines Kronrates; dem Ministerium präsidierte der für das Amt längst vorbereitete italienische Kleriker Mazarini, Kardinal Mazarin. Richelieus Ernst und Charakterstärke besaß er nicht, aber durch des Meisters europäische Schule war er mit Erfolg gegangen und setzte in Spanien, Italien und Deutschland das Werk ohne Bruch geschickt fort.

In der zweiten Klasse von Europas Fürsten erschien 1640, nach dem Tode seines Vaters Georg Wilhelm, ein blutjunger Mann, der noch von sich reden machen sollte: Friedrich Wilhelm von Brandenburg. Der war aus anderem Stoff gemacht als der stattliche, schwache Vater; klug wie der Tag, hart, gesund, ruchlos. Es war der Brandenburger, der sich auf dem Reichstag von 1640 gegen den Kaiser auflehnte: Es müsse endlich Friede werden, aber der Prager Vertrag gebe keine brauchbare Basis dafür; und der dann, unbekümmert um Kaiser und Reich, auf eigene Faust sich mit den Schweden arrangierte, um mit gewaltiger Energie an den Wiederaufbau seines verwüsteten Landes zu gehen. Später sollte er der »Große Kurfürst« heißen und in der zweiten Hälfte des Jahrhunderts das ungefähr sein, was Max von Bayern in der ersten gewesen war, aber im Stil der neuen Zeit; ein freier Geist, der für seinen Staat und nur für ihn und für ihn direkt, nicht auf dem Umweg über die Religion, sich abarbeitete.

Von den Heerführern waren jene aus der spanischen Schule, Spinola, Bucquoy, Tilly, lange tot und nun auch jene aus der schwedischen, Bernhard und Banér. Piccolomini hielt aus bis zum Schluß, und nicht ohne Erfolg, die Tatkraft des Sienesen war gewaltig; der trunkliebende Gallas wurde nach Aschersleben in Pension geschickt. Schon erschienen auf der französischen Seite die Generale, welche die legendären Marschälle Ludwigs XIV. wurden, Turenne und Condé; dem Kurfürsten von Bayern dienten Franz von Mercy und Johann von Werth; alles Meister in der neuen Kunst des Bewegungskrieges, die Gustav Adolf sie gelehrt hatte. Das Glück der Schlachten wogte hin und her; es ließen sich manche nennen, in denen die Kaiserlichen und Bayerischen noch immer das Feld behaupteten. Aber der Krieg wurde seit 1637 nur auf deutschem oder habsburgischem Boden geführt, Frankreichs Stellung am Rhein blieb gesichert; daß Deutschland Jahr für Jahr allein die unsagbaren Kosten zu tragen hatte, ließ voraussehen, daß er einmal würde aufhören müssen – dem, was die Menschen aushalten, sind zum Schluß doch Grenzen gesetzt. Tatsächlich kam dann das Ende eher von der spanischen als von der deutschen Seite her. Die deutsch-habsburgische Front hielt, wenn auch bei immer abnehmendem Glück, unter Ächzen; die habsburgisch-spanische brach zusammen.

Gegen die jahrzehntelange furchtbare Überspannung der wirtschaftlichen Kräfte des Königreiches, die willkürlich ausgeschriebenen Steuern, die Rekrutierungen und Einquartierungen rebellierten 1640 die Katalanen, deren Sprache selbst die zentralisierende Politik des Herzogs von Olivares hatte unterdrücken wollen. Sie wählten den König von Frankreich zu ihrem Grafen; und Richelieu beeilte sich, hier mit dem Selbstbestimmungsrecht der Völker einen Grundsatz anzuerkennen, der ihm sonst fremd war. Noch im selben Jahr folgten die Portugiesen dem katalanischen Beispiel, geführt von Edelleuten, Klerikern, Universitätsprofessoren; auch hier war der französische Geheimdienst am Werk. Madrid, durch die katalanische Rebellion gebunden, mußte die Loslösung Portugals fast tatenlos geschehen lassen; den Thron zu Lissabon bestieg ein Nachkomme der alten Könige, Johann von Braganza. Der iberische Ein-Staat, den Olivares hatte begründen wollen, war in drei Stücke zerfallen. 1639 wurde die stärkste Flotte, die Spanien seit der »Armada« zusammengebracht hatte, in neutralen englischen Gewässern von den Niederländern gestellt und in den Grund gebohrt; von siebenundsiebzig Schiffen entkamen sieben. Es war das Ende der alten spanischen Seemacht. Das Ende der Landmacht kam 1643, in der Schlacht bei Rocroy, auf französischem Boden nahe der belgischen Grenze. Von da ab fürchteten die Niederländer Frankreich mehr als Spanien; und es war die Frage, wann Spanien anerkennen würde, daß es die Republik der Niederlande gab, nur noch eine der Zeit und der Form. Was für ein großer Aufwand war da schmählich vertan! – Olivares, unter dem Hohngelächter des Volkes von Madrid, nahm seinen Abschied, halb freiwillig, halb gezwungen. Einen Staatsmann, der größeren Ehrgeiz mit schlimmerem Mißerfolg verband, gab es nie. Spanien blieb noch im Krieg bis zum Westfälischen Friedensschluß und über ihn hinaus, mit matter Hand nach dem entschwundenen Phantom des Sieges tastend.

Der Friedensschluß

Der Zusammenbruch der Macht Spaniens schwächte seinen Einfluß in Wien und gab jenen freie Bahn, die, wie Trauttmansdorff, längst eine selbständige kaiserliche Politik gewünscht hatten. Gleichzeitig begannen, seit dem Aufstande Brandenburgs von 1640, die deutschen Fürsten sich wieder zu regen, ein Ende zu fordern und auf eigene Faust ihm zuzustreben, indem, wie von alters, Brandenburg, schließlich auch Sachsen sich Schweden, Bayern sich Frankreich zuneigte. Der Wirren, Qual und Verwüstung, in die er hineingeboren worden war, ein Ende zu machen, war auch Ferdinand III. gutwillig; aber noch immer fürchtete er die Konsequenzen eines allgemeinen, von den Reichsständen mitbestimmten Friedens, eine allgemeine Amnestie, die ihn gezwungen hätte, die ganze Pfalz wieder herzustellen und dann Bayern mit seinem eigenen Oberösterreich zu entschädigen, eine allgemeine Religionsfreiheit, welche die Herrschafts- und Besitzesordnung in Böhmen umgestürzt hätte. Was er in den frühen vierziger Jahren versuchte, war dasselbe, womit auf ihre Art Brandenburg und Bayern umgingen oder drohten: ein kaiserlicher Sonderfriede, sei es mit Schweden, sei es mit Frankreich. Den Schweden gegenüber ging Ferdinand dabei so weit, das ganze Pommern, altes deutsches Land, anzubieten, ohne Brandenburg, welches auf das ledig gewordene Herzogtum die nächsten Ansprüche hatte, auch nur zu fragen; diese verzweifelte Offerte hätte früher wohl Erfolg haben können. Jetzt wünschten, alles wohl bedacht, weder Schweden noch Frankreich einen Sonderfrieden, der ihnen territorialen Gewinn gebracht, sie aber des Einflusses auf eine Neuordnung der deutschen, mitteleuropäischen Dinge beraubt hätte, den sie erstrebten. Den Friedensschluß aller mit allen, ein Mitstimmrecht der deutschen Stände, der *reconciliati* oder Teilhaber am Prager Vertrag und der *nondum reconciliati*, forderten auch mit wachsender Energie die deutschen Fürsten, an ihrer Spitze Bayern und Brandenburg; ihr alter Ehrgeiz, ihr tief verwurzeltes Mißtrauen gegen Habsburg, der jammervolle Zustand ihrer Länder, der Ausfall Spaniens, die bedrängte militärische Lage des Kaisers, der Wille Schwedens und Frankreichs wirkten alle in dieser Richtung.

So kam es, daß über den Nürnberger Kurfürstentag von 1639, den Regensburger Reichstag von 1640, den Frankfurter Reichsdeputations-Tag von 1643 – eine Art verkürzten Reichstages – der universale Anspruch sich durchsetzte: Der Friedenskongreß sollte von allen deutschen Ständen, mit Stimmrecht, beschickt werden oder werden dürfen und die neuartig-monströse Verbindung eines Reichstages mit einer internationalen Friedenskonferenz sein. Für den Ort dieses großen Treffens hatten Frankreich, Schweden und der Kaiser im Jahre 1641, nach endlosen Diskussionen über Formfragen, die westfälischen Städte Münster und Osnabrück bestimmt, jene als Residenz der Katholiken, diese der Protestanten. Beide Städte samt ihrer Zufahrtsstraßen sollten neutralisiert sein: Inseln der Sicherheit und prassenden Wohlstandes in einem Meer von Elend. Der Kongreß sollte 1642 beginnen. Aber der Streit über den Status der deutschen Fürsten, anderer, weniger inhaltsschwerer Differenzen nicht zu gedenken, schob das offizielle Datum bis 1643, den wirklichen Beginn der Verhandlungen – so langsam kam die Sache in Gang, so allmählich erschienen die Gesandten, jeder in der Furcht, er könnte als erster kommen und seiner Würde etwas vergeben – bis zum Dezember 1644 hinaus.

Es waren hundertachtundvierzig Gesandte, hundertelf Deutsche, achtunddreißig Nicht-Deutsche; außer England, Rußland und der Türkei fand das ganze Europa sich in Münster und Osnabrück vertreten. Auch solche Staaten waren präsent, die mit dem Krieg nichts zu tun gehabt hatten, zum Beispiel die Eidgenossenschaft; auch solche, deren rechtliche Existenz umstritten war, zum Beispiel Portugal. Zwei Diplomaten galten als neutrale Vermittler, der Nuntius des Papstes, Chigi, und der Botschafter der Republik Venedig, Contarini.

Neutral konnte man Rom in einem Streit, in dem auf der einen Seite noch immer die Protestanten waren, nun freilich nicht nennen. Zwar hatte Urban VIII. es längst für die Pflicht des Oberhauptes der Christenheit gehalten, den Frieden zu fördern und, aus Menschlichkeit wie aus Politik, den Krieg zwischen Habsburg und Frankreich erst zu verhindern, dann zu beenden gesucht. Die Instruktionen, die er seinem Legaten für einen in Köln geplanten, aber nie zustande gekommenen Kongreß gab, sind überaus lehrreich. Es war eine offizielle im Kurienstil und eine geheime, die Urban selber verfaßt hatte. Der Legat hatte Auftrag, Frieden unter den Katholiken zu stiften, nicht zwischen ihnen und

Der Seesieg der Holländer über die Spanier in den Downs am 21. Oktober 1639
Aus einem Gemälde von Willem van de Velde d. Ä., 1659
Amsterdam, Rijksmuseum

Brief des Herzogs von Enghien an Mazarin
mit der Meldung des Siegs von Rocroy am 19. Mai 1643
Paris, Archives Nationales

den Häretikern. Diese existierten für ihn nicht, ohnehin wären ihre Unterschriften wertlos, da Glaubenslosen kein Glaube beizumessen sei. Öffentlich sollte er vor jeder Verhandlung mit ihnen abmahnen, wenigstens so, daß solche Abmahnung später nachzuweisen sei; praktisch aber und unter der Hand sollte er es dennoch nicht tun, denn, so schrieb der Papst, es sei für dies Jahrhundert mit einer Rückkehr der Protestanten in den Schoß der Kirche nicht mehr zu rechnen, und wenn die Friedensverhandlungen mit ihnen nicht geradezu am Sitz des Nuntius, sondern anderswo stattfänden, so wäre es hinzunehmen. Später ging der Legat, im Einvernehmen mit seinem Oberherrn, weiter und riet geradezu, die protestantischen Stände, Frankreichs Bundesgenossen, auf dem Kongreß zuzulassen. Es war eine schwierige Verbindung frommer, kirchenrechtlich bestimmter Starrheit mit friedwilliger Praktizität, die ihm da zugemutet wurde. Urbans Nachfolger, Innozenz X., weniger weltlich gesinnt, verlegte die Akzente. Sein Vertreter erschien in Münster, stand aber unter strengem Verbot, einen Protestanten mit Augen zu sehen, und hat bei den Verhandlungen nicht die fördernde Rolle gespielt, die der weltweise Venezianer spielte. – Der Theorie nach waren es wohl zwei Kongresse: einer der deutschen Stände unter sich, des Kaisers und Schwedens in Osnabrück; einer zwischen dem Kaiser und Frankreich, Spanien und den Niederländern in Münster. Praktisch war es doch ein einziger, und gelegentlich traf man sich halbwegs. Das Schwergewicht lag einmal hier, einmal dort; überwiegend wurden die Verhandlungen schriftlich geführt.

Ein internationales Weltfest, wie es noch nie eines gegeben hatte; von fern den großen Konzilen des 15. Jahrhunderts vergleichbar, aber von ganz anderem Geist beseelt, anderen Problemen gewidmet und, unter unglaublichen Schwierigkeiten, die Formen erfindend, die dann später, zu Ryswijk, Utrecht, Paris, Wien, mit größerer Leichtigkeit geübt werden sollten. Es war das Europa der weltlichen, der souveränen, ebenbürtigen Staaten, das hier, gegen den Anspruch Roms und gegen den verspätet ohnmächtigen Protest des römischen Kaisers, sich feierlich definierte; wenn die jahrelangen Streitigkeiten über Titel, Präzedenzen und Zeremonien angesichts dessen, was außerhalb der Friedensstätte vorging, etwas Empörendes haben mögen, so war auch wieder Sinn darin. Es hatte Sinn, wenn die deutschen Kurfürsten für ihre Gesandten den jetzt sich einbürgernden Exzellenz-Titel durchsetzten; eben damit waren sie als europäische Fürsten anerkannt, die Reichsbestrebungen Ferdinands II., das Werk des Prager Vertrages zunichte gemacht. Aber viel, in einer furchtbaren Bedeutung des Wortes, kostbare Zeit ging über solchen Fragen verloren. Mit lobenswertem Realismus meinte der päpstliche Legat, er würde gern jedem Teilnehmer die Anrede »Majestät« geben, wenn sie nur endlich vorwärts machten.

Es war, wie Fritz Dickmann in seinem unlängst erschienenen großartigen Werk über den Westfälischen Frieden betont, ein Kongreß von Gesandten, nicht von führenden Politikern. Sie mußten also an ihre Regierungen referieren, was immer sie zu entscheiden hatten – eine Methode, die unter anderem die vierjährige Dauer der Verhandlungen erklärt. Johan Oxenstierna, Sohn des Kanzlers, der zusammen mit dem alten Salvius Schweden vertrat, wird uns als pompöse Null geschildert. Die Franzosen schickten einen Prinzen von Geblüt, der sich aufs Prunken verstand, den Herzog von Longueville, und ein paar ausgepichte Diplomaten unter ihm. Auch die Deutschen ließen sich zumeist von einem Vornehmen und einem Unvornehmen, einem Doktor, vertreten.»Alle Deutschen sind Herr Doktor« meinte höhnisch der Franzose, Graf d'Avaux. So unendlich kompliziert waren die verhandelten Fragen, etwa die Gerechtsame im Elsaß betreffend, daß es wohl Doktoren dazu brauchte; jedenfalls wurde die alte deutsche Neigung, Politik mit den Augen des Juristen zu sehen, durch die Anwesenheit so vieler Rechtsgelehrter gestärkt. Der bedeutendste Politiker in Münster, der einzige, der als verantwortlicher Staatsmann gelten konnte, war seit Spätherbst 1645 der Vertreter des Kaisers, Trauttmansdorff, derselbe, der einst in Pilsen die letzten tragischen Klagen Wallensteins sich angehört hatte. Wie lange war das her! Trauttmansdorff besaß das Vertrauen Ferdinands III. Seiner Klugheit vor allem, der Verbindung von Härte und Konzessionsbereitschaft, die er vorbildlich verkörperte, seinem betont österreichischen, scheinbar entspannten Wesen – er sprach gern im Dialekt und wußte bei den Protestanten sich jovial anzubiedern – war der endliche Friedensschluß zu danken.

Beinahe alle Gesandte stürzten sich in Schulden, um ihren ostentativen Aufwand zu bezahlen – die guten Bürger profitierten auf ihre Weise, indem sie die Mietpreise auf das Zehnfache ansteigen ließen. Beinahe alle waren bestechlich, wofür das hübsche Wort »Realdankbarkeit« aufkam. Es brauchte einer nur zu bemerken, er habe von diesem ganzen Krieg nur Arbeit und Sorgen, aber so gut wie gar keine Einnahmen gehabt, so verstand Trauttmansdorff diese Sprache schon und brachte ein Geschenk von fünfzigtausend Gulden in Vorschlag. Gaukler sorgten für Unterhaltung, Maler waren herbeigeeilt, die Großen der Erde gegen gutes Geld auf der Leinwand zu verewigen. Sich in der Pracht der Pferde und Equipagen, der Zahl der Diener, im Aufwand der Bankette zu überbieten, legte die Staatskunst als stolze Pflicht auf. Trotzdem war wohl Ernst bei der Sache, waren diese *pacificatores orbis christiani* sich wohl bewußt des Gewichtes ihrer Aufgabe: etwas zu schaffen, was es vorher so nie gegeben hatte, einen europäischen Universalfrieden, rational aufgebaut, von allen garantiert und dann – so glaubte man – ewig dauernd.

Und nun die Verhandlungen selber. Sie waren langwierig, nicht bloß, weil so sehr viele reale oder fiktive Interessen, von so vielen hartstirnigen Männern verteidigt, in einer Mitte zu einen waren. Auch darum, weil man noch nicht wußte, daß zu Friedensverhandlungen ein Waffenstillstand gehört. Der Krieg ging weiter, weiter schwankte das Kriegsglück. Gewannen Torstensson, Turenne, Werth, Piccolomini eine Schlacht, kam ein paar Wochen später die Nachricht davon ins Westfälische, so nahm der Vertreter der Macht, die gesiegt hatte, eine hochmütigere Miene an. Folglich gingen die Verhandlungen im Winter am besten. »Die Friedensverhandlungen«, schrieb der französische Gesandtschafts-Geistliche, »erwärmen sich im Winter und kühlen sich im Frühjahr ab. Die Unruhe hält in der Versammlung etwa bis Ende Februar an. Dann gehen wir wieder zu unserer gewöhnlichen Ruhe über, die Generale rücken ins Feld und nehmen die Sache in die Hand. So haben die Männer des Krieges und des Friedens abwechselnd ihre Beschäftigung, und niemand kann sich beklagen.«

Worüber hatte man denn dreißig Jahre lang Krieg geführt? Man wußte sehr wohl, daß es dreißig Jahre gewesen waren; der Ausdruck »vor den böhmischen Unruhen« kommt häufig vor; mit denen hatte es angefangen. Was nicht hieß, daß die Böhmen mit dabei sein durften, das letzte, worein Kaiser Ferdinand gewilligt hätte; die Proteste der überlebenden Emigranten verhallten ungehört. Aber welche Mächte hatten seit 1618, warum, sich eingemischt, waren verkürzt, gezüchtigt, enteignet worden, hatten sich zurückgezogen, um dann, warum, aufs neue zu den Waffen zu greifen? Erst galt es, was ungefähr ein Jahr in Anspruch nahm, die *subjecta belligerantia* herauszufinden, und da kam man auf vier gewaltige Gruppen: die Klagen der deutschen Stände, vornehmlich gegen den Kaiser, die Frage einer Amnestie, die Satisfaktion der Bundesgenossen der Stände, Schwedens und Frankreichs, und die Entschädigung der Depossedierten.

Kriegsmotive und Kriegsziele Frankreichs waren, wie wir wissen, ursprünglich defensiver Natur gewesen. Aber Krieg und Politik haben ihre eigene Dynamik. Richelieus oft gemachte Versicherung, Frankreich wünschte keinen Fußbreit deutschen Bodens, wünschte überhaupt nicht sich zu vergrößern, sondern nichts als einen allgemeinen, gerechten und von ihm mitgarantierten Frieden, wurde beizeiten versetzt durch das plausible Argument, als Beschützer des Friedens müßte es allerdings die Mittel an die Hand bekommen, den Frieden zu schützen; zu welchem Behuf gewisse befestigte Plätze westlich wie auch östlich des Rheines die geeigneten seien. Längst hatten die Franzosen sich zum Herrn des linken Rheinufers zwischen Basel und Koblenz gemacht. Diese Kriegspfänder in Besitz zu verwandeln, Lothringen, dessen Reichszugehörigkeit bestritten wurde, dem französischen Machtkreis ganz einzufügen, die Situation in den drei Bistümern Metz, Toul, Verdun, deren Reichszugehörigkeit nicht bestritten wurde, die aber seit fast hundert Jahren praktisch dem König untertan gewesen waren, zu legitimieren, war das Programm, das die französischen Diplomaten nach Münster brachten und in zähem Ringen gewannen. Dabei leistete ihnen Bayern nützliche Dienste. Spanien protestierte, ein französisches Elsaß würde seine Landverbindung mit Belgien endgültig durchschneiden; und der Mehrheit der Reichsstände war nicht wohl zumute angesichts einer so gearteten französischen Protektion. Aber Bayern drohte mit Sonderfrieden, wenn man den Franzosen nicht gäbe, was sie wollten; die Kaiserlichen, noch einmal vor die Wahl zwischen Spanien und Bayern gestellt, entschieden sich für Bayern, für den Zusammenhalt und damit die Verkürzung des Reiches. Also wurde das Schicksal des Elsaß für immer entschieden, auf noch verschleierte Art zwar; denn die reichsunmittelbaren Stände des Elsaß, die Stadt Straßburg voran, sollten reichsunmittelbar bleiben, der König nur in die elsässischen Rechte des Hauses Habsburg eintreten, über die Stände aber ein vage bestimmtes *supremum dominium* genießen. Die späteren Annexionen Ludwigs XIV. waren hier durch eine Klausel vorbereitet, die man so oder so auslegen konnte. Vergebens warnten die elsässischen Reichsstädte vor »dunklen, unbeschränkten Generalitäten und Verfänglichkeiten«.

Indem Trauttmansdorff in der elsässischen Frage Spanien preisgab, Spanien vom Norden isolierte, lud er Spanier und Niederländer zum Friedensschlusse ein. Es war der erste Westfälische Vertrag, der Januar 1648 unterzeichnet wurde. Nicht ohne vorhergehende Kämpfe in den Niederlanden selbst; denn es gab dort eine Partei, welche die Republik von Frankreich nicht zu trennen wünschte, und die französischen Diplomaten gebrauchten alle ihre Künste, von den feinsten zu den plumpesten, um den Bundesgenossen im Dienst zu halten. Aber, argumentierte man vor allem in Holland, es wäre nur ein Kriegsdienst gewesen, um den Franzosen weitere Eroberungen im Deutschen Reich zu ermöglichen, nicht mehr, um die niederländische Freiheit zu verteidigen, deren Anerkennung Spanien nun anbot; diese Ansicht gewann die Oberhand. Mit einem bloßen Waffenstillstand nach dem Muster jenes von 1609, der alles nur aufgeschoben und nach Jahrzehnten zu neuen Qualen geführt hätte, begnügte man sich diesmal nicht; gefordert und bewilligt wurde die volle, endgültige Anerkennung. Indem der Kaiser sich mit Frankreich, Spanien sich mit den Niederlanden verständigte, blieben Frankreich und Spanien in Münster als die Mächte zurück, die untereinander nicht Frieden machen konnten oder wollten.

Die andere Republik germanischen Ursprungs, die nun auch der Form nach aus dem Reichsverbande ausschied, dem sie, ebenso wie die Niederlande, in der Wirklichkeit längst nicht mehr angehört hatte, war die Eidgenossenschaft. Aus protestantischen und katholischen Orten bestehend, theoretisch noch ungelehrt in den Begriffen einer gesamtschweizerischen Außenpolitik oder Neutralität, hatte sie dennoch das Meisterstück zuwege gebracht, sich in die Wirren des Krieges nicht reißen zu lassen. (Graubünden, dessen Schicksale unser Bericht nicht betrachten konnte, bildet die Ausnahme.) Was nun einen Vertreter, nicht des Bundes in seiner Gesamtheit, sondern der protestantischen Kantone, nach Münster führte, war die ungeklärte Rechtslage der alten Reichsstadt Basel, auf die das Reichskammergericht noch immer den Anspruch der höchsten Jurisdiktion erhob; darüber hinaus wohl auch der offizielle Werdeprozeß eines Europa von souveränen Staaten überhaupt, bei dessen schwieriger Geburt die Schweizer nicht glaubten, gänzlich abwesend bleiben zu können. Bürgermeister Wettstein von Basel, ein witzig-kluger Herr entschieden demokratischen Charakters, nahm in der Versammlung der großen Herren sich etwas fremd aus und lieferte seinen Auftraggebern spottgepfefferte Berichte; aber er machte seine Sache gut, ging den französischen wie den kaiserlichen Freundschaftsangeboten geschickt aus dem Wege und brachte nach Hause, was sein Zweck gewesen war: die *libertas ab imperio*, die, wenn sie auch eine dünne »Anverwandtschaft« zum Deutschen Reich noch einschloß, den Schweizern genügen konnte, zumal ihnen die Interpretation der Sache überlassen blieb.

Der Preisgabe des Elsaß folgte die Preisgabe Pommerns, das längst das eingestandene Kriegsziel der Schweden und der Lohn gewesen war, den sie für ihre den Protestanten erwiesenen Wohltaten forderten. Hier leistete Kurfürst Friedrich Wilhelm erbitterten Widerstand; der in den Niederlanden aufgewachsene junge Mann hoffte aus seinem Brandenburg-Preußen ein anderes Holland, einen See- und Kolonialstaat zu machen und wollte der pommerschen Küste nicht entraten. Die Verbindung der Kaiserlichen mit Frankreich und Schweden, der er sich gegenübersah, war zu stark. Im Resultat einigte man sich auf Teilung: Vorpommern samt der Hauptstadt Stettin für Schweden, Hinterpommern für Brandenburg, dazu Entschädigungen anderwärts, Halberstadt, Magdeburg. Auf die Pommern selber, die es sich eine Delegation nach Osnabrück hatten kosten lassen, um der Welt kundzutun, daß sie keine Schweden zu werden wünschten, hörte niemand. Überdies erhielt Schweden eine Geldsumme bewilligt, um seine Truppen zu demobilisieren, fünf Millionen Taler – zwanzig Millionen hatte Oxenstierna gefordert –, welche die

Vollmacht der Königin Christine von Schweden vom 10. Dezember 1645
für den Grafen Oxenstierna zu den Friedensverhandlungen mit den kaiserlichen Unterhändlern
Wien, Haus-, Hof- und Staatsarchiv

Der Friedensschwur im großen Saal des Rathauses von Münster am 15. Mai 1648
Aus einer alten Kopie des Gemäldes von Gerard ter Borch
Amsterdam, Rijksmuseum

protestantischen Stände, nicht ohne die Hilfe von Schweizer Banken, sauren Mundes zusammenbrachten. Wir übergehen die Kompensationen, die herrenlosen Bistümer und Stifte, welche andere deutsche Fürsten sich zu verschaffen wußten. Die pfälzische Frage wurde so gelöst, daß der Herzog von Bayern die pfälzische Kurwürde und die Territorien der Oberpfalz behielt, für den Sohn des verstorbenen Pfalzgrafen, Karl Ludwig, aber eine achte Kur kreiert und die Rheinpfalz ihm restituiert wurde. Kein Urteil der Gerechtigkeit, sondern ein Kompromiß zwischen Mächten, und einer, gegen den der Pfälzer sich lange wehrte. Da aber die englische Hilfe, auf welche die pfälzische Politik vor dreißig Jahren ihr Luftschloß gebaut hatte, völlig entfiel, da in England jetzt Dinge geschahen, von denen ein anderes Kapitel berichtet, und an denen der Bruder Karl Ludwigs, Rupprecht oder Rupert, wacker teilnahm, da Frankreich Grund zur »Realdankbarkeit« gegenüber seinem bayerischen Schützling besaß und Schweden den Frieden an dieser Frage nicht scheitern lassen wollte, so nahm Karl Ludwig schließlich, was er bekam – *cedendo non cedo*, wie er auf einer Denkmünze verkündete. Es lief aber doch auf *cedere* hinaus. Die Summe, die dem Herzog Maximilian vor einem Vierteljahrhundert die Intervention in Böhmen gekostet hatte oder gekostet haben sollte, diese Unglücksschuld von dreizehn Millionen, welche die Erweiterung der böhmischen Unruhen zum Dreißigjährigen Krieg zu einem guten Teil verursacht hatte, wurde feierlich aus den Büchern gestrichen; und man kann wohl sagen, daß der Krieg auch Bayern zehnmal mehr gekostet hatte, als sie je wert gewesen war.

Unterdessen schleppten die Verhandlungen über die Beendung des Konfessionsstreites, geführt von den Kaiserlichen, den protestantischen und katholischen Ständen und Schweden, das hier sich zum Anwalt der Protestanten machte, sich über die Jahre hin, von Forderung zu Forderung, Krise zu Krise. Das eingewurzelte Mißtrauen beider Parteien wirkte nirgends sonst so stark wie in diesem Fragenkomplex, der ja wohl auch die Ursache aller Ursachen gewesen war. Theologen und Juristen – Dr. Lampadius, Dr. Thumbshirn, Dr. Oelhafen – zermarterten sich die Köpfe, um allen Tücken vorzudenken, aus einer hundertjährigen, giftgetränkten Erfahrung die Lehren zu ziehen. Die Protestanten waren nun die Stärkeren, weil ihre Bundesgenossen zumeist die kriegerische Oberhand besaßen. In Wien und München wußte man, daß es ohne konfessionellen Frieden überhaupt keinen Frieden geben könnte, und wünschte daher die Einigung, wäre es selbst gegen römischen Protest, aber zu dem günstigsten Preise, den zähe, geriebene Unterhändler erreichen mochten. In einer Frage war Ferdinand III. starr wie zur Zeit des höchsten habsburgischen Glückes. An der Landeshoheit in seinen eigenen Erblanden, welche die Entscheidung über die Religion miteinschloß, durfte nicht gerüttelt werden; keine Einmischung der Schweden, der deutschen Protestanten in die Angelegenheiten Österreichs und Böhmens, kein Einsturz der Restauration von 1621. Noch stand der Kaiser so da, daß er hier sich durchzusetzen vermochte – ein Erfolg, der ohne Absicht zur Konsolidierung und Trennung des österreichischen Staatswesens entscheidend beitrug. Dafür kam man im Reich zu Kompromissen. Worauf es den Protestanten vor allem ankam, war völlige Gleichberechtigung; sie wollten nicht mehr eine Minderheit sein, der man Ausnahmebestimmungen oder zeitlich befristete Besitzesrechte einräumte, sondern eine der beiden Religionsparteien, die sich in

Deutschland teilten, und das Reichsoberhaupt selber als das, was es war, als Partei, erscheinen ließen. Diese Forderung wurde ihnen erfüllt; sie kam am deutlichsten in der Reorganisierung des Reichskammergerichtes zum Ausdruck, das von nun an aus Gläubigen beider Konfessionen paritätisch zusammengesetzt sein sollte. Alles erreichten sie nicht, und es war auch nicht alles billig, was sie wollten; mit dem *ius reformandi* der Fürsten, auf dem sie bestanden, stritt die Forderung, die Protestanten ihrerseits sollten überall im Reich das Recht freier Religionsübung genießen. Der Gedanke eines »Normaljahres«, zu dessen konfessionellem Besitzstande man zurückkehren und ihn gewissermaßen einfrieren würde, war alt; in Prag hatte man dafür das Jahr 1627 festgesetzt. Nun wurden günstigere Daten vorgeschlagen, 1612, 1618, 1620; man einigte sich auf 1624. So wie es mit dem Besitz an geistlichen Gütern damals stand, sollte es bleiben; wer damals »mit Wissen und ohne die Mißbilligung« des Landesherrn sich zur einen oder anderen Konfession bekannt hatte, in Ruhe gelassen werden. Die Religionshoheit des Landesherrn – *Cuius est regio, eius est religionis dispositio* – wurde noch einmal statuiert, jedoch nicht ganz ohne Schutzbestimmungen für andersgläubige Untertanen: Auswanderungsrecht, Fristen dafür, Recht, jenseits der Landesgrenzen auf eigene Art zu beten. Solche Bestimmungen galten nun endlich auch für jene Konfession, von deren Dasein man bisher sich noch immer geweigert hatte Notiz zu nehmen, obwohl stattliche Fürstenhäuser, Pfalz, Hessen-Kassel, Brandenburg, ihr längst angehörten: die »aufrührerische Sekte« der Calvinisten. Eine allgemeine Amnestie, unzählige Restitutionen ganz oder teilweise geplünderter Herren gaben den Verträgen den versöhnlichen Charakter, der, bei aller Härte der Verhandlungen und Resultate, schließlich doch den neuen Religionsfrieden bezeichnete. Selbst die gute Stadt Donauwörth sollte wieder frei werden, falls sie dem Kurfürsten Maximilian die Kosten seiner bald ein halbes Jahrhundert alten Exekution gegen sie zurückbezahlte. Da sie aber diese Summe bis zum heutigen Tag nicht aufbrachte, so hat sie müssen bayerisch bleiben.

Aber wenn der Religionsfriede nicht hielte? Wenn die Verträge überhaupt, auch die mit den fremden Kronen, nicht eingehalten würden? – Diese Generation sah den Krieg nicht als etwas Normales, in unbestimmten Zeitabständen bestimmt Wiederkehrendes an. Trotz Hugo Grotius, ihrem großen Zeitgenossen, der ihn unter Normen zu bringen versuchte, sah sie ihn als außerhalb der Norm an, ungefähr wie eine Revolution; er sollte nicht wiederkehren. Die Verträge sprachen von »vertrauensvoller Nachbarschaft« und »gesicherter Pflege der Friedens- und Freundschaftsbestrebungen«, von einem »christlichen, allgemeinen, immerwährenden Frieden«. Es war die Ansicht Richelieus gewesen, der, obwohl er an den dreißig Jahren seinen Teil Schuld zu tragen hatte, doch eigentlich kein Mann des Krieges war. Ihm hatte eine Garantie aller für die Gesamtordnung und für alle vorgeschwebt – eine Art System kollektiver Sicherheit, wenn der moderne Ausdruck für eine so alte Sache erlaubt ist. Schweden, realistischer, wünschte ein Garantenrecht, das auf ein Interventionsrecht zugunsten der Protestanten hinauslief. Im Resultat einigte man sich auf eine Formulierung, die der französischen Idee näherkam, jedoch im Vagen ließ, ob es sich um eine Garantie der Verträge nur in ihrem internationalen Aspekt oder auch um eine solche der innerdeutschen Ordnung und der einzelnen deutschen Stände handelte; würde einer der »an diesem Vertrag Beteiligten« aufs neue geschädigt, so sollten alle zu den

Waffen greifen und dem Unrecht wehren, nachdem der Weg des Rechtes oder gütlichen Vergleiches nicht zum Ziel geführt hätte; so jedoch, ließ Ferdinand III. wohlweislich beifügen, daß dieser Artikel keine Beeinträchtigung der richterlichen Gewalt eines Fürsten in seinem Lande bedeutete. Die Auslegung, Deutschland betreffend, mußte von dem Charakter abhängen, den die deutschen Fürsten nun hatten. Die größeren unter ihnen waren aus dem Krieg gestärkt hervorgegangen. Wenn Bündnisse, unter sich oder mit fremden Mächten, gegen Kaiser und Reich ihnen verboten blieben, so hieß es, daß andere ihnen erlaubt waren; ein Recht, von dem sie noch großzügigen Gebrauch machen sollten. Ihre »Landeshoheit«, welche die kirchliche einschloß, war klarer statuiert als je zuvor. Die Friedensverträge hatten sie mit unterhandelt und unterzeichneten sie auch mit; der Form nach nicht als vereinzelte Mächte, sondern als Mitglieder des *Corpus Germanicum*. Praktisch hatten sie längst ihre eigene Politik getrieben, sei es aus Übermut, sei es, zuletzt, aus Not, und würden es weiter tun; und dies um so mehr, als die Idee des Reiches in Wien selber in Zukunft blasser und blasser werden sollte.

Am 24. Oktober 1648 wurden die Verträge zwischen dem Deutschen Reich, Frankreich und Schweden, die Verträge von Münster und Osnabrück, unterzeichnet, nach Verzögerungen, Zweifeln, Weigerungen fast bis zur letzten Stunde. Neun Tage später kam die Nachricht nach Prag und machte dem Sturm auf die Festung, welchen die Schweden, schon im Besitz der Kleinen Seite, eingeleitet hatten, ein Ende. Nun donnerten die Salven in den Himmel anstatt gegen die Mauern; aus den Kirchen erscholl das *Te Deum*. Wieder ein paar Wochen später erging aus Rom des Papstes feierlicher Protest; der Protest einer geistlich gebliebenen Macht gegen eine Ordnung, die wohl noch mit geistlichen Dingen sich abgab, aber sie im weltlichen Sinne regelte.

Von der Unterzeichnung des Friedens zu seiner Ausführung, der Freigabe der Faustpfänder, die man innehatte, Burgen und Städte, der Entlohnung, Evakuierung und Entlassung der Soldaten und ihres angeschwollenen Anhanges, war ein weiter Weg. Deutschland, vor allem, hatte für den Krieg bezahlt; es mußte auch für den Frieden, den ungeheuer schwierigen Vollzug der Demobilisierung, bezahlen. Die letzte ehemals feindliche Garnison verließ das Land sechs Jahre nach dem Friedensschluß. Zur Einigung über die Etappen der Räumung kam es unter den militärischen Anführern zu Nürnberg im September 1649 und zu einem Festbankett danach; da flossen die Springbrunnen mit Rosenwasser, da gab es der Orchester vier, und sechs Gänge von je hundertfünfzig Speisen, und Berge aus Kuchen, und solche, die Wohlgerüche spendeten, während aus dem Maul eines Löwen, der in der einen Pranke den Ölzweig, in der anderen das zerbrochene Schwert hielt, roter und weißer Wein sechs Stunden lang floß. In vorgerückter Stunde spielten die Generale, an ihrer Spitze Octavio Piccolomini, gemeine Soldaten, marschierten durch die Stadt zur Burg und ließen von den kaiserlichen Obersten scherzweise sich entlassen, weil nun Friede war. Unter dröhnendem Gelächter der gemästeten, perückenbehängten Herren endete, was vor einunddreißig Jahren mit den Böhmischen Unruhen begonnen hatte.

*

Hätten Österreich und in seinem Gefolge Spanien, Rom, Bayern 1621 den deutschen Protestantismus vernichten, die katholische Reformation zum vollen Sieg führen wollen, so wäre etwas wie der Dreißigjährige Krieg unvermeidlich gewesen. Es wäre dann um einen der Gegenstände gegangen, um welche die großen Kriege angeblich gehen: den ganzen Besitz, Universalmonarchie, die Frage, Ihr oder Wir. Aber darum ging es nicht. Ferdinand II. dachte zu rechtlich, um den Augsburger Religionsfrieden umzustürzen, die protestantischen Kurfürsten vertilgen zu wollen, und nie hätte Maximilian von Bayern ihm bei einem solchen Unternehmen Gefolgschaft geleistet. Keiner wollte den großen Krieg; keiner hatte anfangs Ziele, die ohne ihn nicht zu erreichen gewesen wären.

Er kam aus verschiedenen Quellen, die unheilvoll zusammenflossen: der ständischen Revolution in Österreich-Böhmen; dem Konfessionsstreit in Deutschland. Die Schritte, die man zu seiner Erweiterung machte, waren zunächst klein, und man würde sie nicht gemacht haben, wenn man ihre Folgen vorausgewußt hätte: Gegenreformation in der Oberpfalz, Enteignung und Ächtung des Pfalzgrafen Friedrich. Da man sie aber einmal gemacht hatte, wollte man sie nicht mehr zurückgehen und ging weiter, sei es, weil man mußte, sei es, weil man konnte; jeder weitere Schritt rief Reaktionen hervor. Jede Macht, die sich ins Spiel mischte, war stark genug, es eine Weile fortzusetzen; keine, es zu beenden. Von einer Beendung durch Ausgleich wurde fast ununterbrochen gesprochen und mehrfach, 1621, 1629, 1635, 1640, schien man nahe daran; aber Mißtrauen, Eigensinn, Rechtsbewußtsein, Gier und unbewußter Herrschaftstrieb waren stärker als die Vernunft, die nie ganz erlosch.

Da der Konfessionsstreit an sich international war, da Deutschland, das Heilige Reich, noch immer das Kernland Europas war, da es durch die Dynastie Habsburg eng mit Spanien verbunden war, da Spanien seine eigenen Ziele verfolgte, seinen eigenen ewigen Krieg mit den Niederlanden führte, so kam es zu fremden Interventionen. Ohne sie wäre der innerdeutsche Friede, durch überlegene Gewalt oder durch Kompromiß, wohl zu haben gewesen. Aber nicht mit der Existenz Dänemarks, Schwedens, der Niederlande, Englands, Frankreichs, und selbst des elenden Siebenbürgers zu rechnen, hieß mit einer Welt rechnen, wie sie nicht war. Ein schwedischer Diplomat formulierte einmal: Wie kein anderes Land sei Deutschland zur Universalmonarchie geeignet; man könnte es nicht seinem Schicksal überlassen. Eben dies war die Ansicht Richelieus. Leider konnte keiner, der sich, in edler oder unedler Sorge, um Deutschlands Schicksal kümmerte, es verbessern oder frei darüber entscheiden. In der Friedenspredigt des Pfarrers Johann Georg Dorch zu Peterstal im Schwarzwald lesen wir: »Da ist der eine heute, der andere morgen, der eine von Morgen, der andere von Abend, dieser von Mittag, jener von Mitternacht aufgezogen gekommen, haben dem Feuer steuern und wehren wollen, aber den Brand immer größer gemacht.« – Man könnte es nicht wahrer ausdrücken.

Die Folgen waren schlimm für Millionen leidender, gemarterter menschlicher Individuen. Sie waren auch schlimm für das Kollektivwesen, genannt Nation, in ihrem Zusammenleben und Wettkampf mit anderen Nationen. Man soll nicht sagen, die deutsche Kultur sei im Dreißigjährigen Krieg zerstört worden; der Mensch ist stark und zäh und seine Kultur auch. Mitten im Krieg entstanden die Gedichte des edlen Andreas Gryphius, ergreifende Versuche, die deutsche Sprache zum Klassischen zu zwingen, die Gedichte von Opitz und

Gerhardt; im Krieg die Kompositionen von Heinrich Schütz; auch die einfachsten Schöpfungen der Zeit, Volks- und Kriegslieder zeigen, daß Erlebnis und Ausdruckskraft der Menschen nicht versiegt waren. Die tapferste Tat in der Zeit des Dreißigjährigen Krieges war eine Tat der Menschlichkeit und Kultur: das Buch Friedrich von Spees gegen Hexenwahn und Hexenprozesse, die *Cautio criminalis*.

Man soll auch nicht sagen, die Zivilisation der deutschen Städte sei am Ende gewesen. Selbst der Vertreter Magdeburgs nahm am Friedenskongreß rüstig teil; Hamburg blühte im Krieg auf, anstatt zu verlieren; das Gefühl, in einem vor hundert Jahren zu Tod getroffenem Gemeinwesen zu leben, wird man bei dem jungen Goethe vergebens suchen. Richtig ist, daß das Schwergewicht kulturellen Lebens sich von den Handelsstädten, den freien Reichsstädten, auf Fürstenhöfe und Fürstenstädte verlagerte. Diese Entwicklung war an sich nicht neu. Der deutsche Fürstenstaat war keine Schöpfung des Dreißigjährigen Krieges oder der Nachkriegszeit; er war, sahen wir, schon vorher da, und der Niedergang des deutschen Handels datiert aus dem späten 16. Jahrhundert. Wie es denn eine alte Sache ist, daß der Krieg gewisse Entwicklungen nicht so sehr schafft, wie beschleunigt; daß er die Erschwachenden herabstößt und die Erstarkenden stärker macht. Freier von Kaiser und Reich als je zuvor, von ruiniertem Adel umgeben, belastet mit Aufgaben der Wiederherstellung, die nur eine machtvolle Obrigkeit am Ort selbst lösen konnte oder lösen zu müssen glaubte, wurden die fürstlichen Regierungen zu den eigentlichen Zentren des deutschen politischen und kulturellen Lebens; schöpferisch auf ihre Art – man sehe sich an, was von ihrer Architektur blieb und heute noch unser Land verschönt –, aber dem Volk entschieden fremder als die Städte gewesen waren, aristokratische Kunststile pflegend, ihre Vorbilder aus Italien, dann mehr noch aus Frankreich nehmend und abwandelnd. So wie sie ihre Untertanen im frühen 17. Jahrhundert Beten gelehrt hatten, so sollten sie sie hundertfünfzig Jahre später die »Aufklärung« lehren.

Der biologische Verlust wurde ersetzt; nicht bald, aber in etwa hundert Jahren. So pflegt ja die Natur es zu machen, oder machte sie es jedenfalls, ehe man ihr Geheimnisse entlockte, durch die man sie oder, wenn man will, sie selber sich zerstören mag. Nach einem Krieg, hat Hegel einmal die Pazifisten verspottet, schössen die Saaten ja doch wieder auf, »und das Gerede verstummt vor den ernsten Wiederholungen der Geschichte«. Die Saaten schossen wieder auf auch hier. Sogar waren die Bauern, welche überlebt hatten, nach dem Krieg eher besser daran als vorher, einfach darum, weil so viele fehlten und soviel Land brach lag; wo man tausend Jahre den Boden bebaut hatte, gab es nun Neuland, Land für Pioniere; dergestalt, daß die Regierungen einerseits um Siedler warben, andererseits, zum Beispiel in Sachsen, Gesetze erlassen wurden, um die Bauern an ihre Dörfer zu binden.

Wenn der Dreißigjährige Krieg ein Religionskrieg war – aber er war es, je länger er dauerte, um so weniger –, so war er der letzte seiner Art. Der deutsche Religionsfriede hielt. In den Kriegen Ludwigs XIV. hat Religion – des Sonnenkönigs kirchliche Tyrannei – noch eine Rolle gespielt, aber nicht mehr als das; noch hundert Jahre nach Münster und Osnabrück konnte der Erzspötter Friedrich der Welt als ein Anführer des Protestantismus gelten. Verschwinden tat dies Element nicht, aber es konnte nur noch akzentuieren, keine Weltbewegung mehr verursachen. Der fromme Protestant Cromwell machte gemeinsame Sache mit Frankreich. Der Enkel Maximilians von Bayern, Sohn eines Kurfürsten, dessen Namen so sehr nach dem Dreißigjährigen Krieg klang: Ferdinand Maria, focht gegen Österreich.

Hundert Jahre nach dem Westfälischen Frieden war der Papst nichts mehr als ein etwas wunderlich gewählter italienischer Fürst, auf dem Welttheater eine Figur, die man aus purer Höflichkeit noch ernst zu nehmen vorgab. Ob die Weltstunde Frankreichs auch ohne den Dreißigjährigen Krieg gekommen wäre, darüber ist zu spekulieren müßig. Der Zusammenhang der Dinge ist dicht, das Werk Richelieus aus ihm nicht fortzudenken. Vitalität und Schöpferkraft der Nation waren groß; ihr Einfluß sollte, von Neapel bis St. Petersburg, auch dort wirken, wo der Dreißigjährige Krieg nicht gewütet hatte. Lange vor 1635 war Spanien im Niedergang, Frankreich im Aufstieg. Der Krieg beschleunigte die Entwicklung oder drückte sie aus.

Er ging, sei zum Schluß noch erinnert, auch nach dem deutschen Friedensschluß noch weiter, schleppte sich, im Süden wie im flandrischen Norden, bis 1659 fort, wieder, wie von alters, begleitet von Verschwörungen im Inneren Frankreichs, »Fronden« des Hochadels, bürgerlichen Protestbewegungen des Pariser Parlaments, deren Mazarin schließlich doch Herr wurde, wie Richelieu ihrer Herr geworden war. Im »Pyrenäen-Frieden« erhielt Ludwig XIV. Stücke von Lothringen, Roussillon, Artois, Flandern und Luxemburg; wieder, wie 1615, wurde die endliche Versöhnung mit einer königlichen Heirat gekrönt. Ein anderes Kapitel erzählt, was sie für böse Folgen hatte, wie Frankreich, kaum über den Kampf um seine Existenz hinaus, zu Unternehmungen des Übermutes schritt und den Lauf der Welt fortsetzte.

Ivan Roots

DIE ENGLISCHE REVOLUTION

England unter Jakob I. Stuart

Am 24. März 1603 gelangte Jakob VI. von Schottland, »ein alter und erfahrener König«, voll Ungeduld auf den englischen Thron. Vom verarmten Norden aus wirkte das Elisabethanische England wie das verheißene Land. In Wirklichkeit war es ein Land der Probleme. Die prachtvollen, neuerbauten Landsitze, in denen Jakob auf seinem Weg nach Süden abstieg, deuteten auf wirtschaftlichen Fortschritt, freilich einen sehr ungleichmäßigen. In allen Schichten der Gesellschaft gab es solche, die dank ihrem Fleiß, ihrer Klugheit, ihrer Strebsamkeit, oder einfach deshalb vorankamen, weil sie vom Glück begünstigt waren. Doch gerade die Kräfte, die diese Menschen förderten – zusammen mit einer unvollkommen erfaßten Inflation –, taten anderen, weniger Gewandten, Schaden, und zu diesen gehörte auch die Monarchie.

Der an Zahl geringe Tudor-Hochadel hatte erbittert um Stellung und Gewinn gerungen; verschwenderische Kreationen der Stuarts regten nur noch schärfere Auseinandersetzungen an. Auch unter dem Landadel gab es Reibereien, die, vermehrt durch das Emporkommen des einen, den Ruin oder das Stillstehen anderer, eine fiebrige Hitze erzeugten, welche sich ihrerseits in zerrüttende politische Aktivität umsetzte. In kommerziellen und industriellen Kreisen, die oft durch Heirat, verwandtschaftliche Bande oder Investitionen mit der Gentry liiert waren, gab es sowohl Überfluß wie Bankrott.

Den »niederen Ständen« der wenig mehr als vier Millionen zählenden Bevölkerung mußten die Verhältnisse labil vorkommen. Die meisten von ihnen waren nicht vollbeschäftigt, konnten kaum ihr nacktes Leben fristen und verhungerten oft genug buchstäblich. Schlechte Verkehrswege und unzureichende Handelseinrichtungen brachten es mit sich, daß die eine Gegend mit Waren überschwemmt sein konnte, während nahebei entsetzliche Not herrschte: das Werk einer verhaßten Natur, unterstützt von der Hartherzigkeit der Menschen – der »Raffer« –, gegen die Geistliche und Moralisten erfolglos wetterten. Das Volk war zwar gelehrig, doch unter verstärktem Druck mochte es leicht wider den Stachel löcken.

Um nicht Gefahr zu laufen, die Ordnung zusammenbrechen zu sehen, hatten die Tudors versucht, die soziale Harmonie durch eine gegen allen wirtschaftlichen Wandel gerichtete Gesetzgebung zu erhalten oder überhaupt erst herzustellen. Dies war ihnen mißlungen, und

1603 mußten sie schließlich den unvermeidlichen Übergang zu neuen Wirtschaftsformen zugestehen. Die Industrie gab die schwierigsten Probleme auf. Der wichtigste Handel – der mit Tuchen – gestaltete sich bei zunehmender Verfeinerung des Geschmacks bewegter und verlangte hochwertigere Ware. Währungsschwierigkeiten und stark schwankende Nachfrage, die ihrerseits auf örtlich unsichere Verhältnisse oder gar eine allgemeine europäische Wirtschaftskrise schließen ließen, brachten Preisstürze mit sich. Ohne Ausnahme trafen diese den Staat unvorbereitet, der zwischen angestrengten Regulierungsversuchen und völliger Kopflosigkeit hin und her schwankte. Alderman Cockaynes Projekt (1616), ein ausgemachter Reinfall, zeigte, wie wirr das wirtschaftliche Denken und Handeln sein konnte.

Entsetzt über die Ausschreitungen entlassener Arbeiter, versuchte die Regierung, den eisigen ökonomischen Wind dadurch zu mildern, daß sie privilegierte Gesellschaften beauftragte, die nicht abzusetzenden Tuche aufzukaufen, daß sie die Märkte mit billigem Getreide beschickte und die private Mildtätigkeit (von der es nie genug gab) durch Verfügung der Armengesetze ergänzte. Solche *ad hoc* unternommenen und oft wenig durchdachten Aktionen vermochten nicht die Bauernaufstände von 1607, 1627 und den frühen dreißiger Jahren jenes Jahrhunderts abzuwenden. So entsteht das Bild einer unterentwickelten Wirtschaft, in der sich gewaltige Extreme des Reichtums und der Armut nebeneinander zu halten vermochten und von gesellschaftlicher Harmonie kaum die Rede sein konnte.

Die wirtschaftliche Initiative ging von London aus. Diese große Stadt, schon damals beängstigend übervölkert, war der Magnet für alle, die es im Leben zu etwas bringen wollten. Der königliche Hof und die Staatsministerien verhießen einem angehenden Lordkanzler so gut wie einem Küchenjungen Beschäftigung, Einkommen, Rang und Einfluß. War die Krone auch nicht reich, so war sie doch ein großzügiger Brotgeber und Konsument. Der Hof mästete sich an der Krone, und London wiederum hielt sich an den Hof. Doch auch draußen verfolgte die City ihre Interessen. Sie war das Herz der nationalen Politik und des Rechtswesens, der wichtigste Hafen, das Domizil großer Gesellschaften, die mit der Levante, den baltischen Staaten, Mitteleuropa, dem Osten und den aufblühenden Kolonien in Nordamerika Handel trieben. Die meisten staatlichen Finanzaktionen – die Erhebung von Steuern und Auflagen und des »Pfund- und Tonnengeldes«, die Verleihung von Monopolen – waren in London konzentriert. Die zwiespältige Haltung der Hauptstadt bei allen Auseinandersetzungen der Epoche erklärt sich aus der Abhängigkeit des wachsenden Geldmarktes von den königlichen Unternehmungen. Die Bankiers der City, die Steuerpächter und Geldgeber der Regierung, ja die Geschäftswelt im ganzen hatte ein Interesse am Überleben der Stuarts. Doch die kleineren Leute in der City waren neidisch auf solches Cliquenwesen, und ihre Reaktionen dagegen hatten ähnliche politische und soziale Konsequenzen wie die Abneigung der Provinzunternehmer gegen die oligarchischen Privilegien der Hauptstadt.

Jakob I. und sein Sohn mußten die schmerzliche Erfahrung machen, daß sich hinter dem äußeren Glanz der Tudormacht eine sehr viel weniger erbauliche Realität verbarg. Gewiß, die Tudors hatten eine, gegenüber allen früheren Staatswesen und den meisten neben ihnen vergleichsweise starke Monarchie aufgerichtet, die es mit den Widrigkeiten eines ehernen

Zeitalters durchaus aufzunehmen vermochte – mit Reformation und Gegenreformation, mit Parteigeist, mit Krieg an den Grenzen und Inflation. Sie hatten die Barone gebändigt und die Kirche fester in die Hand bekommen. Aber diese Leistungen hatten ihre geringen Kräfte erschöpft.

Was den Staaten zu jener Zeit allenthalben in beängstigender Weise not tat, war die Koordination der lokalen und der zentralen Verwaltung, die einer zerrütteten Gesellschaft zu Einheit und Einheitlichkeit hätte ausschlagen können. Die Herrscher der Spanier arbeiteten auf ihrer Halbinsel mit wechselndem Erfolg daran und beschworen hierdurch die Revolution in den Niederlanden herauf. Die französischen Religionskriege waren zum Teil durch das Eingreifen der Monarchie in partikularistische Traditionen bedingt. In Deutschland enthüllte die Reformation die Schwäche des Reiches und die Stärke der einzelnen Länder. Überall setzte sich der Partikularismus zur Wehr, häufig – wie in den Niederlanden, Aragon und Südwestfrankreich – angeführt von Adligen, die ihre gesamte Lebensweise bedroht sahen. Nicht anders stand es in England, wo die Leute, wenn sie von ihrem *country*, ihrer Nation, sprachen, vor allem ihre *county*, ihre Grafschaft, im Auge hatten. Die Flut von Grafschaftschroniken während der Regierungszeit Elisabeths ist mehr als nur Ausdruck von Sentimentalität.

Ohne eine wirklich sachkundige Verwaltung, ein stehendes Heer und einen zentralen Nachrichtendienst waren die Tudors im Frieden wie im Krieg auf die Lokalbehörden, lokale Persönlichkeiten, angewiesen, die für die routinemäßige Verwaltung und die nationale Verteidigung zu sorgen hatten und die Verbindungen in beiden Richtungen aufrechterhalten sollten. Die Mitglieder der Räte der »Notstandsgebiete« – im Norden und in den Marken von Wales – waren größtenteils von ihren örtlichen Belangen erfüllte Männer, die einer unvoreingenommenen Beobachtung der nationalen Dinge gar nicht fähig waren. Freilich konnte die Zentralverwaltung Erfolge für sich verbuchen, aber allein schon das Fortbestehen dieser anfänglich auf bestimmte Situationen zugeschnittenen Körperschaften deutet auf eine unverminderte Notwendigkeit hin. Ihre Abschaffung im Jahre 1641 durch Parlamentarier, die mehr Verständnis für nationale Erfordernisse hätten aufbringen sollen, wirft ein grelles Licht auf die Wendigkeit und Vitalität des Partikularismus. Überdies war der Angriff auf den *Council of the North* auch Ausdruck örtlicher Rivalitäten zwischen den großen Familien der Savilles und Wentworths. Eine eigene Ironie liegt in dem Umstand, daß die verhältnismäßig energische zentralistische Politik der dreißiger Jahre des 17. Jahrhunderts die einmütige Opposition der Lokalverwaltungen hervorrief, die sonst der Zusammenarbeit unfähig waren. Der auf Zentralisation gerichtete »Kreuzzug« Karls I. redete – anscheinend – deutlicher die Sprache der »Tyrannei« als die zweimal abgeschnittenen Ohren des William Prynne.

In diesem Zeitalter der Maßlosigkeit gab es noch andere Spannungen. Schon war ein Schwinden der öffentlichen Moral und der Redlichkeit im Staatsdienst festzustellen. Jakob I. trat das Erbe einer Generation an, die den Sinn für das »alte Gute« verloren hatte und nur noch für Augenblicke in Schach gehalten wurde durch den Zauber einer alten Königin – ein Geheimnis, das sie nicht weitergab. Solange Robert Cecil – aus gleichem Holz wie sein Vater Burghley – lebte, herrschte noch einige Ordnung. Doch nach 1612 verfiel die

Königsherrschaft in Parteienhader, der durch den Aufstieg George Villiers, des Herzogs von Buckingham, eher angefacht als gedämpft wurde. Wer in seinen berückenden Kreis nicht eindringen oder sich dort nicht halten konnte, hegte heftigen Groll, der in gewissem Sinne Buckingham zur Last zu legen ist. Da er auch hierin Monopolist war, ist er vielleicht wirklich als »die Wurzel allen Übels« zu betrachten. Da gab es noch tiefergreifende Probleme; unter ihnen jenes Konglomerat aus Ideen, Gefühlen und Interessen, gemeinhin Religion genannt. Zwischen seinen Jagdveranstaltungen erinnerte sich Jakob ihrer. Denn bei all seiner calvinistischen Spitzfindigkeit und seinem Liebäugeln mit dem Katholizismus zögerte er doch nie, die anglikanische Staatskirche zu unterstützen, jene seltsame Institution, geboren aus leidenschaftlichem Disput und widerwilligem Kompromiß, die jetzt vielen als eine gottgewollte, aus unbefleckter Empfängnis hervorgegangene Sache galt. Andere, die man mit aufreizender Vagheit »Puritaner« nannte, waren weniger glücklich mit dieser Kirche, die in alten katholischen Bräuchen wurzelte und nach Verbesserungen schrie. Als man ihm 1603 die bescheidene *Millenary Petition* vorlegte, war Jakob zu Gesprächen bereit. Doch die darauffolgende Kirchenversammlung in Hampton Court wurde von den Bischöfen hintertrieben, die ihm einredeten, die etablierten Institutionen wie Kirche und Monarchie müßten zusammenhalten. Was Jakob entging, war, daß die königliche Oberhoheit in der Kirche, auf den ersten Blick eine so wichtige Stütze der Monarchie, in Wirklichkeit ein höchst zweischneidiges Schwert war, verquickte sie doch die religiösen mit den verfassungsrechtlichen und politischen Konflikten.

Es war also ein kompliziertes und spannungsreiches Zeitalter: In allen gesellschaftlichen Belangen waren die Meinungen geteilt. Ja, in den Individuen selbst schlug ein »zwiefach Herz«, wie die tiefempfundene und zugleich verstandesscharfe Literatur der Zeit beweist. Gewicht aber muß darauf gelegt werden, daß merkwürdigerweise ein großer Teil der Uneinigkeit aus anfänglicher Übereinstimmung in den Prinzipien stammte, die dann aber, auf den Einzelfall angewandt, in sich zusammenbrachen.

Unter der Herrschaft der Tudors dehnte die Krone ihren Einfluß – wenn schon nicht ihre Macht – auf alle sich verändernden Seiten des Lebens aus. Untertan und Souverän waren übereingekommen, die Mißhelligkeiten innerhalb der bestehenden Rechtsordnung und Verfassung beizulegen, und jedermann respektierte die durch die Geschichte geheiligten Institutionen, wie Krone, Justiz und Parlament. Daher das ewige, nur in seltenen Fällen zynische Suchen nach Präzedenzfällen für anstehende Entscheidungen. Erfahrung brachte langsam zur Einsicht, daß es wenig Übereinstimmung darüber gab, was das Recht eigentlich sei. Im letzten wurde es zu einer Frage der Bestimmung des bisher ungeklärten Verhältnisses zwischen Staat und Bürger – zu einer verfassungsmäßigen Frage. Solche Bestimmung suchte man durch Festlegung vor allem des Verhältnisses zwischen der Krone und jener Institution zu erreichen, welche sich als »Bevollmächtigte der Nation« betrachtete – dem Parlament also und vor allem dem *House of Commons*, das zwar nur annähernd, aber immerhin recht tatkräftig die politisch aktive Nation verkörperte: die Leute mit Vermögen und Grundbesitz. Commons, Lords und der König – integrale Bestandteile des Parlaments sie alle drei – konstituierten miteinander eine »herrschende Schicht«.

DIE ENGLISCHE REVOLUTION   237

Spannungen innerhalb dieser Schicht brachten Konflikte mit sich, die 1642 zum Bürgerkrieg führten.

In förmlicher Weise trat Jakob I. der politischen Nation zum erstenmal im Parlament von 1604 gegenüber Es war für ihn kein sehr beglückendes Erlebnis. Das elisabethanische Parlament war niemals unterwürfig gewesen, aber in schwierigen Momenten war Elisabeth durch die »offene« Nachfolge geholfen worden, mit der darin enthaltenen Andeutung, daß das gesamte Gemeinwesen am dünnen Fädchen ihres Lebens hänge. Jakob, der eine gesunde Konstitution und Erben besaß, war ohne Widerspruch auf den Thron gelangt. Die außenpolitische Situation – wohlgesinnte Regierungen in Frankreich und den nahezu unabhängigen Vereinigten Niederlanden –, zusammen mit Jakobs eigenen Bemühungen um einen Frieden mit Spanien, machte zunichte, was die überzeugendste Bestätigung von Elisabeths Stärke gewesen war. Schlimmer noch: Sein Verlangen, den schließlich im Somerset House ausgehandelten Frieden mit Spanien durch ein wirksames Freundschaftsverhältnis zu stärken, ermutigte gewisse prospanische und profranzösische Parteiungen am Hofe, wenn auch einige Wirtschaftsgruppen davon profitieren. Die Außenpolitik führte zu Zänkereien im Parlament, die sich zu weiteren Mißhelligkeiten auswuchsen. Sie brachte auch eine scharfe Auseinandersetzung über das Recht auf freie Meinungsäußerung mit sich, das von den Commons beansprucht, von Jakob bestritten wurde. Wiewohl es zu Erweiterungen der Privilegien unter seiner Herrschaft kam, wußte sich Jakob im allgemeinen den weitreichenden Forderungen der »Apologie« von 1604 zu entziehen.

Wie Elisabeth hatte auch der neue König eine hohe Meinung von der königlichen Prärogative, aber mehr als sie neigte er dazu, sie eitel im Munde zu führen und taktlos zur Geltung zu bringen. Eine gerichtliche Entscheidung zugunsten von Steuerauflagen – Einfuhrgebühren, die der König ein Recht hatte zu erheben, um das wirtschaftliche Leben zu regulieren – wurde zu einer schamlosen Erhöhung der Tarifsätze ausgenutzt. Das Parlament diskutierte unausgesetzt eine Entscheidung, die fiskalisch und darum für die Verfassung gefährlich aussah. 1610 hatte der Graf von Salisbury (Robert Cecil), *Master of the Wards* und Lord-Schatzmeister *(Lord Treasurer)*, die Kritiker der königlichen Finanzen durch den *Great Contract* zu entwaffnen gesucht, ein Instrument, das den laufenden königlichen Einkünften eine solide Grundlage geben sollte, indem sie einige mißliche Einrichtungen, wie die Rechte der Markgrafen *(wardship)*, abschaffte. Jakob, dem das Wort »Ökonomie« noch nie etwas gesagt hatte, war darüber nicht erbaut. Die Commons fürchteten, daß ein Herrscher mit gesichertem Einkommen alsbald nicht mehr willens sein werde, ein Parlament einzuberufen. Die stagnierenden Verhandlungen brachen schließlich ab, als das Parlament aufgelöst wurde. (Ähnliche, von Erzbischof Bancroft eingebrachte Anträge auf Festsetzung des Kircheneinkommens fielen damals gleichfalls unter den Tisch.) Was zu Salisburys staatsmännischster Leistung hätte werden können, erwies sich, wie ihm Jakob sarkastisch vorhielt, als sein »größter Irrtum«. Er hatte schließlich nur erreicht, daß die Meinungsverschiedenheiten über Finanzfragen in die Öffentlichkeit getragen wurden. Salisburys Tod im Jahre 1612 war eine Katastrophe. Die Kommission, die ihn im Schatzamt ablöste, war bestechlich und untüchtig. Sie trieb die fiskalischen Forderungen, von denen viele zweifelhaft und alle verhaßt waren, in die Höhe. Jakobs eitles Bestreben, sein eigener Staatssekretär zu sein, verlor sich jeweils, wenn die damit verbundene Arbeit sein Jagdvergnügen störte. Sein zweites Parlament erwies sich, statt mit einem großen »Regierungsblock« aufzuwarten, als noch störrischer denn das erste. Binnen zweier Monate gab er ihm den Laufpaß – ein Symptom für die Ungeschicklichkeit der Stuarts im Umgang mit dem Parlament, doch ebenso ein Beweis für die Unzulänglichkeit der Führer des Unterhauses. In ihrer politischen Unreife fiel ihnen nichts Besseres ein, als Obstruktion zu treiben. Da ihnen die eigentlichen Regierungsprobleme entgingen, begriffen sie auch nicht, daß sie, um wahrhaft »die Treuhänder der Allgemeinheit« zu sein, während längerer Sitzungsperioden hätten versammelt bleiben müssen. Sie redeten gewandt vom guten Einvernehmen zwischen König und Volk, verhinderten aber durch ihre phantasielosen Taktiken gerade dessen Zustandekommen. Erst nach der »Glorreichen Revolution« von 1688/89 sollte man auf wirklich konstruktive Methoden zur Ausbalancierung von Exekutive und Legislative hinarbeiten.

Das »wirre« Parlament von 1614 unterbrach für kurze Zeit ein »persönliches Regiment«, das fast so lange währte wie später das berüchtigtere Karls I. Jakob sah sich sehr ähnlichen Problemen gegenüber, vor allem solchen finanzieller Art, behandelte sie aber weniger tatkräftig als sein Sohn, außer in den ein, zwei Jahren gegen Ende seiner Regierungszeit, als Lionel Cranfield, ein äußerst tüchtiger und im englischen wie internationalen Finanzwesen sehr bewanderter Geschäftsmann, dem Schatzamt vorstand. Bis dahin hatte Jakob von der Hand in den Mund gelebt – unverbesserlich leichtsinnig und liebevoll nachsichtig gegen die Ausschweifungen seiner Günstlinge. Da ihm in der Kindheit Liebe versagt geblieben war, entwickelte er in späteren Jahren eine schmachtende Neigung für hübsche junge Männer. Salisbury hatte diese Männer von wirklich einflußreichen politischen Posten fernzuhalten gewußt, doch nicht verhindern können, daß ihre klebrigen Finger tief in die königlichen Schatztruhen langten. Nach Salisburys Tod rückte George Carr, Graf von Rochester, der Politik näher, sein Aufstieg wurde aber dank der beachtlichen Plattheit seines Verstandes und dem fachmännischen Geschick tüchtigerer Politiker aus dem Howard-Clan aufgehalten. Seine Aussichten schwanden gänzlich, als seine Mitschuld an der niederträchtigen Ermordung Sir Thomas Overburys aufgedeckt wurde und damit die rücksichtslose Eigennützigkeit der Parteien und der rasche Verfall der Sitten am geschniegelten Hofe Jakobs ans Licht kamen.

Die Parteien mochten irgendein Prinzip der Landespolitik verfechten, sie mochten profranzösisch oder prospanisch eingestellt sein, im Grunde verfolgten sie nur ihre eigenen Interessen oder die ihrer Familien. George Villiers, der letzte und größte von Jakobs Lieblingen, wurde dem König von einer vorübergehenden Allianz ansonsten miteinander rivalisierender Gruppen präsentiert, um die mächtigen Howards aus dem Feld zu schlagen. Zur allgemeinen Überraschung erwies er sich als mehr denn bloß ein hübsches Werkzeug. Er war in der Tat ein hochbegabter, vielseitiger Mann mit Geschmack, unabhängig, klug und politisch ehrgeizig. Eifrig bemüht, sich in allem und jedem zu versuchen, übernahm er vielerlei Ämter, nicht nur des Verdienstes und Ansehens wegen, sondern vor allem, um in ihnen etwas auszurichten. Wie Thomas Cromwell (um 1485–1540) war er ein »Laien-Inhaber vieler Pfründe«, wenn ihm auch die Zielstrebigkeit jenes schöpferischen Staats-

DIE ENGLISCHE REVOLUTION 239

mannes abging. Patriotisch gesinnt und zuweilen auch aufopferungsvoll, wußte er sehr wohl, daß er König und Nation nichts eigentlich Exemplarisches zu bieten hatte. So nahm er die ihm übertragene Verantwortung gern an. Eine grillenhafte Anwandlung jedoch führte ins unerbittliche Verderben. Zunächst aber war sein Aufstieg zu Beginn der zwanziger Jahre endgültig gesichert, als es ihm unglaublicherweise gelang, den mißtrauischen Thronanwärter Karl, Prinz von Wales, für sich zu gewinnen. Ein halbes Dutzend turbulenter Jahre lang war er praktisch Premierminister von England. Daß es zumeist Jahre poli-

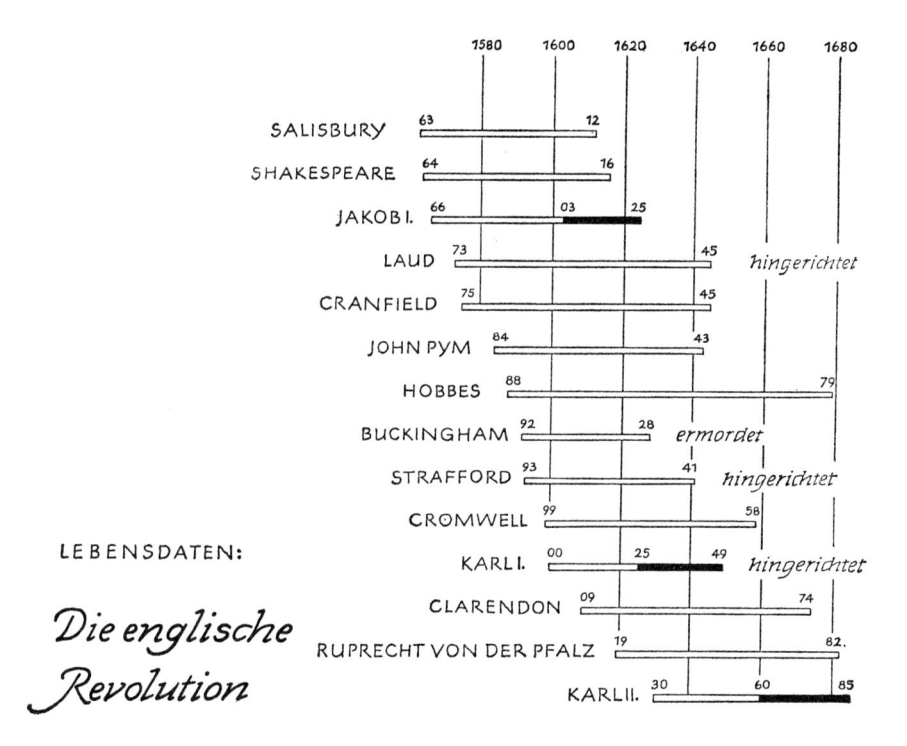

Die englische Revolution

LEBENSDATEN:

Person	Von	Bis	Anmerkung
SALISBURY	63	12	
SHAKESPEARE	64	16	
JAKOB I.	66	25	(03)
LAUD	73	45	hingerichtet
CRANFIELD	75	45	
JOHN PYM	84	43	
HOBBES	88	79	
BUCKINGHAM	92	28	ermordet
STRAFFORD	93	41	hingerichtet
CROMWELL	99	58	
KARL I.	00	49	hingerichtet (25)
CLARENDON	09	74	
RUPRECHT VON DER PFALZ	19	82	
KARL II.	30	85	(60)

tischer Fehlschläge waren, darf nicht allein ihm zur Last gelegt werden, sondern war zum Teil das Erbe von Jakobs trügerischer Außenpolitik.

Als echter Mann des Friedens setzte Jakob alle seine Hoffnung auf ein gutes Einvernehmen mit Spanien, das, besiegelt durch eine Ehe zwischen seinem Erben und einer Infantin, die Verhältnisse im westlichen Europa stabilisieren und Englands Ansehen heben sollte. Der spanische Gesandte Gondomar, ein belustigter Beobachter der Schrullen des Königs von England, erkannte, daß Spanien durch die in die Länge gezogenen Verhandlungen nur gewinnen konnte. In deren Verlauf gelang es ihm, die Hinrichtung Sir Walter Raleighs durchzusetzen, einst der verhaßteste Mann im Königreich, jetzt aber der edle Märtyrer einer entwürdigenden Beschwichtigungspolitik. Er setzte sich für die Erleichterung des

Loses der englischen Katholiken ein, gegen die sich Jakob, als erst einmal die Panik nach der »Pulververschwörung« des Jahres 1605 abgeklungen war, im allgemeinen duldsam erwies. Rief dies innere Spannungen hervor — desto besser. So würde England vielleicht von einschneidenden Interventionen abgehalten, wenn am Ende des zwölfjährigen Waffenstillstandes (1621) der Krieg zwischen Spanien und den Holländern, für die die Engländer während des ganzen Jahrhunderts eine merkwürdige Haß-Liebe hegten, wieder aufflammte.

Die Umstände indessen wollten es, daß der Krieg schon früher und anderswo ausbrach — im fernen Böhmen nämlich. Hier wurden nun die englischen Gefühle tief aufgewühlt, weil Jakobs calvinistischer Schwiegersohn, Kurfürst Friedrich V. von der Pfalz, unbesonnenerweise die Krone Böhmens aus den Händen der Rebellen entgegengenommen hatte. Die Habsburger verbündeten sich mit der Gegenreformation, um Friedrich, den Verfechter der protestantischen Sache, zu Fall und sogar um seine Erblande zu bringen. Diese verdrießliche Lage veranlaßte Jakob, seine Bemühungen um Spanien zu verstärken. Sicher konnte er durch Spanien Erleichterung für Friedrich erwirken. Gondomar gab ihm recht und hielt eine Infantin — und eine Mitgift — dem optimistischen König vor die begehrlichen Augen.

Doch das Jahr 1620 brachte die schwerste wirtschaftliche Erschütterung der letzten fünfzig Jahre. Die königlichen Finanzen, von Cranfield nur mit Mühe und Not geordnet, ächzten. Ein Parlament war unumgänglich. Doch die Commons, die sich wegen der Wirtschaftskrise Sorgen machten und den spanischen Absichten mißtrauten, wollten nichts von einer Politik wissen, die dem Papismus daheim und auf dem Kontinent den Rücken stärkte.

Übrigens hatten sich in den parlamentslosen Jahren die Mißstände vermehrt. Die großzügigen Verleihungen von Monopolen hatten auf haarsträubende Weise öffentliche Einkünfte privaten Händen überantwortet und der Krone von parlamentarischer Genehmigung unabhängige Mittel zugänglich gemacht. Um einige besonders eklatante Verleihungen zu attackieren, griff man zu einer mittelalterlichen Waffe: der »Ministerklage« *(impeachment)*, die letztmals im Jahre 1469 angewandt worden war, ein bezeichnendes Beispiel übrigens, wie sich ein modernes Problem, zumindest zeitweilig, an Hand historischer Forschung lösen läßt. Die Ministerklage konnte obendrein eine gewisse ministerielle Verantwortlichkeit bewirken. Lordkanzler Francis Bacon wurde der Korruption bezichtigt. Vielleicht hatte er wirklich die schier unsichtbare Grenze zwischen Redlichkeit und Bestechlichkeit überschritten, doch zu Fall brachte man ihn wegen der Nachdrücklichkeit und Überzeugungskraft seiner absolutistischen Ansichten. Beflügelt von diesem Sieg, gingen die Commons einen Schritt weiter und forderten freie Aussprache über die Außenpolitik. Jakobs Weigerung wurde als Absage an grundsätzliche Privilegien ausgelegt, aber die Commons ließen nicht locker. Die verfahrene Situation wurde nur durch eine neuerliche Parlamentsauflösung aus der Welt geschafft, eine Episode, die die Untauglichkeit auf beiden Seiten bloßstellte.

Cranfield setzte alles daran, den König vom Parlament unabhängig zu machen, wobei seine Menschenkenntnis, sein Finanzgeschick, seine Verbindungen in der City, seine umsichtige Wirtschaftsplanung sich sogleich bezahlt machten. Doch Jakob war vor der Zeit senil geworden und gab sich nur noch spanischen Träumereien hin. Wenn auch mit Tränen

König Jakob I. von England
Aus einem auf Brutus zurückgeführten Stammbaum des Königs von Thomas Lyte, 1605–1610
London, British Museum

Je supplie treshumblement V. M. de me pardonner si ce
l'importunne trop souvent de mes indignes lettres ie le fais pour
me conserver tousiours en la memoire de V. M. et en ces
bonnes graces estant la chose du monde que ie desire le
plus, V. M. entendra par les lettres du Roy comme le
Palatinat est en danger d'estre du tout perdu si V. M.
ne nous donne quelque aide, ie suis marrey qu'il faut que
nous importunions tant V. M. de nos affaires, mais la
necessité en est si grande que nous ne pouuons faire
autrement, ie la supplie tres treshumblement de me pardonner de l'importunité que ie donne a V. M. de la sup-
plier de continuer le soing qu'il luy a tousiours pleu auoir
de nous et de nous assister en ceste necessité se nous mes-
mes, et aussy de me continuer ces bonnes graces car ie
ne seray iamais aultre que

   Sire

   De V. M.

     La treshumble et tresobeissante fille
     et servante

à la Haye ce 29 de Juliet
    8 d'Aoust

       Elizabeth

Brief der geflohenen Königin von Böhmen, Elisabeth von der Pfalz,
an ihren Vater, den König Jakob I. von England
Eigenhändiges Schreiben aus dem Exil in Den Haag, 1621. London, Public Record Office

DIE ENGLISCHE REVOLUTION

in den Augen, stimmte er doch Buckinghams wildem Plan zu, Prinz Karl nach Madrid zu schicken, damit er sich dort in eigener Person eine Infantin erobern sollte. Mit einem frechen Abschiedskuß auf des Königs »schmutzige Hände« machte sich Buckingham nach Spanien auf, überzeugt davon, daß er allen professionellen Diplomaten überlegen sei. Dort gab es ein herbes Erwachen. Die beiden jungen Männer beliebten, sich als die von ihren ratlosen Gastgebern Brüskierten zu fühlen und jagten, nichts als Krieg im Sinn, nach Hause und waren unwahrscheinlicherweise einen Augenblick die Helden des Tages. Buckingham war in derart gehobener Stimmung, daß er bereit war, es mit einem Parlament aufzunehmen (1624). Diesmal wurden die Commons offen ermuntert, über Außenpolitik zu diskutieren und vor allem darüber, wie das treulose Spanien zu demütigen sei. Dies war dem Parlament sehr lieb. Es zögerte auch nicht, Cranfield anzuklagen, der, nachdem er Buckingham seinen Dienst getan, nun Wind und Wellen preisgegeben werden konnte. Jakob war zu lethargisch, um sich seinen ungestümen »Jungen« zu widersetzen, wenn er ihnen auch in einem lichten Augenblick prophezeite, daß sie noch ihr gerüttelt Maß an Parlamenten haben würden.

Buckingham, der sein spanisches Erlebnis noch nicht verwunden hatte, machte sich nun daran, den gewaltigen Richelieu für eine antihabsburgische Allianz zu gewinnen wie auch für eine Heirat zwischen Ludwigs XIII. Schwester Henrietta Maria und dem Prinzen von Wales. Bei diesem Handel bekam England zwar eine Königin, doch sehr wenig sonst, während Buckingham – völlig jenseits seiner Möglichkeiten – Erleichterungen für die englischen Papisten und Hilfe gegen die aufrührerischen Hugenotten zusagen mußte. Die Heirat fand wenig Anklang in England, und in Buckinghams Politik sah man wenig Gemeinsames mit den Zielen, die sich das Parlament von 1624 gesetzt hatte.

Jakob I. starb, ein zittriges Wrack, im März 1625. Seine Regierung wie auch sein Charakter waren merkwürdig unausgeglichen gewesen. In vieler Hinsicht war es ihm nicht gelungen, die bedeutende Stellung der Tudormonarchie aufrechtzuerhalten; immerhin hatte er diese nicht ganz und gar untergraben. Viel Gewicht ist auf seine Vorliebe für große Worte gelegt worden; es war aber nicht sein fortwährendes, ermüdendes Sich-Berufen auf das göttliche Recht, das ihn in Schwierigkeiten brachte. Diese Schwierigkeiten hätten sich jedem Nachfolger der Königin Elisabeth – auch dem wendigsten – gestellt. Dank den bizarren Mängeln seines Charakters verschärfte Jakob lediglich noch die Mißhelligkeiten. Als schwächliches Abbild einer Majestät, verdrießlich und weitschweifig, wie er war, besaß er nur wenige der Eigenschaften, die geeignet gewesen wären, ein Volk für sich zu gewinnen, dessen Herz sich stets dem ausgeprägten »Charakter« zuneigte. Aber wiewohl seine Regierung in politischer und verfassungsrechtlicher Hinsicht inkonsequent wirkte, so fällt sie immerhin mit einer kulturellen Blüte zusammen. Diese Blüte wurde zwar bisweilen als bloßes Anhängsel der gepriesenen Zeiten der »Ruhmvollen« betrachtet, dennoch weist sie ihre eigenen wundervollen Züge auf. Donne und Bacon, Shakespeare und Bischof Andrewes, Jones und Jonson lassen sich kaum auf einer einzigen Seite des Geistes abhandeln. Ihr Werk reflektiert wie in einem Brennspiegel etwas von der Unrast einer Zeit, in der alles in Frage gestellt zu sein schien, und bildet ein passendes Vorspiel zu der größeren Katastrophe, in der die Welt – oder doch zumindest England – auf den Kopf gestellt wurde.

Kampf um die Verfassung: Karl I. und Buckingham

Buckinghams Übergewicht hätte mit dem alten König ins Grab sinken können, doch ihm galt auch die Liebe des neuen, eines kalten, verschlossenen, starrsinnigen jungen Mannes, der tief gekränkt war von der ungezwungenen Volkstümlichkeit eines älteren Bruders – Prinz Heinrichs –, dessen Tod im Jahre 1616 ihn unvermutet in die verantwortliche Position gelangen ließ. Karls I. Liebe zu Buckingham zeigte nicht so sehr Qualitäten in diesem großspurigen Günstling an als tiefreichende Ähnlichkeiten zwischen dem Vater und dem Sohn, der ebenso eifrig wie der liebeskranke alte Herr die fieberhaften Abenteuer des Herzogs unterstützte und dadurch nur seine eigenen Probleme vermehrte. Die Eifersucht auf den Günstling und dessen Schmeichler seitens der vielen, die von seiner unverhohlenen Vorliebe ausgeschlossen blieben; religiöses Sektierertum; verfassungsrechtliche Zweifel; riesige Staatsschulden; Wirtschaftskrisen – dies alles waren armselige Voraussetzungen für die großen Gesten, die Buckingham glaubte machen zu müssen. Doch war er stets guten Mutes und gar zu sehr in Eile, um sich über irgend etwas viele Gedanken zu machen. Wenn er nur in Bewegung war.

Eine neue Regierung bedeutete ein neues Parlament. Doch Karl mußte entdecken, daß Geldmittel, die Seele des Krieges und der Verwaltung, nicht verschenkt werden, sondern verdient sein wollen. Das Pfund- und Tonnengeld, gewöhnlich automatisch auf Lebenszeit bewilligt, wurde diesmal nur auf ein Jahr zuerkannt. Arminianistische – oder hohe anglikanische – Kleriker, die durch die Nachdrücklichkeit ihres »Royalismus« und den Beigeschmack von Papismus, den sie an sich hatten, Anstoß erregten, wurden angegriffen. Schlimmer noch war die hämische Kritik an seinem Günstling, die Karl auf seine eigene Person bezog, gegen die sie ja auch, allen Loyalitätsbeteuerungen zum Trotz, gerichtet war.

So mußte denn das Parlament gehen. Karl und Buckingham würden schon allein zurechtkommen. Ein großer Coup, und alles wäre gewonnen. Die Sache sollte im elisabethanischen Stil vor sich gehen. Eine große Flottenexpedition nach Cádiz mußte der knauserigen Gentry und den von ihren Kanzeln donnernden Puritanern Respekt einflößen. Das wäre vielleicht auch geschehen – hätte diese Expedition nur Erfolg gehabt. Doch außerhalb der Grenzen Englands war das Glück Buckingham nie hold. Untergebene, seine eigenen Kreaturen, ließen ihn im Stich. Die Schuld lag unabweisbar bei ihm. Ohne Cranfield war der Staatssäckel leer. Ein neues Parlament mußte einberufen und um Mittel angegangen werden, nicht nur gegen Spanien, sondern jetzt auch für einen Krieg mit Frankreich, eine neuerliche Auswirkung von Buckinghams kindischer Überheblichkeit.

Das Parlament versammelte sich im alten ablehnenden Geiste. Der Herzog hatte sich ein Heer von Feinden geschaffen – die einen waren es aus Neid und Habgier, die anderen aus Prinzip –, und alle gaben vor, nur das öffentliche Wohl im Auge zu haben. Seine Freunde, wie der räuberische und untüchtige Schatzmeister der Flotte, Sir Sackville Crowe, zogen selbst in einem Zeitalter, das Vetternwirtschaft mit Familienpietät gleichzusetzen liebte, die allgemeine Verachtung auf sich. »Dem Sieger die Beute.« Ja – doch die einzigen Siege, die der Herzog bisher errungen hatte, waren solche über den König und das Königreich gewesen. So beklagten sich die Commons, angetrieben auch von besonnenen

DIE ENGLISCHE REVOLUTION

Männern, nicht bloß von dem schwankenden Sir John Eliot, der, einst ein Freund des Günstlings, nun dessen erbittertster Gegner war, über jeden einzelnen Punkt der königlichen Politik. Huldvoll ließ sich Karl im Stil einer elisabethanischen »Cäsarenbotschaft« vernehmen: Parlamente kämen, Parlamente gingen, ganz wie es ihm gefalle; sie seien hier, um Gelder zu bewilligen, also bitte!

Die kümmerliche Saat fiel auf steinigen Boden und erstickte alsbald im wuchernden Unkraut von Haß und Gleichgültigkeit. Eine gewaltige Anklageschrift gegen den Herzog wurde zusammengestellt, die auch – da im verfassungsrechtlichen Sinne Regierungsmißgriffe ebenso schlimm waren wie Verbrechen – die Anklage auf Vergiftung des verstorbenen Königs enthielt. (Zeitgenossen, die sich der phantastischen Enthüllungen im Overbury-Prozeß und gewisser dunkler Geheimnisse in Jakobs früherem Leben erinnerten, konnten so etwas durchaus für möglich halten.) Einige Peers, entrüstet über die schäbige Behandlung Bristols, der als Gesandter in Madrid zuviel über den Verlauf jener Werbung um die Infantin wußte und von Buckinghams lärmenden Anwälten mundtot gemacht worden war, schlossen sich dem Angriff der Commons an. Und wieder wurde der Günstling gerettet: die Parlamentsmitglieder wurden nach Hause in ihre Grafschaften geschickt.

Um sein Prestige zu retten, mußten jene beiden Kriege mit Glanz und Glorie geführt werden. Die gewaltigen Kosten versuchte man mit so unparlamentarischen Mitteln wie dem »unrechtmäßigen« Pfund- und Tonnengeld zu decken, die jetzt schon zu den altgewohnten Übeln gehörten. Sie reichten freilich nicht aus. So versuchte sich Karl durch Zwangsdarlehen die Gelder zu beschaffen, die ihm das Unterhaus vorenthielt. Wer sich weigerte, wurde in Buckinghams murrendes Heer gepreßt, vor den Geheimen Rat *(Privy Council)* zitiert oder mit Truppeneinquartierungen behelligt. Als fünf Ritter, die im Fleet-Gefängnis eingekerkert waren, auf Grund der *Habeas Corpus*-Erlasse Klage erhoben, erhielten sie den unter sorgsamer Umgehung der Darlehensfrage abgefaßten Bescheid, sie seien auf besonderen Befehl des Königs in Haft, was die Willkür in ihrem Falle evident machte. In einer undurchsichtigen Entscheidung schickten die Richter die Gefangenen wieder in die Untersuchungshaft zurück und rührten damit von neuem die verfassungsrechtlichen Zänkereien auf, die allen politischen Kontroversen zugrunde lagen. Karl tat sich auf solche juristischen Siege allzuviel zugute. Mit der Zeit mußte er, wie auch sein phantasieloser Sohn Jakob II., einsehen, daß ein Gesetz, das den Bedürfnissen der Menschen entgegensteht, von diesen, sofern sie es vermögen, umgestoßen wird.

Unterdessen war eine weitere aberwitzige Unternehmung – diesmal nach der Isle de Ré – mißglückt. Die Leute munkelten von verlorenen Märkten in Spanien, Frankreich und dem Mittelmeer. Buckingham, der *Lord High Admiral,* hatte, verstrickt in seine Hirngespinste, nicht vermocht, dem Piratenwesen in der Straße von Dover Einhalt zu gebieten. Kaum hatte sich England von der letzten Wirtschaftskrise erholt, schlitterte es auch schon in die nächste.

Unter diesen düsteren Vorzeichen trat das dritte Parlament 1628 zusammen. Normale Wahlverfahren brachten Männer ins Parlament, die persönliche Gründe hatten, sich über den Gang der Dinge zu beschweren. Von diesen wechselten freilich später einige in den königlichen Dienst über; im Augenblick aber wetteiferten sie miteinander im Aufzählen all der »Nöte der Nation«. Nicht alle diese Nöte waren auf ihren Stand beschränkt – sie waren zumeist wohlhabende Gutsbesitzer –, sondern betrafen alle Engländer. (Trotz einer Politik, die zuweilen wegen ihrer sozialen Wohltätigkeit gerühmt wird, gewann Karl eigentlich nie die Wortführer seiner weniger begüterten Untertanen für sich, da sie sich von ihm enttäuscht sahen.) Mit der Weigerung, eine verpfuschte Außenpolitik zu unterstützen, wandten sich die tüchtigen Männer in beiden Häusern einmütig dringenderen Dingen zu. Der König mußte sich bereit finden, dem Rechnung zu tragen, was Leute, die noch immer am Präzedenzfall klebten, als die erprobten, herkömmlichen Verfahrensweisen ansahen. Jener alte Cato des *Common Law*, Sir Edward Coke, der vor langer Zeit von Jakob wegen seines »ewig aufrührerischen Betragens« entlassen worden war, verlangte, daß das königliche Wort in »parlamentarischer Weise« aufgefaßt, nämlich zu Protokoll genommen und in allen Einzelheiten festgehalten werden müsse. Er schlug die Erweiterung einer persönlichen *Petition of Right* durch Aufnahme auch öffentlicher Anliegen vor. In dieser – und hier handelte es sich um die – *Petition of Right* wurde Karl aufgefordert, willkürliche Steuerauflagen und Einkerkerungen, Zwangseinquartierungen und die Anwendung des Kriegsrechts in Friedenszeiten künftighin zu unterlassen, wenn dies alles auch gewissen bestehenden Rechten entsprach. Die Krone hatte sich also praktisch all jener Hilfsquellen zu entschlagen, die jede Regierung sich für Notfälle vorbehalten möchte. Karl war auf der Hut und erwiderte mit einer wortreichen Erklärung, die seine königliche Prärogativen unberührt ließ. Dies genügte nicht. Unter Druck gesetzt, gab er eine deutlichere Erklärung des Sinnes ab, daß die in der Petition aufgezählten »Urteile, Handlungen und Prozeduren« als gesetzwidrig zu betrachten seien. Die Krise, so schien es, war überwunden (Mai 1628).

Die *Petition of Right* ist als eine statutarische Beschränkung der königlichen Prärogativen angesehen und vom radikalen John Lilburne auf eine Stufe mit der *Magna Charta* gestellt worden. Gewiß schien sie die verfassungsmäßigen Bestrebungen gemäßigter Männer in hohem Maße zu erfüllen, und redlich eingehalten, hätte sie vielleicht dazu beigetragen, die Konflikte zu mildern, wenn sie diese auch kaum hätte ganz bannen können. In Wirklichkeit aber fühlte sich Karl durch seine zweite Erklärung nicht gebunden, und alsbald gingen auch seine Kritiker über die von der *Petition* gesteckten Grenzen hinaus. Während der restlichen Regierungszeit Karls wurde kaum darauf Bezug genommen. Statt dessen arbeitete man auf deutlicher festgelegte Beschränkungen der Prärogativen hin. In gewissem Sinne war die *Petition* nur eine vorübergehende Episode in einem immer erbitterteren Ringen um die Staatsverfassung.

Buckingham blieb. Um einem weiteren Ausfall gegen den Mann vorzubeugen, den er noch immer in Ehren zu halten beliebte, vertagte Karl das Parlament (Juni 1628 bis Januar 1629). Während der Parlamentspause sah man Sir Thomas Wentworth, einen reichen Gutsbesitzer aus Yorkshire, ehrgeizig und tüchtig, in königliche Dienste treten, als Präsident des *Council of the North*. Er war energisch für die *Petition* eingetreten, hatte sich aber über die verderblichen Machenschaften Eliots und seiner Anhänger erbost. Seine ehrlichen Absichten und seine Energie waren für die königliche Regierung anfänglich ein Gewinn, gereichten ihr später zum Unheil. Die Probleme des Herzogs lösten sich schließlich dadurch, daß er im August 1628, in Erfüllung einer kursierenden Prophezeihung, ermordet wurde.

Karl war erschüttert. In seinem tiefen Kummer wußte er, daß der Schirm, der ihm die übermütige Persönlichkeit seines Günstlings gewesen, für immer dahin war. Die zweite Sitzungsperiode des Parlaments bestätigte das. Die *Petition* und den Hingang des Herzogs mißachtend, ließen die Commons einen Hagel von Beschwerden auf ihn niederprasseln. Als sie sich weigerten, sich zu vertagen, wurden sie von königlichen Wachen auseinandergetrieben. Trotzig verabschiedeten sie durch Zuruf Resolutionen gegen die Erhebung und Entrichtung des Pfund- und Tonnengeldes und gegen »Neuerungen« in der Religion. Karl hatte nun gründlich genug vom Parlament. Elf Jahre lang würde er kein neues einberufen.

Um den »Dunst der Pflichtvergessenheit« zu zerstreuen, den »einige liederliche Künstler und Empiriker« über seine Untertanen ausbreiteten, plante Karl eine Zensur von Presse und Kanzel und exemplarische Strafen für alle Missetäter. Wieweit er der Situation gerecht wurde, ist schwer zu sagen, doch während die Jahre hingingen, traten nicht nur Chancen, sondern vor allem auch die Notwendigkeit deutlich zutage, die königlichen Prärogativen sowohl durch Gesetzesentscheidungen wie durch eine Politik der Ordnung und des wirtschaftlichen Aufschwungs zu verteidigen. Auch eine Spur sozialer Fürsorge um ihrer selbst willen mochte sich in seinen Anordnungen finden. Doch selbst noch bei dem Erzbischof William Laud, diesem beharrlichsten und nachdrücklichsten Verfechter des Paternalismus, bildete sie nur das Mittel zu einem höheren Zweck – in seinem Falle dem des wahren Gottesdienstes, der darin bestand, daß Individuen und Stände versöhnt miteinander lebten.

Ansonsten lag der Nachdruck auf weltlicheren Dingen, nämlich auf Erhaltung der Ordnung, um finanzielle Belastungen zu vermeiden. Zum Glück blieb die Möglichkeit, sich einzuschränken. Die Kriege hörten auf, weil weder Frankreich noch Spanien an ihnen etwas lag. Doch Karl verlor keineswegs jegliches Interesse an den europäischen Händeln. Wie sein Vater glaubte er, daß die Diplomatie sicherer war als der Kampf, zumindest billiger und weniger geeignet, die Leidenschaften der »Parteien« zu schüren. Freilich gab es Spaltungen selbst im Kreise seiner nächsten Berater, die wahllos entweder französisch oder spanisch gesinnt waren. Karl selbst, von Wentworth darin bestärkt, neigte Spanien zu und ließ ungemünztes Gold zur Besoldung der spanischen Truppen in den Niederlanden durch Südengland passieren, um die gefährliche Straße von Dover zu umgehen.

So gewinnbringend dies in finanzieller Hinsicht war, so unklug war es in politischer, da zu jener Zeit die Partei des katholischen Habsburg, wie der Friede von Prag (1635) zeigte, zu triumphieren schien. Daß es mit Spanien in Wirklichkeit bergab ging, steht den Historikern deutlicher vor Augen als den Zeitgenossen. Das blinde Vorurteil der englischen Puritaner wurde von besser informierten Realpolitikern wie Richelieu geteilt. Aber selbst wenn Karl dieser Umstand zu Bewußtsein hätte gebracht werden können, hätte er wenig dagegen vermocht. Notwendigerweise mußte sein Hauptaugenmerk auf sein vereinigtes Königreich, England, Irland und Schottland, gerichtet bleiben.

Zentralismus von Krone und Altar: Strafford und Laud

Zu Hause begann die neue Ära schlimm genug mit einer neuen Wirtschaftskrise, hervorgerufen zum Teil durch einen Rückgang des Handels, da die Kaufleute Repressalien durch das nächste Parlament für den Fall gewärtigen mußten, daß sie das Pfund- und Tonnengeld zahlten, während dessen Verweigerung unverzügliche Bestrafung von seiten des Königs nach sich ziehen mußte. Arbeitslosigkeit, »das größte Elend der Elenden«, verursachte Tumulte unter den Textilarbeitern in Essex und Kent und einen regelrechten Aufstand im Westen. Durch den Geheimen Rat, die Geschworenengerichte, den *Council of the North* und den *Council in the Marches of Wales* wurde die soziale und wirtschaftliche Gesetzgebung, die von den Tudors in den Statutenbüchern zusammengetragen worden war, einer Prüfung unterzogen. Dies mag ein wenig weitergeholfen haben. Es kam zu einigen Verbesserungen, als der Handel neuen Auftrieb erhielt. Der Güterbedarf auf dem Kontinent stieg 1632 etwas an, doch auch jetzt noch lagen einige der älteren Handelszentren in »Todesstarre«, was den fortgesetzten Druck von seiten der Regierung rechtfertigte. 1635 erklärte der Lordkanzler den Geschworenengerichten, diesen »großen Aufsehern des Königreichs«: »Seine Majestät wünschen, daß ihr nicht ablasset, sondern weiterhin Erkundigungen anstellet...« Viel später behauptete Clarendon, diese Jahre seien bemerkenswert glücklich gewesen. Die Armen mögen anderer Meinung gewesen sein.

Diese Politik hatte unerwartete Folgen. Der Druck auf die Gemeinden beschränkte deren Unabhängigkeit und zwang ihnen eine Uniformität auf, die die lokalgesinnten Leute erdrückend fanden. Verdruß regte sich nicht nur bei den Nachlässigen oder Widerspenstigen, »die durch die Finger sehen und nur das erblicken, was ihnen genehm ist, zuweilen um des Lohnes willen, zuweilen aus Parteilichkeit oder Zuneigung, oder auch aus Furcht, den Großen... oder dem Pöbel zu mißfallen«, sondern auch bei gewissenhaften Männern, die gern aus eigener Initiative tatkräftig zu Werk gegangen wären. Sie begannen sich über den Geheimen Rat, die königlichen Gerichte und auch die Bischöfe – da deren Sinn ebenfalls auf Zentralisation gerichtet war – Gedanken zu machen. Es war ja auch nicht die Sozialpolitik allein, die die Zentrifugalbewegung einleitete. Das Schiffsgeld, das nach 1635 im ganzen Land erhoben wurde, betrachtete man als eine ungerechtfertigte Umwandlung eines Notstandsmittels in eine reguläre Einrichtung, aber auch als Eingriff in die Freiheiten der örtlichen Verwaltungen. Die Anordnungen, die zur Erhebung der Schiffsgelder getroffen wurden, sahen einem hinterhältigen Versuch, ein nationales Steuersystem aufzubauen, das zentral gesteuert die traditionellen lokalen Verfahrensweisen durchkreuzen mußte, verzweifelt ähnlich. Diese Einstellung wie auch Knauserei und verfassungsrechtliche Empfindlichkeiten erklären die Weigerung, die geforderten Gelder zu zahlen oder einzutreiben.

Die Verleihung von Monopolen brachte ebenfalls Verdruß. Abgesehen davon, daß die Monopole dem Geist des Erlasses von 1624 entgegenstanden, boten sie häufig Spekulanten die Möglichkeit, in alte Privilegien einzugreifen. Hier schoben sie die Lokalverwaltungen beiseite, dort forderten sie deren unwillige Mithilfe, und in beiden Fällen erregten sie Anstoß. Zudem kam das System in weit höherem Maße den Londonern und Höflingen zugute als den Provinzlern. Freilich hatte das Monopolwesen auch sonst noch manche Nachteile. Gleichviel ob wirksam ausgebeutet oder nicht, trieb es die Preise sowohl für die Produzenten als auch für die inländischen Verbraucher in die Höhe. Das Salzmonopol wirkte sich nachteilig auf die Fischerei und das Molkereigewerbe aus. Die Monopolinhaber waren häufig Amateure, deren Unerfahrenheit Verwirrung in die Volkswirtschaft brachte. Wenn man bedenkt, daß die Monopole, abgesehen von ihrer Einträglichkeit für die Investoren und Agenten, der Krone halfen, ohne parlamentarische Geldbewilligungen auszukommen, nimmt es nicht wunder, wenn Ordnungsbestimmungen für die Industrie 1640/41 allgemein verdammt wurden. Mit ihnen schwand die Aussicht auf eine Staatsbeteiligung an der Industrie in jenen Formen, wie sie in Frankreich von Laffemas und Richelieu angestrebt wurden.

Die Reaktionen auf Eingriffe der königlichen Gerichtshöfe in Besitzstreitigkeiten, in die Wiedereinführung der Forstgerichte und die energischen Sumpflanddrainagen waren vielschichtig. Die Verurteilung von Straffords Tätigkeit im Norden und in Irland 1641 zeigt dies deutlich. Wie Laud in der Kirche versuchte auch er, ein Einheitssystem durchzusetzen, das eher einer universalen Knechtschaft gleichkam. Ähnlich Philipp II. in den Niederlanden unterschätzte er – seltsam genug für einen Mann aus dem Norden – die Zähigkeit der lokalen Traditionen. Eine Einheit führte er allerdings herbei, doch war es nicht diejenige, auf die er es abgesehen hatte. Es verbanden sich nämlich die Unzufriedenen und brachten in England die Aufhebung des *Council of the North* und in Irland die Ulster-Rebellion von 1641 zuwege. Daß seine Steuerpolitik drückend war, daß er sich seine eigenen Taschen füllte, während er laut die Redlichkeit im Munde führte, beschleunigte gewiß seinen Sturz, doch sein eigentliches Vergehen war die Zentralverwaltung, die er unerbittlich und fast systematisch durchsetzte. Strafford war in der Tat ein englischer Richelieu. Es mag noch erwähnt werden, daß er im Norden die lokalen Traditionen auch an anderer Stelle traf. Die Art, wie er die Savilles und Bellasys behandelte, ließ das Gefühl aufkommen, er verfolge seine eigenen »dynastischen« Ziele mit Staatsgewalt.

Lauds Situation hatte ihre eigenen Schwierigkeiten. Seine Haltung war »royalistisch« vor allem, weil die Monarchie über Zwangsmittel verfügte, welche der Kirche zugute kommen konnten. In dem Glauben, nichts Menschliches sei Gott fremd, kam er zu dem Schluß, daß soziale, politische und administrative Angelegenheiten eigentlich Sache der Geistlichen seien. Sie vernachlässigen hieße dem Allmächtigen ins Gesicht speien. Unterstützte man aber das »persönliche Regiment«, so bedeutete dies, für die allgemeine Harmonie zu arbeiten, die Gott wohlgefällig war. Darum war er ein treuer und unermüdlicher Diener des Königs, doch einer, den die Verächtlichkeit des Regimes oft genug anwiderte – die Heuchelei, der Eigennutz und die Verleumdung, die er *Lady Mora* nannte. Seine Ungeduld und Barschheit spiegeln die Ungeschliffenheit seines Wesens und seine übertrieben hohen Prinzipien: Was nicht vollkommen war, war »schieres Nichts«. Er machte Prynne, Lilburne, Bastwick, Lady Eleanor Davies, die wallonischen Gemeinden und die schottischen *Covenanters* mundtot, weil sie seiner Meinung nach gotteslästerlich handelten. Seine Forderung nach Einheit durch Einheitlichkeit entrüstete nicht nur diejenigen, »die es genau nahmen« – also die Puritaner.

Die Episkopalkirche schien ein weiteres Mittel der Zentralisierung, deren Bestrebungen sich auf Schottland, Irland, die englischen Gemeinden in den Niederlanden und die neuen Siedlungen in Nordamerika erstreckten. In England hatten die Bischöfe in ihren Bistümern zu bleiben und regelmäßig Bericht zu erstatten, mußten sich inquisitorische Visitationen gefallen lassen und ihre Dechanten und Domkapitel, Kanzleivorstände und Gerichte, Ortsgeistliche, Laienpatrone und Zehntenzahler ständig belästigen. So konnte es nicht ausbleiben, daß die lokalen Gefühle aufwallten. Nicht der geringste unter den Vorwürfen, die man dem *High Commission Court* machte, bezog sich auf dessen Eingriff in örtliche Institutionen. Er wurde mit der spanischen Inquisition verglichen, nicht weil er grausam war – das war er nicht –, sondern weil er wie jenes so eindeutig monarchische Instrument ein Mittel der Zentralisierung war.

So verschärfte das persönliche Regiment die verfassungsrechtlichen, wirtschaftlichen und religiösen Übelstände, die es mit sich brachte, noch durch erbitterten Lokalpatriotismus. 1640 kam es vielerorts beinahe zu einem Streik der Gemeindeverwaltungen. Als dann auch noch äußere Spannungen, bewirkt durch die schottische Erhebung, hinzukamen, brach das Regime zusammen.

Zwischen den Schotten und Engländern lagen Jahrhunderte voller Kriege und Grenzstreitigkeiten. Die Ankunft Jakobs I. hatte Befürchtungen vor einer Überschwemmung der üppigen englischen Fluren mit »verhungertem schottischem Vieh« aufkommen lassen. Das Parlament hatte sich dementsprechend geweigert, einer politischen Union zuzustimmen, und Schottland war ein separates Königreich mit eigenen Einrichtungen geblieben. Jakob regierte es schlecht und recht von London aus, und wiewohl er die Episkopalkirche wieder einführte, ging er doch behutsam vor in der Hoffnung, die Bischöfe würden sich mit der Zeit von selbst in die Landschaft einfügen. Karl dagegen, in England erzogen, war mehr darauf bedacht, *the Kirk*, die schottische Nationalkirche, dem Anglikanismus einzugliedern. Sein *Act of Revocation* (1627), der bezweckte, der Kirche (das heißt den Bischöfen) die enteigneten Ländereien und *tiends* (Zehnten) zurückzugeben, hätte für den Adel eine gewaltige Einbuße an Macht bedeutet. Da die schottischen Adligen im Verbergen ihrer Gefühle weniger gewandt waren als ihre schlauen englischen Vettern, reagierten sie mit Schärfe. Ein unsicherer Kompromiß, der großzügige Entschädigungen vorsah, hatte kaum die Wogen zu glätten vermocht, als Karl 1633 zur Krönung nach Edinburg kam. Erzbischof Lauds bedeutender Anteil an dem »papistischen« Zeremoniell beleidigte die empfindsamen Schotten in ihren religiösen und patriotischen Gefühlen. Karl wurde unverhohlen zu verstehen gegeben, er leiste Dingen Vorschub, die der »gesegnete König Jakob« sehr beklagt hätte.

König und Erzbischof kehrten nach England zurück, betrübt über die schottische Religion, die offenbar die Beute störrischer Kleriker, gieriger Adliger und respektloser Laien geworden war. Die schottischen Bischöfe wurden angewiesen, ein Gebetbuch zusammenzustellen, das die Sittsamkeit erzwingen sollte. Es erschien 1637, durch nichts als die nackte Prärogative begründet – deshalb ein einziger Affront – und eingeleitet von einem Loblied auf die Einheitlichkeit »im äußeren Gottesdienst«. Es machte einen beleidigend englischen Eindruck. Überdies war sein Erscheinen von entschlossenen Aktionen im Zusammenhang mit dem Revokationserlaß begleitet.

König Karl I. von England und seine Gemahlin Henrietta Maria im Jagdkostüm
Aus einem Gemälde von Daniel Meytens, um 1630
Hampton Court Palace

König Karl I. von England mit seinem Gefolge bei der Tafel in Whitehall (?)
Aus einem Gemälde von Gerard Houckgeest, 1635
Hampton Court Palace

Das Resultat war energischer Widerstand gegen das, was eine Bedrohung des schottischen Patriotismus, Protestantismus, des persönlichen Besitzes und der Freiheit schien. Etwas wie eine nationale Bewegung, die Gleichgültige wie Gemäßigte einschüchterte, war angestachelt worden. Ein nationaler Bund *(Covenant)*, der sich auf die stürmischen Jahre der Reformation berief, sollte ein Jahrhundert lang machtvolles Fanal bleiben. Einen Augenblick fanden sich Adlige und Bürger, Gentry und Handwerker, Laien und Kleriker zu gemeinsamer Sache. Hätte Karl dieser Erhebung nachgegeben, wäre sein Ansehen in Schottland erledigt gewesen, und unruhige Geister in England hätten neuen Mut geschöpft. Ihre Bekämpfung jedoch mußte die Staatsfinanzen stärker belasten als ein Krieg jenseits der Grenzen. So wartete er zu und machte damit nicht das Beste, sondern das Schlechteste aus der Situation in beiden Ländern. Eine schottische Stände- und Kirchenversammlung schaffte die Episkopalkirche ab, »diese Urmutter aller Verderbnis, Neuerung, Usurpation, Krankheit und Not bei uns«, und machte sich an das, was Laud mit ungewohnter Zurückhaltung »gar manch befremdlich Tun« nannte. Jetzt zeigten sich auch Spaltungen unter den Schotten – etwa in der Abneigung James Graham Montroses gegen Argyll –, doch des Königs Position verschlechterte sich auch weiterhin. 1639 sprach man von einer Wiederbelebung der »alten Allianz« und unterbreitete Ludwig XIII. von Frankreich entsprechende Vorschläge. Erfahrene schottische Soldaten eilten aus Deutschland herbei, um den ungeschulten Streitkräften das Rückgrat zu stärken. Bald waren sie höchst zielbewußt »beschäftigt mit Predigen, Beten und Drillen«.

Karl hielt vergeblich Ausschau nach massiver englischer Unterstützung. So mancher Engländer betrachtete die Schotten in der Tat schon als seine »Brüder«. Selbst jene, denen religiöse Dinge gleichgültig waren, meinten, Schottland könne die englischen Gebresten heilen. Andere waren der Ansicht, der Norden liege gar zu fern, um sich deswegen beunruhigen zu lassen. Die Dorset-Miliz weigerte sich, ihre Grafschaft zu verlassen, ganz zu schweigen von einem Marsch nach Schottland. Einem inspizierenden Offizier in Kent, der überraschenderweise einen Mann mit einer wirklich guten Muskete fand, erklärte dieser, »oh, mein Herr würde eine schlechtere geschickt haben, hätte er nur eine auftreiben können, doch in der ganzen Stadt war keine zu haben«. Unter solchen Umständen wurde Karls Kampagne zu einem Fiasko. Seine Ratgeber – unter ihnen Wentworth, der endlich in den heiß begehrten Stand eines Grafen (von Strafford) erhoben worden war – setzten sich für ein Parlament ein, das dem latenten englischen Patriotismus Geltung verschaffen sollte. Um den König zumindest etwas unabhängiger von diesem Parlament zu machen, liehen sie ihm Geld – Strafford ließ sich schlauerweise die Kriegsdienstverweigerungsstrafen zur Sicherheit überantworten. Dann eilte der neue Graf, am Rande physischer und nervlicher Erschöpfung, nach Dublin, um die irischen Hilfsgelder einzutreiben und seine dort stationierte wohldisziplinierte Armee zu mustern, die schon damals für die Engländer ein Schreckgespenst war.

Die Einberufungen zum Parlament wurden im Februar 1640 verschickt. Wenn der Wahlkampf auch scharf war, so verlief doch die Wahl selbst in den gewohnten Bahnen lokaler Einflußnahme. Als aber die Parlamentsmitglieder in Westminster eintrafen, entdeckten sie, daß ihnen allen ein Widerwillen gegen die derzeitige Politik und die Männer, die sie bestimmten, gemeinsam war. Als der Disput über Geldbewilligungen in gegenseitige Verunglimpfungen ausartete, beendete der König das Parlament, das ihm so wenig munden wollte wie alle früheren, nach dreiwöchiger Session. Doch dieses »Kurze Parlament« hatte ebenso die allgemeine Ablehnung der königlichen Unternehmungen wie die Einmütigkeit der besitzenden Stände deutlich zutage gebracht. Abermals war sichtbar geworden, wie wenig die Stuarts in den parlamentarischen Künsten bewandert waren und wie schlecht des Königs Ratgeber das Land verstanden. Der Synodalbeschluß über eine Reihe kirchlicher Vorschriften, die die Übereinstimmung der Interessen des Laudschen Anglikanismus und der Krone unterstreichen sollten, führte zu weiteren Mißhelligkeiten. Goldbarren- und Frachtkonfiskationen, geheime Anfragen in Dänemark und Spanien, sogar beim Papst geben ein Bild von der verzweifelten Lage. Während des ganzen Sommers war der Ruf nach einem neuen Parlament zu vernehmen. In einer Petition, die brutal die Mißstände im Königreich anprangerte, drängten zwölf Peers zu einem Parlament als dem einzigen Heilmittel. In York handelte ein *Great Council* – eine mittelalterliche Institution, ungeeignet zur Lösung moderner Probleme – einen Vertrag mit den Schotten aus, riet aber gleichfalls zu einem Parlament. Durch den Vertrag von Ripon verpflichtet, den Schotten täglich achthundertundfünfzig Pfund zu zahlen, wurde Karl »auf die Knie und zur Einberufung eines Parlaments gezwungen«.

Das Lange Parlament

Die Fragen, die bei dem »großen Sturm auf die Bänke« im September und Oktober 1640 aufgeworfen wurden, waren keineswegs alle nationale. Freilich machten König, Minister, Peers und Stadtväter große Anstrengungen, die rechten Leute ins Parlament zu bringen, doch die meisten Wähler überließen es denen, die sie wieder ins Parlament brachten, sich an Ort und Stelle ihre eigenen Ansichten zu bilden. »Infolgedessen sind die Zustände so verwickelt, daß es oft unmöglich ist auszumachen, ob einer gewählt wurde, weil er ein Royalist war, einer bestimmten Familie angehörte, puritanische Auffassungen vertrat, oder einfach weil er eine beliebte und geachtete Persönlichkeit in seiner Gemeinde war.« Da waren also einige hundert Individuen jeder Altersstufe und Intelligenz, die nach unterschiedlichem Stimmrecht an verschiedenen Tagen, unter mannigfaltigen Umständen und in vielerlei Absicht gewählt worden waren. Es gab da Kaufleute, Beamte, Juristen, doch die meisten waren, selbst wenn sie Interessen in der City hatten, Landadlige mit einem natürlichen Verständnis füreinander, das sich von jenen, die sich auf das parlamentarische Handwerk verstanden, geschickt ausnutzen ließ, um zuvörderst Einmütigkeit herbeizuführen. Die Menschen wachsen rasch in den Revolutionen – doch nicht alle mit derselben Geschwindigkeit. Die Politik des »Langen Parlaments« – denn zu dem wurde es – war immer verwickelt und unbeständig, ja bedenklich. Zu Beginn hatten sich drei große Gruppen herausgebildet: Royalisten, von denen es zunächst nur wenige gab; Parlamentarier, die sich hinter den höchst erfahrenen John Pym stellten; und eine breite »Mittelgruppe«, die oft auf verwirrende Weise zwischen »links« und »rechts« hin und her schwankte.

DIE ENGLISCHE REVOLUTION

Als der Bürgerkrieg näherrückte, gab es unter den Commons eine schärfere Spaltung als im Land, wo Spuren von Neutralismus das ganze Interregnum überdauerten. Aber auch innerhalb der großen Blocks der Royalisten und Parlamentarier waren die Positionen, die die einzelnen bezogen, sehr verschieden. Von 1640 an kam es zu einer Zersplitterung der herrschenden Stände Englands, die sich zunächst in Westminster abzeichnete und dann verzerrt über die ganze politische Nation hin spürbar wurde. Bei diesem Prozeß wurden neue politische und gesellschaftliche Kräfte frei, die die Zwietracht zwischen den traditionell im Lande Herrschenden verschärften.

Doch Nachdruck wurde in der ersten Session eher auf Einigung denn auf Spaltung gelegt. Die meisten Peers und Mitglieder der Commons dienten in ihren Gemeinden dem Staatswesen – als Gouverneure *(Lords Lieutenant)*, Deputierte, Sheriffs, Vizeadmiräle, Friedensrichter. Das letzte Jahrzehnt hatte ihren Diensten und ihrem Besitzstand erhebliche Einbußen zugefügt. Daher der allgemeine Enthusiasmus, mit dem man die rechtliche Seite des Geheimen Rats, der königlichen Gerichtshöfe, Schiffsgelder, Forstgesetze, Monopole angriff – der Dinge also, die beiden abträglich waren. Hier lagen die Streitfragen vergleichsweise einfach. Die Religion, die ebenfalls ihre gemeinde- und besitzrechtlichen Züge hatte, stellte ein viel heikleres Problem dar. Die »Fraktionsführer« hielten darum diese Frage in der Schwebe, bis man sich auf annehmbare Lösungen geeinigt hatte. So wurde mit der Unterstützung zukünftiger Royalisten, wie Edward Hyde, der die Berechtigung jener Einrichtungen niemals in Zweifel zog, vieles von dem persönlichen Regiment, den finanziellen Hilfsquellen, die es speisten, abgebaut und einige Minister, die es leiteten, entlassen.

Strafford war das gefürchtetste unter den Opfern, die dieser »allgemeine Gerichtstag« forderte. Bei der Heftigkeit seines Wesens war eine zahme Unterwerfung unter das, was für ihn ebenso persönliches wie politisches Debakel sein mußte, kaum zu erwarten. Er war durchaus kein hohler Kopf, verfügte über Geschick und große Willenskraft und hatte überdies, dank seiner irischen Streitmacht, die Mittel zu einem Staatsstreich in der Hand. So wurde er angeklagt, die (mit Bedacht undefiniert gelassenen) grundlegenden Gesetze durch seine Ratschläge, eine »willkürliche und tyrannische Regierung mit Waffengewalt« zu errichten, untergraben zu haben – eine offen politische Interpretation von Verrat. Gewaltiges Beweismaterial und Scharen von Zeugen vermochten es nicht, auch eine beträchtliche Minderheit im Unterhaus und die Mehrheit im Oberhaus zu überzeugen; ihnen hatte Strafford energisch vor Augen geführt, daß mit ihm auch sie und ihre Nachkommenschaft gerichtet würden, da er nur das getan habe, was die selbstverständliche Pflicht eines jeden Peers war – nämlich dem König mit Rat und Tat beizustehen. Im Unterhaus aber blieb eine »starre, starke und unbeugsame Partei«, die bei ihrer »zwingend notwendigen Politik« blieb. Wenn das eine mittelalterliche Verfahren nichts ausrichtete, so mußte ein anderes herhalten: ein parlamentarischer Strafbeschluß, mit dessen Hilfe dieses »reißende Tier« gesetzlich niedergestreckt werden konnte. Erschüttert von der drohenden Pöbelherrschaft gaben die Lords schließlich ihre Zustimmung. Und das tat auch Karl, aus Furcht für die Sicherheit seiner Familie. So erhielt der »große Apostat« sein *»quietus est* – besiegelt nicht mit gewöhnlichen Waffen, sondern mit der

Axt«. (Mai 1641.) (Die Besiegelung von Lauds Schicksal war weniger dringlich. Erst 1645 entledigte man sich des alten Mannes – ein böses Postskriptum zu Ereignissen, die längst über ihn hinweggegangen waren.) 1641 brach die Zensur zusammen. Dem Debattieren und Propagieren waren nun Tür und Tor geöffnet. Alsbald wurden die Wortwechsel, in Westminster begonnen, draußen in der Provinz fortgesetzt. Der Präzedenzfall konnte unmöglich Männern genügen, die über die *Magna Charta* und »das normannische Joch« hinaus nach der guten alten Freiheit zurückblickten, wie man sie im gotischen England verwirklicht glaubte; und wo mit der Geschichte nichts anzufangen war, da zog man – und erzeugte damit Hitze sowohl wie Licht – die Bibel, die klassische Literatur, das Naturrecht, ja sogar das »innere Licht« heran. Die Resultate förderten Ideen, waren beunruhigend, oft bizarr. Spätere Versuche, die Zensur wieder einzuführen, bestimmten unter anderen John Milton, seine Posaunenstimme gegen eine »Klostertugend« von »kotartiger Reinheit« erschallen zu lassen. Seine tönende Prosa überlebt als Literatur, wenn auch geringere Geister oft die wirkungsvolleren Propagandisten waren. Manche, vornehmlich William Walwyn und Gerrard Winstanley, schrieben einen lebendigen, flüssigen Stil, der an Sprat und Dryden gemahnt. Was sich im Parlament zutrug, muß von jetzt an vor dem farbigen Hintergrund eines scharfsinnigen und beißenden Kritizismus betrachtet werden.

Bald wurde eine Rückkehr zu den Zuständen, wie sie zwischen 1629 und 1640 herrschten, unmöglich, nachdem ein Gesetz vom Februar 1641 alle drei Jahre ein beschlußfähiges Parlament garantiert hatte. Ein anderes Gesetz gab die Gewähr, daß die gegenwärtige Versammlung nur durch eigenen Beschluß aufgelöst werden konnte. So gesichert, änderte das Parlament im Sommer 1641 die Verfassung grundlegend. Die »Sternkammer«, der *Council of the North*, der *Council of Wales* und die meisten anderen richterlichen Gewalten des Geheimen Rats wurden abgeschafft, der *High Commission Court* für immer verabschiedet. (Die Kirchenkommission Jakobs II. war etwas wesentlich anderes.) Diese durchgreifenden Änderungen, von weiten Kreisen unterstützt und zum Gesetz erhoben, waren noch zur Zeit der Restauration in Kraft und bestimmten die Entwicklung auch noch nach 1660. *Common Law* und Lokalpatriotismus triumphierten über die Prärogative und die Zentralverwaltung; das war vielleicht nicht unbedingt ein Segen, wenn man bedenkt, daß Karl I. wirklich eine Sozialpolitik angestrebt hatte. Es mag auch sein, daß die Beseitigung des Rivalen eine Selbstgefälligkeit bei den Juristen des *Common Law* hervorrief, vor allem nach 1660, als der reformatorische Staub des Interregnums abgeschüttelt war.

Die Finanzvorrechte wurden gleichfalls beschnitten. Die langen Auseinandersetzungen über das Pfund- und Tonnengeld und die Steuerauflagen wurden endlich vom Parlament abgeschlossen – ein Sieg, der dem König durch knauserig auf zwei Monate bewilligte Gelder unzweideutig vorgehalten wurde. Schiffsgelder wurden ein für allemal für illegal erklärt, eine eindeutige politische Lösung dessen, was im Jahre 1637 zwölf verschiedene juristische Entscheidungen als unentwirrbares Rechtsproblem hatten erscheinen lassen. Die »Forsten« wurden auf ein Minimum beschränkt und die Lasten des steuerlichen Feudalismus teilweise erleichtert. (Die besonderen Rechte der Markgrafen [*wardship*] wurden jedoch erst 1646 abgeschafft.) Große Möglichkeiten der Wirtschaftsplanung schwanden, als die Industriemonopole auf kurzfristige Ausbeutung durch die Erfinder beschränkt wurden. Nichts wurde gegen die weithin beanstandeten Vorrechte der großen privilegierten Handelsgesellschaften unternommen, die im Parlament wohlvertreten waren. Diese Gesetzgebung war nicht der Ausdruck einer vollentwickelten Konzeption von parlamentarischer Souveränität, sonst hätte sie gewiß nicht so bereitwillige Unterstützung gefunden. Die Gemäßigten verbanden sich mit den Radikalen in einem Werk, das als eine Art Therapie betrachtet wurde, eine Wiederherstellung des legitimen Regierungsanteils der Männer, die reich an persönlichem Besitz und lokaler Macht waren. Vielen schienen die vorgenommenen Änderungen nachgerade weit genug, und erschrocken über gelegentliche Appelle der parlamentarischen Führer an die öffentliche Meinung außerhalb Westminsters und sogar außerhalb der herkömmlichen Herrschaftskreise, suchten sie Zeit zu gewinnen. Eine Gesetzesvorlage vom August 1641, die die Episkopalkirche radikal ausmerzen sollte, stieß auf Ablehnung, weil damit eine lebenswichtige Säule der traditionellen Ordnung gestürzt würde, was wiederum zu Eingriffen in den Besitzstand – diese *conditio sine qua non* aller Freiheiten – ermuntert hätte. Natürlich bedürfe Lauds Kirche der Reform, doch diese müsse mit feinfühliger, chirurgischer Hand vorgenommen werden, damit nicht mit den faulen auch gesunde Organe weggeschnitten würden. Der König, der die Minderheit gegen Straffords Verurteilung wohl bemerkt hatte, meinte sicher sein zu dürfen, daß sich nun die Gemäßigten ihm, dessen altehrwürdiges Amt ein erquickendes Symbol für Ordnung und Anstand in Kirche und Staat war, zuwenden würden.

Im November hatte er den schottischen Druck durch großzügige Konzessionen mildern können. Nun aber kam die Nachricht von der Ulster-Rebellion – die Folge von Straffords harter Hand wie von dessen plötzlichem Weggang –, die den Lauf der Dinge in England beschleunigte. Wenige Engländer waren bereit, ihre erste Kolonie preiszugeben, und schon gar nicht an den Katholizismus. (Nur eine Handvoll Exzentriker meinte, die Iren könnten dieselben Rechte haben wie die Engländer. Diese Auffassung war der gewichtigste Vorwurf, den man gegen den »Engländerfresser« William Walwyn, den *Leveller*, erhob.) Die Unterdrückung eines wohlorganisierten Aufstands, der obendrein geeignet war, ausländische Unterstützung anzulocken, erheischte große Streitkräfte. Doch wer sollte sie anführen? Das Herkommen verlangte mit Nachdruck, das Kommando müsse beim König liegen – doch einmal mit dem Schwert in der Hand, konnte er es da nicht auch in England führen?

John Pym sah bis auf den Grund der Krise; wie immer die Präzedenzfälle lagen, um der Sicherheit willen mußte das Parlament seine Stimme beim Einsatz der Militärmacht erheben. Um dies zu erreichen, wurde die *Grand Remonstrance* entworfen, die noch einmal alle Missetaten der Verwaltung Karls I. aufzählte und die weisen Gegenmittel hervorhob, die bislang angewandt worden waren – ein beredter Appell an die Solidarität. Die parlamentarische Kontrolle von Ministererlassen, eine Nationalsynode zur Neuordnung der Religion und die Verweigerung des alleinigen Rechts des Königs auf den Befehl über die Streitkräfte sollte diese Errungenschaften besiegeln. In dem endlosen, so parteilichen wie konzilianten Schriftstück spürt man Pyms Hand, der entschlossen und taktvoll, wie er war, stets Zweifel daran ließ, wie weit er wirklich beteiligt war.

Die fast völlige Einmütigkeit war dahin, wie die knappe Mehrheit von elf Stimmen für die *Remonstrance* nach einer »über alle Maßen weitschweifigen« Debatte deutlich zeigt. Pyms Anhänger versuchten, draußen für ihre Sache Stimmung zu machen, indem sie die *Remonstrance* veröffentlichten, noch ehe der König darauf geantwortet hatte. Dieser unverhohlene Appell an die »gute Volksmeinung, den festen Grund dieser Leute«, begleitet von Anklagen gegen dreizehn Bischöfe und plumpe Verdächtigungen gegen die Königin, hatte zur Folge, daß sich die meisten Peers und eine beträchtliche Minderheit im Unterhaus enger an den König anschlossen.

Karl wurde zudem durch einen enthusiastischen Empfang ermuntert, den ihm bei seiner Rückkehr aus Schottland die Stadtväter bereiteten, die zum großen Teil Gläubiger der Regierung waren. Überzeugt, nun eine eigene Partei versammeln zu können, wies er die Petition zurück. Doch im Januar 1642 verdarb er sich zeitweilig seinen Ruf bei dem gewaltsamen Versuch, mit eigener Hand einige führende Parlamentarier zu verhaften – eine flammende Geste, die gar nicht zu seiner Persönlichkeit paßte und ihm kaum von Gemäßigten wie Edward Hyde, der sich jetzt in seinem Kreis befand, empfohlen sein konnte. Doch seine »Vögel waren ausgeflogen«, hatten Zuflucht in der City gefunden, die sich alsbald erhob, um sie zu schützen, ein Aufruhr »von höchst gefährlichen Konsequenzen«, wie ein ängstliches Parlamentsmitglied bemerkte, das sich dann aber bei der Überlegung beruhigte, daß »Gott, der Wunder wirkt, solch ungestüme Handlungen wohl noch zu einem guten Ende führen werde«. Bisher hatten in der Verwaltung der City die Ratsherren *(aldermen)* bestimmt, die Volksdemonstrationen abhold waren; doch eine allgemeine Kampagne hatte bei den letzten Gemeindewahlen die Führung Leuten aus dem Mittelstand zugespielt, die unerschütterlich an ihren puritanischen und parlamentarischen Sympathien festhielten.

Der erste Bürgerkrieg

Wie undurchsichtig die Streitfragen zu Beginn des Jahres 1642 waren, läßt sich daraus ersehen, daß beide Häuser gegen die beabsichtigte Verletzung ihrer Vorrechte durch den König zusammenrückten. Karl mußte die Anklage fallenlassen, erwog aber bereits drastischere Maßnahmen. Er schickte die Königin zur Sicherheit und um Hilfskräfte zu mobilisieren ins Ausland; er selbst zog sich aus London zurück und begab sich auf Reisen, um die Meinung im Lande zu erkunden. Pyms Gesetzesvorlage, die dem König die Streitkräfte wegnehmen sollte – ein Affront gegen Tradition und Lokalpatriotismus –, führte zu einer neuen Spaltung im Parlament. Während er im Frühjahr die letzten Parlamentsbeschlüsse während seiner Regierung billigte, legte Karl die Militärvorlage beiseite. Wiewohl manche seiner Berater noch immer eine Anpassung an die neuen Verhältnisse empfahlen, war er zum Krieg entschlossen. Alsbald kam es zu einer Flut von Manifesten und Flugschriften. Die Debatten über Einzelheiten, die Weigerungen, Spott und Beschuldigungen erhitzten die Gemüter, die sich in irgendeiner Aktion abreagieren mußten. Das Parlament drängte die Monarchie in die Verteidigung, maßte sich den Befehl über die Seestreitkräfte an und wandelte die Militärvorlage in eine »Ordonanz« um, deren Mißachtung als Gehorsamsverweigerung gerichtlich belangt werden sollte — ein Anspruch auf gesetzgeberische Souveränität. Im Juni erklärte man Karl, »des Königs höchster und königlicher Wille werde in diesem hohen Rat und Gerichtshof auf wirksamere und verbindlichere Weise ausgeführt, als er dies durch persönliche Erlässe und Entschlüsse vermöchte«. Inzwischen war er aber durch den Norden und Mittelengland *(midlands)* gezogen. Seine Aufnahme dort und Demonstrationen wie die Kent-Bittschrift vom März 1642 hatten ihn davon überzeugt, daß er im Falle eines Krieges mit allgemeiner Unterstützung rechnen durfte.

Als Karl die »Neunzehn Vorschläge« *(Nineteen Propositions)*, die ihn zum »Schatten eines Königs« gemacht hätten, ablehnte, brachen die eher lax geführten Verhandlungen zwischen Krone und Parlament zusammen. Jede Seite trachtete nun nach der Befehlsgewalt über das Militär: das Parlament durch revolutionäre Verfügungen, der König durch die traditionellere Methode der Stellungsbefehle. Doch das Volk reagierte weniger aus legalen Motiven denn auf Grund politischer Tatsachen und Vorurteile. Im Juli entschloß sich das Parlament, auf »Gedeih oder Verderb« eine Armee unter dem Befehl des Grafen von Essex aufzustellen, der einige militärische Kenntnisse, eine Abneigung gegen das Haus der Stuarts und, vor allem anderen, immensen territorialen Einfluß besaß. Die Flotte wurde dem Grafen von Warwick, »dem König von Essex«, unterstellt, einer Grafschaft, in der »sein« Klerus als »Makler des Aufruhrs« wirkte. Am 22. August 1642 pflanzte der König sein Banner bei Nottingham auf. Die Unterstützung von Peers und Edelleuten, die ihm mit eigenen Mitteln aufgestellte Regimenter zuführten, ermutigte ihn, das wohlerwogene Risiko einer Entscheidungsschlacht vor Beginn des Winters zu wagen. Doch die Begeisterung war allgemein gering. Sogar das königstreue Wales ließ auf sich warten, bis die Ernte eingebracht war, und in Yorkshire und anderen entscheidenden Grafschaften kam es zeitweilig zu Neutralitätsabsprachen zwischen den örtlichen Führern. Für viele waren und blieben die Argumente beider Seiten unklar — »noch nie hat es einen so verwirrenden und geheimnisvollen Bürgerkrieg gegeben«. Hier liegt das Tragische des Interregnums: Der Kampf ging nicht um scharf definierte Prinzipien, sondern umfaßte einen Komplex wechselnder Meinungen, Interessen und Emotionen.

Das Land war gespalten: Grob gesehen hielten der Norden und Westen (einschließlich Wales) zum König, der Süden und Osten — wohlhabender und geistig reger — zum Parlament. Innerhalb dieser ungefähren Grenze gab es verwickeltere Zusammenhänge. Die Textilstädte in Lancashire, großenteils puritanisch gesinnt, gerieten mit widerspenstigen landwirtschaftlichen Gebieten aneinander, die von der halbfeudalen Macht des königstreuen Hauses der Stanleys beherrscht waren. Die Wollstädte in West Riding »standen ganz dem Parlament zur Verfügung«, wie auch viele sonstige Ortschaften, abgesehen von den Bischofsstädten. Nicht alle merkantilen und industriellen Kräfte traten für das Parlament ein. Die Bleihüttenbesitzer in Staffordshire waren zum größten Teil königstreu. Eine einfache wirtschaftliche oder soziale Analyse ist nicht möglich. Die Rolle, welche der aufsteigende, niedergehende oder der »unverwüstliche« Landadel spielte, ist nach wie vor unergründet, wiewohl die bisher angestellten Untersuchungen das Verständnis für diese

Probleme vertieft haben. Auch Ideen und Persönlichkeiten müssen berücksichtigt werden, obschon einige der gängigsten Schlagworte ebensoviel verbergen, wie sie enthüllen. Von den mannigfaltigsten Überlegungen und Empfindungen getrieben, wechselten die Menschen die Fronten, mit fast boshafter Mißachtung der Historiker. Sir Faithful Fortescue ging mitten in der Schlacht auf die andere Seite über, George Monk, anfangs Royalist, dann Cromwells Statthalter in Schottland, wurde der Vater der Restauration. Der einzige unbestreitbare Unterschied, der bisher zwischen königstreuen und parlamentaristischen Unterhausmitgliedern festgestellt wurde, ist der des Alters: Die königstreuen waren im allgemeinen jünger. Dies könnte bedeuten, daß die Parlamentarier engherziger waren und sich an Vergangenem orientierten, oder einfach, daß sie erfahrener waren und die Schwächen der Stuarts besser kannten. Die Zeugnisse deuten aber darauf hin, daß die Sache der Parlamentarier außerhalb des Unterhauses bei weiteren sozialen Kreisen Anklang fand als die Sache des Königs. Anfangs übernahmen Peers und wohlhabende Edelleute die Führung, dann aber spielte der Konflikt Leute wie Kapitän Henry Stone nach oben, einen reichen, aber plebejischen Kaufmann, der Gouverneur von Stafford und Oliver Cromwells »sehr guter Freund« wurde. Die politische Aktivität im niederen Volk war selten royalistisch – wir erfahren nichts von »Agitatoren« in Karls Regimentern. Als der Leveller Sexby Royalist wurde, war dies eine Geste der Verzweiflung. Tatsächlich waren Karls Anhänger gemäßigt und konservativ. Doch weshalb der eine Edelmann konservativ, der andere radikal war, ist eine Frage, die sich nicht mit einer einfachen Formel beantworten läßt, und selbst dann würde sich eine endgültige Antwort sozialer Begriffe bedienen müssen.

Der Plan des Königs war, nach London durchzubrechen, »dieser Stätte der Geschäftigkeit, in der Glück und Verderben dreier Königreiche auf dem Spiele standen«. Nachdem er aus der unentschiedenen Schlacht bei Edgehill (Oktober 1642) unerwarteten Vorteil gezogen hatte, marschierte er in raschem Vorstoß die Themse entlang und wurde nur durch das Auftreten der in der City ausgebildeten Scharen bei Turnham Green aufgehalten. Wäre Karl standhaft geblieben, hätte er vielleicht den Krieg an Ort und Stelle zu seinen Gunsten entschieden, denn die Moral dieser Helden wider Willen war nicht sehr hoch. Statt dessen kehrte er ängstlich nach seiner neuen Hauptstadt Oxford zurück und arbeitete auf eine neue Gelegenheit hin, die sich aber nie wieder bot.

Die Siege von 1643 im Norden und Westen führten zu nichts – ja, sie halfen nur John Pym trotz aller widerstreitender Maßnahmen, auf eine Fortführung des Krieges hinzusteuern. Doch das Parlament setzte noch immer sein Vertrauen in die großen Peers, untätige und phantasielose Männer, die ohne jeden Gedanken an Verrat sich damit zufriedengaben, dem König die Initiative zu überlassen und die eigene Stellung zu halten, während gemäßigte Verhandlungen weiterliefen. Entschlossenere Männer, wie der unbekannte Landjunker Oliver Cromwell aus Huntingdon, entdeckten plötzlich ihre militärische Berufung und wollten angreifen, nicht nur um London zu entlasten, sondern auch um den Weg zu weiterreichenden Abmachungen zu öffnen. Die Auseinandersetzungen über taktische Fragen hatten politische und soziale Bedeutung. Im Lager des Königs gab es zwar ebenfalls Händel, doch fehlte ihnen der Ernst. Karl, das traditionelle Haupt der Exekutive, lebte von der Hand in den Mund, befolgte wahllos Ratschläge seiner

Umgebung, verschaffte sich Geld durch Geschenke, Pump und Verkäufe, willkürliche Steuererhebungen und Konfiskationen und versäumte es, wirksame Lokalverwaltungen einzurichten. In seinem höchst überflüssigen Parlament in Oxford prallten nur selten Ideen aufeinander, was in Westminster zu so fruchtbaren Meinungsverschiedenheiten geführt hatte. Die royalistischen Zeitungen waren witzig, satirisch, aber völlig unergiebig. Einige feinsinnige Denker – wie Dudley Digges – griffen zwar für den König zur Feder, doch das eigentliche Ferment der Ideen war auf der anderen Seite zu finden. Karls Anhänger brachten nichts den Traktaten der Leveller und Digger, den Auseinandersetzungen in Putney, den *Heads of the Proposals* oder den Diskussionen des Rota Clubs Vergleichbares hervor. Richtig ist zwar, daß Thomas Hobbes dem Anschein nach ein Königstreuer war, aber der *Leviathan* erboste die traditionellen Leute. Karl selbst, auf den die Ereignisse der vierziger Jahre keinerlei fördernden Einfluß ausgeübt hatten, brachte nie eine systematische Sammlung von Gegenvorschlägen zustande, sondern ließ es bei seinen hübschen, aber sterilen Absagen bewenden.

Der anfängliche Vorsprung der königlichen Waffen schwand bald angesichts der Abneigung des Königs, eine straffe Organisation aufzuziehen. Es hieß, seine Truppen verschössen Silberkugeln – eine beklagenswerte Verschwendung. Pym dagegen verwandte das Geld mit Bedacht. Kühne Ordonanzen, Resultat von Geschick und politischem Glück, ließen eine zentrale Verwaltung entstehen, die für geregelte Steuern und Ausgaben sorgte. Die Maßnahmen, welche die neue Steuerordnung in den Gemeinden forderte, führten Mitglieder der Grafschaftskomitees aus, wahrscheinlich fanatische Anhänger der parlamentarischen Sache, unter ihnen »neue Männer«, die vorwärtsstrebten und beunruhigende Gesichtspunkte in der Politik von County und Land aufbrachten. Der Theorie nach sollten die Komitees in den Provinzen die Zentralverwaltung repräsentieren, in der Praxis jedoch gaben sie oft den Grafschaftsinteressen den Vorrang und verwandten die Gelder, die sie erhoben, gleich an Ort und Stelle. Ob sie nun energisch vorgingen oder nachlässig waren, in jedem Falle vereitelten sie eine Koordination der militärischen Kräfte, da sie die Garnisonen in ihrem Gebiet zu hoch schätzten. Auch ihre Initiative schaffte zuweilen Verdruß – so wenn sie Westminster vorgriffen, indem sie Pläne für einen Vergleich mit reuigen Royalisten schmiedeten. Doch bei all diesen Schattenseiten schafften sie immerhin genügend Ordnung in der Verwaltung, um den König zu schlagen.

Pym brachte, ehe er Ende 1643 starb, noch die *Solemn League*, den *Covenant* und das *Committee of Both Kingdoms* zustande. Die schottische Allianz erwies sich zwar zu guter Letzt wegen ihrer unmöglichen religiösen Bedingungen als politische Last, anfangs jedoch brachte sie militärischen Gewinn. Besonders wertvoll aber war, daß Pym die auf Sieg bedachten Gruppen, die *Appeaser* und die unentschiedenen Individuen so lange bei der Stange hielt, bis die Fundamente für den Sieg gelegt waren. 1644 machten es Erfolge wie der bei Marston Moor unwahrscheinlich, daß Karl jemals London erobern werde. Doch die Kommandeure der »Alten Garde«, wie Essex und Manchester, versäumten es, sie konsequent zu nutzen, und so kam es zu einer Krise. Durch die *Self-denying Ordinance* kamen im Felde die Aktivisten an die Spitze, während im Parlament der Verhandlungsgeist weiterwirkte. Die *New Model Army*, die neue Armee, dazu bestimmt, Lokalpatriotismus und dilletantische Stümperei zu überwinden, war noch zuwenig geformt, um sofortige Triumphe an ihre Fahnen zu heften. Aber der Sieg bei Naseby im Sommer 1645 kam dem sehr nahe und entschied immerhin den Ausgang des Krieges. Bald darauf ergab sich Karl bei Newcastle den Schotten, und die königstreuen Garnisonen kapitulierten eine nach der anderen. Zur Erleichterung der Politiker wandte sich die allgemeine Aufmerksamkeit von den Schlachten den Verhandlungen zu. Doch die Lösung konnte nicht einfach in einer Übereinkunft zwischen König und Parlament bestehen. Der Krieg hatte ganz neue Anschauungen aufgebracht, so in der Armee, die sich als Verkörperung des Sieges verstand und entschlossen war, »ein Stand im Reich« zu werden. Der Friede blieb noch zu gewinnen.

Karl, getragen von der Überzeugung, die Franzosen und Schotten würden seine völlige Erniedrigung nicht hinnehmen, war guten Mutes. Er würde seine Feinde gegeneinander ausspielen und auf diese Weise wieder König sein. Hierzu war Gelegenheit genug. Männer, die weniger Rücksicht zu nehmen hatten als die in Westminster, drängten auf Reformen. Sie haßten die monopolistischen Handelsgesellschaften und die neu eingeführten Verbrauchssteuern, die ihnen schlimmer vorkamen als die Schiffsgelder. Sie verlangten gesetzgeberische und soziale Verbesserungen und wollten vor allem bei der Bestimmung künftiger Volksvertreter ein Wort mitzureden haben. Sie traten für eine größere religiöse Toleranz ein, als sie von den »rechtsstehenden« Puritanern – den »Presbyterianern« – und ihren schottischen Bundesgenossen erwogen wurde. Als Minderheit – wie Enthusiasten das immer sind, auch in einer Revolution – widersetzten sie sich einer streng exklusiven Staatskirche. Zweckmäßigkeitserwägungen und politische Grundsätze – zwei Dinge, die sich nicht immer säuberlich voneinander scheiden lassen – sprachen für eine Trennung von Kirche und Staat. Die Religion würde dann wirklich frei sein, während ein säkularisierter Staat sich verändern könnte – und müßte. Gottesfurcht mag einen Mann bisweilen die Ehrerbietigkeit gegenüber seinem Gott vergessen lassen, wenn er die Dinge dieser Welt regeln will. Anschauungen dieser Art verquickten sich in der Armee mit drängendem Berufsärger – vor allem wegen ausstehender Soldzahlungen. Das Parlament mußte den Soldaten zu ihrem Recht verhelfen – und zugleich dem Volk eine neue Welt schaffen.

Die Gruppe der Levellers, an deren Spitze John Lilburne stand, ein von Natur aufsässiger Mensch, der niemals litt, ohne dies aller Welt kundzutun, übernahm die Führung. Er und seine Anhänger kleideten in Worte, was weniger zungenfertige Männer dachten oder zu denken sich anschickten. Man weiß kaum etwas über ihre Zahl, aber im unteren Mittelstand (ein unbefriedigender Begriff, für den es offenbar keinen Ersatz gibt), vor allem in London, fanden sie weiten Anklang, da sie dem Begriff »Volkssouveränität« einen Sinn gaben, indem sie unaufhebbare Beschränkungen von Exekutive und Legislative verlangten. Im Grunde genommen waren sie keine homogene Gruppe; William Walwyn hatte gewiß einen höher ausgebildeten Gemeinschaftssinn als Lilburne. Doch eine Zeitlang boten sie das Bild von Einmütigkeit. Ihr Radikalismus war von ihren Feinden übertrieben worden, sie hatten nichts gegen persönlichen Besitz, sondern forderten nur eine Stimme in den Staatsgeschäften für alle Männer mit Besitz, gleichviel ob groß oder gering. Allgemeines Stimmrecht der Männer stand nicht auf ihrem Programm, da sie aus

DIE ENGLISCHE REVOLUTION

Erfahrung wußten, daß Menschen, die nichts als nackte Lebensinteressen haben, in offener Wahl dem Druck von oben nicht widerstehen würden. Wie die meisten Puritaner waren sie aber nicht gleichgültig gegenüber dem Los der wirklich Armen. Walwyns praktisches Christentum offenbart ein empfindliches soziales Gewissen – beunruhigend jedoch, wenn es sich mit Politik verbündet.

Da die Soldaten nahezu beschäftigungslos waren, warfen sie sich auf die Politik. Mit erschreckender Begriffsstutzigkeit versuchte das Parlament, sich dieser Rivalen durch kleinliche Sparmaßnahmen und Verschiffung von Regimentern nach Irland zu entledigen. In der *Westminster Assembly*, die zur Regelung der Religionsfragen einberufen worden war, hatte die »Rechte« die Führung übernommen, und als dominierende Gruppe bei den Commons vertrauten die Presbyterianer darauf, befriedigende Bedingungen von Karl zu erhalten – wenn nur die großenteils »independenten« Offiziere und die von den Levellers beeinflußten Leute aus dem Wege waren. Aber die Truppe widersetzte sich dieser schäbigen Behandlung, und die Offiziere besannen sich unter dem Einfluß des energischen Oliver Cromwell und dessen Schwiegersohn Henry Ireton auf ihr Recht und waren nicht bereit abzuziehen. Risse wurden sichtbar, die leicht zu einer Kluft werden konnten.

Nach den Vorschlägen von Newcastle hatte der König die Kirche dem *Covenant* zu überlassen und einer zwanzigjährigen parlamentarischen Kontrolle über die Streitkräfte zuzustimmen. Gegen diese unzumutbaren Bedingungen erhob Karl Einspruch, der indes die Tür nicht gänzlich zuwarf. Während er sprach, formulierten andere ihre Vorschläge. Die Armee – nicht »bloße Söldner«, sondern Bürger – behauptete, das Volk, »dessen Liebe die Schlagkraft einer Armee ausmache«, erwarte von ihr, daß sie den herrschenden Übeln abhelfe. Es regnete nur so Petitionen, »dieser Begünstigung oder jenem Übel abzuhelfen«, auf die gedankenlosen Commons herab. Ihre arrogante Mißachtung des dringenden Rats von Cromwell, der die tiefe Verstimmung im Heer begriff, zeigt nur die staatsmännische Schwäche der damaligen Führer, wie Denzil Holles und Philip Stapleton. Bald kamen die »ehrlichen Recken, die Soldaten«, den Levellers näher und stellten sich gegen eine Tyrannei, die ihnen schlimmer dünkte als die alte. Cromwell, der in Augenblicken der Krise intuitiv in Bewegung geriet, wandte sich rasch vom Parlament der Armee zu. Dies war weniger ein Kapitulieren vor der Revolution als kluge Politik. Ohne das Dazwischentreten der Großen *(Grandees)* würden vielleicht neue und schwärmerische Führer ernannt werden, die blindlings in die Anarchie rannten. Bei der Bewegung bleiben hieß sie auffangen und ihre Richtung umkehren. Die Bildung einer Versammlung von Offizieren und »Agitatoren«, die aus der Truppe gewählt wurden, war in Wirklichkeit ein konservativer Schritt und sehr viel annehmbarer als eine meuternde, von widerspruchsvollen Demagogen aufgehetzte Verschwörerclique. »Vertrauend auf Gottes günstige Fügung« machte er die Truppe völlig von sich abhängig – wie abhängig, sieht man daran, daß er es für nötig hielt, sich den niederen Offizieren anzuschließen, als es galt, der Person des Königs habhaft zu werden.

Karl fand eine gewisse Pikanterie an diesen Vorgängen. Das Parlament hatte ihn schon seit langem in der Gewalt, ohne etwas zu unternehmen. Nun war die Armee am Zuge. Ohne seine Hilfe, so glaubte er sicher, würden sie nichts erreichen. Die Offiziere legten einen Plan vor, die *Heads of the Proposals*, eine Art ins unreine geschriebener Verfassung, in der die Rechte des Königs wie des Parlaments zugunsten der Wähler eingeschränkt wurden, wiewohl es wahrscheinlich war, daß die Offiziere ein Gleichgewicht herstellen würden. Zynisch gestand Karl, diese Bedingungen annehmbarer zu finden als jene von Newcastle. Inzwischen hatten die Leveller einen drastischeren Plan ausgearbeitet, der eine schwache Exekutive und eine Kammer vorsah, die durch die natürlichen Rechte der Individuen eingeschränkt sein würde, ohne daß überhaupt noch von einer Monarchie die Rede war. Dieser erste Vertrag des Volkes war »eine Feuerglocke in der Nacht«, die Cromwell und Ireton, unsicher noch, wie weit ihre Macht in der Armee wirklich ging, nicht mißachten konnten.

So versammelte sich im Oktober 1647 der Armeerat in Putney, um die verschiedenen Vorschläge zu erörtern. Die Beratungen geben einen Begriff von dem hohen Niveau der politischen Diskussion in der Armee. Einfache Leute wie der *Buff Coat* und der Mann aus Bedfordshire wandten sich ohne Scheu an Cromwell und die Großen. Doch der Leveller-Radikalismus, den vor allem Ireton mit der Zerstörung von Privatbesitz und in letzter Konsequenz der bürgerlichen Gesellschaft überhaupt gleichsetzte, lag dem Denken der meisten Offiziere fern. Die Debatten liefen sich allmählich tot, da Cromwell entschlossen war, die Disziplin in der Armee wiederherzustellen. Ereignisse, die sich anderenorts zutrugen – des Königs Flucht nach der Insel Wight und sein Anbändeln mit Schotten und englischen Presbyterianern – gaben ihm die Chance dazu. Die Agitatoren wurden zu ihren Einheiten zurückgeschickt und nie wieder einberufen. Der Widerstand in einigen Regimentern wurde rücksichtslos zerschlagen. Parlament und City waren von der Armee eingeschüchtert – einer Armee allerdings, in der die Offiziere wieder die volle Befehlsgewalt hatten. Gewiß, die Leveller-Bewegung war noch nicht gänzlich erstickt und mußte nach einiger Zeit abermals bekämpft werden, doch vorderhand rückten Leveller und Independenten enger zusammen gegen einen gemeinsamen Feind in einem zweiten Bürgerkrieg.

Oliver Cromwell und das Interregnum

Der zweite Bürgerkrieg muß Cromwell wie das Walten einer gütigen Vorsehung erschienen sein. Ein weiterer Sommer der Untätigkeit angesichts des wirtschaftlichen Debakels hätte sehr wohl den »Mob« und die Gemeinen der Armee zusammenführen können, um die letzten Überreste einer verfassungsmäßigen Autorität zu stürzen. Auch dem König kam der Krieg gelegen. Seine Feinde lagen sich in den Haaren, während das Aufgebot alter und neuer Royalisten noch jung genug war, grundsätzliche Differenzen vergessen zu lassen. Mit den Erhebungen im Südosten, im Norden, in Südwales und Schottland sahen sich die Veteranen der *New Model Army* in einem Krieg an vielen Fronten. Unglücklicherweise waren die Anstrengungen der Royalisten, wie sich zeigte, nicht aufeinander abgestimmt und zersplitterten sich. Wiewohl hart gekämpft wurde, besiegte Fairfax schließlich den

Südosten, während Cromwell Südwales unterwarf, sich dann nach Norden wandte und die Schotten heimtrieb, deren Hoffnung auf eine Gegenoffensive in neuen Streitigkeiten über den *Covenant* unterging. Im September 1648 war alles vorüber.

Die Commons waren noch immer bereit, mit Karl zu verhandeln, der glaubte, die Zeit und er seien jeder Kombination gewachsen, und an neuen Bedingungen bastelte. Aber die Verhandlungen waren müßig, die Macht lag längst bei der Armee. Leveller und die Großen hatten Karl Stuart abgeschrieben, »diesen Mann des Blutes«. Durch sie würde Gott ihm die angemessene Strafe zuteil werden lassen. Oberst Prides Säuberung der Commons *(Pride's Purge)* im Dezember 1648 erschütterte den »Vertrag« von Newport und führte zu dem Prozeß gegen den König wegen Hochverrats, weil er Krieg geführt hatte gegen seine Untertanen. Mit außergewöhnlicher Eloquenz stellte Karl die Unrechtmäßigkeit des Verfahrens fest. Doch der Streitfall war längst über alles Legale hinausgewachsen. Am 29. Januar nahm er mit wunderbarer Gefaßtheit öffentlich sein Schicksal auf sich, vor dem Bankettsaal von Whitehall. Inigo Jones' architektonisches Meisterwerk sah sehr viel prunkvollere Darbietungen, aber keine, die mehr aufrüttelte.

England war jetzt eine Republik. Nach Abschaffung des Oberhauses beanspruchte das »Rumpfparlament« die volle Souveränität. Die Handvoll Mitglieder – meist Independenten –, die den Aderlaß von Krieg und Säuberungen überstanden hatten, waren zuversichtlich, daß sie die Nation vorzüglich leiten würden. Der venezianische Gesandte, ein scharfer Beobachter, traute es ihnen zu. Die großen Mächte erkannten das so schamlos königsmörderische *Commonwealth* bald an, Spanien klugerweise an erster Stelle. Und alsbald begann auch das Wettrennen um eine Allianz mit ihm.

Doch die Probleme auf der Britischen Insel waren gewaltig. Irland war noch unbezwungen, von Schottland war zu erwarten, daß es etwas für den *Covenant* und die alte Dynastie unternehmen werde. Innerhalb Englands gab es Feinde in Mengen, darunter einige höchst aktive: alte und neue Royalisten wie auch Presbyterianer, die Prides Säuberungsaktion nicht verwinden konnten und das religiöse Durcheinander haßten, das sich aller Wahrscheinlichkeit nach aus der Machtergreifung der Independenten ergeben würde. Aktueller noch war das Drängen der Leveller auf eine neue Kammer, die nach ihren Prinzipien gewählt werden sollte. Sie betrachteten das »Rumpfparlament« als eine »aristokratische Tyrannei« und trieben zu Agitation in Armee und City. Wieder war die Disziplin bedroht. Cromwell, der sich schon als den guten Büttel zur Erhaltung des Friedens sah, mußte die Inhaftierung ziviler Levellerführer unterstützen und Meutereien in der Armee zerschlagen. Danach blieben die Leveller-Anschauungen mehr oder weniger unsichtbar, obwohl einige sich in der Armee hielten, genährt von beruflichem Verdruß. Jedenfalls gab es in der nächsten Zeit wenig Muße für politische Grübeleien. Die Zivilisten mühten sich weiter ab, doch der Verlust der Unterstützung durch die Armee war niederschmetternd. Außerdem fehlte der Bewegung eine feste soziale Grundlage. Die Menschen aus den unteren Mittelklassen, bei denen sie Anklang fanden, waren in ständiger Bewegung, entweder im Aufstieg oder im Niedergang. Ihre Begeisterung war groß, aber flüchtig. Sie zogen sich einer nach dem anderen zurück – so auch ihre Führer. Lilburne wurde Quäker, Sexby Terrorist, Wildman Grundstücksmakler. Einige wenige, wie Walwyn, bewahrten – mit aller

Behutsamkeit – ihre Ansichten. Doch auch so blieb der Levellerismus ein nützliches Schreckgespenst für die rastlose Regierung der fünfziger Jahre.

Im Rumpfparlament gab es noch andere radikale Bewegungen, so die *Digger*, »die wahren Leveller«, die das Privateigentum verwarfen. Auch sie scheiterten, weil ihre soziale Grundlage in einer Bauernschaft ohne Land noch schwächer war als die der Leveller. Doch ihr Anführer, Gerrard Winstanley, drang tief in die gesellschaftlichen Probleme ein, und seine Ansichten, in einer Prosa von wundervoller Kraft und Schmiegsamkeit überliefert, sind von hohem Reiz für die Historiker unseres Jahrhunderts. Die Tatsache, daß es überhaupt eine solche Bewegung gab, ist ein lebendiger Beweis dafür, daß das Zeitalter in Wahrheit hell in Flammen stand.

Cromwell ließ auf die Vernichtung der Leveller-Meutereien einen raschen Feldzug in Irland folgen, der in wenigen blutigen Monaten ein Jahrzehnt des Aufruhrs abschloß und dem Land härteste Bedingungen aufzwang, die – wohlgemerkt – auch noch nach der Restauration widerspruchslos beibehalten wurden. Seine nun einzigartige Position wird von Andrew Marvells prachtvoller »Horazischer Ode auf Cromwells Rückkehr von Irland« zum Ausdruck gebracht:

> *But thou the Wars and Fortunes son*
> *March indefatigably on...*

> Doch du, des Kriegs und Glückes Sohn
> Schreit' unbeirrbar vorwärts nun...

Der Vers endet prophetisch:

> *And for the last effect*
> *Still keep thy Sword erect.*

> Und für den letzten Sieg
> Halte dein Schwert bereit.

Eine Zeitlang sollte dieses Schwert noch für das Rumpfparlament gebraucht werden – um Karl II. zu besiegen und die Covenanter, mit denen er, seinen Ursprüngen spottend, eine zynische Allianz eingegangen war. Eine präventive Invasion in Schottland brachte zunächst die »höchst gnädige Fügung« *(signal mercy)* von Dunbar (3. September 1650) und, auf den Tag genau, ein Jahr später die »krönende Fügung« *(crowning mercy)* von Worcester. Durch die Niederwerfung einer schottischen, mit englischen Freiwilligenkontingenten bescheiden angereicherten Armee vereitelte Cromwell alle ernsthaften Hoffnungen auf eine Restauration mit schottischen oder englischen Waffen. Doch ausgeklügelte Pläne, ermutigt von den geschäftsmäßigen Methoden, mit denen Karl aus dem Land geschafft worden war, bewegten auch weiterhin die Gemüter fanatischer Royalisten, vor allem der Emigranten, die aber weniger Bescheid wußten und auch weniger zu verlieren hatten als ihre zu Hause gebliebenen Gesinnungsgenossen.

Inzwischen waren es die Soldaten leid geworden, für ein Regime zu kämpfen, das die erhofften Reformen nicht zustande brachte. Müßiggang führte zu Diskussion, Diskussion zu Unzufriedenheit. Was zu einer Aktion noch fehlte, war, Cromwell für Zwangsmaßnahmen zu erwärmen. Doch zunächst mußte er von der Notwendigkeit einer durchgreifenden

Intervention überzeugt werden. Monatelang vertändelte er die Zeit, erforschte die Meinung, drängte das Rumpfparlament, sich zurückzuhalten und sich auf angemessene Gesten zu beschränken. Doch dessen Maßnahmen blieben weiterhin drückend; die Verratsgesetze wurden verschärft, die Presse geknebelt und die Toleranz eingeschränkt. Das letzte Argument war der Plan einer automatischen Mitgliedschaft eines jeden neuen Abgeordneten, über dessen Qualifikation das Parlament sich auch noch zum Richter aufwarf.

Zur Krise kam es im April 1653. Sobald sich Cromwell erst entschieden hatte, ging er zügig zu Werk. Doch die Auflösung des Parlaments mit Waffengewalt brachte ihre eigenen Probleme. Ein Witzbold klebte einen Zettel an die Tür der leeren Kammer mit der Aufschrift: »Dieses Haus ist zu vermieten – unmöbliert.« Im Herzen stets Parlamentarier, wollte Cromwell neue Mieter hineinbringen. Doch wen? Zwei Vorschläge wurden gemacht. Der eine – entworfen von seinem alten Waffenkameraden Generalmajor John Lambert, einem Mann mit einem scharfen, »tätigen« Politikerverstand – sah eine geschriebene Verfassung vor, die lose an die *Heads of the Proposals* von 1647 anknüpfte. Danach sollten sich eine Einzelperson (Oliver), ein Staatsrat (Offiziere und zivile Cromwellianer) und ein Parlament mit einer Kammer in die Regierungsgewalt teilen. Diese »gemischte« Verfassung schien alle Vorzüge, aber keine der Gebrechen von Monarchie, Aristokratie und Demokratie zu enthalten. Die zweite Idee stammte von Generalmajor Thomas Harrison, einem leidenschaftlichen Sektierer, der die unmittelbar bevorstehende Ankunft Christi erwartete. Da er wie Milton des Glaubens war, Gott habe »Seine Engländer« zu Besonderem auserwählt, empfahl er, das Land in die Hände von »Heiligen« zu legen, »verschiedenen gottesfürchtigen Personen von erprobter Treue und Redlichkeit«, damit sie den Weg vorbereiteten. Jeder dieser Vorschläge entsprach einem Zug in Cromwells Charakter, der ja zugleich der hartgesottene Staatsmann und der »Gottsucher« war. Seine Zwiespältigkeit konnte natürlich wie Heuchelei erscheinen und ihn zu dem »arglistigsten, eidbrüchigsten Schuft« stempeln, den es je gegeben. Doch Politik ist stets ein Gemisch aus Vernunft, Gefühl und Intuition, und vielleicht ist auch Glück vonnöten – oder wie Cromwell es genannt hätte, »die Hand der Vorsehung«. Gewiß, all dies hatte ihm seine gegenwärtige Position als die allein »eingesetzte Autorität« verschafft. Möglicherweise deutete nach all den Jahren weltlicher Herrschaft die Vorsehung wirklich auf eine geistliche Scheide für sein nacktes Schwert. Der Zeit ermangelnd, die er gewöhnlich brauchte, um seinen Weg zu bestimmen, und wohl auch geblendet von einer geistigen Ergriffenheit, die zuweilen in ihm aufwallte, entschied er sich ganz für das Parlament der Heiligen.

Am 4. Juli 1653 übergab er die Autorität in aller Form etwa hundertvierzig Männern, die von independenten Gemeinden gewählt worden waren, und ermahnte sie, zu heilen und zu ordnen. Dieses »Kleine Parlament« *(little daft Parliament)*, das erste, das drei Königreiche repräsentierte, war nicht so naiv, wie seine Kritiker meinten. Nicht alle seine Mitglieder waren »minderwertige Personen ohne Qualität noch Namen«, und auch nicht alle fühlten sich erweckt. Der *Speaker*, Francis Rous, Halbbruder John Pyms, war ein erfahrener Politiker, Gelehrter und Publizist. Den Extremisten wie Praise-God Barebone – dieser Name war ein Geschenk Gottes für Satiriker – standen Realisten wie Anthony Ashley Cooper gegenüber, dazu auch viele Gemäßigte und Konservative. Alle kümmerten sich ernsthaft, zu ernsthaft, um alle brennenden Streitfragen einschließlich der Außenpolitik. Sie setzten den holländischen Krieg des Rumpfparlaments fort, Frucht der exklusiven Handelspolitik der Navigationsakte von 1651, schlugen Reformen vor, die fest begründete Rechte beschnitten. Ein Komitee, das vernünftigerweise keinen einzigen Juristen enthielt, bekämpfte Mißstände im Rechtswesen, die lange genug allen, außer den einflußreichen »Herren mit der langen Robe«, bekannt waren. Die meisten ihrer Vorschläge sind inzwischen verwirklicht worden. Aber dieser Reformeifer wirkte beunruhigend, vor allem wenn er sich wie in jenem Komitee, das sich mit dem Unterhalt der Geistlichen beschäftigte, Besitzangelegenheiten zuwandte. Der Zehnte – »dieser Aderlaß« – wurde von einigen rundweg abgelehnt, da er die Furcht vor sozialem Umsturz weckte, die ja immer im Kopf begüterter Männer spukt. Erbittert über die Unfähigkeit der Enthusiasten zu Kompromissen, erklärte die Mehrheit das Parlament für aufgelöst und gab Cromwell die Macht zurück.

Ohne Zögern wurde nun Lamberts Plan, der jetzt mit allen Einzelheiten im *Instrument of Government* vorlag, ausgeführt (Dezember 1653). Cromwell wurde zum Lord-Protektor ernannt und tauschte symbolisch sein militärisches Schwert gegen ein ziviles ein. Der erste zögernde Schritt auf die Restauration hin war getan.

Das *Instrument*, dazu bestimmt, »aus dem Chaos eine kleine Welt zu schaffen«, ist ein merkwürdiges Dokument, zugleich kunstvoll und ungeschliffen. Es bietet dem Anschein nach eine parlamentarische Regierung, während es in Wirklichkeit die Machtposition der Armee bestätigt. Es enthielt einige Reformen, wie sie die Soldaten gefordert hatten. Vor allem anderen aber bestätigt es die einzigartige Position Cromwells, ohne die Dinge in eine persönliche Diktatur ausarten zu lassen. Dem Protektor konnte von einem Staatsrat, dem mächtigsten Element dieser Verfassung, Einhalt geboten werden. Am schwächsten war das Parlament, das keinerlei Macht hatte, die Verfassung zu ändern (es hatte in der Tat keine Möglichkeit, auf friedlichem Wege die Verfassung auch nur zu ergänzen – ein ganz schwerer Fehler). Die Sitzungsperioden des Parlaments konnten bis auf fünf Monate in drei Jahren beschränkt werden, die Ergebnisse der Wahlen waren dem Staatsrat zur Prüfung vorzulegen. Überdies konnte der Protektor bis zum Zusammentreten des Parlaments im September 1654 Ordonnanzen mit Gesetzeskraft erlassen – eine Vollmacht, von der energisch und klug Gebrauch gemacht wurde. Die Religion erhielt eine gewisse Ordnung durch Bildung von Komitees – einem Zentralkomitee neben Gemeindekomitees –, die über Einsetzung und Entlassung von Geistlichen zu beschließen hatten. So entstand eine lockere Nationalkirche, die bemerkenswert tolerant war und Cromwells eigene sehr weitherzige Auffassung, die sogar Juden einschloß, widerspiegelte. Dieses System – oder dieser Mangel an System – erwies sich als gar zu großzügig selbst für Cromwells engste Anhänger. Das Protektorat war nicht durch wütende religiöse Intoleranz gekennzeichnet, was sich schon aus dem Umstand ergibt, daß der Laudianische Anglikanismus in der Restauration mit Leichtigkeit wieder zur Macht kommen konnte.

Im Innern begann das neue Regime erfolgreich. Seine Außenpolitik – auf die Samuel Pepys mit ehrfürchtiger Scheu zurückblickt – war eindrucksvoll. Der holländische Krieg wurde durch einen vorteilhaften Vertrag beendet, der die Politik der Navigationsakte

DIE ENGLISCHE REVOLUTION

bestätigte. Für das Amboyna-Massaker von 1623 wurde Schadenersatz erwirkt, eine eindrucksvolle Leistung, wenn man an das Unvermögen der Stuarts denkt, diese lang anstehende Schmach zu tilgen. Der Förderung der Handelsinteressen galten günstige Verträge mit den skandinavischen Ländern und Portugal. Der listenreiche Kardinal Mazarin, dieser weitsichtige Minister Ludwigs XIV., Vetter Karls II., arbeitete bereits auf eine Allianz hin, um Cromwells *Ironsides* im Krieg gegen Spanien einzusetzen.

Bei dem hohen Ansehen, das er in Europa genoß, konnte Cromwell seinem ersten Parlament frohgemut entgegentreten. Er rief es auf, ihm in einer soliden, für »Reformationen« aufgeschlossenen Regierung behilflich zu sein. Doch die Republikaner (ehemalige Rumpfparlamentarier), verbitterte, redegewandte Leute, welche die Parlamentsverfahren zu handhaben verstanden, griffen das *Instrument* an als eine Wiedereinführung alles dessen, wogegen sie immer schon gekämpft hatten – als monarchischen Despotismus, jetzt nur gestützt von einer Militärclique. So nahmen sie den Kampf für parlamentarische Souveränität wieder auf. Bitter enttäuscht, gestand ihnen Cromwell zu, daß es Veränderungen in Einzelheiten geben könne, aber nicht in den vier Hauptpunkten: Einzelperson und Parlament; Parlamente dürfen nicht unbegrenzt tagen; Gewissensfreiheit; Parlament und Exekutive teilen sich in den Oberbefehl über das Militär. Hierin ist ebenso Cromwells Verlangen nach geordneten parlamentarischen Verhältnissen zu erkennen wie seine Unwilligkeit, dafür einen allzu hohen Preis zu zahlen.

Die Republikaner verwarfen diese Hauptpunkte und wurden ausgeschlossen. Und trotzdem entwarf das gesäuberte Unterhaus Punkt für Punkt eine neue Verfassung, in der es selbst mehr zur Geltung kam. Wenig sonst ward getan, und als nach fünf Mond- oder »Soldaten«-Monaten das Parlament den Oberbefehl über das Militär heischte, löste Cromwell es auf. Ungehalten beschuldigte er die Mitglieder der Kammer, die Schwierigkeiten der Nationen zu erneuern, Zwietracht zu säen und den Kräften der Unordnung auf der Linken und Rechten Vorschub zu leisten. Seine Rede war – hätte er es nur gewußt – eine einzige Kritik an den Schwächen des *Instrument*.

Ohne Parlament stand Cromwell wie seinerzeit Karl I. vor dringend notwendigen finanziellen Einsparungen. Hinzu kam eine unmittelbare Bedrohung der Staatssicherheit durch eine royalistische Erhebung. Sie war als große, die ganze Nation erfassende Unternehmung geplant, versagte aber kläglich. Staatssekretär John Thurloe, »ein sehr kundiger Mann im Beschaffen von Auskünften«, wußte bereits vorher alles, was es darüber zu wissen gab. Die wenigen Männer, die sich im Westen mit Oberst Penruddock erhoben hatten, waren bald aufgerieben. Das wichtigste Ergebnis dieses Aufstandes war, daß jede Nachsicht gegenüber den Royalisten fallengelassen und die Unterdrückung zum System erhoben wurde; dazu waren ständig bedeutende Streitkräfte erforderlich. Den Ausweg aus der chronisch angespannten finanziellen Situation brachte eine weitere »kleine, armselige Erfindung« John Lamberts: das Regime der Generalmajore.

Inzwischen waren alle aus dem Verkauf der Kron- und Kirchengüter und anderer Vermächtnisse stammenden Geldmittel aufgezehrt und der Kredit in der City bis zum äußersten in Anspruch genommen; die Rückkehr zum alten Schatzamt *(Exchequer)*, welche die Versuche mit Finanzkomitees in den vierziger Jahren zu einem Abschluß brachten, hatte die Verfahren noch weiter kompliziert. Im Sommer 1655 wurde beschlossen, die »regulären« Truppen zu verringern und den Sold der verbleibenden Einheiten zu senken. Eine Freiwilligenmiliz sollte in den Gemeinden ausgehoben und mit Hilfe diskriminierender Abgaben von bekannten Royalisten unterhalten werden. Das Kommando wurde einem Generalmajor für jeweils ein Dutzend Distrikte übertragen. Es zeigte sich bald, daß diese Generalmajore als »Intendanten« die Gemeindeverwaltungen überwachen konnten, deren Leistungen nach wie vor den Bedürfnissen der Zentralverwaltung nicht genügten. So fiel ihnen das Amt eines Büttels, Spions und Verwalters der öffentlichen Ordnung, Moral und Wohlfahrt zu. Sie verboten Rennveranstaltungen, schlossen überflüssige Bierschenken, untersagten Hahnenkämpfe, und zwar nicht aus Engstirnigkeit, sondern aus Furcht, »das Volk könne unter dem Mantel des Vergnügens irgend etwas gegen die derzeitigen Herrscher aushecken«. Sie bemühten sich, dem Armengesetz und anderen sozialen Gesetzen Geltung zu verschaffen. In mancherlei Hinsicht war ihr System höchst wirkungsvoll. Trotzdem stieß es auf allgemeine Ablehnung: Hier war nun die Zentralregierung, die sich, bis an die Zähne bewaffnet, mit ihren unqualifizierten Leuten, »albernen, gemeinen Wichten«, in die örtlichen Angelegenheiten einmischte und den durch die Geschichte legitimierten Herrschern im Lande dreinredete, ihnen auf den Zahn fühlte und ihre Nase in alles steckte. Diese Klagen gaben den entscheidenden Anstoß zu echter Dezentralisierung, die 1660 dann auch in weitem Maße erreicht wurde.

Eine Zeitlang jedoch setzten die Generalmajore ihren Willen durch. Unter ihrem Regiment waren Aufstände unmöglich. Die Hoffnungen der Hitzköpfe verdichteten sich zu dem Wunsch, durch Ermordung des Protektors die Regierung aus den Angeln zu heben. Eine witzige Flugschrift mit dem Titel »Tod ist kein Mord« empfahl dem Protektor, zum Wohle des Landes zu sterben; einige waren bereit, ihm bei diesem Dienst zu helfen. Aber ihre Verschwörungen scheiterten, manchmal auf groteske Weise. Sindercombes Versuch im Februar 1657 »brauchte zuviel Zeit, zu viele Personen und war von zu vielen Zufällen abhängig«. Doch um sich halten zu können, mußte die Regierung zu immer härteren Unterdrückungsmaßnahmen schreiten: die Zensur wurde verschärft, Schöffen fortgejagt, Gemeinderechte abgeändert, Richter eingeschüchtert oder entlassen und verdächtige Personen verbannt – »im Widerspruch zum Gesetz«.

Inzwischen war England nach einer westindischen Expedition, die enttäuschenderweise nur Jamaika eingebracht hatte, in einen Krieg mit Spanien verwickelt worden. Die Ausgaben stiegen beängstigend an, und der Sommer 1656 verging mit Überlegungen, wie man weitere Gelder beschaffen könne. Schließlich schien der einzige Ausweg die Einberufung eines Parlaments. Dieser Vorschlag war manchen besonders erwünscht – vielleicht würde das Parlament den neuerlichen Versuch einer verfassungsmäßigen Regelung unterstützen. Die Stabilität des gegenwärtigen Regimes schien am Leben Oliver Cromwells zu hängen, der rasch alterte. Nach dem *Instrument* sollte der Staatsrat einen Nachfolger bestimmen. Lambert konnte sich zwar als Olivers Ersatzmann betrachten, doch hatte er Rivalen, ja Feinde. Es würde zu einem Wettstreit kommen, der – da alle Beteiligten »Kämpen« waren – leicht zu einem neuen Bürgerkrieg führen konnte. Besser war es, so dachten die zivilen Anhänger Cromwells, schon vorher ein annehmbares Übereinkommen zu treffen.

Das Parlament trat im September 1656 zusammen. Trotz aller Anstrengungen der Generalmajore mußte ein Viertel der Mitglieder, in der Hauptsache Republikaner, ausgeschlossen werden. Sie waren nicht gewillt, die ihnen angetane schimpfliche Behandlung schweigend hinzunehmen. Doch mit einem »Regierungsblock« von ungefähr zweihundert Stimmen machten die Commons einen vielversprechenden Anfang mit einer Diskussion über die notwendigen Reformen. Der Protektor freute sich über diesen willfährigen Geist, war jedoch weniger glücklich über die Angriffe auf seine religiöse Duldsamkeit. Der Streit entzündete sich an einem Fall »erschreckender Blasphemie«, die sich angeblich der Quäker James Nayler, »ein dem Irrglauben verfallener Mann«, hatte zuschulden kommen lassen, als er im Oktober 1656 in Bristol Christi Einzug nach Jerusalem aufführte. Die Debatten zeigten, wie die Parlamentsmitglieder »im Gedanken an diese Duldsamkeit beunruhigt waren«. »Wenn dies Freiheit ist, dann möge Gott die Menschen vor solcher Freiheit bewahren«, rief Philip Skippon, der Held von Turnham Green.

Der Beschluß, über Nayler eine exemplarische Strafe zu verhängen, hatte unmittelbare verfassungsmäßige Konsequenzen. Die Commons behaupteten, die richterliche Gewalt der Lords sei auf sie übergegangen, sie seien zugleich Kläger, Richter und Schöffen, alles in einem. Cromwell deutete es einigen Offizieren: »Dank ihrer richterlichen Autorität gerieten sie in höchste Gefahr... Der Fall des James Nayler könnte sehr wohl auch der ihre sein.« Wenn die Commons mit ihrem Anspruch durchdringen würden, wären sie nahezu souverän, denn kein Richter auf Erden könnte dann zwischen ihnen und einem jeden – Protektor oder Privatmann – vermitteln, wenn er ihrer richterlichen Gewalt anheimgefallen sei.

So rief Naylers Fall nach einer Verfassungsänderung. Es zeigte sich bald, daß Cromwell und viele aus seiner Umgebung dazu bereit waren. Sie ließen die Generalmajore fallen, als diese versuchten, ihre Vollmachten durch Gesetz bestätigt zu erhalten. Gleichzeitig bewies das Parlament kooperativen Geist, indem es für Kriegsgelder stimmte. Das *Instrument* war nur noch ein Stück Papier. Es hatte bei voraufgegangenen Rechtsstreitigkeiten keinerlei Handhabe geboten. Den Protektor machte es fast zum Gefangenen der Armee. Was not tat, so empfanden viele, war etwas der alten Erbmonarchie Vergleichbares, um die Regierung in Einklang mit dem Gesetz zu bringen, das Könige kannte, aber keine Protektoren. Cromwells eigene Ansichten über das Königtum waren unentschieden. Doch man wußte, daß er für eine zivile Regelung war, und seine Reaktion auf den Nayler-Fall beweist sein Verlangen, die Armee zu überzeugen, daß das *Instrument* auch ihre Freiheiten nicht zu erhalten vermöchte.

Im Februar legte eine Gruppe von Beamten, Rechtsgelehrten und Bürgern im Unterhaus »eine Schrift vor... mit dem Ziel einer Übereinkunft über Nation, Freiheit und Besitz«. Das Dokument sah die Wiedereinführung einer zweiten Kammer vor und die Annahme »von Namen, Stil, Titel und Würde eines Königs« durch Cromwell. Wütend bekämpft von vielen Offizieren im Parlament, fand es freudige Unterstützung bei den Regierungsbeamten und bei vielen unabhängigen privaten Mitgliedern. Dank behutsam geplanten Etappen stimmte man schließlich den einzelnen Punkten zu: Das Ergebnis war eine vollständige, schriftlich niedergelegte Verfassung. Am 31. März 1657 wurde sie unter dem Titel *The*

Humble Petition and Advice dem Protektor unter dem klugen Vorbehalt unterfertigt, daß sie als ein Ganzes angenommen werden müsse. Cromwell befand sich in einer schwierigen Lage. Es gab vieles in der *Petition*, das »sie ihm lieb und wert machte«. Aber niemand wußte besser als er, daß die Armee den Königstitel niemals schlucken würde. Er erbat sich Bedenkzeit für eine so schwerwiegende Entscheidung und begann die Meinung vor allem in der Armee auszukundschaften – dieses lautlose Geschäft, das er dem Vertrauen auf Gottes Beistand gleichsetzte. Dieweil er »die Königsleute« durch »dunkle und verworrene« Reden bei guter Laune erhielt, brachte er zumindest einige der Offiziere zu der Einsicht, daß Wandlungen unumgänglich seien und es für sie am vorteilhaftesten wäre, wenn diese von einem so willfährigem Parlament ausgingen. Doch auch die engsten Freunde erfaßten nicht den ganzen Sinn seiner Absichten. Bis Mai jedoch war er zu dem Schluß gekommen, daß – wiewohl Lambert und dessen Leute die Annahme einer Verfassungsreform nicht verhindern konnten – das Streben nach der Königswürde alles bisher Erreichte aufs Spiel setzen würde. So erklärte er schließlich dem Parlament, daß er zwar mit Freuden alle übrigen Punkte der *Petition* annehme, daß er aber »diese Regierung nicht mit dem Titel eines Königs auf sich nehmen könne«.

Rasch wurde die Königsklausel abgeändert und dem Protektor zugestanden, seinen Nachfolger selbst zu bestimmen. Diese neue Fassung wurde von vielen verurteilt, die der ursprünglichen zugestimmt hatten, dagegen von Männern befürwortet, die zuvor entschieden dagegen waren. Offensichtlich war die Königswürde wirklich ein wesentlicher Punkt der Verfassung gewesen. Im Juni wurde Cromwell zum zweitenmal als Lord-Protektor ausgerufen, in feierlicher Zeremonie, der Lambert, der verstimmte »Urheber« des *Instrument*, demonstrativ fernblieb.

Die *Humble Petition and Advice* bedeutete einen entschiedenen Schritt zurück in die Nähe der alten Ordnung, obwohl die Nominierung eines Nachfolgers nicht freier war, als die Armee es wollte. Der Staatsrat wurde zum »Geheimen Rat« *(Privy Council)*, und das »andere Haus« sah einem *House of Lords* verzweifelt ähnlich. In den sechsmonatigen Parlamentsferien, während Meldungen von glorreichen Siegen über die Spanier in Flandern eingingen, wurden die Voraussetzungen für die neue Verfassung geschaffen. Der Geheime Rat wurde umgebildet, Lambert, der sich geweigert hatte, den neuen Eid zu leisten, wurde – gegen alle Erwartung »ohne Erschütterung der Sphären« – entlassen. Mitglieder des »anderen Hauses« wurden erwählt – eine Aufgabe, die großes Geschick erforderte, damit es nicht »ein allzu dünner Schirm, ein allzu schwacher Ausgleich« werde zwischen Protektor und Commons. Die dreiundsechzig Mitglieder, die schließlich berufen wurden, bildeten eine eher gemischte Schar – einige »alte« Peers waren darunter, ältere Söhne, Verwandte des Protektors, Offiziere, Anwälte und Beamte. Doch die alten Peers weigerten sich zu erscheinen, und einige Offiziere – darunter George Monk und Henry Cromwell – waren anderwärts zu sehr in Anspruch genommen, um dem Ruf Folge zu leisten. Schlimmer noch: Dreißig der neuen Lords kamen aus dem Unterhaus und hinterließen dort ein politisches Vakuum, das mit den einstmals unerbittlich ausgeschlossenen Mitgliedern gefüllt wurde; ihre Rückkehr war eine versöhnliche Geste der neuen Verfassung.

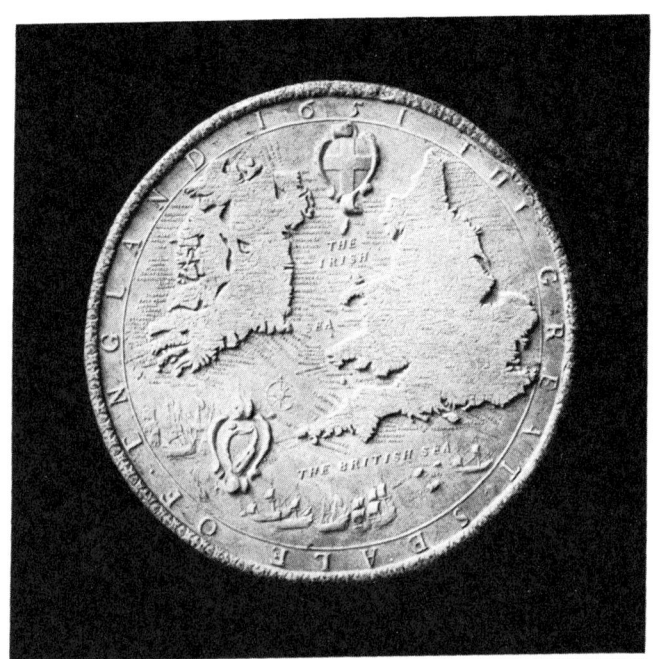

Das Großsiegel von England (Commonwealth) vom Jahr 1651
mit der Landkarte der Britischen Inseln und dem tagenden Unterhaus
London, British Museum

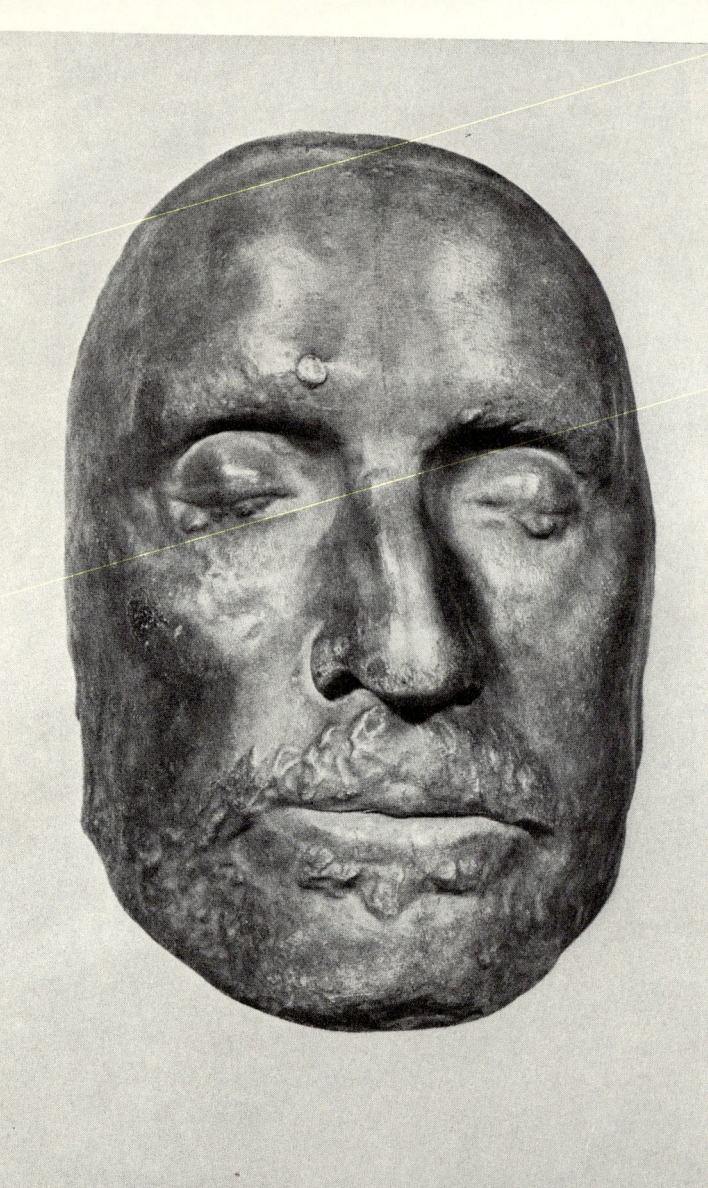

Oliver Cromwell
Totenmaske. London, National Portrait Gallery

Sobald das Haus im Januar 1658 zusammentrat, brachten diese tüchtigen und leidenschaftlichen Parlamentarier die Führung der Commons an sich und weigerten sich, eine gleichgeordnete Autorität des »anderen Hauses« anzuerkennen. »Laßt Lords ein, und ihr laßt alles ein!« Taub gegen Ermahnungen, die Nation vor einer neuen Flut von Blut und Kriegen zu bewahren, stachelten Haselrig und seine verbitterten Freunde die Spannungen in Parlament, City und Armee an. Am 4. Februar kam es zu einer neuen unerwarteten Auflösung des Parlaments. Cromwell hatte wieder einmal seine Unfähigkeit bewiesen, mit einem Parlament umzugehen, so sehr ihm auch daran gelegen war. Die Republikaner andererseits hatten gezeigt, wie vernagelt sie in ihrer politischen Phantasie waren. Ihre Schockmethoden im Unterhaus 1629 hatten zu elf Jahren ohne Parlament geführt. Unreife Obstruktion führte im Jahre 1658 zunächst zu nackter Unterjochung, dann zum Zusammenbruch des Protektorats und schließlich, nicht etwa zur Republik, sondern zur Restauration von 1660 und zu dem von niemandem beklagten Verschwinden der Republikaner von der politischen Bühne.

Im Ausland gab England nach der Eroberung Dünkirchens den Anschein von Stärke. Doch im Innern sah es düster aus. Der Handel, wegen der Kriegsläufte und allgemeiner Ungewißheit schwer geschädigt, stockte, es fehlte an Geld, um die Armee ruhig zu halten. Bereits im April 1658 dachte man an ein neues Parlament und sann auf Mittel, die Wahl zu beeinflussen. Doch die Spaltungen im Geheimen Rat vertieften sich, während die lenkende Hand des Protektors erschlaffte. Krank, mißmutig, in sich gekehrt, brütete Cromwell — bereits vom Tode gezeichnet — darüber, weshalb seine ungeheuren Anstrengungen, »ein gerechtes Verhältnis zwischen Regierendem und Regierten« zu schaffen, allesamt gescheitert waren; und am 3. September — so oft in der Vergangenheit *sein* Tag — starb er, nachdem er seinen ältesten Sohn Richard zum Nachfolger bestimmt hatte.

Mit ihm starb ein Zeitalter. Bei all seinen mannigfachen Fehlern war dieser sonderbare Mann für eine bestimmte Ordnung und Stabilität, ja sogar für eine besondere Art Gerechtigkeit und Anstand eingetreten. Was immer er berührte — und wenige Seiten seines Zeitalters entgingen seinem Zugriff —, dem prägte er seine feste, eckige Handschrift auf. Die meisten seiner Leistungen sind vergangen, doch ihm Größe abzusprechen, wäre sinnlos. Der tiefe Seufzer der Erleichterung, mit dem seine zahlreichen Feinde seinen Abgang begrüßten, war die aufrichtigste Anerkennung.

Die Restauration

Richard Cromwells Nachfolge war wohlüberlegt. Die Wahl des ältesten Sohnes bedeutete ein Festhalten am Erblichkeitsprinzip. Richard hatte wenig mit Armee und Politik zu tun gehabt, aber dieser scheinbare Mangel besagte nur, daß er im Gegensatz zu seinem unbeliebten Bruder Henry keiner Partei in der Armee verbunden oder durch »die Herrschaft des Schwertes« belastet war. Er war ein fähiger Kopf. Seine kurze Regierung war klug und staatsmännisch, und der Umstand, daß es ihm gelang, sich aus dem Debakel der Jahre

1659 und 1660 zurückzuziehen und es um ein halbes Jahrhundert als schlichter Landedelmann zu überleben, spricht für seine Beweglichkeit.

Richard wurde ohne Widerstand ausgerufen. Von Schottland sandte Monk den weisen Rat, die Geistlichkeit zu gewinnen, ein Parlament einzuberufen und das »andere Haus« durch wirkliche Peers und den führenden Landadel zu ergänzen. Die Streitkräfte sollten vermindert werden, um Geld zu sparen und »unbotmäßige Geister« loszuwerden, von denen keiner, allem Gepolter zum Trotz, »genügend Einfluß habe, auch nur zwei Männer nach sich zu ziehen, wenn er entlassen werde«. Aber Richard fühlte sich nicht stark genug, um solch einen Versuch zu wagen. Die Armee war in einer unguten Stimmung und verlangte: keine Entlassung ohne Kriegsgerichtsurteil. Dieser Anspruch war unerfüllbar, solange die Armee darauf bestand, eine politische Rolle zu spielen. Richard war sehr um ein gutes Einvernehmen mit den Offizieren bemüht, und als die Handschreiben zur Einberufung des üblichen ersten Parlaments einer neuen Regierung Ende 1658 ausgesandt wurden, schien alles auf Eintracht hinzudeuten. Die nach altem Stimmrecht durchgeführten Wahlen ergaben eine Verteilung der Sitze, die von jenen nach dem *Instrument* entschieden abwich; viele neue Mitglieder waren Konservative, Presbyterianer oder zumindest Antirepublikaner. Es gab sogar einige Royalisten, die aufgefordert worden waren, sich dem Hof im Exil anzuschließen. »Eine so bunte Menge« verwirrte die Regierung: »Niemand weiß, wem sich der größere Teil zuneigen wird«, beklagte sich Thurloe, der Ungewißheit haßte.

Die neuen Commons erkannten Richard an, warfen jedoch abermals die Frage der Zusammensetzung und Funktion der zweiten Kammer auf. Man wies darauf hin, daß die neuen Lords, verglichen mit den alten, die zehn Jahre zuvor so ohne Anstand vertrieben worden waren, schlecht wegkämen. Die alten Lords hätten »immer Schlachten für die Freiheit geschlagen«, wie die *Magna Charta* und die *Petition of Twelve Peers* bewiesen, während die jetzigen Streiter – noch Diener zwar, doch die zukünftigen Herren – sich nur für ihren eigenen Vorteil schlügen. Während der Konservativen für die Rückkehr wenigstens einiger Mitglieder des alten Hochadels eintraten, agitierten die Republikaner in der City für ein Commonwealth. Im April verfügte Richard, der Unterstützung des Parlaments gewiß, die Auflösung des Offiziersrates, statt dessen aber zwang dieser ihn, das Parlament fortzuschicken. Das Parlament starb in diesem Augenblick. Ende Mai entschwand Richard dankbar ins Privatleben und überließ es der Armee, über die nächsten Schritte zu entscheiden.

Die Offiziere, unter ihnen jetzt auch Lambert, der von seinen Tulpenbeeten zurückgekehrt war, konnten sich nicht sogleich einig werden. So riefen sie törichterweise das Rumpfparlament zurück, gleichsam als Nebelwand, hinter der sie – wie sie meinten – ungestört die Dinge unter sich regeln könnten. Das Rumpfparlament lehnte jedoch die ihm zugedachte Rolle ab und beanspruchte volle Souveränität, ohne eine zweite Kammer und geschriebene Verfassung. Doch seine Position war schwach. Ein Aufstand in Cheshire, angeführt von dem Presbyterianer Sir George Booth, zeigte, wie sehr »die Wiedereinsetzung eines solchen Parlamentsrelikts jener Partei mißfiel«, deren legitime Vertreter im Unterhaus, samt dem unermüdlichen und bissigen Propagandisten William Prynne, »durch die Frechheit eines Militärklüngels ausgeschlossen seien«. Viele Presbyterianer, die über das neuerliche Aufflackern von Radikalismus in der Armee erschrocken waren, »zogen es vor, sich mit ihren alten Feinden, den Royalisten, zusammenzutun, um die gemeinsame Freiheit wiederherzustellen«. Realistische Königstreue knüpften mehr Hoffnung an solche Unterstützung als an ausländische Hilfe. Blind gegen diese Entwicklungen, erhöhte das Rumpfparlament im Herbst 1659 den Druck auf die Armee, indem es Lambert und andere hohe Militärs ihrer Kommandos enthob. Lambert hatte sich Oliver Cromwell zuliebe zurückgezogen, aber Sir Arthur Haselrig zuliebe tat er das nicht. Am 13. Oktober vertrieb er das Rumpfparlament.

Die Macht ging nun in die Hände einer militärischen Clique über, die ein Sicherheitskomitee *(Committee of Safety)* konstituierte, das den Schein von Verwaltung aufrechterhalten sollte, während sie selbst an einer neuen Verfassung schmiedeten. Lambert schwebte noch immer eine Regierungsform vor Augen mit festen Prinzipien und unveräußerlichen Grundrechten: keine Einzelperson, ein gewähltes Zwei-Kammern-Parlament und ein Gremium von »Beschützern der Freiheit«, das für die wahrhafte Erhaltung der Verfassung sorgen sollte.

Doch während die englischen Generäle debattierten, kündigte ihnen in Schottland George Monk den Gehorsam und entschloß sich zu intervenieren. Seine Streitkräfte waren, wenn auch an Zahl gering, politisch gesäubert und dank regelmäßigen Soldzahlungen wohldiszipliniert. Die Lage in England, »wo alle Parteien für ein Parlament waren«, forderte zu kühnem Handstreich auf. Es wurde sogar berichtet, die Soldaten »gäben etwas darum, auf Monks Seite zu sein, denn dann wäre ihnen der rückständige Sold gewiß; jetzt aber kämpften sie – sie wüßten selbst nicht für wen und für was und würden obendrein noch als Schurken und Verräter betrachtet«. Im Dezember machte sich Monk, nachdem er vorsichtshalber den schottischen Notabeln das Versprechen abgenötigt hatte, nicht hinter seinem Rücken zu rebellieren, in langsamen Märschen nach Süden auf. Unterwegs schlossen sich ihm Männer wie Fairfax an, jetzt ein überzeugter Royalist – ein sicheres Zeichen, daß Monk Herr der Situation war. Er hatte sich aber auch auf nichts als auf die Unterstützung eines Parlaments festgelegt. Die royalistischen Agenten waren besorgt wegen seiner »dunklen Absichten«, die es ihnen verwehrten, ihn zu durchschauen.

Lamberts verzweifelter Versuch, ihn abzuwehren, führte zu nichts, und im Februar 1660 hatte Monk London erreicht, »dieses Schwungrad, dessen Umdrehungen alle kleineren Räder folgen müssen«. Inzwischen war das Rumpfparlament wieder einberufen worden. Unter dem Druck Monks bestimmte es einen neuen Staatsrat, in den einige Presbyterianer, »rechtschaffene Männer«, aufgenommen wurden, die, wie man wußte, »einer königlichen Regierung sehr zugetan waren«. Die ausgeschlossenen Parlamentsglieder wurden wieder ins Unterhaus zurückgeholt, unter ihnen Prynne, der inzwischen eingesehen hatte, »daß zur Befriedung der Nation kein anderes Mittel blieb als die Wiedereinführung der Monarchie«. Monk verstärkte seine Macht, indem er die englischen Regimenter säuberte und sie dazu brachte, alles zu akzeptieren, was vom Parlament beschlossen wurde. Endlich fiel es den Republikanern wie Schuppen von den Augen, Haselrig bot in einem demütigen Versuch, das Schlimmste zu verhüten, Monk das Protektorat an. Monks unverblümte Absage spricht dafür, daß er sich endgültig für die Restauration Karls II. entschieden hatte – aber noch immer seine eigenen Wege ging.

Am 16. März 1660 wurde das Lange Parlament endlich legal aufgelöst – durch sich selbst. Wenig später war Monk in direktem Kontakt mit Karl. Sein vernünftiger Rat, unterstützt von Edward Hyde, der dem Sohn ebenso ein nüchterner Ratgeber war wie dem Vater, führte zur Deklaration von Breda, in der Gewissensfreiheit, eine Regelung der ländlichen Angelegenheiten durch das Parlament und Straflosigkeit versprochen wurde. Am 25. April konstituierte sich eine verfassunggebende Versammlung, die sich vor allem aus Presbyterianern und Royalisten zusammensetzte; Republikaner und Cromwellianer waren nirgends zu finden. Das *House of Lords* bestand anfänglich nur aus solchen, die sich gegen den König verbündet hatten; nach und nach nahm es dann seine volle Mitgliederzahl auf, mit Ausnahme der Bischöfe, die durch das Gesetz von 1642 noch immer legal ausgeschlossen waren. In beiden Häusern war der Wille nach Restauration offenkundig. Doch wie? Zu welchen Bedingungen? Monk, die Schlüssel zur Macht noch immer in der Hand, wies den Weg. Die Bedingungen von Breda – wenn man sie so nennen will – wurden angenommen. Am 1. Mai wurde beschlossen, daß »gemäß den Grundgesetzen des Königreiches die Regierung eine durch König, Lords und Commons sei und sein solle«. Am 29. Mai hielt unter außerordentlichem Jubel ein huldreicher Karl II. seinen Einzug in London. »Und dies alles kam zustande, ohne daß ein Tropfen Blut vergossen wurde, und obendrein noch durch dieselbe Armee, die gegen ihn rebelliert hatte.«

Was wurde 1660 restauriert? Die Monarchie, gewiß, und in der alten Erbfolge, aber auch das Parlament in seiner traditionellen Gestalt sowie die Herrschaft des Gesetzes. Die Gesetzgebung von 1641/42 war noch immer in Kraft, und wiewohl die Monarchie gewaltige Vollmachten und Möglichkeiten behielt, war eine Rückkehr »zu dem persönlichen Regiment von 1629 bis 1640« unwahrscheinlich. Die meisten Experimente des Interregnums wurden über Bord geworfen, doch die Erfahrungen dieser stürmischen Jahre konnte man nicht vergessen. Niemals wieder würde man behaupten können, daß die wichtigste Angelegenheit des Staates ein esoterisches Geheimnis sei, »das eine Versammlung nicht zu verstehen vermöchte«. Das Parlament war in der Tat wohlgerüstet, den Kampf um eine Verfassung wiederaufzunehmen. Karl II. zollte dieser Tatsache, klug und träge wie er war, gebührende Anerkennung. Da er mit beträchtlicher Wendigkeit zu Werke ging, erreichte er viel für die Monarchie und starb – ganz ungewöhnlich für einen Stuart – zu Haus im eigenen Bett. Sein starrköpfiger Nachfolger wurde wieder auf Reisen geschickt: »In der Geschichte gibt es keine Restaurationen.«

*

Was in England während dieses heroischen Zeitalters gedacht und getan wurde, hatte unmittelbare und nachhaltige internationale Bedeutung. Der öffentliche Prozeß gegen einen gesalbten König und dessen Hinrichtung erschreckte ein Europa, das von Ehrfurcht vor dem Königtum erfüllt war; und doch war dies nur die augenfälligste Episode in einem Konflikt, der zugleich aufbauend und zerstörerisch, Neuem gegenüber aufgeschlossen und kleinbürgerlich beschränkt war. Wie John Milton fühlten sich viele Engländer dazu berufen, edle universale Ziele zu verfolgen: Protestantismus, althergebrachte Freiheiten und dergleichen mehr. Gleichzeitig empfanden sie die europäischen Gegebenheiten, vor allem

König Karl II. von England in Scheveningen vor seiner Einschiffung nach England am 23. Mai 1660
Gemälde eines unbekannten Malers
Hampton Court Palace

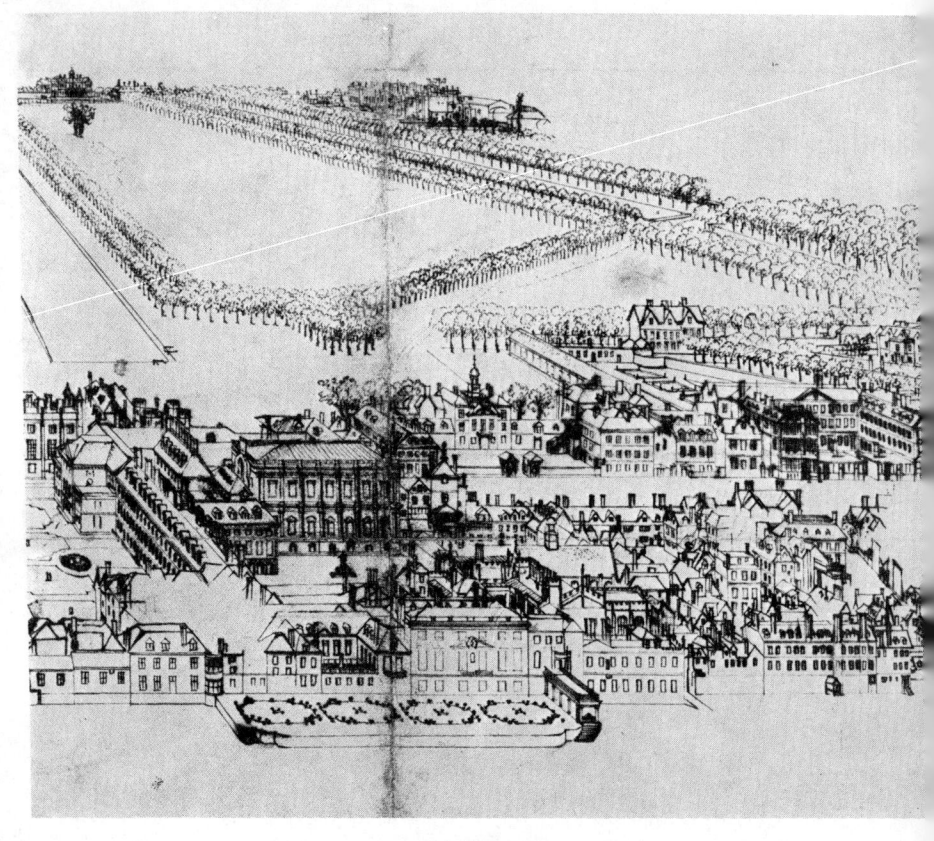

Ansicht des Whitehall-Palastes
mit der Bankettkalle von Inigo Jones (Mitte), den Horse Guards (rechts darüber),
der Admiralität (rechts), dem St. James-Palast (am oberen Rand)
Aus einer Federzeichnung von Leonard Knyff, 1694–1698
London, British Museum

die Gegenreformation und den Absolutismus, als deprimierend und als zudringliche Herausforderung des eigenen Schicksals. Wenn es damals eine »allgemeine europäische Krise« gab (und es sieht ganz so aus, als ob es sie gab), so war sie eine Krise, die weit über das Wirtschaftliche und Politische hinausging – nicht anders als die englische Revolution auch. Die vielen Revolten in jener Zeit, von Spanien bis zur Ukraine, waren gewiß nicht die unmittelbare Folge des englischen Beispiels, auf einige jedoch hat es zumindest eingewirkt. Zur französischen Fronde, die von dem frühen, in England wohlbekannten politischen und verfassungsrechtlichen Denken in Frankreich stark beeinflußt war, bestanden fraglos enge Bindungen, teils aus Selbstinteresse, teils als stolzer Ausdruck einer tief empfundenen Solidarität.

1660 schien in Europa wie in England die »revolutionäre Periode« vorüber. Doch die aufgekommenen Ideen fuhren fort, wenn auch verwässert, verzerrt, abgeändert, die Gemüter zu erhitzen und zu beunruhigen. Die Gedanken über Gott und den Menschen, über Bürger und Staat, Gesellschaft und Individuum, die in den vierziger Jahren des 17.Jahrhunderts propagiert wurden, hielten sich und wurden von Männern wie Locke überarbeitet, die ihnen – zugleich bereichert und gestrafft – zu Ansehen und schließlich zu allgemeiner Geltung verhalfen. Voltaire nahm verworrene Vorstellungen von den Ideen und Praktiken aus »dem freien englischen Winkel« mit auf den Kontinent, von dem zumindest einiges davon ausgegangen war. Die Auswirkungen waren mannigfaltig und oft genug unerwartet. Die Engländer des 17.Jahrhunderts hatten gebieterisch beschworen, was wir »das Mittelalter« nennen, um augenblickliche Mißstände zu bereinigen. Spätere Generationen – hier wie anderswo – waren dagegen nicht minder bereit, das, was sie als die Frucht ihres eigenen Denkens ansahen, auf die neuen Probleme anzuwenden. Vieles hat man aus solchem Gebrauch gelernt, und vieles bleibt noch zu lernen – aus den Erfolgen ebenso wie aus den Fehlschlägen. Von besonderem Interesse ist die Wirkung englischer Erfahrung und Einbildungskraft auf die nordamerikanischen Kolonien, aus denen ein Jahrhundert später die Vereinigten Staaten hervorgehen sollten.

Nach einem fremden, rauhen Land verpflanzt, vermochten die Kolonisten ihre englische Art nicht abzustreifen – und wollten es wohl zunächst auch gar nicht. Die Wellen des Atlantiks überspülten nur langsam die geistigen und psychologischen Bindungen mit dem Mutterland. Auch als sie Amerikaner geworden waren, befanden sich die Kolonisten noch im Einklang mit den politischen, gesellschaftlichen und theologischen Vorstellungen und Gefühlen der Menschen daheim. Indem sie, so könnte man sagen, ihre föderalistische *Covenant*-Theologie mit der englischen Neigung verbanden, anstehende Dinge durch Komitees erledigen zu lassen, und alte Ideen durch ständige Übernahme der sich in England entwickelnden Denkweise modernisierten und stärkten, legten sie ein solides Fundament für eine Geisteshaltung, die dann die amerikanische Verfassung ins Leben rief. Und als schließlich im späten 18.Jahrhundert eine »neue Nation in Freiheit gegründet wurde«, da trug sie unverkennbar englische Züge.

Victor-Lucien Tapié

DAS ZEITALTER LUDWIGS XIV.

Das Frankreich des jungen Ludwigs XIV.

Frankreich hat unter Ludwig XIV. eine Periode unübertroffenen Ansehens und gewaltiger politischer Machtentfaltung erlebt. Voltaire bezeichnete die Zeit von 1661 bis 1715, als der König selbst die Regierung führte, kurzerhand als »das Jahrhundert Ludwigs XIV.« und prägte damit einen besonderen Begriff zu dessen Ruhm. Die Fülle hervorragender Leistungen und aufsehenerregender Erfolge auf den verschiedensten Gebieten, am bedeutendsten zweifellos in der Literatur, hat viele Historiker und Kritiker veranlaßt, von einer klassischen Epoche und in mancher Hinsicht sogar von einem goldenen Zeitalter zu sprechen. In solchen Lobpreisungen kommt zwar vielleicht eine historische Wahrheit sinnfällig zum Ausdruck, doch darf man dabei nicht vergessen, daß die Geschichte keine eindeutige Wahrheit und keinen vollkommenen oder endgültigen Erfolg kennt. Andere Stimmen haben den unbestreitbaren Erfolgen der Anfangszeit die Kehrseiten der Politik nach 1685 entgegengehalten und auf das ständig zunehmende Elend der Bevölkerung hingewiesen, während nur die obersten Schichten der Gesellschaft sich einer glanzvollen und verschwenderischen Lebensweise erfreuen konnten.

Diese Historiker unterliegen jedoch, trotz ihrer verschiedenen Ansichten, einem gemeinsamen Irrtum. Sie legen zuviel Wert auf den Willen der Regierung, sei es, um ihr das ganze Verdienst an den Erfolgen zuzuschreiben – als ob Ludwig XIV. und seine Minister von Anfang an ein genaues Programm aufgestellt und Punkt für Punkt ausgeführt hätten – oder um ihr eine unkluge Aggressionspolitik vorzuwerfen, die ungeachtet des errungenen Ruhmes Frankreich die Mißbilligung und die Gegnerschaft ganz Europas eintragen mußte, während sie im französischen Volk eine wachsende Feindseligkeit gegen das Regime erweckte.

Die Verhältnisse im damaligen Frankreich, die der Politik große Möglichkeiten boten und ihr zugleich die Grenzen setzten, waren in Wirklichkeit keineswegs nur vom Willen Ludwigs XIV. und seiner Minister abhängig. Die Regierung konnte höchstens hemmend oder fördernd eingreifen. Sie verfügte jedoch vor allem über einen Sinn für Realpolitik und traf ihre Entscheidungen nur unter dem Gesichtspunkt der Nützlichkeit für ihre eigenen Ziele, ohne sich darum zu kümmern, ob im übrigen Europa, das sie nur zum Teil kannte oder kennen konnte, im allgemeinen oder im besonderen andere Verhältnisse herrschten. Diese Epoche des 17. Jahrhunderts, die so lange für eine Zeit des Gleichgewichts und der beispielhaften Harmonie gegolten hat, enthüllt bei eingehenderer Betrachtung ihre Unvollkommenheiten und verborgenen Schwächen. Sie stellt sich schließlich als eine Periode wirtschaftlicher Spannungen, dauernder Schwierigkeiten in Produktion und Handel und allgemeinen Mißbehagens dar, in der Frankreich dennoch seine Politik durchsetzen und seine Macht befestigen konnte. Eine einleuchtende Erklärung für diese Erscheinungen ist vielleicht in einer Art Klassenkampf zu finden, denn es läßt sich ein gesellschaftlicher Umschichtungsprozeß verfolgen, wenn auch der Wechsel sehr langsam vor sich ging. Man muß sich jedoch davor hüten, auf das vorwiegend ländlich orientierte 17. Jahrhundert die Gedanken und Empfindungen unseres industriellen und technischen Zeitalters zu übertragen. Man darf auch nicht vergessen, daß das allgemeine Denken damals von Idealvorstellungen und Wertbegriffe beherrscht war, die der Zeit entsprachen und als Voraussetzung zum Verständnis der sozialen Verhältnisse berücksichtigt werden müssen.

Meist nimmt man an, die persönliche Regierung Ludwigs XIV. habe mit dem Tod des Kardinals Mazarin am 9. März 1661 begonnen. Tatsächlich erklärte der junge König an diesem Tage zur Überraschung vieler seine Absicht, selbst die Leitung der Regierungsgeschäfte zu übernehmen und niemanden mehr mit den Obliegenheiten eines Premierministers zu betrauen. Ludwig XIV. hatte diesen Entschluß, der schon lange feststand, zu Lebzeiten des Kardinals zurückgestellt. Dies war eine Geste der Dankbarkeit gegenüber dem verdienten Manne, dem nach Ansicht des Königs, des Hofes und sogar der öffentlichen Meinung das Wohl der Monarchie im Inneren und ihr Ansehen nach außen zu verdanken war. Schon ein paar Monate früher, am Donnerstag, dem 26. August 1660, hatte Paris jedoch anläßlich des Einzuges des Königs und der neuen Königin eine großartige Festlichkeit erlebt, die als feierlicher Auftakt der Regierungszeit betrachtet werden kann: bei dieser Gelegenheit hatten die Erwartungen und Hoffnungen ganz Frankreichs sichtbaren Ausdruck gefunden.

Überall in Europa war es damals üblich, einen regierenden Fürsten bei einem wichtigen Ereignis seiner Laufbahn oder seines Privatlebens – meistens ließ sich beides nicht trennen –, wie etwa dem Regierungsantritt, einer Heirat, der Geburt eines Erben oder Rückkehr aus einem siegreichen Krieg, in den Städten, vor allem aber in der Hauptstadt mit einem prunkvollen Aufgebot zu empfangen. Es bestand in der Regel aus einem Festzug, dem Vorbeimarsch der Innungen und Zünfte und einem feierlichen Geleit durch verschwenderisch dekorierte Triumphbogen. Paris, das damals eine Blütezeit erlebte, erklärte, als einzige Stadt über genügend Arbeitskräfte und städtische Beamte zu verfügen und damit in der Lage zu sein, dem König einen würdigen Empfang zu bereiten. Die Pläne für die Dekorationen wurden von den besten Malern und Architekten Frankreichs unter Lebrun und van Obstal ausgearbeitet und von Kunsthandwerkern verwirklicht, die in der Ausführung gleichzeitig den Beweis ihres reifen handwerklichen Könnens und ihres raffinierten Geschmacks lieferten. Am Tage des Einzugs bot die Stadt ein Bild unvergleichlicher Pracht. Manche Triumphbogen erinnerten in ihrer Einfachheit und Größe an die vollkommensten antiken Vorbilder, andere waren überladen wie Opernkulissen und verherrlichten die königliche Familie in vielfältigen symbolischen Darstellungen, wie sie sich seit dem 16. Jahrhundert vor allem von Italien her eingebürgert hatten und nun große Mode geworden waren.

DAS ZEITALTER LUDWIGS XIV.   279

Unter allgemeinem Beifall vermischten sich damals die klassischen, den Regeln und Überlieferungen entsprechenden Kunstformen mit den phantasievollen Einfällen einer neuen Geschmacksrichtung, die durch Witz und Ideenreichtum entzückte. Was sich daraus ergab, nennen wir heute Barock.

Neben den so wohlgelungenen Dekorationen mußte hauptsächlich ein Thema die Aufmerksamkeit auf sich ziehen, das sich von Bogen zu Bogen wiederholte, durch symbolische Gestalten dargestellt wurde und in lapidaren Inschriften Ausdruck fand: der Friede. Auch der Rektor der Universität und der Vorsteher der Kaufleute priesen ihn in ihren Ansprachen an König und Königin.

Die Freude über den wiederhergestellten Frieden verklärte das ganze Fest, denn der Pyrenäen-Friede von 1659 hatte mit der Heirat des Königs die Versöhnung der Kronen Frankreichs und Spaniens besiegelt, die von Natur aus Feinde gewesen schienen. Auch im Norden war durch eine geschickte Politik der Friede gesichert worden, und damit hatte die neue Regierung sogar das Werk Heinrichs IV., des Friedensfürsten par excellence, übertroffen: *Arbitriis pacans omnia regna suis.*

Viele Leute aus der Provinz und dem Ausland hatten dem schönen Schauspiel zuliebe die Reise nach Paris unternommen. Ihre Anwesenheit war ein Gradmesser für die Stimmung im ganzen Königreich. Endlich konnte man aufatmen, das gewohnte Leben wieder aufnehmen und zu einer friedlichen Tagesordnung übergehen. Worin bestand aber diese Ordnung in Frankreich und im übrigen Europa?

In der damaligen Zeit beriefen sich die Franzosen wie Richelieu in seinem politischen Testament gern auf die Vorzüge, die ihr Land seiner geographischen Lage, seinem Klima und den Möglichkeiten seines fruchtbaren Bodens verdanke. Dieses Frankreich zwischen drei Meeren, mit den natürlichen Verkehrswegen der großen Flüsse, seiner vielfältigen Bodenbeschaffenheit, den ausgezeichneten Getreidegebieten in der Nähe der Hauptstadt, den zahlreichen guten Weinlagen und den weit verstreuten, ertragreichen Fabriken und Textilwerkstätten war zweifellos ein gutes, reiches und angenehmes Land. Im Norden waren durch die neuen Verträge Teile des Artois und Städte im Hennegau und in Luxemburg dazugekommen und die Grenzen damit über die Somme hinausgerückt worden, im Süden war nun der Besitz von Rousillon und der Haute-Cerdagne gesichert. Seit dem Westfälischen Frieden herrschte der König von Frankreich an Stelle des Hauses Habsburg auch im Elsaß, ohne daß vorerst dessen Bindungen an das Heilige Römische Reich durchschnitten worden wären. Bald (1662) sollten vorteilhafte Verhandlungen mit dem König Karl II. von England Dünkirchen unter französische Herrschaft bringen, weil sich dort die Möglichkeit bot, als strategische Ausgangsbasis für den Handel auf den nördlichen Meeren einen guten Hafen anzulegen.

Frankreich hatte damit zwar in keinem Falle natürliche Grenzen gewonnen (eine solche Idee floß höchstens aus der Feder weltfremder Theoretiker und blieb dem Denken der Staatsmänner fremd), dafür aber zahlreiche feste Plätze, die die Zugangsstraßen zum Königreich beherrschten und dieses gegen militärische Überfälle aus den Niederlanden oder von Osten her schützen konnten. Der König legte großen Wert darauf, Garnisonen in Breisach und in Pignerol, also jenseits des Rheins und jenseits der Alpen, zu unterhalten.

Das Wort Eroberung bot keinen Schrecken: Nur wer zu erobern verstand, wurde im Ausland respektiert. Die günstigen Ergebnisse waren hauptsächlich durch die hartnäckigen Aktionen der vom König unterhaltenen Armeen erreicht worden, die ihm während der Fronde treu geblieben waren. Außerdem waren sie aber auch den politischen Fähigkeiten der Diplomaten zu verdanken, die sich bei den Friedensverhandlungen außerordentlich geschickt und tüchtig gezeigt hatten. Sie hatten sich dabei auf die große Erfahrung Mazarins stützen können, eines hervorragenden Kenners der europäischen Verhältnisse seiner Zeit. Mazarin hatte es verstanden, ergebene Mitarbeiter zu gewinnen und zahlreiche geeignete Persönlichkeiten aufzuspüren, die, zwar manchmal von niederer Herkunft und bescheidenem sozialem Rang, den neu erworbenen Gebieten doch den Stempel Frankreichs aufzudrücken vermochten.

Von einem einheitlichen Frankreich, das sich bewußt dem König unterworfen hatte, ihm bereitwillig seine Privilegien zugestand und dem Ausland gegenüber einig war, konnte allerdings noch nicht die Rede sein. Andererseits war dieses Königreich viel mehr als nur eine Ansammlung benachbarter Territorien. In Paris und den zentralen Provinzen gab es eine Elite, für die das Königreich, seine Traditionen, die Treue zur Dynastie und das Staatswohl eindeutige Begriffe waren. Wo derartige Vorstellungen noch nicht in das allgemeine Bewußtsein eingedrungen waren, wurde das Land von Gouverneuren, Administratoren, Kommissaren oder Agenten im Zaum gehalten, die durch Drohung, Gewalt oder Überredung den Gehorsam gegenüber dem König von Frankreich gewährleisteten. Diese Berufsgruppe hatte sich bilden können, weil es in Frankreich schon lange eine differenzierte gesellschaftliche Schichtung gab.

Im französischen Volk stand keineswegs eine Minderheit vom Schicksal Begünstigter, die die Macht in den Händen hielt, einer unterwürfigen Mehrheit gegenüber, die mit ihrer Arbeit die Lebensmöglichkeiten der ersteren sicherstellte und mit ihren Steuern die Mittel zum Unterhalt des Staates aufbrachte. Von den unteren Schichten hatte sich vielmehr nach und nach eine soziale Zwischenklasse mit schwer definierbaren Grenzen abgesetzt, die durchaus fähig war, ihre eigenen Interessen wahrzunehmen und gleichzeitig im Dienste des Staates zu wirken. Dies hatte nur in einem dichtbevölkerten Land geschehen können, wie es Frankreich um die Mitte des 17. Jahrhunderts war.

Der augenblickliche Stand der demographischen Forschung läßt es noch nicht zu, die Zahl der Einwohner genau anzugeben, sie liegt aber sicher zwischen fünfzehn und neunzehn Millionen. Hingegen steht fest, daß die Bevölkerung bis etwa 1648/49 regelmäßig zugenommen hat, während danach ein anhaltender Tiefstand zu verzeichnen ist. Diese Tatsache wurde etwa dreißig Jahre später entdeckt, als Augenzeugen über die Entvölkerung mancher Gegenden erschraken, obwohl die Bevölkerung von Paris durch den Zustrom neuer Ankömmlinge das ganze Jahrhundert hindurch ständig zunahm. Dank der natürlichen Fruchtbarkeit gab es, wie allgemein zugegeben wird, zahlreiche Geburten, doch konnte sich dies wegen der hohen Kindersterblichkeit kaum auswirken. Überdies ernährten sich die meisten Leute, namentlich auf dem Lande, nach wie vor schlecht. Sie lebten fast ausschließlich von Getreideerzeugnissen in Form von grobem Brot oder Brei und von Früchten und waren deshalb ungenügend auf die unvermeidlichen Katastrophen der

Die erste Parlamentssitzung Ludwigs XIV.
und die Ernennung der Königinwitwe Anna von Österreich zur Regentin am 18. Mai 1643
Lavierte Federzeichnung. Paris, Bibliothèque Nationale

Die Vermählung Ludwigs XIV. mit Maria Theresia von Österreich
Aus einem Gemälde von Laumosnier
Le Mans, Musée Tessé

Hungersnöte vorbereitet, die immer wieder vorkamen. Im Jahre 1662 muß eine besonders schreckliche Not geherrscht haben. Ludwig XIV. rühmte sich, sie durch sein Eingreifen und die Verteilung von Korn in den am meisten gefährdeten Orten gelindert zu haben, aber wie in den anderen Fällen hatte sie natürliche Mißstände zur Folge, gegen die jedermann machtlos war.

Man weiß heute, daß sich das Klima im 17. Jahrhundert nicht wesentlich von dem unserer Zeit unterschied. Es gab Winter von außerordentlicher Strenge und langer Dauer und Frühjahrsfröste, die alle Hoffnungen auf eine Ernte zunichte machten. Die Folgen einer Mißernte wurden einige Monate später spürbar, wenn die Vorräte überall erschöpft waren. Unter der physisch geschwächten Bevölkerung breiteten sich Epidemien aus. Die am wenigsten widerstandsfähigen Elemente erlagen ihnen in großer Zahl: Kinder im ersten Lebensjahr, Frauen in anderen Umständen und im Wochenbett, Greise und auch die Landstreicher, die das Unglück auf die Straßen getrieben hatte, um Arbeit oder Almosen zu suchen. Die Geburtenzahl ging zurück, und die Wirkungen einer solchen demographischen Krise waren noch weit in die folgenden Jahre hinein zu spüren. Wenn der Krieg mit seinen Verwüstungen hinzukam, wie es während der Fronde in manchen Gegenden der Fall war, wurde das Unglück durch die Brutalität der undisziplinierten Soldaten und ihre oft grundlosen Plünderungen und Brandschatzungen noch größer. In dieser Hinsicht war jedoch Frankreich, das während des Dreißigjährigen Krieges keine länger dauernde Invasion erlebt hatte, den Nachbarländern gegenüber begünstigt. In Deutschland hatten Begleiterscheinungen und Folgen des Krieges noch mehr als die Kampfhandlungen selbst eine Entvölkerung erschreckenden Ausmaßes verursacht, die in den am meisten betroffenen Gebieten bis zu siebzig Prozent betrug. Mitteleuropa war menschenleer geworden. Spanien erlebte eine Zeit der Schwäche, so daß es keinen dauerhaften Vorteil aus den inneren Schwierigkeiten ziehen konnte, in die Frankreich durch die Fronde verwickelt war; und England hatte nach den Erfahrungen mit Cromwell sich sozusagen einmal um sich selbst gedreht. Bei Gegnern und Nachbarn waren die Verhältnisse schlimmer als im eigenen Land. Daraus erklärt sich zum Teil, weshalb Frankreich zwischen 1660 und 1680 so stark zu erscheinen und so große Erfolge zu erringen vermochte.

Die französische Agrarverfassung im 17. Jahrhundert

Das französische Volk bestand damals in allen Provinzen überwiegend aus Landleuten, ein Begriff, den man der Bezeichnung »Bauer« vorziehen sollte, um zu betonen, daß viele Leute noch aufs engste mit dem Land verbunden waren, auch wenn sie nicht mehr direkt den Boden bearbeiteten. Das Land erzeugte nicht nur die Nahrung für das tägliche Leben, sondern auch die Rohstoffe, die in den Werkstätten verarbeitet wurden: Wolle, Leder, Flachs, Hanf, Raps und Holz, damals die wichtigste Energiequelle. Überhaupt stammten die meisten Einkünfte vom Lande: nämlich Grundzins, Geld- und Naturalrenten, Wohnungsmieten und Pachtgeld der verschiedensten Art. Es gab kaum einen Franzosen, der nicht Grund und Boden besaß, sei es auch nur eine winzige Parzelle. Aus Notariatsarchiven geht hervor, daß ein Handwerker, der sich in Paris, der größten Stadt des Königreiches, niedergelassen hatte, bis tief ins 17. Jahrhundert noch gern das Grundstück seiner bäuerlichen Vorfahren in der fernen Heimatprovinz behielt, oft waren es nur wenige Morgen. Am anderen Flügel der Gesellschaft empfahl Colbert, solide Vermögen in Form von Grund und Boden zu bilden, wenn sich eine Familie auf die Dauer sichern wollte. Grund und Boden, die den Franzosen heute nur wenig bedeuteten, standen damals noch hoch im Kurs.

Bei der Frage nach Verteilung und Nutzung des Grundbesitzes sind, trotz der üblichen, oft sehr großen Unterschiede zwischen den einzelnen Provinzen, am Beispiel des Dorfes gewisse allgemeine Merkmale zu erkennen. »Feudaleigentum« gab es nach wie vor: Wer ein Grundstück geerbt oder gekauft hatte (die Möglichkeit der Übertragung durch Erbfolge oder Verkauf beweist die Existenz von Privateigentum), war nicht dessen alleiniger Eigentümer. Durch Zahlung eines Zinses oder einer Rente erkannte er die übergeordneten Rechte eines Mitbesitzers an, des Grundherrn. Auf der Gemarkung eines Dorfes bestanden dreierlei Eigentumsformen nebeneinander: die Erbleihe, also Erbbesitz der Bauern, den sie bearbeiteten und für den sie dem Grundherrn Zins entrichteten, dann die Ländereien des Grundherrn, die er durch eigene Arbeitskräfte oder frondienstpflichtige Dorfbewohner bebauen ließ, und schließlich die »Almende«, Felder und vor allem Wälder und natürliche Weiden, die gemeinschaftliches Eigentum der Gemeinde (und des Grundherrn) waren und allen Dorfbewohnern zur Verfügung standen. Dort weideten die Herden, die entweder der Gemeinde gehörten oder aus dem Viehbestand einzelner Besitzer zusammengetrieben waren.

Die Oberhoheit des Grundherrn verpflichtete ihn seinerseits dazu, den Dorfbewohnern Schutz zu gewähren. Das Wohnhaus des Grundherrn war gewöhnlich ein festes Gebäude, wo Mensch und Tier im Falle der Gefahr Zuflucht finden konnten. Der Grundherr besaß das Privileg der Rechtsprechung, die er im Gericht durch von ihm eingesetzte Richter ausüben ließ. Er war auch Patron der Pfarrkirche, für die er den Geistlichen ernennen mußte, in der er bei der Messe gewisse besondere Ehrungen empfing und wo er eines Tages in der Patronatsgruft zur letzten Ruhe gebettet wurde. Dieses Bild eines französischen Dorfes war zur Zeit Ludwigs XIV. noch keineswegs ganz verschwunden. Es veränderte sich jedoch immer mehr infolge wirtschaftlicher und sozialer Umwandlungen von einschneidender Bedeutung, die allerdings sehr langsam vor sich gingen. Das geringe Tempo dieses Vorgangs darf bei der Betrachtung der Entwicklung nicht übersehen werden.

Das soziale Gefüge war weit davon entfernt, unbeweglich zu sein. Die Evolution vollzog sich jedoch im Laufe vieler Generationen, ein Wechsel der Regierung oder der Politik hinterließ fast keine Spuren. Die wichtigste Erscheinung war zweifellos die allmähliche Auflösung der alten Formen des Grundbesitzes. Für Nordburgund liegt darüber ein Buch von Pierre de Saint Jacob vor, das Ergebnis geduldiger Arbeit und gründlicher Studien.

Aus Mangel und um die fiskalischen Ansprüche aller Art zu befriedigen, mußten die sich selbst verwaltenden dörflichen Gemeinden oft das Gemeindegut veräußern, sei es in Form einer Verpfändung oder durch Verkauf. Nicht selten konnte der Grundherr zu seinem Vorteil diese Grundstücke seinem Besitz angliedern. Die Veräußerung des Gemeindegutes

DAS ZEITALTER LUDWIGS XIV.

hatte weittragende Folgen für das Schicksal der Pächter. Meist reichte das Pachtland nicht aus, um eine Familie zu erhalten, so daß sie auf die Nutzung des Gemeindegutes angewiesen war. Wenn dies wegfiel, brach das Leben auf der Pachtstelle zusammen. Die Bauern sahen sich gezwungen, auf anderem Gebiet, etwa durch Spinnen für die Kaufleute der nächsten Stadt, zusätzlichen Verdienst zu suchen, oder sie mußten das Erbe verkaufen und abwandern.

Eine andere Neuerung war nicht weniger einschneidend: Die verkauften Grundstücke wurden von den neuen Besitzern meist zu einheitlicher Nutzung zusammengefaßt – was nicht unbedingt bedeutete, daß die Parzellen aneinandergrenzten – und als Ganzes einem Zwischenpächter in Verwaltung gegeben, der häufig ein Neuling in der Dorfgemeinschaft war, ein Mann von außerhalb, ein fremdes Element. Die Einrichtung einer unabhängigen Bodennutzung war an die Stelle der früheren feudalen Ordnung getreten. Ein Beispiel bieten die Meierhöfe der Westprovinzen, wie sie Dr. Merle untersucht hat. Häufig wurden die Grenzen der alten Herrschaft überschritten und benachbarte Ländereien einbezogen. In vielen Fällen löste sich dann die alte Grundherrschaft auf. Die Rechte des Grundherrn hatten in Renten und Abgaben der verschiedensten Spielarten und in der Jurisdiktion bestanden. Es kam vor, daß alles einzeln verkauft wurde.

Die Einrichtungen der Meierhöfe und der Zwischenpacht waren in der ländlichen Wirtschaft deshalb so erfolgreich, weil infolge von Geldentwertung, Preissteigerungen und höherer sozialer Ansprüche die alten feudalen Renten, stabil und unbeweglich, wie sie waren, nicht mehr ausreichten oder sogar bedeutungslos wurden. Dagegen sicherten die neuen, beweglichen Renten bessere Erträge. Tatsächlich wechselte der Ertrag des Pachtlandes von Jahr zu Jahr, wenn er aus Naturalien bestand; bestand er aus Geld, so konnte er bei Ablauf des Kontraktes den neuen Verhältnissen angepaßt werden. Es liegt also nahe anzunehmen, daß die alte feudale Grundordnung praktisch verschwunden war und auch in der Landwirtschaft einer kapitalistischen Wirtschaftsweise Platz gemacht hatte. Trotz aller Veränderungen war jedoch die feudale Ordnung keineswegs gänzlich untergegangen, feudaler Geist durchdrang auch das neue System.

Die Pachtverträge enthielten Klauseln über Naturallieferungen von Geflügel, Früchten, Eiern, Holz, Getreide und Stroh, die eine unmittelbare Interessengemeinschaft zwischen Pächter und Besitzer schufen. Diese Lieferungen mußten abgeholt oder zugestellt werden, was im Guten oder Schlechten zu engen menschlichen Beziehungen führte und voraussetzte, daß der Wohnsitz des Besitzers in der Nähe der Ländereien lag. Aus diesem Grunde verbrachte etwa Madame de Sévigné mitunter ein oder zwei Jahre auf ihrem Besitz des Rochers.

Bei der Halbpacht waren Verpächter und Pächter gemeinsam Besitzer des Viehbestandes und Nutznießer der Ernten. Die Erwerber und Organisatoren von Meierhöfen und Getreidesammelstellen haben bei der wirtschaftlichen und sozialen Entwicklung in vielen Fällen eine große Rolle gespielt, ohne daß dies jedoch die Regel war. In manchen Provinzen, namentlich im Westen, war vor allem der Adel der Nutznießer des alten Systems gewesen. Jetzt zog er seinen Vorteil aus dem Niedergang des Feudalismus, da nun ein Grundherr die Möglichkeit hatte, günstig gelegene Ländereien ohne Rücksicht auf Erbfolge seinem Besitz einzugliedern. Wenn es sich um Ländereien außerhalb der eigenen Herrschaft handelte, traten die Grundherren als Käufer auf, sofern sie ein Vorkaufsrecht besaßen oder eine günstige Gelegenheit wahrnehmen konnten. Von zwölfhundert Pachtstellen, die zwischen 1500 und 1800 aufgegeben wurden, sind drei Fünftel von Adligen erworben worden (Dr. Merle). Demnach wurden immerhin zwei Fünftel vom Bürgertum übernommen. Hier tritt nun der bürgerliche Käufer in Erscheinung. Die Gründe für das Interesse der bürgerlichen Schichten an dieser Art der Geldanlage waren nicht ausschließlich materieller Natur. Sie waren weitgehend durch das Ansehen des Adels bedingt, denn der Grundbesitz bot eine Möglichkeit, in den Stand des Adels aufzusteigen. Ein Bürgerlicher konnte eine Grundherrschaft erwerben und behalten, wenn er bereit war, einem Recht des Königs (*franc-fief*) entsprechend, der königlichen Schatulle einen Betrag zukommen zu lassen. Abgesehen davon aber konnte er alle grundherrlichen Rechte ausüben: Einzug von Zinsen und Renten, Verpachtung und Verkauf, Markt- und Jagdrecht, Erhebung von Brücken- und Wegegeld und von Gebühren für die obligatorische Benutzung der Mühlen und Pressen des Grundherrn. Der Ankauf eines Hofes oder Grundstücks war im Prinzip unabhängig vom Erwerb der Grundherrschaft, tatsächlich aber ergab sich eines ganz leicht aus dem anderen.

In einigen Provinzen brachte der Erwerb eines herrschaftlichen Gutes seinem Käufer in Ausnahmefällen den Adel ein. Viel häufiger vollzog sich aber der Aufstieg unbemerkt dank den geduldigen Manövern mehrerer Generationen. Dem ererbten Familiennamen, der an den Beruf eines Vorfahren, einen Spitznamen oder an den Herkunftsort erinnerte, fügte der neue Besitzer den des Gutes hinzu, dessen *sieur* oder *seigneur* er geworden war. Molière, ein ausgezeichneter Beobachter dieser Praktiken, hat sie immer wieder lächerlich gemacht.

Wenn man von Kaufleuten abstammte, war es wesentlich, Handel oder Kaufmannsgeschäfte aufzugeben und nach Möglichkeit ein Amt zu kaufen, selbst wenn es nicht gleich den Adel mit sich brachte. Man arbeitete vor für die kommenden Generationen und öffnete ihnen den Zugang zu bedeutenderen Ämtern, die ihren Inhaber nach einer gewissen Anzahl von Übergangsjahren den persönlichen oder erblichen Adel eintrugen. G. Roupnel hat festgestellt, daß bei den Familien der *parlementaires*, der Mitglieder des Parlaments, in Burgund der Kauf von Ländereien und die Einrichtung eines Familiengutes regelmäßig dem Erwerb von Ämtern vorausgegangen waren. Er untersuchte den Aufstieg der Familie Minot de Mairetet, die zweihundertdreiundsiebzig Jahre brauchte, um sich aus dem Kaufmannsstand zum Rang eines *Conseiller* im *Parlement de Bourgogne* zu erheben, und die auf diesem weiten Weg des sozialen Aufstiegs ständig Ländereien und Lehnsgüter erwarb.

Alle Provinzen des Königreiches liefern Beispiele für diese geduldige Eroberung grundherrlichen Besitzes durch das Bürgertum und für die Art, wie man ihn benutzte, um sich dem Adel zuzugesellen. P. Vénard hat kürzlich das Kauffieber geschildert, das zu Anfang des 17. Jahrhunderts in der Umgebung von Paris die Kreise der *Parlementaires*, Juristen und Beamten ergriff, dann zu einem gewissen Stillstand kam und von 1648 bis 1670 mit größerer Intensität aufs neue ausbrach. Ein solcher Bürger besaß 1654 in Saumur etliche mittlere Ämter und mehrere Landgüter, Lehnsgüter und Grundherrschaften in der Umgebung.

DAS ZEITALTER LUDWIGS XIV.

Seine Töchter erbten sie von ihm, und eines dieser Güter, Boisayrault, verhalf einem seiner Enkel zu einem Adelsprädikat. Dieser war *Conseiller en la sénéchaussée* von Saumur, stand also in der Hierarchie über seinem Ahn. Er empfing von Ludwig XIV. den Adelsbrief, der beim *Parlement de Paris* am 28. April 1702 registriert wurde; er ist der Stammvater einer Offiziersfamilie, die sich mit dem Schwertadel vermischte.

Der Erwerb von Grundbesitz erschien nicht nur aus sentimentalen Gründen wünschenswert. In der Mitte des 17. Jahrhunderts war dies noch eine gute Geldanlage. Wie Pierre de Saint Jacob festgestellt hat, war ein mittlerer Boden in Burgund vierzig bis sechzig Livres je Hektar wert; ein Hektar brachte seinem Besitzer im Durchschnitt einen Ertrag von drei bis vier Livres ein. Wenn man davon ausgeht, daß ein Grundstück zu etwa fünfzig Livres je Hektar erworben worden war, stellten die Einkünfte also einen Zins von sechs bis sieben Prozent des angelegten Kapitals dar. Das war mehr als der sonst übliche Zins von *le dernier vingt*, also fünf Prozent, der allerdings bei Abmachungen zwischen Privatleuten häufig überschritten wurde.

In der Landwirtschaft standen sich Bodennutzung durch Lohnarbeit, die ständig zunahm, Eigenbewirtschaftung und Gemeindewirtschaft gegenüber, wobei die beiden letzteren Systeme im Rückgang begriffen waren und sogar zu verschwinden drohten. Soziologisch gesehen gab es in bäuerlichen Kreisen zwei Klassen, die bis zu einem gewissen Grade Gegner waren. »Landarbeiter« *(laboureur)* nannte man die zeitweiligen Pächter der Meierhöfe und Getreidesammelstellen, denen der Boden, den sie bebauten, nicht gehörte, während sie allein oder gemeinsam mit dem Grundbesitzer Gespanne und Pachtvieh besaßen. Demgegenüber hatten die eigentlichen Pächter und *censitaires* ihre eigenen Grundstücke in der Gemarkung, deren Ertrag aber nicht ausreichte, um ihren Lebensunterhalt zu bestreiten. Sie litten außerdem unter der geringen Größe und dem Schrumpfen der Gemeindegüter. Auch die Herden der Dörfer waren nicht groß genug, mangels Vieh blieben viele Grundstücke brach liegen. Es war eine Art Teufelskreis. Dennoch bildeten diese Leute die Dorfgemeinschaft, von der außer den grundherrlichen Lasten und dem von der Kirche erhobenen Zehnten die königlichen Steuern gefordert wurden, die sie gemeinsam aufzubringen hatten.

Auch die im Vergleich mit ihren Nachbarn besser gestellten *laboureurs* (man sprach von »reichen« Landarbeitern; unter ihnen gab es wohlhabende Bauern, von denen Kaufleute, Gastwirte und Geldverleiher abstammten), deren Nachkommenschaft allmählich in der sozialen Hierarchie aufstieg, waren für ihr Auskommen auf günstige Umstände angewiesen. In guten Jahren verdienten sie leicht, was sie brauchten, um ihre Verpflichtungen zu erfüllen, ihre Familie zu ernähren, Hilfskräfte zu bezahlen und während der Saisonarbeiten Tagelöhner einzustellen. Kam aber ein Jahr mit schlechter Ernte dazwischen, so fehlte es sofort an Geld. Da man nicht genug Getreide zurückbehalten hatte, um den Anschluß an die nächste Ernte zu finden, konnte man nicht einmal den höheren Getreidepreis ausnutzen. Schon im Frühling mußte man zum Eigenbedarf Getreide ankaufen und dazu die an sich schon geringen Ersparnisse angreifen oder Kredit aufnehmen. Ungeheure Schulden lasteten auf der französischen Bauernschaft auch in den am meisten begünstigten Gruppen. Die schwierige Lage der *laboureurs* scheint durch die Häufigkeit der Fälle bestätigt zu werden, in denen die Pacht nicht erneuert wurde, weil der Ruin den Pächter zwang, die Pachtstelle aufzugeben. Der Boden gab nicht viel her. Es wurden Geräte verwendet, die nicht tief genug pflügten und von Tieren mit schwachen Kräften gezogen wurden. In vielen Gegenden arbeitete man noch mit der Hacke, und man kannte nur natürlichen Dünger. Da der Viehbestand nicht groß war, mußte man auf das verrottende Laub der Wälder, auf Humus oder auf die Asche verbrannten Grases zurückgreifen. Da der Boden nicht intensiv genutzt werden konnte, war man gezwungen, einen Teil der Felder im Turnus von drei Jahren brach liegenzulassen: die damals allgemein in Europa übliche »Dreifelderwirtschaft«. Die Landwirtschaft befand sich in einem Stadium des Übergangs und der Unsicherheit. Die individuelle Bewirtschaftung der großen und mittleren Güter war zwar dank der Bearbeitung großer Flächen der alten gemeinschaftlichen Wirtschaftsweise überlegen, dennoch waren die Landwirte nicht fortschrittlich genug, um sich umzustellen und neue Wege zu finden. Auch von guten Böden wurde kaum mehr als das Fünffache des Saatgutes geerntet, selbst in den besten Jahren erzielte man im 17. Jahrhundert nirgends einen zehnfachen Ertrag. Auf mittleren Böden wurden fünf bis sechs Zentner je Hektar produziert. Da jedoch die Erträge in den anderen Ländern Europas noch weit geringer waren, arbeitete der französische Landwirt trotz allem unter günstigen Bedingungen und profitierte von der natürlichen Fruchtbarkeit des Landes. Forschungen zur Landwirtschaftsgeschichte, die im Laufe der letzten Jahre vorangetrieben wurden, haben festgestellt, daß extremes Elend verhältnismäßig selten vorkam und eher zufällig war. Allerdings war selbst ein Wohlstand unerreichbar, wie man ihn gekannt hatte, als die industrielle Technik noch nicht aufs Land vorgedrungen war und bei den Landleuten neue Vorstellungen von einem wünschenswerten Lebensstandard erweckt hatte. Zwischen diesen beiden Polen fanden sich recht häufig Daseinsbedingungen, die erträglich schienen, die Befriedigung, Gewinn und Erfolg mit sich brachten und Lebensfreude und Hoffnung aufrechterhielten.

Zweifellos empfanden die Menschen der damaligen Zeit ihre Daseinsbedingungen als natürlich und gerecht, während wir uns heute darüber entsetzen oder empören würden. Es galt, Geldausgaben soweit wie möglich zu vermeiden und mit eigener Kraft nicht nur die Nahrung, sondern auch Bekleidung und Unterhalt der Wohnung aufzubringen. Da fast kein Kontakt mit der Außenwelt möglich war, lebten die Dörfer auf sich selbst beschränkt, geschlossen und in weitgehender Isolation (Saint Jacob), so auch die Meierhöfe und Getreidesammelstellen. Arbeit und Klima bestimmten den Tageslauf. Gewisse Ideen förderten die Resignation, ließen die Tugend der Bescheidenheit keimen und nährten eine Weisheit, die nicht ohne Größe war. Die Religion spielte dabei, wie sich zeigen wird, eine große Rolle. Daneben herrschten Respekt vor der Tradition, Anerkennung der Familienbande und Stolz auf die Zugehörigkeit zur eigenen Gruppe. Hier muß das Recht des *retrait lignager* erwähnt werden, das den Eltern ein weitgehendes Vorkaufsrecht auf die zum Verkauf gestellten Parzellen ihrer Kinder zugestand oder die Möglichkeit bot, verkaufte Parzellen zurückzukaufen.

Die Resignation richtete sich mehr gegen das allgemeine Schicksal auf dem Lande als gegen die bestehende Autorität. Dem Grundherrn gegenüber schreckten die bäuerlichen

Gemeinden nicht im mindesten vor juristischem Widerstand durch Prozesse oder selbst vor Aufständen zurück. Sie beteiligten sich an Volkserhebungen, die gegen den Fiskus gerichtet waren und oft von abenteuerlustigen Elementen des Adels angeregt und gefördert wurden. Zur Zeit Ludwigs XIII. kam dies häufig vor, ebenso vor der Fronde. Die Verhältnisse, die zu diesen Unruhen führten, änderten sich jedoch nicht. Zum Verständnis des Zeitalters Ludwigs XIV. müssen die Gegebenheiten des Landlebens und die bäuerlichen Gewohnheiten berücksichtigt werden. Verwalter, Finanzbeamte und königliche Richter spielten für die Landbevölkerung eine Rolle ersten Ranges. Es wäre allerdings übertrieben, behaupten zu wollen, der Typ des französischen Bauern dieser Zeit könne eindeutig geschildert werden, ohne daß ein wirklichkeitsfremdes Bild entstünde. Tatsächlich gab es in Frankreich unzählige Bauern, die sich untereinander nicht kannten und nur in ihrer eigenen Welt lebten.

In den verschiedenen Provinzen bestanden große Unterschiede in bezug auf Besitz und Nutzung. Je nach der Überlieferung gab es eine besondere Gesetzgebung für jede Region, eine Mischung von römischem Recht und germanischen Bräuchen, die sich das Mittelalter hindurch erhalten hatte und in den Weistumssammlungen *(coutumiers)* festgehalten worden war. Selbst innerhalb derselben Provinz galten mitunter in Kirchspielen, die ehemals Feudalbezirke gewesen waren, abweichende Rechte. Die Boden- oder Flächenmaße waren sogar in der Umgebung desselben Ortes oft nicht dieselben. Ein »Morgen« etwa war im Beauvais 51,02 Ar und in Burgund rund 30 Ar. Die Bodenbeschaffenheit und ihre Möglichkeiten bestimmten seit unvordenklicher Zeit die Art des Anbaus. Was die Praxis der Vorfahren als richtig erkannt hatte, blieb unbestrittene Weisheit. Sie wäre nur durch eine Revolution der landwirtschaftlichen Methoden zu überwinden gewesen, von deren Möglichkeit die Bauern nicht einmal eine Ahnung haben konnten.

Die Ständegesellschaft in Frankreich

Charles Loyseau, ein gelehrter Jurist und guter Kenner der französischen Gesellschaft seiner Zeit, definierte zu Beginn des Jahrhunderts den »Stand« als eine Würde, die zu bestimmten Tätigkeiten im Staate befähigt. Als erster Stand galt in diesem so tief religiösen und christlich gesinnten Volke mit Rücksicht auf die Kirche die Geistlichkeit, als zweiter der Adel, dessen Aufgaben im wesentlichen militärischer Natur waren, der aber außerdem zur Übernahme einträglicher Ämter und Grundherrschaften berechtigt war. Der Dritte Stand *(Tiers-état)* umfaßte den ganzen Rest des Volkes; die Zugehörigkeit zu ihm bedeutete keine Würde – sonst wären sämtliche Franzosen mit Würde bekleidet gewesen –, sondern grenzte den Einzelnen sozusagen negativ gegenüber Geistlichkeit und Adel ab.

Bei der letzten Versammlung der Generalstände (1614) hatten sich Geistlichkeit, Adel und der Dritte Stand gegenübergestanden, und jeder Stand hatte das Wohl des Volkes zum Vorwand genommen, seine Privilegien zu verteidigen und die Mißbräuche in den anderen

Ständen mit Empörung anzuprangern (Pensionen und Steuererleichterungen des Adels, Ämterhandel des Bürgertums). Dadurch trugen alle gemeinsam dazu bei, die Stellung des Königs zu stärken, der als Schiedsrichter davor bewahrt wurde, sich zu sehr den Ansprüchen der einzelnen Stände auszusetzen. Zur Zeit der Fronde (1648-1653) hatte in Paris eine Adelsversammlung die Generalstände einberufen wollen, aber nicht die Unterstützung der Geistlichkeit gefunden. Im Jahre 1614 war der Dritte Stand, also die Mehrheit der Nation, kaum durch Kaufleute und Bauern (unter ihnen nur ein einziger *laboureur*), sondern fast nur durch Bürger vertreten, die als Beamte des Königs vielfach Grundherrschaften und zum Teil sogar den persönlichen, nicht dagegen den ererbten oder alten Adel besaßen. Diese ständische Ordnung, die im Prinzip immer noch in Kraft war, war also praktisch bereits ihrer Substanz entleert und entsprach nicht mehr der sozialen Realität.

Die Geistlichkeit

Die Geistlichkeit, der wegen ihrer geheiligten Funktionen der Vorrang zukam, war der einzige dieser drei Stände, der eine wirksame Organisation besaß und geschlossen auftreten konnte. Dieser Vorteil war zum größten Teil das Ergebnis der wechselhaften Beziehungen zwischen Kirche und König. Im Jahre 1516 hatte das Konkordat von Boulogne dem König das Recht der Ernennung von Bischöfen und Äbten und andere Privilegien eingeräumt, außerdem hatte ihm der Papst auch noch das Recht der Investitur zugestanden. Damals waren die Zukunft der Kirche und die Qualität der Geistlichkeit ernstlich in Gefahr. Wenn der König nur danach strebte, sich einen fügsamen Episkopat zu schaffen, der sich zu allen Gefälligkeiten bereit fand, so konnten sich Mißbräuche und Skandale ungehemmt ausbreiten. Tatsächlich war die Macht der Bischöfe über die Geistlichkeit jedoch durch die Einrichtung des Patronats eingeschränkt, die Laien oder geistlichen Patronen die Besetzung zahlreicher Pfarrstellen, Vikariate und Priorate vorbehielt. Das Konzil von Trient war bestrebt gewesen, die Macht der Bischöfe zu stärken, indem es ihnen persönliche Anwesenheit in ihrer Diözese, Predigen, Überwachen der Geistlichen und Seelsorge für die Gläubigen zur Pflicht machte. Die Kirche verfügte in Frankreich über große Güter, wenn auch die Pfründen sehr unterschiedlich verteilt waren. Als die Monarchie im Laufe ihrer Entwicklung in finanzielle Schwierigkeiten geriet, blickte sie mit Begierde auf dieses riesige Vermögen, dessen Inhaber nicht selbst wirtschafteten, sondern nur die Nutznießer waren. Aber das kanonische Prinzip der finanziellen Immunität der Geistlichkeit erlaubte keine Einmischung der weltlichen Macht in diese Angelegenheiten. Der junge Bischof von Luçon, Richelieu, hatte die Generalstände von 1614 daran erinnert, daß der wahre Tribut, den man von den Kirchenmännern erwarten könne, das Gebet sei. Während in ganz Europa im Laufe des 16. Jahrhunderts von den weltlichen Fürsten zahlreiche Kirchengüter eingezogen wurden, hatte die französische Geistlichkeit dank einfallsreicher Kompromisse für ihren Teil diese Gefahr abwenden können. Im Kontrakt von Poissy hatte sie sich 1561 bereit erklärt, dem König regelmäßige Unterstützung bei der Tilgung seiner Schulden zu gewähren. Dies waren die *décimes*, die zunächst für sechs Jahre im voraus gezahlt und danach mehrmals wiederholt wurden. Als Gegenleistung erhielt die Geistlichkeit das Recht, Versammlungen von Deputierten einzuberufen, die mit den Vertretern des Königs Höhe und Dauer der Subventionen aushandeln sollten.

Im 17.Jahrhundert kamen zu den *décimes* bedeutendere Abgaben hinzu. Der König brauchte Geld, um die Ketzer im eigenen Königreich, vor allem in Bearn und in La Rochelle, zu bekämpfen und gegen Spanien und das Reich Krieg zu führen. Er erhielt es von der Geistlichkeit als ein »unentgeltliches« Geschenk, womit betont werden sollte, daß es sich nicht um eine Steuer, sondern um eine freiwillig gewährte Subvention handelte. Obwohl die *décimes* und die unentgeltlichen Geschenke während der Regierungszeit Ludwigs XIV. insgesamt 223 903 468 Livres ausmachten, füllten sie die königliche Schatulle nur unzureichend auf und waren im Verhältnis zu den Gesamteinnahmen der Geistlichkeit ein eher bescheidener Betrag.

Das System hatte jedoch bedeutsame Folgen. Die Geistlichkeit wurde mit ihren Kontributionen zur unentbehrlichen Stütze der Monarchie. Die Versammlungen förderten den inneren Zusammenhalt der Kirche. Aus jeder Diözese entsandten die Geistlichen – ob Ordens- oder Weltpriester – Abgeordnete aus den eigenen Reihen in die Provinzial- und Metropolitan-Versammlungen (von denen es fünfzehn gab). Diese Versammlungen delegierten ihrerseits Beauftragte in die Generalversammlung nach Paris. Alle zehn Jahre trat die Generalversammlung zusammen, um die bestehenden Kontrakte neu zu bestätigen. In der Zwischenzeit trat alle fünf Jahre eine kleinere Zahl von Delegierten zusammen, um die Rechnungen zu prüfen. Praktisch bestand jedoch zwischen der großen und der kleinen Versammlung bald kein erheblicher Unterschied mehr. Zwei Generalagenten der französischen Geistlichkeit überwachten ständig die Ausführung der Vereinbarungen und dienten gewöhnlich auch als Mittelsmänner gegenüber dem König. Ein Heer von Kommissaren und Beamten war damit beschäftigt, das Geld bei den Geistlichen einzutreiben und damit die verlangten Summen aufzubringen.

Bei den erwähnten Versammlungen sollte eigentlich nur von Geld und Finanzen die Rede sein. Aber die mit einem Mandat ausgestatteten Bischöfe und die anderen geistlichen Herren gingen bald dazu über, sich auch mit anderen Angelegenheiten zu beschäftigen, etwa mit den Beziehungen zu den Protestanten, mit juristischen Meinungsverschiedenheiten zwischen den *Parlements* und den kirchlichen Tribunalen und der Abgrenzung der Rechte der weltlichen Macht und des Papstes. Neben den Verwaltungsangelegenheiten kamen auch religiöse Fragen zur Sprache. Auf einer dieser Versammlungen war es im Jahre 1615 allen französischen Bischöfen zur Pflicht gemacht worden, in ihren Diözesen die Reformen des Konzils von Trient einzuführen, noch ehe diese vom König und den *Parlements* zum Gesetz erhoben worden waren. Ein anderes Mal kam der Jansenismus an die Reihe, wobei das Ergebnis für die neuen Ideen ungünstig war und ihre spätere Ablehnung vorbereiten half. Eine Versammlung, die von 1681 bis 1682 tagte, stellte sich die Aufgabe, die Doktrin der Gallikanischen Kirche in vier Artikeln zusammenzufassen. Diese waren für den Unterricht an Universitäten und Seminaren bestimmt und nahmen Stellung zu den strittigen Fragen der Beziehung zwischen päpstlicher und königlicher Gewalt und der Autorität des Papstes angesichts der Beschlüsse des Konzils.

So wurde sich die Geistlichkeit Frankreichs gegenüber den beiden anderen, viel weniger geschlossenen Ständen ihrer Existenz und ihrer besonderen Interessen innerhalb des Königreiches bewußt. Andererseits beanspruchte die Gallikanische Kirche ihren Platz innerhalb der Universalkirche und die Anerkennung ihrer eigenen Traditionen bei aller Betonung des Festhaltens an der Einheit der Kirche und der Treue gegenüber dem päpstlichen Souverän. Zum besseren Verständnis dieser Verhältnisse muß gesagt werden, daß die Könige von Frankreich ihr Prädikat als »allerchristliche Könige« nicht verlieren wollten. Sie glaubten auch, daß die Würde und moralische Stärke ihrer Geistlichkeit zur Festigung der Monarchie und zum Ansehen Frankreichs beitrugen. Sie sorgten deshalb dafür, daß im allgemeinen tugendhafte und empfehlenswerte Priester für die Erhebung zum Bischof ausgewählt wurden. Zeitweilig lag die Entscheidung darüber in den Händen des heiligen Vincent von Paul, dessen historische Bedeutung hauptsächlich auf seinen karitativen Bestrebungen beruht. Er war aber vor allem ein Apostel des Glaubens, der sich bemühte, bei den Geistlichen den Sinn für ihre seelsorgerische Aufgabe zu wecken, damit sie in allen Schichten der Bevölkerung durch ihre Predigten, durch Überredung und gutes Beispiel Einfluß auf Seelen und Handlungsweise der Menschen gewinnen konnten. Die alten Mißbräuche konnten freilich nicht von einem Tag zum anderen beseitigt werden, zumal sie manchen Vorteil boten für die, die sie abschaffen sollten.

Viele Züge des französischen Klerus des 17. Jahrhunderts wären heute ein Schock für die öffentliche Meinung. Aber diese Schwächen fallen gegenüber der Bedeutung des geistlichen Standes als ganzem nicht ins Gewicht. Ihm gehörte eine erstaunliche Anzahl hervorragender Persönlichkeiten an: Bossuet, Fénélon, Fléschier, Pavillon d'Alet und Arnauld trugen dazu bei, das Werk der inneren Reform und des geistigen Fortschritts in Frankreich zu fördern und auf die Dauer Früchte tragen zu lassen. Im System der Monarchie und im Leben des ganzen Volkes nahm der zahlreiche, einflußreiche und geachtete Klerus eine maßgebliche Stellung ein. Er gewährleistete Seelsorge und Gottesdienst und betätigte sich geschickt und wirksam im Unterrichtswesen und in karitativen Einrichtungen zur Erleichterung menschlichen Leidens.

Der Adel

Den zweiten Stand des Königreiches, den Adel, scheint man zunächst ganz einfach bestimmen zu können. In vielen königlichen Verordnungen wurde festgelegt, wer zur Gemeinschaft des Adels gehörte und den Titel *écuyer* (Junker) tragen durfte. Die anderen Titel, Baron, Graf und so fort, bezeichneten ursprünglich einen Herrschaftsbereich. Als adlig galt, wer von Vätern und Großvätern abstammte, die ihre Waffen getragen hatten, ohne eine »gemeine Tat« begangen oder standeswidrig gehandelt zu haben. Unter einer »gemeinen Tat« verstand man damals auch manuelle Arbeit (mit einigen Ausnahmen) und Handel mit Erzeugnissen oder Waren, die nicht direkt von den eigenen Gütern stammten. Der Adel war also im wesentlichen ein dem Dienst mit der Waffe geweihter Orden. Wer einer ununterbrochenen Ahnenreihe von Rittern entstammte oder zu entstammen glaubte, war darauf außerordentlich stolz. Man zeigte sich besonders empfindlich in puncto Ehre und behauptete gern, die Ahnenreihe bis zu den Kreuzzügen oder noch weiter zurückverfolgen zu können. Wer keine adligen Vorfahren besaß, verfiel, ob reich oder arm, der Verachtung. Der Souverän hatte sich jedoch das Recht vorbehalten, nach eigenem Gutdünken den Stand einer Person zu ändern und aus einem Bürgerlichen, der ihm gute Dienste geleistet hatte, einen Adligen zu machen. Dies war die Erhebung in den Adelsstand durch königliches Dekret, von der Ludwig XIV. freigebig Gebrauch machte.

Da der Militärdienst für den König den Edelleuten zukam, schien es selbstverständlich, daß ihnen der Zivildienst ebenfalls zufallen sollte (Anspruch des Adels bei den Generalständen von 1614). Tatsächlich vergab aber der König Ämter schon lange an alle, die einen Kaufpreis dafür zahlen konnten. Wer während einer bestimmten Zeit von Jahren eines der bedeutenderen Ämter ausübte, erwarb damit den persönlichen oder unter Umständen sogar den erblichen Adel. Überdies war zu beobachten, daß der Erwerb von Grundbesitz dem Käufer zwar nicht direkt den Adel einbrachte, aber doch zumindest günstige Vorbedingungen dafür schuf. Praktisch konnte seit 1600 jeder als adlig gelten, dessen Vorfahren in den beiden letzten Generationen nicht die *taille*, die Steuer des dritten Standes, gezahlt hatten. Aus alledem ist zu ersehen, daß der Adel, der zweifellos größtes Ansehen genoß und konkrete Vorrechte besaß, nicht genau umrissen werden kann. In seinem sozialen Aspekt war er ein höchst uneinheitliches Konglomerat aus Offiziersfamilien mit langer Ahnenreihe und ursprünglich bürgerlichen Familien, in denen königliche Beamte in großer Zahl zu finden waren. Diese Bürgerlichen waren Nachkommen von Rentnern (vor allem aus Grundrenten) und in fernerer Vergangenheit von Kaufleuten oder Arbeitern.

In dieser Gesellschaft, die sich so hierarchisch und militärisch gab, überwanden in Wirklichkeit Erfolg und Geld alle Schranken. Die Umgebung des Königs und die Regierungskreise entstammten dem alten Feudaladel. Diese Familien hatten sich mit geschickter Hand Erbe, Verbindungen und königliche Gunst zunutze gemacht und waren bereit, verdienten Leuten Stellen und Pfründen zu verschaffen; sie besaßen riesige Vermögen, die sie jedoch nicht immer vor Geldverlegenheiten und Verschuldung bewahrten. Die Finanzleute und hohen Verwaltungsbeamten verfügten ebenfalls über großen und nach allen Seiten gesicherten Reichtum. Selbst die stolzesten Adligen verachteten vorteilhafte Mesalliancen nicht: Auch die besten Böden brauchen Mist. Auf der Provinzebene waren dieselben Merkmale zu finden. Obwohl der Handel als verächtlich galt und für den Edelmann standeswidriges Verhalten bedeutete, bot er die einzige Möglichkeit, zu Geld zu kommen. Der Adlige heiratete also die Tochter des Bürgerlichen mit einer guten Mitgift oder mit guten Aussichten, und manchmal war dies der einzige Nutzen einer Erbschaft. Die Voreingenommenheit zugunsten des Adels war so groß, daß jeder, der reich geworden war, danach strebte, nun auch adlig zu werden oder doch dafür zu gelten. Neben dem traditionellen Schwertadel und dem Beamtenadel, bei dem die Angehörigen der Parlamente am angesehensten waren, existierten zahllose angebliche Edelleute, die sicherlich Ansehen genossen, deren Adelsprädikat jedoch höchst zweifelhaft war. Da auf diese Weise viele Geldmittel der Besteuerung entzogen wurden, versuchte die Regierung, die falschen Edelleute zu fassen, und ordnete Adelsreformen an. Es wurden strenge Nachforschungen unternommen, bei denen die Ansprüche gerechtfertigt und Beweise vorgelegt werden mußten, Stammbäume oder andere alte Dokumente, aus denen der Adel des Nachkommen zu ersehen war. Sei es aber aus Gefälligkeit der Genealogen, sei es in ehrlichem Irrtum und aus Unfähigkeit, die Verwirrungen vieler Fälle zu durchschauen, oder sei es auch nur aus Wohlwollen der Richter, auf jeden Fall wurde bei jeder Adelsreform stets eine größere Anzahl zweifelhafter Adelstitel bestätigt und getreulich Leute in verlorene Rechte eingesetzt, die sie niemals besessen hatten.

Bei abwägender Betrachtung der starken Anziehungskraft des Adels einerseits und der Macht des Geldes, sich ihn zu verschaffen, andererseits ist es auch im guten Glauben schwierig, zu entscheiden, ob Ehre oder Reichtum die wichtigere Triebfeder war, von der die französische Gesellschaft beim Regierungsantritt Ludwigs XIV. bewegt wurde.

Der Dritte Stand

Der Dritte Stand neben Geistlichkeit und Adel, dem die Mehrheit des französischen Volkes angehörte, war einschließlich des schon erwähnten Bauerntums eine vielschichtige und höchst unterschiedliche Gruppe, die von den reichsten Leuten im Königreich, soweit sie noch nicht geadelt waren, bis zu den einfachen Handwerkern, also den Kleinbürgern, reichte. Nach allem, was wir wissen, ist nichts schwieriger zu definieren als der Begriff des Bürgertums. Im Prinzip war ein Bürger damals ein Einwohner einer privilegierten Stadt; er hatte dort seinen Wohnsitz und mußte als Gegenstück zu seinen Rechten gewisse Pflichten erfüllen. C. Loyseau, dessen Ansicht Beachtung verdient, hat im *Traité des Ordres* eine Hierarchie aufgestellt, in der den Gelehrten der erste Platz eingeräumt wird. Nach ihnen kamen Räte und Advokaten, Richter und Finanzbeamte, Schriftführer, Notare und Prokuratoren, dann Kaufleute und Handwerker, die in eigenen Werkstätten arbeiteten, schließlich die Berufe, die selbst hergestellte Waren auch selbst verkauften, und ganz unten die Arbeitskräfte,»die man nicht als Bürger betrachten kann«. Dies ist allerdings eine Rangordnung nach bestimmten Vorstellungen vom Ansehen der Berufe. Der größte Reichtum fand sich indessen bei der kleinen Gruppe der Finanzleute und Geldverleiher, die der königlichen Schatulle Kredit gewährten. Diese Leute finanzierten die Kriegszüge, und ohne ihre Mitwirkung wäre der Staat nicht in der Lage gewesen, für seine Ausgaben aufzukommen.

Es gab noch keinerlei Industrie im modernen Sinne und auch kein Proletariat. Die weitverbreitete Produktion von Textilien wurde in Manufakturen betrieben, die Familienunternehmen von unterschiedlicher Größe waren. Sie beschäftigten ortsansässige Arbeitskräfte und vergaben einen Teil der Arbeit an die Bauern der Umgebung, die sie an den langen Winterabenden in ihren Häusern verrichteten. Bei den Handwerkern gab es satzungsgebundene Innungen mit strengen Vorschriften, nach denen man nur durch die Herstellung eines Meisterstückes zur Meisterwürde aufsteigen konnte. Andere, satzungsfreie Innungen,»das freie Handwerk«, waren nicht so unabhängig, wie immer angenommen wird. Der königliche Fiskus machte Pfeile aus jedem Holz: Die Regierung, die die Handwerker-Organisationen förderte, um auf die Meisterbriefe eine Steuer erheben zu können,

Ludwig XIV.
Gemälde von Pierre Mignard, 1673. Turin, Galleria Sabauda

Jean Baptiste Colbert
Marmorbüste von Martin Desjardins, 1693. Paris, Louvre

gewährte gegen Bezahlung Meisterbriefe, die von der Meisterprüfung befreiten. Die vom König gegründeten und unter seinem Schutz stehenden Manufakturen waren schon damals große Unternehmen. Sie dienten einer doppelten Absicht der Staatsführung: Sie sollten verhindern, daß der Konsum in Frankreich vom Ausland abhängig wurde, und sie sollten nach außen den Absatz und den Ruf der französischen Produktion fördern. Soweit es sich um Luxusgüter handelte, war ihre Existenz ohnehin vom Vorhandensein einer wohlhabenden Käuferschicht abhängig.

Auch die Kaufleute bildeten eine große und vielfältige Schicht. Sie reichte von den kleinen Budenbesitzern in den Städten und den Krämern der Dörfer über Korn- und Weinhändler und den gesamten Lebensmittelvertrieb bis zu mächtigen Kapitalisten, den großen Kaufherren, die mit dem Ausland Handel trieben. Der Zahl nach kamen die Inhaber öffentlicher Ämter und die Beamten keineswegs den Kaufleuten gleich, doch nahmen sie in der Gesellschaft eine durch Ansehen und Wirkungsmöglichkeit ausgezeichnete Stellung ein.

»Das Amt«, sagt Charles Loyseau, »vollzieht die staatliche Gewalt, es ist eine Würde, verbunden mit einer öffentlichen Funktion.« Der Beamte war ein Bevollmächtigter des Königs und übte ein Recht des Souveräns aus, sei es, daß er in seinem Namen Recht sprach, verwaltete oder Einkünfte aus königlichen Domänen einzog und Steuern erhob. Wert und Bedeutung der Ämter waren sehr ungleich. Als Beamte galten die Mitglieder der unabhängigen Gerichtshöfe *(Parlements* und *Cour des Aides)*, die Schatzmeister, die Präsidenten und Räte der Amtsbezirke, Gerichtssprengel und Salzspeicher sowie die Inhaber kleiner Domänenämter, die vom König zurückgekauft werden konnten und mehr aus fiskalischen Gründen als wegen ihrer Nützlichkeit für den Staat geschaffen worden waren. Eine bestimmte Gruppe dieser Beamten gefiel sich später in dem Gefühl, als Appellationsrichter eine Art politische Kontrolle über die Monarchie auszuüben, weil die Edikte des Königs bei den Gerichtshöfen registriert wurden. Bis zu den kleinsten Einnehmern, Kontrolleuren und Geschworenen mit oft minimalen Funktionen genossen die Beamten in ihrem Milieu ein Höchstmaß an Ansehen und fühlten sich als Autorität gegenüber den anderen Untertanen des Königs. Schon unter Heinrich IV. war von den Inhabern der Ämter eine jährliche Gebühr, *la Paulette*, gezahlt worden, die sie dazu berechtigte, das Amt durch Verkauf oder Vermächtnis weiterzugeben. Seit die Ämter nur noch gegen Bezahlung übertragen wurden, gehörten auch staatliche Funktionen zu den Gütern, die innerhalb der Familien vererbt wurden.

Beachtung verdient die Tatsache, daß die Ämter allenthalben in Testamenten und Mitgiftverträgen und bei Erbteilungen eine Rolle spielten, aber niemals allein den wesentlichen Teil eines Vermögens ausmachten. In einem klug verteilten Vermögen, das sich zum größeren Teil aus Grundbesitz, Renten aus Ländereien und von der Geistlichkeit, aus »Beden« *(aides)* und Salzsteuern zusammensetzte, entfiel auf die Ämter höchstens ein Drittel des Wertes. Zu den Ämtern gehörten Gehälter, die gleichzeitig ein Honorar für die geleisteten Dienste und sozusagen den Ertrag des in dem Amt investierten Kapitals darstellten. Nach der Sitte der Zeit kamen noch Nebeneinkünfte dazu; andererseits forderte der König von den Beamten unter Umständen weitere Aufwendungen, wenn er den Preis irgendeines Amtes willkürlich erhöhte und den Inhaber zwang, die Differenz zu zahlen. Der trügerische Vorwand einer Erhöhung der Gehälter sollte diesen Vorgang verschleiern. Es kam auch vor, daß man die Funktionen verdoppelte oder ein zusätzliches, oft nur für die Dauer von drei Jahren geplantes Amt schuf, das der Inhaber des alten Amtes meistens kaufte, um seine Autorität und sein Ansehen unversehrt zu erhalten. Unter dem Gesichtspunkt des Ertragswertes stellten diese Ämter bei weitem nicht die vorteilhafteste Geldanlage dar. Ihre Preise waren sehr unterschiedlich und reichten von mehreren zehntausend Livres, die ein Gerichtsamt kostete, bis zu zwei- oder dreihundert Livres, dem Wert eines kleinen Domänenamtes. Nicht nur die öffentliche Hand war daran interessiert Ämter zu schaffen und zu verkaufen. Wer eine Stelle zu besetzen hatte, schuf ein Amt: die Geistlichkeit zur Verwaltung der Gelder, die sie dem König zur Verfügung stellte; die Grundherren zur Ausübung der Gerichtsbarkeit; die Städte für ihre Finanzgeschäfte. Es war nicht verboten, mehrere Ämter zu besitzen oder Beamter zu sein und daneben eine andere Tätigkeit auszuüben. Die Ämter der Grundherren befanden sich sehr häufig in den Händen von Notaren. Es kam auch vor, daß ein und derselbe Beamte bei mehreren Herren im Dienst stand, manchmal gleichzeitig bei Lehnsherr und Vasall, ungeachtet der Gegensätzlichkeit der Interessen.

Die Gründe hierfür sind unter anderem in dem weitverbreiteten Analphabetentum, in den komplizierten Rechtsverhältnissen und der Rechtsunsicherheit zu suchen, die so weit ging, daß es für einen Privatmann fast unmöglich war, seine Lage genau zu übersehen. Ferner bestand eine weitverbreitete Vorliebe für Prozesse, die schon Richelieu als einen dem französischen Wesen angeborenen Fehler beklagt hatte. Unter Ludwig XIV. wimmelte es in Frankreich von Prokuratoren, Advokaten, Notaren und Gerichtsdienern. Die Notariatskanzleien in Paris waren im Verhältnis weit zahlreicher als heute. Sie erfreuten sich eines gleichbleibenden Zulaufs auch in den alltäglichsten Vorgängen, wie Lehrverträgen, Schuldverschreibungen und sogar privaten Vereinbarungen.

Die anderen freien Berufe genossen ebenfalls hohes Ansehen. Im Gegensatz zum Handel galten sie nicht als unvereinbar mit der Würde des Adels. Wer einen solchen Beruf wählte und sogar seinen Lebensunterhalt damit verdiente, bezog seine Einkünfte aus der Arbeit des Geistes und nicht der Hände (Ch. Loyseau), was ihn von anderen Erwerbstätigen unterschied. Das Schulwesen lag in den Händen des Klerus und der geistlichen Orden und war von der Beteiligung der Laien unabhängig. Der Respekt vor schwierigen und kostspieligen Studien vereinigte sich mit der Bewunderung von Talent und Erfahrung und verlieh den Künstlern, Malern, Bildhauern und Ärzten, ja sogar den Apothekern (die seltsamerweise an den Schnittpunkt theoretischen Wissens und handwerklicher Praxis versetzt wurden), Ansehen und Autorität.

Vielleicht sollte man vor allem betonen, daß in diesem Bürgertum die Chancen beim Start ins Leben keineswegs für alle gleich waren. Wer es verstand, sich in der Hierarchie durch Intelligenz, Fleiß, berufliche Tüchtigkeit und Geschicklichkeit, wenn auch mit Hilfe von Kunstgriffen, hinaufzuarbeiten, was verhältnismäßig oft vorkam, konnte seine Ziele nur nach dem Maß der Leistungen seiner Eltern und der vorhergegangenen Generationen erreichen. Den Beruf des Vaters weiterzuführen und nicht abzusinken war notwendigerweise die elementarste Form der persönlichen Bewährung. Ob nun Sohn und Schwiegersohn einfach die Tätigkeit der Väter fortsetzten oder nach sozialem Aufstieg strebten, stets machten sie sich das Erbe der Vergangenheit zunutze, das sie weit mehr als Stütze denn als Hemmnis empfanden. Ein Gefühl für die Abhängigkeit des Einzelnen von der Tradition seiner Familie trug dazu bei, den Sinn für die dem Individuum übergeordnete Familiengemeinschaft zu stärken, der ein hervorstechender Zug des damaligen gesellschaftlichen Gefüges war.

Dieser Umriß wäre unvollständig, ohne die Bevölkerung an den Küsten und in den Hafenstädten erwähnt zu haben. Fischer und Matrosen, Zimmerleute und Händler pflegten in Lebensgewohnheiten und Sitten einen betonten Partikularismus, der sich nur mit Mühe dem nationalen Interesse unterordnen ließ, wie es die Zentralregierung verstand.

In La Rochelle hatte Richelieu diesen Partikularismus ausgerottet. In St. Malo, Marseille und Toulon traf ihn Colbert zu seinem Entsetzen an, als er versuchte, sein neues Regierungsprogramm durchzusetzen, nach dem alle nur noch ihre Aufgaben zu erfüllen und die alten Gewohnheiten aufzugeben hatten.

So war damals das französische Volk in seinen wichtigsten Schichten beschaffen. Es unterschied sich nicht wesentlich von den anderen Völkern. In Frankreich bestanden jedoch innerhalb der Schichten vielerlei Abstufungen, und vielleicht war der Anteil des Bildungsbürgertums an der Gesamtbevölkerung größer als anderswo. Mit den Methoden der vergleichenden Geschichtswissenschaft müßte es möglich sein, dies nachzuprüfen. Das Volk war ein Menschenreservoir, auf das die Monarchie immer wieder zurückgreifen mußte, um sich durch Überredung oder Zwang die Unterstützung zu verschaffen, die sie für ihre Politik gegenüber den anderen Mächten so dringend brauchte.

Das Königtum des Absolutismus

Der König war die höchste Autorität im Staate. Die Gelehrten und Juristen des 16. Jahrhunderts vertraten die Meinung, daß die Macht des Königs unbeschränkt und unmittelbar von Gott gegeben sei. Der König von Frankreich erkannte keinerlei Lehnsherren an, nicht den Papst und nicht den Kaiser. Daher war ein Absetzen des Königs durch den Papst oder durch seine Untertanen unmöglich und wäre als illegale und gotteslästerliche Tat angesehen worden, woran die Generalstände 1614 durch einen Antrag des Dritten Standes erinnert hatten. Als jedoch Theologen über das Recht des Papstes diskutierten, die Untertanen vom Gehorsam gegenüber einem ketzerischen König zu entbinden, schrieben die Männer der Gallikanischen Kirche der Macht der Bischöfe den gleichen göttlichen Ursprung zu wie der Macht des Königs von Frankreich. Wie Cardin Le Bret in seiner Abhandlung über die Souveränität des Königs schrieb, »erhalten unsere Könige ihr Szepter von Gott allein, sind nicht verpflichtet, irgendeiner Macht auf Erden Rechenschaft zu geben, erfreuen sich aller Rechte, die sich aus unbegrenzter und absoluter Macht ergeben, und sind in ihrem

Herrschaftsbereich völlig souverän«, und weiter: »die königliche Macht ist ebenso unteilbar wie der Punkt in der Geometrie«.

Allgemein herrschte Einigkeit darüber, daß die Entscheidungen des Königs Gesetz seien: *Lex Rex*. Nach der Tradition der Monarchie, die eine Art ungeschriebenes Grundgesetz darstellte, waren Frauen von der Thronfolge ausgeschlossen. Dieses salische Gesetz, dessen Geltung in Frankreich überraschen muß, bot den Vorteil, daß kein ausländischer Prinz den französischen Thron besteigen konnte. Im übrigen vererbte sich in Frankreich wie in ganz Europa der Besitz des Vaters auch auf die Töchter. In anderen Ländern, wo das Recht der Thronfolge als Besitz betrachtet wurde, konnte auch eine Tochter den Thron besteigen. Der Ausschluß der Frauen von der Thronfolge war in Frankreich vielleicht durch gefühlsmäßige Gründe bedingt, die mit Absicht unausgesprochen blieben. Die Kaiserkrone war für eine Frau unerreichbar, und Frankreich begab sich auf die Ebene der höchsten Würde, wenn es diesen Ausschluß in sein Nachfolgerecht übernahm. Auf jeden Fall rühmten sich die Franzosen der langen Dauer ihrer Monarchie, die seit zwölfhundert Jahren bestand, verkörpert »durch Dynastien derselben Rasse und Herkunft, die nur zweimal gewechselt haben und auch im Wechsel Verwandtschaft und Familienbeziehungen aufwiesen« (J. Bignon).

Dies waren sozusagen die weltlichen Seiten der königlichen Macht. Sie hatte außerdem aber höhere, religiöse und wunderwirkende Aspekte. Die Salbung hatte nichts mit dem Recht auf Ausübung einer durch das Blut übertragenen Macht zu tun, hingegen verlieh sie den Fürsten durch die Gnade, die sie vermittelte, fast den Charakter eines Priesters. »Auch wenn die Könige von Frankreich nicht Priester sind, wie die Könige der Heiden, haben sie doch teil am Priestertum und sind mehr als Laien« (Guillaume du Peyrat). Überdies besaß der König von Frankreich nach seiner Salbung ein Maß an Gnade, das ihm die wunderbare Kraft verlieh, bestimmte Kranke durch Handauflegen zu heilen: Heinrich IV., nachdem er konvertiert hatte und gesalbt worden war, Ludwig XIII. und Ludwig XIV., der sich dieser Pflicht erst wenige Wochen vor seinem Tode unterzog, empfingen an den großen Festen des Kirchenjahres fünfzehnhundert bis zweitausend Kranke, die aus allen Provinzen Frankreichs und aus dem Ausland (Deutschland, Spanien, Niederlande) gekommen waren, und legten ihnen die Hände auf: Gott möge dich heilen, der König hat dich berührt.

Welch ein Ruf der französischen Macht verbreitete sich auf diese Weise in ganz Europa! Bossuet forderte in seiner »Politik nach den Worten der heiligen Schrift« *(Politique tirée des propres paroles de l'Ecriture sainte)*, in der er wohlabgewogen Lob und Belehrung austeilt, die Könige auf, kühn ihre Macht zu gebrauchen, die göttlichen Ursprungs sei und für die Menschheit ein Segen. »Aber übt sie in Demut, sie ist Euch von oben verliehen und ändert nichts an Eurer Schwäche. Ihr bleibt dennoch Sünder und traget vor Gott die Last der größeren Verantwortung.« Bossuet sprach auch von einem Zauber, der von der Person des Königs ausgeht, und er hatte für das Empfinden seiner Zeit recht damit.

Die Könige wurden geliebt. In den Revolten gegen ihre Macht wurden eher die Minister und ihre Anmaßung der königlichen Funktion bekämpft. Die Liebe zum König war dieselbe, wie sie Religion und Sitte von den Kindern gegenüber ihren Eltern forderten. Die königliche Gewalt verschmolz mit der väterlichen Gewalt, sie war sozusagen deren höhere Form. Wie ein Familienvater die Pflicht hatte, gegebenenfalls ererbtes Land nutzbringend zu bebauen und zu verteidigen, so war der König von Frankreich zur Verteidigung des Königreiches verpflichtet und hatte deshalb seine militärische Machtbefugnis. Man nannte ihn den Herrn des ganzen Königreiches. Die Juristen versuchten, die Art dieser »unmittelbaren universalen Macht« des Königs zu definieren. Das Volk dagegen empfand unklar, aber intensiv, daß die territoriale Wirklichkeit des Königreiches mit der Macht des Königs eins geworden war.

Recht, Geschichte, Tradition, Religion und Familiensinn wirkten zusammen, um aus der französischen Monarchie mehr als eine politische Einrichtung zu machen. Sie wurde in allgemeiner Übereinstimmung als selbstverständlicher Wert empfunden. Im Jahre 1661 erschien sie außerordentlich lebenskräftig, männlich und verführerisch verkörpert in der Person eines jungen Mannes von dreiundzwanzig Jahren, der nach einer Periode innerer Wirren und äußerer Kriege im Augenblick der Wiederkehr des Friedens und der Hoffnung zur Macht kam.

Der König regierte mit Hilfe eines Kanzlers, unterstützt von Staatssekretären, die ihr Amt nur auf seine Veranlassung kaufen konnten, und von Räten, die ihren Auftrag von ihm selbst erhielten. Es gab nur einen *Conseil d'Etat*, einen Staats-Rat, der je nach Bedarf verschiedene Aufgaben erfüllte. Er war gleichzeitig Kabinett, Verwaltungsspitze, Verordnungsinstanz, von der die inneren Angelegenheiten des Königreiches gelenkt wurden, und seit 1661 auch Finanzdirektion, deren Leitung 1665 Colbert mit dem Titel eines »*Controleur géneral* der Finanzen« übertragen wurde. Die Staatsräte dürfen nicht mit den zahlreichen königlichen Räten verwechselt werden, deren freigebig an Provinzbeamte verliehener Titel nur eine Auszeichnung war. Der König nahm selten an den Sitzungen des Rates oder seiner Unterabteilungen für Finanzen, Verwaltung und innere Angelegenheiten teil, bei denen der Kanzler den Vorsitz führte. Die hohen Würdenträger des Königreiches und die Mitglieder der königlichen Familie und fürstlichen Häuser waren sozusagen von Natur aus zu Regierungsämtern berufen.

Ludwig XIV. beschloß schon zu Beginn seiner Regierungszeit, niemandem das Amt eines Premierministers anzuvertrauen. Schon der Titel erschreckte ihn, da er anzudeuten schien, daß der König nicht allein der Herr sei und sich einem Hausmeier untergeordnet fände, wie die faulen Könige der Merowingerzeit. Er entfernte die Mitglieder seiner Familie aus dem Rat und gewährte keinem Kardinal Zutritt. Die Entscheidungen über die allgemeine Politik wurden jetzt in einem Staatsrat *(Conseil d'en haut)* von ganz wenigen Personen getroffen, die das persönliche Vertrauen des Königs besaßen. Mit der Zugehörigkeit zum *Conseil d'en haut* war das Recht auf den Titel Staatsminister und auf eine Pension verbunden. Zur Zeit Ludwigs XIV. waren Staatssekretäre und Ressortminister stets Mitglieder dieses *Conseil d'en haut*. Als Außenminister amtierten hintereinander Brienne, Lionne, Pomponne, Colbert de Croissy, wieder Pomponne und Torcy; Kriegsminister waren Le Tellier, dann sein Sohn Louvois und Pontchartrain; Finanzminister oder *Controleur géneral* der Finanzen war Colbert, der auch das Amt eines Staatssekretärs der Marine und des königlichen Hauses inne hatte. Die wichtigen Fragen der Staatsführung und der Außenpolitik wurden im *Conseil d'en haut* behandelt, wenn auch die Bedeutung des Rates für Verwaltung und für Jurisdiktion nicht unterschätzt werden darf.

In seiner Regierungsmethode bewies Ludwig XIV. erstaunliche Beständigkeit. Er ließ sich Bericht erstatten, konsultierte seine Berater und behielt sich selbst die Entscheidungen vor bis er alles in Ruhe überlegt hatte. »Ich werde sehen«, war einer seiner Lieblingsausdrücke. Als unmittelbare Mitarbeiter hatte er nur die wenigen hohen Beamten, die alle aus dem Bürgertum stammten und bedeutende Männer waren, die über gründliche Erfahrung verfügten. Keiner von ihnen war ein Favorit, jeder dagegen eine erprobte Stütze. Alle wurden mit der Zeit durch Geschenke und Pensionen reiche Leute und blieben dennoch verläßliche Mitarbeiter des Königs.

Der hohe Adel wurde auf diese Weise endgültig von der Macht ferngehalten. Er kritisierte zwar diese »Regierung der gewöhnlichen Bourgeoisie« (Saint Simon), sah sich aber genötigt, sich mit ihr abzufinden. Das *Parlement de Paris* betrachtete sich als Abteilung des Staats-Rats und beanspruchte für seine Mitglieder den Vorrang vor dessen anderen Mitgliedern, da diese nicht im gleichen Sinne Beamte waren. Aber es mußte sein Einspruchsrecht aufgeben und fand sich überdies in seinen Befugnissen – Gerichtsbarkeit und Registrierung der königlichen Edikte – beschränkt.

In einem Falle und zumindest am Anfang war die Fronde auch eine Revolte der Beamten (*parlementaires, trésoriers de France*, Schatzmeister von Frankreich) gegen die Übergriffe des Staats-Rats und der königlichen Kommissare gewesen. Eine ihrer heftigsten Beschwerden richtete sich gegen die Intendanten, die vom König in die Provinzen entsandt wurden und den Auftrag hatten, überall für Ordnung zu sorgen, die Beamten bei der Ausübung ihrer Pflichten zu kontrollieren und gelegentlich auszuwechseln. Mazarin hatte zugesagt, diese Intendanten abzuschaffen und nur in den Grenzgebieten beizubehalten. Später hatte er sie ohne Erklärung wieder überall eingesetzt. Nach ihm machten Ludwig XIV. und Colbert die Intendanten zur wichtigsten Stütze der inneren Verwaltung des Königreiches. Sie wurden beauftragt, Untersuchungen anzustellen, deren Ergebnis die Zentralregierung über die Verhältnisse bei den Untertanen informieren sollte. Die notwendigen Reformen wurden angeordnet, ohne die Beamten zu fragen, die mit den laufenden Angelegenheiten ihres Ressorts genug zu tun hatten.

Im ganzen Königreich wurden die Intendanten (für das Elsaß ausgezeichnet geschildert von George Livet) zum Instrument einer einheitlichen, fortschrittlichen Verwaltung und zu einer neuen Macht im Staate. Der Intendant hatte den Vorrang vor den Beamten und war der Wortführer des Königs, dessen Wille für alle Entscheidungen maßgebend war. Diese in ganz Frankreich tätigen Agenten der königlichen Macht stellten im damaligen Europa, in dem die alten Privilegien und Traditionen noch in voller Blüte standen, eine fast revolutionäre Neuerung dar. Ihre Einführung war ein Vorteil für die französische Monarchie, die dafür den Vorwurf in Kauf nehmen konnte, despotisch zu regieren und das Leben in den Provinzen abzuwürgen, während Paris ins Maßlose wuchs. Tatsächlich litt die Allgemeinheit unter einem gewissen Druck, da das tägliche Leben für den Einzelnen immer schwieriger wurde, die finanziellen Belastungen zunahmen, ein Krieg dem anderen folgte und schließlich sogar die Gewissensfreiheit in Frage gestellt war.

In diesen Erscheinungen zeigten sich jedoch unabhängig von der Einrichtung der Intendanturen die Auswirkung des Wirtschaftssystems und der Außenpolitik. Aus der Korrespondenz der Intendanten mit Colbert und den Generalkontrolleuren ist zu entnehmen, daß zweifellos das Prinzip herrschte, überall und in erster Linie den Gehorsam gegenüber dem König zu sichern, denn dieser vertrat das Interesse des Staates, während die Untertanen vor allem mit ihren eigenen Interessen beschäftigt waren. Den Intendanten wurde jedoch empfohlen, auf Traditionen und Gewohnheiten Rücksicht zu nehmen, brauchbare Einrichtungen beizubehalten, und wo es sich machen ließ, lieber zu überreden als zu befehlen.

Die Intendanten waren ausgezeichnete Fachleute. Sie rekrutierten sich in der Mehrzahl aus den *Maîtres des requêtes de l'hôtel*, Referenten, die für den Verwaltungsgerichtshof *(Conseil des parties)* Berichte verfaßten. Diese Leute hatten auf den verschiedensten Gebieten reiche Erfahrung gesammelt, bevor sie sich den Angelegenheiten einer bestimmten Provinz zuwandten. Auch sie sind ein Beweis dafür, wieweit juristische und politische Bildung in der französischen Elite verbreitet war. Die bestehenden Einrichtungen blieben weitgehend erhalten. In Landstrichen mit entsprechenden Gewohnheiten (etwa in der Bretagne, wo der König noch immer als König-Herzog bezeichnet wurde) stimmten die Provinzialversammlungen weiterhin über die Steuern ab. Die Gerichtsbarkeit der Grundherren wurde eingeschränkt, um die Gefahr einer Rivalität mit der Königsmacht auszuschalten; aber es war nicht die Rede davon, sie abzuschaffen. Im ganzen bestand das alte Frankreich in all seiner Vielfalt weiter, während ihm ein königlicher Wille, entschlossener und wirksamer als je zuvor, neues Leben einzuhauchen suchte.

Vom Barock zum Klassizismus

Zu Beginn der Regierungszeit Ludwigs XIV. hatte die französische Kultur schon ihre volle Reife erreicht. Das geistige Leben äußerte sich in den verschiedensten Formen. Als Ausdrucksmittel der gebildeten Gesellschaftsschichten hatte die Sprache Klarheit, Präzision, einen reichen Wortschatz und eine schmiegsame Syntax gewonnen. Sie war zu einem Instrument geworden, das sich allen Zwecken vorzüglich anpaßte: Friedensverträgen und philosophischen Abhandlungen, Predigten und Essays, den Literaturgattungen Roman, Gedicht und Drama, seien es Tragödien, Tragikomödien oder Komödien.

In Paris zeigten die oberen Schichten der Gesellschaft großes Interesse für das Geistesleben. Man protegierte Schriftsteller, sorgte freigebig für ihren Lebensunterhalt, nahm sie in die Häuser auf und gefiel sich darin, sogleich ihre neuen Bücher zu lesen und darüber zu diskutieren. Wie es damals hieß, entschied das Urteil eines *homme d'esprit* über den Erfolg eines Werkes. In Wirklichkeit genügte freilich auch damals ein Urteil allein nicht, wenn es auch die Qualität bestätigte und das Ansehen förderte. Den vielfältigen Literaturerzeugnissen entsprachen beim Publikum vielfältige Geschmacksrichtungen. Einzelne Gruppen pflegten bestimmte Liebhabereien, und da und dort bildeten sich besondere Kreise. Im Hotel de Nevers, im Hotel Richelieu, im Hotel Soissons oder im Hause der Madame de la Sabliere, um nur einige zu nennen, traf man weder dieselben Leute noch dieselben Interessen.

Aber nicht nur die Literatur wirkte anziehend. Auch die neuen Erkenntnisse der Wissenschaft, das neue Weltbild, zum Beispiel die Philosophie von Descartes, die die Weltanschauung von Gassendi ersetzte, fanden Interessenten. Zweifellos war der Cartesianismus eher zugänglich, wenn er in klarer Sprache mit einer durchdachten Methode dargeboten wurde. Tatsächlich vermochten viele Leute seinen Gedankengängen zu folgen, während er gleichzeitig von der Universität von Paris verworfen wurde. Deren ablehnende Haltung verzögerte zwar seine Verbreitung bei den Studenten und hemmte den allgemeinen Erfolg, wurde aber von der geistigen Elite bereits nicht mehr beachtet.

Diese Intellektuellen lebten nicht in einem streng geschlossenen Kreis, für sie gab es vor allem in der Hauptstadt keine gesellschaftlichen Schranken mehr. Gebildete Adlige, angesehene Juristen und reiche Leute aus Finanzkreisen, die sich gern die Rolle eines Mäzens leisteten, vereinte das gemeinsame Interesse für das Geistesleben. Die mittlerweile schon etwas aus der Mode gekommenen gelehrten Damen, die sich der neuen Richtung zuwandten, taten dies vielfach mehr aus Laune denn aus Überzeugung. Gleichwohl waren sie dank ihrer Bildung, ihrer Kenntnis der antiken Sprachen, ihrem Humanismus und der Leichtigkeit ihres Denkens vielen Männern ebenbürtig, wenn nicht sogar überlegen. Sie bildeten allerdings Ausnahmen in dem sonst eng begrenzten gesellschaftlichen Rahmen, der den Frauen nach patriarchalischer Sitte theoretisch und praktisch nur die Arbeit im Hause zugestand.

In den Städten konnten die Männer, auch Bauernsöhne, wenn sie als Nachwuchs für die Geistlichkeit ausgewählt waren, in den von Jesuiten und Oratorianern betriebenen Schulen eine solide Ausbildung erhalten, wobei Latein und Mathematik die wichtigsten Lehrfächer waren. Nach neuesten Forschungen im Staatsarchiv ist es möglich, aus Nachlaßinventaren festzustellen, daß viele durchschnittliche Bürger, wenn nicht eine ganze Bibliothek, so doch eine ansehnliche Sammlung von Büchern besaßen. Meist waren darin juristische Abhandlungen, religiöse Lehr- und Erbauungsbücher, lateinische Autoren und einige romanhafte Werke zu finden.

In den unteren Schichten der Gesellschaft, bei Bauern und Handwerkern, waren nur die Begabteren imstande, ihren Namen zu buchstabieren, manche konnten sogar ein wenig lesen und schreiben. Wegen des Analphabetentums der Masse mußte es im Dorf oder in der Nähe Rechtskundige geben, die Verträge aufsetzen und Prozesse führen konnten. Hier hielt sich nach wie vor der hierarchische Aufbau der Gesellschaft mit seiner ungleichen Verteilung von Kenntnissen und Bildung. Die Gesellschaft war jedoch relativ beweglich; als ihr wichtigstes Kennzeichen ist hervorzuheben, daß an ihrer Spitze die günstigsten Bedingungen für den Fortschritt der Wissenschaft und das Entstehen einer hochentwickelten, vielfältigen Literatur gegeben waren. Es gab zahllose literarische Richtungen, in denen sich der phantasievolle Stil des spanischen Romans mit der Freude am Scharfsinn und dem Raffinement galanter Gefühle verband und die sowohl glanzvolle Ausdrucksweise nach italienischem Vorbild als auch die schwungvollen Derbheiten der Schwänke liebten. Die Gelehrten indessen bestanden darauf, den Regeln des Aristoteles zu folgen und in den Werken Sitte und guten Geschmack zu bewahren.

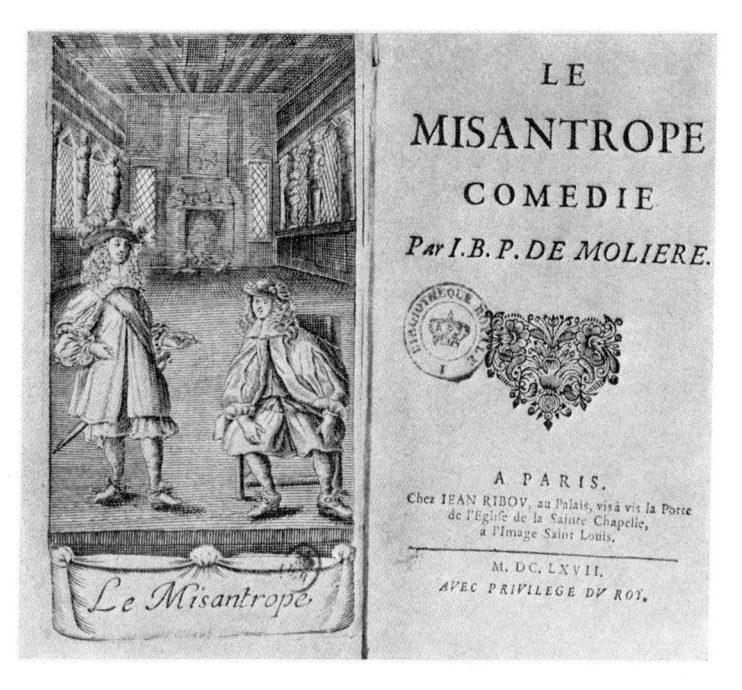

Titelseite und Titelkupfer
der ersten Buchausgabe des »Misanthrope« von Molière, 1667
Paris, Bibliothèque Nationale

Französische und italienische Possenspieler (links Molière)
Gemälde eines unbekannten Malers, 17. Jahrhundert. Paris, Comédie Française

Die Kirche Val de Grâce in Paris
Bau von François Mansart und Jacques Lemercier, ab 1645

DAS ZEITALTER LUDWIGS XIV.

Der Beginn der persönlichen Regierung Ludwigs XIV. fiel mit der Blüte einer Literatur zusammen, die mehr und mehr nach Harmonie und vollendeten Formen strebte und sich deutlich von der Literatur der vorhergehenden Periode unterschied. Wegen ihrer Fülle an Phantasie und Unabhängigkeit – oder auch Unregelmäßigkeit – wird sie »Barock« genannt. Sie war keineswegs zweitrangig – immerhin gehört das ganze Werk von Corneille dazu, mit seiner großartigen Sprache und seinen hohen Idealen –, und sie enthält einen Reichtum an Lyrik, der sehr zu Unrecht vergessen ist. Noch unbekannt war aber die Übereinstimmung von Verstand und Gefühl, die im neuen Stil erreicht wurde, und der Anschein des Leichten und Natürlichen, der die Schwierigkeiten verbergen sollte, die in Komposition und Ausdruck überwunden waren. Der gute Geschmack – so schwer zu definieren – verhinderte alle Übertreibungen und Trivialitäten und ließ aus Leidenschaft und Herzensgüte, Seelenqualen, Lastern und Lächerlichkeit Bilder entstehen, die Verstand wie Gefühl erfreuten.

Dieser Geschmack findet sich bei Racine, nach dessen ersten, im Stil noch unsicheren Tragödien *Andromaque* im Jahre 1667 ein voller Erfolg wurde. Er findet sich auch bei Molière, der seiner schier unerschöpflichen Phantasie in Possen, Komödien, Sitten- und Charakterstücken und Balletten freien Lauf ließ. Die erstaunliche Lebensechtheit seiner Figuren und die Wahrscheinlichkeit der Situationen, in denen sich Interesse und Gefühl durchkreuzen, die Feinheit der Anspielungen und ihre überraschende Aktualität rissen das Publikum zu Stürmen der Begeisterung oder der Entrüstung hin. Die klaren und aufrichtigen Geister unter den Zeitgenossen schätzten seine Menschlichkeit und innere Kraft und die Perfektion seiner Sprache und begrüßten seine Erfolge.

Derselbe Geschmack, wenn auch auf anderem Gebiet, findet sich bei Bossuet, dessen erste Predigten vor dem Hof in der Fastenzeit des Jahres 1662 eine in der religiösen Redekunst bislang unerreichte Vollendung aufwiesen. Er stützte sich auf die zwingende Kraft verstandesmäßiger Argumente wie auf beschwörende Bilder, um die gleichgültigen, der Sünde zugewandten Seelen aufzurütteln und zu zwingen, den Sinn auf höhere Wahrheiten zu richten. Derselbe Geschmack herrschte bei La Fontaine in der zarten Anmut und verborgenen Weisheit seiner Fabeln. Jede einzelne ist ein klar aufgebautes kleines Drama, das mit seiner einfachen Sprache jedem verständlich ist. Sie konnten daher, was in der Geschichte der Völker selten war, allen Franzosen zu einem geistigen Erbe werden, dessen erzieherische Kraft auch in der Zeit nicht nachgelassen hat. Man hat die Franzosen oft das Volk von Descartes genannt; wieviel mehr sind sie doch das Volk von La Fontaine!

Boileau bezeichnete 1674 diesen Geschmack als Summe der literarischen Prinzipien, die in einem guten Werk erkennbar sein sollen. Vernunft und Wahrheit, Wahrscheinlichkeit und ungezwungene Verwendung der Form, bewußt eingesetzte Mittel ohne offene Effekthascherei sind die Charakterzüge der neuen Literatur, deren Werke klassische Bedeutung gewonnen haben. Dennoch wäre es ein Irrtum zu glauben, daß sich diese Literatur alsbald nur uneingeschränkter Zustimmung erfreut hätte, obwohl ihr zweifellos Erfolg beschieden war. Dies war vielleicht ein Glück. Andere Formen der Unterhaltung, wie das derbe Vergnügen an Possen und Schwänken, die ausgeklügelten, abwechslungsreichen Darbietungen der Theatermaschinerie, die Herrlichkeiten von Oper und Ballett, standen nach wie vor in

Gunst. Die Predigten Bossuets und anderer, die einen Vergleich mit ihm aushalten, verhinderten übrigens weder die Ausbreitung der Sittenlosigkeit bei Hof und in der Stadt noch die obskuren Machenschaften der Geisterbeschwörer und Magier. Die Anhänger einer strengen Religionsauffassung, von denen einige wegen ihres Standes und ihrer Tugend hochangesehen waren und großen Einfluß bei Hofe besaßen, rächten sich, indem sie die Theaterstücke von Racine als Rechtfertigung der Leidenschaften und die von Molière als Aufforderung zur Gottlosigkeit anprangerten. Die klassische Literatur, die heute so heiter und harmonisch wirkt, hat sich zur Zeit Ludwigs XIV. in einer stürmischen und skandaldurchwitterten Atmosphäre entwickelt.

Die besten Künstler und Schriftsteller hatte der Superintendant Fouquet um sich versammelt und unter seinen Schutz genommen. Nachdem er in Ungnade gefallen war, übernahm der König selbst die Rolle eines Mäzens und zog die Intelligenz an seinen Hof. Bald kam der Gedanke auf, daß die neuen Werke nicht nur der Inspiration des einzelnen Künstlers, sondern auch gewissen Regeln gehorchen sollten. Diese Regeln waren nicht als Tyrannei gedacht, denn jedermann, und Ludwig XIV. an erster Stelle, erkannte die Künstler und Schriftsteller als die allein Sachverständigen in diesen Dingen an. Sie sollten ermutigt werden, so vernünftige wie wirksame und »schöne« Lehren auszuarbeiten, in denen der Triumph des Geistes und des französischen Geschmacks souverän zum Ausdruck kam. Hatte nicht die *Académie Française* seit 1635 für die Reinheit der Sprache gearbeitet und Fortschritt und Erfolg erzielt? Es kam also zur Gründung weiterer Akademien. Sie waren vor allem das Werk Colberts, der Disziplin und Ordnung in allen Dingen liebte.

Seit 1666 gab es die *Académie des Sciences*. Ihre Mitglieder korrespondierten mit ausländischen Gelehrten, von denen viele, etwa Huyghens, vom König eine Pension erhielten. Sie bemühten sich um besseres Verständnis der wissenschaftlichen Probleme, um fortschreitende theoretische Erkenntnis und deren praktische Anwendung. Die sogenannte *Petite Académie* hatte ein weniger umfangreiches Tätigkeitsfeld, das aber als notwendig angesehen wurde, um den Ruhm des Königs in den Augen von In- und Ausländern zu festigen. Ihr oblag die Formulierung von Inschriften, die für die Fassaden von Triumphbogen und öffentlichen Bauwerken bestimmt waren oder auf Münzen geprägt werden sollten. Seit 1663 bestand eine Akademie für Malerei und Bildhauerei, acht Jahre später kam eine Akademie für Architektur dazu, beiden wurde ebenfalls die Aufgabe gestellt, die richtigen Methoden zu lehren und aus der Summe der Werke die unveränderlichen Grundregeln herauszuziehen. Auf dem Gebiet der schönen Künste war dies ein besonders heikles Unterfangen.

Italien bot mit Rom, Venedig und den Fürstenhöfen nach wie vor ein unerschöpfliches Reservoir an Vorbildern. Wie konnte man bei so vielen verschiedenen Quellen und unterschiedlichen Strömungen dort in Italien die richtigen Regeln erkennen und die richtigen Methoden finden? Die Regeln der Antike, die in ihren Ruinen sichtbar weiterlebte, waren aus den neu herausgegebenen Werken Vitruvs bekannt und über jeden Zweifel erhaben. Daneben hatte aber das moderne Italien mit seinen Malerschulen der Venezianer, der Bolognesen und Römer – welcher Unterschied zwischen den Carracci der Galerie Farnese und den realistischen Werken Caravaggios – seit der Renaissance unaufhörlich Neuerungen hervorgebracht. Viele Franzosen waren während der ersten Hälfte des Jahrhunderts, um ihren Geschmack zu bilden, nach Italien gekommen und hatten mit Geschick aus den vielen Quellen geschöpft. Unter Ludwig XIII. und Richelieu war der moderne italienische Stil für viele Bauwerke in Frankreich übernommen worden, etwa die Kuppel der Sorbonne-Kirche und zahlreiche zweistöckige Fassaden mit Giebeln und Voluten, ganz abgesehen von zahllosen Altären, mit denen die alten Kirchen in der Provinz von benachbarten Pfarrgemeinden, geistlichen Orden und anderen Stiftern ausgestattet worden waren. Ihre üppigen, etwas schwerfälligen Formen und die strengeren Kompositionen im italienischen Stil von 1650 verraten eine ausgesprochene Neigung zum Barock, die das ganze Jahrhundert hindurch anhielt. Zur Zeit Mazarins war ein vermehrtes Interesse für die gerade herrschende italienische Mode (die Kirche Val de Grace) festzustellen, verbunden mit einem Zustrom italienischer Dekorateure, die in ihrer Kunst wahre Glanzleistungen vollbrachten.

Zur gleichen Zeit stand die Antike wegen ihrer unzerstörbaren Werte und ihrer erhabenen Größe, zumindest bei Gebildeten und Intellektuellen, in hoher Gunst; alle Maßstäbe sollten der Antike entnommen werden. Dies hatte wohl auch Richelieus Minister Sublet de Noyers, der in Rom Abgüsse von Architekturteilen und Skulpturen zur Anregung für die heimische Baukunst herstellen ließ, dazu bestimmt, Poussin zu einer Reise nach Rom zu veranlassen. Colbert, der aus dem näheren Kreis um Mazarin stammte, wurde 1664 auch Superintendant der schönen Künste. Was Italien betraf, führte er die Politik von Sublet de Noyers fort, wie sich überhaupt die Männer um Colbert allem Anschein und der persönlichen Rivalität zum Trotz nicht allzusehr von denen Mazarins unterschieden. Für die schönen Künste bedeutete dies, in Frankreich möglichst alles einzuführen, was an Schönem in Italien zu finden war, und möglichst viele Meisterwerke zu erwerben, sei es durch Ankauf der Originale oder in Form von Abgüssen und Kopien. Die berühmtesten italienischen Künstler wurden herangezogen und schufen in Frankreich ihre besten Werke, so Bernini, der 1665 nach Paris kam, um die Pläne für einen neuen Louvre zu entwerfen. In Rom wurde 1666 eine französische Akademie gegründet, an der sich junge französische Künstler an der römischen Kunst weiterbilden sollten, um nach ihrer Rückkehr über Erfahrung und sicheren, raffiniertesten Geschmack zu verfügen.

Das Ziel dieser ehrgeizigen Politik ist klar zu erkennen. Italien sollte sozusagen »verpflanzt« werden, indem man sich seiner Leistungen bediente. So schuf man in Frankreich auch in der Kunst die Bedingungen für eine Überlegenheit, die auf anderen Gebieten bereits erreicht war.

Das Ansehen und die Überlegenheit der italienischen Kunst nehmen indessen den Werken, die in Frankreich entstanden sind, nichts von ihrer Bedeutung. Gebildete Kreise mochten die Gotik als barbarisch verwerfen, dennoch wirkte sie bis in die Mitte des 17. Jahrhunderts hinein und erhielt sich im Bild der Städte und Dörfer. Die französische Renaissance, genauer gesagt, die beiden Renaissance-Epochen – die klassische unter Heinrich II. und die manieristische in der Zeit nach den Religionskriegen –, hatten ihren Glanz bewahrt. Nichts ist in diesem Zusammenhang so aufschlußreich wie der Wunsch nach Erhaltung des Bestehenden, den Ludwig XIV. Bernini gegenüber äußerte, als er den großen Italiener aufforderte, den Bau des Louvre zu beenden. Der König wünschte eine Umwandlung seines

Palastes, bis er völlig neu, einzigartig und unvergleichlich dastand. Er war aber nicht geneigt, in bezug auf die Vergangenheit *tabula rasa* zu machen, und fand sich nur äußerst ungern damit ab, daß zerstört und geopfert werden mußte, was seine Vorfahren erbaut hatten. In der Architektur hatte man sich in Frankreich im Laufe der Zeit den Gesetzen, die das vorhandene Baumaterial vorschrieb, gebeugt und war den Bedürfnissen der Bevölkerung entgegengekommen. Die Häuser der Pariser Plätze und die Schlösser in der Provinz (Balleroy, Fleury) mit ihrem ziegelroten Mauerwerk und den breiten Einfassungen aus weißem Stein unter steil aufsteigenden Schieferdächern wirkten in ihrer Regelmäßigkeit und Eleganz originell und anziehend. Bei den sicherlich sehr zahlreichen Bauten für eine breitere Schicht vermochte die Kunst der Architekten jeden gewünschten Plan auszuführen. Auch die Gartenkunst hatte neuen Auftrieb erhalten und setzte nun Blumen und Pflanzen mit mehr Gefühl für die Gegebenheiten der Natur in das übliche Viereck.

In Paris hatten einheimische Architekten neuerdings an etlichen Wohnbauten reicher Finanzleute und Mitglieder des Hofes (Hôtel Lambert, Lauzun, Beauvais, Werke von Le Vau und Lepautre) ihre Meisterschaft bewiesen. Ein gemäßigter Italianismus, mit Stilelementen der Renaissance verquickt, gab dem Lebensgefühl einer selbstbewußten Gesellschaft sichtbaren Ausdruck. Die französischen Handwerker hatten gelernt, eigene Mittel und Fähigkeiten einzusetzen. Obwohl sie bereit waren zuzugeben, daß sie noch vieles von den Italienern zu lernen hätten, verließen sie sich mehr und mehr auf ihre eigene Kraft. Dieser Reifeprozeß des französischen Handwerks war der Vorbote eines eigenen Stils.

Die französische Kirche

Am intellektuellen Leben nahm nur eine Elite teil, dagegen war die gesamte Bevölkerung für alle Fragen der Religion aufgeschlossen. Das öffentliche Leben stand ganz im Zeichen des Christentums. Der König ließ sich gern als der »allerchristlichste König« und »älteste Sohn der Kirche« bezeichnen, die vorgeschriebenen Kirchenfeste wurden feierlich begangen, die Geistlichen führten in den Pfarrämtern die Personenstandsregister, und wir haben bereits gesehen, welche wichtige Rolle der geistliche Stand allgemein im Staat spielte. Über diese erwiesenen Tatsachen und das soziale Gerüst hinaus läßt sich freilich kaum genau feststellen, wie die Franzosen um die Mitte des Jahrhunderts tatsächlich der Religion gegenüber eingestellt waren.

Ein besonderer Glaubenseifer wird im allgemeinen der vorhergegangenen Epoche der Gegenreformation zugeschrieben. Damals hatte der Einfluß der geistlichen Orden zugenommen. Eine neue Geistigkeit nicht nur jesuitischer Prägung breitete sich aus und strebte die Erneuerung des französischen Katholizismus an. Seminare wurden gegründet, die eine bessere Ausbildung der Priester sichern sollten. In der kraftvollen und eigenwilligen Gestalt des heiligen Vinzenz von Paul sind diese Bemühungen am eindrucksvollsten verkörpert.

Als Vinzenz von Paul 1660 starb, war der Jansenismus bereits in Erscheinung getreten und alsbald offen bekämpft worden. Fünf Thesen aus dem großen Werk des Bischofs Jansen von Ypern (1585–1638) über die Lehre des heiligen Augustinus waren zuerst von der Sorbonne und dann von Papst Alexander VII. in der Bulle *Ad sacram* als Irrlehre verurteilt worden. Gegen den Widerstand mehrerer Bischöfe von höchstem Ansehen und weiter Kreise, die für ihre Frömmigkeit bekannt waren, vor allem aber gegen das Zisterzienser-Frauenkloster von Port Royal, versuchte man, von der Geistlichkeit und den Klöstern die Unterzeichnung einer Schrift gegen Jansen zu erlangen. Ein Fieber bemächtigte sich der öffentlichen Meinung. Den Jesuiten, die als Prediger, Schulmeister und Beichtväter unbestreitbar erfolgreich waren, warf man Opportunismus und Begünstigung einer lockeren Moral vor. Die funkelnde Polemik, die Pascal in seinen *Lettres à un Provincial* (1657) gegen sie führte, behielt schließlich das letzte Wort. Gleichzeitig entbrannte am Hof, in Paris und in den Provinzstädten ein sich zunehmend verschärfender Konflikt zwischen den Anhängern einer strengen Observanz und Ritentreue und denjenigen, die nicht ständig »wider ihre Natur leben« und auf alle Freuden des Lebens ängstlich verzichten wollten.

Es wäre verfehlt, die Bedeutung dieser auch noch später weiterwirkenden Gegensätze zu unterschätzen; und es wäre »sinnlos, den Jansenismus als ein geschlossenes Ideensystem zu betrachten, das verbindlich analysiert werden könnte« (Louis Cognet). Seine wesentlichen Elemente waren die Betonung der Allmacht Gottes und des Geheimnisses seiner Gnade, der Wunsch nach reiner christlicher Existenz ohne Konzessionen an die Welt und ein Personalismus, der die Entscheidung des Gewissens über jeden äußeren Zwang stellte. Verständlicherweise waren es immer wieder die gläubigen und aufrichtigen Katholiken, die ihm Interesse entgegenbrachten. Seine größten Erfolge hatte er in den bürgerlichen Kreisen der Mitglieder der Parlamente. Gleichwohl war der Jansenismus nicht frei von Widersprüchen. Die Gottesfurcht und das Mißtrauen der Jansenisten gegen sich selbst mußten zu äußerster Strenge, ja Härte führen; ferner hatten die Gläubigen die Neigung, der Eucharistie fernzubleiben und in einer Art hochmütiger Gleichgültigkeit allein den Sittengesetzen Beachtung zu schenken.

In einem Land, in dem der Protestantismus noch immer mächtig war, fühlten sich die Priester mit Recht beunruhigt und mit ihnen alle diejenigen, die den Glaubenseifer, das Streben nach Gottgefälligkeit und die legitime und tätige Geistigkeit lebendig erhalten wollten. Das allenthalben sichtbare Interesse für die verschiedenen Formen des religiösen Lebens und die Argumente der Debatten lenken den Historiker jedoch leicht von wichtigeren, jedoch kaum zu beantwortenden Fragen ab: Welche religiöse Einstellung hatten die Franzosen? Wurde der Kultus überall praktiziert? Fühlten sich viele junge Männer zum Priestertum berufen, und wurde der geistliche Stand vom Volke geachtet? Die Reformbestrebungen, zur Zeit Ludwigs XIII. begonnen, konnten im allgemeinen erst in der zweiten Hälfte des Jahrhunderts Früchte tragen und wirklich spürbar werden. Man sieht beispielsweise, daß die Bischöfe ihre Residenzpflicht ernst nahmen. Sie gründeten Seminare, die es noch nicht in jeder Diözese gab, verteilten den Katechismus, überwachten die Erfüllung der priesterlichen Obliegenheiten ihrer Geistlichkeit, kontrollierten die Tätigkeit der Orden und kümmerten sich um die Führung der Kirchenbücher und die

Erfüllung der Osterpflicht. In ihren Hirtenbriefen verbreiteten sie die christliche Lehre und gaben ihr je nach persönlicher Neigung eine mildere oder strengere Auslegung. Ludwig XIV. war um das Ansehen der Kirche ernsthaft bemüht. Ohne Rücksicht auf die Skandale in seinem Privatleben – oder vielleicht, um sie zu kompensieren – verlangte er von den für das Bischofsamt auserwählten Priestern den Nachweis von Kenntnissen und Tugend. Nichtsdestoweniger konnte auch ein Bischof, der weder unanfechtbar noch ein Heiliger war, ein streitbarer Seelenhirte sein (so etwa Péréfixe in Paris). Doch der Bischof war wegen des Patronatsrechts, das die Grundbesitzer besaßen und ausübten, nicht allein Herr über die Geistlichkeit seiner Diözese. Eine allgemeine Verbesserung der Gallikanischen Kirche während dieser Periode läßt sich gleichwohl nicht bestreiten. Bei den geistlichen Orden gab es einige strenge Reformen (Rancé in der la Trappe). Die Priester hatten weitreichenden Einfluß; fromme Gründungen, Stiftungen an die Kirchengemeinden, Altäre und Kapellen sind Zeugen einer ernsthaften Religiosität, die sich mehr oder weniger intensiv äußerte. Auf dem Lande förderten die Schwierigkeiten des täglichen Lebens und die Heftigkeit der immer wieder auftretenden Katastrophen, aber auch ein Rest von Aberglaube aus dem alten heidnischen Untergrund die Unterwerfung unter den göttlichen Schutz. Manche Provinzen waren nur an der Oberfläche christlich, andere nahmen das Christentum nur widerwillig zur Kenntnis, wie die Bretagne, wo es zwar gewisse religiöse Mittelpunkte gab, aber erst die Evangelisation des P. Maulnoir den Geist des Glaubens allgemein verbreitete. Die Formen des Aberglaubens waren in Stadt und Land verschieden, Magie und Okkultismus verloren nur langsam ihre verführerische Macht.

Einem Katholizismus gegenüber, der scheinbar triumphierte, in Wirklichkeit aber gespalten und uneins war, behauptete der Protestantismus seine Positionen, die zwischen Loire und Garonne und in vielen Städten des Südens noch recht stark waren. Da dem Zeitgeist nichts ferner lag als Toleranz, ob er sich nun mächtig oder verfolgt fühlte, wurden im Machtbereich der Reformierten die Katholiken unterdrückt. Die Bischöfe führten deshalb in den Versammlungen der Geistlichkeit unablässig Klage darüber, und die Ausrottung der Ketzerei wurde dem König als verdienstvolle Tat dargestellt, die seiner Regierung höchsten Ruhm einbringen werde. Die Auseinandersetzung zwischen Katholiken und Reformierten ging indessen bald in eine versöhnlichere Kontroverse über; auf katholischer Seite – etwa Bossuet in seiner Darstellung des katholischen Glaubens – bemühte man sich, die wesentlichen Sätze des gemeinsamen christlichen Glaubens herauszustellen und die Vorurteile der Protestanten gegenüber der Kirche zu beseitigen. Trotzdem entartete die Ketzerverfolgung, die man zunächst vielleicht in gutem Glauben begonnen hatte, bald in abstoßende Schikanen und plumpeste Denunziation. Ludwig XIV. ließ zu, daß den Protestanten systematisch Ämter im Staate verweigert wurden, was sie offenbar zu der Überlegung veranlassen sollte, ob sie stichhaltige Gründe hätten, sich die Gunst des Königs zu verscherzen. Der Geist der Religionskriege war zwar im Laufe der Zeit schwächer geworden, war aber noch keineswegs verschwunden.

Der Süden Europas:
Wirtschaftlicher Niedergang und kulturelle Blüte

Ein Historiker, der sich nicht mehr ausschließlich mit der politischen Geschichte beschäftigen will, ohne dabei zu verkennen, daß die Politik die Geschicke der Staaten bestimmt, sieht als bewegende Kräfte eines Gesellschaftssystems einerseits die allgemeinen wirtschaftlichen Bedingungen und ihrer Auswirkung auf die Existenz der Einzelnen, andererseits die Ideologien, von denen die Seelen der Menschen beherrscht werden, und das kollektive Bewußtsein, das in der Kunst und den Werken der Schriftsteller zum Ausdruck kommt.

Mehr als ihnen selbst bewußt war, waren die Menschen des 17. Jahrhunderts nach den großen Entdeckungen damit beschäftigt, sich mit der Ausweitung der Handelswege über die Ozeane hin, mit einer beginnenden »Weltwirtschaft« vertraut zu machen. Die Entwicklung von Produktion und Preisen, der sich die Aufmerksamkeit der Forscher mehr und mehr zuwendet, hat uns ganz neue Perspektiven eröffnet.

Die vorhergehende Periode, also das erste Drittel des 17. Jahrhunderts, ist durch eine ständige Wirtschaftsexpansion gekennzeichnet, die, nur von kürzeren Krisen unterbrochen, durch die Einfuhr der wachsenden Gold- und Silbererträge aus der Neuen Welt wesentlich gefördert worden war. Dagegen herrschte von 1630 bis 1680 allgemeine Depression. Sie verhinderte indessen nicht, daß auf einzelnen Gebieten, in einzelnen Gegenden und zugunsten einzelner sozialer Schichten mitunter spürbare Fortschritte erzielt wurden. Im ganzen häuften sich jedoch die Schwierigkeiten und steigerten sich gegenseitig in ihrer Wirkung: der Rückgang der Bergwerksproduktion in Amerika, deren Rolle der Historiker Earl Hamilton als erster erkannt hat, der Tiefstand von Produktion und Warenaustausch, die schlechten Ernten in Europa, die geldliche Unsicherheit und der Rückgang der Bevölkerung. In Europa verschoben sich sogar die Schwerpunkte der Macht. Die südlichen Länder, Portugal, Spanien und Italien – hier die großen, wirtschaftlich bedeutenden Städte Genua, Florenz und Venedig, die im 16. Jahrhundert eine Blütezeit erlebt und beträchtliche Macht errungen hatten –, ließen erste Zeichen des Niedergangs erkennen, während die nördlichen Staaten, England, Frankreich und die Vereinigten Provinzen der Niederlande, sich den allgemeinen Schwierigkeiten besser anzupassen vermochten.

Spanien, das zwischen 1620 und 1640 offenbar im Begriff gewesen war, die Weltherrschaft zu erringen, wurde zuerst von dem Machtrückgang betroffen. Tatsächlich hatte die spanische Bevölkerung niemals alle die Vorteile kennengelernt, die ihr Entdeckung und Ausbeutung des spanischen Reiches verheißen hatten. Die aus Amerika eingeführten Schätze, vor allem die großen Mengen an Edelmetall, wurden nicht in rentablen Investitionen im eigenen Lande angelegt, sondern für Warenkäufe im Ausland verbraucht. Auf lange Sicht sollten sie den Unterhalt der Armeen sicherstellen, auf die sich die politische Macht Spaniens in den Niederlanden, in Deutschland und in Italien stützte, sie wurden auch für unproduktiven Grundbesitz und schließlich für Kunstgegenstände ausgegeben, deren kultureller Wert allerdings gar nicht hoch genug eingeschätzt werden kann. Das Verlöschen der spanischen Macht hatte sich frühzeitig angekündigt; schon in der Periode des Glanzes waren Stimmen laut geworden, die den Niedergang Spaniens voraussagten.

In einer Zeit, die allgemein der Ausbildung einer absoluten Monarchie günstig war, hatte die spanische Regierung die notwendige Zentralisierung völlig vernachlässigt. Die Bemühungen des Grafen von Olivares, die Macht des Königs zu stärken, hatten mit einer Niederlage geendet; um das abtrünnige Katalonien zurückzugewinnen, mußten ihm erst seine traditionellen Privilegien bestätigt werden. Portugal mit seinen Kolonien fiel nach sechzig Jahren der Zugehörigkeit zum spanischen Reich ab und wurde unabhängig. Die neue Hauptstadt Madrid, wo man sich in dem Glauben wiegte, der Rest des Landes und selbst die fremden Länder ständen zu Spaniens Diensten, blieb Sitz der Regierung, und Kastilien zwang den anderen Provinzen seine Sprache und Politik auf. Die großen Vermögen dagegen entstanden in den südlichen Regionen. Von Sevilla aus wurden mit beispielloser Energie der Atlantikhandel ausgeweitet und die Wirtschaft in Bewegung gebracht, bis sich schließlich (1650) die Dekadenz auch dort einnistete.

Die spanische Regierung bestand aus mehreren Räten, in denen eine außerordentlich reiche, teils uralte, teils neue Aristokratie den Ton angab. Diese Räte waren eine schwerfällige bürokratische Maschinerie, unfähig zu klugen und schnellen Reformen. Zur Deckung der notwendigen Ausgaben des Staates und seiner Machtpolitik, die Europa und die ganze Welt einbezog, hatte es sich als notwendig erwiesen, da nicht genügend Silber für gutes Geld zur Verfügung stand, Kupfergeld zu prägen, dessen Kurs willkürlich festgesetzt wurde. Damit begann eine Periode der Unsicherheit und Unordnung im Geldwesen, die bis 1680 andauerte. Die Preise stiegen, und die Differenz zugunsten des Silbers wurde schnell beträchtlich; der Staat griff ein und setzte willkürlich den Wert des Geldes herab. Er reduzierte die Differenz, die aber sofort wieder heranwuchs: Zum Beispiel hatte im Jahre 1664 die Differenz hundertfünfzig Prozent erreicht, im folgenden Jahr ging sie um fünfzig Prozent zurück und war zwei Jahre später wieder auf der alten Höhe angelangt; 1680 erreichte sie sogar 275 Prozent, nachdem im Jahre 1678 eine schlechte Ernte mit einer neuen Inflation zusammengefallen war. Nicht alle spanischen Münzanstalten prägten das Kupfergeld mit demselben Metallgehalt, in Katalonien etwa bestanden die Münzen aus einer besseren Legierung. Bedeutsam war, daß dieses Geld den ausländischen Markt überflutete und so zu der wirtschaftlichen Depression ganz Europas beitrug. Die Preise stiegen viel schneller als die Löhne. Die staatlichen Steuern verminderten sich aber deswegen nicht, sie machten sich im Gegenteil immer drückender bemerkbar. Im Vergleich zu anderen Gebieten war Spanien ein Land, in dem man teuer lebte. Zu Anfang des Jahrhunderts (1626), so schreibt ein Zeitgenosse, bekam man für einen spanischen Real in Frankreich den Gegenwert in Waren von 60 Einheiten, in Rom von 50, in Rousillon und Cerdagne von 40; in Katalonien und Valencia aber nur von 14 Einheiten und in Kastilien von 17.

Die Verantwortlichen sahen nur in den Preisen die Ursache für diese Situation. Der Ehrbegriff erlaubte es ihnen nicht, Handel zu treiben. Als standesgemäß galten nur das Waffenhandwerk, der geistliche Beruf oder eine Verwaltungstätigkeit in der Hauptstadt, in den italienischen Vizekönigtümern oder dem Kolonialreich. Der Grundbesitz der Adelsfamilien war durch die Institution des Majorats dem ältesten Sohn vorbehalten und vermehrte sich regelmäßig durch reiche Heiraten. Die jüngeren Söhne sahen sich dagegen auf öffentliche Dienste, auf Abenteuer oder einen mit Hochmut ertragenen Mangel angewiesen. Die aktive

König Karl II. von Spanien im Ornat eines Ritters des Ordens vom Goldenen Vliese
Gemälde von Juan Carreño de Miranda, vor 1677
Wien, Graf Harrach'sche Gemäldesammlung

Das Innere der Kirche S. Ivo in Rom. Bau von Francesco Borromini, 1642–1660

und aufrichtige Religiosität und das Ansehen des Klerus machten jedoch den geistlichen Beruf für viele erstrebenswert, so lohnte es sich, auch Geistlicher – Domherr, Universitätslehrer oder Mönch – zu werden, denn dies bedeutete, aus Geldverlegenheit oder Elend in ein ehrenvolles Dasein überzutreten und sich an einem erheblichen Besitz zu beteiligen. In einem Land, das von einer heftigen Entvölkerungskrise befallen war, beobachteten die Zeitgenossen mit Unruhe das starke Anwachsen des Priesterstandes.

Die königliche Regierung verkaufte indessen Ämter und Adelstitel. Eine Erhebung in den Adelsstand war begehrt, denn sie gewährte gesellschaftliches Ansehen und Steuerfreiheit. Man zahlte hohe Summen, um adlig zu werden und keine Steuern mehr entrichten zu müssen, aber diese Einnahmen brachten der königlichen Schatulle keinen großen Nutzen. Am Ende des Jahrhunderts machte der Herzog von Ossuna, ein intelligenter Reformer, Karl II. von Spanien darauf aufmerksam, daß bei einer Taxe von vierzigtausend Silberpesos für den Titel eines Granden von Kastilien der Staatsschatz tatsächlich nur ein Achtel dieser Summe erhielt, weil sie in *vellons réales* entrichtet wurde.

In den Kolonien war es noch möglich, zu Reichtum zu kommen. Hier fand sogar eine soziale Umschichtung statt; die Familien der alten, seit der Eroberung angesiedelten Besitzer verarmten, und Neuankömmlinge nahmen den Grund und Boden an sich, auf dem sie große Domänen einrichteten und mit Sklaven betrieben. Die von Kreolen und Mestizen bevölkerten Klöster besaßen erhebliche Güter, deren Verwalter ein bequemes Leben führten. Wer aus der Hauptstadt kam, konnte mit Vorteil spekulieren und ein Vermögen ansammeln, da die Preise sehr viel niedriger waren als in Europa und zahlreiche Umstände das tägliche Leben erleichterten. Viele erwarben hier die Mittel für eine ehrenvolle Rückkehr nach Spanien, wo sie für den Rest ihres Lebens als Grandseigneur von ihren Renten lebten und damit beschäftigt waren, fromme Stiftungen und Bauten zu errichten, um die Erinnerung an ihren illustren Namen und ihre Tüchtigkeit zu verewigen.

Alles lief jedoch darauf hinaus, den für die spanische Gesellschaft des 17. Jahrhunderts so charakteristischen Gegensatz von großem Reichtum und drückender Armut zu verschärfen. Obwohl das Getriebe in den Häfen auf die Reisenden noch immer großen Eindruck machte, sprachen die alten Leute voller Sehnsucht von dem Verkehr vor dreißig oder vierzig Jahren; überall war der Glanz von Elend getrübt. An den Pforten der Klöster und Paläste und am Rande der Straßen fanden sich elende und hungernde Menschen, Kranke, Bettler und Vagabunden, unter ihnen viele deklassierte und verarmte Adlige, die auf Raub und Abenteuer aus waren. Nicht weniger als die archaischen Erscheinungsformen und das Versagen des Staates verwundert bei diesem Niedergang, daß der Mittelstand, das Bürgertum, früher der wichtigste Motor in Wirtschaft und Handel, nun fehlte oder nur hin und wieder in Erscheinung trat.

Im Gegensatz zu diesem wirtschaftlichen Zerfall stand die Blüte der Kultur, die in Spanien unvermindert andauerte. Der Glanz des goldenen Jahrhunderts konnte nicht mit einem Schlag verlöschen. Kirche und Verwaltung verbreiteten die kastilische Sprache in der ganzen Neuen Welt. Missionare, Beamte und Kaufleute trugen den Geist und die Sitten Spaniens, die *Hispanidad*, bis zu den Philippinen, und ungeachtet des Kräftezerfalls im Mutterland behauptete sich die spanische Wesensart in aller Welt. Schriftsteller, Intellektuelle und Künstler sorgten weiterhin für ihren Ruhm, die Universitäten setzten die Tradition ihrer theologischen Schule fort. Das dramatische Werk Calderons (1600–1681) fand überall Bewunderer. In der Kunst hatte Zurbarán (1598–1664) vor seinem Tod die Klosterzyklen vollendet, die in ihrer reinen und kraftvollen Schönheit heute zu den höchsten Leistungen der europäischen Malerei seit der Renaissance gezählt werden. Nach Velazquez (1599–1660) begann die große Periode Murillos (1618–1682). Dank dem Mäzenatentum Philipps IV. bargen die königlichen Schlösser reiche Kunstsammlungen. Künstler und Handwerker arbeiteten unablässig an den immer prächtiger werdenden Dekorationen der Kirchen, die immer wieder umgebaut und renoviert wurden. Dort sammelten sich die Schätze der Goldschmiedekunst an, dort reihten sich die Altäre wie kleine Bauwerke, überladen mit Statuen, aneinander, dort begrenzten prächtige Gitter den Chor der Kathedralen. Farbige Skulpturen stellten fromme Szenen dar, während die Madonnen in ihren Gewändern aus kostbaren Stoffen unter den edelsteinbesetzten Goldkronen Götterbildern glichen.

Von außen betrachtet bot Spanien trotz seiner Schwierigkeiten nach wie vor ein glanzvolles Bild. Die spanische Kunst trug noch mittelalterliche Züge, sosehr auch viele Werke den Einfluß der italienischen Renaissance erkennen lassen. In ihrem Realismus und ihrer Strenge kommt die Eigenart eines Volkes zum Ausdruck, das sich nicht ohne Hochmut den anderen Völkern Europas überlegen dünkte. Zu Anfang des Jahrhunderts waren in dem Bestreben, das geistige Leben des Volkes von allem Ketzerischen zu befreien, zweihundertfünfundsiebzigtausend Mauren vertrieben worden. Eine königliche Anordnung war vom Herzog von Lerma unter dem Vorwand veranlaßt worden, die Nachkommen der Mauren hätten, obwohl getauft, ihre Bräuche beibehalten und seien insgeheim dem Islam treu geblieben. Unter Philipp IV. mußte die Ansiedlung von Ausländern im Tal des Ebro und in den Hafenstädten zugelassen werden. Es kamen Franzosen, Genuesen, Portugiesen und als Folge der Verträge mit England und Dänemark aus diesen Ländern sogar Protestanten, denen die Ausübung ihres Glaubens gewährt wurde, vorausgesetzt, daß es nicht öffentlich geschah und keinen Skandal erregte.

Portugal hatte sich erst kurz zuvor von der kastilischen Herrschaft gelöst und damit die Einheit der Iberischen Halbinsel zerbrochen. Die Regierung des Königs von Spanien gab aber die Hoffnung nicht auf, das abtrünnige Land wieder unter ihre Macht zu bekommen. Portugal war auf den Schutz Frankreichs angewiesen, durch dessen Vermittlung es sich England angenähert hatte; Karl II. heiratete eine portugiesische Prinzessin, zu deren Mitgift Bombay und Tanger gehörten. Nachdem Portugal die politische Freiheit wiedergewonnen hatte, forderte es sein Reich zurück und nahm die Kontore in Afrika, Ostindien und vor allem in Brasilien wieder in Besitz. Dort waren nur an der Küste Kolonien entstanden, eine Kette von Städten und Häfen, die zwar teilweise ein Hinterland besaßen, untereinander aber nur über das Meer verkehrten und auf dem Lande höchstens über Pfade verbunden waren. Die größten Häfen waren Olinda und Pernambuco, wo dreißig Jahre holländischer Besetzung anziehende und blühende Städte hinterlassen hatten, Bahia, eine portugiesische Stadt mit schönen Klosterkirchen, Rio de Janeiro.

Die Kolonie unterstand unmittelbar dem Mutterland. Sie lieferte vorläufig lediglich Zuckerrohr, das von aus Afrika eingeführten Sklaven angebaut wurde. Infolge des Sklavenhandels wuchs deren Zahl unaufhörlich, und allmählich bildete sich ein neues Mischvolk. In das riesige, unbekannte Gebiet, aus dem sich die Indianer zurückgezogen hatten, drangen unternehmungslustige Leute ein, Abenteurerscharen *(bandeirantes)* aus São Paolo, die auf Goldadern versessen waren und sie schließlich am Ende des Jahrhunderts auch entdeckten.

An der gegenüberliegenden Küste des Mittelmeeres, in Italien, war die Lage in vieler Beziehung ähnlich wie in Spanien. Die politische Zersplitterung der Halbinsel hatte dem König von Spanien Schlüsselpositionen verschafft: Mailand, das Königreich Neapel und Sizilien; mit Genua bestanden enge Beziehungen, denn diese mächtige Finanz- und Handelsstadt war die wichtigste Nachschubstation auf der Straße, die Spanien über die Alpenübergänge mit Mailand verband, und genuesische Schiffe transportierten Geld und Güter für den Unterhalt der Truppen, die zum Teil in Neapel ausgehoben wurden und Spaniens Stellung in den kontinentalen Konflikten sichern sollten. Und die kleinen Fürsten der Lombardei standen ebenso unter dem politischen Einfluß Spaniens, von dem sie zugleich angezogen und beunruhigt waren. Auch Italien erlebte den Gegensatz von glanzvoller Kultur und wirtschaftlichem Zerfall der Städte. Das Land befand sich in einem Übergang, das Urbane, das die Bewegung der Renaissance hervorgebracht hatte, trat hinter dem ländlichen, vom Großgrundbesitz geprägten Leben zurück.

In der ersten Hälfte des 17. Jahrhunderts waren zudem auch hier schreckliche Epidemien aufgetreten und hatten nach schlechten Erntejahren die Städte verheert. 1630 waren Mailand und Venedig, 1656 Neapel, die am stärksten bevölkerte Stadt der Halbinsel, heimgesucht worden, ebenso Rom, das damals zehn Prozent seiner christlichen und fünfunddreißig Prozent seiner jüdischen Einwohner verlor. Genua hatte um 1660 von siebzigtausend Seelen dreißigtausend eingebüßt. Ohne Zweifel wurden diese Verluste nach dem Ende der Krisen bald durch die steigende Zahl der Eheschließungen und Geburten und durch Zuwanderung ausgeglichen. Da die Epidemien jedoch immer wieder aufflackerten, nahm die Stadtbevölkerung – ein Merkmal dieser Jahre –, wenn überhaupt, nur sehr langsam zu, während der allgemein schleppende Gang der Geschäfte die Zahl der Arbeitslosen und Unterbezahlten ansteigen ließ, die als Elendsgestalten und Bettler die Straßen der italienischen Städte bevölkerten und den Kontrast zwischen Luxus und Elend noch auffallender machten.

Der wirtschaftliche Niedergang war jedoch weder Verfall noch dessen Vorbote. Genua, Palermo, Neapel und Venedig waren weiterhin höchst belebte Häfen, ebenso Livorno mit seinem Getreidehandel und den Vorteilen des von den toskanischen Großherzögen eingerichteten Freihafens. Rom (mit hundertneuntausend Einwohnern im Jahre 1600 und hundertfünfunddreißigtausend am Ende des Jahrhunderts, bei einem Rückgang zwischen 1675 und 1685) war nach wie vor eine glanzvolle und anregende Stadt und ein Anziehungspunkt für Pilger und Reisende. Zwei Umstände erlaubten es, die Bautätigkeit und das intensive künstlerische Leben in seinen verschiedenen Erscheinungsformen fortzusetzen: der religiöse Eifer und das Mäzenatentum der europäischen Höfe. Nach der richtigen Beobachtung eines deutschen Kritikers widerlegen diese Verhältnisse den allgemein angenommenen Zusammenhang zwischen wirtschaftlichem Wohlstand und Kunstentwicklung.

Die Reichtümer, die im 16. Jahrhundert angesammelt worden waren, wurden verbraucht, aber niemand dachte daran, sie wieder zu ergänzen. Anleihen, Renten und Dotationen mußten die Erträge einer Wirtschaft ersetzen, die es nicht verstand, sich den veränderten Verhältnissen anzupassen. Die katholische Reformbewegung war indessen lebhafter und aktiver als je zuvor. Zweifellos erreichte sie nicht alle Schichten der Bevölkerung, wie es ihre Urheber gewünscht hätten. Für viele Italiener war die Religion Gewohnheitssache; ihre übermäßige Vorliebe für äußerliche Kundgebungen ging so weit, daß ihnen die Form oft wichtiger war als der Geist. Wo sie fromm sein wollten, waren sie abergläubisch, mit einer übertriebenen Neigung zur Reliquienverehrung, und kümmerten sich nicht um die Vorschriften des Tridentiner Konzils. Man darf jedoch nicht übersehen, daß neben diesen und vielen anderen Schwächen auch die Ausstrahlung eines starken Glaubens zu spüren war. Einzelne begnadete Seelen erhoben sich zu echtem Mystizismus, und viele andere empfanden den Wunsch nach geistiger Nahrung und tätigem Wirken. Es kam zu Klosterreformen und vielen frommen Stiftungen, und die Missionen der Jesuiten und Dominikaner wirkten in den ärmsten Gegenden der Halbinsel.

Auf Wunsch des Papstes und der Kardinäle sollte Rom, die Ewige Stadt, ein neues, prachtvolles Gesicht erhalten, zur höheren Ehre Gottes und als Ausdruck des Dankes für den Triumph der Kirche. Seit dem Anfang des Jahrhunderts hatte sich in Architektur, Malerei, Bildhauerei und Musik eine ununterbrochene großartige Entwicklung vollzogen, in deren Zusammenhang sich die Prinzipien der Renaissance erneuerten, weiterbildeten und verwandelten: Das barocke Rom wurde geboren.

Aus allen Ländern Europas pilgerten die Künstler nach Italien, vor allem nach Rom, von dem sie wußten, daß es unvergleichliche Eindrücke zu bieten hatte. Nur hier konnten sie nebeneinander sowohl die Kunst des Altertums in den recht gut erhaltenen oder großartig zerfallenen Bauwerken (Konstantins-Bogen, Trajans- und Antoniussäule, Pantheon) als auch die italienische Renaissance und die »moderne« Richtung studieren. Ihre Lehrmeister waren die Maler der Akademie San Luca und die beiden großen Bildhauer-Architekten Francesco Borromini (1599–1667) und Lorenzo Bernini (1598–1680), den man den zweiten Michelangelo nannte. Der von diesen Meistern entwickelte Stil übernahm die Regeln der Antike und der Renaissance und paßte sie frei und individuell abgewandelt den neuen Vorstellungen an, vor allem auch der Absicht, in den religiösen Bauwerken den Triumph der Kirche zu verherrlichen, denn er schuf großartige Wirkungen, die mitunter nicht ganz frei von Prahlerei waren. Vorstellungskraft und Einfallsreichtum verbanden sich mit der erklärten Absage an jede Strenge und Kargheit, dabei war stets ein Höchstmaß an Gleichgewicht und Harmonie angestrebt. Bernini und Borromini verwendeten auch bei ihren Palastbauten die Elemente der traditionellen Architektur in einem neuen Geist. So erreichten sie ohne Bruch einen glücklichen Zusammenklang von Größe, Anmut und Originalität.

Es konnte nicht ausbleiben, daß von dem auf so vielfältige Weise anregenden Rom unterschiedliche ästhetische Impulse auf Europa ausgingen. Eine Strömung beeinflußte den französischen Klassizismus, eine andere inspirierte am Ende des Jahrhunderts den dekorativeren Barock in Mitteleuropa. Gegen 1660 vor allem ging der unbestrittene Vorrang Roms auf dem Gebiet der Kunst mit seiner Suprematie in der katholischen Kirche Hand in Hand. Die italienischen Fürstenhöfe, die das Erbe der Renaissance pflegten, galten indessen noch immer als Vorbilder der Kultur. Allerdings herrschte ein auffallender Kontrast zwischen ihrer Kleinstaatlichkeit, die keine selbständige Politik den Großmächten gegenüber zuließ, und der glanzvollen Hofhaltung in den herrlichen Palästen voll reicher Kunstsammlungen. Trotz vieler energischer Versuche wie in Turin blieben die Fürsten in politischer Abhängigkeit, während die besten Künstler der Zeit in ihren Diensten standen. Musik und Oper erlebten eine Blüte, bei der vor allem Florenz den Ton angab. Dieser Anschein von Größe, der Reichtum der Fürsten und einzelner großer Familien hoben sich jedoch kraß gegen die fortschreitende Verarmung der Bevölkerung ab.

In Turin wirkte der große Architekt Guarini, der San Lorenzo und die Capella della Santa Sindone in der Kathedrale erbaute. Obwohl sich sein Stil von dem der Römer unterschied, schuf auch er typisch »moderne«, barocke Formen, die später die Kunst der Donauländer beeinflußten. Venedig, dessen Macht in der Adria allmählich zurückging, genoß wegen seiner politischen und wirtschaftlichen Vergangenheit noch immer höchstes Ansehen; ebenso aber wegen seiner nach wie vor lebendigen Kunsttradition, die in den Werken des Architekten Longhena (Maria della Salute, Palazzo Rezzonico), den unübertrefflichen Erzeugnissen seiner Glas- und Spitzenmanufaktur und seiner Oper zum Ausdruck kam. An dieser Stelle Europas konzentrierte sich ein unermeßlicher Reichtum an Geist und Kunst, und der ständige Zustrom der Reisenden bewies seine unverminderte Anziehungskraft.

Italien, das in viele Kleinstaaten aufgesplittert war, dessen große Städte ihre Bedeutung verloren hatten, ohne daß ein großer Staat entstanden war, das weder politisch noch wirtschaftlich eine Macht darstellte, galt in Europa in der Mitte des 17. Jahrhunderts gleichwohl als das Land einer unvergleichlichen Kultur, an der gemessen alle anderen nur Schüler und Nachahmer zu sein schienen.

Die protestantischen Länder im Norden.
Der beginnende Kapitalismus

Im Gegensatz zu den südlichen Ländern, deren Macht allmählich zerfiel, regten sich bei den Seemächten des Nordens, England und die Vereinigten Provinzen der Niederlande, neue wirtschaftliche Kräfte. Die Niederlande hatten den wirksamsten Weg eingeschlagen und zunächst ohne nennenswerte eigene Produktion in einem Land mit ungünstigem Klima einen Seehandel aufgenommen, der sich über den ganzen Erdball erstreckte. Die Bank von Amsterdam als Depot und Clearingstelle und die Handels- und Schiffahrts-Kompanien, die seetüchtige Schiffe ausrüsteten und sich jeweils ein bestimmtes Interessengebiet einräumten, erarbeiteten ihren Teilhabern enorme Gewinne, die investiert wurden und zur Bildung eines »kapitalistischen« Reichtums führten, der sich deutlich von dem an Grundbesitz unterschied. Die Niederländer waren in den Kolonien im Indischen Ozean fast überall an die Stelle der Portugiesen getreten und hatten auch in Nordamerika, nördlich der spanischen Einflußsphäre und auf den Antillen, Fuß gefaßt. Selbst in Europa hatten sie den Handel zwischen den Häfen an sich gezogen und hielten nun den Warenaustausch zwischen Erzeuger- und Verbraucherländern in der Hand. In jeder einigermaßen bedeutenden Stadt waren niederländische Kaufleute in kleinen, geschlossenen Kolonien zu finden, meist erwarben einige von ihnen sogar Grundbesitz im Hinterland. Zur Belebung des Marktes war die Produktion auch in den Niederlanden angekurbelt worden. Nach und nach entwickelten sich die verschiedensten Industriezweige: Werften für den Schiffsbau in Amsterdam und Rotterdam, für feine Qualitäten berühmte Leinen- und Tuchfabriken in Leyden, Brauereien in Haarlem und Delft. Wasser oder Wind setzte Mühlen in Bewegung, die zu vielerlei Zwecken gebraucht wurden: zum Schlagen von Öl aus Raps, Rübsen und Hanf, zum Walken der Stoffe, zum Mahlen von Gewürzen und zur Herstellung von Papier. In Luxuswerkstätten besorgte ein verfeinertes Handwerk das Schleifen von Diamanten und die Herstellung von Luxusfayencen (Delft).

Diese Produktions- und Arbeitsformen begünstigten das Entstehen einer neuen Gesellschaftsschicht. Sie unterschied sich in Geist und Lebensgewohnheiten von der aristokratischen, grundbesitzenden Schicht, die in ganz Europa den Ton angab und auch in den östlichen Provinzen der Niederlande noch ihre Macht bewahrt hatte. Die neue Schicht war ein Handelsbürgertum, ein städtisches Patriziat, das in der Leistung und nicht in der Ehre den höchsten Wert erblickte. Es schätzte Tüchtigkeit und Redlichkeit und stützte sich auf eine aufrichtige, feste, sich an der Bibel orientierende Religiosität. Kontakte mit den verschiedensten Völkern und der vorherrschende realistische Sinn ließen einen gewissen Liberalismus entstehen.

Die Niederlande waren das Land der öffentlichen Information, der Meinungsfreiheit: Zeitungen und philosophische Werke – die Schriften von Baruch Spinoza erschienen hier: 1660 *De deo et homine*, 1677 »Die Ethik« –, die berühmten Drucke der Elzevier und kritische Pamphlete waren jedermann zugänglich. Den Bedürfnissen des Patriziats nach einer angemessenen Wohnkultur entsprach eine ebenso zum Realismus neigende Kunst. Die Architektur folgte solide und vernünftig den Spuren Palladios, die Malerei bevorzugte Einzel- und Gruppenporträts, Landschaften und Genreszenen und biblische Darstellungen; einige niederländische Maler zählen zu den größten Meistern ihrer Zeit. Gleichfalls neuartig war, daß die Regierung den »Generalstaaten« anvertraut war, deren Mitglieder von den sieben Provinzen delegiert wurden. Sie erlaubten zwar einem politischen Führer oder militärischen Oberbefehlshaber, gegebenenfalls eigene Entscheidungen zu treffen, widersetzten sich aber der Einführung einer Dynastie, so daß die Niederlande mit dieser republikanischen Verfassung für alle die Länder ein gefährliches Beispiel schienen, in denen die Autorität der Monarchie auf der Unterdrückung der alten regionalen und ständischen Institutionen beruhte.

Die Macht der Vereinigten Provinzen fand jedoch bald ihren Gegenpart, denn das *Commonwealth*, von dem Cromwell geträumt hatte, wurde nie mit England gebildet; die beiden Länder waren in eine Gegnerschaft geraten, die in zwei Kriegen ausgetragen wurde. Der zweite kostete die Niederlande Neu-Amsterdam auf dem amerikanischen Kontinent

DAS ZEITALTER LUDWIGS XIV.

und die Hoffnung auf die Herrschaft im nördlichen Atlantik. Diese Kriege und die notwendigen Aufwendungen für die Kämpfe und die Erschließung in den Kolonialgebieten brachten schwere finanzielle Belastungen mit sich. Gleichzeitig führte ein allgemeiner Rückgang auf den Märkten und eine weltweite Senkung der Preise zu wirtschaftlichen Schwierigkeiten. Der Gulden sank ständig im Wert. Die Wiederherstellung des Friedens im Reich hatte eine Wiederaufnahme der Produktion in Deutschland und damit eine schrumpfende Nachfrage nach niederländischen Erzeugnissen zur Folge. Das Ziel des Merkantilismus in den anderen Ländern war es, die Niederlande als Vermittler für die Käufe im Ausland auszuschalten, das Einströmen niederländischer Produkte, vor allem von Textilien, zu unterbinden und diese Waren selbst herzustellen. Überdies war das Interesse für bestimmte Waren nicht unbeschränkt, zumal die Kaufkraft allgemein vermindert war und die Kolonialprodukte nur in begrenzten Kreisen Abnehmer fanden.

In den Niederlanden ging die Zahl der Brauereien von einem Jahrzehnt zum anderen ständig zurück, die Zeichen der wirtschaftlichen Anspannung waren deutlich wahrnehmbar. Im ganzen aber erwies sich die niederländische Wirtschaftsmacht als fest gegründet und als wendig genug, der Gefahr mit geeigneten Mitteln zu begegnen. Eine ernste Krise war jedoch unverkennbar, auch wenn sie zunächst noch durch fortdauernde Erfolge verdeckt wurde.

Der große Rivale der Niederlande war England. Nach dem Experiment des Protektorats war die Monarchie durch einen Sieg der Armee über das puritanische Element wiederhergestellt worden. Die neue Dynastie der Stuarts, die sich der Gastfreundschaft des Königs von Frankreich erfreut hatte, verließ sich auch jetzt noch auf den Schutz Ludwigs XIV. und bewies ihm gegenüber großes Entgegenkommen (Verkauf von Dünkirchen). Sie erklärte sich zu seinem Verbündeten, womit sie den Vorwurf der Abhängigkeit riskierte. Die Subsidien des Königs von Frankreich ließen im englischen Budget die Ausgaben für den König weniger schwer ins Gewicht fallen. Das ganze englische Volk konnte in dieser schwierigen Periode ungehindert am wirtschaftlichen Fortschritt teilnehmen. Es gelang in England, die aristokratisch-agrarische Lebensform mit der Wertschätzung von Arbeit und Handel nach niederländischer Art zu verbinden. Der Boden bewahrte seine soziale Geltung, so daß viel Geld in Grundbesitz angelegt wurde. Da der Handel nicht als ehrenrührig galt, veranlaßte der grundbesitzende Adel seine Söhne, sich in der Wirtschaft zu betätigen, während er aus seinen immer besser arondierten Besitzungen gute Einkünfte zog. Die Zollgesetzgebung erwies sich als vorteilhaft für den Fortschritt der Landwirtschaft, die Konsumgüter wurden besteuert, und die Einfuhr ausländischen Getreides war verboten, solange die einheimische Produktion ausreichte. Neue landwirtschaftliche Methoden wurden erprobt, und der gehobene Lebensstandard führte, wenigstens in Aristokratie und Bürgertum, zu höheren Ansprüchen, so daß sich Spezialkulturen entwickeln konnten, wie der Obstbau im Tal des Severn. Die Schiffahrtskompanien sicherten die Verbindung mit den amerikanischen Kolonien und veranlaßten die einheimischen Erzeuger, für die Bedürfnisse ihrer überseeischen Kunden zu produzieren. Dank der zunehmenden Bevölkerung in den amerikanischen Kolonien, die ihren Bedarf nur im Mutterland decken durften, blühte die englische Industrie mehr und mehr auf. Wolle und Leinen waren ihr wichtigster Artikel. Bald wurde auch Baumwolle aus dem östlichen Mittelmeer eingeführt. Die Vielfalt der Geschmacksrichtungen im Mutterland und die Ansprüche der Kolonien zwangen zu besonderen Fertigungen; es wurden Stoffe verlangt, die dem Klima und der Lebensweise der Kolonien entsprachen. Im Austausch gegen diese Textilien und andere Waren aus englischen Werkstätten, wie Stand- und Taschenuhren, und gegen Getreide oder Kohle lieferten die Kolonien Zucker und Tabak (Virginia und Maryland). Jeder Gouverneur mußte in London eine genaue Liste der Erzeugnisse seiner Kolonie einreichen, damit diese auf den Schiffen der Kompanien transportiert und dann von London aus in ganz Europa vertrieben werden konnten. Die Plantagenbesitzer in den Kolonien wurden veranlaßt, Dinge zu erzeugen, die das Mutterland zum eigenen Verbrauch oder für den Handel benötigte. Seide, Kaliko, Musselin und Tee importierten die Schiffahrtskompanien aus der Levante. Die Solidarität zwischen den Kolonien und dem Mutterland und die Verbindung von landwirtschaftlicher Produktion, industrieller Erzeugung und Kolonialhandel erweckte im englischen Volk frühzeitig ein imperialistisches Bewußtsein.

Zweifellos war dies für England die wichtigste Veränderung nach 1660. Sie gab dem Parlament, dessen Mitglieder sich ebenfalls für den wirtschaftlichen Aufschwung einsetzten, mehr Macht, als sich aus dem bloßen Anspruch auf die traditionellen Rechte ergeben hätte, die zwar immer noch ihre Bedeutung hatten, aber vor den drängenden Geschäften mehr und mehr in den Hintergrund traten. Die Produktion im Mutterland leisteten größtenteils die Kleinbauern und die arme Bevölkerung in den Landgemeinden in Heimarbeit ab, während in den Kolonien Neger, als Sklaven im Handelsverkehr aus Afrika eingeführt, die Arbeit auf den Plantagen verrichteten.

Ein hartes kapitalistisches System der Ausbeutung des Menschen durch den Menschen stand den patriarchalischen Formen der Beziehung von Herren und Untergebenen in der Agrarwirtschaft gegenüber. Das religiöse Gewissen der Engländer fühlte sich jedoch davon nicht belastet, denn in einer protestantischen Gesellschaft galt der Erfolg der Arbeit als ein Zeichen göttlichen Segens. Der Stolz auf den durch Anstrengung erzielten Fortschritt, das Gefühl einer Art Mission, die den Engländern übertragen war, trübte den Blick für die sozialen Mißstände dieses Systems. Individuelle Wohltätigkeit suchte sie, wo sie am auffälligsten waren, zu mildern, während nach Lage der Dinge ein großer Teil der Öffentlichkeit nicht einmal etwas davon ahnte. Wenn der Protestantismus auch mehrere Gesichter annehmen konnte und sich als traditioneller Anglikanismus, der in seiner Liturgie dem Katholizismus noch nahestand, oder als sektiererischer Puritanismus äußerte, so war er doch für das ganze Volk eine Quelle moralischer Kraft. Dies erklärt die tiefe Feindseligkeit gegenüber dem Papsttum, die zu öffentlichen Ausschreitungen und zu rigoroser Unterdrückung durch die Gesetzgebung führte. Unter einem König, der zum Katholizismus neigte und dessen Nachfolger konvertiert war, war dies eine bemerkenswerte Situation.

Im Jahre 1666 verheerte ein großer Brand die wichtigsten Viertel von London rings um die Sankt-Pauls-Kathedrale. Nach den Plänen für den Wiederaufbau sollte die neue Stadt allen Anforderungen eines Handelszentrums am Ufer eines großen Flusses, in den auch große Schiffe einlaufen konnten, gerecht werden. Dem Architekten Wren, einem Schüler von Inigo Jones, gelang es zuerst bei seinen Kirchenbauten in der Stadt, dann bei dem

Versammlung der Kapitäne auf dem Flaggschiff »Die sieben Provinzen«
des Admirals de Ruyter am 10. Juni 1666 vor der viertägigen Seeschlacht gegen die Engländer
Aus einer lavierten Federzeichnung von Willem van de Velde, d. Ä.
Amsterdam, Rijksmuseum

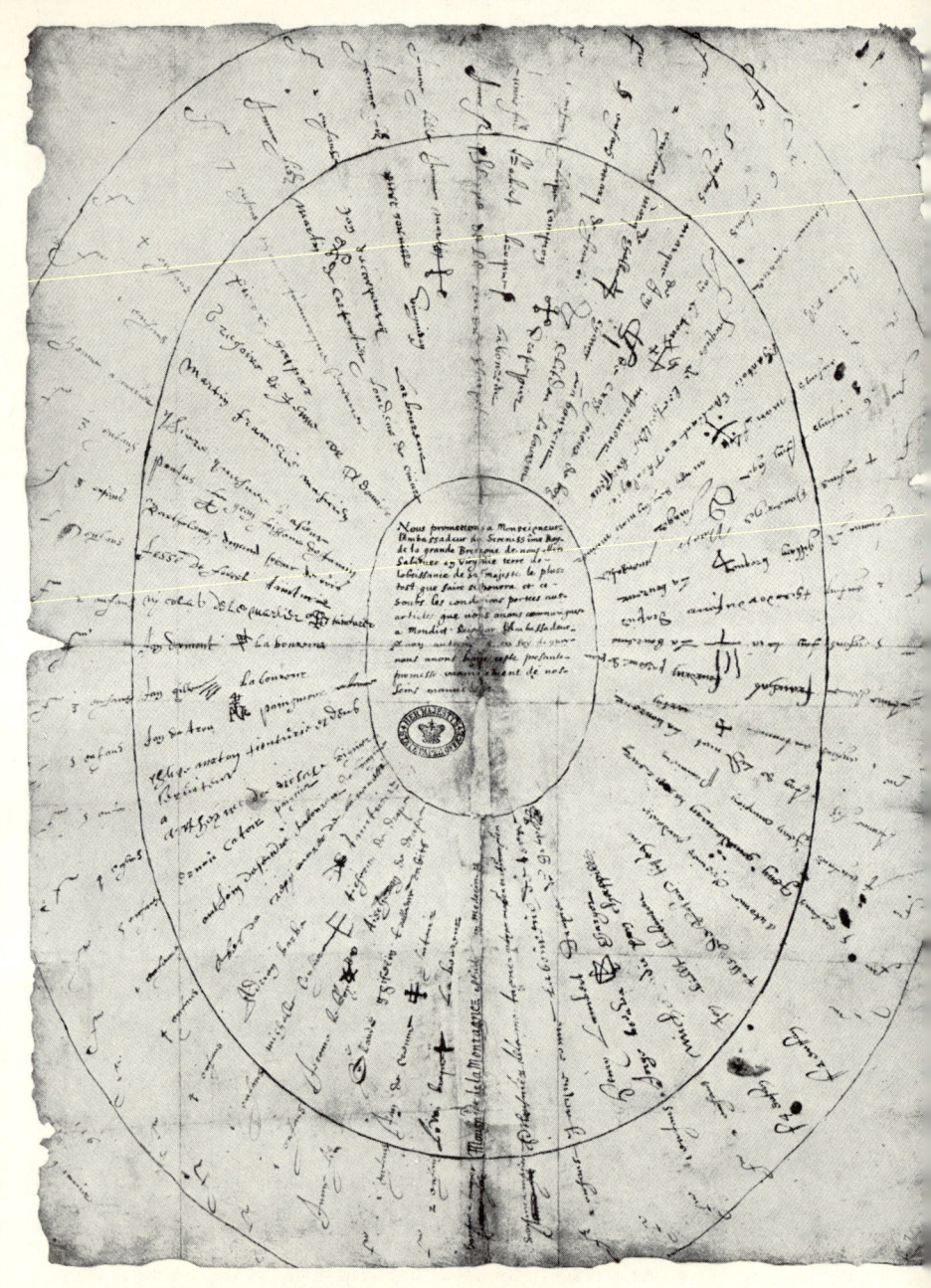

Handschriftliches Siedlungsversprechen wallonischer und französischer Emigranten
für die Kolonie Virginia, Juli 1621. London, Public Record Office

riesenhaften Neubau der Sankt-Pauls-Kathedrale, seinen Meister an Phantasie und Großartigkeit zu überflügeln, ohne gegen den Geist Palladios zu verstoßen. In den Künsten, in der Musik wie in der Literatur, vermochte England unabhängig und kraftvoll, wenn auch in Übereinstimmung mit den großen Tendenzen der Epoche, einen eigenständigen Ausdruck zu finden. Auf allen Gebieten wurden die Traditionen der Vergangenheit aufrechterhalten, ein Beweis für die Selbstsicherheit und Überlegenheit gegenüber den Schwankungen der Mode. In der Nord- und Ostsee standen dem englischen Handel nach wie vor die Schiffahrtswege für Holz, Getreide und Eisen zu den Häfen Norddeutschlands (Hamburg) und Schwedens offen. Da sie teilweise durch die Meerenge zwischen Nord- und Ostsee, die in dänischen Händen war, hindurchführten, mußte sich England auch für die Politik dieses kleinen protestantischen, mit Norwegen vereinigten Landes interessieren. Norwegen mußte umfahren werden, um den Hafen von Archangelsk zu erreichen, das einzige Tor Rußlands für den Handel mit diesem großen, den Westeuropäern kaum bekannten Land.

Neuer Feudalismus in Mittel- und Osteuropa

Die Ostsee war damals ein schwedisches Binnenmeer. Nach dem Westfälischen Frieden hatte sich der König von Schweden in Deutschland festgesetzt, konnte sich aber in den von den schwedischen Armeen eroberten Gebieten nur mit Hilfe der französischen Diplomatie halten. Die kleinen Völker lutherischen Glaubens im Norden waren wirtschaftlich eng mit dem übrigen Europa verbunden und blieben von der Politik der Großmächte abhängig. Europa war als neuer Begriff aufgetaucht und hatte die alte Vorstellung von der Christenheit verdrängt, die in ihren weltlichen Herrn mit dem Heiligen Römischen Reich identisch gewesen war. In der Mitte des 17. Jahrhunderts war jedoch dieses Heilige Römische Reich Deutscher Nation, das sich aus ungefähr dreihundertfünfzig Staaten – von winzigen Fürstentümern bis zum Block der Erbländer des Hauses Habsburg – zusammensetzte, nur ein unförmiger Körper. Das Reich besaß zwar eine Zentralbehörde und kannte schon ein gewisses Nationalbewußtsein, aber seine Institutionen, sein Wirtschaftsleben und seine Sitten trugen noch manche mittelalterlichen Züge. Es war in der Renaissance reich geworden und hatte in der Reformation eine geistige Erneuerung erfahren. Nach dem Dreißigjährigen Krieg stand es nun vor der schweren Aufgabe, das Zerstörte wiederaufzubauen, was nur sehr langsam vonstatten ging.

Die Fürsten fanden in ihren Ländern noch nicht genügend Rückhalt für eine selbständige Politik, und so suchten sie Anlehnung beim Kaiser oder beim König von Frankreich oder schlossen sich zu gegenseitigem Beistand zusammen. Der Kaiser galt als einer der Ihren, als der mächtigste zwar, dessen Macht aber wiederum nicht so groß werden durfte, daß er sie unterwerfen konnte: Kaiser Leopold hatte bei seiner Wahl einem Vertrag mit den Fürsten, einer »Kapitulation«, zustimmen müssen. Dem König von Frankreich wurde die Bedingung gestellt, die deutschen Freiheiten zu garantieren, ohne zum Eroberer zu werden.

Für die Lebensumstände im Reich sind jedoch die politischen Verhältnisse nicht allein maßgebend. Eine auffallende Erscheinung war der Niedergang der Städte, vor allem im Vergleich zu ihrer Bedeutung im vorhergehenden Jahrhundert. Zudem bewirkte die Zunahme des Großgrundbesitzes eine wirtschaftliche Umstellung großen Ausmaßes. Sie war schon im 16. Jahrhundert zu erkennen gewesen und hatte sich dann nach dem Dreißigjährigen Krieg beschleunigt. Als Folge des Krieges verfügten die meisten kleinen Landwirte in den verheerten Gebieten nicht mehr über die Mittel, ihren Grundbesitz zu bebauen, und waren genötigt, Hypotheken aufzunehmen oder ihr Land zu verkaufen – zumeist an die wohlhabenden Grundbesitzer. Auf deren ohnehin schon riesigen Besitzungen mußten sie dann als »Fronpflichtige« arbeiten. Man kann also von einer Rückkehr zum Feudalismus sprechen. Diese bedeutsame Erscheinung mit ihren weitreichenden wirtschaftlichen und sozialen Folgen bedarf einer eingehenden Erklärung.

Das System bestand aus einer Mischung von alter Feudalordnung (Grundherrschaft) und neuer kapitalistischer Form des Grundbesitzes (Gutsherrschaft). In manchen Gegenden, vor allem in den Erblanden des Kaisers, machten die Grundherren die alten Verpflichtungen ihrer Untertanen, manchmal sogar in erweiterter und veränderter Form, ihren eigenen wirtschaftlichen Unternehmungen dienstbar: Getreideerzeugung, Fischzucht, Bierbrauereien und Textilproduktion. Sie forderten also einfachen Frondienst von den kleinen Bauern, während die wohlhabenderen Spanndienste mit eigenen Tieren und Geräten leisten mußten. Dies beweist immerhin, daß es noch wohlhabende Bauern gab.

Es ist schwer zu beurteilen, wie weit die Konzentration des Grundbesitzes in der Periode des Wiederaufbaus die landwirtschaftliche Produktion gefördert und eine Ausweitung der Märkte ermöglicht hat. Sicher ist, daß das System die Mehrheit auch der wohlhabendsten Bauern für lange Zeit in eine unsichere materielle Existenz zwang, die rechtlich und moralisch einer Art Sklaverei gleichkam. Aus diesen Gründen brachen ständig Bauernaufstände aus. Wie der deutsche Fürst in dem Gebiet seiner Landeshoheit, hatte der Grundherr auf seiner Domäne das Recht, den Untertanen seine Religion aufzunötigen, was eine weitere Quelle autoritärer Maßnahmen und erbitterten Widerstandes war. Das System stützte sich auf den Frondienst und das Verbot der Freizügigkeit: Die Bauern durften das Herrschaftsgebiet, zu dem sie gehörten, nicht verlassen.

Die städtische Wirtschaft war nicht völlig zusammengebrochen. Dank der ständigen Bevölkerungszunahme, die auch von immer wiederkehrenden Epidemien nicht aufgehalten werden konnte, wurden die mitteleuropäischen Länder aufs neue besiedelt. Dies kam vor allem den kleinen, oft auf herrschaftlichem Gebiet liegenden Marktflecken zugute und erst in zweiter Linie den größeren Städten; die Rückkehr zum normalen Leben belebte die Bautätigkeit und förderte den Verbrauch von Textilien und anderen Erzeugnissen. Im Vergleich mit den handeltreibenden westlichen Ländern herrschte in Mitteleuropa jedoch der Großgrundbesitz vor. Die Bevölkerung war in eine reiche Aristokratie und einen verarmten Bauernstand gespalten; die einen erlaubten sich namentlich für Bau und Ausschmückung ihrer Häuser verschwenderischen Luxus, während die anderen eine elende und kümmerliche Existenz führten. Der stark verminderte Mittelstand spielte nur noch eine geringe Rolle; es waren die selbständigen Handwerker, kleinen Verwaltungsbeamten und

Künstler in den deutschen Städten, aus denen sich im Laufe der folgenden Jahrzehnte langsam eine neue Bildungsschicht entwickelte.

Der Vorrang des Großgrundbesitzes wurde je weiter man nach Osten kam, desto stärker bemerkbar. In Polen war er besonders ausgeprägt zu finden. Dort herrschte der Hochadel in einer aristokratischen Republik. Von ihm war ein bedürftiger Kleinadel abhängig, der sorgsam auf die Verteidigung seiner Rechte gegenüber den Bauern zu achten hatte. Das Staatsoberhaupt, von einem Reichstag auf Lebenszeit gewählt, wurde zum König gekrönt. Krakau mit seinen Bauwerken im italienischen Stil, dem intellektuellen Leben der Universität, seinem Theater und seinen Schriftstellerkreisen hatte ganz die Atmosphäre einer Hauptstadt; Warschau war erst im Entstehen begriffen. Auf der Weichsel fuhren mit Getreide beladene Frachtschiffe zu den Ostseehäfen. Als katholisches Land mit einer mächtigen und einflußreichen Geistlichkeit, deshalb »das Spanien des Nordens« genannt, hatte Polen in internationalen Angelegenheiten ein gewichtiges Wort mitzureden. Mit Frankreich verbündete es sich gegen den Kaiser, und eine französische Prinzessin, Louise von Gonzaga-Nevers, heiratete hintereinander zwei Könige von Polen. Die politischen Interessen Polens richteten sich sowohl nach Osten, wo es zu Anfang des Jahrhunderts vorübergehend die Herrschaft über Moskau erringen konnte, als auch nach Süden, in die Ukraine, die es den Russen und Türken streitig machte.

Was sich in Rußland ereignete, erregte stets die Aufmerksamkeit Polens, blieb aber in den Ländern weiter im Westen unbeachtet und zweifellos unverstanden. Dieses riesige Land ohne genaue Grenzen, mit seinen für westliche Begriffe unfaßbaren Entfernungen, die anscheinend nur von Karawanen überwunden werden konnten, war von extremen soziologischen Verhältnissen geprägt. Die Wolga verband es mit dem Kaspischen Meer und darüber hinaus mit Iran und dem Orient. Jenseits des Urals drangen russische Streitkräfte und kleine Handelsposten bis nach Sibirien vor. Im Gebiet der Wolga lebten zudem auch zahlreiche eingeborene Stämme asiatischen Ursprungs, und so scheint es verständlich, daß Rußland in Europa den Ruf hatte, ein asiatisches Land zu sein.

In Zentralrußland war rings um Moskau, das »Dritte Rom«, Nachfolgerin Konstantinopels und Sitz eines Patriarchen, der Staat der Zaren wiedererstanden, nachdem er in den Stürmen der Wirren (1610–1613) beinahe untergegangen war. Gegen 1660 unterstand er einer machtvollen Regierung. Der Herrscher war im Prinzip unabhängig und mißachtete immer häufiger die Ratschläge der Duma, einer Versammlung der Bojaren, Nachkommen der alten Adelsfamilien. Ihnen gegenüber bevorzugten die Romanow-Zaren – Michael Romanow, 1613 gewählt und erfolgreich beraten von seinem überlegenen Vater, dem Patriarchen Philaret, und seit 1645 Alexander, Michaels Sohn –, die selbst aus diesen Kreisen stammten, den Dienstadel, die *Dvoriané*, indem sie ihm die als Belohnung für gute Dienste gewährten Lehen als Erbbesitz überließen. Auf dem alten Grundbesitz wie auf diesen Lehngütern waren die Herren praktisch Besitzer der Bauern geworden. Die Stellung dieser *Krepostnie* unterschied sich von der der früheren Sklaven *(cholopi)*, die fast ganz verschwunden waren. Ihre Abhängigkeit war verhältnismäßig neuen Datums und ging auf eine »ewige« Verpflichtung zurück, die sich weitervererbte. Tatsächlich waren sie jeglicher persönlichen Freiheit beraubt und mußten ihren Grundherren Frondienste *(barschtschina)* leisten oder hohe Abgaben in Geld *(obrok)* entrichten und darüber hinaus beträchtliche Steuern an den Staat zahlen. Das Gebiet, auf dem sie arbeiteten, durften sie von sich aus nicht verlassen, da sonst Verfolgung und Strafe drohten. Dagegen konnten sie nach dem Willen des Herrn beliebig versetzt und auf ein anderes seiner Güter geschickt werden. Ihre Daseinsbedingungen waren die schlechtesten unter den Landleuten in ganz Europa; die Gutsverwalter, denen sie unterstanden, behandelten sie wie die Tiere.

Wegen seiner andersgearteten Sitten galt Rußland europäischen Reisenden als ein fremdes Land, aber es erstrebte als christlicher Staat den Anschluß an Europa. Schon sein Bestehen bedeutete eine Eindämmung des Islams, der das Land zur Zeit der Goldenen Horde beherrscht hatte; das Gesetzbuch von 1639 bedrohte jeden mit den strengsten Strafen, der zum Islam übertrat. Die christlich-orthodoxe Kirche Rußlands war die einzige dieses Ritus in einem unabhängigen Land. Dogmatische und liturgische Fragen hatten zu einer Reorganisation geführt, deren Maßnahmen den Widerstand der Altgläubigen hervorriefen und ein Schisma *(raskol)* zur Folge hatten, das schwer auf dem Lande lastete. Der russischen Kirche der offiziellen wie der schismatischen Richtung aber galt die römische Kirche als entsetzliche Ketzerei, eine Annäherung zwischen den beiden Kirchen schien unwahrscheinlicher denn je. Gleichwohl bestand durch die Sakramente (Taufe, Eucharistie) und die Formen der Andacht, vor allem durch den Marienkult, eine tiefe Verwandtschaft, die allerdings von Leidenschaft verdeckt war.

Das benachbarte Polen, gestern noch als Gegner gefürchtet – der Vertrag von Andrussovo, der Kiew wieder unter russische Herrschaft brachte, wurde 1667 unterzeichnet –, übte gleichwohl starken Einfluß auf die Künstler und die Gebildeten der oberen Schichten aus. Viele westliche Formen waren in die religiöse Kunst eingedrungen (Naryshkin-Barock am Ende des Jahrhunderts). Obwohl die Sitten überall roh waren und das Volk unwissend, grob und abergläubisch blieb, gab es ein vielschichtiges geistiges Leben, das sich bisweilen auch mildtätig und glaubenseifrig gab. In Moskau wurden religiöse Bücher gedruckt, und die volkstümlichen Erzählungen, in einer aus Kirchenslawisch und moskowitischem Dialekt gemischten Sprache aufgezeichnet, stellten bereits eine Literatur dar. Die traditionelle Kunst der Ikonenmalerei entwickelte sich weiter. Das russische Volk darf nicht als durchaus barbarisch betrachtet werden, und obwohl lange den Einflüssen des Westens entzogen, begann es sich dank der Macht der Umstände zu öffnen. Sogar in der Verwaltung suchte der russische Staat Änderungen einzuführen, die sie zwar schwerfälliger, aber auch wirksamer machten. Opposition regte sich und führte zu Revolten, unter denen der Aufstand von Stephan Rasin im Jahre 1670 die schwerste Erschütterung darstellte. Entlang der Wolga hatte er alle Unzufriedenen aufgewiegelt, aber er kam nicht bis Moskau. Der Aufstand wurde durch das stehende Heer bekämpft und löste sich dann von selbst auf. Das Ereignis bewies ebenso das Ausmaß an Opposition im Volke wie die Wirksamkeit des Regierungsapparats. Die wachsende Kraft des russischen Staates, die ihm bald die Möglichkeit geben sollte, in die europäischen Angelegenheiten einzugreifen, wurde in Paris nicht erkannt, dafür aber um so deutlicher in Wien, Venedig und Polen, wo man wohl bemerkte, daß sich dort Großes anbahnte.

DAS ZEITALTER LUDWIGS XIV.

Rußland hatte mit Polen, Wien und Venedig einen gemeinsamen Feind: das Osmanische Reich. Es hatte sich an den Küsten des östlichen Mittelmeers, in Ägypten und in Nordafrika ausgebreitet, seine Gebiete rahmten das Schwarze Meer und das Asowsche Meer ein. Die Türken beherrschten auch die Balkanhalbinsel und die ungarische Tiefebene bis Györ und bedrohten Wien, sie machten Polen die Herrschaft über die Ukraine streitig und waren mit Venedig in einen ständigen Krieg um den Besitz von Kreta verwickelt, an dem auch französische Truppenkontingente teilnahmen.

Das Osmanische Reich war eher eine Militärmacht als ein Staat. Seine Armee besaß jedoch nicht mehr die alte Stärke. Die Provinzen lieferten weniger Soldaten, weniger Steuern kamen ein, die käuflich gewordenen Ämter fielen in unerfahrene Hände, und überall nahmen Einzelinteressen überhand. Die Wesire in Konstantinopel, mit denen die ausländischen Botschafter verhandelten, verfügten in Wirklichkeit nur noch über eine fragwürdige Macht, denn sie waren von den Intrigen des Serails abhängig, die schwer zu durchschauen, geschweige denn zu beeinflussen waren.

In den Pachalis und Willayets handelten die Verwalter mehr oder weniger nach eigenem Gutdünken und betrieben ihre eigene Politik. Der Islam war als Eroberer aufgetreten. Er hatte den christlichen Glauben bekämpft und suchte ihn durch seine Lehre zu ersetzen, nun sogar in einem Land mit westlicher Kultur wie Ungarn, das noch in der Renaissancezeit blühend und mächtig gewesen war. Manche Christen schworen ab, um das Wohlwollen der Türken zu gewinnen und persönlichen Vorteil daraus zu ziehen. Im ganzen türkischen Reich herrschte daneben noch der alte Gegensatz zwischen Schiiten und Sunniten.

Sobald die christlichen Gemeinden Steuern zahlten, wurden sie nicht mehr wegen ihrer Religion behelligt. So hielt sich fast überall der alte christliche Glaube, auf dem Balkan, in Ungarn, Siebenbürgen und den rumänischen Provinzen, während in Kleinasien und der Levante zahlreiche christliche Sekten bestanden. Selbst in Konstantinopel hatte sich das orthodoxe Patriarchat behaupten können, hatten sich unter dem Deckmantel einer gewissen Toleranz Katholiken angesiedelt, und alle zogen ihre Vorteile aus der allseitigen Rivalität. Diese Zustände scheinen auf eine große innere Schwäche des türkischen Reiches hinzudeuten, so daß es den europäischen Mächten durch gemeinsames Vorgehen hätte möglich gewesen sein müssen, die Türken in ihre Schranken zu weisen und der orientalischen Frage ein Ende zu bereiten.

Niemand wußte jedoch genau, welche Kräfte das türkische Reich unter einem unternehmenden Sultan oder Wesir noch aufbringen konnte. Die europäischen Mächte fanden es für Handel und Politik vorteilhafter, sich einzeln mit der Pforte zu verständigen und sich gewisse Privilegien zugestehen zu lassen. Diese Politik der Verträge sicherte dem französischen Handel die besten Bedingungen für den Verkehr mit der Levante und gab Frankreich die Möglichkeit, die dortigen katholischen Gemeinden unter dem Vorwand der Fürsorge für die Religion unter seinen Schutz zu nehmen. Keine der Nachbarmächte der Türkei, weder der Kaiser noch Venedig, Polen oder Rußland, vermochte die Führung in einer Koalition zu übernehmen und volles Vertrauen in die möglichen Verbündeten zu setzen. Alle Mächte zogen es vor, ein vorläufiges Abkommen abzuschließen, das sich beliebig verlängern ließ und für einige Jahre den Frieden garantierte, und auf eine bessere

Gelegenheit zu warten. Das Osmanische Reich konnte froh sein, wenn Europa über seine Stärke im Ungewissen blieb, wenn seine Bewohner mit den Europäern nur gelegentliche und zufällige Beziehungen unterhielten und seine Hilfsquellen geheimnisvoll verhüllt blieben.

Die Regierung Ludwigs XIV.

So sah es zu Beginn der Regierung Ludwigs XIV. in Europa, besser in den europäischen Ländern aus. Der weitverzweigte Warenaustausch wurde nur von wenigen Personen gesteuert. Selbst als die Staaten in den Kriegen gegeneinander standen, gelang es, den Handel aufrechtzuerhalten, denn kaum ein Land konnte auf die Erzeugnisse der anderen Länder verzichten. Ein System von Lizenzen sorgte für Warenzirkulation und regelte den Schiffsverkehr auf den Meeren, während bewaffnete, als kriegführend anerkannte Schiffe die Konvois der Gegner zu kapern versuchten. Von dieser wirtschaftlichen Solidarität wußte die Öffentlichkeit ebensowenig, wie sie eine Solidarität in religiösen Fragen kannte: Katholiken und Protestanten standen sich feindselig gegenüber.

Gewisse gemeinsame Interessen und der Zwang der Verhältnisse hatten in manchen Ländern, wie im Heiligen Römischen Reich, zu Kompromissen und *de facto* zu einer Toleranz geführt. Ein provisorisches Gleichgewicht war entstanden. Unterdessen suchte jede Konfession auf Kosten der Rivalin aufzuholen. Die Protestanten waren sich nicht einmal untereinander einig, allenthalben tauchten Meinungsverschiedenheiten über theologische Fragen auf. Zwar beriefen sich alle Protestanten auf die Heilige Schrift und verwarfen Dogmen und Liturgie der katholischen Kirche, doch hatten Lutheraner und Anglikaner vielfach die alten Riten und die alte Hierarchie übernommen. Im Gegensatz dazu hatten die Calvinisten einen bis aufs äußerste vereinfachten Kult entwickelt, ohne Geistlichkeit: eine strenge Religion, die jeder Kunst mit Mißtrauen begegnete, ohne sie jedoch ganz abzuschaffen.

Noch seltsamer berührt die Beobachtung, daß die katholischen Länder ihre Brüderlichkeit in der gemeinsamen römischen Kirche offenbar nicht sehr stark empfanden. Überall galten die Dogmen, wie sie auf dem Konzil von Trient formuliert worden waren. Das Konzil hatte für alle dieselben Maßnahmen empfohlen, etwa die ständige Anwesenheit der Bischöfe in den Diözesen, die Einrichtung von Seminaren und die Einführung des Heiligenkults; eine allgemeine katholische Reform sollte langsam, aber beharrlich die Seelen wiedergewinnen. Jedes Land und jede Gegend zog sich jedoch gewissermaßen auf sich selbst zurück. Man gehorchte den nächsten Autoritäten und kümmerte sich nur um das eigene Heil. Wer nicht dieselbe Sprache sprach und Untertan desselben Souveräns war, galt schnell als weniger guter Katholik mit geringerem Anspruch auf göttlichen Schutz, ohne daß dies jedoch als Grundsatz formuliert worden wäre. Vor allen Dingen die katholischen Fürsten dachten bei ihren politischen Plänen und Geschäften keineswegs in erster Linie an die gemeinsame Religion. Jedes königliche Haus liebte es, an einen besonderen göttlichen Schutz und an die Fürsprache bestimmter Heiliger zu seinen eigenen Gunsten zu glauben.

Besonders bei der Geburt von Söhnen, die die Fortdauer der Dynastie gewährleisteten, waren sich alle fürstlichen Familien in Wünschen dieser Art einig. Überall achtete man auf Zeichen, die einem die besondere Gunst Gottes zu versprechen schienen, und überall fand sich dieselbe Neigung, Gott und die katholische Kirche zugunsten der regierenden Familie und des eigenen Volkes in Anspruch zu nehmen. Selbst auf die Gefahr hin, den Ketzern das Schauspiel von Uneinigkeit zu bieten, waren die katholischen Fürsten nicht geneigt, ihre Rivalität zu überwinden und dem gemeinsamen Glauben den individuellen Ruhm zum Opfer zu bringen. Nichts beleuchtet diese Verhältnisse besser als die Beziehungen zwischen Frankreich und dem Hause Habsburg, deren Konflikt schon um das Jahr 1630 die frommen Katholiken beunruhigt hatte. Ludwig XIV. hat in seinen Memoiren zweifellos zutreffend erklärt, daß er im Jahre 1661 dem Papst anbieten ließ, sich »mehr als jeder andere christliche Fürst« mit Geld und Truppen an einer Liga gegen die Türken zu beteiligen. Gleichzeitig erklärte er aber, das Verhältnis der Kronen Frankreichs und Spaniens sei so beschaffen, daß die eine nicht erhoben werden könne, ohne die andere zu erniedrigen, und daß jede im Wettstreit mit der Rivalin »nicht so sehr glaubte, der anderen zu schaden, als sich selbst zu nützen und zu erhalten, was eine so natürliche Pflicht ist, daß sie allem anderen vorgeht«. So stand jedes Land für sich, und trotz des unterzeichneten Friedens herrschten in Europa ständige Rivalität und ein latenter Kriegszustand. Nach der früher dargelegten Bilanz der Kräfte ist es verständlich, daß Frankreich auch bei allgemein ungünstiger Konjunktur sich in der bevorzugten Lage befand, einen guten, wenn nicht den besten Platz in der Welt einzunehmen.

Ludwig XIV. ließ bald seine großen politischen Fähigkeiten erkennen, als er sich selbst die letzte Entscheidung in der Regierung vorbehielt und erprobte Leute aus der Gruppe um Mazarin als Mitarbeiter berief: Le Tellier, Lionne und Colbert, ausgezeichnete Beamte bürgerlicher Herkunft, die damit zufrieden waren, in der unmittelbaren Umgebung des Königs als Minister zu wirken. Der alte Kanzler Séguier behielt sein Amt, in dem er große Erfahrungen in Justiz und Verwaltung erworben hatte. Der allzu prunkliebende Superintendant Fouquet, der als Schatzmeister über unermeßliche Macht verfügt hatte, wurde nach Ablauf weniger Monate entlassen und in einem ungerechten Prozeß abgeurteilt. Colbert, mit ungewöhnlicher Arbeitskraft begabt, wußte sich die Gunst des Königs zu erhalten, indem er ihm in den delikaten Angelegenheiten seines Privatlebens beistand. Er arbeitete an einer allgemeinen Neuordnung des Königreiches und setzte sie ins Werk, während er ein riesenhaftes Vermögen ansammelte und den Mitgliedern seiner Familie die höchsten Stellungen und die beneidenswertesten Verbindungen mit dem Adel verschaffte. Dennoch wurde er niemals als Premierminister bezeichnet. Nacheinander war er Mitglied im *Conseil du grand maitre de la navigation* und im *Conseil d'en haut* für die Marine, die Galeeren, die Manufakturen, den Handel und das Königliche Haus. Seine zahlreichen Titel: Direktor des Bauwesens (1664), Superintendant des Handels (1665), Generalkontrolleur der Finanzen, Staatssekretär für die Marine sollten alle nur den tatsächlichen Zustand sanktionieren. Bis zu seinem Tode im Jahre 1683 war er Anreger und Dirigent des wirtschaftlichen Lebens im ganzen Königreich. Seine Rolle in der Gesellschaft seiner Zeit muß richtig verstanden werden. Er nahm ihre Struktur mit großem Realismus zur Kenntnis, vermied aber jeden Versuch, sie umzuwandeln. Seine Methode war, Mißbräuche nicht zu unterstützen, auf strenge Pflichterfüllung zu achten und aus dem Willen des Königs und den in seinem Namen erlassenen Anordnungen das unbezweifelbar höchste Gesetz zu machen. Um die Finanzen in Ordnung zu halten und die für eine großzügige Außenpolitik unerläßlichen Mittel zu beschaffen, mußte er einerseits zuverlässigere Methoden der Steuererhebung einführen, andererseits durch Förderung von Produktion, Handel und Schiffahrt dem Land zu Wohlstand verhelfen.

Der Steigerung der königlichen Einnahmen dienten Maßnahmen wie die Adelsreform, die falsche Adlige entlarven und in ihren rechtlichen Status zurückverweisen sollte und sie zur Zahlung der Grundsteuer *(taille)* verpflichtete. Da die ohnehin über Gebühr belasteten Bauern diese Steuer schlecht aufbringen konnten, schien das Heilmittel in einer Verminderung der *Taille*-Steuer zu liegen. Dafür war jedoch der festgesetzte, nun für erträglich gehaltene Betrag voll zu entrichten. Die königliche Schatulle hatte also praktisch einen Gewinn davon, und der Generalkontrolleur der Finanzen konnte jedes Jahr einen Voranschlag unterbreiten, der auch wirklich den Tatsachen entsprach. Ebenso war Colbert daran interessiert, daß das Gemeindegut den Gemeinden zurückgegeben wurde, um sie finanziell unabhängig zu machen und den ärmsten Bauern, die keine rentablen Höfe besaßen, die Möglichkeit zu verschaffen, Tiere in den Herden des Dorfes zu halten. Dank der geringeren Auflagen konnten die Gemeinden die Grundstücke zurückkaufen, und bald wirkte sich die wiederhergestellte Gemeindewirtschaft zum Vorteil der Kleinbauern aus. Gleichzeitig wurde verboten, zur Deckung privater Schulden auf den Viehbestand zurückzugreifen.

Dieses schöne Programm war an sich nichts Neues. In dieser wie in mancher anderen Beziehung wurde die alte Ordnung wiederhergestellt, indem Mißbräuche beseitigt wurden. Zu diesem Zweck mußten die Intendanten, von denen bereits die Rede war, in Aktion treten, denn die Reformen stießen auf den Widerstand der Grundherren aus den Reihen des Militäradels, noch häufiger der adligen Beamten *(nobles de robe)*. Sie hatten Gemeindegut erworben und suchten nun die Ausführung der königlichen Edikte hinauszuzögern, ohne ihnen formell entgegenzutreten.

Im Grunde konnte das Problem der bäuerlichen Verschuldung durch vernünftige Maßnahmen dieser Art allein nicht gelöst werden. Es verschärfte sich mit jeder schlechten Ernte, wenn auch nach unserem Wissen da und dort eine vorübergehende Besserung eintrat. Die bäuerlichen Verhältnisse verschlechterten sich im Laufe der Jahre. Um Frankreich aber die angestrebte wirtschaftliche Blüte zu verschaffen, mußte in erster Linie die industrielle Produktion gefördert werden. Das System, dem man auch den Namen Colbertismus gegeben hat, war nichts anderes als der in ganz Europa bekannte Merkantilismus.

Nach der Überzeugung der Wirtschaftssachverständigen der damaligen Zeit mußte das reichste Land den höchsten Anteil an der auf der Welt zirkulierenden Geldmenge in seinem Besitz haben. Steigender Verkauf im Ausland sollte den eigenen Goldbestand anwachsen lassen, und Einschränkung der Auslandskäufe sollte ihn möglichst schonen. Also mußten Waren in befriedigender Qualität und ausreichender Menge hergestellt werden, um den inländischen Verbraucher vom Ausland unabhängig zu machen und den ausländischen

Die Ostfassade des Louvre
Entwurf von Lorenzo Bernini. Paris, Louvre, Cabinet des Dessins

Die Fassade im Bau ab 1667 nach den Entwürfen von Claude Perrault
Radierung von Sébastien Le Clerc. Paris, Bibliothèque Nationale

Das Schloß von Versailles vor den Umbauten durch Jules Hardouin-Mansart und Robert de Cotte
Aus einem Gemälde von Pierre Patel, um 1668. Versailles, Museum

DAS ZEITALTER LUDWIGS XIV.

Käufer für die eigenen Produkte zu interessieren. Während die ausländischen Waren mit hohen Zöllen belegt wurden, die ihren Preis beträchtlich steigerten und die Käufer abschrecken sollten, förderte man die einheimische Produktion auf verschiedenste Weise. Der König wurde selbst Unternehmer in den Staatlichen Manufakturen für Luxusgüter (Gobelins-Tapisserien, Spiegelglas aus Saint Gobain) und gewährte Subventionen und Privilegien an Privatunternehmungen, die ein Monopol auf die Produktion bestimmter Waren und den Titel »Königliche Manufaktur« erhalten konnten. Ausländischen Handwerkern, die sich entschlossen, in Frankreich ansässig zu werden und eine Fabrikation aufzuziehen, gewährte der König Vorteile, wie die Naturalisierung und das Recht, Grundbesitz zu erwerben.

Diese Produktionspolitik wirkte sich auch auf anderen Gebieten aus. Um den Warenumlauf und die Verteilung im Ausland zu sichern, wurden Handels- und Schiffahrtskompanien gegründet, die jeweils das Handelsmonopol in einem bestimmten Gebiet erhielten, etwa in Ostindien, Westindien, Levante, Senegal. Die Kapitalbesitzer wurden energisch aufgefordert, sich an diesen Kompanien zu beteiligen, deren Schiffe – für den Bau von Handelsschiffen wurden Prämien gewährt – die für Industrie oder Konsum bestimmten Kolonialprodukte (Seide, Seidengarn, Gewürze, Zucker) transportierten. Gleichzeitig wurde ein Kolonialprogramm aufgestellt: An den Küsten Afrikas und auf den Antillen sollten Nachschubposten eingerichtet werden; in den noch unberührten Ländern, in denen die Herrschaft des Königs von Frankreich weiter ausgedehnt werden konnte, plante man die Errichtung von Auswandererkolonien, in Kanada entstand, unter dem Schutz französischer Truppen, ein neues Frankreich. Das Exklusivsystem behielt den Handel mit den Kolonien dem Mutterland vor, und so standen Lieferanten und Abnehmer in Übersee zur Verfügung.

Zum Schutz der Kolonien und des Seehandels brauchte der König eine Kriegsflotte, und Colbert unternahm es, sie aufzustellen. In Brest und Rochefort entstanden Schiffswerften und Arsenale. Der Verbrauch der Marine und fast aller wirtschaftlichen Unternehmungen an Holz wuchs ständig, weshalb sich Colbert besonders intensiv der Aufforstung der königlichen Güter widmete (Verordnung für Wasser und Forsten, 1669). Die Schiffe mußten jedoch auch bemannt werden. Im Mittelmeer wurden mit Sträflingen besetzte Galeeren verwendet, und Colbert empfahl den Richtern, Strenge zu zeigen. So zogen auf den Landstraßen die angeketteten Gefangenen in langen Reihen zu den Häfen, um auf den Schiffen des Königs ihre Strafe abzubüßen. Für die Flotte im Ärmelkanal und im Atlantik wurde eine Marinedienstpflicht eingeführt; die Seeleute waren in Altersklassen eingeteilt, und eine bestimmte Anzahl wurde jeweils für einige Monate zum Dienst einberufen.

Der Ruhm eines Königs bemaß sich damals nach der Größe der Bauwerke, die er der Nachwelt hinterließ. Ein bedeutender Herrscher brauchte vor allem eine entsprechende Residenz. Colbert betrieb daher die Fertigstellung des Louvre. Bernini hatte den Auftrag erhalten, Pläne für einen Palast zu entwerfen. Er kam nach Frankreich und wurde wie ein König der Künste empfangen. Alsbald legte er ein herrliches Projekt vor, das dem König gefiel, dessen Ausführung sich aber dann als zu kostspielig und zu langwierig erwies. Aus diesen Gründen unterblieb der Bau und nicht, weil, wie behauptet wurde, der Barockstil des Bauplanes dem klassischen Geschmack der Franzosen nicht entsprach. Schließlich erbauten zwei französische Architekten, Perrault und d'Orbay, den »Alten Louvre« mit seinen majestätisch-schlichten Kolonnaden. Auf der anderen Seite des Flusses wölbte sich die römische Kuppel des *College des Quatre Nations*, eines Werks von Le Vau, über anmutig im Halbkreis ausgebreiteten Flügeln empor.

Solange sich Bernini in Paris aufhielt, befürchtete Colbert, der König könnte ein allzu großes Interesse für Versailles entwickeln, denn ein Lustschloß durfte ihn nicht vom Bau eines Palastes in der Hauptstadt abbringen. Colbert konnte nicht voraussehen, was dann kommen sollte. Versailles war ursprünglich nur ein kleines Jagdschloß, nicht zu vergleichen mit den schönen Schlössern von Saint Germain und Fontainebleau, wo der Hof den Herbst verbrachte. Aber es war hübsch gelegen, und seine Umgebung eignete sich vorzüglich als Schauplatz für glanzvolle Feste: Rennen und Ringspiele, Reiterspiele, Schauspiele, Komödien, Gastmähler und Feuerwerk (1664–1667). Der König ließ die Gebäude vergrößern, ausbessern und umbauen, zunächst das Neue Schloß von Le Vau (1669), dann den Bau von Hardouin-Mansart. Nach und nach entstand ein Palast, wie ihn kein anderer Souverän besaß. Unermeßlich und harmonisch zugleich, öffnete er sich auf die Gärten, die Le Nôtre wie ein Werk der Architektur mit Sorgfalt und Grazie entworfen hatte. Maler und Bildhauer, Ebenisten und Goldschmiede wetteiferten bei der Innendekoration, deren Qualität ohne Beispiel war.

Ludwig XIV. erwählte Versailles schließlich doch zu seiner königlichen Residenz und gab dem Adel Hofämter, die diesen für die verloreneTeilnahme am Regieren entschädigen sollten. Mit seinen symbolischen Darstellungen allenthalben war Versailles zugleich ein architektonischer Hymnus auf Ruhm und Größe des Königs. An der Decke der »Spiegelgalerie«, die den »Salon des Krieges« mit dem »Salon des Friedens« verband, verherrlichten die Malereien von Lebrun besonders ausgeprägt die Siege des Königs; als hätte seine Politik nur das eine Ziel gehabt, die Machenschaften seiner Gegner zu durchkreuzen und der Welt Sicherheit und Frieden zu schenken. In einem der vollkommensten Zeugnisse der modernen Kultur hatte hier der französische Geist eigenständig die Prinzipien und Methoden der Renaissancekunst abgewandelt und das ruhige Gleichmaß des Klassizismus erreicht.

Das wirtschaftliche und fiskalische Programm Colberts hatte zunächst großen Erfolg. Die Einkünfte überstiegen die Ausgaben, die Produktion wurde verbessert, und der Ruf der französischen Werkstätten verbreitete sich in ganz Europa. Molières Tartuffe erklärt: »Zur Zeit wird hier mit wunderbarer Kunst gearbeitet, niemals vorher ist alles so gut gemacht worden.« 1688 stellt eine deutsche Schrift, »Politischer Diskurs« von dem Nationalökonomen J.J. Becher, ironisch fest: »Uhren gehen besser, wenn sie die Teutsche zu Paris gemacht haben, als wenn der selbige Meister solche zu Augspurg gemacht hätte, dann die Lufft allda ist besser dazu.« (Kap. XI.)

Dieser unbestreitbare Aufschwung wurde aber bald gehemmt. Unmöglich konnte man gleichzeitig so vieles mit gleichem Erfolg unternehmen: Freigebigkeit gegenüber ausländischen Höfen, um dem König Anhänger zu gewinnen, Bau von Schlössern, Subventionierung der Industrie, Ankauf von Kunstwerken und Ausrüstung von Armee und Flotte – wo sollte das Geld für alles dies hergenommen werden? Sparmaßnahmen lieferten den Vorwand, die Pläne Berninis abzulehnen, und sie waren 1667 wegen des »Devolutionskriegs«, des Angriffs auf die spanischen Niederlande 1667/68, auch sehr am Platz. Colbert beklagte sich über die Zurückhaltung der Geldgeber gegenüber einer Beteiligung an seinen Kompanien, die mangels Mitteln in Schwierigkeiten gerieten. Der tiefere Grund der Anspannung war jedoch ein zu geringer Geldumlauf. Die Jahre von 1661 bis 1683, in denen das Experiment Colberts mit beachtlicher Konsequenz durchgeführt wurde, waren eine Zeit allgemeinen wirtschaftlichen Tiefstandes, den auch die neuen Unternehmungen zur Herstellung von Luxusgütern zu spüren bekamen. Die Geldgeber waren von der allgemeinen Lage beunruhigt und zogen eine solide Kapitalanlage in Grundbesitz den risikoreichen Investitionen in den Schiffahrtskompanien vor.

Das Geld strömte zu den bevorzugten Zentren der internationalen Geschäfte. In der Provinz, wo sich ein Teil des Handels per Tausch abspielte, zirkulierten noch viele Kupfermünzen, die zu Anfang des Jahrhunderts, während der spanischen Inflation, ins Land gekommen waren. Die Bauern und Kleinbürger wußten oft nicht, mit welchem Zahlungsmittel sie ihre Zinsen und Steuern entrichten sollten. Überdies waren die Getreidepreise in den einzelnen Provinzen sehr unterschiedlich, und der königlichen Regierung gelang es nicht, die Wirtschaft einheitlich zu lenken. Von einem Jahrzehnt zum anderen mußte man wachsende Verarmung feststellen. Die Intendanten, im allgemeinen ehrliche und umsichtige Leute, machten auf die Anspannung der Wirtschaftslage aufmerksam, die sich unter anderem in der Verminderung der Ballspielplätze und Vergnügungsstätten zeigte; immer mehr wurden statt klingender Münze mittelmäßige Grundstücke als Mitgift übertragen; man nannte sie spöttisch *terres à gendres*, »Land für Schwiegersöhne«. Unbestreitbar waren die Leute vor allem auf dem Lande auch von privaten Schulden auf das schwerste belastet. Trotz oberflächlicher Prosperität und erheblicher Gewinne – freilich nur bei einer kleinen Minderheit in den großen Städten – stöhnten Händler, Finanzleute, Großlieferanten, ländliche Geldverleiher und Aufkäufer, praktisch das ganze Volk unter diesem Druck. Die Geldknappheit bei der Mehrheit des Volkes ist bedeutsam, um die fast unerträglichen Anstrengungen, die eine großartige Eroberungspolitik von den Franzosen forderte, richtig einschätzen zu können.

Diese Politik entsprach ganz der damals herrschenden Auffassung, ein bedeutender Fürst habe ein Recht auf Waffenruhm, und seine Untertanen sollten mit Stolz zu ihrem siegreichen König aufblicken können. Nun vermochte sich die Monarchie in Frankreich, den schon von Richelieu geschaffenen Traditionen gemäß, nur gegen den Adel mit Hilfe der bürgerlichen Beamtenschaft durchzusetzen. Das Volk hing noch weitgehend an den Vorstellungen der Vergangenheit. Es war militärfreundlich und räumte dem Waffenhandwerk einen Vorrang ein, der im Grunde dem Adel zugedacht war. Als Edelmann seiner Generation verspürte der König dieselbe Ungeduld wie die anderen jungen Adligen und denselben Wunsch nach großen Taten, in denen er sich bewähren konnte; er wußte aber auch, wie wichtig der Friede für die innere Neuordnung des Königreiches war: »Je mehr man den Ruhm von Herzen liebt, desto mehr muß man versuchen, ihn auf einem sicheren Wege zu erringen.« Deshalb mußte der Gefahr einer Invasion fremder Armeen in Frankreich damit begegnet werden, daß man nur wohlvorbereitet und mit guten Streitkräften vorging. Ein speziell mit militärischen Angelegenheiten betrauter Minister, Le Tellier und später sein Sohn Marquis de Louvois, widmete der Aushebung der Truppen, ihrer Unterbringung und Verpflegung besondere Sorgfalt. Kriegskommissare und Armeeintendanten – Zivilbeamte – besorgten die Vorbereitungen für die Feldzüge und brachten den adligen Offizieren Disziplin bei. Auch Ingenieure wurden eingesetzt, so bei den Belagerungsoperationen in den spanischen Niederlanden; unter ihnen war Vauban wohl der bedeutendste. Er wurde seinen Verdiensten entsprechend großzügig belohnt und mußte bald Pläne zur Befestigung aller Grenzen des Königreiches einschließlich der Küsten entwickeln. Auf diese Weise umgab sich Frankreich mit einem Netz fester Plätze, die zugleich als Schutz und als Ausgangsbasis für neue Eroberungen dienten.

Selbst Historiker, die die Eroberungspolitik Ludwigs XIV. kritisch beurteilen, erkennen an, daß er »Wert darauf gelegt hat, unter allen Umständen wenigstens den Schein des Rechts auf seiner Seite zu haben« (G. Zeller.). Stets suchte er gute Gründe, um die Kriege, die er zu unternehmen gedachte, vor der Öffentlichkeit Frankreichs und der anderen Länder zu rechtfertigen. Er schritt nur zur Tat, wenn er sich in Verhandlungen und Erkundigungen vergewissert hatte, daß der Gegner isoliert und die eigene Position durch Bündnisse gefestigt war. Im ersten Abschnitt seiner Regierung, bis etwa 1680, hatte er damit vollen Erfolg. Selbst in der Periode der Siege rechnete er mit einem Wandel in der diplomatischen Konjunktur und fand sogleich einleuchtende Vorwände, eine Unternehmung aufzugeben, wenn ihm das Risiko zu groß schien. In der Außenpolitik Ludwigs XIV. läßt sich im Grunde kein anderer Beweggrund erkennen, als das Streben nach Ruhm und Größe seines Landes. So gab es keine im voraus ausgearbeiteten Pläne: Jeder Krieg, auf den er sich einließ, folgte eigenen Regeln.

Ohne Zweifel strebte Ludwig XIV. danach, Frankreich den Vorrang in Europa zu erkämpfen. Das bedeutet jedoch nicht unbedingt, daß er eine Universalmonarchie erstrebte, obwohl ein Fürst dank der Nachwirkung alter Mythen in der Öffentlichkeit rasch diesen Verdacht erwecken konnte, sobald er zu viele Eroberungen machte oder zuviel Erfolg errang. Ludwig XIV. dachte nicht einmal daran, die sogenannte natürliche Grenze Frankreichs, das heißt den Rhein von Basel an, an sich zu bringen. Die wirre Vorstellung von einer natürlichen Grenze erscheint überhaupt wenig sinnvoll; sehr viel wünschenswerter war es, strategisch wichtige Plätze an Straßen und Flüssen zu besetzen, auch wenn sie als Enklaven weit außerhalb des Königreiches lagen. Von diesen Festungen aus konnte der Feind aufgehalten oder von seinem eigenen Gebiet aus angegriffen werden.

Eine derartige Außenpolitik, deren Prinzipien eindeutig und deren Mittel und Ziele stets opportunistisch waren, setzte drei Dinge voraus: genaue Planung, wohlausgerüstete Land- und Seestreitkräfte und einfallsreiche, aber fügsame Diplomaten. Ludwig XIV. fällte tatsächlich bis in die letzten Stunden seines Lebens, wachsam und informiert wie er war, die Entscheidungen allein. Seine bald kühne, bald vorsichtige und oft raffinierte

Politik war kaum jemals inkonsequent. Die Landarmee wurde von der Dynastie Le Tellier–Louvois–Barbezieux auf das sorgfältigste gepflegt. Sie war hervorragenden Befehlshabern anvertraut, deren Eigenschaften sich gegenseitig ergänzten: Turenne, Condé, Luxembourg, Catinat, Marsin, Villars. Louvois änderte die Rekrutierungsmethoden und führte statt Aushebungen eine Art Militärdienstpflicht mit Auslosung ein. Er gab den Soldaten eine neue Waffe in die Hand, das Bajonett, und unterstellte sie Offizieren, die zur Disziplin verpflichtet und sich ihrer militärischen Ehre bewußt waren. Die Flotte wurde mit guten Schiffen ausgestattet und solide bewaffnet, obwohl ihr nur eine zweitrangige Rolle zugewiesen war. Bei einem überraschenden Besuch in Dünkirchen ließ sich der König die Ausrüstung und den Betrieb der Schiffe und ihre Einsatzmöglichkeiten erklären. Er meinte, von nun an werde er besseres Verständnis für das Meer aufbringen. Als die Kriegsflotte in der Auseinandersetzung mit der Augsburger Liga (von 1686) Rückschläge hinnehmen mußte, übernahmen Korsarenschiffe den Nachschub und stützten die französische Macht in den fernen Meeren. – Die diplomatischen Verhandlungen wurden gewandten und erprobten Männern anvertraut.

Die Erfolge dieser Politik dauerten ein Vierteljahrhundert lang fast ununterbrochen an. Im Rückblick werden gewisse grundsätzliche Schwächen erkennbar – vor allem ein unermeßliches Selbstvertrauen. Weder Ludwig XIV. noch seine Minister haben jemals verkannt, daß sie sich auf höchst schwierige Unternehmungen einließen. Sie glaubten aber, daß es zur Überwindung aller Schwierigkeiten genüge, einfach mit Festigkeit die Pläne zu verfolgen, den Gehorsam der Franzosen zu erhalten und das Ausland durch Furcht gefügig zu machen. Offenbar dachten sie niemals daran, daß die Völker eines Tages verzweifeln und mit vereinten Kräften gegen Frankreich vorgehen könnten. Ebensowenig hielten sie es für möglich, daß in den Ländern, die zuerst durch gutes Zureden und dann durch Schrecken in Schach gehalten wurden, Haß und Rachsucht schwelten. Eine weitere Schwäche dieser Politik war, daß sie nur von den Verhältnissen in Westeuropa ausging. Zur Rechtfertigung ließe sich vielleicht anführen, daß der Gang der Geschichte und die historische Erfahrung scheinbar zuverlässig das unfehlbare Rezept für den Erfolg verrieten; man brauchte es nur zu befolgen, um immer und überall im Vorteil zu sein. Ein Beispiel aus der Vergangenheit war Karl der Große, und obwohl Ludwig XIV. oft empfahl, auf die Eigenarten der Völker zu achten, führte diese Einstellung dazu, daß bei allen Menschen dieselbe Denkweise und ähnliche Beweggründe vorausgesetzt wurden.

Trotz aller Berichte von Reisenden und Missionaren wußte man offenbar nicht viel von Asien – was noch zu entschuldigen gewesen wäre –, aber überhaupt nichts von Osteuropa. Niemand ahnte, was sich in Rußland anbahnte. Die Beziehungen zu Siebenbürgen, die angeblich freundschaftlich waren, erweisen sich an Hand der Dokumente als sporadisch und oberflächlich. Die Unklarheiten häufen sich, wenn es sich um Polen handelte, und die Kenntnisse von der osmanischen Welt blieben mehr als dürftig. Weil man die Geheimnisse der Höfe zu kennen glaubte, schien es überflüssig, konkrete Informationen über die Völker zu sammeln. Hieraus erklärt sich zu einem großen Teil, weshalb die französische Politik von einem bestimmten Zeitpunkt an, der unbestreitbar in den Beginn der achtziger Jahre fällt, vom Glück verlassen wurde und auf wachsende Schwierigkeiten stieß. Nachdem sie die Welt in Bewegung gebracht hatte, wurde sie nun in die Defensive gedrängt. Die Macht des Königreiches wankte, die Erfolge der frühen Regierungsjahre des Königs waren in Frage gestellt. Dies ist um so erstaunlicher, als keine der Koalitionsmächte die innere Kraft und kulturelle Reife Frankreichs besaß. Aber sie bildeten gemeinsam einen gegen Frankreich gerichteten Block.

In den ersten Jahren nach 1661 herrschte Frieden. Frankreich war so mächtig und angesehen, daß Ludwig XIV. in Fragen des Protokolls oder bei kleineren Zwischenfällen, wie der Affäre der korsischen Garde, vom spanischen König und vom Papst Zugeständnisse erhielt, die selbst nach den Maßstäben der Zeit übermäßig groß erschienen.

Der Tod des Königs von Spanien im Jahre 1665 bot eine Gelegenheit, die Ansprüche noch zu steigern. Auf Grund des »Devolutionsrechts«, wie es in Brabant üblich war, beanspruchte Ludwig XIV. für die Königin eine bestimmte Anzahl Städte in den spanischen Niederlanden, die er im Sommer 1667 eroberte. Zu Beginn des Jahres 1668 griff er die Franche Comté an, nachdem er sich der Neutralität des Kaisers in einem Geheimvertrag versichert hatte, der die Teilung der Thronfolge in Spanien vorsah, falls der neue König, der noch ein Kind war, sterben sollte. England und die Vereinigten Niederlande – seit dem Vertrag von Breda (1667) miteinander versöhnt – und Schweden fanden sich nun bereit, zugunsten Spaniens einzugreifen. Ludwig XIV. schloß daraufhin mit Spanien Frieden, gab die Franche Comté zurück und erhielt territoriale Zugeständnisse in den spanischen Niederlanden, wodurch er für sein Königreich eine zunächst nur durch vorgeschobene Stützpunkte an den Hauptstraßen gesicherte Grenze gewann.

Trotz eines Bündnisses schien die politische und wirtschaftliche Rivalität mit den Vereinigten Provinzen der Niederlande nur in einem Krieg enden zu können. Ludwig XIV. bereitete ihn durch eine geschickte diplomatische Kampagne vor (Übereinkunft mit dem König von England und den deutschen Fürsten). Als der Krieg schließlich im Jahre 1672 ausbrach, errang der König so rasch aufsehenerregende Siege, daß ihm die Regierung der Niederlande zu erstaunlichen Bedingungen den Frieden anbot: Übergang über den Rhein bei Tolhuis und Besetzung von Utrecht. Anstatt sich damit zufriedenzugeben, folgte Ludwig XIV. seinen ehrgeizigsten Ratgebern und stellte derartige Ansprüche, daß den Niederländern nichts anderes blieb, als den Krieg fortzusetzen. Sie öffneten die Schleusen, ließen das flache Land vom Meer überfluten und hielten so den Vormarsch der französischen Armee auf. Im August wurde die bürgerliche Regierung Jan de Witt durch eine Revolution gestürzt, und die Militärpartei ernannte Wilhelm von Oranien zu ihrem Statthalter. Die Niederländer wußten, daß die europäischen Mächte nun nicht zögern würden, zu ihren Gunsten einzugreifen.

Der Kaiser, das Reich und der König von Spanien erklärten Frankreich den Krieg. An allen Fronten und auf dem Meer erwiesen sich die französischen Streitkräfte jedoch als überlegen. Weitere niederländische Städte wurden belagert und genommen, die Franche Comté zum zweitenmal besetzt. Turenne vertrieb die Kaiserlichen in einem schwungvollen Feldzug aus dem Elsaß. Als Gegenschlag wurden im Osten die Heere des mit Frankreich verbündeten Königs von Schweden 1675 bei Fehrbellin von Kurfürst Friedrich Wilhelm von Brandenburg besiegt. Dieser kluge Fürst, der nach langem Zögern endgültig für die Gegenseite Partei ergriffen hatte, war sich jedoch darüber im klaren, daß trotz einer heftigen Polemik gegen Ludwig XIV. im Reich der Ruf des französischen Königs keineswegs gelitten hatte und daß viele hier den Frieden ersehnten, um den geregelten Handel mit den Franzosen wieder aufnehmen zu können.

Ludwig XIV. hatte ebenfalls gute Gründe für einen Friedensschluß. Nach all seinen Siegen durfte er günstigste Bedingungen erwarten, die bei einer Verlängerung des Krieges vielleicht nicht mehr zu erreichen gewesen wären, denn die Unterstützung Englands wurde immer fraglicher und drohte sogar in Feindseligkeit umzuschlagen. Tatsächlich war der Friede von Nimwegen 1679 für Frankreich äußerst vorteilhaft. Spanien überließ ihm weitere Städte in den Niederlanden, so daß die Grenze jetzt geschlossen und gesichert war. Durch die Abtretung der Franche Comté gehörte nun auch ganz Burgund zum Königreich, Lothringen blieb von den Franzosen besetzt.

Friedrich Wilhelm betonte mit Recht, daß nun niemand mehr imstande war, Ludwig XIV. mit Erfolg die Stirn zu bieten. Frankreich erhob jetzt auch – angeblich auf Grund alter Rechte – Ansprüche auf Gebiete außerhalb der neuerworbenen Länder. Dazu wurden in Orten wie Besançon, Breisach und Douai besondere Gerichtshöfe, die »Reunionskammern«, errichtet mit dem Auftrag, nach alten Grundbüchern alle Besitzungen zu ermitteln, die früher einmal zu den von Frankreich neu erworbenen Gebieten gehört hatten. Die Kammern sollten sie zu Bestandteilen des Königreiches erklären. Trotz dem Anschein von Recht und Tradition war dies ein Wagnis, das sich nur ein mächtiger und allgemein gefürchteter Herrscher erlauben konnte. Nichts rechtfertigte jedoch die gewaltsame Besetzung von Straßburg im Jahre 1681, einer freien Reichsstadt, die sogar bereit gewesen war, französisch zu werden, und von Casale, das der Herzog von Mantua Frankreich überlassen hatte. Straßburg mit seinem Rheinhafen war der Schlüssel zum Elsaß, dessen Bindungen zum Reich sich vollständig gelöst hatten. Aus einem Konglomerat kleiner Grundherrschaften wurde das Elsaß zu einer Intendanz, also zu einer einheitlich verwalteten französischen Provinz. Casale war wie Pignerol eine starke, strategisch wichtige Stadt, von der aus Ludwig XIV. in die italienischen Angelegenheiten eingreifen und auf die Fürstentümer der Halbinsel einwirken konnte, indem er dem spanischen Einfluß die Waage hielt.

Seine aggressive Politik war indessen niemals unvorsichtig. Als Ludwig XIV. 1682 Luxemburg angriff, erfuhr er, daß die Niederländer sich anschickten, den Spaniern Hilfe zu leisten, und so hielt er es für klüger, die Unternehmung alsbald abzubrechen. Er erklärte, er habe gehört, der Sultan bereite eine Offensive gegen das Reich vor, und er wolle die Schwierigkeiten der christlichen Fürsten nicht noch vergrößern. Den Türken gegenüber aber verhielt er sich ganz anders. Der junge Sultan Muhammad und sein Wesir, Kara Mustafa Zade, bedrohten die Grenzen des Reiches. Die europäischen Fürsten – mit Ausnahme des französischen Königs –, der Papst, Venedig und diesmal sogar Rußland erkannten die gemeinsame Gefahr und erstrebten, gleichsam einer Kreuzzugsidee folgend, eine Union aller Christen. Ludwig XIV. indessen kannte nur ein einziges Ziel: die definitive

Anerkennung seiner Annexionen durch den Kaiser und ganz Europa; die Lage im Osten war nur eine Karte in seinem diplomatischen Spiel. Als Wien im Jahre 1683 schließlich von den Türken bedroht und belagert wurde, hoffte er, daß dies den Kaiser seinen Wünschen gefügiger machen würde – und dachte nicht daran einzugreifen. Truppen unter dem Herzog von Lothringen und dem König von Polen, Johann III. Sobieski, vor allem dessen gefürchtete Reiterei, vertrieben die Türken in einer überraschenden Offensive und bewahrten das Reich vor einer Invasion. Weder Ludwig XIV. noch seine Minister erkannten, daß sich in Europa ein bedeutsamer Wechsel vollzogen hatte und die Gelegenheit verpaßt war, den Ruf des Königs von Frankreich als des Allerchristlichsten Königs zu erhalten

Krise des europäischen Bewußtseins

Seit der Mitte der achtziger Jahre machte sich in Europa und auf der ganzen Welt eine Verlagerung der Kräfte bemerkbar. Mit dem Niedergang Ludwigs XIV. und Frankreichs ging das Schwergewicht der Macht an andere Länder, vor allem an England, über. Die Historiker sprechen von einer Krise des europäischen Bewußtseins und von einer Störung des Gleichgewichts nach einem halben Jahrhundert der französischen Vorherrschaft. Diese Vorherrschaft war indessen so fest gegründet, daß sie nicht mit einem Schlage ihr Ende finden konnte. Die Politik des Königs von Frankreich erreichte noch mehrere Jahre lang fast alle ihre Ziele. 1684 wurden zum Beispiel nach einem kurzen Krieg mit Spanien im Waffenstillstand von Regensburg die Reunionen für zwanzig Jahre anerkannt.

In der französischen Kultur, die sich allenthalben ausbreitete, konnte dagegen von einem Niedergang keine Rede sein. Racine schrieb zwar nicht mehr für das Theater, dafür schuf er für den Kreis der Madame de Maintenon in Saint Cyr die Meisterwerke *Esther* und *Athalie*. Bossuet hatte niemals kraftvoller gepredigt, La Fontaine veröffentlichte seine Fabeln, und La Bruyère arbeitete an seinen *Caractères*. Das Interesse für Wissenschaft und Philosophie fand von Tag zu Tag weitere Verbreitung. Fontenelle (1657–1757) lud 1686 zu Vorträgen über die Vielfalt der Welten ein und sprach über Kometen und Orakel. Der Erfolg der Modernen veranlaßte eine Diskussion über die Überlegenheit der Antike, und in der Kunst stritt man sich über den Vorrang der Zeichnung oder der Malerei. In Versailles errichtete Hardouin-Mansart die riesigen Nord- und Südflügel, und es wurde unablässig weitergebaut. Bis zum Ende der Regierung Ludwigs XIV. sammelten sich in Versailles, in Trianon und in Marly die Meisterwerke der Architekten, Bildhauer, Maler und Holzschnitzer an, beredte Zeugnisse für das anhaltende Streben nach Schönheit und einen sich immer weiter verfeinernden Geschmack. Paris, dessen Bevölkerung ständig wuchs, war ein Zentrum von Kunst und Kunsthandwerk, sein Reichtum an großen Künstlern gab ihm in ganz Europa einen einzigartigen Ruf.

In denselben Jahren wiesen die Berichte der Intendanten ständig auf die allgemeine Verarmung der Provinzen hin, eine Folge der altbekannten wirtschaftlichen Schwierigkeiten. Nur die energischen Maßnahmen und hartnäckigen Reformbestrebungen Colberts

— er starb 1683 — hatten eine weitere Verschlechterung der Lage verhütet. Immerhin kündigten sich damals so tiefgreifende wie weitreichende Änderungen an, die nur teilweise dem Willen der Regierung gehorchten.

Seit der Mitte des 16. Jahrhunderts waren die Geister von Reformation und Gegenreformation bewegt worden. Das Konzil von Trient hatte die Glaubenslehren der katholischen Kirche neu formuliert und Reformdekrete erlassen, wodurch die Aussöhnung mit den Protestanten erschwert wurde. Descartes hatte ein neues philosophisches System entwickelt, unter dessen Einfluß viele denkfreudige Zeitgenossen auf ihrer Suche nach Führung und Deutung geraten waren. Descartes machte *tabula rasa* mit den herkömmlichen Vorstellungen und erklärte, durch Nachdenken den Beweis für die Existenz Gottes und die Wahrheit des Evangeliums gefunden zu haben. Nun fragte man sogleich, ob der Verstand, den er damit gegen die traditionelle Autorität des Aristoteles und der Antike aufgerufen hatte, und seine cartesianische Methode von wagemutigen Schülern nicht auch gegen den Glauben und die Religion eingesetzt werden könnten. Als Bossuet es unternahm, alle Punkte zu widerlegen, in denen ihm der rechte Glaube gefährdet schien, und die Philosophen für verächtlich erklärte, die aus Gott das Prinzip einer allgemeinen Weltordnung machen wollten, in der jeder sich tummeln könne, wie er wolle, hatte er es auf einen gläubigen Christen und Ordensgeistlichen abgesehen, den Pater Malebranche, einen Schüler von Descartes: Wie verhalte sich der Gott der Philosophen zur göttlichen Gnade, zu dem »Tropfen Blut, der vom Erlöser für jeden Menschen vergossen war«, wie Pascal gesagt hatte, und zur Fürsprache der Jungfrau und der Heiligen? Im Jahre 1670 erschien der *Tractatus theologicopoliticus* eines holländischen Juden, Baruch Spinoza, dessen Hauptwerk, »Die Ethik«, erst nach seinem Tode (1677) veröffentlicht wurde. Es enthielt eine Kritik der anerkannten Glaubensinhalte in Religion und Politik, eine pantheistische Weisheit von unbestreitbarer Größe, die den Menschen über seine Leidenschaft hinauswies; aber die Offenbarung und das Christentum blieben unberücksichtigt. Der Deutsche Leibniz dagegen hatte sich mit Bossuet nicht nur auf eine Polemik, sondern auch auf einen Dialog eingelassen, um herauszufinden, in welchen Punkten Katholiken und Protestanten, die schließlich an denselben Gott und denselben Christus glaubten, jenseits ihrer skandalösen Bruderkämpfe dieselben gemeinsamen grundlegenden Wahrheiten anerkennen könnten. Eine Einigung war jedoch nicht zu erzielen; jeder blieb bei seiner Meinung und hielt sie für die einzig richtige, die der Gegner verständigerweise und von Rechts wegen anerkennen müsse.

Ein Engländer, John Locke (1632–1704), verfaßte 1687 den *Essay concerning Human Understanding*. Nach seiner Meinung stütze sich unsere Erkenntnis nur auf Eindrücke, die die äußere Welt liefert, und auf Reflexion, verstanden als die Wahrnehmung der Übereinstimmung oder des Widerspruchs der Erscheinungen. Er war sicher nicht materialistisch, aber sein Empirismus ließ nur einen Weg, den Schöpfer zu begreifen: durch die Geschöpfe und innerhalb der Grenzen einer begrenzten Erfahrung.

Descartes hatte ein mechanistisches Weltbild entworfen, in dem der *horror vacui* eine wesentliche Triebkraft darstellte und das Verhältnis zwischen Geist und Materie als Dualismus von seelischer und körperlicher Substanz erklärt wurde. Leibniz fand diese Konzeption ungenügend und stellte ihr in seinem Monismus eine der Materie innewohnende Kraft entgegen, die in der unteilbaren Welt enthalten sei. Diese sei als Mikrokosmos und Spiegel des Universums aufzufassen. Gott sei die höchste Monade und erhalte in der erschaffenen Welt eine prästabilierte Harmonie.

Auf der Suche nach den Naturgesetzen wandten sich die Philosophen der Mathematik zu und erzielten darin große Fortschritte. Leibniz entwickelte und verwendete die Infinitesimalrechnung, die der Engländer Isaac Newton ebenfalls entdeckt hatte. Newton beschäftigte sich mit den Phänomenen des Lichts und der Bewegung und formulierte das Gesetz von der allgemeinen Anziehungskraft, das den Erkenntnissen Descartes widersprach und die Ideen von Kopernikus zu bestätigen schien.

Diese Theorien, die zu einer Revolution des Denkens führten und der Wissenschaft zu allgemeinem Fortschritt verhalfen, hatten selbstverständlich beim größeren Teil der Menschheit keine unmittelbare Wirkung. Aber die Philosophen beschäftigten sich auch mit der politischen Ordnung. Ihre Kritik richtete sich vor allem gegen die alten Werte. Sie bezweifelten die solidarische Autorität von König und Kirche und sahen im Volk die Quelle und die Begrenzung der Macht. Leibniz hätte gern die Herrscher ihre Kräfte für nutzbringende und vernünftige Unternehmungen einsetzen gesehen, anstatt sie in fruchtlosen Kriegen zu verausgaben. Er dachte an die Aufteilung der noch von den Türken besetzten Länder in Einflußsphären, wobei Ägypten an Frankreich gefallen wäre. Gewisse Unterschiede zeichneten sich ab: Spinoza war Niederländer, Leibniz Deutscher, Locke und Newton waren Engländer. Über der ganzen internationalen Welt der Gelehrten aber strahlte von London aus die Sonne der *Royal Society*. Wie Paul Hazard bemerkt hat, gab es keine lateinisch bestimmte geistige Hegemonie mehr. Von den Mittelmeerländern hatte sie sich zuerst nach Frankreich, dann in die Länder des Nordens verlagert, die wie in der Wirtschaft so auch hier den Übergang der Macht vom Süden in den Norden herbeigeführt hatten.

England hatte sich im Laufe weniger Jahre verwandelt. Obwohl ebensowenig wie die anderen Länder von der allgemeinen Situation unberührt geblieben, hatte es aus seinen Niederlassungen in Nordamerika und dem Seehandel großen Nutzen ziehen können. Die Ausgaben des Staates wurden vom Parlament kontrolliert. Ein fähiger Finanzminister, der Graf Danby (1673–1678), hatte die öffentlichen Schulden getilgt und die Schwächen der alten fiskalischen Organisation gewaltlos beseitigt. Wenn es die Umstände erforderten, beschloß das Parlament neue Steuern, die die wohlhabenden Schichten betrafen, ohne sie in Bedrängnis zu bringen. Der Wohlstand des englischen Volkes stand in krassem Gegensatz zu den finanziellen Verhältnissen des Königs, die oft recht dürftig waren: sein persönliches Einkommen bestand nur aus einer Pension des Königs von Frankreich.

Karl II. (1660–1685), ein rätselhafter Fürst, den die englische Geschichtsschreibung heute nachsichtiger als in der Vergangenheit beurteilt, hatte es stets verstanden, einen ernsthaften Konflikt mit dem Parlament zu vermeiden. Dies änderte sich bei seinem Nachfolger Jakob II. Dessen absolutistische Neigungen hatten, ganz abgesehen von seinem Übertritt zum Katholizismus und seiner Heirat mit einer italienischen Prinzessin, bei seinen Untertanen die Befürchtung erweckt, er neige einer dynastischen Politik zu und werde die Interessen des Volkes mißachten. Zudem wuchsen die Schwierigkeiten mit Frankreich. Man war überzeugt, daß sich Ludwig XIV. dem Seehandel zuwenden werde, sobald er eine unbestrittene Vormachtstellung auf dem Kontinent errungen hatte. Damit wäre England auf dem Atlantik ein Rivale erwachsen, von dem es alles zu fürchten hatte.

Ludwig XIV. gab sich mit der 1684 erreichten Anerkennung seiner Auslegung des Friedensvertrags von Nimwegen nicht zufrieden. Er verlangte für seinen Bruder, den Herzog von Orléans, einen Teil der Erbschaft von dessen Schwiegervater, dem Kurfürsten von der Pfalz. Auch hier fehlte der juristische Vorwand nicht. Als sich nun aber der Kaiser und die deutschen Fürsten in einer Liga gegen Frankreich zusammenschlossen, war er überzeugt, daß seine Feinde nur auf eine Gelegenheit warteten, ihm das streitig zu machen, was sie ihm, solange sie zu keinem Widerstand fähig gewesen, »freiwillig« zuerkannt hatten. Eine neuerliche Demonstration seiner Stärke sollte sie endgültig entmutigen. Ludwig verkannte aber die moralische Kraft der Koalition, die er selbst veranlaßt hatte.

Seit 1676 hatte ihm Papst Innocenz XI., wenn auch nicht aus grundsätzlichen Erwägungen, seine Gunst entzogen. Er hatte zunächst gehofft, der König von Frankreich werde sich für eine europäische Versöhnungspolitik und für die Verteidigung der Christenheit gegen die Türken einsetzen. Er mußte jedoch das Verhalten des Königs in religiösen Angelegenheiten mißbilligen, vor allem den maßlosen Anspruch des Königs, das Recht, das ihm während einer Sedisvakanz die Verfügung über Einkünfte und Patronatsrechte einiger französischer Diözesen zubilligte, auf alle Bistümer seines Reiches auszudehnen. Hinzu kam, daß der König auf einer geistlichen Versammlung 1681 über die vier Artikel der Gallikanischen Kirche abstimmen ließ, insbesondere über die strittige Frage, welche Rechte der Papst und welche das Konzil habe. Der König wurde vor die Wahl gestellt, entweder auf die Artikel zu verzichten oder die Exkommunikation auf sich zu nehmen. Im Jahre 1683 hatte den Papst der Starrsinn Ludwigs XIV. bei der Offensive der Türken tief enttäuscht. Zwei Jahre später aber wurde er durch den Widerruf des Edikts von Nantes überrascht, womit der König das Werk der Gegenreformation zu krönen gedachte; zudem hielt er sich auf diese, wie er meinte, für die Kirche ebenso vorteilhafte Tat wie die Befreiung von Wien viel zugute. Dann hatte ein unbedeutender Streit über die Abgabenfreiheit der französischen Botschaft in Rom die Besetzung Avignons, das päpstliches Gebiet war, nach sich gezogen. Der Papst mußte erstaunt feststellen, daß die anderen katholischen Fürsten, also der König von Spanien und der Kaiser, ihren schuldigen Respekt gegenüber dem Heiligen Stuhl auf sehr andere Weise erwiesen.

Der Widerruf des Edikts von Nantes hatte Ludwig XIV. das Vertrauen der europäischen Katholiken nicht zurückgeben können, es hatte ihn aber seinen Verbündeten unter den protestantischen Mächten entfremdet. Zwei Monate später, im November 1685, öffnete der Kurfürst von Brandenburg mit dem Edikt von Potsdam den französischen Protestanten sein Land, und die Niederlande taten es ihm nach. In Frankreich selbst hatte der Widerruf höchst ungünstige Auswirkungen. Die reichen Protestanten und die Intellektuellen wählten den einzigen Ausweg, der ihnen blieb. Sie flüchteten und nahmen ihr Kapital und ihre Fähigkeiten mit. Wer gezwungen war, im Lande zu bleiben, schwor unter dem Zwang von Gewaltmaßnahmen, den *Dragonnades*, ab. All dies empfanden die Franzosen als unerträglich, denn sie waren schon damals weitgehend an vernunftgemäßes Handeln und Respekt vor der menschlichen Würde gewohnt. Nur dem Scheine nach gewann die Gallikanische Kirche neue Anhänger, die Herzen blieben verbittert und voller Widerstand. In dieser Periode innerer Unruhe und äußerer Schwierigkeiten erließ Ludwig XIV., blind gegenüber den Auswirkungen seiner Entscheidungen, das Manifest vom September 1688 über die provisorische Besetzung der Pfalz unter dem Vorwand, ein Glacis schaffen zu müssen. Er erwartete tatsächlich, daß man alle seine Ansprüche erfüllen würde.

Als Antwort darauf fand sich unverzüglich eine europäische Koalition auf der Grundlage der Liga von Augsburg zusammen. Aber erst mußten in England die Voraussetzungen für einen erfolgreichen Kampf geschaffen werden. Das englische Parlament hatte begriffen, daß sie nicht bestanden, solange ein König auf dem Thron saß, der dem Katholizismus zuneigte und ein Schützling Ludwigs XIV. war. Ihn zu stürzen, bedurfte es keines Bürgerkriegs, denn er hatte zwei protestantische Töchter aus seiner ersten Ehe mit einer Engländerin; die ältere war mit dem Statthalter der Niederlande, Wilhelm von Oranien, verheiratet. Dieser Fürst, ein Verwandter des Kurfürsten von Brandenburg, war der entschlossenste Gegner Ludwigs XIV. und der moralische Anführer der protestantischen Allianz, der sich bald auch Schweden anschloß. Er verständigte sich mit dem englischen Parlament, reiste nach England und wurde als König anerkannt; sein Schwiegervater, Jakob II., flüchtete nach Frankreich. Wilhelm III. liebte England nicht und hat sich dort auch niemals wirklich eingelebt. Das fiel aber nicht ins Gewicht, denn niemand fragte nach den gefühlsmäßigen Bindungen zwischen König und Volk. Die Engländer haßten zwar ihr angestammtes Königshaus, die Stuarts, nicht. Sie wollten nur unter allen Umständen ihre Verfassung behalten, und damit war der neue Souverän einverstanden. In einer Deklaration, die Wilhelm und Maria 1689 unterzeichneten, wurden die Rechte des Herrschers und des Volkes genau festgelegt.

Diese friedliche Revolution in England bildet einen Markstein in der europäischen Geschichte des 17. Jahrhunderts, denn sie bezeichnet den Niedergang des absolutistischen Prinzips und die Verlagerung der Zentralgewalt vom König auf die politischen Kräfte des Volkes. Man kann hier durchaus von »politischen Kräften« sprechen, denn es handelte sich in England keineswegs um eine Massenbewegung, sondern um den Sieg einer Aristokratie, die sich unabhängig von Grundbesitz und Geburt durch Leistung und Kapitalbildung gebildet hatte. – Als Zentrale des Geldwesens und Kreditinstitut wurde 1694 die Bank von England gegründet.

Eine Koalition gegen Ludwig XIV. erforderte nicht nur bedeutende Land- und Seestreitkräfte, sondern auch die Mittel zu ihrem Unterhalt. Schiffe und Matrosen konnten die Seemächte beisteuern, ebenso Geld, denn seit einigen Jahren waren durch den erfolgreichen Handel erhebliche Geldmittel zurückgeflossen, so daß große Reserven vorhanden waren. Auf dem Kontinent mußten jedoch Armeen eingesetzt werden, die Kaiser und Reich leichter als Spanien bereitstellen konnten. Das Anwachsen der europäischen Bevölkerung war zu spüren, vor allem im tschechischen Bauernstand. Die kaiserlichen Heere waren nach der Befreiung von Wien unter hervorragenden fürstlichen Heerführern, dem Herzog von Lothringen, dem Markgrafen von Baden und dem Kurfürsten von Bayern, mit der Wiedereroberung

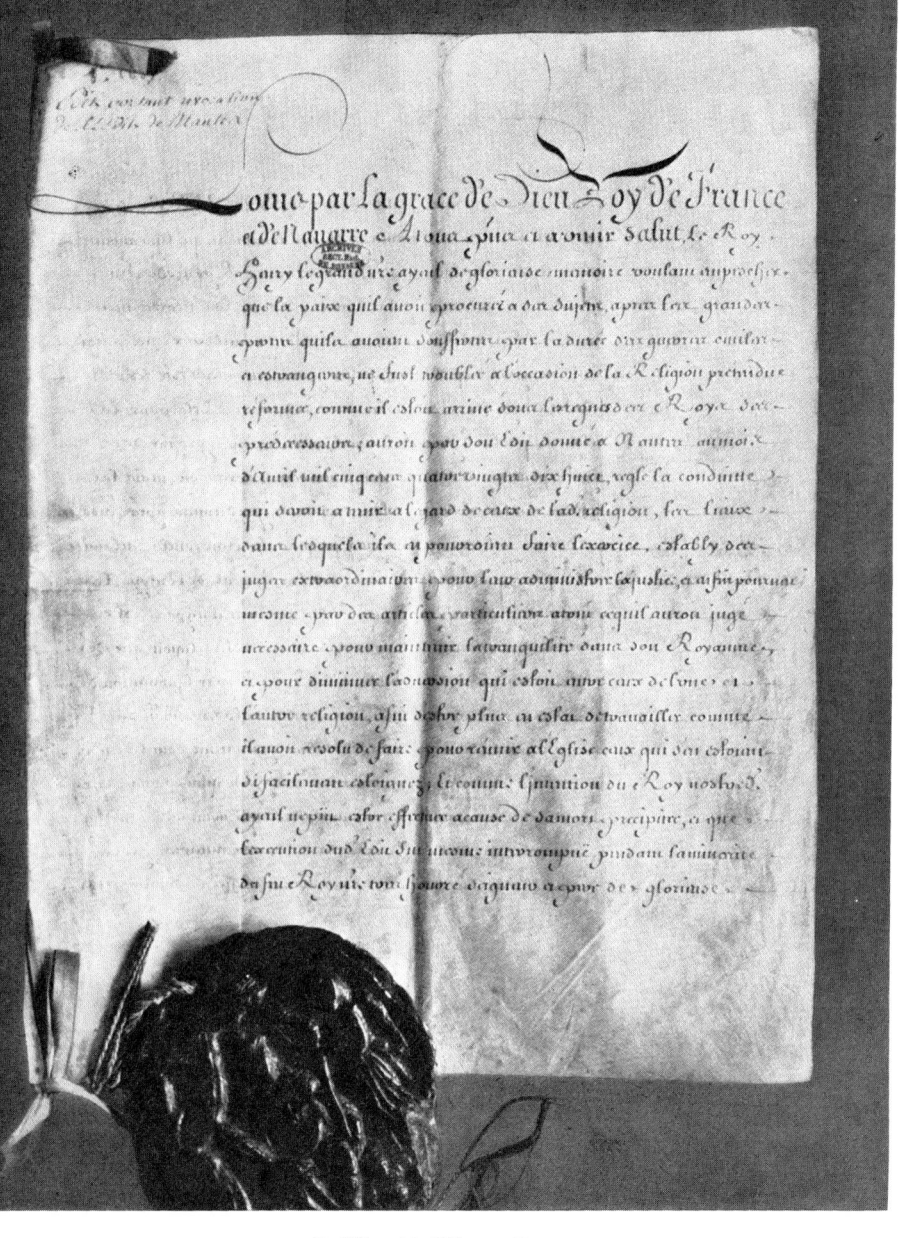

Der Widerruf des Edikts von Nantes
Die erste Seite des in Fontainebleau im Oktober 1685 unterzeichneten Dokuments
Paris, Archives Nationales

Stift Melk an der Donau. Bau von Jakob Prandtauer, ab 1702

DAS ZEITALTER LUDWIGS XIV.

Ungarns beschäftigt; 1686 war Buda eingenommen worden. In diesen Kämpfen hatte die kaiserliche Armee Erfahrungen sammeln können. Sie war jetzt besser organisiert, besser bewaffnet und diszipliniert und stellte eine Macht von ernstzunehmender Stärke dar. In Ungarn hatte nach einer letzten Revolte der kaiserfeindlichen Adelsgruppe (»Kurutzen«), die von den Kaisertreuen (den »Labanc«) unbarmherzig unterdrückt worden war, der ungarische Reichstag praktisch die Erblichkeit der Krone zugunsten Habsburgs beschlossen, indem er 1687 einen Sohn des Kaisers als König anerkannte. Nach der Geburt zweier Kaisersöhne – Joseph (1678) und Karl (1685) – war die Erbfolge gesichert, und das Haus Österreich konnte mit Recht den Rang einer Großmacht beanspruchen, wenn auch seine Macht noch neu und wenig gefestigt war. Die Teilnahme an einem Krieg im Westen mußte die Kampfkraft der Armee im Osten schwächen, aber selbst mit Hilfe spanischer und schwedischer Truppen hätte sie den Kampf mit Frankreich kaum bestehen können. Rekrutierung, Munition und Bewaffnung kosteten zu allem hin viel Geld. Das Reich und die Erblande des Kaisers mit ihrer agrarischen Struktur waren auf die Dauer nicht in der Lage, die erforderlichen Summen aufzubringen. Das änderte sich jedoch, als mit Unterstützung Englands und der Niederlande die Koalition Gestalt annahm. Ludwig XIV. fürchtete diesen Bund zwischen dem Reichtum der Seevölker und dem militärischen Potential der kontinentalen Mächte.

Der König hatte mitangesehen, wie sich die Wirtschaftskraft der Seemächte entwickelte; er hatte sich stets damit zufriedengegeben, weil die Fürsten fügsam schienen und er glaubte, sie notfalls einschüchtern zu können. Jetzt aber sah er sich den beiden Mächten als Gegner gegenüber, während er in einem Krieg nur die eigenen Steuereinkünfte zur Verfügung hatte. Eine neue Steuer, die *Capitation*, wurde eingeführt und belastete vor allem die Bevölkerung auf dem Lande, die mehr und mehr in Not geriet. Der Koalitionskrieg von 1688 bis 1697 war also für Frankreich eine harte Kraftprobe – hart, aber nicht tödlich. Durch Einberufung der Milizen konnten zahlreiche Regimenter aufgestellt werden, von einem wohlausgebildeten Offizierskorps straff geführt. Das von Vauban errichtete Festungssystem schützte Frankreich gegen eine Invasion und ermöglichte Offensiven in Feindesland. Die Heere des Königs kämpften mit Erfolg in den Niederlanden – dort wurde Namur genommen –, am Rhein und sogar in Spanien, wo Katalonien erobert wurde. In Italien ging es gegen den Herzog von Savoyen, einen ehrgeizigen Fürsten, der seinen Vorteil stets bei der Partei suchte, die er für die stärkste hielt. Die Flotte erlitt eine schwere Niederlage bei La Hougue (1692), aber die Streifzüge der Korsaren fügten dem feindlichen Handel empfindlichen Schaden zu.

Spät, doch gerade noch im richtigen Augenblick, paßte Ludwig XIV. seine Politik den veränderten Umständen an. Er hörte auf die Ratschläge eines Mannes, der zur Mäßigung riet. Pomponne, wieder zur Leitung der auswärtigen Angelegenheiten berufen, fand gewisse Ansprüche der Reunionspolitik unhaltbar, der König sollte sie gegen konkrete Zugeständnisse im Elsaß aufgeben. Der Besitz Straßburgs jedoch bedeutete einen derartigen Vorteil, daß es unter allen Umständen gehalten werden mußte, selbst wenn der Kaiser die Rückgabe verlangte. Den Herzog von Savoyen konnte man zum Ausscheiden aus der Koalition veranlassen

Auf dem Kongreß von Ryswijk (1696) gingen die französischen Diplomaten vernünftig und geschickt vor. Sie verzichteten endgültig auf Breisach, Freiburg und Philippsburg, stimmten der Rückgabe Lothringens an seinen Herzog und Kataloniens an Spanien zu, womit sie sich allmählich dem Standpunkt der anderen Mächte annäherten. Ihr großer Erfolg war die Bestätigung des Besitzes von Straßburg und dem Elsaß und, nach dem Ausspruch eines Historikers, die Tatsache, daß im Norden diese Provinz durch das Tal der Queich abgegrenzt war. Das Elsaß, seit 1648 zwischen dem Reich und Frankreich hin und her gerissen, wurde nun kraft internationalen Rechts zu einer französischen Provinz, was es dank der Intendanten faktisch schon längst geworden war. Die Nachteile für die Sicherheit des Königreiches, die sich aus der Rückgabe Lothringens ergaben, wurden durch den Besitz des Saartals ausgeglichen. Als sich das Jahrhundert seinem Ende näherte, war Frankreich nicht mehr die führende Macht, die es zwanzig Jahre zuvor gewesen war. Im Vergleich mit den anderen Staaten jedoch war es ein solides, reiches, gut verwaltetes und regiertes Land. Seine allgemeine Entwicklung unter den schwierigen Umständen dieser Zeit sicherte ihm immer noch den ersten Platz unter den europäischen Mächten.

Die Länder mit einer leistungsfähigen Textilindustrie hatten seit etwa zwanzig Jahren wieder einen wirtschaftlichen Aufschwung erlebt; vermehrte Produktion für den amerikanischen und orientalischen Markt hatten gute Gewinne gebracht. Vielversprechende Aussichten zeigten sich für eine wirtschaftliche Zusammenarbeit der verschiedenen habsburgischen Länder und veranlaßten den Nationalökonomen Philipp Wilhelm von Hörnigk, einer Schrift den bedeutsamen Titel zu geben: »Österreich über alles, wenn es nur will« (1684). Das war zwar ein großes Wort, aber auch ein bedeutsamer Hinweis auf eine zukünftige Entwicklung. Die einzelnen Länder, die bislang nebeneinander wirtschafteten, wenn sie auch demselben Fürsten untertan waren, konnten leicht zu einer großen Wirtschaftsmacht zusammengeschlossen werden. Die Zentralbehörden für die habsburgischen Länder, der Geheime Rat für die allgemeine Politik, der Hofkriegsrat und die Hofkammer, konnten jedoch Ideen dieser Art nicht verwirklichen. Noch weniger vermochten sie, die wirtschaftlichen Möglichkeiten wirksam zu koordinieren, wie es trotz allem in Frankreich geschehen war. Die höchsten Staatsämter lagen in den Händen einer Aristokratie, die dem Kaiser in Regierung, diplomatischem Dienst und Armee getreulich diente, in den entscheidenden Augenblicken aber eifersüchtig darauf bedacht war, die alte Ordnung und ihre alten fiskalischen Vorrechte zu erhalten. Sie schienen sich nicht zu fragen, wie denn der Kaiser ohne finanzielle Mittel mit Erfolg große Politik machen könne.

Das große Land mit all seinen wirtschaftlichen Möglichkeiten, seinen fähigen Staatsbeamten und seiner guten Armee stand im Zeichen einer als ganz natürlich betrachteten Geldverlegenheit des Staates. Währenddessen bildeten sich erhebliche Privatvermögen; die hohen Einkünfte der Aristokratie und der Mönchsorden – Benediktiner, Zisterzienser und Augustiner – wurden für den Bau von Palästen und Kirchen verwendet und kaum in Handel oder Industrie investiert.

Nachdem Wien nicht mehr von den Türken bedroht war, hatte dort eine rege Bautätigkeit eingesetzt. Italienische Architekten, wie Tencalla und Martinelli, und Dekorateure aus

Rom, wie der ausgezeichnete Andrea Pozzo (1642-1709), der Meister der berühmten Fresken von San Ignazio, arbeiteten an der Verschönerung der Stadt. In ganz Österreich wurde eifrig gebaut, wobei man sich allmählich von ausländischen Einflüssen freimachte. Wie fünfzig Jahre zuvor in Frankreich lösten einheimische Künstler, die ihren eigenen Stil gefunden hatten, nach und nach die Italiener ab.

Die Baubewegung war von Salzburg ausgegangen; diese bischöfliche Residenz und Universitätsstadt stellte eine Art Bindeglied zwischen Italien, dem Reich und den Erblanden des Kaisers dar und übte starken Einfluß auf ihre Nachbarländer aus. Johann Bernhard Fischer von Erlach (1656-1723) hatte dort die Dreifaltigkeitskirche erbaut, zu der er durch die Kirche San Agnese auf der Piazza Navona in Rom angeregt worden war. Außerdem schuf er den originelleren und harmonischeren Bau der Kollegienkirche, die ihrerseits ein häufig nachgeahmtes Vorbild und eine Quelle vielfältiger Anregungen werden sollte. Er wurde dann nach Wien berufen, wo er die Pläne für Schönbrunn und für die Residenz des Kaisers, die Hofburg, entwarf. Der kultivierte, weitgereiste Mann, der auch Rom und London kannte, verfügte über eine unerschöpfliche Phantasie, einen ausgeprägten Sinn für monumentale Größe und ein untrügliches Gefühl für architektonische Wirkung. Er verlieh dem österreichischen Barock den ihm eigenen Geist, der so ganz dem Wesen der Bevölkerung der Donauländer mit ihrem hochentwickelten musikalischen Empfinden, ihrem Wohlgefallen an der Eleganz und ihrem lebhaften Interesse für die Schönheiten der Natur entsprach.

Ein anderer Architekt, Jakob Prandtauer (1660-1726), ein Ingenieur aus St. Pölten, errichtete auf vorspringenden Felsen hoch über der Donau den unvergleichlichen Klosterbau von Melk. Wie der Escorial beherrscht er die hügelige Landschaft, aber in seiner Größe und Strenge gemildert durch eine liebenswürdige Anmut. Der Maler Johann Michael Rottmayer (1654-1730) malte das Kloster in großzügigem, ernstem Stil aus. Er war der erste deutsche Maler, der neben den Italienern einen so bedeutenden Auftrag ausführte.

Der Barock der Donauländer stand bis zur Mitte des 18. Jahrhunderts in ununterbrochener Blüte. Weder Kriege noch Katastrophen vermochten seine Ausbreitung zu hindern, Ereignisse, die zur Errichtung von Pestsäulen und Votivkirchen führten und ihn zu besonderer Entfaltung anregten. In der europäischen Kultur nahm er zunächst eine einzigartige Stellung ein und wurde dann aber bis zur Ungerechtigkeit verkannt. Trotz der vielen Bauten in Wien, Prag, Preßburg und anderen Städten war der neue Baustil ursprünglich keine eigentlich städtische Architektur, zu der er sich erst sehr viel später entwickelte. Er ging von den fürstlichen Wohnbauten und den Jesuiten- und Votivkirchen aus, bei deren Ausgestaltung von den Künstlern Phantasie und Einfühlungsvermögen verlangt wurden. Das Lyrische dieses Stils, das sich in vielfältigster Weise ausprägte, stand im Gegensatz zu der kühlen Monumentalität des französischen Klassizismus und zu der harmonischeren Großartigkeit des römischen Barock. Für die dekorativen Künste der Freskenmaler, die sich vom venezischen Italien inspirieren ließen, und der Stukkateure, die damals in großer Zahl in Süddeutschland arbeiteten, wurden mit Vorliebe lebhafte, klare Farben verwendet. Sie belebten die Bogen und Kuppeln und milderten den Ernst der Bibliotheken und die Feierlichkeit der Prunkräume. In der Bildhauerei fand die weitverbreitete

Verehrung der örtlichen Heiligen allenthalben ihre Form in den dramatisch bewegten Heiligenstatuen mit ausdrucksvollen Gebärden und lebhaftem Faltenwurf der Kleidung. Ein markantes Beispiel sind die Figuren auf der Karlsbrücke in Prag, die zwischen 1680 und 1720 entstanden.

Die Tatsache, daß in den verschiedenen Gegenden der kaiserlichen Länder so viele Werke desselben Stils, desselben Geistes und oft sogar derselben Künstler anzutreffen sind, scheint auf eine Art Gemeinsamkeit des Empfindens, eine geistige und seelische Übereinstimmung und gleiche Auffassungen und Ideale hinzudeuten. Ohne Zweifel trug die Kunst dazu bei, ein Nationalbewußtsein zu wecken, aber sie genügte nicht, um es auszubilden. Es fehlte ein politischer Wille, der es zu klären und zu stärken vermocht hätte. In den Erblanden hielt sich, ungeachtet der erreichten Fortschritte, ein Gefühl der Vorläufigkeit, das keine großen Pläne aufkommen ließ. Gleichwohl schlugen sich die österreichischen Heere gut. Sie führten Krieg am Rhein und in Italien und betrieben die Wiedergewinnung Ungarns. Ein Heerführer von seltenem Format, der Prinz Eugen von Savoyen, stand an ihrer Spitze. Obwohl als Sohn einer Mancini und Enkel einer Soissons Halbfranzose, war er in den Dienst des Kaisers getreten. Im Jahre 1697 errang er bei Zenta einen Sieg über die Türken, der den Frieden von Karlowitz (1699) vorbereiten half. Damals wurde ganz Ungarn mit Ausnahme des Banats mit Temesvar dem Kaiser zuerkannt.

Durch diesen territorialen Gewinn stieg das Ansehen des Kaisers im Reich, wo in mancher Hinsicht noch die alte Ordnung herrschte. Niemand bemühte sich jedoch, dies Ansehen in politischen Einfluß umzumünzen. Dagegen förderten wirtschaftliche und religiöse Kräfte, von einer geschickten Regierung gesteuert, den Aufstieg des Hauses Brandenburg, dessen Haupt 1701 die Würde eines Königs in Preußen erlangte. Es ist in gewisser Weise paradox, daß dieser Staat aus unzusammenhängenden, mehr oder weniger reichen und bevölkerten Provinzen einen derartigen Erfolg erringen und durch emsiges Streben, bei rauhen Sitten, auf die Dauer seine Macht behaupten konnte. Während die kleinen Residenzen Westdeutschlands trotz der Nachwirkungen der Kriege die französische Zivilisation übernahmen, wurde Norddeutschland sich seiner Eigenständigkeit bewußt. Arbeitsam und geduldig bemüht, blieb es trotz der pietistischen Strömung der lutherischen Religion treu und widmete der Pflege der Sakralmusik besondere Aufmerksamkeit. Im Reich blieben die regionalbedingten Unterschiede in Lebensart und Empfindsamkeit bestehen, während sich die habsburgischen Länder enger zusammenschlossen, ohne jedoch eine Anziehungskraft auf die anderen Gebiete in Deutschland auszuüben.

Am Frieden von Karlowitz war auch Rußland beteiligt. Zur Würdigung der vollen Bedeutung dieses Umstandes muß die erstaunliche Entwicklung berücksichtigt werden, die in diesem Lande vor sich gegangen war. Während des ganzen Jahrhunderts hatte sich Rußland, durch die Macht der Umstände gezwungen, unaufhaltsam, wenn auch nur sehr langsam, den westlichen Einflüssen geöffnet. Es hatte sich mit dem Kaiser und mit Polen im Kampf gegen die Türken verbündet. Angesichts der Fortschritte der Landwirtschaft in den fruchtbaren Gebieten des Südens drängte sich der russischen Politik ein Ziel auf: die

Wiedergewinnung von Asow, um wenigstens einen indirekten Zugang zum Mittelmeer zu gewinnen. Obwohl die oft allzu starke Betonung des asiatischen Charakters Rußlands zu Täuschungen führt, ist nicht zu leugnen, daß das patriarchalisch regierte bäuerliche Land, dessen Städte lediglich große Siedlungen um eine Festung darstellten, im Vergleich zum übrigen Europa außerordentlich rückständig war. Mit vierzehn Millionen Einwohnern war es nur dünn besiedelt. Die herrschende Schicht waren die Großgrundbesitzer, die Bojaren, die für ihren ungeheuren Reichtum keine Anlagemöglichkeiten in der Industrie suchten. Gegen 1690 gab es nicht mehr als zehn bis zwanzig Fabriken im ganzen Lande.

Selten wurde einem Manne seine Rolle stärker von den Umständen vorgeschrieben als dem Zaren Peter I. von Rußland. Der Sohn aus der zweiten Ehe des Zaren Alexej Michailowitsch wuchs zusammen mit seinem Bruder Iwan V. unter der Regentschaft seiner älteren Schwester Sophie heran. Er nahm Fühlung auf mit der ausländischen Kolonie von Kaufleuten und Abenteurern in den Vorstädten Moskaus und lernte durch sie die technische Überlegenheit Europas kennen. Inkognito schloß er sich einer Gesandtschaft an, die er in den Westen schickte, und lernte aus eigener Erfahrung Städte und Häfen, Handel und Regierungssystem der westlichen Staaten kennen. Als Autodidakt, der für die ihm kaum bekannten russischen Traditionen nur Abscheu und Verachtung übrig hatte, ging er daran, sein Land zu reformieren und dort westeuropäische Einrichtungen einzuführen. Er richtete sein Augenmerk vor allem auf die Niederlande, deren Technik, Fleiß und geistige Unabhängigkeit er bewunderte, und auf Schweden, dessen Regierung ihm gefiel, das er aber sonst nicht sehr liebte, da er es für einen gefährlichen Rivalen und natürlichen Gegner Rußlands hielt.

Er reformierte die traditionelle, religiöse und aristokratische Monarchie zu einem bürokratischen Militär- und Polizeiregime, dessen wichtigste Organe der Senat, die Ministerkollegien, eine Geheimkanzlei und die Staatspolizei waren. Die orthodoxe Kirche ließ er seine Macht spüren. An Stelle der Patriarchen setzte er eine Heilige Synode ein, in der er durch einen Generalprokurator vertreten war und so alle seine Entscheidungen durchsetzen konnte; seitdem war die Kirche offiziell dem Zaren unterstellt. Sein Wunsch nach raschen Fortschritten drängte ihn dazu, Fabriken zu gründen, eine Flotte zu bauen, die Eisenerzlager im Ural zu erschließen, deren Ausbeute er als Konkurrenz für die schwedischen Erze an England zu verkaufen gedachte, und staatliche Manufakturen zu gründen, in denen neben den Sklaven auch bezahlte Arbeitskräfte beschäftigt werden sollten. Die zweihundert neuen Fabriken in fünfunddreißig Jahren beweisen das Ausmaß seiner Aktivität. Aber er hatte wohl weder die Zeit, noch verfügte er über die notwendige Erfahrung, um die russische Gesellschaftsordnung grundlegend zu verwandeln. Die Probleme des *Raskol*, des religiösen Schismas und der Leibeigenschaft, blieben ungelöst, ja verschärften sich eher noch unter seiner Regierung. Er zwang einem Rußland, dessen Züge von der Vergangenheit und ihren Mängeln geprägt waren, die äußeren Formen eines westlichen Staates auf; er verließ Moskau, die natürliche Hauptstadt, um die sich im Laufe der Zeit der russische Staat gebildet hatte, und gründete in einer wilden, prachtvollen Gegend die neue Hauptstadt St. Petersburg – dem Land gegenüber, dem es zu trotzen galt: Schweden. In allen Phasen seiner Reformen hatte er viele Techniker aus dem Ausland herangezogen, da

Das Haus Bourbon

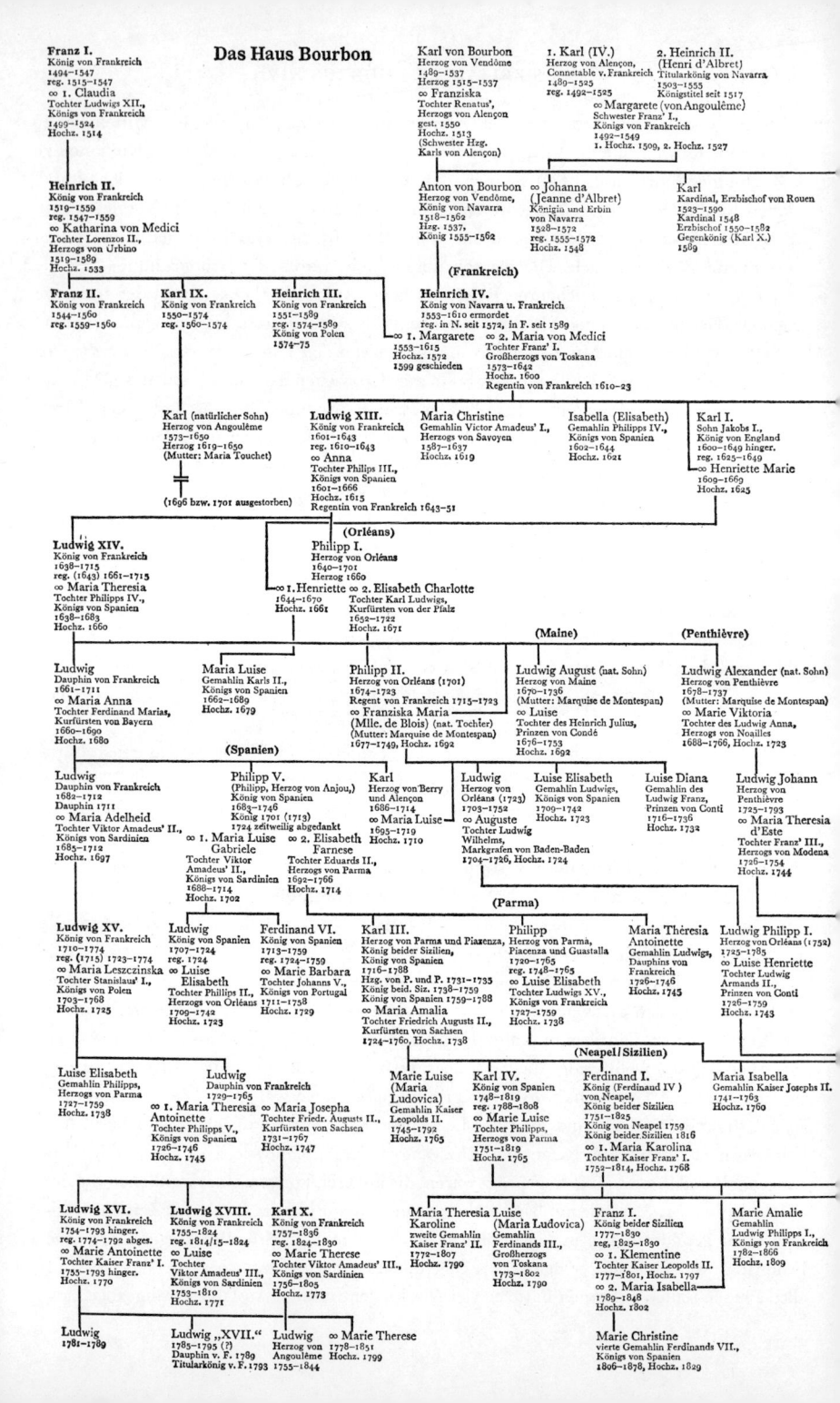

Franz I.
König von Frankreich
1494–1547
reg. 1515–1547
∞ 1. Claudia
Tochter Ludwig XII.,
Königs von Frankreich
1499–1524
Hochz. 1514

Karl von Bourbon
Herzog von Vendôme
1489–1537
Herzog 1515–1537
∞ Franziska
Tochter Renatus',
Herzogs von Alençon
gest. 1550
Hochz. 1513
(Schwester Hzg.
Karls von Alençon)

1. Karl (IV.)
Herzog von Alençon,
Connetable v. Frankreich
1489–1525
reg. 1492–1525

2. Heinrich II.
(Henri d'Albret)
Titularkönig von Navarra
1503–1555
Königstitel seit 1517
∞ Margarete (von Angoulême)
Schwester Franz' I.,
Königs von Frankreich
1492–1549
1. Hochz. 1509, 2. Hochz. 1527

Heinrich II.
König von Frankreich
1519–1559
reg. 1547–1559
∞ Katharina von Medici
Tochter Lorenzos II.,
Herzogs von Urbino
1519–1589
Hochz. 1533

Anton von Bourbon
Herzog von Vendôme,
König von Navarra
1518–1562
Hzg. 1537,
König 1555–1562

∞ **Johanna**
(Jeanne d'Albret)
Königin und Erbin
von Navarra
1528–1572
reg. 1555–1572
Hochz. 1548

Karl
Kardinal, Erzbischof von Rouen
1523–1590
Kardinal 1548
Erzbischof 1550–1582
Gegenkönig (Karl X.)
1589

(Frankreich)

Franz II.
König von Frankreich
1544–1560
reg. 1559–1560

Karl IX.
König von Frankreich
1550–1574
reg. 1560–1574

Heinrich III.
König von Frankreich
1551–1589
reg. 1574–1589
König von Polen
1574–75

Heinrich IV.
König von Navarra u. Frankreich
1553–1610 ermordet
reg. in N. seit 1572, in F. seit 1589
∞ 1. Margarete
1553–1615
Hochz. 1572
1599 geschieden
∞ 2. Maria von Medici
Tochter Franz' I.
Großherzogs von Toskana
1573–1642
Hochz. 1600
Regentin von Frankreich 1610–23

Karl (natürlicher Sohn)
Herzog von Angoulême
1573–1650
Herzog 1619–1650
(Mutter: Maria Touchet)

(1696 bzw. 1701 ausgestorben)

Ludwig XIII.
König von Frankreich
1601–1643
reg. 1610–1643
∞ Anna
Tochter Philips III.,
Königs von Spanien
1601–1666
Hochz. 1615
Regentin von Frankreich 1643–51

Maria Christine
Gemahlin Victor Amadeus' I.,
Herzogs von Savoyen
1587–1637
Hochz. 1619

Isabella (Elisabeth)
Gemahlin Philipps IV.,
Königs von Spanien
1602–1644
Hochz. 1621

Karl I.
Sohn Jakobs I.,
König von England
1600–1649 hinger.
reg. 1625–1649
∞ Henriette Marie
1609–1669
Hochz. 1625

(Orléans)

Ludwig XIV.
König von Frankreich
1638–1715
reg. (1643) 1661–1715
∞ Maria Theresia
Tochter Philipps IV.,
Königs von Spanien
1638–1683
Hochz. 1660

Philipp I.
Herzog von Orléans
1640–1701
Herzog 1660
∞ 1. Henriette ∞ 2. Elisabeth Charlotte
1644–1670   Tochter Karl Ludwigs,
Hochz. 1661   Kurfürsten von der Pfalz
              1652–1722
              Hochz. 1671

(Maine)   **(Penthièvre)**

Ludwig
Dauphin von Frankreich
1661–1711
∞ Maria Anna
Tochter Ferdinand Marias,
Kurfürsten von Bayern
1660–1690
Hochz. 1680

Maria Luise
Gemahlin Karls II.,
Königs von Spanien
1662–1689
Hochz. 1679

Philipp II.
Herzog von Orléans (1701)
1674–1723
Regent von Frankreich 1715–1723
∞ Franziska Maria
(Mlle. de Blois) (nat. Tochter)
(Mutter: Marquise de Montespan)
1677–1749, Hochz. 1692

Ludwig August (nat. Sohn)
Herzog von Maine
1670–1736
(Mutter: Marquise de Montespan)
∞ Luise
Tochter des Heinrich Julius,
Prinzen von Condé
1676–1753
Hochz. 1692

Ludwig Alexander (nat. Sohn)
Herzog von Penthièvre
1678–1737
(Mutter: Marquise de Montespan)
∞ Marie Viktoria
Tochter des Ludwig Anna,
Herzogs von Noailles
1688–1766, Hochz. 1723

(Spanien)

Ludwig
Dauphin von Frankreich
1682–1712
Dauphin 1711
∞ Maria Adelheid
Tochter Viktor Amadeus' II.,
Königs von Sardinien
1685–1712
Hochz. 1697

Philipp V.
(Philipp, Herzog von Anjou),
König von Spanien
1683–1746
König 1701 (1713)
1724 zeitweilig abgedankt
∞ 1. Maria Luise ∞ 2. Elisabeth
Gabriele   Farnese
Tochter Viktor   Tochter Eduards II.,
Amadeus' II.,   Herzogs von Parma
Königs von Sardinien 1692–1766
1688–1714   Hochz. 1714
Hochz. 1702

Karl
Herzog von Berry
und Alençon
1686–1714
∞ Maria Luise
1695–1719
Hochz. 1710

Ludwig
Herzog von Orléans (1723)
1703–1752
∞ Auguste
Tochter Ludwig
Wilhelms,
Markgrafen von Baden-Baden
1704–1726, Hochz. 1724

Luise Elisabeth
Gemahlin Ludwigs,
Königs von Spanien
1709–1742
Hochz. 1723

Luise Diana
Gemahlin des
Ludwig Franz,
Prinzen von Conti
1716–1736
Hochz. 1732

Ludwig Johann
Herzog von
Penthièvre
1725–1793
∞ Maria Theresia
d'Este
Tochter Franz' III.,
Herzogs von Modena
1726–1754
Hochz. 1744

Ludwig XV.
König von Frankreich
1710–1774
reg. (1715) 1723–1774
∞ Maria Leszczinska
Tochter Stanislaus' I.,
Königs von Polen
1703–1768
Hochz. 1725

Ludwig
König von Spanien
1707–1724
reg. 1724
∞ Luise
Elisabeth
Tochter Philipps II.,
Herzogs von Orléans
1709–1742
Hochz. 1723

Ferdinand VI.
König von Spanien
1713–1759
reg. 1724–1759
∞ Maria Barbara
Tochter Johanns V.,
Königs von Portugal
1711–1758
Hochz. 1729

Karl III.
Herzog von Parma und Piacenza,
König beider Sizilien,
König von Spanien
1716–1788
Hzg. von P. und P. 1731–1735
König beid. Siz. 1738–1759
König von Spanien 1759–1788
∞ Maria Amalia
Tochter Friedrich Augusts II.,
Kurfürsten von Sachsen
1724–1760, Hochz. 1738

Philipp
Herzog von Parma,
Piacenza und Guastalla
1720–1765
reg. 1748–1765
∞ Luise Elisabeth
Tochter Ludwigs XV.,
Königs von Frankreich
1727–1759
Hochz. 1738

**Maria Theresia
Antoinette**
Gemahlin Ludwigs,
Dauphins von
Frankreich
1726–1746
Hochz. 1745

Ludwig Philipp I.
Herzog von Orléans (1752)
1725–1785
∞ Luise Henriette
Tochter Ludwig
Armands II.,
Prinzen von Conti
1726–1759
Hochz. 1743

Luise Elisabeth
Gemahlin Philipps,
Herzogs von Parma
1727–1759
Hochz. 1738

Ludwig
Dauphin von Frankreich
1729–1765
∞ 1. Maria Theresia
Antoinette
Tochter Philipps V.,
Königs von Spanien
1726–1746
Hochz. 1745
∞ 2. Maria Josepha
Tochter Friedr. Augusts II.,
Kurfürsten von Sachsen
1731–1767
Hochz. 1747

Marie Luise
(Maria
Ludovica)
Gemahlin Kaiser
Leopolds II.
1745–1792
Hochz. 1765

Karl IV.
König von Spanien
1748–1808
reg. 1788–1808
∞ Maria Luise
Tochter Philipps,
Herzogs von Parma
1751–1819
Hochz. 1765

Ferdinand I.
König (Ferdinand IV)
beider Sizilien
1751–1825
König von Neapel 1759
König beider Sizilien 1816
∞ 1. Maria Karolina
Tochter Kaiser Franz' I.
1752–1814, Hochz. 1768

Maria Isabella
Gemahlin Kaiser Josephs II.
1741–1763
Hochz. 1760

Ludwig XVI.
König von Frankreich
1754–1793 hinger.
reg. 1774–1792 abges.
∞ Marie Antoinette
Tochter Kaiser Franz' I.
1755–1793 hinger.
Hochz. 1770

Ludwig XVIII.
König von Frankreich
1755–1824
reg. 1814/15–1824
∞ Luise
Tochter
Viktor Amadeus' III.,
Königs von Sardinien
1753–1810
Hochz. 1771

Karl X.
König von Frankreich
1757–1836
reg. 1824–1830
∞ Marie Therese
Tochter Viktor Amadeus' III.,
Königs von Sardinien
1756–1805
Hochz. 1773

**Maria Theresia Luise
Karoline**
zweite Gemahlin
Kaiser Franz' II.
1772–1807
Hochz. 1790

Maria (Ludovica)
Gemahlin
Ferdinands III.,
Großherzogs
von Toskana
1773–1802
Hochz. 1790

Franz I.
König beider Sizilien
1777–1830
reg. 1825–1830
∞ 1. Klementine
Tochter Kaiser Leopolds II.
1777–1801, Hochz. 1797
∞ 2. Maria Isabella
1789–1848
Hochz. 1802

Marie Amalie
Gemahlin
Ludwig Philipps I.,
Königs von Frankreich
1782–1866
Hochz. 1809

Ludwig
1781–1789

Ludwig „XVII."
1785–1795 (?)
Dauphin v. F. 1789
Titularkönig v. F. 1793

Ludwig
Herzog von
Angoulême
1775–1844

∞ **Marie Therese**
1778–1851
Hochz. 1799

Marie Christine
vierte Gemahlin Ferdinands VII.,
Königs von Spanien
1806–1878, Hochz. 1829

(Condé)

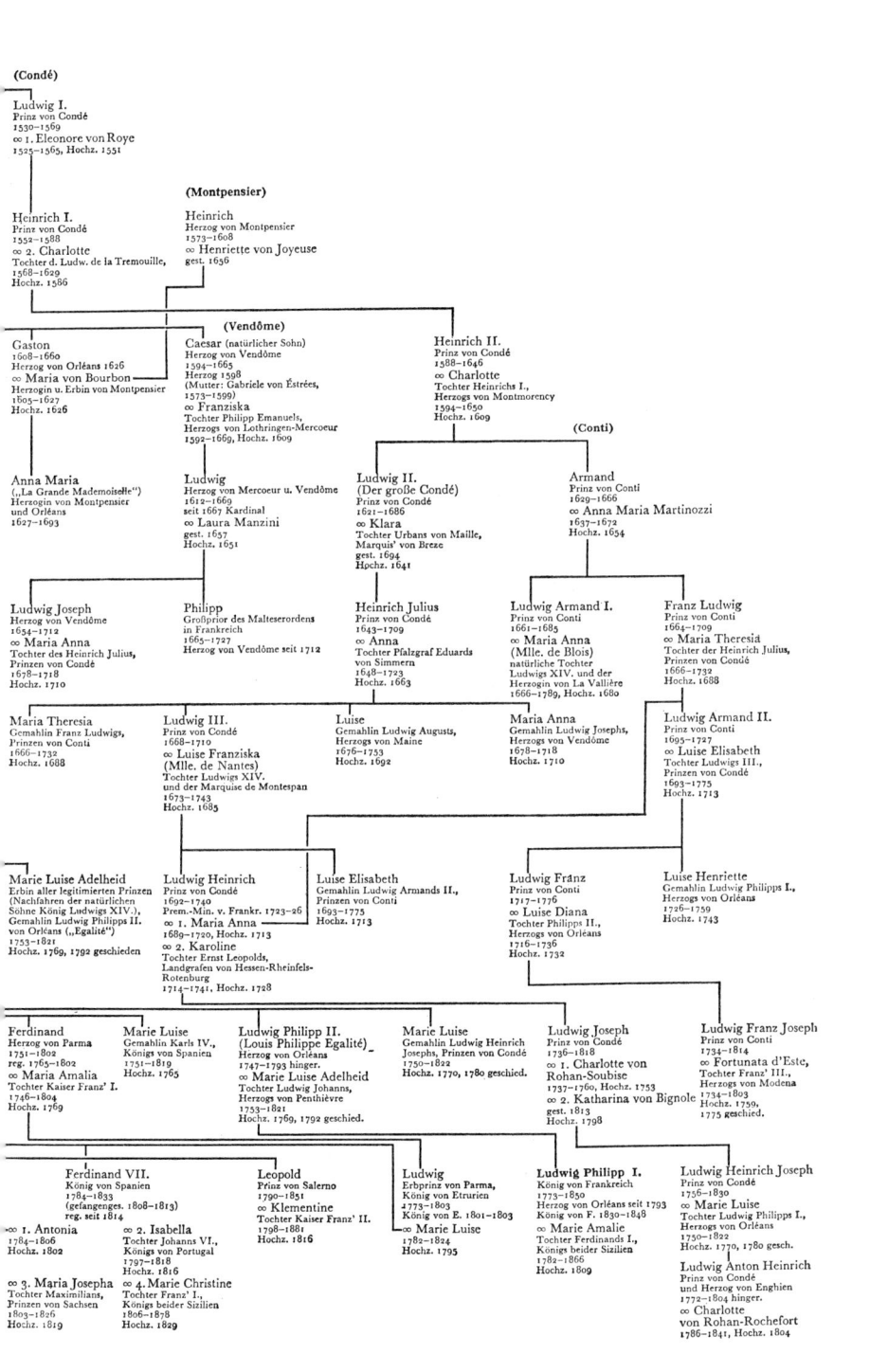

Ludwig I.
Prinz von Condé
1530–1569
∞ 1. Eleonore von Roye
1525–1565, Hochz. 1551

Heinrich I.
Prinz von Condé
1552–1588
∞ 2. Charlotte
Tochter d. Ludw. de la Tremouille,
1568–1629
Hochz. 1586

(Montpensier)

Heinrich
Herzog von Montpensier
1573–1608
∞ Henriette von Joyeuse
gest. 1656

(Vendôme)

Caesar (natürlicher Sohn)
Herzog von Vendôme
1594–1665
Herzog 1598
(Mutter: Gabriele von Éstrées,
1573–1599)
∞ Franziska
Tochter Philipp Emanuels,
Herzogs von Lothringen-Mercoeur
1592–1669, Hochz. 1609

Gaston
1608–1660
Herzog von Orléans 1626
∞ Maria von Bourbon
Herzogin u. Erbin von Montpensier
1605–1627
Hochz. 1626

Heinrich II.
Prinz von Condé
1588–1646
∞ Charlotte
Tochter Heinrichs I.,
Herzogs von Montmorency
1594–1650
Hochz. 1609

(Conti)

Anna Maria
(„La Grande Mademoiselle")
Herzogin von Montpensier
und Orléans
1627–1693

Ludwig
Herzog von Mercoeur u. Vendôme
1612–1669
seit 1667 Kardinal
∞ Laura Manzini
gest. 1657
Hochz. 1651

Ludwig II.
(Der große Condé)
Prinz von Condé
1621–1686
∞ Klara
Tochter Urbans von Maille,
Marquis' von Breze
gest. 1694
Hchz. 1641

Armand
Prinz von Conti
1629–1666
∞ Anna Maria Martinozzi
1637–1672
Hochz. 1654

Ludwig Joseph
Herzog von Vendôme
1654–1712
∞ Maria Anna
Tochter des Heinrich Julius,
Prinzen von Condé
1678–1718
Hochz. 1710

Philipp
Großprior des Malteserordens
in Frankreich
1665–1727
Herzog von Vendôme seit 1712

Heinrich Julius
Prinz von Condé
1643–1709
∞ Anna
Tochter Pfalzgraf Eduards
von Simmern
1648–1723
Hochz. 1663

Ludwig Armand I.
Prinz von Conti
1661–1685
∞ Maria Anna
(Mlle. de Blois)
natürliche Tochter
Ludwig XIV. und der
Herzogin von La Vallière
1666–1789, Hochz. 1680

Franz Ludwig
Prinz von Conti
1664–1709
∞ Maria Theresia
Tochter der Heinrich Julius,
Prinzen von Condé
1666–1732
Hochz. 1688

Maria Theresia
Gemahlin Franz Ludwigs,
Prinzen von Conti
1666–1732
Hochz. 1688

Ludwig III.
Prinz von Condé
1668–1710
∞ Luise Franziska
(Mlle. de Nantes)
Tochter Ludwigs XIV.
und der Marquise de Montespan
1673–1743
Hochz. 1685

Luise
Gemahlin Ludwig Augusts,
Herzogs von Maine
1676–1753
Hochz. 1692

Maria Anna
Gemahlin Ludwig Josephs,
Herzogs von Vendôme
1678–1718
Hochz. 1710

Ludwig Armand II.
Prinz von Conti
1695–1727
∞ Luise Elisabeth
Tochter Ludwigs III.,
Prinzen von Condé
1693–1775
Hochz. 1713

Marie Luise Adelheid
Erbin aller legitimierten Prinzen
(Nachfahren der natürlichen
Söhne König Ludwigs XIV.),
Gemahlin Ludwig Philipps II.
von Orléans („Egalité")
1753–1821
Hochz. 1769, 1792 geschieden

Ludwig Heinrich
Prinz von Condé
1692–1740
Prem.-Min. v. Frankr. 1723–26
∞ 1. Maria Anna
1689–1720, Hochz. 1713
∞ 2. Karoline
Tochter Ernst Leopolds,
Landgrafen von Hessen-Rheinfels-
Rotenburg
1714–1741, Hochz. 1728

Luise Elisabeth
Gemahlin Ludwig Armands II.,
Prinzen von Conti
1693–1775
Hochz. 1713

Ludwig Franz
Prinz von Conti
1717–1776
∞ Luise Diana
Tochter Philipps II.,
Herzogs von Orleans
1716–1736
Hochz. 1732

Luise Henriette
Gemahlin Ludwig Philipps I.,
Herzogs von Orléans
1726–1759
Hochz. 1743

Ferdinand
Herzog von Parma
1751–1802
reg. 1765–1802
∞ Maria Amalia
Tochter Kaiser Franz' I.
1746–1804
Hochz. 1769

Marie Luise
Gemahlin Karls IV.,
Königs von Spanien
1751–1819
Hochz. 1765

Ludwig Philipp II.
(Louis Philippe Egalité)
Herzog von Orleans
1747–1793 hinger.
∞ Marie Luise Adelheid
Tochter Ludwig Johanns,
Herzogs von Penthièvre
1753–1821
Hochz. 1769, 1792 geschied.

Marie Luise
Gemahlin Ludwig Heinrich
Josephs, Prinzen von Condé
1750–1822
Hochz. 1770, 1780 geschied.

Ludwig Joseph
Prinz von Condé
1736–1818
∞ 1. Charlotte von
Rohan-Soubise
1737–1760, Hochz. 1753
∞ 2. Katharina von Bignole
gest. 1813
Hochz. 1798

Ludwig Franz Joseph
Prinz von Conti
1734–1775
∞ Fortunata d'Este,
Tochter Franz' III.,
1734–1803
1750,
1775 geschied.

Ferdinand VII.
König von Spanien
1784–1833 (1808–1813)
reg. seit 1814

Leopold
Prinz von Salerno
1790–1851
∞ Klementine
Tochter Kaiser Franz' II.
1798–1881
Hochz. 1816

Ludwig
Erbprinz von Parma,
König von Etrurien
1773–1803
König von E. 1801–1803
∞ Marie Luise
1782–1824
Hochz. 1795

Ludwig Philipp I.
König von Frankreich
1773–1850
Herzog von Orléans seit 1793
1830–1848
∞ Marie Amalie
Tochter beider Sizilien
1782–1866
Hochz. 1809

Ludwig Heinrich Joseph
Prinz von Condé
1756–1830
∞ Marie Luise
Tochter Ludwig Philipps I.,
Herzogs von Orléans
1750–1822
Hochz. 1770, 1780 gesch.

∞ 1. Antonia
1784–1806
Hochz. 1802

∞ 2. Isabella
Tochter Johanns VI.,
Königs von Portugal
1797–1818
Hochz. 1816

Ludwig Anton Heinrich
Prinz von Condé
und Herzog von Enghien
1772–1804 hinger.
∞ Charlotte
von Rohan-Rochefort
1786–1841, Hochz. 1804

∞ 3. Maria Josepha
Tochter Maximilians,
Prinzen von Sachsen
1803–1826
Hochz. 1819

∞ 4. Marie Christine
Tochter Franz' I.,
Königs beider Sizilien
1806–1878
Hochz. 1829

sie im eigenen Lande fehlten. Um dies zu ändern, sorgte er für Ausbildungsstätten. Die traditionellen Sitten und Gebräuche suchte er abzuschaffen, verpflichtete die Russen zum Tragen westlicher Kleidung und befahl, Frauen in Gesellschaft erscheinen zu lassen. So näherte sich Rußland langsam dem europäischen Leben an.

1699 erhielt Zar Peter im Frieden von Karlowitz die Stadt Asow. Bald bot ihm die Lage in Schweden wieder einen Anlaß, sich einzumischen. König Karl XI. hatte versucht, den widerspenstigen Adel seines Landes zu unterwerfen, war aber vorzeitig gestorben und hatte den Thron seinem jungen Sohn, Karl XII., hinterlassen. Gegen ihn bildete sich eine Koalition aus Dänemark, Brandenburg, Polen und Rußland, der es darum ging, Schweden aus den Gebieten zu vertreiben, die es seit den Tagen Gustaf Adolfs an den Küsten der Ostsee besetzt hielt. Doch Schweden hatte eine schlagkräftige Armee und einen entschlossenen König. Als erstes siegte Karl XII. bei Narwa über die russischen Truppen, und der Zar hatte die Quittung für seine unzureichenden Vorbereitungen und die schlechte Verfassung seiner Artillerie; so widmete er sich um so hartnäckiger der Stahlindustrie und der Bewaffnung seiner Truppen.

Als die Schlacht bei Narwa am 30. November 1700 geschlagen wurde, warf im Westen die spanische Erbfolge Probleme auf, über die es zu einem neuen Krieg kommen sollte. Nachdem die spanische Wirtschaft das ganze Jahrhundert hindurch mit Schwierigkeiten zu kämpfen hatte, befand sie sich seit einigen Jahren, vor allem in Katalonien, deutlich sichtbar auf dem Wege der Besserung. Der Handel mit den Kolonien in Amerika, deren Kaufkraft ständig wuchs, kam auch den Kaufleuten der Seemächte zugute, und so war Europa an der Lösung der Erbfolgefrage in Spanien sehr interessiert, die wegen der schlechten Gesundheit des erbenlosen Königs Karl II. keinen Aufschub duldete.

Auf dem Höhepunkt seines Ruhmes hatte Ludwig XIV. die Thronfolge für den Dauphin, den Sohn der ältesten Schwester Karls II., gefordert, hatte aber später in zwei Verträgen mit den Seemächten einer Teilung zugestimmt, durch die Frankreich als Kompensation die nordspanische Provinz Guipuzcoa, das Königreich Neapel und Mailand erhalten sollte. Doch weder der König von Spanien noch der Kaiser erkannten diese Teilungsverträge an. Karl II. beabsichtigte vielmehr, die Monarchie ungeteilt einem Erben seiner Wahl zu übertragen, und Kaiser Leopold hoffte, daß sein zweiter Sohn, Erzherzog Karl, der Auserwählte sein würde. Aber als Karl II. im November 1700 starb, bestimmte sein Testament den Herzog Philipp von Anjou, einen Enkel Ludwigs XIV. und – falls er verhindert war – den Erzherzog Karl zum Alleinerben seiner Besitzungen. Nach einigem Zögern nahm Ludwig XIV. das Testament an, alle spanischen Provinzen und die Kolonien in Amerika jubelten ihrem neuen König Philipp V. zu.

Ludwig XIV. ist oft der Vorwurf gemacht worden, das Wohl des Königreiches und den Frieden seinem dynastischen Ehrgeiz geopfert zu haben. Man hatte auch davon gesprochen, Mailand gegen Lothringen und Neapel gegen Savoyen auszutauschen. Diese Pläne blieben jedoch in der Schwebe, während die Annahme des Testaments neue politische Möglichkeiten eröffnete. Eine wirtschaftliche Allianz mit Spanien hätte dem französischen Handel die spanische Halbinsel, Mailand und das Kolonialreich zugänglich gemacht, ein Plan,

DAS ZEITALTER LUDWIGS XIV. 345

dessen Verwirklichung England auf keinen Fall zulassen konnte, wenn es Frankreich nach den Heimsuchungen des letzten Krieges nicht eine rasche Erholung erlauben und neuen Auftrieb geben wollte. Unvorsichtigkeiten Ludwigs XIV. dienten neuen Bündnisverhandlungen als letzter Vorwand. Die »Große Allianz« von 1701 erneuerte die Liga von Augsburg: Dieses Mal waren es der Kaiser mit seiner schlagkräftigen Armee, England mit seiner Flotte und seinen finanziellen Hilfsquellen, die Niederlande, Portugal und Savoyen, die den Krieg gegen Frankreich und Spanien eröffneten. Den Bourbonen blieb nur ein Bündnis mit Bayern und die Hoffnung, gegen den Kaiser die Truppen des Königs von Schweden und die ungarischen Kurutzen ins Feld schicken zu können.

Der Spanische Erbfolgekrieg von 1701 bis 1713 brachte Ludwig XIV. ein letztes Mal in eine ernste Krise; nach mehreren Niederlagen schien es, als habe die französische Armee trotz ihrer hervorragenden Heerführer ihren alten Ruf endgültig verspielt. Nachdem die Niederlande 1706 verlorengegangen und die Festungen Vaubans eine nach der anderen gefallen waren, sah es so aus, als sei die Stunde nahe, da Ludwig XIV. von den Alliierten die beschämendsten Bedingungen annehmen, die meisten seiner Eroberungen opfern und einer Bevormundung seines Königreiches zustimmen mußte. Die Regierungszeit, in der so viele Siege errungen und so viel Ansehen und Ruhm erworben worden waren, hätte fast in einer Katastrophe ihr Ende gefunden.

Die Lage war um so ernster, als die französische Öffentlichkeit schon seit einigen Jahren das Regime kritisierte. Die heftigsten Vorwürfe richteten sich gegen die ungleiche Verteilung der Ämter, die übermäßigen Steuerprivilegien des Adels, die drückenden Steuern, gegen Teuerung, Unsicherheit und wirtschaftliche Ungerechtigkeiten, die die Zwischenhändler begünstigten und den Produzenten ihren Gewinn vorenthielten (*Dîme royale* von Vauban). Weitere Klagen galten dem despotischen Polizeiregime, das die Harmonie der alten Gesellschaftsordnung zerstört hatte, der Nivellierung der Stände, der Entmachtung der Beamten und Parlamente und schließlich dem allmächtigen Willen des Königs, der offenbar von Hochmut in die Irre geführt und von seinen Ministern schlecht beraten war, die mehr an ihre eigene Bequemlichkeit dachten als an das allgemeine Wohl des Staates.

Die Einmütigkeit in der Kritik bewies eine gewisse Abnutzung des Systems und dessen mangelnde Anpassungsfähigkeit an die Ideen einer neuen Generation, die weniger für den Ruhm der Vergangenheit als für Freiheit und Privatinitiative zu begeistern war. Tatsächlich hatte keiner der vorhergegangenen Kriege so viele Schwierigkeiten aufgebracht und das Volk so schwer belastet. Jetzt zeigten sich die Früchte einer Entwicklung, die sich während der langen Regierungszeit Ludwigs XIV. vollzogen hatte. Das französische Volk war reif und selbstbewußt geworden. Trotz der Revolten (zum Beispiel der *Camisards* der Hugenotten, 1702–1705), hatte sich das Volk allgemein den Anstrengungen, die von ihm gefordert wurden, unterworfen. Die neue Zehntsteuer bedeutete einen Fortschritt auf dem Wege zur Steuergleichheit. Der gute Gang der Geschäfte und des Seehandels führte der Staatskasse erhebliche Summen zu, so daß der Krieg fortgesetzt werden konnte. Zweimal, 1709 und 1710, begriff Ludwig XIV., welch unerhörte Opfer er vom Volke in der verzweifelten Lage forderte. Er fügte sich der Preisgabe von Lille, Straßburg und Dünkirchen und der Zahlung von Geldern, die dem Krieg gegen Philipp von Spanien zugute kamen.

Die Alliierten waren damit jedoch noch nicht zufrieden. Sie stellten Bedingungen »so entgegengesetzt der Gerechtigkeit und der Ehre des französischen Namens«, daß der alte König sein Volk zum Zeugen aufrief und den Kampf fortzusetzen beschloß.

Da kamen ihm die veränderten Umstände zu Hilfe. In Katalonien, der wirtschaftlich am höchsten entwickelten Provinz Spaniens, in der ein aktives Bürgertum den Ton angab, hatten die Engländer den Erzherzog Karl als König eingesetzt. Der »König der Katalanen«, Karl III., konnte sich zwar nicht in Madrid niederlassen, dafür eroberten ihm die Alliierten die Niederlande und die italienischen Besitzungen. Karl, ein intelligenter und mutiger Fürst, mußte jedoch nach dem vorzeitigen Tod seines älteren Bruders, des Kaisers Joseph, im Jahre 1711 das Erbe in den österreichischen Ländern antreten. Damit schien er auch der natürliche Anwärter auf den Kaiserthron. Nun schwand das Interesse Englands. Nachdem es die Hegemonie der Bourbonen in Europa verhindert hatte, verspürte es geringe Lust, eine neue Hegemonie der Habsburger zu fördern. Mit verzweifelten Anstrengungen hatten die französischen Heere unter Villars 1712 bei Denain die Invasion der kaiserlichen Armee zum Stehen gebracht.

Unter diesen Umständen konnten in Utrecht Friedensverhandlungen eröffnet werden (1713). Der Vorschlag, die spanischen Besitzungen zu teilen, tauchte wieder auf, nachdem er vor dem Kriege aus Sorge um das europäische Gleichgewicht bereits Fürsprecher gefunden hatte. Spanien und das amerikanische Kolonialreich wurden Philipp V. zugesprochen, der zunächst allerdings Katalonien wiedererobern und Barcelona zur Kapitulation zwingen mußte (1714). König Karl III., inzwischen Kaiser Karl VI., erhielt die Niederlande, Neapel und Mailand; Sizilien ging mit dem Königstitel an den Herzog von Savoyen, und Frankreich trat einige Gebiete an die Niederlande ab und schleifte Dünkirchen, behielt aber Straßburg und das Elsaß und gewann sogar Barcelonette. Das Schlimmste war verhütet worden.

Aus diesem Kampf, der scheinbar nur auf dem europäischen Kontinent und für dynastische Interessen geführt worden war, in Wirklichkeit aber weltweite, auch wirtschaftliche Hintergründe hatte, ging England als Sieger hervor. Die bedrohliche wirtschaftliche Allianz zwischen einem noch immer starken Frankreich und einem Spanien, das zu neuem Aufschwung fähig schien, war verhindert worden. Statt Frankreich war nun England die begünstigte Macht und brachte den ganzen blühenden Handel mit Amerika unter seine Kontrolle. Dazu gehörte auch die Erlaubnis, jedes Jahr ein Schiff nach Puerto Bello zu schicken und — nach dem Assiento-Vertrag von 1713 — auch das ausschließliche Recht, Negersklaven in die südamerikanischen Provinzen Spaniens zu importieren. Außerdem hatte England schon 1703 mit Portugal einen vorteilhaften Handelsvertrag abgeschlossen, der ihm, gerade als dort endlich Goldadern und Diamantenvorkommen entdeckt worden waren, praktisch den gesamten Handel mit Brasilien überließ. Die Ausbeute aus der Provinz Minas Geraes und der Zustrom wertvoller Mineralien blieben nicht ohne Auswirkung auf die Weltwirtschaft. Schließlich erhielt England noch Stützpunkte an den wichtigen Seewegen: Gibraltar an der Schwelle zum Mittelmeer, Acadia an der Küste Kanadas, Neufundland und St. Christopher, eine der größeren Antillen-Inseln. Die Stunde der britischen Weltherrschaft hatte geschlagen.

Das Ende eines Zeitalters

Seit 1661 waren Europa und die Welt großen Veränderungen unterworfen. Die entscheidende Vormachtstellung in Europa hatte ein absolutistisch regiertes, militärisch starkes Königreich mit einer altertümlichen Sozialstruktur, aber einer zahlreichen und aktiven Beamtenschaft innegehabt, das seine Einkünfte überwiegend aus Ackerbau und Textilwirtschaft zog. An seine Stelle war nun eine kapitalistische Oligarchie getreten, die ihre Stärke dem Überseehandel insbesondere im Atlantikraum verdankte und keine bedeutende Militärmacht unterhielt, aber stark genug war, die übrigen Länder mit Hilfe wirtschaftlicher Bindungen im eigenen Kielwasser zu halten. Das englische Volk oder besser: die im Parlament vertretene Minderheit kontrollierte ihre Dynastie und stellte der persönlichen Monarchie in Frankreich, die einen glänzenden Aufstieg ihres Landes bewirkt, aber so bedrohliche Erfolge erzielt hatte, eine konstitutionelle Monarchie gegenüber, eine Art königliche Republik, deren protestantischer Glaube zugleich eine ihrer Garantien war.

Nach dem Tod der Königin Anne (1714), die als gute Stuart, gute Patriotin und gute Anglikanerin manche Züge der britischen Seele ihrer Zeit verkörperte, ging die Krone nicht an ihren katholischen Halbbruder, sondern an das deutsche Haus Hannover über. Ludwig XIV. hatte sich stets bemüht, über die von ihm abhängigen englischen Könige den englischen Staat in Schach zu halten. Jetzt sah er sich genötigt, diese protestantische Erbfolge anzuerkennen, obwohl sie das Ansehen des monarchischen Prinzips schädigend, die Macht des Parlaments bestätigte.

Ludwig XIV. starb am 1. September 1715. Bis in seine allerletzten Tage übte er die Macht aus und hielt an der Rolle fest, zu der ihn seine kraftvolle Gesundheit befähigt hatte. Er wurde nicht betrauert, wie es ja das Schicksal aller ist, die sehr lange regiert haben. Unzweifelhaft war das monarchische System, dessen Mechanismus er seit 1661 ausgebildet und beherrscht hatte, in hohem Maße von seiner Person abhängig. Indem er wesentliche Merkmale des Regierungsstils seiner Vorgänger weiterentwickelte, aber auch mit Neuerungen wie etwa dem Regieren ohne Premierminister, hatte er ein Regime geschaffen, in dem die Macht des Königs keine Grenzen kannte. Alle nachgeordneten Stellen waren in ihren Kompetenzen beschränkt, Gültigkeit hatten allein die im Namen des Königs gefällten Entscheidungen. Er regierte nur mit Ministern, die gänzlich von ihm abhingen, und ließ die Provinzen durch Intendanten verwalten, die ihre Macht ausschließlich von ihm empfingen. So hatte er eine wirksame Bürokratie errichtet, die Politik zu koordinieren vermochte, aber auch imstande war, in Zukunft selbständig zu funktionieren. Nach den Worten des Historikers Pagès vertrat die Verwaltung »den Staat von nun an genauso wie der König, wenn nicht sogar mehr als er«. Abgesehen von allen zeitbedingten Schwächen besaß die französische Monarchie, wie sie Ludwig XIV. gewollt und verkörpert hatte, eine Festigkeit und Funktionsfähigkeit, um die sie von den anderen europäischen Mächten mit ihrer herkömmlichen Verwaltung beneidet wurde. Trotzdem darf nicht unerwähnt bleiben, daß das französische Volk durch die Belastungen der Kriege und der Luxusausgaben erschöpft war. Die Interventionen des Königs in den verschiedensten Gebieten hatten Unzufriedenheit in der

Öffentlichkeit erregt, Geistlichkeit und Laien waren durch die Verfolgung des Jansenismus verbittert.

Die herausfordernde Außenpolitik in der Zeit der Erfolge hatte schließlich den Widerstand ganz Europas hervorgerufen. In den Koalitionskriegen und im Spanischen Erbfolgekrieg mußte sich Frankreich zum Kampfe stellen. Die schweren Belastungen, denen die französische Politik ausgesetzt war, waren jedoch großenteils selbst verschuldet. Daß das Schlimmste verhütet wurde und sogar die in der frühen Regierungszeit Ludwigs XIV. errungenen Gewinne später nicht verlorengingen, ist ein Beweis für die Lebenskraft des Volkes und des Regimes. Im Jahre 1715 aber war nicht mehr von einer europäischen Hegemonie Frankreichs die Rede oder auch nur von einem ersten Platz, der ihm unter den europäischen Mächten gebührte. Das hatte sich schon bei der Unterzeichnung des Friedens von Ryswijk gezeigt. Dennoch vermochte 1715 keine andere Macht die Stellung Frankreichs einzunehmen. Noch aber gab es kein neues, festgefügtes und seiner gemeinsamen Interessen bewußtes Europa. Die rivalisierenden Mächte waren vielmehr darauf angewiesen, in gegenseitigen Bündnissen die eigene Kraft zu stärken und für ihre Sicherheit selbst zu sorgen.

Frankreich hatte seinen überragenden Einfluß eingebüßt; andererseits konnte aber in Europa nichts ohne Frankreich unternommen werden. Großbritannien und der Kaiser wußten dies sehr wohl, und Ludwig XIV. überschlug in den letzten Monaten seines Lebens die Vorteile, die ihm ein Bündnis mit dem Kaiser zur Garantie des Friedens auf dem Kontinent oder eine Annäherung an England für die Entwicklung des Seehandels beider Mächte zu bieten hatten.

Der Verlust der Sonderstellung als Folge der eigenen fehlerhaften Politik und der unvermeidlichen Fortschritte bei den anderen Mächten hatte Frankreich jedoch keineswegs das Ansehen entzogen, das es seinen kulturellen Leistungen verdankte. In allen europäischen Ländern war der Ruhm von Versailles fest gegründet. Ein prunkvolles Hofleben nach französischer Art galt als höchste Bestätigung für die Macht der Fürsten und die Talente der Künstler, auch wenn es nicht mehr die glänzenden Feste waren, die einst in der Jugend des Königs gefeiert wurden. Die Trennung des Volkes von der in ihrem strahlenden Ruhm isolierten Regierung Frankreichs belastete die weitere innenpolitische Entwicklung.

Noch aber bewunderte man Versailles als das Meisterwerk der französischen Künstler und der Pariser Handwerker; die Erzeugnisse der französischen Industrie waren für ihre Feinheit und Qualität weit und breit berühmt und auf allen Märkten begehrt; die französische Lebensart schließlich, die wachsendes Interesse für die Naturwissenschaften mit einer sorgsam gepflegten Sprache und aufs höchste verfeinerten Umgangsformen verband, und die Liebenswürdigkeit, mit der die menschlichen Beziehungen gepflegt wurden – dies alles trug wesentlich dazu bei, daß Frankreich am Ende des Zeitalters Ludwigs XIV. auf der ganzen Welt als die geistige Autorität anerkannt war.

Golo Mann

DER EUROPÄISCHE GEIST
IM SPÄTEN 17. JAHRHUNDERT

In seiner »Geschichte der Fortschritts-Idee« *(The Idea of Progress)* spricht der Historiker J. B. Bury von einer Periode, die zwischen den charakteristischen Denkern des 17. Jahrhunderts und jenen des 18. liegt und für die wir keinen unterscheidenden Namen haben: die Jahrzehnte um 1700. Wenige Jahre nach Bury hat der Franzose Paul Hazard diese Epoche mit dem Namen *La Crise de la Conscience Européenne* identifiziert und ihr ein großartiges, in drei Bänden erschienenes Werk gewidmet (1935). Es ist die Hochzeit und Spätzeit Ludwigs XIV., bezeichnet durch Ereignisse wie die Aufhebung des Ediktes von Nantes, die folgenden großen Koalitions- und Erbfolgekriege; die Epoche, während der, im Wirklichen sowohl wie in den Schriften seiner klassischen Verherrlicher, der Absolutismus sich feierlich vollendete. Aber unter seiner goldenen Kuppel, unter der schweren Decke monarchischer Selbstherrlichkeit war Bewegung; teils wütend protestierende, verfolgte, im freien Holland schutzsuchende; teils auch von oben geduldete, ja von oben protegierte, ihr wühlendes Werk heimlich und indirekt verrichtende. Fast alles ist damals gedacht und geschrieben worden, was später die »Aufklärung« popularisierte, woraus später die großen politischen Revolutionen hervorgingen. »Die große Schlacht der Ideen«, faßte Hazard seine These zusammen, »findet vor 1715 und sogar vor 1700 statt. Die Wagnisse der Aufklärung scheinen blaß und schal, gemessen an der angreifenden Kühnheit des *Tractatus theologico-politicus*, an den schwindelnden Abenteuern der ›Ethik‹. Erkennen wir also, daß fast alle Positionen des Geistes, deren Gesamtheit zur Französischen Revolution führte, noch vor Ende des 17. Jahrhunderts bezogen waren. Wenn Neuheit, in der Sphäre des Geistes, genannt werden kann: lange Vorbereitung, die endlich Früchte trägt, Wiederaufleben ewiger Tendenzen zu neuer, fast plötzlicher Leuchtkraft, eine bestimmte Haltung, Akzentuierung, Intensität von der Vergangenheit weg auf die Zukunft hin – endlich, die Entfaltung von Ideenmächten, selbstsicher genug, um auf die Praxis zu wirken; so hat eine Veränderung, deren Folgen bis auf den heutigen Tag gekommen sind, sich in jenen Jahren vollzogen, da Geister wie Spinoza, Bayle, Locke, Newton, Bossuet, Fénelon, Leibniz, um nur die größten zu nennen, zu einer Generalbesinnung, Selbst- und Weltprüfung schritten, um die beherrschenden Wahrheiten des Lebens aufs neue zu begründen.«

Nicht ganz aufs neue. Auch sie fingen nicht mit nichts an, wiewohl sie es manchmal glaubten. Auch sie spannen fort, was ihnen aus dem Grund der Zeiten kam; aus der Antike, von rebellischen Doktoren des Mittelalters, unmittelbar aus der Renaissance. Deren Weigerung, das Menschliche dem Göttlichen unterzuordnen, ihr Vertrauen ins Menschliche als Maß und Grenze aller Fragen, ihren Natursinn finden wir auch im Zeitalter der »Krise des europäischen Geistes«. Der Zusammenhang ist dicht; er war nie wirklich unterbrochen. Ob man Francis Bacon als einen Spätling der Renaissance oder als Vorläufer und Bahnbrecher der hier zu betrachtenden Bewegung ansehen will, ist bloß eine Frage der Perspektive. Bacon war es, der eine »große Erneuerung des Wissens« erstrebte; der es ganz auf Erfahrung begründen und wissens-hindernde Vorurteile systematisch überwinden wollte, allem Wissen aber die Herrschaft über die Natur, praktische Nützlichkeit und das Glück der Menschheit zum Zweck setzte – *commodis humanis inservire*. Schon nahm er den in den 1680er Jahren kulminierenden Streit zwischen den »Antiken« und den »Modernen« und seine Lösung vorweg: die »Antike« heiße eigentlich zu Unrecht so, denn ihre Menschen seien jung gewesen, und alt seien jetzt wir, die Menschen dieser Zeit, und eben darum wüßten wir mehr.

Inmitten der Wirren des Dreißigjährigen Krieges, 1628, veröffentlichte William Harvey, Arzt Bacons und der ersten Stuart-Könige, der auch eine Gesandtschaft an den Hof Kaiser Ferdinands II. begleitet hat, seine *Exercitatio anatomica de motu cordis et sanguinis* – die Entdeckung der Blutzirkulation. Es war ein Triumph der empirischen Methode, die Bacon, der vornehme Laie, nur unempirisch hatte skizzieren können; Glied in einer unendlichen Kette fortschreitender Erkenntnisse, die um den Streit philosophischer Doktrinen sich sowenig kümmerte wie um den der Könige. – Otto von Guericke, dem Bürger Magdeburgs, dem man einen Augenzeugenbericht über die Zerstörung der Stadt verdankt, verdankt man auch die Erfindung der Luftpumpe.

Radikal und in ihrer Kühnheit in ferne Zukunft weisend waren, wie anderwärts gezeigt, die Ideen, welche die erste Englische Revolution hervorbrachte. Während man in Münster über die vergilbten Rechte der Landgrafen von Elsaß stritt, die nun von den Habsburgern auf den König von Frankreich übergehen sollten, leugneten die Sprecher eines englischen Soldatenrates im Gespräch mit ihren Obersten die Gültigkeit alles alten Rechtes (Verhandlungen zu Putney, 1647): »Das Parlament ist gewählt worden, um an unserer Befreiung zu arbeiten und uns in jene natürliche und gerechte Freiheit zu setzen, die der Vernunft entspricht. Denn gleichgültig, was unsere Vorväter waren, was sie gelitten haben oder was man sie zu ertragen zwang, wir sind Menschen des gegenwärtigen Zeitalters und sollten völlig frei sein von jeder Art Belästigung, den Ausschweifungen unserer Oberen und willkürlicher Macht.« – »Wir aber sind Menschen des gegenwärtigen Zeitalters« – dies Wort, von so ungelehrtem Munde gesprochen, könnte als Motto dienen für die wagemutigsten geistigen Bestrebungen der Jahrhundertwende und noch das folgende Zeitalter der »Aufklärung« und der Revolutionen. In dem Kapitel über den englischen Bürgerkrieg lasen wir, wie die Parteien und Sekten sich trennten, wie eine weiter ging als die andere, wie die Forderungen der *Levellers*, radikale Demokratie, allgemeines und gleiches Wahlrecht, geschriebene Verfassung mit kodifizierten Menschen- und Bürgerrechten, überspielt wurden durch die

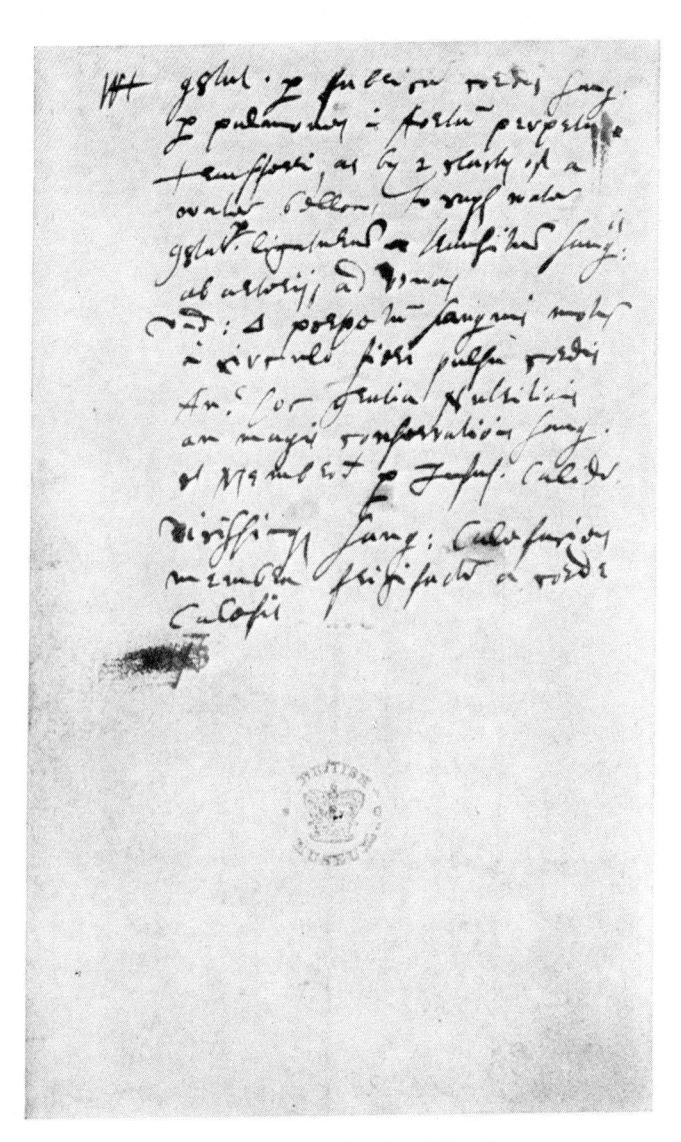

Die Entdeckung des Blutkreislaufs durch William Harvey
Eigenhändige Notizen für seine Vorlesungen über Anatomie im April 1616
London, British Museum

Übersetzung: W(illiam) H(arvey). Es steht fest, daß durch die Tätigkeit des Herzens das Blut fortwährend durch die Lunge in die Aorta gebracht wird, so wie durch zwei Ventilklappen einer Wasserpumpe, mit der man Wasser steigen lassen will. Es steht fest, daß durch eine Verbindung der Übergang des Blutes von den Arterien zu den Venen (stattfindet), weswegen es durch den Herzschlag eine ständige Blutbewegung im Kreise (Δ) gibt. Entweder (geschieht) dies zur Ernährung oder mehr zur Erhaltung des Blutes und der Glieder durch das warme Durchströmen, und während das Blut die Glieder wärmt, wird Abgekühltes wiederum vom Herzen warm gemacht.

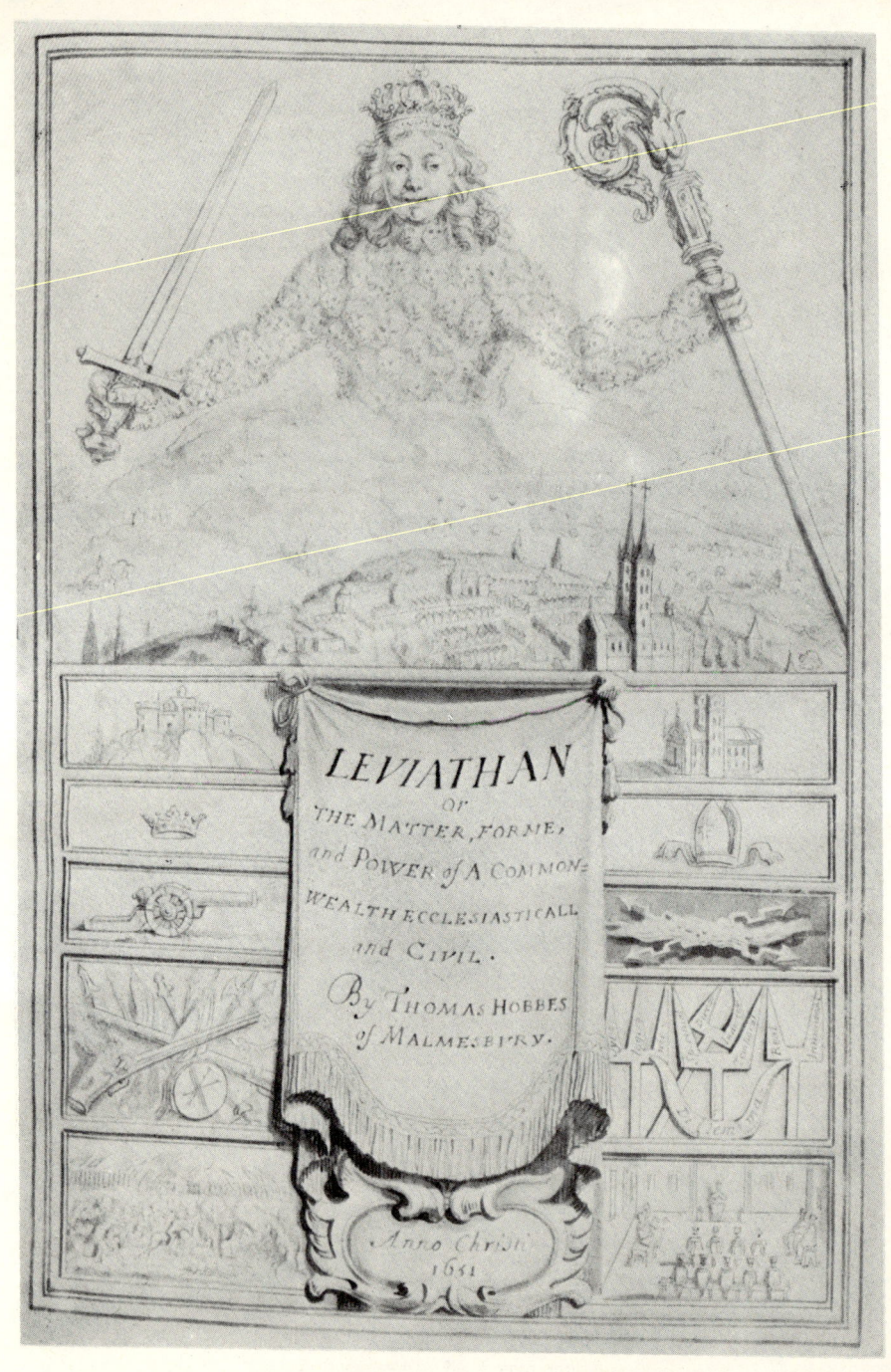

Allegorische Zeichnung für die Titelseite des »Leviathan« von Thomas Hobbes, 1651
London, British Museum

DER EUROPÄISCHE GEIST IM SPÄTEN 17. JAHRHUNDERT 353

Diggers, die geradewegs auf kommunistische Gütergemeinschaft oder Besitzlosigkeit hinauswollten. In ihrem Zukunftsstaat würden selbst die Pfarrer sich aus Volksbetrügern in nützliche Lehrer des Volkes verwandeln: Jeden siebten Tag sollten sie ihre Gemeinde in Geschichte und Naturwissenschaft unterrichten. Wir lasen auch, wie Cromwell und seine Leute notgedrungen zu einer konservativen Gegenposition gelangten: Bürgerliche Ordnung beruhe nicht auf Natur, sondern auf Gesetz, welches allein Eigentum begründe, und wer nicht, in der Form von Eigentum, ein dauerndes, festes Interesse im Lande habe, der habe auch kein Recht mitzubestimmen... Es grenzt ans Unglaubliche, daß dort und damals unter Männern von Einfluß so tief an die Wurzeln gehende Diskussionen gepflogen werden konnten, während man ein paar hundert Kilometer weiter das *cuius regio eius religio* noch einmal wirkungsvoll proklamierte und mit Menschen und Ländern handelte, als seien sie toter Besitzes-Stoff.

Aus dem englischen Bürgerkrieg erhob sich die gewaltig-sonderbare Philosophengestalt des Thomas Hobbes (1588-1679). Sein Hauptwerk, der *Leviathan*, erschien drei Jahre nach dem Westfälischen Friedensschluß, drei Jahre nach der Hinrichtung König Karls; als Ferdinand III. in Wien regierte und Kardinal Mazarin zu Paris. Mit dem *Leviathan* hätten alle diese Potentaten nicht viel anfangen können; denn obgleich eine konsequentere Rechtfertigung des Absolutismus nie geboten wurde, so war es doch eine sehr unheilig-moderne, aus dem Grunde zuwider den Traditionen, auf die jene sich stützten.

In den dreißiger Jahren hatte Hobbes den Thukydides übersetzt, um seinen Mitbürgern zu zeigen, wohin ein entfesselter Parteienkampf führte. Als die Dinge in England sich 1640 erhitzten, nahm er Reißaus nach Frankreich und kehrte erst zurück, als Cromwells Herrschaft gesichert war; einer, der immer um sein Leben bangte und sich mit jeder Regierung gut stellte, dann, nur dann, nur solange, wie sie ihm Sicherheit und Eigentum zu garantieren vermochte. Hier war er seiner eigenen Philosophie treu und ergab diese sich aus seinen eigensten Gefühlen. Soll man ihn einen Realisten nennen? Er wollte es sein, war es wohl auch, aber ein verängstigt-weltfremder Bücherwurm zugleich, mit dem Ehrgeiz, das Komplizierte auf das Einfachste zurückzuführen, aus ihm es mit der Klarheit der Mathematik abzuleiten. Eine monströse Mischung düsterer Wahrheiten mit düstern Falschheiten ergab sich daraus; die kälteste, ödeste Staatsphilosophie aller Zeiten. Sie stand unter Einflüssen; dem Einfluß des Descartes vor allem, den Hobbes persönlich kannte und dessen Rationalismus er auf die Politik übertragen wollte. Sie hat auch Einfluß geübt, damals und durch die Jahrhunderte.

Sie gründete auf Psychologie, die ihrerseits auf vollendetem Materialismus beruhte. Es gibt nichts als Körper und ihre Bewegung. Es gibt nichts Geistiges oder, wie Hobbes sich regelmäßig ausdrückt, Geisterhaftes *(ghostly)*; keine allgemeinen Begriffe, Werte, Rechte, was alles nur Namen sind. Es gibt, hätte Hobbes gesagt, wenn er es sich zu sagen getraut hätte, auch keinen Gott, es wäre denn als erste Ursache der Bewegung, die ihn von da an nicht mehr braucht. Mit der Religion, schreibt Hobbes einmal, sei es wie mit Apotheker-Pillen; unzerkaut verschluckt könnten sie Gutes tun, aber fange man an, sie zu kauen, so spucke man sie zum Schluß wieder aus. Er verriet nicht, was er mit den Pillen getan hatte.

Lebende Körper, zum Beispiel Menschen, haben Appetite und Aversionen, je nachdem, ob ein Gegenstand ihnen angenehme oder unangenehme Eindrücke verspricht. Daraus ein System der Gefühle und Motive, Liebe und Haß, Mut und Angst, Hoffnung und Verzweiflung. Daraus auch ein System der Werte und Rechte, aber sehr sachlicher Art; denn wertvoll ist, was Annehmlichkeit verspricht, und Recht, im Naturzustande, was man tun kann. Da nun der stärkste menschliche Trieb jener der Selbsterhaltung und Sicherheit ist, der sich im Trieb nach Macht ausdrücken muß, so wütet, im Naturzustande, ein Krieg aller gegen alle; jeder will jedem nehmen, was er hat, jeder gegen jeden sich durch vorbeugenden Angriff sichern. Auch sind alle im Naturzustande gleich; schwach, wie einer sein mag, zum Töten auch des Stärksten reicht es immer, wie David den Goliath tötete: Eine hobbesische Art, die Gleichheit des Menschen zu begründen. Was die Menschen zur Gründung des Staates treibt, ist ihr Egoismus, ihre Ungeselligkeit, ihr Mißtrauen gegeneinander. Weil sie den ewigen Krieg nicht aushalten, schließen sie einen Vertrag, welcher, im Sinn der mittelalterlichen Tradition, zugleich Gesellschafts- und Herrschafts-Vertrag ist; der erste Vertrag, durch den die Gemeinschaft entsteht, und der zweite, durch den sie sich einen Herrn gibt. Indem aber Hobbes beide Vorgänge zu einem einzigen macht, leugnet er den Vertragscharakter des zweiten; die Menschen einigen sich, das heißt, sie einigen sich auf einen Herrn. Dieser übernimmt alle ihre Rechte, er stellt sie dar, ist selber die Gesamtheit; er sei Monarch, Senat oder Republik. Einzelne, argumentiert Hobbes, können wohl miteinander einen Vertrag schließen; aber die so gewordene Gesamtheit kann es nicht mit sich selber; also ist jede Herrschaft absolut. Sie setzt das Recht; sie bestimmt, was gut und schlecht ist; sie hat auch der Religion zu gebieten, da sonst die Herrschaft geteilt wäre und geteilte Herrschaft keine ist. Was ist ihr Zweck? Sicherheit zu geben. Erfüllt sie diesen Zweck nicht mehr, so sind die Untertanen ihrer Treuepflicht ledig; sie hat *de facto* aufgehört zu bestehen, und nie kann ein Unterschied sein zwischen *de facto* und *de jure*. Weshalb Hobbes auch die Verträge verachtet, hinter denen keine Macht steht; Verträge ohne das Schwert sind bloße Worte.

Unklar bleibt, ob die Gründung des Staates sich wirklich so zugetragen hat, oder ob es sich um eine Analyse ihrer logischen Struktur handelt. Eher wohl um das letztere. Jedoch gibt es den alten Naturzustand heute noch, nämlich zwischen den vielen einzelnen Staaten, den Leviathanen, die genauso ständig bereit sind, gegeneinander loszustürzen, die genauso immer in Waffen sind und zu allem, was sie tun können und wollen, das Recht haben wie die Wilden vor der Staatsgründung. *Homo homini lupus;* und *rex regibus.*

Die Philosophie eines düsteren Individualisten von äußerster Folgerichtigkeit; eines pessimistischen Liberalen. Denn ein Liberaler ist Hobbes im Kern. Was der Staat dem Bürger sichern soll, ist gerade seine Privatheit im altrömischen wie im modernen Sinn des Wortes; beraubt jeder Anteilnahme an der öffentlichen Sache, soll er seinen eigensten Interessen so ungestört leben können, wie der Herrscher, im Sinn der Erfüllung dieses einzigen Zweckes, gewähren kann. Folglich schwankt der Staat des Hobbes zwischen dem liberalen Polizei- oder Nachtwächter-Staat des 19. Jahrhunderts, den er geistig vorbereiten half, und dem absoluten, ja, wenn das neue Wort erlaubt ist, dem totalen Staat, den er unmittelbar rechtfertigte. Wäre es aber ein totaler Staat, so wäre es ein jeder Romantiker entkleideter. Von der Gemeinschaft hält Hobbes nichts. MitWorten wie »Nation« oder gar »Seele der Nation« hätte er nichts anfangen können; sie hätten für ihn zum Reiche des »Geisterhaften« gehört.

Am Ende ist Hobbes merkwürdiger als wirkungsvoll gewesen. Der Absolutismus hat, soviel wir sehen, sich seiner Argumente nie bedient. Spätere Zeitgenossen haben es der Mühe wert gefunden, gegen ihn zu polemisieren; so Locke; so Leibniz, der in den *Nouveaux essais* den Grund des Staates in der menschlichen oder tierischen Geselligkeit, in der Freude an gemeinsamen Unternehmen suchte, nicht »in der Bosheit der Menschenart, wie Herr Hobbes«. – Aber trotz seiner ängstlichen, kauzischen Einsamkeit war er ein Repräsentant seiner Zeit. Einzelnen seiner Gedanken werden wir bei anderen Schriftstellern wiederbegegnen, noch mehr seinem Ehrgeiz, seiner Methode; diese selbst beruhte auf einer Anwendung cartesianischer Prinzipien auf Psychologie und Politik. Von Descartes' Frömmigkeit freilich war in Hobbes kein Hauch, und ebenso fremd war ihm die Dualität von Körper und Seele, die Descartes begründete, Spinoza übernahm und Leibniz zu überwinden suchte.

Es ist hier der Ort, des Mannes zu gedenken, der so oft der Vater der modernen Philosophie genannt wurde, und mit Recht; denn noch Kant ging aus von Fragestellungen, die auf Descartes zurückgehen. René Descartes (1596–1650) war den politischen Figuren und Ereignissen seiner Zeit nicht fremd. Er lebte in der Umgebung des Statthalters Moritz von Oranien um 1618; er war Zeuge der düsteren Kaiserkrönung Ferdinands II. in Frankfurt; den Winter 1619/20 verbrachte er in der Nähe von Ulm, damals, als eben dort Liga und Union ihre unheilschwangeren letzten Verhandlungen pflogen; er war in Böhmen 1620, vielleicht im Dienst Maximilians von Bayern, vielleicht als bloßer Beobachter. Später lebte er zwei Jahrzehnte in Holland, dem Gemeinwesen, in dem man am freiesten und geschütztesten sei; dort schloß er Freundschaft mit der armen Winterkönigin und besonders mit ihrer Tochter, Prinzeß Elisabeth. 1649 berief ihn die Königin Christine, Gustav Adolfs Tochter, nach Stockholm. Dort starb er; er vertrug das schwedische Klima nicht.

Weitertragende Folgen als die Verhandlungen zwischen Union und Liga hatten die Intuitionen, welche Descartes während seines Ulmer Winters wachend und träumend erfuhr. Es war hier, daß er, nach langer vorbereitender Arbeit seines Geistes, den Grundsatz fand, der später Rationalismus genannt und Ursprung einer der Hauptströme europäischer Philosophie werden sollte: Neubeginn des Denkens, Klarheit, Sicherheit, Auszugehen vom Einfachsten und zum Vielfältigen ohne Gefahr des Irrtums fortzuschreiten. Mit Bacon, den er schätzte, teilte Descartes den Protest gegen die Tradition, gegen die Autorität der Bücher; von Bacon unterschied ihn seine Geringschätzung der Empirie, der materiellen Welt überhaupt, wie auch der Nützlichkeit. Die reine Vernunft vergottete er, unter Gott, an den inbrünstig zu glauben er nie aufhörte. Ideal der Wissenschaft war ihm die Mathematik, nicht so sehr in ihren Verwirklichungen, die er vermehrte, wie als Beispiel. So klar und unwiderleglich sollte alles Wissen sein, wie mathematische Deduktionen waren. Das hieß, an allem zu zweifeln – *de omnibus dubitandum* – und mit nichts anzufangen, oder beinahe nichts; einer einzigen, intuitiv zu erfassenden Wahrheit. Er fand sie in seinem *Cogito ergo sum;* in der unmittelbaren, unbezweifelbaren Erfahrung des Bewußtseins. Dort nicht stehenzubleiben, von dort nicht zu der Position zu gelangen, welche die deutsche Schule später »Idealismus« nannte, war die Aufgabe, welcher der Metaphysiker sich widmete. Descartes hielt die Existenz Gottes für so evident wie die Existenz des eigenen Bewußtseins; sei es als die Ursache aller Ursachen; sei es – hier war er nicht so frei von uralter Tradition, wie er glaubte – als das höhere Wesen, das sein muß, weil sonst die tieferen nicht sein könnten, als das höchste Wesen, das sein muß, weil es ohne Sein nicht gedacht werden kann und nicht gedacht werden könnte, wenn es nicht wäre. Tatsächlich nahm Descartes zum Schluß doch zu Gott seine Zuflucht; als der gütigen Macht, welche den Unterschied zwischen Illusion und Wirklichkeit verbürgt; als der Verbindung zwischen den beiden Bereichen des Seins, die sonst keine haben, dem der Ausdehnung, der Körper, und dem des Denkens.

Er sah darin nicht den Widerspruch, den Kant darin sah; der hundertfünfzig Jahre später den Gottesgedanken aus dem Reich des Beweisbaren, des Verstandes vertrieb, um ihn anders zu begründen. Descartes' Einfluß war gewaltig, aber vielfältig. Sein Anspruch der freien, zu jedem Zweifel verpflichteten Vernunft, hier noch fromm gebändigt, endete in eigentlicher Freigeistigkeit, noch ehe das Jahrhundert sich vollendete. Und solche, die von ihm gelernt, die als Cartesianer begonnen hatten, konnten von ihm abfallen und gegen seinen Kult der Menschenvernunft sich wenden. Unter ihnen ist Blaise Pascal (1623–1662) die ehrwürdigste Gestalt.

Welche Dichte, welche Kultur zeigt das französische Geistesleben, lange bevor die Epoche, die hier betrachtet werden soll, eigentlich beginnt! Und wie konnten diese Menschen schreiben! Hier war mit einem Schlag Vollendung; der Begriff von der französischen Nation und Kultur als einer »älteren« im Vergleich mit der deutschen stammt von daher. Pascals Stil war von der Klarheit, der eleganten Natürlichkeit, die er von Descartes gelernt hatte und nicht loswerden konnte, nachdem er, an einem Frühwintertag des Jahres 1654, von einem religiösen Erlebnis erschüttert und für den Rest seines kurzen Lebens geprägt worden war. Er blieb der Psychologe, im Vergleich mit dem Thomas Hobbes sich jammervoll plump ausnimmt; ein Glied in der langen Reihe französischer Seelenkenner, die von Montaigne über La Rochefoucauld zu La Bruyère und zu den Moralisten des 18. Jahrhunderts führt. Als Mathematiker und Physiker im Gefolge Descartes' hatte er begonnen; hier – Theorie der Kegelschnitte, Begründung der Wahrscheinlichkeitslehre, Beiträge zur Hydrodynamik, Erfindung des Barometers – gehen seine Leistungen über die des Meisters hinaus. Aber sein Geist, mit wissenschaftlicher Schöpferkraft begnadet, wie er war, fand keine Ruhe im Wissen. Kein Zeitalter gehört einer einzigen Tendenz. Seines, das nicht allein der sich befreienden Ratio gehörte, trug ihm Gedanken zu, die ihm halfen, führte ihn in geistige, kirchliche Kämpfe, die auch ihm weiterhalfen.

Die »Jansenisten« waren eine geistige Macht in Frankreich, seit der Bischof von Ypern, Cornelius Jansen (1585–1638), seinen Kampf gegen die Jesuiten begonnen und gegen kasuistische Denk-Künste wie gegen bloßen Ritualismus die Notwendigkeit, Heilsamkeit, Heiligkeit innerer Erfahrung betont hatte. Es war eine fast protestantische, fast pietistische Frömmigkeit, die hier gelehrt wurde, sehr bewußt der Ohnmacht des Menschen und seiner

Descartes
Gemälde von Frans Hals, 1655. Paris, Louvre

Pascals »vollkommene Unterwerfung unter Jesus Christus«
Eigenhändige Niederschrift während seiner religiösen Erleuchtung am 23. November 1654,
das sogenannte Mémorial. Paris, Bibliothèque Nationale

DER EUROPÄISCHE GEIST IM SPÄTEN 17. JAHRHUNDERT

Vernunft; wiewohl Jansen die Rechtfertigung durch den Glauben verwarf und an der allein seligmachenden Sendung der Römischen Kirche festhielt. In Port Royal, einem verlassenen Kloster nahe Paris, fanden sich Anhänger Jansens zu einer frommen Lebensgemeinschaft; eine Schwester Pascals unter ihnen. Als Innozenz X. das Buch von Jansens bedeutendstem Schüler, Arnauld, für Häresie erklärte und der Verfasser seines Pariser Lehrstuhls verlustig gehen sollte, griff Pascal mit einer Verteidigungsschrift, den *Lettres à un Provincial*, ein, die praktisch erfolglos blieb, aber den Ruhm des religiösen Schriftstellers begründete. Danach lebte er zeitweise selber in Port Royal; der Wissenschaft entfremdet; an Predigten oder frommen Vorträgen arbeitend, für die, was sein Hauptwerk werden sollte, die *Pensées*, eine Art von aphoristischer, in dieser Form nicht für den Druck bestimmter Vorbereitung war. Die *Pensées* erschienen zuerst 1670, acht Jahre nach seinem Tod, und erlebten mehrere, unter sich sehr verschiedene, willkürlich komponierte Ausgaben, bis sie im 19. Jahrhundert in ihrer ursprünglichen fragmentarischen Identität wiederhergestellt werden konnten.

Sie sind ein Buch gegen die Vernunft, gegen die cartesianische Anmaßung; ein Buch vom Elend des Menschen ohne Gott. Nicht in der mystischen Tradition wie die Schriften von Pascals deutschem Zeitgenossen, Angelus Silesius; selbst im mystischen Erleben hätte Pascal wohl noch eine Anmaßung, den Mangel an rechter Demut und Verzweiflung, gesehen. Ein Buch von den Irrtümern, Illusionen, Schwächen, Versuchungen; von den unlösbaren Antinomien; von der Verwaistheit, in welcher der Mensch lebt; von den Selbstsüchten und Selbstbetäubungen, Ausflüchten, abgrundüberdeckenden Gespinsten und Betrieben; von der einen Rettung. »Ich kann Descartes nicht verzeihen«, lautet ein Fragment; »er hätte gern in seiner ganzen Philosophie auf Gott verzichtet; aber er konnte nicht anders, er mußte ihn der Welt einen Stoß versetzen lassen, um alles in Bewegung zu bringen; danach braucht er Gott nicht mehr.« Ein anderes: »Wenn ich die kurze Dauer meines Lebens bedenke, zwischen der vorhergehenden und der folgenden Ewigkeit, die kleine Strecke, die die meine ist, wenn ich die ungeheuren, unendlichen Räume sehe, die ich nicht kenne und die mich nicht kennen, so erschrecke ich und staune, daß ich hier bin und nicht dort, denn es ist kein Grund, warum ich nicht anderswo sein sollte anstatt hier, nicht zu anderer Zeit leben sollte anstatt jetzt. Wer hat mich hierher gestellt?...« Darunter: »Das ewige Schweigen dieser unendlichen Räume schaudert mich.«

Pascal hat nicht unerwähnt bleiben dürfen, obwohl er zu der hier in Rede stehenden, wesentlich rationalen, zeitgebundenen, oft sehr politiknahen Geistesbewegung nicht gehört; sei es auch nur, um deutlich zu machen, daß, wenn es zu allen Zeiten alles gibt, der Geist des 17. Jahrhunderts, besonders produktiv und intensiv, wie er war, das Unterschiedenste auf besonders radikale Weise hervorbrachte, und zwar im Zusammenhang miteinander; denn von Descartes gingen Hobbes wie Pascal wie Spinoza aus.

Benedict Spinoza (1632–1677), aus einer portugiesisch-jüdischen Familie stammend, zu Hause in den Niederlanden, stolz und zufrieden mit der neuen Heimat, war ein Philosoph, wenn es je einen gab; aber er konnte doch nicht umhin, sich um das politische Treiben zu kümmern. Aus wohlerwogenen Gründen stand der Freie, keiner sozialen Klasse Zuzuordnende der Partei des holländischen Patriziats nahe; den Republikanern, deren Anführer, der Sekretär des Parlaments oder »Ratspensionär« Jan deWitt, die Schicksale der Republik zwanzig Jahre lang leitete, bis er in den Wirren des Krieges gegen Ludwig XIV. greulich ermordet wurde und die Partei der Oranier, zugleich Volks- und Fürstenpartei, die Oberhand gewann. Die eine Schrift, welche Spinoza, neben den wenig bedeutenden »Prinzipien der Cartesianischen Philosophie«, selber veröffentlichte, der *Tractatus theologico-politicus*, war zu einem guten Teil Pamphlet mit dem Zweck, den bedrohten Republikanern zu Hilfe zu kommen. Auch hat er sich, vergeblich, um einen Friedensschluß mit Frankreich bemüht. Übrigens lebte er zurückgezogen und vorsichtig; Freundschaft und sein eigenes stilles Glück pflegend; nie sagend, was er nicht dachte, aber nur in seinem Hauptwerk, der »Ethik«, das er in der Truhe verwahrte, alles sagend. Als der Sohn des Pfalzgrafen Friedrich, der 1648 wieder eingesetzte Kurfürst Karl Ludwig, ihm einen Lehrstuhl in Heidelberg anbot, mit dem Versprechen einer *summa philosophandi libertas*, lehnte er ab; denn der Fürst hatte angemerkt, er wisse wohl, daß Spinoza diese Freiheit nicht mißbrauchen werde, um die Religion des Landes zu beunruhigen; und, fragte Spinoza, welche Grenzen der Lehrfreiheit mochte diese Klausel bedeuten? – Er blieb im Haag, schliff Brillengläser, korrespondierte mit seinen Freunden, dachte und schrieb.

Gehört Spinoza der großen internationalen Bewegung des Rationalismus an? Man hat es (Karl Jaspers zum Beispiel) bestritten, und für den Grund seines Denkens mit Recht. Denn es beruht auf einer religiösen Vision, so tief wie jene Pascals, obgleich von einer andersgearteten, beruhigteren, wohl auch glücklicheren Seele akzentuiert; einer Sicht Gottes durch inspirierten Verstand. Ihm, dem All-Einen, »das in sich ist und in sich verstanden wird«, der »Ursache ihrer selbst«, der »Substanz«, galt das erste Buch der »Ethik«; und letztlich das ganze Werk und das ganze fromm gemeisterte Leben. Rational war die Form dieser Philosophie, *more geometrico demonstrata;* die Ableitung jedes Lehrsatzes aus einigen wenigen Definitionen und Axiomen, die freilich die Hauptsache, Gottesbegriff und Menschenbegriff, schon enthielten. Man mag diesen geometrisch gebändigten Pantheismus völlig unabhängig von der Zeit sehen, unhistorisch, die einmalige Verwirklichung eines religiösen Genius aus dem Grunde seiner selbst; man mag sie historisch sehen, eine charakteristische Schöpfung des Geistes *dieser* Zeit, die den Mut hatte, zu den Wurzeln zu gehen, übrigens als Leistung, die unter Einflüssen stand. Denn freilich stand Spinoza unter Einflüssen. Die beiden Attribute Gottes, die wir erkennen können – aber er hat unendlich viele –, Ausdehnung und Denken, übernahm er von Descartes; so die Mathematik als das der Philosophie gesetzte methodische Vorbild; in seiner Psychologie, seiner Staatslehre hat er manches mit Hobbes gemein, den er kannte, ohne ihn zu schätzen. Aber schließlich ist Spinozas Metaphysik nicht, was den allgemeinen Historiker vor allem interessieren darf. Sie hat zu ihrer Zeit wenig gewirkt, wurde als Atheismus oder Materialismus, Naturalismus verschrien; Tendenzen, die ihr auch billig zu entlocken sind, wenn man sich an die formale Aussage hält, sie ein wenig umbiegt und den persönlichen Glauben undWillen des Schöpfers mißversteht. Erst die deutsche Philosophie des späten 18., dann des 19. Jahrhunderts – Schelling und Hegel – hat Spinozas »Ethik« auf sich wirken lassen und zur Wirkung gebracht.

Unmittelbar zu den Dingen der Zeit sprach der politische Traktat, in dem Spinoza eine, aber auch nur eine Schicht seines Denkens und Wesens der Öffentlichkeit preisgab. Hier ist von Recht, Staat und Freiheit die Rede. Recht, im Zustande der Natur, und von ihm leider »Naturrecht« genannt, bestimmte Spinoza ungefähr wie Hobbes: Es ist das Recht der Natur, alles zu tun, was sie kann, mag, muß. »Unter Recht und Gesetz der Natur«, lesen wir, »verstehe ich nichts anderes als die Regeln der Natur bei jedem einzelnen Individuum, gemäß denen wir jedes naturgemäß bestimmt sehen, auf eine gewisse Weise zu existieren. Die Fische zum Beispiel sind von Natur bestimmt, zu schwimmen, die großen die kleineren zu fressen, und darum bemächtigen sich die Fische mit dem vollsten natürlichen Rechte des Wassers, und fressen die großen die kleineren. Denn es ist gewiß, daß die Natur an sich betrachtet das vollste Recht zu allem hat, was sie vermag, das heißt, daß sich das Recht der Natur so weit erstreckt, wie sich ihre Macht erstreckt. Denn die Macht der Natur ist Gottes Macht selber, der das vollste Recht zu allem hat. Weil aber die gesamte Macht der ganzen Natur nichts ist als die Macht aller Individuen zusammen, so folgt, daß jedes Individuum das vollste Recht zu allem hat, was es vermag, oder daß sich das Recht eines jeden so weit erstreckt, wie seine bestimmte Macht sich erstreckt. Und weil es das oberste Gesetz der Natur ist, daß jedes Ding in dem Zustand, in dem es sich befindet, soweit es bei ihm liegt, zu beharren strebt, und zwar nur mit Rücksicht auf sich selbst, nicht mit Rücksicht auf ein anderes, so folgt daraus, daß jedes Individuum das vollste Recht dazu hat, daß es also wie gesagt das vollste Recht hat, zu existieren und zu wirken, so wie es von Natur bestimmt ist.«

Gedanken aus Spinozas Metaphysik blitzen in solchen Sätzen auf; die allerdings leicht mißzuverstehende Gleichsetzung von Gott und Natur – *Deus sive Natura;* der natürliche Trieb eines jeden Wesens, sich selber zu erhalten – *conatus suum esse conservandi.* Von hier aus ist ein gewisser – wir finden keinen besseren Ausdruck – nackter Realismus in Spinozas Gesellschafts- und Staatslehre eingegangen; ein pessimistischer Sinn für Macht und Nützlichkeit, der, wenn er auch von Hobbes Todesangst weit entfernt ist, doch den Einfluß des Briten, wie auch Machiavellis, nicht verleugnet. Recht und Gesetz, etwas ganz anderes als »Naturrecht«, gibt es erst im Staat. Der Staat muß zu etwas gut sein, oder seine Bürger würden ihn nicht gegründet haben und nicht erhalten. Sie gründen ihn, ungefähr wie bei Hobbes, durch einen Vorgang, der zugleich Gesellschafts- und Herrschaftsvertrag ist. Jeder Vertrag muß seinen Partnern nützlich sein. »Daraus«, heißt es in einer von Spinozas verfänglichen Formulierungen, »schließe ich, daß jeder Vertrag nur in Kraft ist in Anbetracht seiner Nützlichkeit. Kommt diese in Wegfall, so wird auch der Vertrag hinfällig und verliert seine Gültigkeit. Darum ist es töricht, von einem anderen das Versprechen ewiger Treue zu fordern, wenn man nicht gleichzeitig dafür sorgt, daß ihm aus dem Bruch des abzuschließenden Vertrages mehr Schaden als Nutzen erwächst. Das gilt besonders bei der Einrichtung des Staates.« – Viele Politiker haben so gehandelt; wenige es ausgesprochen.

Die Lehre des Hobbes könnte man, wie bemerkt, pessimistischen Liberalismus nennen, und das ist eine seltene Wortverbindung; wer die Freiheit will, wer sich auf die Freiheit verläßt, hat sich meist auch auf Güte und Vernunft der Menschen verlassen. Tatsächlich auch war Hobbes mehr an der Sicherheit, der Privatheit der Bürger als an ihrer Freiheit gelegen, die er so eng einzuschränken bereit war, wie Leviathan sie für seinen einen Zweck einschränken zu müssen glaubte. Spinoza, mit mancherlei hobbesischen Gedanken hantierend, ein Naturalist und Nominalist bis zu einem Grad auch er, gab dennoch dem Staat einen nobleren Zweck: die Freiheit wirklich, nicht bloß die Sicherheit. Die geistige Freiheit gerade solcher Menschen, wie er einer war, der zum Denken Geborenen, der Wenigen. Für sie, seine Bundesgenossen, schrieb er. Der Pöbel sollte ihn lieber gar nicht lesen, als, wie es seine Art war, ihn verkehrt auszulegen. Er werde immer zu abergläubischen Erregungen und Panik geneigt sein, nie von der Vernunft sich leiten lassen.»Weil doch das Volk immer gleichelend bleibt, ist es nie lang in Ruhe, sondern das nur kann ihm recht gefallen, was noch neu ist und was es noch nicht getrogen hat.«

Bei so beschaffenem Wesen der Menge jener Minderheit, die aus dem Geschenk des Daseins etwas Vernünftiges machen will, ein philosophisches Leben zu ermöglichen, hält Spinoza die Demokratie gleichwohl am besten für geeignet; eine ständische, stark aristokratisch versetzte Demokratie ungefähr der Art, wie sie unter de Witt in den Niederlanden existierte. Selbst das Recht auf Gedankenfreiheit begründet er ein wenig naturalistisch: Es sei des Menschen natürliches Recht, so sei er gemacht, Unterdrückung würde hier nur zu den unnatürlich verkrampftesten Zuständen führen und schließlich vergeblich sein. Edler klingt es, wenn er schreibt:»Aus den oben dargelegten Grundlagen des Staates folgt ganz offenbar, daß der letzte Zweck des Staates nicht ist, zu herrschen, noch die Menschen in Furcht zu halten oder sie fremder Gewalt zu unterwerfen, sondern vielmehr den Einzelnen von der Furcht zu befreien, damit er so sicher als möglich leben und sein natürliches Recht, zu sein und zu wirken, ohne Schaden für sich und andere vollkommen behaupten kann. Es ist nicht der Zweck des Staates, die Menschen aus vernünftigen Wesen zu Tieren oder Automaten zu machen, sondern vielmehr zu bewirken, daß ihr Geist und ihr Körper ungefährdet seine Kräfte entfalten kann... Der Zweck des Staates ist in Wahrheit die Freiheit.« Unterdrücke man sie, so unterdrücke man auch alle echte Frömmigkeit und zerstöre den inneren Frieden.

Dergleichen war wohl schon vorher gesagt und gewagt worden, zumal in England. Spinoza, der kein Revolutionär war und in seinem Holland nicht die revolutionäre, in wenigen Jahren die Gedankenarbeit von Jahrhunderten hervorbringende Treibhausluft des englischen Bürgerkrieges atmete, ging längst nicht so weit, wie die Levellers und Diggers gegangen waren. Sein Werk war ruhiger, solider, zeitgemäßer und, im Zeitalter Ludwigs XIV., immer kühn genug.

Zur Sicherung der Gedankenfreiheit gehörte die saubere Trennung von Philosophie und Religion. Indem Spinoza sie forderte, kam er der Politik de Witts entgegen, der schon ein gutes Jahrzehnt früher ein Gesetz»gegen die Vermischung von Gottesgelehrtheit mit Wissenschaft« hatte beschließen lassen; ein Gesetz, das den Theologen verbot, sich mit Philosophie, den Philosophen und freien Naturforschern, sich mit Theologie zu befassen. Seine Durchführung gelang nie vollkommen, aber sein Sinn war der geregelten Freiheit; die Kanzelprediger sollten sich um ihre Sache kümmern und nicht gegen Wissenschaft und Literatur donnern, wie sie es gerne taten. Seinerseits hielt Spinoza alle Religionen für gut, wenn sie die Menschen sittlich banden und ihnen die Wahrheit auf ihnen zugängliche Weise brachten; und alle für historisch.

Er selber, der sich seine Philosophie geschaffen hatte, brauchte sie nicht und behauptete, wie de Witt, den Unterschied zwischen beiden Bereichen. »Bis hierher war ich bemüht, die Philosophie von der Theologie zu trennen und nachzuweisen, daß die Theologie einem jeden die Freiheit zu philosophieren gewährt.« Nicht ohne Grund nannte er seine politische Abhandlung eine »theologisch-politische«; ihr größerer, umständlicherer Teil war Polemik gegen den falschen, absoluten Anspruch der jüdischen Theologie und Auslegung des Alten Testaments. Die Propheten Israels hätten nichts anderes gelehrt als die Tugend, aber hätten es in den Anschauungen ihrer Zeit und ihres Volkes getan. Das Volk sei wundergläubig gewesen, wozu die Völker auch jetzt noch neigten; das wahre Wunder aber sei die ewige, natürliche Ordnung der Dinge selbst, und Gott brauche diese nicht zu durchbrechen, um sich zu offenbaren; wie denn Noahs Regenbogen »natürlich nichts anderes gewesen sei, als die Brechung und Zurückwerfung, welche die Sonnenstrahlen in Wassertropfen erfahren«. In der Heiligen Schrift müsse man zwei Elemente unterscheiden: immer gültige Lehren von Gott und dem rechten Leben, die sie enthalte, und ihre historische Entstehung. Diese sei genauso zu studieren wie ein Stück Natur, wissenschaftlich; und da komme an den Tag, da brachte Spinoza selber an den Tag, daß sie Menschenwerk sei, allmählich entstanden und oft verändert, allerlei Widersprüche und chronologische Irrtümer enthaltend, daß der Pentateuch so wenig von Mose stammen könne wie die Bücher Samuel und Josua von den Autoren, denen man sie zuschrieb. Gegen die geistigen Ansprüche der Orthodoxie polemisierend, wurde Spinoza zu einem Begründer der Bibel-Wissenschaft oder -Kritik; wobei nicht sosehr seine Erkenntnisse bedeutend waren – da hatte er Vorläufer – wie die von ihm geforderten Methoden. Eine genaue Kenntnis des Hebräischen verlangte er, eine gründlichere, als sie jetzt überhaupt möglich sei, da die alten Hebräer keine Grammatik, kein Wörterbuch hinterlassen hätten; eine genaue Kenntnis dann der Umstände, unter welchen jedes Buch geschrieben oder zusammengestellt worden, der Zeit, ihrer Sitten und besonderen Bestrebungen. Es war nichts weniger als ein Programm der Philologie und – das moderne Wort ist hier am Platz, denn modern war Spinozas Unternehmen – der Religions-Soziologie, was er hier entwarf.

Das Programm eines sich bescheidenden, beherrschenden, in seinem Wesen aber unendlich kühnen Aufklärers. Eben dies war Spinoza, unter anderem; und darin ist er mehr ein Vertreter seiner Zeit, mehr im Zusammenhang, direkter wirkend als das ihm eigenste, seine Metaphysik es war.

Seine Bibelkritik fiel auf fruchtbaren Boden. Wir sagten, daß sie Vorläufer hatte. Die Verfasserschaft des Mose hatte schon Hobbes in Frage gestellt. Die Chronologie der Chinesen, die jetzt nach Europa herüberkam, hatte zu vielerlei verfänglichen Vergleichen und Berechnungen Anlaß gegeben. Acht Jahre nach dem *Tractat* veröffentlichte der französische Oratorianer Richard Simon seine »Kritische Geschichte des Alten Testaments«, in der er sich ausdrücklich auf den »unfrommen« Spinoza berief: Dessen Methoden seien nicht notwendig zu verdammen, weil er schlechte Resultate aus ihnen gewann. Indem Simon das Programm Spinozas mit den wissenschaftlichen Mitteln seiner Zeit erfüllte, wollte er doch der Kirche treu bleiben: Eines sei die philologische Kritik der Texte, die immer der gleichen Art sein müsse, ob es sich um Homer oder den Pentateuch handle; etwas anderes die göttliche Inspirierung auch der Zusätze und Veränderungen. Aber weder den Rat des Königs noch die Kurie befriedigte diese Philosophie; Simons Buch wurde alsbald verboten, später auf den Index gesetzt. Was half es? Spinozas These von der nie zu unterdrückenden Freiheit traf zu gerade in dieser Zeit. Was in Paris verboten wurde, erschien aufs neue in Amsterdam, dem Hort alles dessen, was protestierte und mit der Autorität im Widerstreite lag. Gegen Ende des Jahrhunderts war es so weit, daß ein Lehrer in Oxford das Alte Testament als eine Sammlung orientalischer Fabeln verspotten konnte; einmal begonnene Wege ging man damals schneller zu Ende, als jenen lieb war, die sie begonnen hatten.

Ein Zeitalter, das den Namen »Aufklärung« verdiente, dreiviertel Jahrhunderte, bevor seine Erben und Nutznießer ihn sich gaben. Wenn Spinoza gegen Wunder- und Aberglauben zu Felde zog, so war er nicht allein. Allerlei Freidenker, epikureische Literaten, Skeptiker, Agnostiker, sich verbergende oder auch sich nicht mehr verbergende Atheisten gingen ihm voraus, taten ihm gleich, folgten ihm nach in Frankreich, England, Holland. Als im Jahre 1680 ein Komet sich am Himmel zeigte und die gewohnten bangen Erwartungen hervorrief, griff das Pariser *Journal des Savants* kritisch ein; was könnte eine ewigen Gesetzen folgende materielle Erscheinung mit menschlichem Schicksal zu tun haben? Überschätzten da die Menschen sich nicht? Was sei der Tod eines Fürsten für eine kleine Sache, daß man für sie die Sterne bemühte! – Gegen Teufel- und Hexenglauben fochten der Holländer Ballthazar Bekker, der Deutsche Christian Thomasius. Thomasius'»Kurze Lehrsätze von dem Laster der Zauberei mit dem Hexenprozess« erschien 1704; in den achtziger Jahren gab er in Leipzig eine Monatsschrift in deutscher Sprache, »Scherzhafte und ernsthafte, vernünftige und einfältige Gedanken über allerhand lustige und nützliche Bücher und Fragen« heraus. Auch sein Colleg besaß der Professor den Mut, auf deutsch zu halten. Ungefähr wie Spinoza unterschied er Vernunft und offenbarte Wahrheit, Wissenschaft und Theologie, hielt aber auch von der hergebrachten Metaphysik nicht viel: Kenntnis von der Logik, dem richtigen Denken, und Kenntnis der Geschichte waren ihm die Grundlagen gesunden Wissens. Von der sächsischen Orthodoxie angefeindet, wandte er sich nach Halle, wohin der brandenburgische Kurfürst Friedrich, nachmals Preußens erster König, ihn berief und wo er einer der Gründer der neuen Universität wurde. Den Hexenwahn, der zu seiner Zeit selbst nach der amerikanischen Kolonie Massachussetts drang, hat Thomasius nicht überwinden können; aber sein Werk ist ein Markstein in der langen Geschichte seiner Überwindung.

Gründer einer Zeitschrift, den *Nouvelles de la République des Lettres*, war auch der Franzose Pierre Bayle (1647–1706). Wenn ein Leben im 17. Jahrhundert, so bekräftigt das seine den Ausspruch Diderots: »Wir haben Zeitgenossen unter der Regierung Ludwigs XIV. gehabt.« Sohn eines protestantischen Pastors, dann katholischer Konvertit, dann wieder zum Glauben der Väter zurückgekehrt, aber ihn kaum noch glaubend; viel auf der Wanderschaft, Genf, Sedan, Rotterdam, fliehend, berufen, wieder vertrieben; ein ruheloser Abenteurer im Geiste, unersättlich neu- und wißbegierig, aber mehr kritisch einreißend als schöpfend, endend in vorsichtig verschleiertem Agnostizismus. Angriff, Spott, Anklage, das lag ihm,

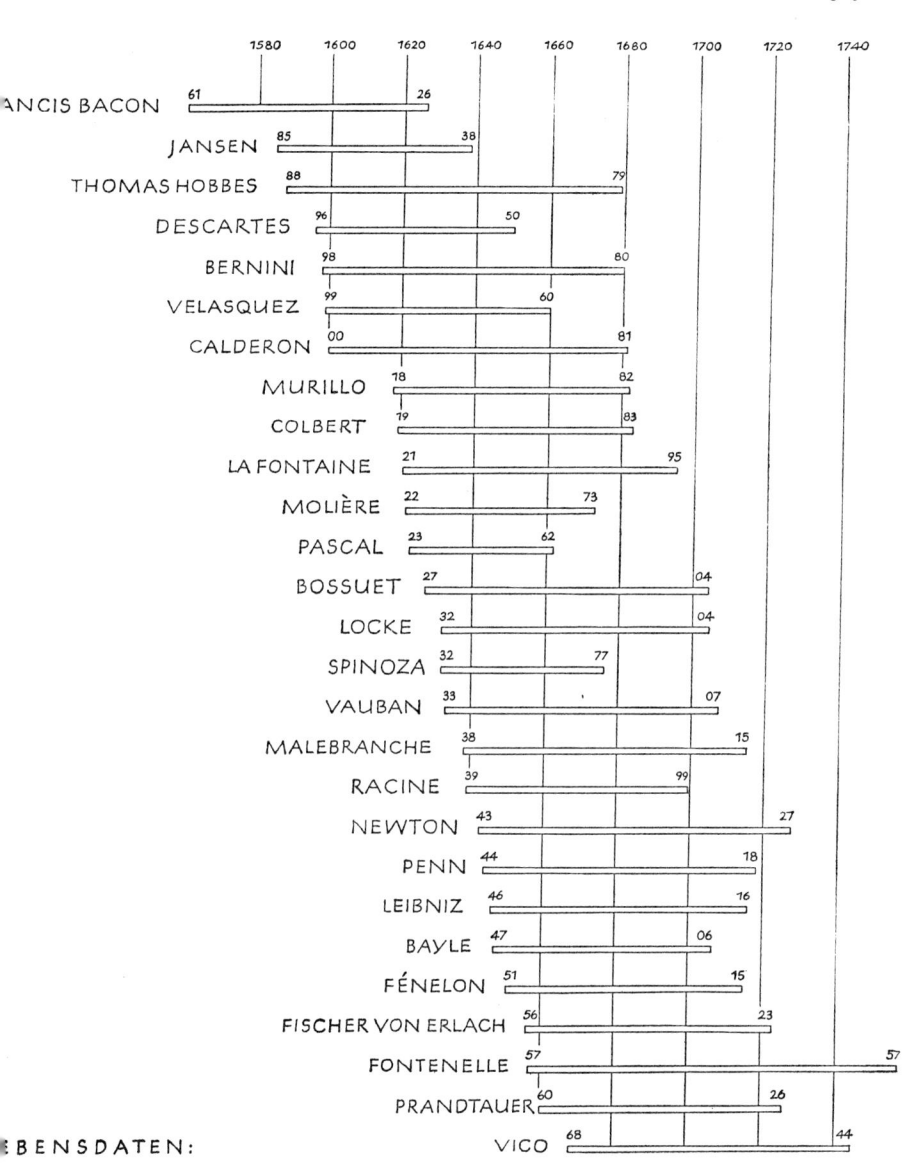

DER EUROPÄISCHE GEIST IM SPÄTEN 17. JAHRHUNDERT 363

	1580	1600	1620	1640	1660	1680	1700	1720	1740
FRANCIS BACON	61		26						
JANSEN		85		38					
THOMAS HOBBES		88				79			
DESCARTES			96		50				
BERNINI			98			80			
VELASQUEZ			99		60				
CALDERON			00			81			
MURILLO				18		82			
COLBERT				19		83			
LA FONTAINE				21			95		
MOLIÈRE				22	73				
PASCAL				23	62				
BOSSUET				27			04		
LOCKE				32			04		
SPINOZA				32	77				
VAUBAN				33			07		
MALEBRANCHE				38			15		
RACINE				39		99			
NEWTON				43				27	
PENN				44			18		
LEIBNIZ				46			16		
BAYLE				47		06			
FÉNELON				51			15		
FISCHER VON ERLACH				56			23		
FONTENELLE				57					57
PRANDTAUER				60				26	
VICO				68					44

LEBENSDATEN:

Der europäische Geist im 17. Jahrhundert

und wo Infames in seiner Nachbarschaft geschah, stand er, seine im Grund ängstliche Natur überwindend, dagegen auf, wie Voltaire ein halbes Jahrhundert später. Als die Verfolgungen der Hugenotten in greulichem Ernst begannen und Einer das französische Königreich glücklich pries, weil es nun unter Ludwig dem Großen ganz und gar katholisch werde, schrieb er: »Wenn man die ganze Kraft der Bedeutung dieses Wortes begriffe, so würde man Frankreich nicht beneiden, unter Ludwig dem Großen ganz und gar katholisch zu werden, denn seit langem zeigen jene, die sich diesen Namen *par excellence* geben, eine Haltung, die schaudern macht, so daß ein ehrlicher Mann es als Beleidigung erachten müßte, als Katholik angesprochen zu werden; im Lichte dessen, was ihr jetzt im allerchristlichsten Königreich treibt, müßte es in Zukunft dasselbe sein, katholische Religion und Religion der Gemeinheit zu sagen.« – Starke Worte; Worte des Toleranten angesichts der Ausschweifungen, und zwar der nicht mehr zeitgemäßen und darum unerträglichen Ausschweifungen der Intoleranz.

Wie viele seiner angeregtesten Zeitgenossen, stand Bayle unter dem Einfluß Spinozas. Es war aber Spinoza, der freie Denker, Spinoza, der Aufklärer, der ihn anzog, nicht Spinoza, der Metaphysiker. Dieser stieß ihn ab, weil er ihm zu positiv war. Mit Spinozas absolutem Wissen, mit der göttlichen All-Einheit, in der alles gut ist, vielmehr, in der es weder Gut noch Schlecht gibt, konnte er nichts anfangen. Besser die völlige Unbegreiflichkeit Gottes eingestehen, besser mit den unlösbaren Antinomien menschlichen Denkens und Erfahrens leben, als in eine so großartig vereinfachende Lösung zu willigen. »Daß die Menschen einander hassen, daß sie einander an einer Waldecke ermorden, daß sie sich in Armeen sammeln, um sich zu töten, daß die Sieger manchmal die Besiegten auffressen, das versteht sich; denn man nimmt ja an, daß die einen von den anderen verschieden sind, und Mein und Dein bringen einander entgegengesetzte Leidenschaften hervor. Daß aber die Menschen nur die Seinsweisen eines und desselben Wesens sein sollen, so daß in ihnen immer nur Gott selber handelt und Gott gleichzeitig als Türke und als Ungar erscheint, die gegeneinander Krieg führen und sich Schlachten liefern – das übersteigt die Ungeheuerlichkeiten und Chimären der verrücktesten Köpfe, die man je in die Irrenhäuser sperrte.« – Die Kritik scheint banal; aber es ist dieselbe, die, in erhöhten Ausdrücken, auch von klassischen Denkern gegen Spinoza vorgebracht wurde.

Bayles Hauptwerk ist sein *Dictionnaire historique et critique*, ein Ein-Mann-Lexikon und einsamer Vorläufer der Enzyklopädie; mit dem Unterschied, daß wenn die Enzyklopädisten den Aberglauben bekämpfen wollten durch die Verbreitung positiven Wissens, Bayle die Geschichte der menschlichen Irrtümer, der Verbrechen der Könige und Priester, zu einem Hauptgegenstand machte. Warum, fragt er hier einmal, die Beschreibung aller dieser »furchtbaren Verirrungen«? Dieser Religionskriege, dieser unsagbaren Barbareien? Wäre es nicht besser, sie zu vergessen? Er bestreitet es. »Wie alle Sachen zwei Seiten haben, so kann man aus sehr guten Gründen wünschen, daß die Erinnerung an diese furchtbaren Verirrungen sorgfältig aufbewahrt bleibe.« Aus der Nacht ans Licht; kennt, versteht man die dunkle Vergangenheit, so wird man es in Zukunft besser machen... Es ist schon die Position Voltaires; ohne allzu große Achtung für die Menschheit, aber nicht ohne Hoffnung, nicht ohne helfenden Willen. – Ein Freund der Könige, wie Voltaire, war Bayle nicht. Er triumphierte noch nicht; er mußte kämpfen, sich verbergen, mitunter zu seiner Verteidigung taktisch ausweichen. Aber gelesen wurde er; und wenn seinesgleichen hundert Jahre früher auf dem Scheiterhaufen gestorben wäre, so vollendete er sein Leben in Freiheit; obgleich im Exil.

Philosophen und literarische Abenteurer redeten der Wissenschaft das Wort und wollten ihre Bahn brechen, aber die wenigsten von ihnen waren in einer Wissenschaft schöpferisch. Descartes, Pascal waren es gewesen; Spinoza ein wenig; Leibniz wurde es im großartigen Stil. Andere, zum Beispiel Fontenelle – von ihm gleich –, waren elegante Interpreten der Wissenschaft. Daneben ging diese selber ihren ersten Weg, unbehelligt von den Streitigkeiten zwischen Geist und Herrschaft, freier und begünstigter als sonst, in organisierterer Zusammenarbeit ihrer Adepten als sonst. Der Gründung der englischen *Royal Society* (1660) folgte sechs Jahre später die Pariser Akademie der Wissenschaften, die, wie ihre englische Schwester, ihre Vorläufer hatte und die Protektion des Königs genoß; 1700 die Königlich-Preußische Akademie der Wissenschaften, deren erster Präsident Leibniz wurde; 1725 die Kaiserliche Akademie in St. Petersburg. Die von den Medici in Florenz gegründete Akademie *del Cimento* (1657) hat nur zehn Jahre bestanden, aber durch ihre betont empirischen Forschungen auf den Gesamtfortschritt mächtig eingewirkt. Der überall waltende internationale Kontakt ist so bezeichnend wie die Begünstigung durch Könige und Fürsten; der Holländer Huyghens, die Deutschen Leibniz und Tschirnhausen, der Däne Roemer, der Engländer Newton waren Mitglieder oder Korrespondenten der Pariser Akademie, deren Sekretär Leibniz und Newton Nachrufe von höchster geistiger und sprachlicher Perfektion widmete.

Die mathematischen und naturwissenschaftlichen Leistungen des Zeitalters zu beschreiben, ist nicht der Vorsatz unseres Berichts. Noch war, in der cartesianischen Tradition, die Mathematik die Königin der Wissenschaften, und in der Erfindung des Calculus, ungefähr gleichzeitig durch Newton und Leibniz – worüber ein unerfreulicher Prioritäts-Streit entstand –, gewann sie neue Höhen. Neben ihr aber waren Beobachtung und Experiment am Werk wie nie zuvor; Leeuwenhoeks Mikroskop, welches ihn im Wassertropfen eine Welt des Lebens entdecken ließ; Robert Boyles Entdeckungen über die Expansion der Gase; das Fernrohr, durch das Olaus Roemer die Eklipsen der Jupiter-Monde beobachtete. In Isaac Newtons *Philosophiae naturalis principia mathematica* (1687), in der Entwicklung des Gravitationsgesetzes in seiner endgültigen, allumfassenden Form vereinten Mathematik und Beobachtung der Tatsachen sich zu ihrem höchsten, durch die Jahrhunderte bleibenden Triumph. Das gebildete Europa nahm an ihm teil, nicht sofort, aber mehr und mehr; bis, nach zwei Generationen, Gestalt und Werk Newtons in fast mythischem Glanz erschienen.

Unter jenen, die das neue Wissen popularisierten, war Bernard Le Bovier de Fontenelle (1657–1757) der Erfolgreichste; Sekretär der Pariser Akademie der Wissenschaften, Literat und Salonlöwe, epikuräischer Kunstgenießer und Lebenskünstler. In seinen »Gesprächen über die Vielheit der Welten« (1686) wollte er, seiner eigenen Ankündigung nach, die Philosophie – worunter man hier die Wissenschaft zu verstehen hat – auf unphilosophische

Weise behandeln: »Ich habe versucht, sie so darzustellen, daß sie für die elegante Welt nicht zu trocken, für die Gelehrten nicht zu seicht wäre... Meine Leser, denen der Gegenstand unvertraut ist, glaube ich zugleich unterrichten und amüsieren zu können.« Zwischen dem Verfasser und einer Marquise finden die Gespräche nach dem Souper im Park unter dem Sternenhimmel statt, welcher zu den ersten Fragen der wißbegierigen Dame Anlaß gibt; daraus eine Reihe von didaktischen Dialogen, das kopernikanische System und die nachfolgenden Entdeckungen kristallklar auseinandersetzend, Möglichkeiten des Lebens auf anderen Planeten diskutierend, die Menschheit, samt Schloß und Park und Marquise, aus dem altgewohnten Mittelpunkt auf heitere, fast frivole Weise verdrängend. »Die Philosophie, bemerkte die Marquise, scheint überaus mechanisch geworden zu sein? – So mechanisch, erwiderte ich, daß ich fürchte, sie wird sich dessen noch schämen. Man will, daß das Universum im Großen dasselbe ist, wie eine Uhr im Kleinen... Aber bevor ich Ihnen das erste der Systeme erkläre, muß ich Sie bitten zu bemerken, daß wir von Natur aus alle so gemacht sind, wie jener Narr zu Athen, der sich einbildete, alle Schiffe, die im Pyräus landeten, gehörten ihm. Unsere Narrheit besteht darin, zu glauben, daß die ganze Natur, ohne Ausnahme, für unseren höchsteigenen Gebrauch da sei; und wenn man die Philosophen fragt, wozu denn diese ungeheuere Zahl von Fixsternen da sei, von denen ein kleiner Teil recht wohl genügte, um zu tun, was sie alle tun, so antworten sie trocken, sie seien eben dazu da, um uns das Vergnügen ihres Lichtes zu bereiten. Kein Wunder, daß man so zuerst auf den Gedanken kam, die Erde müsse stille stehen und der Mittelpunkt von allem sein...«

Diese »Gespräche« begründeten Fontenelles Ruhm; für die neue Astronomie leisteten sie ungefähr, was in unseren Tagen die Schriften Bertrand Russells und anderer zugleich gelehrter und brillanter Schriftsteller für die Physik des 20. Jahrhunderts geleistet haben. Sie machten populär und halbwegs vertraut, was vorher nur in den Geistern weniger Forscher Wirklichkeit hatte.

Mit der gleichen heiteren Klarheit griff Fontenelle in einen Streit ein, dessen Gegenstand, nachdem er vorher schon in Italien berührt worden war, in den achtziger Jahren die Pariser Salons faszinierte: die Frage, ob die Modernen, die Menschen des Zeitalters, besser oder schlechter, wissender oder unwissender seien als die »Alten«, die Menschen der Antike. In den »Dialogen der Verstorbenen« (1683), in denen Fontenelle die Großen der Vergangenheit zu unterweltlichem Gedankenaustausch zusammenführt, nimmt Montaigne die Position des Skeptikers ein: Die Menschen blieben immer gleichdumm, die Erfahrung sei für sie so gut wie verloren wie für die Vögel, die sich immer in den gleichen Netzen fangen ließen. Wenn die Natur nicht konstant sei, so sei sie es höchstens in einem unerfreulichen Sinne nicht; sie degeneriere; ihre schöpferischen Kräfte nähmen ab, frühere Jahrhunderte könnten wohl besser gewesen sein als das jetzt geschriebene. Ihm widerspricht Sokrates: hätte sein Gesprächspartner die berühmtesten Athener so genau gekannt wie er selber, so würde er wohl anders über sie urteilen; leicht verkläre man im Ärger über die eigene Zeit eine ferne Vergangenheit; warum sollte die Natur, die sonst sich nirgends verbrauchte, es gerade im Bereich menschlicher Kultur tun? Warum Erfahrung sich nicht sammeln, so daß die Späten klüger wären als die Frühen?

Wenn hier Fontenelle noch Vergnügen an der Richtigkeit der sich widersprechenden Argumente findet, so wurde er fünf Jahre später eindeutiger. Dem war (1687) eine denkwürdige Sitzung der Akademie vorhergegangen, in der Charles Perrault – uns vor allem als Märchenerzähler bekannt – sein Lehrgedicht über »Das Zeitalter Ludwigs des Großen« zum besten gegeben hatte, eine Hymne auf die ewige Schöpferkraft der Natur, die zu allen Zeiten ähnliche Genien hervorbringt, und auf die erreichte Höhe der Gegenwart:

> Das weise Altertum, so lang es gewährt,
> im Vergleich mit uns selbst war doch nie aufgeklärt...

Perraults gereimte Betrachtung, in der Auswahl zu preisender Zeitgenossen nicht eben glücklich, erregte einen Sturm von Für und Wider. In seiner *Digression sur les anciens et les modernes* (1688) machte Fontenelle sich zum Anwalt der nun drängender als schon zuvor um ihre Gestaltung ringenden Fortschrittsidee. Er ging darin weiter als Perrault, der zu stolz auf seine Zeit war, um sich viel um die Zukunft zu kümmern; es werde, glaubte Fontenelle, immer so weiter vorwärts gehen – *il est évident que tout cela n'a point de fin*.

Wohlgemerkt, es war der Fortschritt von Wissen und Wissenschaft allein, was Fontenelle interessierte. Die Jungen, zeigte er, standen gleichsam auf den Schultern der Älteren und sahen weiter. Da die Natur sich immer gleich blieb, da die Bäume jetzt nicht weniger hoch wuchsen als in den Tagen des Perikles, so war auch der menschliche Geist jetzt nicht weniger kräftig als damals; sehr wohl imstand, alle bisherigen Erkenntnisse aufzuspeichern und sie zu vermehren. So aber, wie die Natur immer dieselbe war, so auch der menschliche Charakter; der Charakter der allermeisten. Über sie, das Volk, dachte Fontenelle, der epikureische, gesellige Aristokrat, ungefähr wie der fromme einsame Jude Spinoza, ungefähr, wie nach ihnen Voltaire denken sollte: ohne viel Interesse, Gunst und Hoffnung. Die Frage nach dem wachsenden Glück einer wachsenden Zahl von Menschen blieb ihm ebenso fremd wie die Unterscheidung zwischen dem Fortschritt der Zivilisation und dem Fortschritt der Moral, die hundert Jahre nach ihm Immanuel Kant in ewig denkwürdigen Sätzen bestimmte.

Stolz zu sein auf die Zeit, in der man lebte, auf das »Zeitalter Ludwigs des Großen« – man könnte glauben, solches Gefühl und Bewußtsein hätte der Herrschaft zugute kommen müssen. Das war jedoch nur bedingt und momentweise der Fall. Das Bewußtsein, es weit gebracht zu haben, die Hoffnung, es in Zukunft noch weiter zu bringen, gründete auf den Leistungen freier Wissenschaft, freien Geistes; schöpferischen Leistungen zwar, aber kritischen auch, und diese, wie wir sahen, waren die nicht am wenigsten zeit-typischen. Kritik, einmal enthemmt und zu Höhen der Virtuosität getrieben, machte vor geheiligten Traditionen sowenig halt wie vor erstarrten Formen der Herrschaft; zum Beispiel vor dem Königtum. So gesehen, ist das »Zeitalter Ludwigs des Großen« nicht sosehr das Zeitalter der absoluten Monarchie und der triumphierenden Kirche, majestätisch-sicher von einem einzigen Geist getragen. Es ist, je weiter es vorrückte, um so deutlicher, ein Zeitalter der Unruhe, in dem die großen Vertreter der Tradition als bedrängte und gehetzte Verteidiger erscheinen. Davon war dem König nicht viel bekannt und den anderen Königen nicht, das gehörte nicht zu ihrem Beruf. Aber Ludwigs zweiter Nachfolger, der freilich, zählt man die Generationen, sein fünfter war, sollte daran zugrunde gehen. — Die ehrwürdige Gestalt Jacques-Bénigne Bossuets, Bischofs von Meaux (1627–1704), stehe hier als ein Beispiel für die Verteidiger der Autorität.

Als ein selbstsicherer Sprecher der katholischen Monarchie, als pomphafter Hofprediger des Königs, der den Königinnen, Prinzen, Marschällen die Grabrede hielt, als tönender Anwalt der Vorsehung, an die er unerschütterlich glaubte, wird er gern gesehen, und all das war er auch. Ein Seelenkenner übrigens, der in seinen Predigten Betrachtungen einflocht, wie sie in der Tradition der französischen Psychologie lagen. In seiner »Geschichte der Schwankungen der Protestantischen Kirchen« (1688) gab er erstaunlich gerechte, einfühlende Charakterzeichnungen der Männer, die für ihn Abtrünnige waren: Luther, Calvin, Melanchthon.

Diener der Kirche, war er auch einer des Königs; aber er scheute sich nicht, ihm und dem Thronfolger, um dessen Erziehung er sich zehn Jahre lang vergeblich bemühte, heilsame Wahrheiten zu sagen. »Sie haben zu bedenken, Sire, daß Ihr Thron Gott gehört, daß Sie an seiner Stelle stehen, daß Sie nach seinen Gesetzen regieren müssen. Die Gesetze, die er Ihnen gab, wollen, daß Ihre Macht nur den Schlechten unter Ihren Untertanen furchtbar sei und daß die Übrigen in Sicherheit und Frieden leben können, indem sie Ihnen gehorchen. Das feierliche Versprechen, das Eure Majestät gab, in Ihrem Leben zu verändern, was Gott nicht wohlgefällig war, hat Ihre Untertanen mit Trost erfüllt; sie schöpfen daraus die Hoffnung, Eure Majestät... werde mehr als je zuvor die überaus strikte Pflicht erfüllen, kraft derer es Ihnen obliegt, dem Elend des Volkes zu steuern, und so warten sie auf eine Erleichterung, deren sie so bitter bedürfen. Ich weiß wohl, Sire, wie schwer es ist, ihnen diese Erleichterung zu geben inmitten eines großen Krieges, der Sie zu ungewöhnlichen Ausgaben zwingt, um Ihren Feinden zu widerstehen und Ihre Bundesgenossen zu unterstützen. Aber der Krieg, der Eure Majestät zu so großen Ausgaben verpflichtet, verpflichtet Sie auch, nicht das Volk zu verderben, durch das allein Sie den Krieg führen können.« — Der König von Gottes Gnaden, der absolute König, war für Bossuet so absolut nicht; dem ewigen Gesetz schuldete er, was er keiner neumodischen Kontrakttheorie schulden sollte.

Der Streit zwischen den »Antiken« und den »Modernen«, der Streit um den Fortschrittsbegriff, mußte Bossuet fremd sein. Den Stil seiner Rede hatte er an den Alten gebildet, an Platon, Demosthenes, Cicero, Vergil: »Ich habe wenig französische Bücher gelesen.« Die Weltgeschichte, deren Abriß er *ad usum Delphini* schrieb (*Discours sur l'histoire universelle*, 1681), war Geschichte dessen, was die Vorsehung bestimmt hatte und nichts anderes; auf das Erscheinen des Herrn zielend von Anbeginn; von da ab Verbreitung der Einen Wahrheit, wenn auch mitunter auf gleichfalls gewollten Umwegen und Abwegen. Was galt da Veränderung, was »Fortschritt«? »Die wahrhafte Einfachheit der christlichen Doktrin«, schrieb Bossuet an Leibniz, »besteht, was den Glauben betrifft, in dieser sicheren Tatsache: Dies hat man gestern geglaubt; also muß man es auch heute glauben«. Eben hieraus ergab sich die Trennung zwischen Katholiken und Häretikern. »Der Häretiker ist jener, der eine Meinung hat; genau dies bedeutet das Wort. Was heißt es, eine Meinung zu haben? Es heißt, seinem eigenen Denken und Fühlen zu folgen. Aber der Katholik ist katholisch; das heißt,

SPINOZA.   1683

SPINOZA (Benoit de) Juif de naissance, & puis deserteur du Judaïsme, & enfin Athée, mais Athée de systême, & d'une (*A*) methode toute nou-

(a) Voyez l'article Abumuslimus. p. 51. col. 1.

(b) Besse Remarques curieuses sur Ricaut, Etat present de l'Empire Ottoman. p. 648.

(c) Pietro della Valle, jetta tout differentes; il assistoit tous les Mercredis au p. 394. du Conseil de Son Altesse, qui l'attiroit à la Haye; il 3. tome, apud Bespier ibid.

& terre pour l'empescher de venir; & qu'il mourut lors qu'il eut nouvelles que son Adversaire estoit en chemin. Cependant il faut rendre cette loüange à ce docte Allemand, je dis mesme de l'advenu de Mr. de Saumaise, qu'il ne prodiguoit pas les siennes: qu'il avoit la teste forte & bien remplie d'érudition; qu'il estoit propre aux affaires, ferme & adroit, ardent, & laborieux. Il faisoit des leçons publiques en Theologie quatre fois la semaine; il en faisoit de plus d'une sorte de privées à ses Escholiers; il écoutoit les Proposans, il prêchoit en deux langues, la sienne, & la nostre; il visitoit les malades; il écrivoit une infinité de lettres, il composoit en mesme temps deux ou trois livres fort differens; il assistoit tous les Mercredis au Conseil de Son Altesse, qui l'attiroit à la Haye; il estoit Recteur de l'Université: & parmy toutes ces occupations, il ne laissoit pas de faire la recepte & la despense de sa maison, qui estoit pleine de pensionnaires.

LISTE de quelques personnes qui ont eu le sentiment de Spinoza.

(d) Asseruit Deum esse materiam primam, quod ne- mo ante eum deliraverat. Theoph. Raynaud. Theol. naturali, distinct. 6. n. 6. p. 563.

(e) Albertus in 1. Phys. tract. 3. cap. 13. apud Perperium de communibus principiis, lib. 5. c. 12. p. m. 309. 310.

(f) Is est, opinor, quem inter sodales suos memorat Plutarchus II. symp. 3. Thomasius Dissertat. 14. ad Phil. Stoic. p. 199.

(g) Ad. lib. 1. Thomæ contra Gentil. c. 17. f. 23. ed. Lugd. A. 1586. Thomas. ib. p. 100.

(A) *Athée de systême, & d'une methode toute nouvelle.*] Je crois qu'il est le premier qui ait reduit en systême l'Atheïsme, & qui en ait fait un corps de doctrine, lié & tissu selon les manieres des Geometres; mais d'ailleurs son sentiment n'est point nouveau. Il y a long tems que l'on a cru que tout l'Univers n'est qu'une substance, & que Dieu & le monde ne font qu'un seul être. Pietro della Valle a fait mention de certains Mahometans (*a*) qui s'appellent Ehl Eltahhejk, ou hommes de verité, gens de certitude, qui croyent qu'il n'y a pour tout que les quatre élemens qui sont Dieu, qui sont l'homme, qui sont toutes choses. Il parle aussi des Zindikites, autre secte Mahometane. Ils (*b*) approchent des Sadduciens, & ils ont pris leur nom d'eux. Ils croyent qu'il n'y a point de providence, ni de resurrection des morts, comme l'explique Giggæus sur le mot Zindik.... (*c*) Une de leurs opinions est que tout ce que l'on voit, que toute ce qui est dans le monde, que tout ce qui a esté creé, est Dieu. Il y a eu de semblables heretiques parmi les Chretiens; car nous trouvons au commencement du XIII. siecle un certain David de Dinant, qui ne mettoit nulle distinction entre Dieu & la matiere premiere. On se trompe quand on affirme (*d*) qu'avant lui personne n'avoit debité cette rêverie. Albert le Grand ne parle-t-il pas d'un Philosophe qui l'avoit debitée? (*e*) Alexander Epicureus dixit Deum esse materiam, vel non esse extra ipsam, & omnia essentialiter esse Deum, & formas esse accidentia imaginata; & non habere veram entitatem; & ideo dixit omnia idem esse substantialiter, & hunc Deum appellavit aliquando Jovem, aliquando Apollinem, & aliquando Palladem; & formas esse peplum Palladis, & vestem Jovis; & neminem sapientum ajebat ad plenum revelare posse ea qua latebant sub peplo Pallada & sub veste Jovis. Quelques-uns croyent (*f*) que cet Alexandre a vécu au tems de Plutarque; d'autres marquent en propres termes qu'il a precedé David de Dinant. Secutus suit Alexandrum qui secit librum de materia, ubi probare conatur omnia esse unum in materia. C'est ce que l'on lit à la (*g*) matiere du Traité où Thomas d'Aquin refute cette extravagante & monstrueuse opinion. David de Dinant ignoroit peut-être qu'il y eût eu un tel

Philosophe de la secte d'Epicure; mais pour le moins faut-il qu'on m'avoue qu'il savoit très-bien qu'il n'inventoit pas ce dogme. Ne l'avoit-il pas appris de son maitre? n'étoit-il pas le disciple de cet Amaulri dont le cadavre (*h*) fut déterré, & reduit en cendres l'an 1208. & qui avoit enseigné que toutes choses étoient Dieu, & qu'un seul être *(h) Voyez Prateolus in Elencho hæresum, verbo Almaricus.* *Omnia sunt Deus: Deus est omnia. Creator & creatura idem. Idea creant & creantur. Deus ideo dicitur finis omnium, quod omnia reversura sunt in ipsum, ut in Deo immutabiliter conquiescant, & sit unum individuum atque incommutabile permanebunt. Et sicut alterius natura non est Abraham, alterius Isaac, sed unius atque ejusdem: sic dixit omnia esse unum, & omnia esse Deum. Dixit enim, Deum esse essentiam omnium* (1) *creaturarum.* *(i) m. 23. Il dit dans quelques-uns cet heretique & ses adherens suerunt lepidi cassi.* Je n'oserois dire que Straton Philosophe Peripateticien ait eu la même opinion; car je ne sai pas s'il enseignoit que l'Univers ou la Nature fût un être simple, & une substance unique: je sai seulement qu'il la faisoit inanimée, & qu'il ne reconnoissoit d'autre Dieu que la Nature. Nec audien- *(k) Hæc de Amalrico Gerson tract. de Concord. Metaph. cum Log. Part. IV. Oper. siphab. 10. lit. N. ex Hostiensi & Odone Tusculan. no. Theomasius ubi supra pag. 100.* dus eju (Theophrasti) *auditor Strato is qui Physicam appellatur, qui omnem vim divinam in natura situm esse censet, que causas gignendi, augendi, minuendi habeat, sed careat omni sensu ac figura* (*k*). Comme il le montre des atomes & du vuide d'Epicure, on pourroit s'imaginer qu'il n'admettroit point de distinction entre les parties de l'Univers; mais cette consequence n'est point necessaire. On peut seulement conclure que son opinion s'approche infiniment plus du Spinozisme, que le systême des atômes. La voici plus amplement. (*l*) *Negas sine Deo posse quicquam; ecce tibi è transverso Lampsacenus Strato, qui det isti Deo immunitatem magni quidem muneris. Sed quum Sacerdotes Deorum vacationem habeant, quanto est æquius habere ipsos Deos? Negat opera Deorum se uti ad fabricandum mundum. Quacunque sunt docet omnia effecta esse natura, nec ut ille qui asperis, & levibus, & hamatis, uncinatisque corpusculis concreta hæc esse dicat interjecto inani, somnia censet hæc esse Democriteæ non docentis, sed optantis. Ipse enim singulas mundi partes persequens, quicquid aut sit, aut fuat, naturalibus fieri, aut factum esse docet ponderibus & motibus: sic ille & Deum opere magno liberat, & me timore.* On a même lieu de croire qu'il n'enseignoit pas, comme faisoient les Atomistes, que le monde fût un ouvrage nouveau, & produit par le hasard; mais qu'il enseignoit, comme font les Spinozistes de toute éternité. Les paroles de Plutarque que je vais citer, signifient, ce me semble, si on les explique comme il faut, que la nature a fait toutes choses d'elle-même & sans connoissance, & non pas que ses ouvrages ayent commencé par un cas fortuit. (*m*) Τελευίαν ἢ κίνησιν αὐτὸν ᾧ ζῶον ἀναι τὴν ἢ φύσιν ἐπεσθαι τῷ τυχεῖν, ἀρχὴν ἢ ἰδόναι τὸ αὐτόματον, εἶτ' οὗτος πάθη τῶν φυσικῶν ἑκάστον. *Denique mundum ipsum animal esse negat* (Strato) *vulque naturam sequi temerarios fortunæ impetus, initium enim rebus dare spontaneam quandam naturæ vim, & sic deinceps ab eadem natura physici motibus imponi finem.* Cette traduction (*n*) est meilleure que celle d'A- *(l) Cicero de nat. Deorum, lib. 1. p. m. 50.* *(l) Idem, Academ. Quæst. lib. 2. sol. XIII. G.* *(m) Plutarchus adversus Colotem, p. 1115. B.* *(n) Je l'ai trouvée dans Lescalopier, Commentar. in Ciceron. de nat. Deorum, lib. 1. pag. 58. mais ajoûté* en un à ses initium.

miot,

Das Stichwort »Spinoza«
im »Dictionnaire historique et critique« von Pierre Bayle. Rotterdam, 1697

Bossuet bei seiner Trauerrede auf den »großen« Condé
im Chor von Notre Dame in Paris, 1687
Aus einer Stichfolge »Camp de la douleur« nach einer Zeichnung von Jean Berain

er ist universal; und ohne ein ihm eigenes Denken zu haben, folgt er ohne zu zögern dem der Kirche...«

Es gab, in diesem Sinn, viele Häretiker in Bossuets Tagen, und er wußte es. Mit Entsetzen hatte er Spinozas *Tractatus* gelesen, die Auslegung der Bibel, für ihn der Springquell alles Heiligen und Ewig-Wahren, als eines menschlichen, historischen Dinges unter anderen. Bossuet war es, der das Verbot von Richard Simons »Kritischer Geschichte des Alten Testaments« erzwang. Aber mit bloßen Verboten war es nicht getan. Der Bischof besaß einen zu reinen, zu wahrheitsliebenden Geist, als daß er sich den Argumenten der Kritiker ganz hätte verschließen können. Und so ließ er sich auf Streit ein, fing an, seine Position zu verteidigen und kleine Einräumungen zu machen – gewiß hätten die Bücher Mose später ein paar Zusätze erfahren, warum denn nicht; Zugeständnisse, die, einmal gemacht, die ganze Festung bedrohten. So auf dem Feld der Chronologie, wo er rechnete und rechnete, um die von der Bibel gegebenen Jahreszahlen zu erhalten. Ein harter Gegner war die Wissenschaft für ihn, den zugleich Frommen und tief Redlichen. »Ich weiß wohl, ihr Christen, daß die Wissenschaft ein Geschenk des Himmels ist und daß sie der Welt große Vorteile bringt; ich weiß, daß sie das Licht des Verständnisses ist, der Führer des Willens, die Amme der Tugend, die Seele der Wahrheit, die Begleiterin der Weisheit, die Mutter guten Rates; mit einem Wort, die Seele des Geistes und die Beherrscherin des menschlichen Lebens. Aber wie es dem Menschen natürlich ist, die besten Sachen zu verderben, so wird diese, die so großes Lob verdient, in unseren Händen nur zu oft schlecht durch den Gebrauch, den wir von ihr machen. Sie ist es, die sich gegen die Wissenschaft Gottes erhoben hat; sie ist es, die, indem sie verspricht, uns zu erleuchten, uns blind macht durch Hochmut; sie ist es, die uns, unter dem majestätischen Namen der Wahrheit, unser eigenes Denken anbeten läßt...«

Ein Gegner war auch die neue Philosophie, die Gott noch Sein zugestand, aber nur als erster Ursache; was für ein Gott war das, der die Welt nur machte, um sie dann gottlos und verwaist zurückzulassen? In Bossuets Grabrede auf Maria-Theresa von Spanien, Königin von Frankreich, lesen wir: »Wie verachte ich jene Philosophen, die, Gottes Ratschluß mit dem Maßstab ihres eigenen Denkens messend, aus ihm nur den Schöpfer einer gewissen allgemeinen Ordnung machen, aus der das Übrige sich entwickeln soll, wie es kann. Als ob Er nach unserer Art nur allgemeine und dunkle Einsichten hätte, als ob die souveräne Intelligenz zu ihren Zwecken nicht auch jene einzelnen Dinge umfassen könnte, die alleine Realität haben.« So habe Gott nicht nur Himmel und Erde gemacht; gemacht habe er auch die königlichen Häuser Frankreich und Österreich, »deren er sich bedient, um die menschlichen Dinge im Gleichgewicht zu halten; bis zu welchem Grad und wie lange? Er weiß es, und wir wissen es nicht«.

So war dieser gewaltige Prediger und Künstler des Wortes, dieser strenge und liebevolle Geist in seinen Tagen wohl das moralische Haupt der Kirche Frankreichs. Aber unentwegt war er im Kampf; kämpfend nicht bloß gegen das, was er für Verirrungen innerhalb der Kirche hielt, Jansenismus, Quietismus; auch, und bitterer, gegen eine Tendenz der Zeit, die er, wohl nicht zu Unrecht, auf Descartes zurückführte und die nichts anderes war als der Geist der Kritik, des freien Infragestellens selber. Wohin würde er führen? – Bossuet lag noch keine hundert Jahre in seiner Gruft, da führte sie, zunächst für einen Augenblick nur, zur Abschaffung des Christentums, zum Revolutionskult der »Vernunft«.

Unter den Schülern Bossuets war einer, mit dem er sich später überwarf: François de Fénelon, Erzbischof von Cambrai (1651–1715). Die beiden Kirchenfürsten hatten manches gemeinsam: das Vornehm-Beispielhafte, aber nicht Asketische ihrer Lebensführung; die reine Frömmigkeit; die Gewalt des gesprochenen und geschriebenen Wortes. Beide waren sie Prinzen-Erzieher; Bossuet des Sohnes, Fénelon des Enkels Ludwigs XIV., der Sohn und Enkel überlebte. Beide bekämpften die Jansenisten; beide billigten die Aufhebung des Edikts von Nantes, aber nicht die Grausamkeit der Verfolgungen. Fénelon, von Haus aus ein großer Herr, war der freiere, Eindrücken offenere Geist und in Bossuets Augen ein Gefährdeter. Als er den Mystizismus, den Ich- und Ratio- und Riten-verneinenden Quietismus einer inspirierten Dame, der Madame Guyon, umarmte und literarisch verfocht, trat Bossuet schärfstens gegen ihn auf. Der alte König nahm für Bossuet Partei; Fénelon wurde in seine Diözese verbannt, von wo er nicht aufhörte, mit seinem Zögling, dem Herzog von Burgund, zu korrespondieren. Ihn hoffte er zu einem guten König zu machen. Als Burgund 1712 starb und kein Erbe blieb als der Urenkel, hielt er die Monarchie der Bourbonen für verloren. Hier sah er klarer als Bossuet, der immer ein Verherrlicher, wenngleich ein unabhängiger, des Königtums und auch der königlichen Kriege geblieben war. Welch klingend-bewundernde Darstellung der Schlacht von Rocroy flocht er in seine Grabrede für den Sieger ein, als der große Condé, siebenundvierzig Jahre nach der Schlacht, gestorben war!

Fénelon hätte kein Loblied auf einen Feldherrn gesungen. Er haßte den Krieg wie ein echter Moderner, wie ein Philosoph des 18. Jahrhunderts. Und wenn er das absolute Königtum nicht haßte – das taten ja auch die »Philosophen« des 18. Jahrhunderts nicht –, so doch die Gestalt, die der alte König ihm gab: Krieg, Verschwendung und Ostentation, Willkür, Verkrampfungen des Wirtschaftslebens, die schreiende Not der Bauern. Aus diesem Gefühl ist sein didaktischer Roman »Die Abenteuer des Telemach« (1699) entstanden. Angeblich nur, »um den Herzog von Burgund zu amüsieren«; ein treuloser Kopist habe das Manuskript der Öffentlichkeit preisgegeben. Aber es steckt zuviel von Fénelons ernstesten Urteilen in dem Werk, als daß diese Erklärung uns überzeugen könnte. »Hier«, gestand er später, »habe ich alle notwendigen Wahrheiten über die Regierung und die Verirrungen, deren die souveräne Macht sich schuldig machen kann, ausgesprochen.« Wahrheiten wie die, daß die Könige für ihre Untertanen da sind, nicht umgekehrt; daß die Landwirtschaft die Quelle allen Reichtums, und Luxus schlecht ist; daß alle genug zum Leben haben sollen, niemand zuviel; daß die Menschheit so über dem Königreich steht wie das Königreich über den einzelnen Bürgern; daß Kriege ein Verbrechen sind.

Meist spricht Telemachs Begleiter Mentor sie aus, wie er denn den prunklustigen, despotischen König Idomeneus folgendermaßen abkanzelt: »Mit Schmerzen bin ich gezwungen, Ihnen harte Dinge zu sagen; aber soll ich Sie verraten durch Verschweigen der Wahrheit? Wenn Sie bisher betrogen wurden, so darum, weil Sie es sein wollten; weil Sie die ehrlichen Ratgeber fürchteten. Haben Sie die am wenigsten interessierten, die zum freien Widerspruch geneigtesten Menschen gesucht?... Haben Sie die Schmeichler gemieden, haben Sie ihnen mißtraut? Nein, nein; Sie haben nicht gehandelt wie jene, die die Wahrheit lieben und sie zu wissen verdienen. Sehen wir zu, ob Sie jetzt den Mut haben, sich durch die Wahrheit, die Sie verurteilt, erniedrigen zu lassen... Während Sie draußen so viele Feinde hatten, die Ihr noch schwankendes Königreich bedrohten, haben Sie im Inneren Ihrer neuen Stadt an nichts gedacht als an kostspielige Bauten... Sie haben Ihre Reichtümer erschöpft; die Vermehrung des Volkes, die Bebauung fruchtbaren Bodens war nicht Ihre Sorge... Eitler Ehrgeiz hat Sie bis an den Rand des Abgrunds getrieben. Sie wollten groß erscheinen, und Sie haben Ihre wahre Größe zerstört.« Denn den schlechten Monarchen bedroht die Revolution.»Man schmeichelt Ihnen, man heuchelt Verehrung, man zittert bei Ihren Blicken; aber was bei der geringsten Revolution geschieht, das werden Sie sehen: die monströse, gewaltsam hochgetriebene Macht kann nicht dauern; sie hat keine Wurzeln im Herzen der Völker; sie hat alle Körperschaften des Staates erschöpft und gekränkt; sie zwingt alle Glieder dieser Körper, eine Veränderung zu ersehnen. Beim ersten wohlgezielten Schlag stürzt das Idol um, zerbricht, und seine Trümmer liegen unter des Schicksals Füßen.«

Wenn Fénelon verlangte, in solchen Worten nicht die Prophezeiung einer Revolution, in König Idomeneus nicht Ludwig XIV., in anderen Figuren des Romans nicht des Königs Minister, Günstlinge und Maitressen zu erkennen, so verlangte er mehr, als Ludwig und auch, als Ludwigs Feinde zu konzedieren bereit waren; denn während der König um so mehr ergrimmte, als er ja die peinliche Identifizierung selber nicht vollziehen konnte, war dem Roman in Holland und England ein gewaltiger Erfolg beschieden. Man verstand. Man glaubte als Pamphlet verstehen zu sollen, was, in der Form eines antikisierenden Abenteuerromans, wohl mehr ein wohlgemeintes, didaktisch-utopisches Buch im Stil der Zeit war.

In der Kritik der absoluten Monarchie ging Fénelon so weit, wie er als ihr Anhänger, als Kirchenfürst und französischer Untertan gehen konnte. Zehn Jahre vor dem »Telemach« war in England ein Buch erschienen, das den Anspruch der absoluten Monarchie systematisch widerlegte und die uralte Kontrakt-Theorie neu und modern begründete: die »Abhandlungen über die Regierung« – *Two Treatises of Government* – von John Locke (1632 bis 1704). Es war ein sehr englisches, ein nur-englisches Buch, eine Rechtfertigung der »Glorreichen Revolution« des Vorjahres. So wie aber in diesem Zeitalter alles, was Gewicht hatte, alsbald in einen internationalen Zusammenhang trat, so wie die Glorreiche Revolution selber, insulär in Vorgeschichte und Ausführung, im europäischen Machtkampf doch zugleich und sofort ein Ereignis von kapitaler Bedeutung wurde, so sollten auch Lockes Abhandlungen zu einem internationalen Lehrtext von lang und weit nachhallender Wirkung werden.

Der Autor, Sohn eines puritanischen Landedelmannes, hatte selber internationale Erfahrungen gesammelt, drei Jahre in Frankreich, später, in der schwülen Epoche, die dem Sturz des letzten Stuart-Königs vorherging, als ein Flüchtling fünf in Holland verbracht und dort mit anderen Flüchtlingen Umgang gehabt. Im Gefolge Wilhelms von Oranien kehrte er nach England zurück, auf dem gleichen Schiff mit der neuen Königin, Mary, und wurde nun zum geistigen Repräsentanten der veränderten Ordnung. Philosoph von Haus aus, aber dem Praktischen nicht fremd, verwaltete er zeitweise ein Amt im *Board of Trade*, lehnte aber, der einmal Brandenburg besucht hatte, den Berliner Botschafterposten ab. Seine ihm eigenste Tätigkeit blieb die Schriftstellerei; dazu das ernste Gespräch, der Umgang mit Philosophie oder Naturwissenschaft treibenden Freunden.

Locke war ein Mann von eminent gesundem englischem Menschenverstand und weithin verstreuten Kenntnissen: Chemie, Medizin, Geschichte, Theologie. Es war dies ja ein Zeitalter, in dem man noch beinahe alles wissen konnte, was es zu wissen gab; wofür das imposanteste, Locke noch übertrumpfende Beispiel demnächst zu nennen sein wird. Wo er anklopfte, da kam nicht immer grundstürzend Neues, aber immer Kluges und Nützliches heraus. Er schrieb über Geld und Zinsen; über den vernünftigen Gehalt der christlichen Lehre; über Toleranz – die wollte er weit ausgedehnt wissen, aber nicht auf Atheisten, denn wo kein Gott gelte, da gelte gar nichts mehr; über Pädagogik (*Thoughts on Education*, 1693), in- der er ein Bahnbrecher war. Der zu Erziehende müsse erfahren, tun, sich freuen, nicht bloß lernen; Erziehung des Charakters sei wichtiger als die Ansammlung toten Wissens-Stoffes; zum gesunden Geist gehöre ein gesunder Körper; und so fort. Gedanken, die Pestalozzi und selbst Rousseau vorwegnehmen – wie Locke es in mehr als einer Beziehung tat.

DieWerke, die ihn berühmt machten, sind die »Abhandlungen über die Regierung« und der im Jahr darauf erschienene, aber lange vorbereitete »Versuch über den menschlichen Verstand« (1690). Hier wurde er zum Gründer der modernen Erkenntnistheorie; jener Tradition, die in Deutschland über Leibniz zum Kritizismus Immanuel Kants, in England über den Idealismus Berkeleys zum Skeptizismus Humes fortschreiten sollte. Locke stellte die Frage, die schon Descartes gestellt, aber nicht eigentlich kritisch beantwortet hatte und die Spinoza fremd gewesen war: Die Frage nach Grund, Wesen und Grenzen des Wissens. Seine Antwort war die sensualistische. Der Geist ist *Tabula Rasa* – diesen Ausdruck gebraucht er –, bevor die Sinne ihn informieren. Es gibt keine »eingeborenen Ideen«. Sie werden aus der Erfahrung gebildet. Diese beruht auf den Sinnen und dem, was die Reflexion aus ihren Eindrücken macht. Die Sinne sind dem Menschen eigen. Was die Dinge sind ohne sie, kann man nur mathematisch-quantitativ ausdrücken; die primären Eigenschaften des Objekts. Das übrige tut der erfahrende Mensch dazu, der so aus seinem eigenen Reich nicht heraus kann; sicher in ihm, aber ewig ungewiß über dasWesen der Dinge ohne ihn.

Es war eine antiautoritäre, antidogmatische Philosophie. Indem Locke die »eingeborenen Ideen« bestritt, bestritt er die Autorität der Bücher, die von ihnen handelten, und lud seine Leser zum grünen Baum der Tatsachen. Obwohl es aber manchmal so scheinen konnte, als sei ihm der Verstand (Reflexion) nichts als ein zweiter innerer Sinnesapparat zur Verarbeitung dessen, was der äußere lieferte, wies er ihm doch die Funktion von Schlüssen zu, für die es in der äußerenWelt kein Gleiches gab. Der Begriff der Kausalität beruhte auf einem solchen Schluß; durch die Sinne, die nur das regelmäßige Nacheinander der Phänomene zeigten, nie gegeben, aber erfahren durch den eigenenWillen, die eigene Kraft desVerursachens. Da nun aus Nichts nichts wird, da innerhalb des Ganzen jedes aus einem

DER EUROPÄISCHE GEIST IM SPÄTEN 17. JAHRHUNDERT

anderen folgt, so muß auch das Ganze eine Ursache haben, die außerhalb seiner liegt – eine intuitive, wie er dennoch glaubte, verstandesmäßig aufzeigbare Gottesgewißheit, die Locke, ein guter Christ und frommer Bibelkenner, zu retten bestrebt war. – Dieser erste große »Versuch« genügte wohl nicht. Aber er sollte sich als ungeheuer fruchtbar erweisen.

Wenig ging man, hundert Jahre lang, über Lockes politische Abhandlungen hinaus. Die Gedanken des »unsterblichen Locke« sind noch in der amerikanischen Unabhängigkeitserklärung, noch in der ersten von der Französischen Revolution geschaffenen Verfassung deutlich am Werk. Wie Spinozas *Tractatus* waren sie ein Abriß für Tag und Stunde, beinahe Pamphlete. Da sie aber ein zentrales englisches Verfassungsgeschehen, eben die Glorreiche Revolution und die nachfolgende *Bill of Rights*, philosophisch interpretierten, so erhielten sie ein Volumen, das dem Entwurf des einsamen Holländers fehlte. John Locke wurde der englische Staatsphilosoph, und wie England im 18. Jahrhundert zur Weltmacht aufstieg, so stieg er mit.

Die erste der beiden Abhandlungen, polemisch gegen einen überaus ungeschickten, altmodischen Verteidiger des Königstums gerichtet, fällt hier nicht in Betracht. Die zweite ist die eigentliche.

Wie Hobbes geht Locke von einem »Naturzustand« der Menschen aus, bei dessen Konstruktion er unter dem Eindruck damals aus Amerika kommender Beschreibungen stehen mochte. Er sieht ihn anders als Hobbes. Die Menschen sind längst nicht so schlecht, längst nicht so angriffslüstern aus Angst, wie Hobbes wahrhaben wollte. Der Selbsterhaltungstrieb leitet sie allerdings; aber dieser ist selber vernünftiger und aufbauender, nicht bedrohender Art. Jeder erstrebt ein Maximum von Wohlbehagen. Daran arbeitet er; vermischt seine Arbeit mit einem Gegenstand, einer Wiese, einem Wald; und begründet so sein Eigentum. Eigentum ist Vermischung von Arbeit und Sache; ein natürliches Recht, wie Selbsterhaltung eines ist. Natürlich auch seine Begrenzung; ohne Staat wird und kann der Mensch nicht mehr besitzen, als er bearbeiten und genießen kann. Es ist die Erfindung des Geldes, welche den Erwerbssinn weit über die natürlichen Grenzen des Eigentums hinaustreibt; und eben damit hängt die Gründung des Staates zusammen. Um ihr Eigentum und alle aus ihm fließenden Vorteile zu schützen, treten die Menschen in eine Gemeinschaft ein. Wären sie im Naturzustand so elend gewesen, wie Hobbes will, so wäre auch seine Theorie vom Staat gerechtfertigt. Da aber Hobbes' Ansicht vom Naturzustand nicht zutrifft, kann es auch der Zweck des Staates nicht sein, die Bürger mit allen und jeden Mitteln von ihrer Todesangst zu erlösen. Zweck des Staates ist der Schutz erworbenen, über das natürliche Maß hinausgehenden Eigentums. Despotismus würde diesen Zweck zerstören.

Freiwillig in den Staat eingetreten, bewahren sich die Bürger ihre natürlichen Rechte auch im Staat. Darum ist jede Regierungsgewalt auf Vertrauen gegründet. Vom Volk ist sie gegeben, vom Volk kann sie wieder genommen werden. Allerdings ist das Volk ordnungsliebend und konservativ; es wird – eine These, die auch noch in Jeffersons Unabhängigkeitserklärung vorkommt – von seinem Widerstandsrecht nur in extremen Fällen Gebrauch machen. Die aktuelle Folge aus dem Vertragscharakter des Staates ist nicht das Widerstandsrecht der Individuen in ihrer Gesamtheit, sondern die Beschränktheit und Geteiltheit der Macht.

Regierung zerfällt in die beiden Funktionen der Gesetzgebung und Gesetzausführung. Um despotische Macht zu verhindern, dürfen beide nicht zusammenfallen. Die dichtere, immerwährende Tätigkeit obliegt der ausführenden Gewalt; die höhere Macht ist bei der gesetzgebenden als der gewählten Repräsentation des Volkes. Sie auch hat gegen die Exekutive, gegen den König, notfalls das Widerstandsrecht zu üben, dessen Träger für Locke in der Theorie wohl das Volk, in der Praxis aber vor allem das Parlament ist. Das gibt die unblutigen, die gesetzlichen, die »glorreichen« Revolutionen. Locke fürchtet den König; das Parlament fürchtet er nicht. Er fürchtet auch das Prinzip der Mehrheit nicht, das er, ebenso wie das der Gewaltenteilung, aus der spätmittelalterlichen Theorie übernahm, ohne nach seinem Grund zu fragen. Wahrscheinlich hätte er sich den alten Begriff vom größeren Teil als Repräsentanten des Ganzen gefallen lassen. Da der Mensch von Natur zwar selbstsüchtig, aber vernünftig, friedliebend und nicht ohne Rechtssinn ist, so konnte eine Mehrheit menschlicher Individuen zuletzt wohl nie etwas dem Ganzen Abträgliches wollen.

Immer bewegte Lockes Gedankengang sich um vier Zentren. Vom Individuum ging er aus; der Staat war für es da. Die Individuen bilden die Gemeinschaft; die Gemeinschaft gibt sich eine Regierung, die in zwei Gewalten zerfällt. Die dritte, richterliche, kam im 18. Jahrhundert dazu, um das klassische Prinzip der Gewaltenteilung, der *checks and balances*, zu vollenden; Locke hat auf sie diesen Wert nicht gelegt. Eine dritte, etwas verschwommene Funktion der Macht sah er wohl und nannte sie die »Föderative«; worunter er den Staat in seinem Verhältnis zu anderen Staaten, die Funktionen der auswärtigen Politik verstand. Sie war seinem Denken im Grunde so fremd, wie sie Hobbes, in der Nachfolge Machiavellis, vertraut war. Der despotische Staat handelt mit und wütet gegen andere Staaten. Die Gemeinschaft freier Bürger ist für sich selber da, wünscht nicht, sich zu vergrößern, treibt Außenpolitik nur mit Unlust und nur so lange, wie andere Staaten nicht ebenso organisiert sind, wie sie es ist. Dieser Begriff von Außenpolitik liegt in der Konsequenz von Lockes Denken; nicht zufällig ist er, seit Gründung der Union und bis tief ins 20. Jahrhundert hinein, der amerikanische geblieben. Sagen wir genauer: die amerikanische Theorie, welcher ein tiefes Mißtrauen gegen die Träger der außenpolitischen Funktion entsprach. Die amerikanische Praxis ist eine andere Sache.

Es war ihren einzelnen Thesen nach keine sehr neue Staatsphilosophie und keine sehr tiefe. Das Tiefe ist ja nicht immer, was wirkt. Elegant und nüchtern klar in ihrer Durchführung, erschienen nach der glücklichen Überwindung einer inneren Staatskrise und auf dem Höhepunkt einer internationalen, hat sie, auf der Insel und dann auf zwei Kontinenten, gewirkt wie kaum je zuvor ein politisches Buch und keines nachher bis zu Rousseau. Verglichen mit Rousseau war ihre Wirkung eindeutiger, und so war der Autor. Von der Sprengkraft, Klarheit nur vortäuschenden, sensationshaschenden, tyrannischen Wirrsal des Rousseauschen Denkens war keine Spur in ihm.

Eine Philosophie des englischen Großbürgertums und Kleinadels; der Whigs; des frühen, seines Namens noch ungewissen Liberalismus. Man muß wohl, ohne in den Verdacht Karl Marxscher Quixoterien zu geraten, hinzufügen: des frühen Kapitalismus. Von der späteren Macht korporativen Kapitals konnte John Locke freilich keine blasse Ahnung haben. Aber der Schutz freien Erwerbsstrebens lag ihm sehr am Herzen; kein Grundsatz sosehr wie jener, der gute acht Jahrzehnte später der Ruf der amerikanischen Rebellen werden sollte: *No Taxation without Representation!* Der Begriff vom Staat als Hort der Wohlfahrt, der nationalen Erziehung, den in Deutschland die Demokratie geradewegs vom alten Fürsten- und Beamtenstaat übernehmen konnte, erscheint in seiner Schrift sowenig, wie er in der *Bill of Rights* von 1689 erschien. Es war schon der Nachtwächterstaat, den er lehrte, gar nicht so unendlich weit entfernt von den Ideen des Hobbes, wie er glaubte. Denn schließlich hatte auch »Leviathan« ausschließlich Wächterpflichten gehabt, wenngleich hier der Wächter mit Pistolen und Geißeln bewaffnet umhergehen sollte, nicht bloß mit einer Lampe, wie Locke wollte. Beide, Hobbes und Locke, gingen vom Individuum aus, beide von der natürlichen Gleichheit der Individuen, die für Hobbes auf der gleichen Fähigkeit zum Töten, für Locke auf dem gleichen Recht zu Selbsterhaltung und Wohlbehagen beruhte. Für die Schönheit der Gemeinschaft, für die Freude am Dienen, für den schönen Prunk staatlicher Repräsentation, für ererbte Anhänglichkeiten und Loyalitäten waren sie beide ohne Sinn; und benannten, wie Spinoza, mit dem edlen Namen »Naturrecht«, was der heilige Thomas nie so benannt haben würde. Beide, scheint uns, waren von der menschlichen Wirklichkeit gleich weit entfernt, aber von verschiedenen Seiten; Hobbes in seinem übertriebenen Pessimismus, Locke, indem er sein puritanisches Erbe so weit vergaß, den Begriff vom Bösen, von der Erbsünde aus seinem Denken völlig auszuschalten. Fast völlig; Könige waren mitunter bös. Dann mußte man sie behandeln wie Jakob II.

Gesunde Wahrheiten sind trotzdem aus Locke zu gewinnen, wenn man sie nicht aus älteren Schriftstellern zu gewinnen vorzieht: jene, wonach der Staat für die Bürger da ist und nicht der Bürger für den Staat; wonach der Einzelne dem Ganzen nicht mit Haut und Haaren ausgeliefert sein darf und gegen ungesetzliche, unerträgliche Zumutungen ein Widerstandsrecht besitzt; auch das nicht überall und immer anwendbare, aber dort, wo es anwendbar ist und richtig angewendet wird, noch immer heilsame Prinzip der Gewaltenteilung. Schon vor Locke bekannt, wurde es von Locke wie nie vorher herausgearbeitet. Von ihm, und von einer stark verklärten englischen Wirklichkeit, übernahm es Montesquieu; von Montesquieu, in einer überaus zugespitzten Form, die amerikanische Unions-Verfassung. Der Präsident der Vereinigten Staaten laboriert heute noch daran.

Immer hat das junge englische Amerika die Bewegungen des Mutterlandes auf seine Art nachvollzogen. Waren die ersten Siedler in Massachussetts calvinistisch bis ins Mark, also theokratisch, autoritär, aristokratisch gesinnt, wie behext vom Gefühl menschlicher Sündhaftigkeit, aber auch des gottgewollten Unterschiedes zwischen Reich und Arm sich sehr bewußt und wahre Hasser des demokratischen Gedankens – wenn das Volk selber regiere, fragte einer der ersten Gouverneure, wer solle dann eigentlich regiert werden? –, so trennten bald protestierende Gemeinden sich von der Hauptkolonie ab, ein Vorgang, der ungefähr dem Drang nach links, von den Puritanern zu den Levellers, während der englischen Revolution entsprach. In Connecticut und Rhode Island wurde eine völlige Trennung von Staat und Kirche vollzogen, den Christen aller Konfessionen Einlaß gewährt und das Wahlrecht aller Bürger eingeführt. Das Land, hieß es, gehörte eigentlich den Indianern, von denen es regelrecht gekauft werden mußte, nicht dem König von England, der es nie gesehen hatte und nie sehen würde. Pfarrer Roger Williams, der Gründer von Rhode Island, war ein Feind jeder kirchlichen Organisation; es genüge, die Indianer zum wahren Glauben zu bekehren, eine geistliche Obrigkeit brauchten sie nicht. Er sprach von einer vollkommenen Seelenfreiheit, *soul freedom*, oder Freiwilligkeit des Glaubens, *voluntarism*. Religiöse Freiheit, kirchliche Demokratie, weltliche Demokratie kamen hier aus der gleichen Quelle und verschmolzen zu einem. Unter Cromwells Protektorat finden wir Williams wieder in England und dort die gleichen Grundsätze vertreten; ein frühes Beispiel für die Wechselwirkung zwischen Amerika und England, Amerika und Europa, die später so ungeheuer dicht und fruchtbar werden sollte.

Die Gestalt William Penns (1644—1718) ist ein anderes Beispiel dafür. Er war ein großer Herr in England, Sohn eines Admirals, reich, ein Freund des letzten Stuart-Königs. Auch einer von John Locke; diese Verbindung bezeichnet die stolze Unabhängigkeit seines Geistes. Früh ein Mitglied der frommen Sekte der Quäker, ein unermüdlicher Kämpfer für den Grundsatz der Toleranz, sehr fruchtbar als Schriftsteller, immer im Streit, von Prozessen gehetzt, wandernd und predigend, geriet Penn auf den Plan, in der Neuen Welt zu tun, was in der Alten nicht ging, und dort einen idealen Staat zu gründen. Eine Summe, die der König ihm schuldete, gab die Möglichkeit dazu; das große, fruchtbare Gebiet, das heute Pennsylvania ist — oder doch das Kernstück davon, es kamen andere Gebiete dazu —, wurde 1681 ihm als Besitz gegeben.

Bei der Verfassung, dem »Großen Gesetz«, die Penn für die Kolonie entwarf, hatte auch Locke seine Hand im Spiel. Sie sah vor, »daß alle Menschen, die in der Kolonie wohnen und an einen einzigen allmächtigen Schöpfer und Herrscher der Welt glauben, und die an ihre Gewissenspflicht glauben, friedlich und gerecht unter ihren Nachbarn zu leben, in keiner Weise wegen ihres Glaubens oder ihrer religiösen Praktiken belästigt oder benachteiligt werden sollen, noch auch gezwungen werden sollen, irgendeine bestimmte Kirche zu besuchen«. Hierzu Penn: »Da das Glück der Menschheit so sehr auf der Freiheit des Gewissens beruht, so erkläre ich hiermit feierlich, verspreche für mich und meine Erben, daß der erste Artikel dieser Carta, der sich auf die Freiheit des Gewissens bezieht, für alle Zeiten ohne jede Veränderung gültig bleiben soll.« Nicht zuletzt war es diese versprochene Gesinnung der Kolonie, welche Siedler anzog; aus England, Holland und der Pfalz, die Penn auf einer seiner Predigtreisen berührt hatte. Die *Pennsylvania Dutch*, die heute noch ihren alten Dialekt sprechenden Deutschen des Staates, haben hier ihren Ursprung. Dem Hauptort des neuen Landes gab Penn den Namen *Philadelphia* — »Bruderliebe«. Die Verfassung folgte demokratischen Grundgedanken, wenn auch eingeschränkt durch Ernennungs- und Vetorechte, die der Besitzer-Gouverneur sich vorbehielt: jährliche Versammlung, gewählt von allen Bürgern und mit einem Tagegeld bezahlt, damit deutlich werde, daß die Mitglieder Diener des Volkes seien. Sie hatte eine Exekutive von zehn Kommissaren zu wählen — die Wahl ging später auf den Gouverneur über. Eine Miliz wurde abgelehnt; Pennsylvania sollte unbewaffnet sein, mit den Indianern sich gütlich und rechtlich vertragen. Es war auf diesem Gebiet, des Verhältnisses zu den Indianern, daß Penn seine schönsten Erfolge davontrug. Übrigens blieb die Freude an seiner Gründung keine ungemischte; die Vertretung der Siedler neigte dazu, sich seiner Kontrolle zu entziehen, zumal er lange Zeit in England abwesend war, und in der Frage des Verzichts auf militärische Gewalt trat ihm die britische Autorität entgegen. Die Folgen der Revolution von 1688 brachten ihm den Vorwurf verräterischer Korrespondenz mit dem gestürzten Stuart-König, wie er denn bis zu seinem Tod ein Kämpfer blieb und bleiben mußte, immer angegriffen und seine Sache in Pamphleten verteidigend.

Während in Pennsylvania, Connecticut, Rhode Island und der von der katholischen Familie Baltimore gegründeten Kolonie Maryland Toleranz herrschte, waren in Amerika die Prinzipien noch nicht durchgesetzt, aber auf Durchsetzung angelegt, die im Gefolge der »Unabhängigkeit« zur Reife kommen sollten: allgemeine Religionsfreiheit, Trennung von Staat und Kirche, gleichzeitig Sättigung des öffentlichen Lebens mit Religion in der Form einer bunten Mannigfaltigkeit von Kirchen und Sekten. Es war ein Weg, der aus Europa kam, den aber Europa so nicht ging, weder damals noch später.

Obgleich Penn nach Amerika segelte, »in bewußter Verwirklichung eines Staatsromans« (Kurt von Raumer), wird man ihn doch nicht europamüde nennen können. Er war begierig, die Europäer über die Geschicke seiner rasch aufblühenden Kolonie zu unterrichten; er starb in England; in England schrieb er, auf dem Höhepunkt des ersten europäischen Großkrieges gegen Ludwig XIV., seinen Essay über einen europäischen Friedensbund – *Essay towards the Present and Future Peace of Europe* (1692). Ein Versuch, das Prinzip friedlicher Schlichtung von Streitigkeiten, das er in Pennsylvania eingeführt hatte, auf Europa zu übertragen; das erste, nicht das letzte europäische oder Welt-Friedensprojekt aus der Feder eines Amerikaners. In der Einleitung zu seiner schönen Anthologie »Ewiger Friede«, welche die »Friedensrufe und Pläne« von der Renaissance bis zu Immanuel Kant enthält, schreibt Kurt von Raumer, der Essay Penns sei »nichts als der Versuch, das Recht als eigentliche Quelle und Grundlage jeglichen Zusammenlebens zu erweisen... Das Recht entsteht aber... nach Penns Überzeugung nicht ohne gegenseitige Übereinkunft; es bindet frei, ›da ja die Menschen ihre Freiheit in treuem Gehorsam gegen selbstgegebene Satzungen ausüben‹.« Den europäischen Frieden wünscht Penn auf ein europäisches Staatenhaus oder Parlament gegründet; es sollte sich »jährlich treffen oder mindestens alle zwei oder drei Jahre, oder wie es sich durch den Bedarfsfall ergibt«. Es sollte alle Streitfragen zwischen den Souveränen schlichten; wenn einer von ihnen sich dem Richtspruch des Parlamentes nicht fügte, so hätten alle Mitglieder des Bundes ihn mit Gewalt zur Unterwerfung zu nötigen. Es ist dieser letztere Gedankengang, der hundert Jahre später Friedrich Gentz zu dem resignierten Schluß führte: Der Krieg lasse sich nur durch Krieg verhindern.

William Penns Friedensprojekt ging aus einem kriegerischen Zeitalter hervor, dessen Spuren er auf seinen Reisen mit Grauen gesehen hatte; einem Zeitalter, das der Philosophie des Hobbes mehr als der der Quäker zu gehören schien. Aber gerade solche Epochen sind es ja, in denen der Ruf nach dem ganz anderen, Entgegengesetzten, der Ruf nach Befreiung von dem Übel sich zu erheben pflegt. So damals, so später. Kontinentale Denker setzten die edle Diskussion fort, in der Penn selber ein Fortsetzender war; auch Leibniz griff in sie ein.

Wenn der Geist der hier in Rede stehenden Epoche sich in einer einzigen Persönlichkeit zusammenfaßte, so war er es: Gottfried Wilhelm Leibniz (1646–1716). Der Deutsche besaß die umfassenden Kenntnisse Lockes, den wissenschaftlichen Genius Newtons, den metaphysischen Tiefsinn Spinozas, die Frömmigkeit Bossuets, die unersättliche Neugier Pierre Bayles. Mit allen diesen Großen der Zeit und mit vielen anderen stand er in Verbindung; schrieb seine »Neuen Abhandlungen über den menschlichen Verstand« als Korrektur Lockes; mußte mit Newton darüber streiten, wer der wahre Erfinder der Differentialrechnung sei; führte mit Bossuet eine am Ende tragische Korrespondenz über eine Wiedervereinigung der christlichen Konfessionen; verbrachte ein paar denkwürdige Winterabende des Jahres 1676 mit Spinoza, der ihm das Manuskript seiner »Ethik« lieh. Die Gedenkrede auf den Verstorbenen hielt Fontenelle. Was für eine Gedenkrede! »Jenen Menschen des Altertums gleich«, heißt es da, »die bis zu acht Pferden auf einmal zu lenken vermochten, lenkte er alle Wissenschaften im Sturmschritt vorwärts.« »Leibniz«, lesen wir an einer anderen Stelle, »war nie verheiratet; mit fünfzig ging er mit dem Gedanken daran um; aber die Dame, die er im Aug hatte, erbat sich Zeit zum Nachdenken. Das gab auch Leibniz Zeit dazu, und er heiratete nie... Er aß viel und trank wenig, wenn man ihn nicht zum Trinken zwang; und niemals Wein ohne Wasser. Bei sich zu Hause war er der absolute Herr, denn er aß allein. Die Mahlzeiten nahm er nicht zu geregelten Zeiten, sondern wenn es ihm paßte. Er führte keinen Haushalt, sondern ließ beim Traiteur holen, was es gerade gab... Er machte sich Auszüge von allem, was er las, und fügte seine Beobachtungen hinzu, worauf er seine Notizen irgendwohin steckte und nie wieder ansah. Sein Gedächtnis war ein ungewöhnliches und entließ die aufgeschriebenen Dinge nicht, wie es sonst der Fall zu sein pflegt. Aber das Aufschreiben war notwendig, um sie für immer in seinen Geist einzugraben. Stets war er bereit, Fragen auf allen nur möglichen Gebieten zu beantworten, und der König von England nannte ihn sein ›lebendes Lexikon‹... Leibniz pflegte einen ungeheuer dichten Briefwechsel. Auf die Arbeiten und Projekte aller Gelehrten Europas liebte er es einzugehen; er half mit seinen Urteilen; er ermutigte und gab selber das Beispiel. Schrieb man ihm, so war man einer Antwort sicher, hätte man es auch nur um der Ehre willen, ihm zu schreiben, getan. Diese Briefe müssen ihn sehr viel Zeit gekostet haben; aber er liebte es ebensosehr, sie zum Ruhm und Nutzen anderer wie zu seinem eigenen zu verwenden. Er war immer guter Laune, und wozu auch wäre man sonst ein Philosoph? Beim Tode des seligen Königs von Preußen und bei jenem der Kurfürstin Sophie sah man ihn tief erschüttert. Der Schmerz eines solchen Mannes ist die schönste Trauerrede... Man wirft ihm vor, das Geld geliebt zu haben. Er hatte ein sehr beträchtliches Einkommen durch Pensionen, die der Herzog von Wolfenbüttel, der König von England, der Kaiser und der Zar ihm gaben, und lebte einfach genug dabei. Ein Philosoph kann sich ja, selbst wenn er reich wird, dem unnützen und prahlerischen Treiben, das er verachtet, nicht hingeben. Dazu überließ Leibniz die Verwaltung seines Hauses seinen Bedienten und verbrauchte viel aus schierer Unachtsamkeit. Aber im Wettkampf zwischen Einkommen und Verschwendung blieb dieses das stärkere; nach seinem Tod fand man bei ihm eine große Summe baren Geldes, die er versteckt hatte...« – Wir haben lange aus dieser wunderbar konkreten, heiter verherrlichenden Gedenkrede zitiert, weil sie von Leibnizens Lebens- und Wirkungsart ein so sprechendes Bild gibt; wobei es nicht das am wenigsten Bezeichnende ist, daß der Sekretär der französischen Akademie sie hielt.

Die Wissenschaften, die Leibniz führte wie ein olympischer Wettkämpfer die Pferde, was waren sie? Nun, wirklich alle; er war Mathematiker, Physiker und Ingenieur; Jurist, Historiker, Theologe; und Philosoph. Übrigens ein Diplomat von brennendem politischem Interesse und Ehrgeiz. Er vor allem hat die Verpflanzung der hannoverschen Dynastie nach England leidenschaftlich betrieben, weil er von ihr sich guten Einfluß auf die europäische und deutsche Politik erhoffte. Sehr international in seiner Bildung, seinen Beziehungen, liebte er Europa, und glaubte er an Europa; der Großteil seiner Werke und Briefe ist auf französisch geschrieben. Ein Patriot war er auch. Die deutsche Sprache liebte er auch, schrieb auch in ihr, und versicherte, daß sie für die Philosophie sehr wohl geeignet sei. Der gegen Ende des Dreißigjährigen Krieges im verwüsteten Sachsen Geborene, Sproß einer sächsischen Juristenfamilie, liebte das Deutsche Reich und seine Glieder, die Einheit in der bunten, lebendigen Mannigfaltigkeit. Ein europäischer Staatenbund, wenn er käme, sollte das Reich, das selber schon ein Staatenbund und die ehrwürdige Mitte Europas war, unverändert lassen. In Paris, wo er als junger Mensch etwa vier Jahre gelebt hatte (1672 bis 1676), in der europäischen Hauptstadt von Literatur und Gelehrsamkeit, war er zu Hause; aber tief zuwider war seinem patriotischen wie seinem philosophischen Denken die französische »Universalmonarchie«, die er drohen sah. Um den französischen Expansionsdrang von Europa abzulenken, hat er (1672) ein Projekt zur Eroberung Ägyptens, »eines der am günstigsten gelegenen Länder der Welt«, ausgearbeitet. Die französische Regierung war interessiert genug an dem Plan, um den jungen Deutschen, der damals in den Diensten von Kurmainz stand, nach Paris zu bitten; aber dann gab sie den spöttischen Bescheid, man sei an sich nicht gegen Kreuzzüge, nur seien sie seit den Tagen des heiligen Ludwig etwas aus der Mode gekommen...

Im Alter hat Leibniz für eine Fortsetzung des Spanischen Erbfolgekrieges bis zum ganzen Sieg, für seine Verschmelzung mit dem Nordischen dadurch, daß Zar Peter der großen Allianz beiträte, gegen den englischen Sonderfrieden zu wirken versucht. Bekanntlich umsonst; wie denn von seinen unbeauftragten politischen Bestrebungen gesagt werden muß, daß ihnen kein Glück beschieden war. Brach er nach Paris oder Wien auf, um große Politik zu treiben, so kehrte er reicher an neuen wissenschaftlichen Beziehungen und Anregungen zurück, aber ohne die Erfolge, die er sich vorgesetzt hatte. Das *Hanoverian Settlement*, die Besteigung des englischen Thrones durch Kurfürst Georg Ludwig von Hannover, insofern er sich daran beteiligt fühlen dürfte, war einer, aber auch dieser enttäuschend. Der Kurfürst-König nahm den alten Diener, den Berater seines Vaters und Großvaters, nicht nach England mit, wie Leibniz gehofft hatte. Vereinsamt, von einer neuen Generation fast vergessen, starb er in Hannover, und kein Deutscher hat dem Toten so ehrende Worte nachgerufen wie Fontenelle.

Den äußeren Lebensumständen nach war Leibniz vierzig Jahre lang Geheimer Rat der Herzöge, später Kurfürsten von Hannover; auch Bibliothekar des Herzogs von Braunschweig-Wolfenbüttel. Gegen Ende seines Lebens gewann er sich mit unendlichen Mühen in Wien den Titel, obgleich nicht das Gehalt, eines Reichshofrates. Mit der hannoverschen Stellung war die Aufgabe verbunden, eine Geschichte des Welfenhauses zu schreiben; eine Pflicht, die ihn, auf archivalischen Studienreisen in Italien und Deutschland, ungeheure

Arbeit kostete.»... er durcheilte ganz Deutschland, besuchte alle alten Klöster, durchforschte die Archive der Städte, kramte in Grüften und anderen alten Monumenten herum...« (Fontenelle). Das gewaltige Unternehmen ist kaum über das Jahr 1000 hinausgediehen. Es hing Leibniz, nach seinem eigenen Ausdruck, wie ein Mühlstein am Hals: Lieber, meinte er, hätte er als Mediziner den menschlichen Körper erforscht als alle Archive Europas. Von jedem Wissenszweig, den er anrührte, fiel etwas; bis zu Leopold von Ranke hat kaum einer archivalische Studien betrieben wie er, und die historische Rechtsschule betrachtet ihn als ihren Ahnen.

Übrigens glaubte er an die Trennung, die »Compartimentalisierung«, der Wissenschaften nicht. Daß er selber ein Universalgelehrter war, lag nicht nur an seiner unersättlichen Wißbegierde, an seiner fast spielerischen Freude, sich in den Ländern aller gelehrten Herren zu versuchen; es floß aus seiner Philosophie, seiner Frömmigkeit, seinem tiefsten Wesen. Dieses war auf Versöhnung ausgerichtet. Er neige dazu, bekannte er einmal, alles für richtig zu halten, was er lese. Alle, nämlich alle Gutwilligen, alle Gescheiten, hatten irgendwie recht; recht in dem, was sie behaupteten, nicht in dem, was sie verneinten. Recht hatten Katholiken und Protestanten in dem, was sie glaubten; ihr Streit war ein durch die Jahrhunderte währendes Mißverständnis. Recht hatten die Parteien der Tories und Whigs, die jetzt in England sich um die Macht balgten; beide vertraten sie etwas Wahres, dem Lande gleich Notwendiges, Erhaltung und Veränderung. Recht hatten Descartes und Spinoza, wenn sie zwei Seinsweisen, Ausdehnung und Denken, behaupteten, aber man mußte über sie hinausgehen. So wie man über Lockes Erkenntnistheorie hinausgehen mußte: Richtig, im Verstand war nichts, was vorher nicht in den Sinnen gewesen wäre – außer dem Verstand selber. Zutreffend war, vorläufig, die Unterscheidung zwischen offenbarter Religion und Wissenschaft; aber es mußte einen Weg geben, sie zu vereinen, sollte die Welt nicht in schrecklicher geistiger Öde und Verzweiflung enden...

So sind die anscheinend disparatesten Forschungen und Spekulationen Leibnizens zuinnerst verbunden. Nicht ganz in der Art, wie Bertrand Russell es sah, der in seinem Jugendwerk, »Die Logik des Leibniz«, seine ganze Philosophie aus fünf unsicheren logischen Prämissen sicher hervorgehen läßt. Ein großer Logiker war Leibniz, zugleich auch Einflüssen aus alter und zeitgenössischer Philosophie offen, die mit Logik nichts zu tun hatten. Aber beinahe alles, was er tut – die Fragen, die er stellt, die Antworten, die er gibt, praktische, wissenschaftliche, metaphysische –, zeigt eine geistgeborene Verwandtschaft, und das wiederum hat eine schöne Stimmigkeit; denn er, wie kein anderer, war ja der Philosoph des Identischen und Individuellen. Von der Erfindung der Differentialrechnung, dem mathematischen Hantieren mit den Begriffen des unendlich Kleinen und der Kontinuität, geht eine Brücke zu den *petites perceptions* der Leibnizischen Psychologie, der genialen Entdeckung des unbewußten Bewußtseins; und wieder zu seiner metaphysisch-spekulativen Theorie von den »Monaden«, den raumlosen, ewig tätigen, bewußt oder unbewußt, wachend oder schlafend ewig apperzipierenden, das Universum spiegelnden Energiezentren oder Subjekten, aus denen das Universum besteht, und die von den untersten, unbewußtesten über die Menschenseele bis zur *Monas Monadum*, zu Gott aufsteigen.

Titelseiten großer Werke des Barockzeitalters
Grotius »De iure belli ac pacis«, Frankfurt 1626 · Descartes »Discours de la méthode«,
Leyden 1637 · Spinoza »Tractatus theologico-politicus«, Hamburg 1670 · Leibniz »Essais de
théodicée«, Amsterdam 1710

Leibniz
Gemälde von Andreas Scheits
Wolfenbüttel, Herzog-August-Bibliothek

DER EUROPÄISCHE GEIST IM SPÄTEN 17. JAHRHUNDERT

Spinozas Substanzbegriff, den der junge Leibniz dem Manuskript der »Ethik« entlehnte, hat auf diese so tiefsinnige wie kunstvoll-barocke Hypothese Einfluß gehabt. Wo aber Spinoza eine einzige Substanz sah und die Individualität gleichsam auslöschte, da sah Leibniz, der um keinen Preis »in Spinozismus verfallen«, der das Individuum und die unsterbliche Seele retten wollte, eine unendliche Zahl von Substanzen. Eben in ihrer immerwährenden Aktivität war der Gegensatz zwischen Ausdehnung und Denken aufgehoben; denn sie dachten nur, indem sie höher und höher strebten, die Ausdehnung war nur in ihnen, von ihnen »gespiegelt« oder »geträumt«; und daß sie alle das gleiche widerspiegelten, aber jede anders, mit einer anderen Perspektive, daß Übereinstimmung zwischen ihren Aktivitäten war, das beruhte auf der Versöhnung aller Versöhnungen, der von Gott »prästabilierten Harmonie«.

Die Monadenlehre ist in Briefen und Skizzen, dann in zwei kleinen Spätschriften niedergelegt, den *Principes de la nature et de la grâce fondés en raison* und den *Principes de la philosophie ou monadologie*, beide zu Lebzeiten des Philosophen unveröffentlicht. Ein philosophisches Hauptwerk von Leibniz gibt es kaum. Seine Lebensführung, seine unruhige, unendlich verzweigte Tätigkeit eignete sich dafür nicht; wohl auch seine Philosophie oder sein philosophisches Temperament nicht. Hauptwerke pflegen ja Gegenschaften hervorzurufen; sie versöhnen nicht, wie eine Vielzahl von Skizzen, Briefen, erläuternden, korrigierenden Erklärungen es vermag. Das einzige zu seinen Lebzeiten erschienene größere theologisch-metaphysische Werk, die *Theodicée* (*Essais de theodicée sur la bonté de Dieu, la liberté de l'homme et l'origine du mal*, 1710), wird man als sein gelungenstes nicht ansehen. Die Fragestellung war auch hier eine zu den Wurzeln gehende, wie der kühne Sinn der Zeit es wollte. Wie kann das Sein Gottes bewiesen werden? Leibniz wandelte die alten Beweise ab und fügte den seinen dazu: Die Wirklichkeit der »Monaden« setzt die Kraft voraus, von der sie emanieren und die zwischen ihnen Harmonie schuf. Warum hat das absolut Gute das Böse mitgeschaffen? Die Endlichkeit oder Eingeschränktheit des Geschöpften, antwortet Leibniz, liegt im Gegensatz zur Unendlichkeit des Schöpfers begründet. Physisches Leid ist Strafe und Mittel zum Guten. Das moralisch Böse aber hat Gott nicht gewollt; er ließ es zu, indem er jenen, die in der Hierarchie der Monaden hoch oben stehen, den menschlichen Seelen, Bewußtsein und Freiheit gab. Er hätte sie anders erschaffen können, ohne Freiheit; aber eine solche Welt wäre weniger gut gewesen als die, die ist. Sie ist nicht vollkommen gut, aber die beste, die möglich war.

Ein in seiner frommen, klugen Verbindlichkeit echt Leibnizischer Gedankengang. Das Wort »Optimismus«, bedeutend »Glaube an das Beste«, nämlich das beste Mögliche, wurde für ihn geprägt, und über ihn hat fünfzig Jahre später im *Candide* Voltaire seinen Spott ausgegossen. Den philosophierenden Schulbetrieb in der Nachfolge des Leibniz mag er damit ein wenig getroffen haben; den Tiefsinn des Philosophen kaum. So gescheit wie Voltaire war Leibniz längst.

Ein ebenso herzlicher Freund der Menschheit, obgleich kein ebensolcher Kämpfer und Streithahn; dazu hoffte er, bevor auch er alt und traurig wurde, zu sehr auf der Menschheit guten Genius, dazu war er zu sehr ein Mann des Friedens und der Vermittlung. In die rechte Mitte suchte er denn auch die christlichen Kirchen zu führen.

Der Dreißigjährige Krieg, ein Krieg der Konfessionen wenigstens in seinen deutschen Anfängen, war noch nicht lange her, als Leibniz jung war. In Deutschland war ein zunächst prekärer Religionsfriede hergestellt. Je schärfer aber die kirchliche Politik Ludwigs XIV. wurde, je deutlicher er die Ziele übernahm, auf welche die habsburgische Macht verzichtet hatte, desto näher lag die Gefahr neuer religiöser oder vom Konfessionsstreit genährter, Europa zerreißender Wirren; wie denn die beiden großen Kriege gegen den König, trotz der österreichischen Bundesgenossenschaft, im Wesentlichen von den »protestantischen Mächten« geführte Kriege sein sollten. Leibniz war als Lutheraner geboren und blieb es; meinte aber, er würde ebensowohl Reformierter oder Katholik geblieben sein. Zum Katholizismus zog ihn das ästhetisch Schöne des römischen Kultes, auch wohl die Tatsache, daß sein Deutsches Reich, so gespalten es nun auch war, im Wesen eine Katholizität und von alters das »Römische« gewesen war. Ordnung, Harmonie, Friede; Zurückführung des einseitig Fixierten, des irrig Getrennten, zur besseren Einheit!

Daran arbeitete er; daran arbeiteten ein paar deutsche Freunde, Ernst August von Hannover, Bischof Spinola, Molanus, Abt von Loccum. Schon als junger Mensch, während seines ersten Pariser Aufenthaltes, hatte Leibniz ein von ihm entworfenes Gebet vorgelegt, das für alle Konfessionen brauchbar sein sollte. Es ist sehr schön; wurde aber verworfen, weil nur der Vater vorkam, nicht der Sohn. 1679 trat Leibniz mit Bossuet in Verbindung, den er mit ganzem Recht als das Haupt der Kirche Frankreichs, mit halbem als den liberalsten unter den französischen Prälaten ansah. Die Korrespondenz der beiden schritt, mit Unterbrechungen oder eigentlichen Abbrüchen, bis gegen Ende des Jahrhunderts fort. Das Wesen Leibnizens war die Konzilianz. Konziliant war Bossuet auch, als höflicher Mensch und frommer Mann, aber nur in der Form. In der Sache, aller entgegenkommenden Worte ungeachtet, nahm er den einen ihm möglichen Standpunkt ein; die Protestanten sollten in die Kirche zurückkehren, wozu bei Leibniz offenbar doch gar nicht viel fehle; dann und danach vielleicht ein Konzil. Niemals ein Konzil, an dem die Protestanten als Unreuige teilnähmen. Niemals eine Revision des zu Trient Gefundenen, in Verhandlung mit Häretikern. Daher ein frommes aneinander Vorbeireden der beiden.

Vergebens schrieb Leibniz, in der Zeit, als die Aufhebung des Edikts von Nantes die Dinge auf die Spitze getrieben hatte, sein *Systema theologicum*, einen Versuch, die Spaltung mit völlig neuen Augen zu sehen, so als sei er nicht Partei und käme aus einer anderen Welt. Vergebens machte er den so sehr Leibnizischen Vorschlag, zur besseren Gelassenheit sollte ein katholischer Bischof die protestantische Ansicht der Dinge, er selber aber die katholische auseinandersetzen. »Man hat«, schrieb er einmal an Bossuet, »große Schritte getan, um zu erfüllen, was man der Liebe des Friedens und seines Nächsten schuldet... Man hat sehr bewußt die Manieren aufgegeben, die nach Disput schmecken, diese Gesten der Überlegenheit, die jeder für gewöhnlich der eigenen Partei beilegt... diesen kränkenden Stolz, diese Ausdrücke der Selbstsicherheit, die man wohl fühlen mag, aber mit der zu paradieren so unnütz und so unangenehm wirkend ist, zumal die Anderen sich im gleichen Fall befinden...« *A bon entendeur salut*; so verfuhr man in Leibnizens Freundeskreis; weniger Bossuet mit seinem Verhandlungspartner. – Es wurde nichts aus der Sache, wie wir dem Leser nicht mitteilen müssen. Es wäre ja auch nichts daraus geworden, selbst wenn Bossuet sich von

DER EUROPÄISCHE GEIST IM SPÄTEN 17. JAHRHUNDERT

Leibnizens »irenischer« Methode hätte überzeugen lassen. Verehrt, verehrungswürdig, wie Bossuet war, so weit reichte sein Einfluß nimmermehr. Wie denn aus so manchem, was Leibniz erstrebte, nichts wurde. Nichts aus der großen, wechselseitig bereichernden, religionsverbindenden Begegnung der beiden Europa, des abendländischen und des morgenländischen, nämlich Chinas, die ihm vorschwebte; nichts aus der Versöhnung zwischen Naturwissenschaft und Christentum, die er gegen Ende seines Lebens in weiterer Ferne, wenn nicht für immer verloren sah; nichts aus der christlichen Republik, dem europäischen Staatenbund, über den er mit dem Abbé de Saint-Pierre korrespondierte; auch nicht viel aus der Geschichte des Welfenhauses oder den Vorschlägen zur Reform der medizinischen Praxis, die er ausgearbeitet hatte. Alles, meinte er vor seinem Tod, könnte gut gehen, wenn die Menschen es wollten; aber so seien sie nicht. Der fröhliche Lenker der acht Rosse sah am Ende trüb; endlose Kriege würden kommen und furchtbare Revolutionen im Inneren der Staaten... Was könnte natürlicher sein, als solche Betrübtheit des Alters? Was natürlicher, als daß damals junge Leute da waren, die ebenso herzhaft anfingen, wie er vor fünfzig Jahren angefangen hatte?...

In seinem Buch über den neapolitanischen Philosophen Giovanni Battista Vico (1668 bis 1744) geht Benedetto Croce scharf mit der Zeit ins Gericht, in der Vico lebte und mit der er in Widerstreit lebte. »Man machte viel Aufhebens von den neuen Methoden, doch niemand hätte etwas tatsächlich Neues anführen können, das man mit ihrer Hilfe gefunden hätte. Neue Formeln und alte Dinge; dafür aber eitle Hoffnungen, daß man in kürzester Zeit und mit ganz geringer Anstrengung zur Allwissenheit gelangen werde. Die Geistes- und Staatswissenschaften wurden zugunsten der Physik vernachlässigt, die Physik zugunsten der Mathematik; die Erfahrung galt nichts; der Erfindungsgeist des vorangehenden Jahrhunderts erlosch fast völlig. Der Skeptizismus, eine Folge der cartesianischen Methode, brach in das Gebiet des Wissens ein.« In diesem Zusammenhang bedauert Croce die Vorherrschaft des Französischen, einer Sprache, die für Kritik und Didaktik tauge, für das Poetische aber ungeeignet sei. Dennoch, meint Croce, habe Vico den Geist seiner Zeit nicht ganz gerecht gewürdigt: »den revolutionären Wert jenes Skeptizismus und Rationalismus und jener Auflehnung gegen die Vergangenheit... die notwendige Instrumente im Kampf gegen Könige, Adlige und Priester waren; jener Abrisse und Wörterbücher, die in der *Encyclopédie* gipfeln sollten; jener volkstümlichen Wissenschaft, die den Journalismus vorbereitete; jener kleinen Bücher für Damen und elegante Unterhaltungen, die die Salons des 18. Jahrhunderts belebten und die Geister für den jakobinischen Radikalismus reif machten...«

Damit ist wohl Wahres über die Epoche ausgesagt, aber, wie wir gezeigt zu haben hoffen, nicht die ganze Wahrheit. Es dürfte auch mehr für die folgenden Jahrzehnte gelten, die Mitte des 18. Jahrhunderts, das Zeitalter Voltaires und Friedrichs, als für die Zeit, in der Vico jung war, und der man Mangel an Erfahrungssinn, an Erfindungskraft, Mangel an Interesse für den Staat kaum vorwerfen kann.

Unser Bericht hat nur die höchsten Gipfel flüchtig betrachten können; nicht die vielen kleineren Berge und Hügel dieser reichbewegten Geisteslandschaft; und nicht einmal alle hohen Gipfel. Nur jene, die zu dem beherrschenden Massiv gehören, nicht die einsam für sich stehenden; darum zum Beispiel Vico nicht. Dieser aus dem Grunde originelle Denker, der die Philosophie seiner Zeit nur studierte, um sie zu verwerfen, den es nicht zur Ratio, sondern zur Geschichte, und am stärksten zur primitiven Geschichte zog, zu ursprünglicher Poesie, Mythos, früher Religion, und der eine Geschichtsphilosophie des Zyklischen, nach ewigem Gesetz unter allen Nationen sich Wiederholenden entwarf, so daß man jetzt, seiner Ansicht nach, den geistigen Niedergang des Hellenismus noch einmal erlebte – er ist in der Tat, wie Croce ihn nennt, »das 19. Jahrhundert im Keim«. Er konnte zu seiner Zeit nicht wirken. Auf das, was wirkte, was zeitgemäß war, muß es dem allgemeinen Historiker vor allem ankommen.

Auch so gesehen, fehlte manches. Wo blieb die Bewegung des deutschen Pietismus – Spener, Francke –, der kraftvolle Versuch, die protestantische Religion aufs neue zu verinnerlichen, der mehr einfachen Seelen Frieden gebracht haben mag als Pierre Bayle, Benedict Spinoza und John Locke zusammengenommen? Wo die frommen Intuitionen des Angelus Silesius und anderer ihres Weges ziehender Mystiker? Wo der Aufstieg der Oper – nun, von ihr ist anderswo die Rede –, die den Rationalisten ein Greuel war – in der Wirklichkeit gab es doch solch gesungene Gespräche und Monologe nicht –, die aber gleichwohl eben damals so manche königliche, fürstliche, republikanische Hauptstadt eroberte? Reichlicher hätte gezeigt werden müssen, daß auch diese Epoche, die das menschliche Wissen, und zwar das Wissen gegen das Gefühl, wie kaum eine zweite vorwärts trieb, diese Epoche der herrlichsten und härtesten Prosa, da die Poesie für archaisch galt und geweissagt werden konnte, es werde bald überhaupt keine Dichter mehr geben; daß auch sie schöpferisch war im Reiche des Gefühls, des Nicht-Vernünftigen, und neben zwingend erschlossenem Wissen, neben erfahrenem und nützlichem Wissen, neben rational-spekulativem das unmittelbare Wissen und einfacher, liebender Glaube sich immer erneuernd gegenwärtig blieben.

Kein europäisches Zeitalter gehorcht einem einzigen Nenner. Immer ist alles da; anderes tritt dem einen gegenüber; anderes geht aus dem einen hervor, so wie später, aber gar nicht soviel später, das Element, welches wir das romantische nennen, dem aufklärerischen nicht nur gegenüber trat, sondern auch aus ihm hervorging. Trotzdem darf der Historiker nach den stärksten geistigen Tendenzen einer Zeit fragen, nach den internationalsten, zusammenhängenden, geschichtlich wirksamen. Und die waren es, die hier betrachtet wurden; freies Abenteuern des Geistes, Kritik, Rationalität und Empirie, im Angriff gegen die Tradition. Hegel, in seinen Vorlesungen zur Geschichte der Philosophie, spricht von einer »Periode des denkenden Verstandes«. Mit Leibniz, ungeheuer wie sein denkender Verstand war, ging sie schon über sich hinaus und hat seitdem über sich hinauszugehen, sich zu korrigieren nicht aufgehört.

Deutsche Geschichte
im Ullstein Taschenbuch

Ein Gesamtbild deutscher Geschichte vom Mittelalter bis in unsere Zeit
in Einzeldarstellungen und thematischen Ergänzungsbänden

Herausgegeben von Walther Hubatsch

Johannes Wallmann
Kirchengeschichte
Deutschlands II
Von der Reformation bis zur Gegenwart

Deutsche Geschichte Band 12

Die Reformation in Deutschland: Martin Luthers Werdegang bis zum Durchbruch der Reformatorischen Erkenntnis / Die Auseinandersetzung mit Rom 1517 bis 1521 / Die Sturmjahre der Reformation bis zur Katastrophe des Bauernkrieges / Fürstenreformation und evangelisches Landeskirchentum / Reich und Reformation bis zum Augsburger Religionsfrieden 1555 / Das konfessionelle Zeitalter: Luthertum / Calvinismus / Der römische Katholizismus / Das Zeitalter des Pietismus und der Aufklärung / Das 19. Jahrhundert: Friedrich Schleiermacher / Der deutsche Idealismus / Die Erweckungsbewegung / Der Neubau der protestantischen Landeskirchen / Die protestantische Theologie / Protestantismus und soziale Frage / Reorganisation und innere Erneuerung der katholischen Kirche / Die katholische Bewegung / Ultramontanismus und Kulturkampf / Der Weg der Kirche nach dem 1. Weltkrieg: Der theologische Umbruch der zwanziger Jahre / Das protestantische Kirchentum nach dem Ende des landesherrlichen Kirchenregiments / Die Kirchen und der Nationalsozialismus / Die katholische Kirche auf dem Weg vom 1. zum 2. Vatikanischen Konzil

Politik- und Sozialwissenschaft im Ullstein Taschenbuch

Alfred Grosser
Politik erklären
Unter welchen Voraussetzungen?
Mit welchen Mitteln? Zu welchen Ergebnissen?

Ullstein Buch 3105

Alfred Grosser stellt in seinem Buch die Grundsatzfrage, mit welchem theoretischen Instrumentarium sich politische Vorgänge und Zustände überhaupt erklären lassen. Keine selbstverständliche, aber deshalb um so nützlichere Frage. Denn als Wissenschaftler kennt Grosser die Gefahr allzu schneller oder vorgefaßter Urteile, mit denen sich Politologen vielfach um gesicherte Ergebnisse bringen. Als Publizist versteht er sich zugleich als Praktiker. Aus dieser pragmatischen Einstellung bezieht Grosser die Unvoreingenommenheit, mit der er die Methoden der Politikwissenschaft untersucht.

Alfred Grosser
In wessen Namen?
Werte und Wirklichkeit in der Politik

Ullstein Buch 3247

Alfred Grossers politische Ethik, als »tiefgründig fundamentierte philosophische Staatsbürgerkunde« gerühmt, gilt als die grundlegendste neuere Reflexion über die Eigenverantwortlichkeit des Bürgers innerhalb der demokratischen Gesellschaftsordnung.
»Ich halte das Buch, Superlativen sonst abhold, für eines der sympathischsten, da bei aller Gelehrsamkeit menschlichsten Werke der letzten Jahre.«
(Paul Noak in ›FAZ‹)